Reisinger · Rechtsinformatik

Leo Reisinger

Rechtsinformatik

Walter de Gruyter · Berlin · New York 1977

Dr. Dr. *Leo Reisinger*,
Universitäts-Dozent am Institut für Statistik der Universität Wien

CIP-Kurztitelaufnahme der Deutschen Bibliothek

Reisinger, Leo

Rechtsinformatik. – 1. Aufl. – Berlin, New York:
de Gruyter, 1977.
ISBN 3-11-004582-6

 – Satz: IBM-Composer, Fotosatz Prill, Berlin. – Druck: Color Druck, Berlin. – Bindearbeiten: Dieter Mikolai, Berlin. – Printed in Germany.

Vorwort

Unter „Rechtsinformatik" wird gewöhnlich die Theorie der Beziehungen zwischen ADV und Recht verstanden. Das vorliegende Buch versucht, eine Einführung in den Gesamtbereich und einen Überblick über die bisherigen Forschungsergebnisse zu geben. Seine Aufgabe ist also doppelt: Einführung und „state-of-the-art-report".

Da die Probleme der Beziehungen zwischen ADV und Recht gerade am Schnittpunkt von Rechtswissenschaften, Formalwissenschaften und Informationswissenschaften angesiedelt sind, ist der Kreis der interessierten Leser gewöhnlich heterogen hinsichtlich seiner fachlichen Vorbildung. Die bisher im deutschen Sprachraum veröffentlichten Einführungen in die Rechtsinformatik sind für Juristen geschrieben und setzen daher Kenntnisse der rechtswissenschaftlichen Fächer, nicht aber formalwissenschaftliche Kenntnisse voraus. Der vorliegende Grundriß betritt hier insofern Neuland, als er in gleicher Weise als Einführung für Juristen wie für Informatiker gedacht ist. Insbesondere ist er so konzipiert, daß er sich zum Selbststudium und damit auch als Vorbereitung für Prüfungen eignet.

In der zweiten Funktion beschränkt sich die Darstellung im wesentlichen auf einen Teil des deutschen Sprachraums, nämlich auf die Bundesrepublik Deutschland und Österreich. Die Begründung hierfür ergibt sich einerseits aus Überlegungen über den möglichen Umfang eines derartigen Grundrisses, zum anderen aus der Tatsache, daß die Diskussion in der DDR wegen der besonderen Probleme der sozialistischen Länder wesentlich durch andere Schwerpunkte gekennzeichnet ist und die Schweiz bisher nur vereinzelt zur rechtsinformatischen Diskussion beigetragen hat.

Die beiden genannten Funktionen bedingen, daß das Buch auch als Nachschlagewerk verwendet werden und der interessierte Leser sich in weiterführende Literatur vertiefen kann. Ein detailliertes Sachregister und ein ausführliches Literaturverzeichnis sollen diese Möglichkeiten unterstützen.

Der vorliegende Grundriß ist aus mehreren Vorlesungen an der Universität Wien hervorgegangen. Ich hoffe, daß die Arbeit ihre eingangs skizzierte doppelte Aufgabe erfüllt und damit zum Fortschritt der rechtsinformatischen Forschung und Lehre beiträgt.

Wien, im April 1977 Leo Reisinger

Inhalt

0. Einleitung 11

1. Der Problembereich der Rechtsinformatik 19

1.1 Recht und Formalwissenschaften. Eine historische Skizze 19

1.1.1 Ein Vorläufer: *Lullus* 20

1.1.2 Systematische Bestrebungen des juristischen Humanismus 21

1.1.3 Die euklidische Methode der positiven Jurisprudenz des 17. Jahrhunderts 23

1.1.4 Axiomatisches und kombinatorische Denken: *Leibniz* 25

1.1.5 Der Höhepunkt des axiomatischen Denkens: *Wolff* 27

1.1.6 Die Begriffsjurisprudenz 29

1.2 Entwicklungslinien der Rechtsinformatik 31

1.3 Versuche der Definition und Systematik 33

1.3.1 Die Systematik allgemeiner Einführungen in die Rechtsinformatik 33

1.3.2 Rechtsinformatik als Theorie der Beziehungen zwischen ADV und Recht (*Steinmüller*) 38

1.3.3 Rechtsinformatik als Strukturtheorie des Rechts (*Fiedler*) 40

1.3.4 Rechtsinformatik als Theorie der Struktur und Funktion des Rechtssystems im Hinblick auf die Automation der Datenverarbeitung 42

1.3.5 Zur Abgrenzung der Rechtsinformatik von anderen Disziplinen 46

1.4 Wissenschaftskriterien der Rechtsinformatik 47

1.5 Rechtsinformatik und Rechtstheorie 50

2. Grundbegriffe der System- und Informationswissenschaften 53

2.1 Systemwissenschaften und Informationswissenschaften 54

2.2 Der Systembegriff 55

2.3 Systemtypen 59

2.4 Black-Box-Methode und Systemanalyse 64

2.4.1 Grundzüge der Black-Box-Methode 64

2.4.2 Systemanalyse als Entwicklung von Anwendungssystemen 64

2.4.3 Phasen der Systemanalyse 67

2.5 Modellmethode und Simulation 70

2.5.1 Grundzüge der Modellmethode 70

2.5.2 Simulation und Planspiel 72

2.6 Der Informationsbegriff 73

2.7 Informationssysteme und Dokumentationssysteme 78

2.7.1 Struktur und Typen von Informationssystemen 78

2.7.2 Die Struktur von Dokumentationssystemen 81

2.8 Zeichen 85

2.8.1 Die Zeichenstruktur 85

2.8.2 Die Codierung im Kommunikationsprozeß 88

2.9 Grammatiken 89
2.9.1 Die Grammatikstruktur 89
2.9.2 Grammatiktypen 92

3. Juristische Informationssysteme 97

3.1 Ein Modell juristischer Entscheidungen 97
3.2 Die Systemanalyse JURIS 102
3.2.1 Vorläufige Zielanalyse und Istanalyse 103
3.2.2 Informationsverhalten und Informationsbedarf von Juristen 113
3.2.3 Die Sollanalyse 125
3.2.4 Entwicklungssystem und Ausbausystem 135
3.3 ADV-unterstützte Inhaltsanalysen in Dokumentationssystemen 140
3.3.1 Thesauri 140
3.3.2 Dokumentationssysteme und Linguistik 145
3.3.3 Die Bewertung des Information Retrieval 154
3.4 Die Sozialrechtsdokumentation des BSG 157
3.4.1 Grundzüge der Sozialrechtsdokumentation 158
3.4.2 Die Systeme GOLEM 2 und PASSAT 160
3.4.3 Dialogbeispiele aus der Sozialrechtsdokumentation 163
3.5 Das Textretrievalsystem/1 der GMD 171
3.6 Das Wiener System 176
3.6.1 Grundzüge des Wiener Systems 177
3.6.2 Die Systeme STAIRS und TLS 182
3.7 Zum Vergleich der Systeme GOLEM 2, TR/1 und STAIRS-TLS 185
3.8 Das Informationssystem DPA 189
3.9 Vom Dokumentationssystem zum erweiterten juristischen Informationssystem 196
3.9.1 Zum Aufbau eines erweiterten juristischen Informationssystems 196
3.9.2 Semantische Netzwerke 199

4. Die Algorithmisierung juristischer Entscheidungen 207

4.1 Die Begriffe „Formalisierung" und „Algorithmisierung" 208
4.2 Probleme der Formalisierung genereller Rechtsnormen 212
4.2.1 Typen der Formalisierung 212
4.2.2 Unentscheidbarkeit und *Joergensen*sches Dilemma 213
4.2.3 Operativer und eidetischer Sinn von Zeichen 214
4.2.4 Formalisierung und Rechtstheorie 217
4.3 Beispiele der Formalisierung von Normen 218
4.3.1 Formalisierung von Normen mit Hilfe des Prädikatenkalküls 219
4.3.2 Formalisierung von Normen mit Hilfe deontischer Kalküle 222

4.4 Das Modell von *Alchourrón* und *Bulygin* und seine Erweiterung . . . 227
4.4.1 Die Beschreibung eines normativen Problems . . . 227
4.4.2 Normative Systeme als Lösungen normativer Probleme . . . 229
4.4.3 Die formale Rekonstruktion der Tatbestände . . . 232
4.4.4 Die formale Rekonstruktion der Rechtsfolgen . . . 233
4.4.5 Das erweiterte Modell eines normativen Systems . . . 235
4.4.6 Zur Anwendung des Modells in der Rechtsinformatik . . . 238

4.5 Zur Verwendung von Entscheidungstabellen in der Rechtsinformatik . . . 240
4.5.1 Die Technik der Entscheidungstabellen . . . 240
4.5.2 Die Anwendung der Entscheidungstabellen auf Modelle normativer Systeme . . . 243

4.6 Die Formalisierung von Rechtsfällen . . . 245
4.6.1 Die Formalisierung von Rechtsfällen in der Jurimetrie . . . 246
4.6.2 Das Verfahren SEDOC . . . 247

4.7 Algorithmisierung juristischer Entscheidungen und Subsumtion . . . 252
4.8 Die algorithmisierte Strafzumessung . . . 259
4.9 Automationsgerechte Normsetzung . . . 263
4.10 Verwaltungsautomation . . . 266
4.10.1 Zum Stand der Verwaltungsautomation in der Bundesrepublik Deutschland . . . 266
4.10.2 Verwaltungsautomation und Organisation . . . 269

5. Datenschutz . . . 273

5.1 Zum Begriff „Informationsrecht" . . . 274
5.2 Zur Abgrenzung der Begriffe „Datenschutz" und „Datensicherung" . . . 276
5.3 Sachprobleme des Datenschutzes . . . 279
5.3.1 Automatisierte versus herkömmliche Datenverarbeitung . . . 279
5.3.2 Der Umfang des Datenschutzes . . . 280
5.3.3 „Privatsphäre" versus „personenbezogene Daten" . . . 281
5.3.4 „Fremdkontrolle" versus „Selbstkontrolle" . . . 284

5.4 Zur Entwicklung der Datenschutzgesetzgebung . . . 285
5.4.1 USA . . . 285
5.4.2 Großbritannien . . . 289
5.4.3 Schweden . . . 289

5.5 Zur Entwicklung der Datenschutzgesetzgebung in der Bundesrepublik Deutschland . . . 291
5.5.1 Das Hessische Datenschutzgesetz . . . 291
5.5.2 Der Regierungsentwurf des Bundes-Datenschutzgesetzes . . . 292
5.5.3 Der Alternativentwurf *Podlechs* und die Beschlüsse des Innenausschusses . . . 295
5.5.4 Das Bundesdatenschutzgesetz . . . 298

5.6 Zur Entwicklung der Datenschutzgesetzgebung in Österreich 307
5.6.1 Die Regierungsvorlage des Datenschutzgesetzes 307
5.6.2 Der Entwurf des Bundesverfassungsgesetzes über Datenschutz und Datensicherung 310

5.7 Zur Organisation von Datenschutz und Datensicherung 311
5.7.1 Zum Begriff „Organisation von Datenschutz und Datensicherung" 312
5.7.2 Die Voraussetzungen zur Schaffung eines Sicherheitssystems 312
5.7.3 Organisatorische Schutz- und Sicherungsmaßnahmen der DV-Abteilung 316

Anhang

1. Das Hessische Datenschutzgesetz 321
2. Das Bundesdatenschutzgesetz (DSG) 323
3. Die Regierungsvorlage zum Datenschutzgesetz (Österreich) 340
4. Normierte Begriffe der ADV 347

Ausgewählte Literatur 355

Sachregister 374

0. Einleitung

Mit einer häufig verwendeten Definition läßt sich Rechtsinformatik als die Theorie der Beziehungen zwischen ADV und Recht bestimmen. Diese Beziehungen sind vielfältig und aufregend, die vorliegende Arbeit versucht eine Einführung in diesen Problembereich und einen Überblick über die bisherigen Forschungsergebnisse zu geben. Ihre Aufgabe ist also doppelt: Einführung und „state-of-the-art-report".

Insbesondere dann, wenn man Rechtsinformatik nicht bloß auf die Objekbereiche „Recht" und „ADV" beschränkt, sondern auch die wechselseitigen Beeinflussungen der „dahinterstehenden" Wissenschaften einbezieht, besteht die Gefahr der Uferlosigkeit. Wir haben uns daher in Bezug auf konkrete Rechtsordnungen (das, was wir „spezielle Rechtsinformatik"nennen) grundsätzlich auf einen Teil des deutschen Sprachraums, nämlich auf die Bundesrepublik Deutschland und Österreich beschränkt. Diese Beschränkung wird dadurch gerechtfertigt, daß die Diskussion in der DDR wegen der besonderen Probleme der sozialistischen Länder wesentlich durch andere Schwerpunkte gekennzeichnet ist und die Schweiz bisher nur vereinzelt zur rechtsinformatischen Diskussion beigetragen hat. Dort wo allerdings eine derartige Beschränkung ungerechtfertigt erschien, wie etwa bei der Formalisierung von Rechtsfällen oder bei der Datenschutzproblematik, haben wir auch die Forschungsergebnisse und Entwicklungen anderer Länder berücksichtigt.

Im deutschen Sprachraum gibt es bisher wenige allgemeine Einführungen in die Rechtsinformatik, und diese sind für Juristen geschrieben. Die vorliegende Arbeit betritt hier insofern Neuland, als sie in gleicher Weise als Einführung für Juristen wie für Informatiker gedacht ist. Der Grund hierfür liegt in der folgenden grundlegenden Hypothese: Wir sehen *Rechtsinformatik* nicht als Spezialdisziplin der Rechtswissenschaften, sondern *als Schnittpunkt von Rechtswissenschaften, Formalwissenschaften und Informationswissenschaften.* Die Probleme der Automation im Recht sind zu schwerwiegend, als daß sie Juristen allein überlassen werden könnten. Aus dieser Konzeption einer Einführung für Juristen und Informatiker ergibt sich die Schwierigkeit, welche Grundlagen einzubeziehen und welche auszuklammern sind. Wir haben uns dafür entschieden, weder in die Grundbegriffe der Formalwissenschaften noch der ADV einzuführen – genauso wie wir keine Einführung in Grundbegriffe der Rechtswissenschaften geben. Für diese Fragen gibt es ausgezeichnete Lehrbücher in genügender Menge. Allerdings bringen wir eine Einführung in systemwissenschaftliche und informationswissenschaftliche Grundbegriffe, da diese erfahrungsgemäß weder von Juristen noch von Informatikern genügend beherrscht werden.

Obwohl wir also Rechtsinformatik nicht als eine Spezialdisziplin der Rechtswissenschaften ansehen, erweitern wir die Beziehungen zwischen Rechtsinformatik und Rechtswissenschaften in der historischen Perspektive. Dies betrifft unsere zweite grundlegende Hypothese: Wir sehen nämlich *Rechtsinformatik als bislang letzte Stufe des Jahrhunderte alten Prozesses der Einflußnahme formalwissenschaftlichen Denkens auf das Recht.* Die Betonung des Aspekts „Information" und die ADV haben dieser Beeinflussung lediglich eine neue Qualität hinzugefügt.

Unsere dritte Hypothese betrifft die *Unterscheidung von Rechtsinformatik im engeren Sinn und Verwaltungsinformatik.* Obwohl die Verwaltungsinformatik noch mehr als die Rechtsinformatik sich in einer Initialphase und einer Phase der ersten Formierung befindet, lassen sich doch deutlich unterschiedliche Schwerpunkte der beiden Disziplinen feststellen. Dementsprechend richtet die vorliegende Einführung ihr Augenmerk vor allem auf Dokumentationssysteme und ihre Weiterentwicklung, auf die Formalisierung und Algorithmisierung juristischer Entscheidungen mit linguistischen und logischen Methoden und auf die Problematik des Datenschutzes.

Aus diesen Überlegungen heraus haben wir die vorliegende Arbeit wie folgt gegliedert: Abschnitt 1 beschreibt die Entwicklung der Rechtsinformatik unter Berücksichtigung der oben genannten ersten Hypothese und bringt einige Versuche der Definition und Systematisierung. Abschnitt 2 stellt jene systemwissenschaftlichen und informationswissenschaftlichen Grundbegriffe dar, welche die Grundlage der allgemeinen und angewandten Rechtsinformatik bilden. Abschnitt 3 behandelt den ersten großen Problembereich: juristische Informationssysteme, insbesondere juristische Dokumentationssysteme und ihre Entwicklungsperspektiven. In Abschnitt 4 wird über den zweiten Problembereich, die Formalisierung und Algorithmisierung juristischer Entscheidungen berichtet. Abschnitt 5 geht schließlich auf den dritten Problembereich, nämlich die Fragen des Datenschutzes näher ein.

Im einzelnen sind die Abschnitte der vorliegenden Arbeit wie folgt gegliedert: *Abschnitt 1* bringt zuerst eine historische Skizze über die Beeinflussung des juristischen Denkens durch die Formalwissenschaften. Der Bogen spannt sich hierbei von Raimundus *Lullus* um 1300 bis zur Begriffsjurisprudenz (Abschnitt 1.1). Abschnitt 1.2 skizziert die Entwicklungslinien der Rechtsinformatik im 20. Jahrhundert: die Algorithmisierung juristischer Entscheidungen, insbesondere in der Verwaltung; die Bewältigung der Informationskrise des Rechts durch juristische Informationssysteme; die Regelung der Auswirkung der ADV auf Staat und Gesellschaft, insbesondere in Hinblick auf die Privatsphäre des Einzelnen. In Abschnitt 1.3 wird der Versuch der Definition und Systematisierung der rechtsinformatischen Disziplin unternommen. Nach einem Überlick über die Gliederungen einiger Einführungen aus dem deutschen, italienischen, englischen und französischen Sprachraum wird auf die Definitionsvorschläge von

Steinmüller und *Fiedler* näher eingegangen. Jener versteht Rechtsinformatik als Theorie der Beziehungen zwischen ADV und Recht, dieser als Strukturtheorie des Rechts. In Abschnitt 1.3.4 geben wir schließlich unseren eigenen Definitionsvorschlag: Wir fassen Rechtsinformatik (im weiteren Sinn) auf als Theorie der Struktur und Funktion des Rechtssystems im Hinblick auf die Automation der Datenverarbeitung. Innerhalb der so verstandenen Rechtsinformatik im weiteren Sinn ist zwischen Rechtsinformatik im engeren Sinn und Verwaltungsinformatik zu unterscheiden. Die Abgrenzung zwischen beiden Disziplinen wird schwerpunktmäßig derart vorgenommen, daß die Rechtsinformatik im engeren Sinn ihr Interesse auf Konditionalprogramme, Textverarbeitung und den Datenschutz konzentriert, während die Schwerpunkte der Verwaltungsinformatik bei Finalprogrammen, der Verarbeitung formatierter Daten und bei organisationsrechtlichen Bestimmungen liegen. Im folgenden beschäftigt sich die vorliegende Arbeit mit der Rechtsinformatik im engeren Sinn, Fragen der Verwaltungsinformatik werden nur am Rande behandelt. Abschnitt 1.4 befaßt sich mit den Wissenschaftskriterien der Rechtsinformatik: Auf die Rechtsinformatik trifft in erster Linie das Kriterium „Erkenntnisobjekt" („Problembereich") zu, ergänzend dazu können die Kriterien „Methoden" und „Sprache" herangezogen werden. In Abschnitt 1.5 wird schließlich die Stellung der Rechtsinformatik zur Rechtstheorie, insbesondere hinsichtlich der logischen und der hermeneutischen Auffassung vom Recht skizziert.

Abschnitt 2 gibt eine Einführung in die System- und Informationswissenschaften. Nach einer kurzen Skizze der Geschichte und des augenblicklichen Standes dieser Disziplinen (Abschnitt 2.1) werden der Systembegriff und einige Typen von Systemen beschrieben (Abschnitt 2.2 und 2.3). Anschließend wird auf die beiden wichtigsten Methoden der Systemwissenschaften, nämlich auf die Black-Box-Methode und die Modellmethode, näher eingegangen und gezeigt, daß die Anwendungen dieser Methoden auf die Automation der Datenverarbeitung zu den Techniken der Systemanalyse und der Simulation führen (Abschnitt 2.4 und 2.5). In Abschnitt 2.6 werden mehrere Fassungen des Informationsbegriffs vorgestellt. Es zeigt sich hierbei, daß die auf die Wirkung abstellende Definition sich am besten für die Fragestellungen der Rechtsinformatik eignet. Abschnitt 2.7 bringt die Definition des Informationssystems, stellt seine Typen vor und geht näher auf die Struktur von Dokumentationssystemen ein. Semiotische Grundbegriffe, insbesondere die Zeichendimensionen und die Formen der Codierung und Decodierung im Kommunikationsprozeß werden in Abschnitt 2.8 dargestellt. Abschnitt 2.9 bringt schließlich einige grundlegende Überlegungen zum syntaktischen und semantischen Aspekt von Grammatiken und beschreibt die wichtigsten Unterschiede zwischen Phrasenstrukturgrammatiken und Transformationsgrammatiken.

Abschnitt 3 behandelt den ersten großen Problembereich der Rechtsinformatik im engeren Sinn: Juristische Informationssysteme, insbesondere juristische

Dokumentationssysteme und ihre Entwicklungsperspektiven. Der wirksame Einsatz juristischer Informationssysteme im Rechtssystem setzt ein der Realität angemessenes Modell der juristischen Entscheidung voraus. Abschnitt 3.1 bringt ein Beispiel eines solchen Modells. Im Abschnitt 3.2 wird über die im deutschen Sprachraum umfassendste Untersuchung zur Verwirklichung eines ADV-unterstützten juristischen Informationssystems referiert: die von der Bundesregierung der BRD in Auftrag gegebene Systemanalyse *Juris.* Im Rahmen von *Juris* wird auch auf die Ergebnisse der bislang wichtigsten empirischen Untersuchung zum Informationsverhalten und Informationsbedarf von Juristen eigegangen (Abschnitt 3.2.2). In Abschnitt 3.3 werden einige allgemeine Ansätze der ADV-unterstützten Inhaltsanalyse in Dokumentationssystemen, insbesondere Thesauri, automatisches Indexieren und automatisches Referieren beschrieben. Außerdem wird das Problem der Messung der Selektionsgüte eines Systems näher behandelt. Die Abschnitte 3.4 bis 3.6 bringen dann eine kurze Einführung in drei konkrete juristische Dokumentationssysteme: die Sozialrechtsdokumentation des BSG (Abschnitt 3.4), das Textretrievalsystem/1 der GMD (Abschnitt 3.5) und das Wiener System (Abschnitt 3.6). Abschnitt 3.7 stellt einige Überlegungen zum Vergleich dieser Systeme an. In Abschnitt 3.8 wird das Informationssystem DPA in seinen Grundzügen als Beispiel einer Integration aller informationell relevanten Aufgaben einer Behörde dargestellt. Dieses System geht damit über Fragen eines reinen Dokumentationssystems hinaus. Abschnitt 3.9 behandelt schließlich einige Perspektiven des Ausbaues eines erweiterten juristischen Informationssystems, insbesondere in Richtung auf ein Frage-Antwort-System. Hier ergeben sich Verbindungen zum Bereich der „Artificial Intelligence".

In *Abschnitt 4* wird über den zweiten großen Problembereich der Rechtsinformatik im engeren Sinn berichtet: die Formalisierung und Algorithmisierung juristischer Entscheidungen. Bis auf wenige Ausnahmen handelt es sich hier um Forschungsbereiche, die bislang noch keine Anwendung in der Praxis gefunden haben. Gerade sie sollten jedoch in erweiterte juristische Informationssysteme eingebaut werden. In Abschnitt 4.1 werden die Begriffe „Formalisierung", „Algorithmisierung" und „Automation" diskutiert, und es wird gezeigt, daß Formalisierung und Algorithmisierung die notwendigen Vorstufen der Automation darstellen. Abschnitt 4.2 skizziert einige syntaktische, semantische und pragmatische Probleme, die der Formalisierung – und damit Algorithmisierung – genereller Rechtsnormen entgegenstehen. In Abschnitt 4.3 werden Beispiele der Logifizierung von Normen mittels des Prädikatenkalküls und zweier deontischer Kalküle *von Wrights* gebracht. Abschnitt 4.4 diskutiert das Modell normativer Systeme von *Alchourrón* und *Bulygin,* das besonders gut die Möglichkeiten und Grenzen der Formalisierung von Rechtsnormen aufzeigt. In Abschnitt 4.5 wird dargelegt, daß derartige Modelle mittels Entscheidungstabellen implementiert werden können. Die Abschnitte 4.2 bis 4.5 diskutieren insgesamt die Formalisierung genereller Rechtsnormen, die vielleicht die wichtigste Vorbedingung der Algorithmisierung juristischer Entscheidungen im kontinentaleuropäischen Recht darstellt. Die Formalisierung des für die juristische Einzelentscheidung zweitwichtigsten Nachrichtentyps, nämlich der Rechtsfälle (Judikate) wird in Abschnitt 4.6 skizziert, in dem die Ansätze der amerikanischen Jurimetrie und das Verfahren SEDOC dargestellt werden. Abschnitt 4.7 nennt einige Probleme, die einem allgemeinen algorithmisierbaren Modell der juristischen Einzelentscheidung entgegenstehen und diskutiert im speziellen das Modell der juristischen Subsumtion. In Abschnitt 4.8 werden ein Spezialfall der juristischen Entscheidung, die Strafzumessung, und Ansätze ihrer Algorithmisierung behandelt. Abschnitt 4.9 skizziert die Voraussetzungen für die Algorithmisierung juristischer Einzelentscheidungen, nämlich die Forderungen der automationsgerechten Normsetzung. Abschnitt 4.10 zeigt endlich, daß in jenen Bereichen, in denen eine Algorithmisierung juristischer Einzelentscheidungen im großen Maße erfolgt (Verwaltungsautomation), dies Rückwirkungen auf Aufbau- und Ablauforganisation hat.

Abschnitt 5 geht schließlich auf den dritten großen Problembereich der Rechtsinformatik im engeren Sinn näher ein: die Fragen des Datenschutzes. In Abschnitt 5.1 wird der von *Steinmüller* verwendete umfassende Begriff „Informationsrecht" diskutiert. Anschließend wird versucht, die Begriffe „Datenschutz" und „Datensicherung" gegeneinander abzugrenzen (Abschnitt 5.2). In Abschnitt 5.3 werden einige Sachprobleme des Datenschutzes angeführt: die neue Qualität der automatisierten Datenverarbeitung gegenüber der herkömmlichen Datenverarbeitung; die Kriterien, welche die Reichweite der Datenschutzregelungen bestimmen sollen; die Versuche, den Begriff der Privatsphäre näher zu fassen und schließlich die Formen der Kontrolle des Datenschutzes. Die Abschnitte 5.4 bis 5.6 referieren über die Entwickliung der Datenschutzgesetzgebung. In Abschnitt 5.4 wird die Entwicklung des außerdeutschsprachigen Raumes an den Beispielen USA, Großbritannien und Schweden illustiert. Diese Länder wurden gewählt, da die Datenschutzdiskussion ihren Ursprung in den USA hatte und die beiden Alternativen: allgemeines Datenschutzgesetz – ja oder nein, bei Schweden und Großbritannien besonders gut ausgeprägt sind. Abschnitt 5.5 skizziert die Entwicklung der Datenschutzgesetzgebung in der BRD. Im einzelnen werden das Hessische Datenschutzgesetz, der Regierungsentwurf des Bundes-Datenschutzgesetzes, der Alternativentwurf *Podlechs*, die Beschlüsse des Innenausschusses und die endgültige Fassung des Bundesdatenschutzgesetzes dargestellt. Abschnitt 5.6 bringt die Entwicklung der Datenschutzgesetzgebung in Österreich und referiert über die Regierungsvorlage des Datenschutzgesetzes und den Entwurf eines Bundesverfassungsgesetzes über Datenschutz und Datensicherung. Die in den einzelnen Gesetzen und Entwürfen enthaltenen Bestimmungen machen organisatorische Maßnahmen des Datenschutzes und der Datensicherung notwendig. Abschnitt 5.7 nennt als Voraussetzungen zur Schaffung eines Sicherheitssystems die Analyse der Risiken, der Wirkungen eingetretener Risiken und der Schutz- und Sicherungsmaßnahmen. Im einzelnen werden die Schutz- und Sicherungsmaßnahmen der DV-Abteilung dargestellt.

Der *Anhang* enthält als Ergänzung die Texte des Hessischen Datenschutzgesetzes, des Bundesdatenschutzgesetzes, der Regierungsvorlage zum österreichischen Datenschutzgesetz sowie eine Liste jener Begriffe aus dem Bereich der ADV, die Bestandteil des Normenwerks des Deutschen Normenausschusses sind.

Nach dieser Übersicht über den Inhalt dieses Buches geben wir noch den folgenden Hinweis auf die hier gewählte Nomenklatur. Wir werden in der Regel von „automatisierter Datenverarbeitung" (ADV) statt von „elektronischer Datenverarbeitung" (EDV) sprechen, da EDV nur einen (allerdings den bei weitem wichtigsten) Spezialfall der ADV darstellt und die Probleme der Automation im Recht den allgemeinen Begriff angemessener erscheinen lassen. Nur dort, wo das technische Medium gezielt angesprochen werden soll, werden wir den engeren Begriff verwenden, z.B. bei elektronischen Datenverarbeitungsanlagen (EDVA).

Die Automation der Datenverarbeitung im Recht, ihre Möglichkeiten und Grenzen, sind ein Fragenkomplex, der mit wissenschaftlichen, aber auch mit künstlerischen Mitteln analysiert werden kann. Abschließen möchten wir daher diese Einleitung mit der bereits vor mehr als 40 Jahren geschriebenen Geschichte *„Justiz"* von *Roda Roda* (aus dem Band *Das große Roda Roda Buch* (c), Paul Zsolnay Verlag Gesellschaft m.b.H., Wien/Hamburg 1933), die als ironischer Kontrapunkt zum Anliegen des vorliegenden Buches aufzufassen ist.

> „Die Unterredung begab sich in einem mitteleuropäischen Staat, dessen Gerichtswesen nichts taugt. Im Ausland also.
>
> Exzellenz, der Justizminister, setzte sich, bot auch dem Amerikaner einen Stuhl an, und der Amerikaner begann:
> ‚Ich weiß nicht, wieweit Sie unterrichtet sind von Zweck und Wesen meiner Erfindung. Bei alle Mittel will ich Ihnen genau angeben die Grunde, wegen die ich habe herangegangen an meine Konstrukschen. – Exzellenz, die Justiz von diese Landschaft steht bei uns in Amerika in keine gute Geruche. Hiesige – und noch mehr die amerikanische Blätter lassen vorüberziehen abfällige Bemerkungen, daß es soll sein ungleiches Recht für arm und reich, für Adlige und Arbeiter. . .'
>
> ‚D . . .'
> ‚Ich bitte Euer Pardon, Exzellenz, ich bin nicht Parter. Ich will nicht ein Zustand verbessern, der mir völlig gleichgültig ist – ich will machen Geld mit meine Erfindung. Ich rechne nur mit dem Fakt, daß die offentlich Meinung hat die Überzeugung: die Justiz ist wert gar nichts. Diese offentlich Meinung ist für Ihre Regierung sicherlich nicht angenehm. Hier ich bin mit meine Apparatus und möchte die Regierung frei machen von diese unangenehme offentlich Meinung. Kein Körper soll können sagen: da ist Kastenjustiz. Denn mit mein Apparatus ist absolut Gerechtigkeit – jeder kluge Mann muß das einsehen. Vergüten Sie mir Exzellenz, zu vorstellen für Ihnen: das Justizklavier.
>
> Er ist – Sie sehen – von seine Außenseite genau wie jedes andre Klavier; in sein Innere aber es ist nichts als eine Maschine zu Rechnen. Hier an die Front Sie haben schwarze Tasten und weiße Tasten – wie jede gewöhnliche Klavier. Auf die schwarze

Tasten stehen geschrieben, gut gefixt nach Begriffe, die Namen von sämtlichen Verbrechen:

Brudermord,
Elternmord,
Gattenmord,
Kindesmord,
Lustmord,
Meuchelmord,
Muttermord,
Raubmord,
. . . usw.

oder:

Beinbruch,
Ehebruch,
Einbruch,
Friedensbruch,
Leistenburch,
Schädelbruch,
Schiffbruch,
Treubruch,
. . . usw.

Auf die weiße Tasten hingegen steht geschrieben alles, was ist in Gefallen des Angeklagten:

Alibi,
Betrunken,
Minderjährig,
Schwerbetrunken,
Sinnesverwirrt,
Unbescholten,
Wahnsinnig,
. . . usw.

Sie wollen wissen, wie man anwendet das Justizklavier? Sicher mehr wie simpel. Der Vorsitzende von Gericht prüft den Bestand von Taten sorgenvoll, und wenn die Beweisaufnahme ist fertig, geht er einfach zu Justizklavier und preßt herunter alle Tasten, was auf den heute verhandelten Fall zutreffen. Zum Beispiel:

Diebstahl,
Minderjährig,
Unbescholten,
Wahnsinnig

Oder:

Raubmord – zweimal,
Vorbestraft – sechsmal,
Alibi.

(Wenn aber mehr als dreimal vorbestraft, wird Alibitaste nicht funktionieren.) Bei alle Fälle berechnet das Klavier automatisch – genau nach die bestehende Gesetze dieses Landes – die zugehörige Strafe und gibt das fertige Urteil, niedergelegt auf ein vorgedrucktes Formular, sofort heraus.

– – – Und wie gleichen Sie, Exzellenz, mein Apparatus?'

Zwei Monate nach dieser Unterredung ließ Seine Exzellenz der Minister den amerikanischen Ingenieur zu sich bitten und sagte zu ihm:

‚Wir haben Ihr Justizklavier vor einer eigens gebildeten Kommission von technischen und richterlichen Beamten prüfen lassen, und – ich kann Ihnen nur gratulieren – die Kommission hat einmütig anerkannt, daß das Klavier wirklich geeignet ist, das Volk

> von der Unabhängigkeit und Heiligkeit unsrer Rechtspflege zu überzeugen. Die Regierung hat also beschlossen, zunächst zwanzig Ihrer Justizklaviere probeweise bei unsern Landgerichten einzustellen. Aber eine kleine Bedingung, deren Erfüllung Ihrem Genie gewiß nicht schwerfallen wird: jedes gewöhnliche Spielklavier hat – nicht wahr, Herr Ingenieur? – zwei Pedale: ein Piano- und ein Fortepedal. – – Nun, solche Pedale muß auch das Justizklavier erhalten. Lassen Sie auf das Pianopedal etwa gravieren: ‚Regierungspartei' – und auf das Fortepedal: ‚Opposition'. Dann wird das Klavier für uns geeignet sein."

Diese Geschichte *Roda Rodas* diskutiert Möglichkeiten und Grenzen der Automation juristischer Entscheidungen aus dichterischer Sicht. Das vorliegende Buch bemüht sich, zur Klärung des wissenschaftlichen Aspekts dieser Frage beizutragen.

1. Der Problembereich der Rechtsinformatik

Wir gehen von der Grundthese aus, daß die Rechtsinformatik die augenblicklich letzte Stufe eines langen Prozesses des Einflußes formalwissenschaftlichen Denkens im Recht darstellt. In Abschnitt 1.1 versuchen wir dies durch eine historische Skizze zu belegen. Abschnitt 1.2 zeichnet dann die Entwicklungslinien der Rechtsinformatik seit 1949 im Überblick nach. In den Abschnitten 1.3.1 bis 1.3.3 werden mehrere Versuche der Definition und Systematik der Rechtsinformatik, insbesondere jene *Steinmüllers und Fiedlers* behandelt. Unseren eigenen Vorschlag zu dieser Frage enthält Abschnitt 1.3.4, in dem Rechtsinformatik im weiteren Sinn als Theorie der Struktur und Funktion des Rechtssystems im Hinblick auf die Automation der Datenverarbeitung definiert wird. Hier führen wir auch eine schwerpunktmäßige Unterscheidung zwischen Rechtsinformatik i.e.S. und Verwaltungsinformatik an. Abschnitt 1.3.5 illustiert die Probleme der Abgrenzung der Rechtsinformatik zu anderen Disziplinen. Wir sehen dabei Rechtsinformatik als Schnittpunkt von Rechtswissenschaften, Informationswissenschaften und Formalwissenschaften. In Abschnitt 1.4 werden die gewöhnlich genannten Wissenschaftskriterien auf die Rechtsinformatik angewendet; für die Rechtsinformatik trifft in erster Linie das Kriterium „Erkenntnisobjekt" (Problembereich) zu, ergänzend dazu können die Kriterien „Methoden" und „Sprache" herangezogen werden. Abschnitt 1.5 wirft schließlich die Fragen nach der Bedeutung rechtsinformatischer Forschungsergebnisse für die Rechtstheorie und nach der Stellung der Rechtsinformatik zur Rechtstheorie auf.

1.1 Recht und Formalwissenschaften. Eine historische Skizze

Der Abschnitt 1.1 versucht, den Einfluß formalwissenschaftlichen Denkens auf Recht und Rechtswissenschaft im wesentlichen – wenn man von *Lullus* absieht – seit Beginn der Neuzeit zu skizzieren. Diese Skizze strebt natürlich keine historische Vollständigkeit an, sondern will lediglich jene bedeutenden Rechtstheoretiker nennen, die durch formalwissenschaftliches Denken besonders geprägt wurden. Damit soll die uns wichtig erscheinende These belegt werden, daß die grundlegenden Probleme der Rechtsinformatik nichts eigentlich Neues für Recht und Rechtswissenschaft darstellen, sondern in einer langen Tradition stehen. Das Phänomen der ADV fügt dieser Kette allerdings eine neue Qualität hinzu, da durch sie die Fragen der Formalisierbarkeit des Rechts eine früher ungeahnte soziale Relevanz erlangt haben.

1.1.1 Ein Vorläufer: *Lullus*

Untersucht man den Einfluß der Formalwissenschaften auf Recht und Rechtswissenschaft, so lassen sich im wesentlichen zwei Richtungen feststellen:

- Der weitaus größere Teil der formalwissenschaftlich beeinflußten Rechtswissenschaftler versucht die axiomatische Methode im Recht anzuwenden (vgl. Abschnitt 1.1.2 ff).
- Vereinzelt finden sich jedoch auch Wissenschaftler, welche kombinatorisches Denken im Recht anwenden. Dies ist deshalb interessant, da gerade in Verbindung mit ADV das kombinatorische Denken in der Rechtsinformatik stärkeren Einfluß gewinnen dürfte.

Kombinatorisches Denken läßt sich allgemein durch die folgende Vorgangsweise charakterisieren:

- ein gegebener Zeichenvorrat (die Menge der Basiszeichen) stellt den Input des Systems dar;
- nach kombinatorischen Regeln wird die Menge der aus den Basiszeichen herstellbaren „Superzeichen" des Output definiert;
- nach einer Entscheidungsfunktion wird der konkrete Output des Systems bestimmt.

Kennzeichnend für das kombinatorische Denken ist also, daß das empirisch festgestellte Phänomen nur als eines unter den möglichen Realisationen aufgefaßt wird. Primäre Aufgabe der Theorie ist die Konstruktion des vollständigen Systems der denkmöglichen Realisationen.

Ein wichtiger Vertreter dieser Richtung – und wahrscheinlich der erste bedeutende Rechtswissenschaftler des Abendlandes, der entscheidend vom formalwissenschaftlichen Denken beeinflußt wurde – ist Raimundus *Lullus. Lullus* (um 1235 bis 1315), früher Höfling des Königs von Mallorca, ging in seiner *„ars juris particularis"* von der Überlegung aus, daß der Besitz gewisser allgemeiner und evidenter Prinzipien und einer sicheren Methode, das Besondere aus dem Allgemeinen abzuleiten, die Voraussetzungen jeder Wissenschaft sei. Die Sätze und Urteile jeder Wissenschaft sollten durch wechselnde Kombinationen ihrer Begriffe und Prinzipien gewonnen werden. Buchstaben, welche die Begriffe, Prinzipien, Kategorien und Prädikate nach Art algebraischer Ausdrücke repräsentieren, sollten die Kombinationen erleichtern. *Lullus* veranschaulichte das Kombinationsschema seiner „ars magna", indem er fünf kreisförmige Platten drehbar und einander jeweils um ein Stück überragend konzentrisch übereinander befestigte. Er schrieb in jeden Kreisausschnitt Begriffe, Kategorien, Prädikate oder Fragen. Die Begriffe usw. kamen nach Drehen der Kreise in wechselnder Kombination untereinander zu stehen. Nach *Lullus'* Absicht sollte diese *„tabula instrumentalis"* nicht nur Gedächtnisstützen, sondern auch topische Schemata geben, d.h. Leitpunkte, nach denen jedes Thema zu behandeln sei. *Lullus* verfolgte mit ihr das Ziel, in der Rechtswissenschaft mathematische Gewißheit durch ein Operieren mit Begriffen und Grundsätzen nach mechanisch-sicherer Methode zu erreichen.

Im einzelnen bestand das Lullische System aus den folgenden Kreisen und Grundbegriffen:

Circulus Subiectorum: Deus, Spiritus, Corpus, Homo, Sensitivum, Vegetativum, Instumentale, Possessiones, Actiones;

Circulus Praedicatorum absolutorum: Bonitas, Duratio, Capacitas, Forma, Localitas, Motus, Potentia, Principium, Quantitas;

Circulus Praedictorum respectivorum: Differentia, Concordantia, Contrarietas, Ordo, Aequalitas, Inaequalitas, Figura, Signum, Relatio;

Circulus Praedicatorum negativorum: Annihilatio, Diversitas, Impotentia, Contradictoria, Malitas, Nihil, Privatio, Remotio, Falsitas;

Circulus Quaestionum: An?, Quid?, Cur?, Ex quo?, Quantum?, Quale?, Quando?, Ubi?, Quocum?.

Das Lullische System mag heute Rechts- wie Formalwissenschaftler zu nachsichtigem Lächeln verführen. Praktische Wirkung hatte es auch in seiner Zeit keine. Dennoch ist *Lullus* historisch wichtig, da hier das erste Mal in der Rechtswissenschaft Denkprinzipien verwendet werden, die später bei *Leibniz* eine große Rolle spielen (vgl. Abschnitt 1.1.4).

1.1.2 Systematische Bestrebungen des juristischen Humanismus

Die Kasuistik des römischen Rechts und die steigende Flut der Exegesen, Glossen und Distinktionen aus der Schule der Glossatoren und Kommentatoren riefen an der Wende des 15./16. Jahrhunderts das Bedürfnis nach Überschaubarkeit der Rechtssätze und nach Vereinfachung des juristischen Unterrichts wach. Nach Meinung der Humanisten sollte das Recht unmittelbar aus der ratio scripta des Corpus juris erschlossen werden, genau so wie das reine Evangelium, der reine *Aristoteles* gelehrt werden sollten.

Die geistige Beherrschung des römischen Rechts wurde aber durch die Unübersichtlichkeit der Quellen erschwert. Das Corpus juris behandelt gedanklich Zusammengehöriges an verschiedenen, teilweise weit auseinander liegenden Stellen. Als Programm des neuen Juristenstands erschien daher die Aufgabe, die allgemeinen Prizipien des Rechts zu erkennen, sie begrifflich zu erfassen und in einer didaktisch einprägsamen Ordnung darzustellen.

Als einer der wichtigsten Vertreter dieses Programms ist Philipp *Melanchthon* (1497–1560) zu nennen. *Melanchthon* vertrat die Ansicht, nur durch die Anwendung logischer und mathematischer Methoden sei eine systematische Rekonstruktion des Rechts zu erreichen: Die Dialektik (Logik) befasse sich mit allen lehrbaren Dingen und Fragen, so wie sich die Arithmetik mit allem Zählbaren abgebe. Die Logik ergänze die Arithmetik, indem sie das Gezählte und Unterschiedene benenne und definiere, Zusammengehöriges zusammentue und Verschiedenartiges voneinander trenne. Sie sei deshalb die „ars artium", die „scientia scientiarum" (Erotemata dialectices, C.R. XIII, Sp. 514). Artihmetik und Geometrie seien die Flügel des Geistes, die den Wissensdurstigen methodisch sicher auf den verschlungenen Pfaden des Wissens geleiten. Die Arithmetik lehre das Folgern und logisch Einteilen, zeige die Ordnung der Dinge und rege dazu an, unordentliches Durcheinander zu entwirren.

Melanchthon empfahl daher die Mathematik als Vorbild für die Auswahl und Definitionen der Prinzipien, aus denen gefolgert werde. Er betonte, die Erkenntnis der Prinzipien erfolge mittels des uns eingeborenen Lichts unseres Geistes und der natürlichen Urteilskraft; sie seien ohne Beweis einsichtig, so wie auch ohne Beweis nicht bezweifelt werde, daß 2 x 4 = 8 sei. Wie an den theoretischen Prinzipien der Arithmetik und Geometrie und an den aus ihnen gewonnenen Demonstrationen nicht zu rütteln sei, so ständen auch die praktischen Prinzipien, auf denen sich die Sittenlehre aufbaue, samt den aus ihnen abgeleiteten Sätzen fest und unangreifbar. Mit der gleichen Gewißheit, mit der etwa der Satz gelte, daß 2 x 4 = 8 sei, müsse auch der Satz als gültig empfunden werden, daß man nicht stehlen solle (Erotemata dialectices C.R. XIII, Sp 650).

Melanchthons Programm der systematischen Rekonstruktion des Rechts nach Art der Logik, Arithmetik und Geometrie konnte weder durch ihn noch durch seine Schüler Nicolaus *Hemming* (1513–1600) und Hubert *Languet* (1518–81) im entferntesten verwirklicht werden. Als Autor eines der ersten veröffentlichten Versuche einer synthetisch-deduktiven Rechtssystematik ist jedoch Sebastian *Derrer* († 1541) zu nennen. Sein „jurisprudentiae liber primus, instar disciplinae institutus et Axiomatibus magna ex parte conscriptus" (Freiburg/Breisgau und Lyon 1540, Löwen 1552) folgerte – in kurze Absätze gegliedert – aus „ Axiomen". *Derrer* gebrauchte als „Axiome" wörtlich zitierte Lehrsätze der römischen Juristen (vor allem des *Ulpian*). Im Vorwort zu *Derrers* Werk wurde diese Methode als Demonstration bezeichnet.

Das am weitesten auf Juristen dieser Zeit wirkende Beispiel der Anwendung formalwissenschaftlicher Methoden war aber nicht das Programm *Melanchthons*, sondern die *ramistische Methode*. Der französische Logiker Petrus *Ramus* (1515–72) wandte sich gegen die von *Melanchthon* propagierte aristotelische Logik, der er vorwarf, die Demonstration als einen Syllogismus verstanden zu haben, der zu exakter Wahrheitserkenntnis führe; hierdurch hätte sie die Geometrie zur einzigen wirklichen Wissenschaft erhoben und andere Lehrfächer wie Grammatik und Rhetorik abgewertet. Seine Methode war nicht die syllogistische Deduktion aus Axiomen, sondern die Definition und Spaltung der Begriffe und die Ableitung des Besonderen aus dem Allgemeinen. Als ein Charakteristikum der ramistischen Methode ist der pedantische Formalismus der Dichotomie zu nennen. Er produzierte massenhaft tabellarische Übersichten in dichotomer Gliederung. Seine Schüler glaubten, dank des dichotomen Schemas rhetorische Auseinandersetzungen mit annähernd dem Grad der Exaktheit führen zu können, mit dem ein Mathematiker seine Rechenprobleme bewältigt. In der ramistischen Methode ist wohl die Quelle für die lange Tradition der Dichotomisierung von Begriffen im Recht zu sehen, die insbesondere in der Begriffsjurisprudenz (vgl. Abschnitt 1.1.6) zur Bildung kontradiktorischer Gegensätze neigt.

Johannes *Althusius* (1557–1638) verwendete als erster die ramistische Methode zum Aufbau eines juristischen Systems. Er vertrat den Grundsatz, streng systematisch allgemeine Lehren und Begriffe vor den besonderen zu erörtern. Seine „De arte jurisprudentiae Romanae libri duo ad leges methodi Rameae conformati et tabellis illustrati" (Basel 1586) behandeln z.B. zunächst die allgemeinen Voraussetzungen des Erwerbs von Eigentum und Herrschaft vor den besonderen Erwerbsweisen, die Obligationen im allgemeinen vor den einzelnen Vertragsarten. *Althusius'* Versuch einer allgemeinen Rechtslehre war von dem Glauben getragen, es sei möglich, die Rechtsmaterie lückenlos begrifflich zu erfassen und richtige Ergebnisse durch richtiges Ordnen der Begriffe zu finden.

1.1.3 Die euklidische Methode der positiven Jurisprudenz des 17. Jahrhunderts

Beherrschte die ramistische Methode die rechtssystematischen Darstellungen der ersten Hälfte des 17. Jahrhunders, so entwickelte sich gleichzeitig eine andere, stärker von der Mathematik beeinflußte Richtung, die die euklidische Methode nachahmte. Die Juristen begannen nach euklidischem Vorbild „Elementa", „Principia", „Axiomata juris" und „Theoremata" darzustellen und den Rechtsstoff more mathematico zu systematisieren. Diese Entwicklung fand ihren Höhepunkt im 18. Jahrhundert in der Schule Christian *Wolffs* (vgl. Abschnitt 1.1.5). Der Einfluß formalwissenschaftlichen Denkens auf das Recht war so stark, daß zutreffend von einem „furor mathematicus" gesprochen wurde.

Um den Einfluß der euklidischen Methode auf das Recht angemessen bewerten zu können, empfiehlt es sich, sich die Charakteristika dieser Methode – der klassischen axiomatischen Methode – zu vergegenwärtigen.

Euklid († 310 v. Chr.) war von wenigen Definitionen und Grundsätzen ausgegangen, gerade seine Beweislehre wurde als klassisch angesehen. Das folgende Beispiel möge die euklidische Methode illustrieren:

1. Definition: Ein Punkt ist, was keine Teile hat;
15. Definition: Ein Kreis ist eine ebene Figur, die von einer einzigen Linie (Umkreis) so eingeschlossen wird, daß alle von einem der innerhalb der Figur befindlichen Punkte an den Umkreis gehenden geraden Linien einander gleich sind;

24. Definition: Dasjenige Dreieck heißt gleichseitig, welches drei gleiche Seiten hat.
1. Grundsatz: Sind zwei Größen einer dritten gleich, so sind sie untereinander gleich;
9. Grundsatz: Das Ganze ist größer als ein Teil.

Beispiel eines euklidischen Schlusses (Buch I, 1. Satz).

a) Voraussetzung, Behauptung (vgl. Abb. 1.1):
Wenn aus dem Punkt A mit AB der Kreis BCD und aus dem Punkt B mit BA der ACE beschrieben und von dem Punkt C, in dem die beiden Kreise einander schneiden, nach A und B die Geraden CA und CB gezogen werden, so ist ACB ein gleichseitiges Dreieck.

b) Kategorischer Untersatz:
Da AC = AB (15. Definition)
und da BC = AB (15. Definition)
so ist AC = BC (1. Grundsatz)

c) Folgerung:
AC = AB = BC
folglich ist (24. Definition) das auf AB errichtete Dreieck gleichseitig.

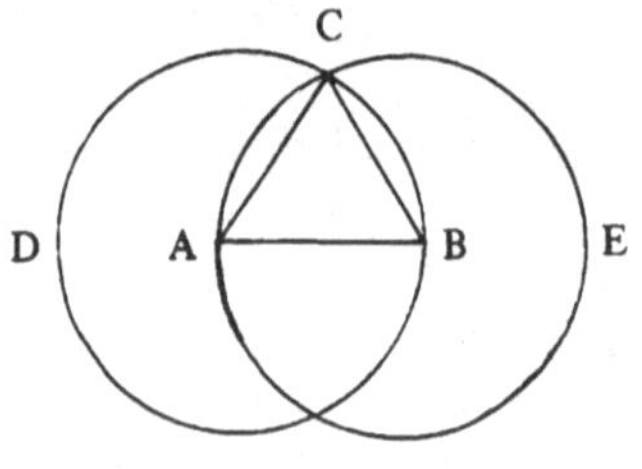

Abb. 1.1. Zum Beispiel der euklidischen Methode
Quelle: *von Stephanitz* (1970,29)

Als erster Anwender der euklidischen Methode im Recht ist Anton *Faber* (1557–1624) zu nennen. Seine „Jurisprudentiae Papinianeae Scientia" (Lyon 1607) hielt sich streng an folgende Vorgangsweise: Jeder Abschnitt wurde durch einen Grundsatz (einen axiomatischen Rechtssatz oder eine Definition aus dem Corpus juris) eingeleitet. Dieser Grundsatz wurde erläutert. Sodann wurden aus ihm in kurzen Sätzen „illationes" abgeleitet. Beispiel: Principium III in Titel IX („De nuptiis") enthält die klassisch-römische Definition der Ehe (D. 23.2.1): „Nuptiae sunt coniunctio maris et feminae, consortium omnis vitae, divini et humanis juris communicatio".

Faber leitete aus der Definition der Ehe als der legitimen Vereinigung von Mann und Frau als „illatio I" ab, daß Kastraten wegen ihrer Unfähigkeit zur Zeugung nicht heiratsfähig seien. Er folgerte aus der Definition der Ehe als der auf Lebenszeit angelegten Verbindung der Ehegatten, daß sie außer durch den Tod auch durch Gefangenschaft und Versklavung gelöst werde, weil beides eine Art bürgerlicher Tod sei (illatio XV).

Daß die genannten illationes *Fabers* heute keineswegs als zwingende Folgerungen erscheinen, ändert nichts daran, daß sein Werk ein großer Fortschritt in dem Bemühen war, ein streng auf logischen Folgerungen aufgebautes juristisches System zu schaffen.

Johann Baptista *Vivianus* ahmte die euklidische Methode in seinem System des kanonischen Rechts „Rationale Juris Pontificii libri V" (Rom 1617, Köln 1628) getreuer als *Faber* nach. Er stellte – wie *Euklid* – zunächst einen Rechtssatz als Behauptung auf. Dann brachte er verschiedene Beweisgründe (Kettenschlüsse) vor, die im vorhergehenden Text bereits selbst bewiesen worden waren oder die als evident vorausgesetzt wurden, weil sie die Autorität der Vernunft oder der Quellen (Bibel, Kirchenväter, Thomas von Aquin usw.) für sich hatten. Zuletzt kam er durch syllogistische Gegenüberstellung der Beweisgründe und des postulierten Rechtssatzes zu der Schlußfolgerung, die den Inhalt des Postulats bestätigte.

Von den zahlreichen Rechtsgelehrten des 17. Jahrhunderts, die *Faber* und *Vivianus* folgend das Recht more geometrico darzustellen versuchten, sei nur noch *Pufendorf* erwähnt. Samuel *Pufendorf* (1632–94) wählte sich das Naturrecht als Gegenstand seiner Demonstrationsversuche. Das erste Buch seiner „Elementa Jurisprudentiae universalis libri duo" (Haag 1660) enthält in 21 Abschnitten die Definitionen der wichtigsten Rechtsbegriffe und die zugehörigen Erläuterungen, das zweite Buch die Prinzipien. In der Prinzipienlehre zog *Pufendorf* in sieben Sätzen die Summe des Naturrechts. Er nannte die zwei ersten („rationalen") Prinzipien „Axiome", die fünf übrigen („experimentellen") „Observationen". Die Wahrheit der Axiome fließe, erklärte er, unmittelbar aus der Vernunft. Sie besage, daß der Mensch Urteilsfähigkeit, freien Willen, Selbstliebe und einen sozialen Trieb besitze und von Natur aus schwach sei. *Pufendorf* zog aus den Axiomen und Observationen den Schluß, daß jeder in seinem Trachten, sich selbst zu halten, nur so handeln dürfe, daß die menschliche Gesellschaft nicht gefährdet werde, weil er sonst gegen die eigenen Interesse wirke. Aus diesem Satz deduzierte er das gesamte Naturrecht. Sein Hauptwerk, die acht Bücher „de Jure Naturae et Gentium" (Lund 1672), führte das in den „Elementen" enthaltene Programm weiter aus. In beiden Werken war die Mathematik methodisches Vorbild.

1.1.4 Axiomatisches und kombinatorisches Denken: *Leibniz*

Die Schriften Gottfried Wilhelm *Leibniz'* (1646–1716) stellen wegen ihres theoretischen Gehalts neben jenen Christian *Wolffs* den Höhepunkt des Einflusses formalwissenschaftlichen Denkens auf das Recht vor dem 20. Jahrhundert dar. Die von *Leibniz* geprägten Begriffe der *„characteristica universalis"* und des *„calculus ratiocinator"* sind Programme, die erst mit der formalen Logik unseres Jahrhunderts verwirklicht werden konnten. Inwieweit diese characteristica wirklich eine universalis ist, also auch für das Recht gilt, kann wohl als die zentrale Fragestellung der allgemeinen Rechtsinformatik bezeichnet werden. Denn nur insoweit dies zutrifft, kann der „calculus ratiocinator" angewandt werden, ist also das Recht algorithmisierbar und automatisierbar.

Leibniz hatte 1661 die Universität Leipzig als Rechtsstudent bezogen, 1663 studierte er ein halbes Jahr Mathematik und Physik in Jena. Seine Disputationsschrift für das Baccalaureat „Disputatio juridica de conditionibus" I und II (Leipzig 1665) behandelte die Lehre von den Bedingungen im Recht in der Form einer mathematischen Demonstration. Dieses erste Probestück der ihm schon früh als Ziel vorschwebenden rationalen Jurisprudenz knüpfte an die Rechtsgelehrten an, die vor ihm die Methode der Mathematik der Rechtswissenschaft empfohlen hatten. *Leibniz* ließ in dieser Schrift auf 160 knappe Definitionen 375 „Theoremata cum Demostrationibus" folgen. Er demonstrierte nach euklidischer Art: die Lehrsätze wurden syllogistisch aus den Definitionen und aus früher demonstrierten Theoremata abgeleitet.

Leibniz begab sich nach seiner Promotion an den Kurmainzer Hof. Er trug dort seine Gedanken zur Verbesserung der Jurisprudenz durch streng logische Deduktion aus letzten Prinzipien vor und übergab dem Kurfürsten eine Niederschrift seiner Reformvorschläge „Nova Methodus discendae docendaeque Jurisprudentiae" (Frankfurt/Main 1667). *Leibniz* hielt – in Analogie zum euklidischen Vorbild – definitiones und praecepta für die Elemente der Rechtslehre (der „jurisprudentia didactica"). Er forderte eine besondere Schrift mit juristischen Definitionen ohne Beimengung von Lehrsätzen und Regeln. Die tabellarischen Begriffsübersichten in der Art von *Ramus* fanden seine Zustimmung. Die Rechtslehre sei eine Wissenschaft, die vom rationalen Beweis abhänge. Ein solcher Beweis (demonstratio) war für ihn nichts anderes als eine Kette von Definitionen (Ideen) und von evidenten oder bereits demonstrierten Vordersätzen (propostitiones). Die Genauigkeit der Demonstration hängt daher nach *Leibniz* entscheidend von der Schärfe der Definitionen ab.

Die These, ein Beweis sei nichts anderes als eine Kombination von Begriffen, wurde in der *„Dissertatio de arte combinatoria"* (1666) näher untersucht. Diese Schrift sollte zeigen, daß die Vordersätze der reinen Wissenschaften nichts anderes als Definitionen oder Definitionsteile wiedergeben und das wissenschaftliche Begriffsgebäude durch die Kombination dieser Definitionen entstehe. Hier verbindet *Leibniz* (übrigens unter Hinweis auf *Lullus*) axiomatisches mit kombinatorischem Denken. Er hielt seine Kombinationslehre für eine seiner wichtigsten Erfindungen. Seit *Descartes* schrieb man mathematischen Formen keine ontologische Bedeutung mehr zu. Nur die „reinen" mathematischen Begriffe waren als

Gegenstand mathematischer Reflexion übriggeblieben. Ähnliches schwebte *Leibniz* für die Jurisprudenz vor: Der Begriff sollte nicht mehr nur Mittel zur Darstellung des Rechts, sondern selbst Gegenstand des Denkens sein, an ontologischer Bedeutung verlieren und dafür an „Form" gewinnen. *Leibniz* sah die Kombinatorik als eine Grundlage der juristischen Technik. Das Rechtssystem sollte nicht mehr, wie bisher nach ramistischer Methode durch Begriffsspaltung, sondern durch die Kombination der juristischen Elementarbegriffe entwickelt werden.

Das Programm der „ars combinatoria" wandte *Leibniz* in zwei Schriften an („Theoremata quibus combinantur Juris Modalia inter se" und „Theoremata quibus combinatur Juris Modalia Modalibus Logicis seu justum cum possibili"). Die hier gewonnenen Lehrsätze sind das Ergebnis eines Operierens mit vertauschten Begriffen, einer Combinatio Terminorum. *Leibniz* sann lange nach, wie die Exaktheit dieses „Rechnens" mit nicht-mathematischen Begriffen gefördert werden könne. Er suchte nach einer Zeichensprache (*„characteristica universalis")*, deren inhaltsentleerte Symbolik ein „Rechnen" mit Begriffen auch außerhalb der Mathematik gestatten sollte. Die Definitionen der gesuchten characteristica universalis hatten für *Leibniz* dieselbe Bedeutung wie algebraische Gleichungen. Seine vielen Ketten juristischer Definitionen sind daher wohl kaum etwas anderes als eine Vorschule des Versuches, durch Aufstellung juristischer „Gleichungen" den *„calculus ratiocinator"* der Jurisprudenz zu finden, der es ermöglichen sollte, an die Stelle des Meinungsstreits die exakte Rechnung zu setzen.

Wenn auch *Leibniz'* Versuch, den calculus ratiocinator der Jurisprudenz zu finden, scheiterte, beherrschte sein Glaube an die Demonstrierbarkeit des Rechts durch *Wolffs* Vermittlung viele Juristen bis tief in das 18. Jahrhundert und strahlte aus auf die Begriffsjurisprudenz des 19. Jahrhunderts sowie die Rechtslogik des 20. Jahrhunderts. Immer noch steht eine gültige und abschließende Beantwortung der Frage aus, inwieweit ein calculus ratiocinator für das Recht entwickelt werden kann.

1.1.5 Der Höhepunkt des axiomatischen Denkens: *Wolff*

Die Schule Christian *Wolffs* führte die axiomatische Methode in der Jurisprudenz auf ihren Höhepunkt. *Wolff* (1679–1754) erfüllte *Leibniz'* Forderung vom Jahre 1697 nach einer Beweismethode more geometrico.

Wolff hatte Theologie studiert. Seine Habilitationsschrift „Philosophia practica universalis mathematica methodo conscripta" (Leipzig 1703) versuchte den ontologischen Beweis Gottes in Form einer mathematischen Demonstration. 1706 wurde *Wolff* Professor für Mathematik in Halle, las anfangs nur über Mathematik und Farbenlehre, wandte sich dann aber der Philosophie zu. Seine philosophischen Lehrbücher („Vernünftige Gedanken von den Kräften des menschlichen Verstandes und ihrem richtigen Gebrauch in Erkenntnis der Wahrheit", 1712) prägten den Lesern mit vielen mathematischen Vergleichen das Grunddogma des Rationalismus ein: Was in der Geometrie unbezweifelbar sei, sei die Grundwahrheit des Denkens überhaupt. Das an und für sich nicht Mögliche könne auch Gott nicht möglich machen. Unmöglich aber sei, was einen inneren Widerspruch enthalte. Alles, was sei und geschehe, habe notwendig eine Ursache und stehe im Zusammenhang mit anderem. Die euklidische Form der Darstellung entsprach diesem Dogma von der Widerspruchslosigkeit und dem Zusammenhang aller Wahrheiten. Jeder neue Lehrsatz nahm auf frühere Sätze Bezug, der behandelte Stoff geriet unter die Herrschaft deutlicher Begriffe. Wolff maß der Genauigkeit der Definitionen größte Bedeutung bei, weil von ihr die Bündigkeit des Schließens abhänge. Die Begriffe wurden in möglichst kurze Sätze gepackt, die Sätze aus Definitionen und Axiomen syllogistisch bewiesen. Die Lückenlosigkeit der Deduktion und die Verknüpfung der Sätze mittels der ihnen gemeinsamen Oberbegriffe und Axiome schuf ein logisches System, das mindestens einen Abglanz der Exaktheit und Widerspruchslosigkeit des euklidischen Systems für sich beanspruchte.

Wolff hatte nach dieser Methode sein philosophisches System um das Jahr 1720 fertiggestellt. Ihre Wirkung war außerordentlich groß. Auch die Juristen begannen bald *Wolffs* demonstrative Methode nachzuahmen (*Kühn, Köhler*). *Wolff* ließ sich durch die mehrfach an ihn gerichtete Frage, ob die positive Rechtswissenschaft sich ebenso demonstrieren lasse wie die Philosophie und das ihr zugerechnete Naturrecht, zu seinem Aufsatz „De jurisprudentia civili in formam demonstrativam redigenda" bewegen. Er schrieb, das positive (römische) Recht sei demonstrierbar, weil es sich aus dem (ohnehin demonstrierbaren) Naturrecht herleite und weil es nach dem Willen Justinians als Corpus juris alle Rechtsfälle widerspruchsfrei erfassen sollte. Das demonstrative System werde in der umgekehrten Reihe seiner Darstellung gewonnen. Der Rechtsstoff werde in klare Sätze aufgelöst, die einem Subjekt (oder Objekt) etwas Bestimmtes (die rechtliche Behandlung) zumessen. Sodann suche man die Gründe dieser Sätze und formuliere sie als Prinzipien. Aus den Sätzen und Prinzipien abstrahiere man schließlich möglichst fruchtbare Definitionen. Zuletzt bringe man das Ganze in ein übersichtliches logisches System, in dem in umgekehrter Folge die Rechtssätze durch Kettenschlüsse aus den Definitionen und Prinzipien deduziert werden könnten.

Wolff selbst lieferte als Probe der demonstrativen Methode das umfangreichste Werk der gesamten Naturrechtsliteratur, das „Jus Naturae methodo scientifica pertractatum" (Frankfurt/Leipzig, 8 Bände, 1740–48).

Mag auch das *Wolffsche* Naturrecht heute nur mehr historisches Interesse beanspruchen, so haben doch seine Lehren in zwei Punkten eine bleibende Wirkung erlangt: der allgemeine Teil des Zivilrechts und die naturrechtlichen Kodifikationen. Der allgemeine Teil des Rechtssystems, das „Ausklammern" allgemeiner Begriffe und Grundsätze, ist zweifellos eine Folge mathematisch beeinflußten Systemdenkens. Insofern kann auch die Gesetzestechnik, allgemeine Bestimmungen an den Beginn eines Gesetzes zu stellen, auf *Wolff* zurückgeführt werden. Und auch die naturrechtlichen Kodifikationen des späten 18. und frühen 19. Jahrhunderts sind von der *Wolff*schen Lehre beeinflußt. Da nach *Wolff* das positive Recht aus dem Naturrecht floß, galt es prinzipiell als ebenso logisch demonstrierbar und vollständig wie dieses. Akzeptierte man dieses Dogma, so erschien es folgerichtig, ihm kodifikatorischen Rückhalt zu geben, damit der Richter nicht Lücken sehe, wo keine sind, und nicht etwa „willkürlich" urteile. Der Systemgeist der Wolffianer traf sich hier mit politischen Überlegungen in der Kodifikation des ALR.

1.1.6 Die Begriffsjurisprudenz

Einen neuen Höhepunkt erreichte der Einfluß formalwissenschaftlichen Denkens in der deutschen Begriffsjurisprudenz des 19. Jahrhunderts. Georg Friedrich *Puchta* (1798–1864), der Begründer dieser Richtung, begriff die systematische Bearbeitung des Rechts als den Versuch, den inneren Zusammenhang aller Teile des Rechts zu erkennen. Dieser Zusammenhang erschien ihm als eine „Genealogie der Begriffe". Die Stellung eines Begriffs im Reehtssystem lasse sich genealogisch auf- und abwärts verfolgen, also sicher bestimmen. Das wissenschaftliche Recht ruhe im Gegensatz zum Gewohnheits- und Gesetzesrecht auf innerer Autorität, nämlich 1. auf der Vernunftmäßigkeit des bestehenden Rechts, 2. auf der Wahrheit der abgeleiteten Grundsätze und 3. auf der Richtigkeit der Folgerungen aus ihnen. Die systematische Struktur der Rechtsbegriffe, nicht ein außerjuristisches teleologisches Prinzip entscheide über die Wahrheit der Deduktion. Diese Denkweise fand ihren Niederschlag vor allem in *Puchtas* Pandektenlehrbuch (1838) und im ersten Buch seines ersten Bandes des Cursus der Institutionen (1841). Vor allem die Pandekten beeindrucken durch logischen Aufbau (*Begriffspyramide*) und begrifflich ausgefeilte Behandlung der Materie. Ein Blick in das Inhaltsverzeichnis der Pandekten *Puchtas* zeigt den typischen Aufbau dieses und ähnlicher Werke: Allgemeine Rechtslehren sind „vor die Klammer gezogen", die Kapitel beginnen mit „Allgemeinem" und mit Definitionen. Im Text wird gelegentlich in Klammern auf einen früheren Paragraphen Bezug genommen: Diese denkökonomische Technik erinnert etwas an die demonstrative Methode. Man nimmt allgemein mit Recht an, daß die Begriffsjurisprudenz in der Tradition der mathematischen Lehrart von *Wolff* wurzelt.

Die Thesen *Puchtas* gewannen bald vor allem auch durch die Arbeiten Rudolf von *Iherings* (1818–92) – in seiner begriffsjuristischen Schaffensperiode – und Bernhard *Windscheids* (1817–92) dominierende Bedeutung in der deutschen Zivilistik. Alle Begriffsjuristen suchten die Begriffe präzise herauszuarbeiten. Sie meinten, die allgemeinen Begriffe müßten konstruiert, aus ihnen müsse logisch deduziert werden. Die Lehre, daß das Rechnen mit Begriffen ein umso sichereres Ergebnis bringe, je präziser die Begriffe seien, verführte zu Abstraktionen mit dem Ziel, alle denkbaren Fälle mit begrifflichen Schemata zu erfassen. Eigentümlichstes Erzeugnis dieses letzlich den Formalwissenschaften nachempfundenen Bemühens um vollständige Begriffe ist die berühmt gewordene Definition der *Eisenbahn* durch das Reichsgericht (RGZ 1, S. 525; Urteil vom 17.3.1879): „Ein Unternehmen, gerichtet auf wiederholte Fortbewegung von Personen oder Sachen über nicht ganz unbedeutende Raumstrecken auf metallener Grundlage, welche durch ihre Konsistenz, Konstruktion und Glätte den Transport großer Gewichtsmassen beziehungsweise die Erzielung einer verhältnismäßig bedeutenden Schnelligkeit der Transportbewegung zu ermöglichen bestimm ist, und durch diese Eigenart in Verbindung mit den außerdem zur Erzeugung der Transportbewegung benutzten Naturkräften (Dampf, Elektrizität, tierischer oder menschlicher Muskeltätigkeit, bei geneigter Ebene der Bahn auch schon der eigenen Schwere der Transportgefäße und deren Ladung usw.) bei dem Betriebe des Unternehmens auf derselben eine verhältnismäßig gewaltige (je nach den Umständen nur in bezweckter Weise nützliche, oder auch Menschenleben vernichtende und die menschliche Gesundheit verletzende) Wirkung zu erzeugen fähig ist."

Die Lehre, das Recht sei eine Vernunftordnung und deshalb ebenso lücken- und widerspruchslos wie die Mathematik, führte dazu, daß alles, was sich nicht logisch auf juristische Oberbegriffe zurückführen ließ, nicht gelten durfte. Es galt z.B. als unlogisch, daß ein nichtiges Rechtsgeschäft durch Anfechtung vernichtet werden könne. Was nicht existiere, könne nicht beseitigt werden. Man folgerte aus dem Begriff der Dienstbarkeit als eines „Rechts an fremder Sache", daß niemand an seiner eigenen Sache eine Dienstbarkeit haben könne. Der Lebensversicherungsvertrag wurde als Darlehen konstruiert, der Gepäckträger und Briefbote unter den Begriff des Frachtführers subsumiert. Die Neigung zur begrifflichen Präzision und Lückenlosigkeit kennzeichnet auch das deutsche BGB (1900).

Diese sich selbst genügende, deduzierende und konstruierende Jurisprudenz entsprach der Forderung des zu Einfluß gelangten liberalen Bürgertums nach Objektivität und Berechenbarkeit des Rechts. Die objektive Norm des Gesetzes ersetzte die willkürlichen Machtansprüche absoluter Regenten. Sie führte nach ihrem Erlaß gleichsam ein eigenes, vom Willen ihres Erzeugers gelöstes Leben und entfaltete eine nur von den Regeln der Logik geleitete Wirksamkeit.

Literatur: *Kalinowski* (1972), *Larenz* (1975), *Stephanitz* (1970)

1.2 Entwicklungslinien der Rechtsinformatik

Sieht man von den allgemeinen Einflüssen formalwissenschaftlichen Denkens im Recht ab, läßt sich der Beginn der Rechtsinformatik ziemlich genau feststellen. Ein Jahr nach der Begründung der Kybernetik durch *Wiener* stellte 1949 *Loevinger* zum ersten Mal die Frage nach den Möglichkeiten der „Jurimetrie", der Anwendung des Computers im Recht (*Loevinger,* Jurimetrics, The Next Step Foreward. In: Minnesota Law Review 1949, 455 ff). Seither können im wesentlichen drei Entwicklungslinien der Rechtsinformatik unterschieden werden:

- die Algorithmisierung juristischer Entscheidungen, insbesondere in der Verwaltung („Verwaltungsautomation");
- die Bewältigung der Informationskrise des Rechts durch juristische Informationssysteme;
- die Regelung der Auswirkung der ADV auf Staat und Gesellschaft, insbesondere im Hinblick auf die Privatsphäre des Einzelnen (Datenschutz, ADV-Recht, Informationsrecht).

Alle drei Richtungen haben ihren Ursprung in den USA. Die erste Entwicklungslinie begann mit der Automation verschiedener Berechnungen (z.B. in der Steuer- und Rentenverwaltung), die in großer Zahl und aufgrund der stets gleichen Vorschriften ausgeführt werden mußten (*Routineberechnungen*). Theoretisch ergänzt wurde diese Richtung durch die *Jurimetrie* (im engeren Sinn). Diese ist ein typisches Produkt des anglo-amerikanischen Rechtssystems. Bekanntlich wird hier ein bei Gerichten anhängiger Fall in der Regel durch den Vergleich mit Präzedenzfällen entschieden (Case-Law-System). Diese richterliche Technik setzt die genaue Kenntnis der bisher ergangenen Entscheidungen voraus. Sobald die Entscheidungsflut einen Umfang erreicht, der eine manuelle Bewältigung unmöglich macht, entsteht die Gefahr einer Krise des Rechtssystems. Angesichts der tatsächlich eingetretenen Informationsflut erschien die Verwendung des Computers als einzig mögliches Mittel der Bewältigung der Informationskrise. Die ADV bot sich in doppelter Hinsicht als Hilfsmittel an:

- Als Medium zum automatisierten Vergleich ähnlicher Rechtsfälle;
- als Medium zum raschen und vollständigen Auffinden der gesuchten Information.

Der automatisierte Vergleich ähnlicher Rechtsfälle und die daraus abzuleitende Prognose der richterlichen Einzelentscheidung stellen die eigentliche Domäne der Jurimetrie dar. Sie hat bisher fast ausschließlich theoretische Bedeutung. Allerdings zeigt auch die Algorithmisierung juristischer Entscheidungen in der Verwaltung den engen Bezug zu juristischen Informationssystemen auf: Die Bereitstellung der für den Entscheidungsalgorithmus benötigten Informationen und die Verknpüfung dieser Informationen mit dem Algorithmus führen erst zu einer echten „Automation" der juristischen Entscheidungen.

Die Algorithmisierung juristischer Entscheidungen wurde in den kontinentaleuropäischen Ländern in den Rahmen eines größeren Zusammenhanges gestellt: in den Rahmen der *Rechtskybernetik*. Ihr Gegenstand ist die Konstruktion formaler Modelle der Rechtsordnung insgesamt oder eines ihrer Teilbereiche. Bisher ist dieser Gegenstand allerdings vorwiegend Programm geblieben. Realisiert konnten im allgemeinen nur spezielle Teilbereiche der Vorstufe dieses Vorhabens werden, nämlich die Erforschung spezifischer Strukturen juristisch relevanter Informations- und Entscheidungsprozesse.

Die Beziehungen zwischen Rechtsinformatik und Rechtskybernetik sind nicht eindeutig. Dies hängt einerseits mit den von den einzelnen Autoren unterschiedlich verwendeten Bezeichnungen, andererseits mit den diesen Bezeichnungen unterschiedlich zugeordneten Begriffsinhalten zusammen. Versteht man „Rechtskybernetik" als Strukturtheorie des Rechts, so stimmt sie im wesentlichen mit der von *Fiedler* vertretenen Konzeption von Rechtsinformatik überein (vgl. Abschnitt 1.3.3). Allerdings wird gewöhnlich der speziell rechtsdogmatische Bereich des Datenschutzes (ADV-Rechts, Informationsrechts) nicht zur Rechtskybernetik gezählt.

Diese Unsicherheit in der Bezeichnung hängt mit der Mehrdeutigkeit des Gebrauchs von „Informatik" und „Kybernetik" zusammen. Im Sprachgebrauch der sozialistischen Länder wird Informatik als Dokumentationswissenschaft für wissenschaftliche Information verstanden, während sie in der BRD und Österreich als Synonym zu Computer-Science(s) aufgefaßt wird. Ebenso unterschiedlich ist der Gebrauch von „Kybernetik". In den sozialistischen Ländern wird sie als universelle gesellschaftliche Leitungswissenschaft aufgefaßt, die wegen der Integration von Gesellschafts- und Verwaltungssystem im Sozialismus speziell für diese Länder angemessen sei (vgl. die Anerkennung der Kybernetik auf dem 22. Parteitag der KPdSU im Jahre 1961).

Neben der Algorithmisierung juristischer Entscheidungen steht als zweite Entwicklungslinie der Versuch, die Informationslawine im Recht mit Hilfe von ADV-unterstützten juristischen *Informationssystemen* zu bewältigen. Erste Versuche zum Aufbau juristischer Dokumentationssysteme wurden 1959 erstmals in den USA unternommen. Auch in Europa werden inzwischen in den verschiedensten Bereichen und in den verschiedensten Organisationsformen solche Systeme aufgebaut. Wie bereits betont, bestehen enge Beziehungen zwischen den Fragen der Algorithmisierung juristischer Entscheidungen und den Fragen juristischer Informationssysteme. Allerdings können juristische Dokumentationssysteme auch dort eingesetzt werden, wo lediglich die für die juristische Entscheidung notwendigen Entscheidungsunterlagen bereitgestellt werden sollen, weil eine Algorithmisierung der Entscheidung nicht durchgeführt werden kann und/oder soll.

Die dritte Entwicklungslinie der Rechtsinformatik hat ihren Kern im Begriff *„Datenschutz"*. Insbesondere die Automation in der öffentlichen Verwaltung führte in den USA zu einer breiten Erörterung der Frage, inwieweit durch ADV in die „Privacy" des einzelnen Bürgers eingegriffen werde. Aber auch diese Fragestellung wurde in der Folge ausgeweitet. An den Informationsbegriff anknüpfend, wird das Problem des Informationsgleichgewichts, insbesondere im Hinblick auf die „Balance der Gewalten" im Staat diskutiert. Vertreter dieser Richtung postulieren ein eigenes „Informationsrecht". Auf der anderen Seite werden, an den Begriff der ADV anknüpfend, juristische Probleme, welche durch den Computer entstehen, behandelt. Beispiele hierfür sind die Frage des Vertragsabschlusses durch den Computer oder die „Computerkriminalität". Vertreter dieser Richtung postulieren ein eigenes „EDV-Recht" (Computer-Recht, ADV-Recht).

Inwieweit diese Probleme im Bereich der Rechtsinformatik behandelt werden sollen, ist umstritten. So heterogen wie die Entwicklung der Rechtsinformatik sind auch die Antworten auf diese Frage. Zum gegenwärtigen Zeitpunkt steht eine allgemein anerkannte Systematik der Rechtsinformatik – auch wenn man sich auf den deutschen Sprachraum beschränkt – noch aus. Die von der Rechtsinformatik zu behandelnden Fragestellungen lassen sich nur typologisch angeben. Einige Versuche, das Erkenntnisobjekt der Rechtsinformatik zu definieren und zu systematisieren, sollen im folgenden Abschnitt skizziert werden.

Literatur: *Bigelow* (1969), *Fiedler* (1964), *Hopt* (1971/72), *Losano* (1971), *Podlech* (1969/70), *Simitis* (1970), *Steinmüller* (1970), *Steinmüller* (1976 a)

1.3 Versuche der Definition und Systematik

1.3.1 Die Systematik allgemeiner Einführungen in die Rechtsinformatik

Existiert für eine wissenschaftliche Disziplin noch kein allgemein anerkanntes Paradigma im Sinn *Kuhns*, so empfiehlt sich zur Abgrenzung des Gegenstand- oder Problembereichs vorerst ein empirisch-induktives Vorgehen, indem untersucht wird, was einzelne Autoren in allgemeine Einführungen in diese Disziplin einbeziehen. Einen summarischen Einblick geben dabei die von den Autoren verwendeten Gliederungen. In diesem Abschnitt geben wir daher die Gliederungen einiger allgemeiner Einführungen in die Rechtsinformatik an. Hierfür wählen wir zuerst vier – zeitlich geordnete – Einführungen aus der BRD, die anschließend durch drei femdsprachige Arbeiten ergänzt werden. Die im folgenden angegebenen Gliederungen enthalten nur die größeren Gliederungseinheiten. Um die unterschiedliche Bezeichnung des Gegenstandes zu illustrieren, führen wir auch die Titel der jeweiligen Arbeiten an.

1. *Steinmüller* (1970)
   Titel: EDV und Recht. Einführung in die Rechtsinformatik

A. Zur Einführung in die Problematik
Allgemeiner Teil: Theoretische und praktische Grundlagen der Rechtsinformatik
B. Formalisierung des Rechts
C. Logik
D. Mathematik
E. Kybernetik
F. Informatik
G. Technik der EDV
Besonderer Teil: EDV und Recht
H. Dokumentation
J. Rechts- und Staatstheorie
K. Verfassung, Verwaltung und Verwaltungsrecht
L. Strafrecht
M. Privatrecht
N. Prozeßrecht
Schlußteil: Asuwirkungen
O. Personelle, finanzielle und organisatorische Auswirkungen
P. Rechtsausbildung

2. *Haft* (1970)
Titel: EDV im Recht
A. Einleitung
B. Computer in der öffentlichen Verwaltung
C. Computer und Gesetzgebung
D. Computer in der Rechtssprechung
E. Rechtswissenschaft und „Kybernetik"
F. Juristische Dokumentation mit Computern
G. Schlußwort

3. *Fiedler* (1970/71)
Titel: Automatisierung im Recht und juristische Informatik
1. Grundbegriffe der elektronischen Informationsverarbeitung und ihrer juristischen Anwendung
2. Datenverarbeitung und Automatisierung in der öffentlichen Verwaltung
3. Elektronische Rechtsdokumentation
4. Datenverarbeitung in Gesetzgebung und Rechtspflege
5. Perspektiven der Automatisierung im Recht und der juristischen Informatik

4. *Steinmüller* (1976 a)
Titel: ADV und Recht. Einführung in die Rechtsinformatik und das Recht der Informationsverarbeitung
A. Rechtsinformatik: Problemstellung und Einführung der Grundbegriffe
1. Grundlegung

2. Theoretische Grundlagen
3. Automatisierte Datenverarbeitung (ADV)

B. Automation juristischer Entscheidung
1. Die juristische Entscheidung
2. Automatisierte juristische Informationssysteme
3. Automation juristischer Entscheidungsinstanzen
4. ADV-Organisation

C. Recht der Informationsverarbeitung
1. Grundlegung für ein Informationsrecht
2. Recht und Organisation von Informationsprozessen
3. Datenschutz

Anhang: Bemerkungen zu einer Didaktik der Rechtsinformatik

5. *Losano* (1969)
Titel: Giuscibernetica, Macchine e modelli cibernetici nel diritto.
Il campo d'indagine
1. Problemi generali
2. La situazione odierna della giurimetria

Per una critica del metodo della giurimetria
3. A quale attività dei giuristi si riferisce la giurimetria?
4. La quadruplice radice di un'utilizzazione insufficiente
5. Modelli anglosassoni e diritto europeo
6. Progetti all'interno della CEE
7. Progetti europei fuori dall'area della CEE
8. Per un'autonoma ricerca giuscibernetica europea

Per una critica dell'oggetto della giurimetria
9. La definizione originaria della giurimetria
10. Giurimetria e giuscibernetica
11. Primo approccio giuscibernetico: il diritto come sottosistema
12. Secondo approccio giuscibernetico: il diritto come sistema di norme
13. Terzo approccio giuscibernetico: analisi del sistema di norme
14. Quarto approccio giuscibernetico: l'utilizzazione pratica dei precedenti approcci

La giuscibernetica nella futura scienza giuridica
15. Esposizione complessiva della giuscibernetica ridefinita
16. Utilità della quadripartizione dell'oggetto della giuscibernetica

6. *Tapper* (1973)
Titel: Computers and the Law
1. The Computer
2. Computers and the Law of Evidence
3. Privacy and Computerized Data Banks
4. Computers and Legislation

5. Computers and Case Law: Problems and Techniques
6. Computers and Case Law: Experiments
7. Computers and Case Law: Operational Systems
8. Computers and Litigation
9. Predicition of Judicial Decisions
10. Computers and International Law
11. Computers and Land Registration

7. *Buffelan* (1975)
Titel: Introduction a l'Informatique Juridique
1. La tunique de Nessus (ou la théorie de l' information)
2. Bourbaki chez Thémis (ou la théorie des ensembles)
3. Les mystères de l'ordinateur
4. Savoir fabriquer un „chapeau" (ou sommaire)
5. Du style des jugements au vocabulaire des Thesaurus (ou vice-versa)
6. A la découverte des techniques de stockage de l'information
7. Aux sources de l'informatique juridique
8. L'épluchage de l'artichaut (ou l'analyse juridique)
9. Une aiguille dans une meule de foin (ou traitement et recherche de l'information)
10. Heurs et malheurs de Jurindex
11. Un systeme nommé Darius
12. L'ordinateur, de l'usine à l'administration (ou l'informatique juridique administrative)
13. La ronde des ordinateurs
14. Un terminal pour l'avocat?
15. Magister dixit (ou l'ordinateur à l'université)
16. Le droit, l'informatique et la mathématique

Die Gliederungen der angeführten Einführungen spiegeln die Heterogenität der Entstehung, der einzelnen Entwicklungslinien und der in der Rechtsinformatik verwendeten Nomenklatur wider. Die Gliederungen der frühen Arbeiten im deutschen Sprachraum (*Steinmüller* 1970, *Haft* 1970 und *Fiedler* 1970/71) orientieren sich an der Lehre der Gewaltenteilung und/oder an der traditionellen Gliederung der juristischen Dogmatik. Hierzu kommen noch die Beziehungen der Rechtsinformatik zur Rechtstheorie und als „Querschnittsmaterie" die Behandlung der Probleme der Rechtsdokumentation. Da es sich bei *Steinmüller* und *Fiedler* um Einführungen handelt, die für den Juristen gedacht sind, werden jeweils in einem einführenden Teil Grundbegriffe der Formalwissenschaften und der ADV vorangestellt. Dieser einführende Teil fehlt bei *Haft,* da seine Arbeit einen „State-of-the-art"-Report darstellt. Probleme des Datenschutzes werden in diesen frühen Einführungen gar nicht oder nur am Rande behandelt. Dies entspricht der zeitlichen Situation um 1970 im deutschen Sprachraum, da zu diesem Zeitpunkt die Datenschutzdiskussion in Europa erst in den Anfängen stand.

Die Gliederung bei *Steinmüller* (1976 a) zeigt das Vordringen der funktionalen Betrachtungsweise gegenüber der an der Jurisprudenz orientierten institutionellen Gliederung. Die Algorithmisierung juristischer Entscheidungen und die juristischen Informationssysteme werden unter dem Begriff „Automation juristischer Entscheidung" zusammengefaßt und ihnen das – sehr weit gefaßte – Recht der Informationsverarbeitung gegenübergestellt.

Die Beispiele aus dem außerdeutschsprachigen Raum zeigen die Heterogenität der Nomenklatur und des Begriffsinhalts. *Losano* (1969) verwendet die Bezeichnung „Rechtskybernetik" in einem sehr weiten Sinn. Aus dem Programm der Formulierung allgemeiner kybernetischer Modelle der Rechtssysteme ergibt sich die Algorithmisierung juristischer Entscheidungen als Spezialfall. Fragen des Datenschutzes und des Informationsrechts bleiben ausgenommen. *Tapper* (1973) gebraucht die Bezeichnung „ADV und Recht" und legt das Schwergewicht naturgemäß auf das Case Law System. Daneben werden aber auch der Einsatz der ADV in anderen Rechtsbereichen und die Problematik des Datenschutzes (Privacy) behandelt. Sowohl *Losano* als auch *Tapper* behandeln ziemlich ausführlich die Jurimetrie. *Buffelan* (1975) verwendet die Bezeichnung „Rechtsinformatik" und versteht darunter – dem französischen Sprachgebrauch folgend – im wesentlichen lediglich die Lehre von den juristischen Informationssystemen.

Auch im deutschen Sprachraum besteht die Wahlmöglichkeit zwischen den Bezeichnungen
- Rechtskybernetik
- ADV und Recht (EDV und Recht)
- Rechtsinformatik (juristische Informatik).

Wir haben uns in der vorliegenden Einführung für die letzte Möglichkeit entschieden, da sie sich in der BRD und Österreich als Bezeichnung für den gesamten Problembereich der juristischen Informationssysteme, der Algorithmisierung juristischer Entscheidungen und des Datenschutzes durchzusetzen scheint. Allerdings möchten wir darauf hinweisen, daß diese Bezeichnung den folgenden Nachteil hat: Sie legt die Auffassung nahe, Rechtsinformatik sei ein spezieller Zweig der angewandten Informatik, eine „Bindestrich-Informatik". Diese Auffassung teilen wir jedoch nicht. Vielmehr vertreten wir die Meinung, daß die Rechtsinformatik den Schnittpunkt zwischen Rechtswissenschaften, Informationswissenschaften und Formalwissenschaften bezeichnet (vgl. Abschnitt 1.3.5).

Die Bezeichnung „ADV und Recht" wählen wir aus zwei Gründen nicht:
- „ADV und Recht" bezeichnet nur die Ebene des Objektbereiches, nicht die Ebene der Theorie über diesen Bereich;
- „ADV und Recht" betont zu wenig den informationswissenschaftlichen Bezug und damit den sozialen Kontext (Pragmatik).

Im folgenden gehen wir auf einige Versuche, „Rechtsinformatik" zu definieren und zu systematisieren, näher ein.

1.3.2 Rechtsinformatik als Theorie der Beziehungen zwischen ADV und Recht (*Steinmüller*)

Im deutschen Sprachraum hat sich wohl *Steinmüller* am meisten mit Definition und Systematik der Rechtsinformatik beschäftigt. In *Steinmüller* (1970, 5 bzw. 30) wird „Rechtsinformatik" definiert als *„Theorie über die Beziehungen zwischen EDV und Recht sowie deren Voraussetzungen und Folgen"* bzw. als „diejenige Wissenschaftsdisziplin, die sich mit den Voraussetzungen, Möglichkeiten und Problemen der automatisierten Informationsverarbeitung auf dem Gebiet des Rechts befaßt". Ähnlich lautet die Definition in *Steinmüller* (1972/73, 114): „Rechtsinformatik ist die Theorie über Voraussetzungen, Möglichkeiten und Folgen der EDV im Recht." Zu dieser Definition wird näher ausgeführt: Gegenstand der Rechtsinformatik ist nach gegenwärtiger Auffassung die wechselseitige Relation zwischen EDV und Recht. Ihr Ziel ist, eine zugehörige Theorie zu bilden, die möglichen Anwendungen zu erforschen und ihre Rechtsprobleme zu lösen.

Rechtsinformatik behandelt also zunächst die Relation EDV → Recht, aber auch die umgekehrte Relation Recht → EDV. Erstere heißt kurz „juristische Datenverarbeitung" (d.h. Anwendungsprobleme der EDV im Rechtsbereich, z.B. Rechts-, Verwaltungsautomation), letztere meist „EDV-Recht" (d.h. Rechtsfragen aus Anlaß der EDV, wie z.B. Datenschutzrecht), gelegentlich auch „Informationsrecht". Beides wird zusammengehalten von der zugehörigen Theoriebildung, die begründet, inwiefern Rechtsinformatik ein einheitliches, wohlgegliedertes Problem- bzw. Wissensfeld ist, mit anderen Disziplinen zusammenhängt, welches ihre Voraussetzungen und Möglichkeiten sind und worin ihre gesellschaftliche Relevanz besteht.

Die *Problembereiche der Rechtsinformatik* lassen sich in drei Gruppen ordnen:

- Probleme der Theoriebildung, z.B. Begriffsbildung, Verhältnis der Rechtsinformatik zu Nachbarwissenschaften, aber auch die Erörterung ihrer gesellschaftlichen Implikationen;
- Probleme der Anwendung der EDV im Rechtsbereich, z.B. rechnerunterstützte Normsetzung;
- Probleme der Rechtswissenschaft (einschließlich Rechtspolitik) im Hinblick auf EDV, z.B. Datenschutzrecht, Urheberrechtsschutz für Software.

Diese Problembereiche lassen sich systematisieren, indem sie auf Probleme der Automatisierung von Informationsprozessen innerhalb von Informationssystemen reduziert werden. Einen Überblick über die Einordnung rechtsinformatischer Fragestellungen gibt Tabelle 1.1.

Tabelle 1.1. Einordnung rechtsinformatischer Fragestellungen
Quelle: *Steinmüller* (1972/73, 125)

Fragestellung	Einordnung
1. Formalisierung juristischer Texte und Prozesse (Algorithmisierung)	Algorithmisierung, bes. Reduktion der Information auf den syntaktischen Aspekt
2. Juristische Dokumentation	Rechnerunterstützte Informationsverarbeitung mit Schwerpunkten Eingabe, Speicherung und Ausgabe
3. Rechtsautomation; insbesondere automatisierte bzw. automationsgerechte Normsetzung und Normanwendung	Rechnerunterstützte Informationsverarbeitung mit Schwerpunkt Informationsveränderung
4. Verwaltungsautomation	verbindet 2. und 3.
5. Öffentliche „Datenbanken" und Informationssysteme	Komplexe Informationssysteme mit Einschluß von Informationsveränderungsprozessen
6. Rechtstheoretische Fragen der Rechtsinformatik	a) wie 1. b) Staat, Gesellschaft, Recht als hochkomplexe Informationssysteme
7. Rechtsdogmatische und rechtspolitische Fragen der EDV allgemein	Rechtliche Qualifizierung von Informationsprozessen und Informationssystemen

Die Kombination mit den drei Problembereichen Theoriebildung – Anwendung – Rechtsfragen ermöglicht folgende weitere Systematisierung: Die Rechtsinformatik kann eingeteilt werden in prinzipielle, Anwendungs- und rechtlich-normative Probleme der Automation der juristischen

– Informationseingabe, -speicherung und -ausgabe (Dokumentation, Datenbank);

– Informationsveränderung (Informationsverarbeitung i.e.S.: Formalisierung und Automatisierung juristischer Entscheidungsprozesse; Rechts- und Verwaltungsautomation);

- Informationsintegration (Zusammenfassung dieser Informationsprozesse in komplexeren Informationssystemen).

Dieser Vorschlag einer detaillierten Systematik wird in *Steinmüller* (1976 a, 20) zugunsten einer höheren Abstraktionsebene aufgegeben. Der Gegenstandsbereich der Rechtsinformatik wird hier wie folgt definiert (der entsprechende Abschnitt stammt von *Garstka*): Die Rechtsinformatik untersucht

- den rechtlichen Regelungsprozeß selbst, d.h. das Zustandekommen gesellschaftlicher Strukturen durch die Vermittlung von Rechtsnormen; die dabei beteiligten Informationsverarbeitungsprozesse sind in Teilbereichen automatisierbar und müssen automatisiert werden, soll die Gesellschaft den Entwicklungsstand aufrechterhalten, den sie jetzt besitzt;
- die rechtliche Regelung der Informationsstrukturen in der Gesellschaft; die Automation greift in diese Informationsstrukturen tiefgreifend ein und hat über den Einfluß auf das Gefüge der sozialen Handlungen Bedeutung für die Gesellschaft als ganze: und damit wiederum auf die Art und Weise, wie und welche Rechtsnormen zustandekommen.

Der Gegenstandsbereich der Rechtsinformatik gliedert sich damit in zwei Problemfelder, die in ihrem Ansatzpunkt kategorial verschieden, in ihrer sozialen Auswirkung aber eng miteinander verknüpft sind.

1.3.3 Rechtsinformatik als Strukturtheorie des Rechts (*Fiedler*)

Etwas andere Akzente als *Steinmüller* setzt *Fiedler* (1974 a) bei seiner Konzeption der Rechtsinformatik. Die in verschiedenen Grundrichtungen ausgedeutet Konzeption der Rechtsinformatik wird in Frageform wie folgt charakterisiert:

- Soll sich die Rechtsinformatik vor allem mit dem juristischen Informationswesen und der elektronischen Rechtsdokumentation befassen, oder soll sie z.B. zugleich die Methoden der Automatisierung rechtlich bestimmter Verwaltungsaufgaben einbeziehen? Gibt es insbesondere Lehren und Methoden, welche computergestützte Verfahren von Planung, Dokumentation und Vollzug des Rechts gemeinsam betreffen? Oder: Gibt es Ansätze einer allgemeinen Theorie der computergestützten juristischen Information und Entscheidung?
- Soll sich die Rechtsinformatik vorwiegend als Methodenwissenschaft verstehen (z.B. als Methodik der Rechtsdokumentation usw.), oder soll sie sich eher als neuen Zweig der juristischen Dogmatik auffassen (z.B. als Lehre vom Datenschutzrecht usw.)? Oder gibt es eine dritte Auffassung der Rechtsinformatik als „Problemwissenschaft" oder auch „Strukturwissenschaft", welche diesen Gegensatz übergreifen kann?
- Kann Rechtsinformatik apriorisch betrieben werden, oder muß sie nicht auch empirisch und sogar experimentell vorgehen? Müssen nicht z.B. bei

Mensch-Maschine-Systemen experimentelle Untersuchungen heuristisch sehr wertvoll, vielleicht de facto unentbehrlich sein?

– Besitzen nicht die Überlegungen der Rechtsinformatik manche ausgeprägt futurologische Komponenten, etwa indem darin künftige Errungenschaften der DV-Technologie einbezogen werden? So z.B. die Entwicklung umfassender „integrierter Informationssysteme", wodurch die Notwendigkeit von Datenschutzmaßnahmen begründet wird.

Fiedler betont, daß die gesellschaftliche Bedeutung der DV nicht allein aus einer Technologie, sondern gerade in einem tieferen Sinn nur aus der in der Informationsverarbeitung zugrunde gelegten mathematischen und logischen Methodik zu verstehen ist. Die Technologie der DV ist nichts anderes als die Verkörperung dieser Methodik. Die gesellschaftliche Bedeutung der DV hängt danach eng zusammen mit der gesellschaftlichen Bedeutung der Mathematik im weitesten Sinne, der *„Strukturwissenschaften"* (einschließlich der formalen Logik, Kybernetik usw.). Demgemäß ist es zweckmäßig, auch die Rechtsinformatik schwerpunktmäßig zugleich als methodenorientiert aufzufassen und in ihrem Kern als Strukturtheorie zu verstehen.

Folgt man dieser Tendenz einer spezifisch-methodischen Orientierung, so ist für die Rechtsinformatik folgendes wesentlich (*Fiedler* 1974 a, 203):

– Ausgangspunkt und Basis der Rechtsinformatik (juristischen Informatik) ist die praktische Anwendung der Datenverarbeitung im Recht und Staat. Hierbei ist „Recht" gewissermaßen das abstrakte System, „Staat" ein zugehöriges konkretes System. Für die Rechtsinformatik ist es unumgänglich, nicht nur das abstrakte System des Rechts zu betrachten, sondern sich auch mit der Realisierung und Fortentwicklung des Rechts in Gesellschaft und Behördenapparat, mit der Wirksamkeit, Kritik und Planung des Rechts zu beschäftigen. Daher ist die Rechtsinformatik von der Informatik der Regierung, Gesetzgebung, Verwaltung und Justiz nicht scharf trennbar. Vor allem nach der Vorstellung des „Rechtsstaats" muß sie diese Gebiete zwangsläufig miteinbeziehen.

– Das Interesse der Rechtsinformatik (juristischen Informatik) richtet sich auf die Struktur rechtlich normierter, zugleich als gesellschaftliche Realität betrachteter Zusammenhänge (z.B. Organisationen, Verfahren, Regelungen, Dokumente) im Hinblick auf die Datenverarbeitung. Insbesondere in der mathematisch fundierten empirischen Strukturanalyse von Organisationen, usw. im Hinblick auf die DV sind für die Rechtsinformatik sehr konkret faßbare Ansatzpunkte gegeben, welche für sie spezifisch sind. Diese Strukturanalyse muß an Hand der tatsächlichen Durchführung von DV-Anwendungen laufend überprüft werden.

Hieraus ergeben sich die interdisziplinären Verwandtschaften der Rechtsinformatik: methodisch zu den „Strukturwissenschaften" (Mathematik, Logik,

Informatik); inhaltlich zu den Sozialwissenschaften, insbesondere den „Informationswissenschaften". *Fiedler* verwendet den Terminus „Strukturwissenschaften" als eine Umschreibung des Wesens der Formalwissenschaften, wie formaler Logik und Mathematik, um kein einengendes Mißverständnis insbesondere der Mathematik aufkommen zu lassen. Er gliedert die Rechtsinformatik in

- *spezielle Rechtsinformatik,* d.h. strukturell orientierte Theorie der Datenverarbeitung in Recht und Staat (Regierung, Verwaltung, Gesetzgebung, Justiz);
- *allgemeine Rechtsinformatik,* d.h. DV-orientierte Strukturtheorie der rechtlich bestimmten Information und Entscheidung;
- *Dogmatik des DV-Rechts und eines allgemeinen Informationsrechts* (wegen der engen Wechselwirkung zwischen dogmatischen und strukturellen Methoden wird diese dogmatische Disziplin zweckmäßig in den Bereich der Rechtsinformatik einbezogen).

Die Begriffe „strukturell" und „Strukturtheorie" bedeuten in diesem Zusammenhang, daß sich die Rechtsinformatik methodisch an den Formalwissenschaften orientieren soll.

1.3.4 Rechtsinformatik als Theorie der Struktur und Funktion des Rechtssystems im Hinblick auf die Automation der Datenverarbeitung

Steinmüller knüpft in seiner Definition der Rechtsinformatik an den Problembereich „ADV und Recht", *Fiedler* and das methodische Kriterium der „Strukturtheorie" an. Folgt man diesem methodisch orientierten Ansatz, so ergibt sich die Schwierigkeit, die Dogmatik des Datenschutzrechts bzw. allgemeinen Informationsrechts in die Rechtsinformatik einzubeziehen. Im folgenden versuchen wir daher, eine systemtheoretische Begriffsbestimmung der Rechtsinformatik zu entwickeln, welche auch das Datenschutzrecht berücksichtigt.

Im Sinn der Systemwissenschaften (vgl. Abschnitt 2) läßt sich „Gesellschaft" als ein komplexes System deuten, das in verschiedene interaktive Subsysteme zerlegt werden kann. Gemäß dieser Konzeption kann das Rechtssystem als ein das gesellschaftliche Gesamtsystem regelndes Subsystem aufgefaßt werden, das durch die Verarbeitung spezifischer Nachrichten zur Erhaltung des Gleichgewichts des Gesamtsystems beiträgt. Diese Leistung des Rechtssystems in Bezug auf das Gesamtsystem stellt seine „Funktion" und damit den externen Aspekt des Rechtssystems dar. Der interne Aspekt des Rechtssystems wird durch seine „Struktur", nämlich die Menge der Beziehungen zwischen den Komponenten des Rechtssystems festgelegt. Struktur und Funktion bestimmen damit aus systemtheoretischer Sicht das Rechtssystem.

Folgende systemtheoretische Definition bietet sich damit an: *Rechtsinformatik (im weiteren Sinn) ist die Theorie der Struktur und Funktion des Rechtssystems im Hinblick auf die Automation der Datenverarbeitung.*

Rechtsinformatik hat daher – bezogen auf ein Rechtssystem – einen internen (strukturalen) und einen externen (funktionalen)Aspekt.

- Der *interne Aspekt* betrifft die Struktur des Rechtssystems selbst im Hinblick auf die Automation der Datenverarbeitung. Er enthält die Frage, wie die informationellen Beziehungen zwischen den Komponenten des Rechtssystems „automatisiert" werden können. Zum internen Aspekt sind daher die Probleme juristischer Informationssysteme und der Algorithmisierung juristischer Entscheidungen zu zählen.
- Der *externe Aspekt* betrifft die Einflußnahme auf die übrigen Komponenten des Gesamtsystems in Hinblick auf die Automation der Datenverarbeitung. Zum externen Aspekt sind daher die Probleme des Datenschutzes bzw. des ADV-Rechts zu zählen.

Diese beiden Aspekte stimmen ungefähr mit der Einteilung in *Steinmüller* (1976 a) überein (vgl. oben Abschnitt 1.3.2). Allerdings betonen sie durch die Verwendung systemwissenschaftlicher Termini den strukturwissenschaftlichen Hintergrund und nähern sich auf diese Weise der Konzeption *Fiedlers.*

Die vorgeschlagenen Definition bedarf mehrerer Konkretisierungen:

1. Die Definition setzt eine entsprechende Abgrenzung und Strukturierung des *„Rechtssystems"* voraus. Wir verstehen unter diesem Begriff nicht nur das abstrakte System der Rechtsnormen, sondern auch das konkrete System der gesellschaftlichen Realität. Das „Rechtssystem" im hier verwendeten Sinne umfaßt also „Recht und Staat" im Sinne *Fiedlers.* Als Strukturierung bietet sich vorerst die Gliederung in die Komponenten Gesetzgebung, Verwaltung, Justiz oder Gesetzgebung, Regierung, Verwaltung, Justiz an.
2. *„Automation der Datenverarbeitung"* ist nur als Endprodukt eines Prozesses zu verstehen, der auch die Stufen Strukturierung, Formalisierung und Algorithmisierung umfaßt. In vielen Bereichen des Rechtssystems wird der Endpunkt dieses Prozesses nicht erreicht, dennoch zählen wir alle Bestrebungen, die in diese Richtung gehen, zur Rechtsinformatik i.w.S.
3. Auch die *„Theorie"* stellt den Endpunkt eines Prozesses dar. Zum gegenwärtigen Zeitpunkt ist der Theorieanspruch weitgehend lediglich ein Programm. Ein geschlossenes theoretisches System der Rechtsinformatik ist noch nicht abzusehen, allerdings glauben wir, daß die systemwissenschaftliche bzw. strukturelle Betrachtungsweise hier Aussicht auf Erfolg haben dürfte.

Im Hinblick auf die Abstraktionshöhe bzw. Nähe zu einem konkreten Rechtssystem kann die Rechtsinformatik gegliedert werden in:

- *Allgemeine Rechtsinformatik:* Diese umfaßt die „Grundlagen", erarbeitet die „Grundbegriffe" und verknüpft sie zu einer allgemeinen Theorie. Die allgemeine Rechtsinformatik ist, wie bereits betont, zum gegenwärtigen Zeitpunkt weitgehend Programm.

– *Angewandte Rechtsinformatik:* Diese hat den externen und/oder internen Aspekt zum Gegenstand und beschäftigt sich im einzelnen mit den juristischen Informationssystemen, der Algorithmisierung juristischer Entscheidungen und dem Datenschutz.
– *Spezielle Rechtsinformatik:* Diese wendet die Ergebnisse der allgemeinen und angewandten Rechtsinformatik auf konkrete Rechtssysteme an. Für die spezielle Rechtsinformatik ist also kennzeichnend, daß die konkreten rechtlichen Normen einer Rechtsordnung in die Überlegungen einbezogen werden.

Die angewandte und spezielle Rechtsinformatik im hier gebrauchten Sinn bilden jedoch noch nicht den Gegenstand der vorliegenden Einführung. Wir halten nämlich eine *Unterscheidung in Rechtsinformatik i.e.S. und Verwaltungsinformatik* für zweckmäßig. Diese Unterscheidung bildet keine Partition des Objektbereiches der Rechtsinformatik i.w.S., da die Verwaltungsinformatik auch Fragestellungen umfassen dürfte, die über das Rechtssystem hinausgehen. Eine klare Abgrenzung scheint zum gegenwärtigen Zeitpunkt kaum möglich zu sein:

– Sowohl die Definition der (öffentlichen) Verwaltung (der Erkenntniswert der Substraktionsdefinition in Anlehnung an die Gewaltenteilungslehre bleibt gering) als auch die Formulierung eines Oberbegriffs aller Verwaltungstätigkeiten bereiten beträchtliche Schwierigkeiten.
– Mehrere wissenschaftliche Disziplinen beschäftigen sich mit dem Verwaltungsgeschehen (z.B. die Rechtswissenschaft in Form der Verwaltungslehre oder die Wirtschaftswissenschaften in Form der Verwaltungsbetriebslehre). Eine einheitliche „Verwaltungswissenschaft" ist noch nicht abzusehen.

Eine Abgrenzung zwischen Rechtsinformatik i.e.S. und Verwaltungsinformatik kann daher zum gegenwärtigen Zeitpunkt nur typologisch-schwerpunktmäßig vorgenommen werden:

– Der Schwerpunkt des strukturalen Aspekts der Rechtsinformatik i.e.S. liegt bei Konditionalprogrammen und Textverarbeitung; der Schwerpunkt des strukturalen Aspekts der Verwaltungsinformatik liegt bei Finalprogrammen und Verarbeitung formatierter Daten. (Die hier gebrauchte Unterscheidung von „Konditionalprogrammen" und „Finalprogrammen" stimmt nicht mit der von *Steinmüller* (1976 a) verwendeten (vgl. Abschnitt 3.1) überein. Wir verstehen unter Konditionalprogrammen im wesentlichen hypothetische Normen, die Tatbestände mit Rechtsfolgeanordnungen verknüpfen; gleichgültig wie sehr Wertungen in die Anwendung solcher Normen eingehen. Als Finalprogramme fassen wir im wesentlichen kategorische Normen auf; Planungsaktivitäten basieren typisch auf Finalprogrammen.)
– Der Schwerpunkt des funktionalen Aspekts der Rechtsinformatik i.e.S. liegt beim Datenschutz; der Schwerpunkt des funktionalen Aspekts der Verwaltungsinformatik liegt bei organisationsrechtlichen Bestimmungen.

Es ist klar, daß eine strikte Trennung der einzelnen Problemkreise weder sinnvoll noch zielführend ist, die Rechtsinformatik i.e.S. muß die Fragestellungen der Verwaltungsinformatik berücksichtigen und umgekehrt. Dennoch sind eindeutige Unterschiede in den Schwerpunkten festzustellen. Typisch für den internen Aspekt der Rechtsinformatik i.e.S. sind eben die Fragen juristischer Dokumentationssysteme und die Problematik der Formalisierung von Rechtsnormen, die nur in Ausnahmefällen durch quantitative Beziehungen adäquat wiedergegeben werden könne. Aus diesen Überlegungen verzichten wir im folgenden auf eine Darstellung von Planungsinformtionssystemen (welche typisch für Finalprogramme sind) und behandeln die Fragen der Verwaltungsautomation nur sehr kursorisch.

Zum Abschluß sei noch kurz auf die Frage der *Gliederung des strukturalen Aspekts* der Rechtsinformatik i.e.S. eingegangen. Dieser hat die Automation der Datenverarbeitung im Rechtssystem zum Gegenstand, also die Automation der juristischen Informationsverarbeitung bzw. Entscheidung. Bei jedem Verarbeitungsprozeß lassen sich vom Informationsfluß (Datenfluß) her vier Komponenten unterscheiden:

- Eingabedaten
- Arbeitsablauf
- Ausgabedaten
- Referenz- und Kontrolldaten.

Der Verarbeitungsprozeß transformiert die Eingabedaten unter Benutzung von Referenz- und Kontrolldaten in Ausgabedaten (vgl. Abbildung 1.2). Eingabedaten und Ausgabedaten heißen fließende Daten oder Arbeitsdaten. Sie werden abgegrenzt von den Referenzdaten und Kontrolldaten, die wegen ihrer geringen Änderungshäufigkeit auch feste Daten heißen. Fließende Daten und feste Daten, die zusammengefaßt auch Verarbeitungsdaten genannt werden, und der Verarbeitungsprozeß beschreiben den Informationsfluß.

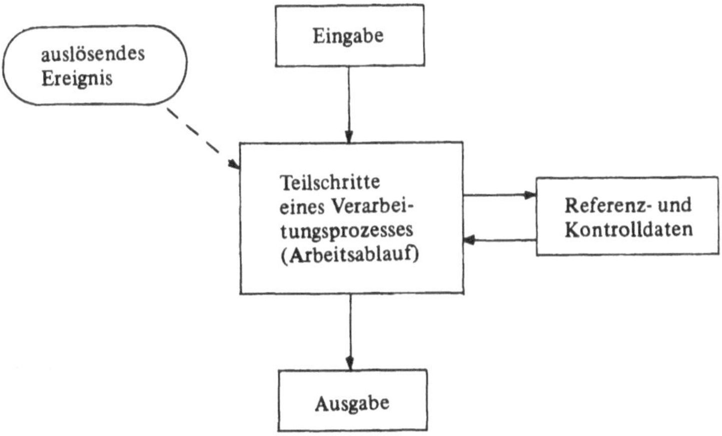

Abb. 1.2 Informationsfluß im Verarbeitungsprozeß
Quelle: *Wedekind* (1973, 43)

Juristische Informationssysteme beziehen sich auf den Zusammenhang zwischen Verarbeitungsprozeß und festen Daten, die Algorithmisierung der juristischen Entscheidung hingegen auf den Verarbeitungsprozeß selbst (also die Transformation der fließenden Daten). Nur wenn eine Umsetzung beider Komponenten in die ADV möglich ist, empfiehlt es sich, von einer *„Automation der juristischen Entscheidung"* zu sprechen. Wie bereits betont ist dies jedoch in vielen Bereichen des Rechtssystems nicht möglich. Aus diesem Grund bleiben wir bei der grundsätzlichen Teilung des internen Aspekts der Rechtsinformatik i.e.S. in juristische Informationssysteme (Abschnitt 3) und Algorithmisierung der juristischen Entscheidung (Abschnitt 4). Daran schließen wir den Kernbereich des externen Aspekts, nämlich den Datenschutz an (Abschnitt 5).

1.3.5 Zur Abgrenzung der Rechtsinformatik von anderen Disziplinen

So unbestimmt die genaue Abgrenzung des Gegenstandsbereiches der Rechtsinformatik ist, so unbestimmt ist auch die Abgrenzung zu anderen Disziplinen. Die Schwierigkeiten sind hier in einem noch höheren Maße gegeben, da ja auch die Begriffsbestimmungen der anderen Disziplinen variieren. *Steinmüller* (1972/73, 127) schreibt hierzu: Obwohl allzu strenge Abgrenzungen sich kooperationshemmend und damit wissenschaftsfeindlich auswirken, können gleichwohl arbeitsteilige Abgrenzungen vorgeschlagen werden. Dabei kann es sich nicht um starre, ein für allemal festgelegte Grenzen handeln; vielmehr sind es Berührungspunkte, zum Teil überlappende Bereiche, für die es sinnvoll ist, sie von mehreren Seiten anzugehen.

Abgrenzungen der Rechtsinformatik zur Informatik, Informationswissenschaft und Rechts- und Verwaltungswissenschaft lassen sich nach *Steinmüller* wie folgt vornehmen:

Im Verhältnis zur *Informatik* (Computer Science(s)), soweit sie sich als mathematisch-technische Disziplin versteht, ist Rechtsinformatik teils angewandte Informatik, teils komplementäre Ergänzung, vor allem wegen der Besonderheit der Einbeziehung spezifisch juristischer Legitimitätsprobleme (weil ADV im Rechtsbereich sich nur als rechtmäßige vollziehen darf).

Zu den *Informationswissenschaften* (Information Science(s), DDR: Informatik) steht die Rechtsinformatik derzeit in keinem eindeutig angebbaren Verhältnis, da jene noch zu sehr im Fluß sind; einerseits ermöglichen sie eine umfassendere Beschreibung von Informationsprozessen in rechnerunterstützten sozialen Systemen; andererseits klammern sie zum Teil technische Fragen aus, die wegen der engen Verflechtung von Technik und Recht in der Rechtsinformatik miterörtert werden müssen, und sind ungeachtet ihrer prinzipiellen Bedeutung gelegentlich noch allzu stark in ihrer Herkunft aus den Bibliothekswissenschaften befangen.

Der Bezug der Rechtsinformatik zur *Rechtswissenschaft* ist je nach deren Selbstverständnis verschieden. Begreift man diese als traditionelle dogmatische Jurisprudenz, die sich in systematisierter Gesetzesauslegung erschöpft, dann zählt Rechtsinformatik nur in ihrem informationsrechtlichen Aspekt zu ihr; der Rest wäre im wesentlichen Sache der Rechtssoziologie. Begreift diese sich jedoch als moderne Rechtwissenschaft, die gesellschaftliche Voraussetzungen und Implikationen in ihr Wissenschaftsverständnis einbezieht und alternative Handlungsvorschläge reflektiert (also auch eine verwissenschaftlichte Rechtspolitik für möglich hält), dann ist Rechtsinformatik ihr wesentlicher Bestandteil, der selbstverständlich auch die Fragestellungen und Ergebnisse der Verwaltungswissenschaften zur Kenntnis nimmt. Umgekehrt zählt auch die Behandlung der Rechtsfragen zum Gegenstandsbereich „ADV und Recht". In dieser Hinsicht kann auch die Verwaltungsinformatik als Teil der Rechtsinformatik betrachtet werden, soweit es sich um die öffentliche Verwaltung handelt.

Soweit die Darstellung bei *Steinmüller* (1972/73). In *Steinmüller* (1976 a, 5) wird diese Eingliederung der Rechtsinformatik in die Rechtswissenschaften wie folgt verdeutlicht: „So stellt sich die Rechtsinformatik dar als eine juristische Spezialdisziplin, die sich in den Rahmen einer sich sozialwissenschaftlich orientierenden Rechtswissenschaft stellt und damit neben der traditionellen Jurisprudenz steht." Wir teilen die Meinung, Rechtsinformatik sei ein Teil der Rechtswissenschaft, auch dann nicht, wenn man eine „moderne" Rechtswissenschaft konzipiert. Gerade die von *Fiedler* postulierte methodische Orientierung der Rechtsinformatik an den Struktur- bzw. Formalwissenschaften unterscheidet die Rechtsinformatik von den Rechtswissenschaften. Wir glauben daher, den Standort der Rechtsinformatik am besten dadurch festlegen zu können, daß wir die *Rechtsinformatik als Schnittpunkt der Rechtswissenschaften, Informationswissenschaften und Formalwissenschaften* bestimmen.

Literatur: *Buffelan* (1975), *Burkert* (1975), *Fiedler* (1970/71), *Fiedler* (1974 a), *Haft* (1970), *Losano* (1969), *Steinmüller* (1970), *Steinmüller* (1972/73)

1.4 Wissenschaftskriterien der Rechtsinformatik

Im vorliegenden Abschnitt stellen wir einige Überlegungen zur Frage an, ob Rechtsinformatik eine „wissenschaftliche" Disziplin sei. Wir halten allerdings dieses Legitimationsbedürfnis der Rechtsinformatik nicht für besonders wichtig, da es uns mehr auf die gesellschaftliche Relevanz der Probleme des Einsatzes der ADV im Recht ankommt.

Üblicherweise versucht man, „Wissenschaften" nach einem oder mehreren der folgenden Kriterien zu bestimmen:

– das Kriterium „Erfahrungsobjekt" („Gegenstandsbereich");
– das Kriterium „Erkenntnisobjekt" (Problembereich");

- das Kriterium „Methoden"
- das Kriterium „Sprache".

Bei dem in der traditionellen Wissenschaftslehre immer zuerst genannten Abgrenzungskriterium des *„Erfahrungsobjekts"* handelt es sich um die Vorstellung einer begrifflichen Zerlegung der Welt in eine bestimmte Anzahl von Gegenstandsklassen als einer ersten Grundlage für die Teilung der wissenschaftlichen Arbeit. Eine eindeutige Abgrenzung aller wissenschaftlichen Disziplinen ist auf diesem Wege jedoch nicht zu erreichen: Viele Disziplinen teilen ihren Gegenstandsbereich mit mindestens einer anderen Disziplin. Das Kriterium der Gegenstandsklassifikation ist daher für eine Beschreibung der gegenwärtigen wissenschaftlichen Arbeitsteilung und damit für eine Bestimmung der einzelnen Disziplinen allein nicht mehr ausreichend.

Bei dem Kriterium *„Erkenntnisobjekt"* handelt es sich quasi um eine Verfeinerung des Kriteriums „Erfahrungsobjekt". Das Erkenntnisobjekt (der Problembereich) einer wissenschaftlichen Disziplin kann gekennzeichnet werden durch:

- die Angabe bestimmter Klassen von Eigenschaften von und Beziehungen zwischen Gegenständen aus einem bestimmten Bereich;
- die Angabe bestimmter Klassen von Fragestellungen, die im genannten Gegenstandsbereich bezüglich der genannten Eigenschaften und Beziehungen wissenschaftlich bearbeitet werden sollen.

Mit Hilfe dieses Kriteriums lassen sich – theoretisch – alle gegenwärtig etablierten Disziplinen voneinander abgrenzen und beliebig viele neue Disziplinen konstituieren. In der Praxis gibt es jedoch immer mehr oder weniger große Problembereiche, die von mehreren Disziplinen beansprucht und zum Teil auch mehrfach bearbeitet werden.

Die Anwendung des Kriteriums *„Methoden"* hängt von der Einteilung wissenschaftlicher Methoden ab. Hier existieren zahlreiche Unterscheidungen, eine davon ist die folgende: Wenn man davon ausgeht, daß es in der Wissenschaft erstens um die Suche von Antworten auf bestimmte Fragen und zweitens um die Begründung dieser Antworten geht, kann man die wissenschaftlichen Methoden klassifizieren in:

- Entdeckungsmethoden (heuristische Methoden);
- Begründungsmethoden (diese können wieder eingeteilt werden in Methoden der deduktiven Begründung und Methoden der empirischen Begründung).

Auch das Methodenkriterium als Grundlage der Abgrenzung der wissenschaftlichen Arbeit bereitet erhebliche Schwierigkeiten. Abgesehen davon, daß es Entdeckungsmethoden in einem strengen Sinn zumindest heute noch nicht gibt, verlangt das Methodenkriterium zur Abgrenzung der Wissenschaften spezielle Entdeckungs- und Begründungsmethoden für eine Disziplin. Diese sind jedoch, insbesondere für „junge" Disziplinen, nicht konstitutiv, da sie im Rahmen dieser Disziplinen erst allmählich erarbeitet und herausgefunden werden müssen. Betrachtet man hingegen nur die allgemeine Unterscheidung in deduktive und empirische Begründungsmethoden, so führt dies lediglich zu einer Klassifizierung der Wissenschaften in Formalwissenschaften und Erfahrungswissenschaften und allenfalls noch in vorwiegend historisch beobachtende und vorwiegend experimentell beobachtende Erfahrungswissenschaften.

Das Kriterium „*Sprache*" wird aus der Überlegung heraus angewandt, daß die Sprache in der Wissenschaft eine besondere Rolle spielt. Zu jeder Zeit ist ein Teil der wissenschaftlichen Aktivität auf die Entwicklung einer im Vergleich zur Alltagssprache präziseren Wissenschaftssprache gerichtet. Mit dem Sprach-Kriterium verhält es sich jedoch ähnlich wie mit dem Methoden-Kriterium. Die speziellen wissenschaftlichen Terminologien sind immer erst das Ergebnis wissenschaftlicher Aktivitäten in den verschiedenen Disziplinen, für die sie also prinzipiell nicht konstitutiv sein können. Die allgemeinen Terminologien der Logik und der Mathematik dagegen stehen grundsätzlich jeder wissenschaftlichen Disziplin zur Verfügung.

Keines der angegebenen Kriterien befriedigt daher vollkommen. Wendet man die einzelnen Kriterien dennoch auf die Rechtsinformatik an, kommt man zu folgendem Ergebnis: Auf die Rechtsinformatik trifft in erster Linie das Kriterium „Erkenntnisobjekt" („Problembereich") zu, ergänzend dazu können die Kriterien „Methoden" und „Sprache" herangezogen werden. Die Fragestellung nach der Struktur und Funktion des Rechtssystems im Hinblick auf die Automation der Datenverarbeitung bestimmt einen Problembereich. Rechtsinformatik ist eine primär problemorientierte Wissenschaftsdisziplin, das Ergebnis der Forschungen ist im Lichte von Zielsetzungen zu sehen, die dem Problembereich selbst, der Automation im Recht zugrunde liegen.

Nach *Steinmüller* (1976 a, 3f) impliziert der problemorientierte Ansatz dreierlei:

- Bei der Formulierung der Probleme und der Erarbeitung von Lösungsvorschlägen darf der Umfang der einzubeziehenden wissenschaftlichen Ansätze nicht von vornherein beschränkt sein; die Problematik muß vielmehr nach allen Dimensionen abbildbar sein.
- Die Erörterung der Probleme ist nicht an die Verwendung einer einheitlichen Methode gebunden, es werden vielmehr alle Methoden zugelassen, die rational diskutierbare Ergebnisse erwarten lassen. Für problemorientierte Disziplinen gilt daher der Grundsatz des Methodenpluralismus.
- Die Erörterung ist nicht auf das Begriffsreservoir und das Aussagesystem einer etablierten Wissenschaftsdisziplin beschränkt, sie ist vielmehr offen für die Einbeziehung von Erkenntnissen verschiedener Disziplinen.

Läßt also der problemorientierte Ansatz grundsätzlich eine Pluralität von Methoden und Sprachen zu, so liegt doch im Rahmen der Rechtsinformatik das Schwergewicht auf Methoden und Sprachen der Struktur- bzw. Formalwissenschaften. Dies gilt zumindest für die allgemeine und angewandte Rechtsinformatik (vgl. Abschnitt 1.3.4), während die spezielle Rechtsinformatik eher durch eine Heterogenität von Methoden und Sprache charakterisiert wird.

Literatur *Czayka* (1974), *Fiedler* (1974 a), *Lenk* (1972), *Steinmüller* (1976 a)

1.5 Rechtsinformatik und Rechtstheorie

In Abschnitt 1.1 wurde versucht, den Einfluß formalwissenschaftlichen Denkens auf das Recht in seiner historischen Entwicklung zu skizzieren. Gerade wenn man den strukturwissenschaftlichen Aspekt der Rechtsinformatik betont, zeigt sich damit, daß die Rechtsinformatik das zum gegenwärtigen Zeitpunkt letzte Glied einer langen Kette darstellt, die sich von früheren Einflüssen formalwissenschaftlichen Denkens auf das Recht durch die neue Qualität der ADV und der damit gegebenen gesellschaftlichen Dringlichkeit der Problemstellung unterscheidet. Damit erhebt sich die Frage nach der Bedeutung der rechtsinformatischen Forschungsergebnisse für die Rechtstheorie und nach der Stellung der Rechtsinformatik zur Rechtstheorie.

Die Bedeutung, welche der Jurist den Versuchen der Rechtsinformatik, juristische Entscheidungen zu formalisieren und zu algorithmisieren, beimißt, hängt wesentlich von der eigenen rechtstheoretischen Position ab. Die Dialektik zwischen Form und Inhalt, Systemdenken und Problemdenken, Begriffsjurisprudenz und Interessenjurisprudenz, Rechtssicherheit und Sachgerechtigkeit der juristischen Lösung zeigt sich heute im *Gegensatz zwischen der logischen und hermeneutischen Auffassung vom Recht.* Rechtstheoretische Grundpositionen schlagen sich in den paradigmatisch vorgestellten *Rollenbildern des Juristen* nieder. Als Extreme des juristischen Problemlösungsverhaltens sind hier die eindeutig vorgegebene Handlungsanweisung ohne den geringsten Handlungsspielraum und die Handlung nach freiem Belieben bei völligem Fehlen einer Anweisung zu nennen. In der Praxis werden die Extreme natürlich in reiner Form nie vertreten, jedoch sind die Rollenbilder mehr oder weniger an den Enden der Skala angesiedelt. Im ersten Fall spricht man regelmäßig von „Rechtsanwendung", im zweiten von „Rechtsfindung".

Die Beurteilung der Frage nach Berechtigung und Einfluß formalwissenschaftlichen Denkens im Recht hängt damit offenbar von der Eigenart des einzelnen Rechtsgebietes und vom Rollenverständnis des Juristen ab. Die Gegensätze entzünden sich hierbei weniger an der Rolle des Verwaltungsbeamten, als an jener des Richters. *Fiedler* (1970/71, 67 f) faßt die diesbezügliche Argumentation wie folgt zusammen: „Die idealtypische Gestalt des Richters scheint sich wenig mit dem Gedanken einer Automatisierung seiner Funktionen zu vertragen. Die idealtypischen Momente sind hier eher diejenigen der Individualisierung und Konkretisierung, der schöpferischen Fortbildung von Rechtsregeln anhand neuartiger Lebenskonflikte. . . Die Parallele zu den so verstandenen richterlichen Funktionen liegt dann weniger in den automatisierbaren Massenentscheidungen der privaten und öffentlichen Verwaltung, sondern in dem, was die Lehre vom Management als nicht-automatisierbare „Einmalentscheidung" bezeichnet. Insoferne erscheint die idealtypische Funktion des Richters – entsprechend jener des Gesetzgebers – als das Finden einer Einmalentscheidung, welche nicht aus einem rationalen System schematisch vorherbestimmbar ist. . . Andererseits kann aber auch an eine ältere, ebenso „rechtsstaatliche" Auffassung der Richterfunktion erinnert werden: an den Richter als „Mund des Gesetzes". . . Statistisch gesehen dürften weniger die der idealtypischen Gestalt des Richters entsprechenden „Einmalentscheidungen" das Übergewicht haben als andere Tätigkeiten, welche sich eher im Sinne einer präzisierbaren, vorherbestimmbaren Routine deuten lassen."

Formal lassen sich die beiden rechtstheoretischen Positionen in einem ersten Ansatz wie folgt beschreiben: Der Vertreter der logischen Auffassung vom Recht sieht in der Einzelentscheidung ein Optimierungsproblem, in dem die Entscheidung im Hinblick auf fest vorgegebenen Begriffe optimiert werden soll. Für die Vertreter der juristischen Hermeneutik besteht die Einzelentscheidung in der Optimierung im Hinblick auf die Sachgerechtigkeit. Tatsächlich handelt es sich jedoch nicht um einfache Extremwertaufgaben, sondern eher um Optimierungen unter Nebenbedingungen, d.h. die Menge der Optima wird durch fest vorgegebene Bedingungen beschränkt. Die Position der logischen Auffassung vom Recht läßt sich dann charakterisieren durch Optimierung der Sachgerechtigkeit unter der Nebenbedingung vorgegebener Begriffe und Schlußregeln, die Position der juristischen Hermeneutik durch Optimierung der Begriffe unter der Nebenbedingung der Sachgerechtigkeit. Doch auch dieses Modell dürfte noch zu wenig realitätsadäquat sein, da weder Sachgerechtigkeit noch vorgegebene Begriffe eindeutig bestimmt sind. In Wirklichkeit versucht der urteilende Jurist seine Entscheidung wohl derart zu formulieren, daß beide Forderungen, nämlich jene nach Sachgerechtigkeit und jene nach entsprechender Absicherung durch generelle Rechtsnormen, erfüllt sind. Seine Zielvariable ist daher zweidimensional. Der Gegensatz der beiden Grundpositionen tritt dann auf, wenn die beiden Dimensionen negativ korrelieren, also eine sachgerechtere Lösung nur um den Preis einer unbefriedigenden Begründung durch generelle Normen bzw. eine befriedigende Begründung nur um den Preis einer wenig sachgerechten Lösung erreicht werden kann. In diesem Fall wird die Frage nach der „richtigen" Entscheidung zur „Maßfrage". Die logische Auffassung vom Recht legt das Schwergewicht auf den Begründungszusammenhang, die hermeneutische Auffassung auf den Auffindungszusammenhang der Entscheidung.

Prüft man die Entwicklungsgeschichte von Recht und Rechtswissenschaft auf die Einflußnahme formalwissenschaftlichen Denkens, so stellt man fest, daß letzteres stets dan Relevanz erlangt hat, wenn soziale und ökonomische Voraussetzungen hierfür gegeben waren. Der Einfluß des *Wolff*schen Denkens auf die Naturrechtskodifikationen des ausgehenden 18. Jahrhunderts wurde u.a. durch den Wunsch des preußischen Königs nach dem Ausschluß richterlicher Willkür bedingt. Die Herrschaft der Begriffsjurisprudenz läßt sich u.a. durch den Wunsch des sich emanzipierenden Bürgertums nach Ersetzung der willkürlichen Machtansprüche absoluter Regenten durch die objektive Norm des Gesetzes erklären. In ähnlicher Weise verlangt heute der Übergang vom liberalen Ordnungsstaat zum Planungs- und Leistungsstaat nach effizienten Methoden der Planung und ihrer Umsetzung in die soziale Wirklichkeit. Die ADV bildet hierfür ein hervorragenden Mittel. Die Rechtsinformatik i.w.S. als Versuch einer Theorie ihrer Anwendung in Staat und Recht spiegelt damit gesellschaftliche Entwicklungen wider.

Es stellt sich daher die Frage nach den Aufgaben der Rechtsinformatik im Hinblick auf die skizzierten rechtstheoretischen Grundpositionen. Wir sind nicht der Auffassung, daß es Aufgabe der Rechtsinformatik ist, normative Aussagen zu machen. Die Entscheidung darüber, in welchen Rechtsbereichen die juristische Entscheidung „automatisiert" werden kann und/oder soll, ist von Rechtstheorie und Rechtsdogmatik zu treffen. Allerdings hat die Rechtsinformatik die Voraussetzungen und Folgen der Automation aufzuzeigen. Solange eine strukturelle Klärung der Rolle des urteilenden Juristen im allgemeinen und des Richters im besonderen noch aussteht, hat die Rechtsinformatik von diesem unterschiedlichen Rollenverständnis auszugehen und die verschiedenen Modelle des juristischen Problemlösungsverhaltens auf ihre Algorithmisierbarkeit zu prüfen. Die bisherigen Erfahrungen haben gezeigt, daß sich der methodische Ansatz des „Rechtspositivismus", der eher der logischen Auffassung vom Recht folgt, weit besser zur Algorithmisierung eignet als die Ansätze der juristischen Hermeneutik. Daraus wird von den Vertretern dieser Richtung häufig der Schluß gezogen, die Rechtsinformatik sei auf die Position des Rechtspositivismus fixiert. Wir glauben jedoch, daß die Rechtsinformatik, insoweit sie sich auf ihren eigentlichen Problembereich beschränkt, diesem rechtstheoretischen Streit neutral gegenüberstehen soll.

Literatur: *Canaris* (1969), *Engisch* (1971), *Esser* (1970), *Fiedler* 1970/71), *Garstka* (1975), *Larenz* (1975), *Reisinger* (1974 a), *Rodingen/Falke* (1975), *Winkler* (1975)

2. Grundbegriffe der System- und Informationswissenschaften

Abschnitt 2 bringt eine Einführung in die wichtigsten Grundbegriffe der System- und Informationswissenschaften, die für die „strukturelle" Betrachtung der Rechtsinformatik notwendig erscheinen. Hierbei werden Grundbegriffe der Systemwissenschaften in den Abschnitten 2.2 bis 2.5 und Grundbegriffe der Informationswissenschaften im weitesten Sinn in den Abschnitten 2.6 bis 2.9 dargestellt. Auf die Heterogenität der beiden genannten Disziplinen weist Abschnitt 2.1 hin. Abschnitt 2.2 bringt die grundlegenden Begriffe System und Struktur, Homomorphie und Isomorphie, Systemverhalten und Systemgleichgewicht. In Abschnitt 2.3 werden einige Systemtypen, insbesondere im Hinblick auf die Form der Systemstabilisierung dargestellt. Die Abschnitte 2.4 und 2.5 behandeln jene Methoden, die häufig als typisch systemwissenschaftlich bezeichnet werden: die Black-Box-Methode und die Modellmethode. Die speziell auf ADV ausgerichtete Anwendung der Black-Box-Methode ist die Systemanalyse, die in Abschnitt 2.4.2 als Entwicklung von Anwendungssystemen konzipiert wird. Die speziell auf ADV ausgerichtete Anwendung der Modellmethode ist die Systemsimulation, deren Formen Simulation i.e.S. und Planspiel in Abschnitt 2.5.2 skizziert werden.

Abschnitt 2.6 behandelt den für Informationswissenschaften wie Rechtsinformatik grundlegenden Begriff der Information. Von den zahlreichen in der Literatur verwendeten Definitionen dürfte sich für die Rechtsinformatik am besten eine auf die Wirkung abstellende Definition eignen. Weiters werden in diesem Abschnitt die Begriffe Signal, Daten, Nachricht und Information gegeneinander abgegrenzt. Informations- und Dokumentationssysteme, ihre Strukturen und Typen werden in Abschnitt 2.7 dargestellt. Abschnitt 2.8 behandelt die verschiedenen Dimensionen des Zeichenbegriffs und bringt die wichtige Unterscheidung der syntaktischen und semantischen Codierung. In Abschnitt 2.9 werden schließlich die Grundzüge von Grammatiken skizziert und die wichtigsten Unterschiede zwischen Phrasenstruktur-Grammatik und Transformationsgrammatik dargestellt. Ihre Bedeutung für die Rechtsinformatik liegt darin, daß anspruchsvolle juristische Informationssysteme mit automatischer Textverarbeitung ohne die Anwendung der Forschungsergebnisse der Linguistik nicht denkbar sind.

2.1 Systemwissenschaften und Informationswissenschaften

Es kann nicht Aufgabe einer Einführung in die Rechtsinformatik sein, eingehend auf die Definitions- und Abgrenzungsprobleme der Systemwissenschaften und Informationswissenschaften einzugehen, zumal in beiden Fällen eine Klärung des Inhalts und Aufbaues der Disziplinen noch aussteht.

Die von *Wiener, Shannon* und ihren Nachfolgern entwickelte *„Kybernetik"* versucht die Struktur und das Verhalten organischer und technischer Systeme durch allgemeine Prinzipien, wie jene der Regelung und Information zu beschreiben. Seit etwa 1960 wird dieser Ansatz durch *Bertalanffy, Mesarović* und andere zu einer *allgemeinen Systemtheorie* (General Systems Theory) ausgebaut, welche die Analyse von Systemen aus den verschiedensten substanzwissenschaftlichen Bereichen ermöglichen soll. Von dieser *„General Systems Theory"* wird von Systemwissenschaftlern der *„Systems Research"* unterschieden. Schon aus dieser Unterscheidung heraus empfiehlt sich die Bezeichnung „Systemwissenschaften" statt „Systemwissenschaft".

Die charakteristischen Unterschiede zwischen „General Systems Theory" und „Systems Research" arbeitet *Ackoff* (1964, 51) wie folgt heraus: „Science refers both to an activity – the process of controlled inquiry – and to the product of that activity – a body of knowledge. It makes a difference, however, in which of these two ways one looks at science in attempting to unify it. General systems theory tends to look at a science as a body of facts, laws, and theories... The systems researcher, on the other hand, looks at science as an acitivity, and at knowledge as its product. To one unification of science is a matter of concepts, symbols, and statements about phenomena; to the other, it is a matter of how scientific inquiry is conducted."

Die „General Systems Theory" beschäftigt sich also primär mit der Aufdeckung von Ähnlichkeiten (interdisziplinären Gemeinsamkeiten) und der Entwicklung einer allgemeinen Wissenschaftssprache, während der „Systems Research" die Formulierung und Lösung ganzheitlich-multidiszilinärer Problemstellungen anstrebt.

Die Heterogenität der Systemwissenschaften spiegelt sich in der Heterogenität der Herkunft ihrer Sprache wider. Der Wortschatz der systemwissenschaftlichen Sprache ist ein Konglomerat aus dem Wortschatz der allgemeinen Wissenschaftssprache und aus Fachausdrücken verschiedener einzelwissenschaftlicher Disziplinen, wie Logik und Mathematik, Kybernetik und Informationstheorie, Biologie und Neurophysiologie.

Mindestens ebenso heterogen wie die Systemwissenschaften erscheint der Begriff der *„Informationswissenschaft(en)"*. Schon die Nomenklatur ist uneinheitlich. Während z.B. *Kunz/Rittel* (1972) von „Informationswissenschaften" sprechen, verwendet *Wersig* (1974) die Bezeichnung „Informations- und Dokumentationswissenschaft". Ebenso unterschiedlich ist die Abgrenzung des Problembereiches, die Informationswissenschaften befinden sich im Stadium der ersten vorläufigen Formulierung. Im Mittelpunkt steht jedenfalls der Begriff der Information, und davon abgeleitet die Begriffe Informationsprozesse und Informationssysteme. Nach *Wersig/Meyer-Uhlenried* (1970) kann „Informations- und Dokumentationswissenschaft" definiert werden als die „Wissenschaft von den Dokumentationssystemen und ihren informationellen Voraussetzungen, Bedingungen und Folgen". Wir fassen im folgenden „Informationswissenschaften" sehr weit und subsumieren darunter auch semiotische und linguistische Grundbegriffe.

Literatur: *Ackoff* (1964), *Bertalanffy* (1968), *Boulding* (1956), *Lutterbeck* (1971), *Wersig/Meyer-Uhlenried* (1970), *Wiener* (1968)

2.2 Der Systembegriff

Mit *Klaus* (1971) läßt sich *„System"* kurz definieren als eine „Menge von Elementen und Menge von Relationen, die zwischen diesen Elementen bestehen". Genauer wird der Systembegriff durch *Czayka* (1974, 23 f) gefaßt, der zwischen Extension und Intension unterscheidet:

Gegeben seien:

a) eine Menge $X = \{x_1, x_2, \ldots, x_n\}$ von Elementen aus einer Grundmenge G;

b) eine Menge $R = \{R_1, R_2, \ldots, R_m\}$ von auf X definierten Relationen als Extensionen bestimmter mehrstelliger Prädikate $p_1, p_2, \ldots, p_m$ (unter einem mehrstelligen Prädikat versteht man in der Logik einen sprachlichen Ausdruck, dessen Intension eine Beziehung und dessen Extension eine Relation ist).

Das Paar $S = (X,R)$ heißt ein „System". Die Menge X heißt „Universum des Systems S". Die Elemente der Menge X heißen „Elemente des Systems S". Die Menge R heißt *„Struktur des Systems* S".

Die Stärke und Schwäche dieser Definition liegt in ihrer *Allgemeinheit.* Da die Art der Elemente und Relationen ganz offen gelassen ist, kann praktisch jeder Gegenstand auf die eine oder andere Weise unter den Systembegriff gebracht werden. Das Spezifikum der Systemwissenschaften besteht nun in der genauen Angabe, inwiefern ein Gegenstand als System aufgefaßt wird, d.h. aus welchen Elementen und Relationen er besteht. Diese systemtheoretische „Auflösung" oder „Rekonstruktion" des betrachteten Bereiches ist ein wichtiger Schritt für die Systemanalyse (vgl. Abschnitt 2.4.2). Bei der systemtheoretischen Auflösung können die folgenden Phasen unterschieden werden:

- *Taxonomik:* Isolierung der Elemente des betrachteten Systems;
- *syntagmatische Strukturalistik:* Herausarbeiten der Struktur des betrachteten Systems. Man sagt, zwei Systemelemente stehen in syntagmatischer Relation zueinander, wenn sie durch mindestens eine Relation im betrachteten System (im gegebenen Kontext) verknüpft sind.

– *paradigmatische Strukturalistik:* Herausarbeiten einer Klassifikation der Systemelemente. Ein Systemelement steht in paradigmatischer Relation zu allen jenen Elementen, die an seiner Stelle im betrachteten System (im gegebenen Kontext) auftreten können. Durch die paradigmatische Relation werden Equivalenzklassen und damit eine Klassifikation der Systemelemente erstellt.

In der Praxis werden meist Systemstrukturen mit zweistelligen Relationen betrachtet. In diesem Fall erfolgt die Darstellung jeder Systemrelation zweckmäßig durch einen (gerichteten) Graphen G = (X,R) bzw. seine Adjazenzmatrix (Relationsmatrix). Die Elemente der Menge X nennt man dann die Knoten oder Punkte des Graphen und die Elemente der Relation R die (gerichteten) Kanten oder Pfeile des Graphen.

Beispiel: Sei G = (X,R) gegeben durch $X = \{ x_1, x_2, x_3, x_4 \}$ und
$R = \{ (x_1, x_1), (x_1, x_3), (x_2, x_1), (x_2, x_4), (x_3, x_4), (x_4, x_2) \}$, so läßt sich G wie in Abb. 2.1 darstellen.

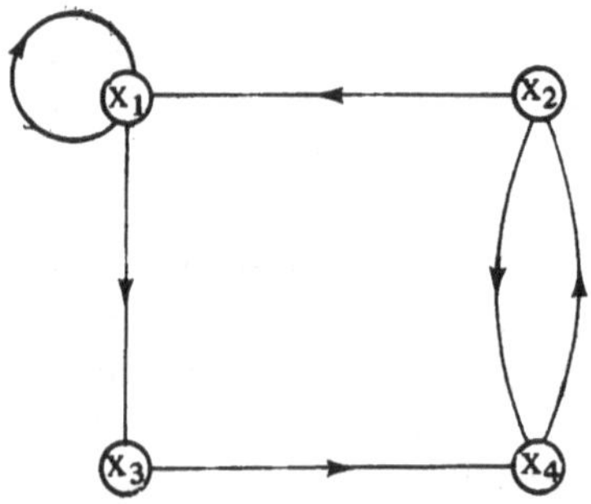

	x_1	x_2	x_3	x_4
x_1	1	0	1	0
x_2	1	0	0	1
x_3	0	0	0	1
x_4	0	1	0	0

Abb. 2.1. Graph und Adjazenzmatrix eines Systems

Ein häufig verwendetes formales Merkmal zur Charakterisierung von Systemstrukturen ist die *Verküpfungsdichte* der in ihnen enthaltenen Relationen. Darunter versteht man die Anzahl der in einer Relation enthaltenen geordneten n-Tupel von Systemelementen im Verhältnis zur maximal möglichen Anzahl solcher n-Tupel, die bei zweistelligen Relationen n^2 beträgt, wobei n die Anzahl der Systemelemente bezeichnet. In unserem Beispiel beträgt die Verknüpfungsdichte 3/8.

Zwei Systeme S_1 und S_2 werden als *strukturell homomorph* oder *strukturell isomorph* bezeichnet, wenn sich ihre Strukturen eindeutig bzw. umkehrbar eindeutig aufeinander abbilden lassen. Genauer: Das System S_1 heißt homomorph zum System S_2, wenn ihre Strukturen analog sind, d.h. sich die Elemente von S_1 den Elementen von S_2 vermittels einer eindeutigen Abbildung, die dann Homomorphismus heißt, so zuordnen lassen, daß jeder Beziehung zwischen Elementen von S_1 eine bestimmte Beziehung zwischen den diesen Elementen zugeordneten

Elementen von S_2 entspricht. Ein umkehrbar eindeutiger Homomorphismus wird Isomorphismus genannt.

Besteht die Struktur zweier Systeme nur aus jeweils einer zweistelligen Relation, so kann die Strukturverwandtschaft zwischen Systemen auf jene zwischen Graphen zurückgeführt werden. Zwei Graphen $G_1 = (X_1, R_1)$ und $G_2 = (X_2, R_2)$ heißen homomorph, wenn es eine eindeutige Abbildung $f: X_1 \rightarrow X_2$ mit der Eigenschaft $(x_i, x_j) \in R_1 \rightarrow (f(x_i), f(x_j)) \in R_2$ gibt, wobei $x_i, x_j \in X_1$ und $f(x_i), f(x_j) \in X_2$. Auch hier gilt natürlich, daß ein umkehrbar eindeutiger Homomorphismus ein Isomorphismus ist.

Als Beispiel sind in Abb. 2.2 die folgenden drei Systeme S_1, S_2, S_3 angegeben (man beachte, daß die Intensionen der den Relationen der drei Systeme entsprechenden zweistelligen Prädikate völlig unterschiedlich sein können).

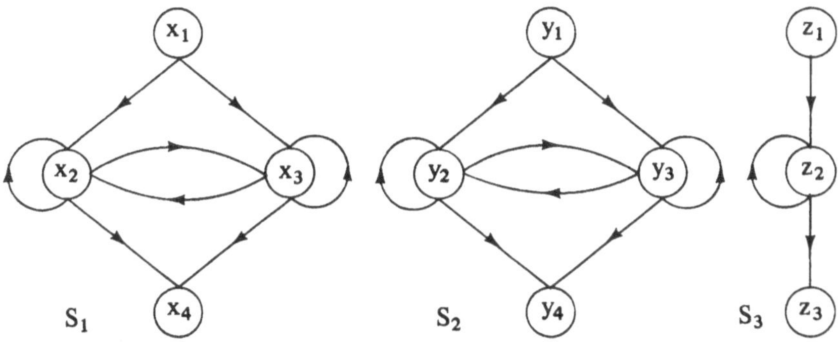

Abb. 2.2 Strukturverwandtschaft (Isomorphie und Homomorphie)

Trivialerweise existiert zwischen S_1 und S_2 ein Isomorphismus mit $\varphi(x_i) = y_i$
Die folgende Abbildung ψ von S_1 in S_3 ist ein Homomorphismus:

$$\psi(x_1) = z_1 \;,\; \psi(x_2) = \psi(x_3) = z_2 \;,\; \psi(x_4) = z_3$$

Die Abbildung ψ ist eindeutig, aber nicht umkehrbar eindeutig. ψ ist ein Homomorphismus, denn die Elemente x_i, x_j von S_1 stehen genau dann in einer Pfeilbeziehung, wenn die zugehörigen Elemente $\psi(x_i), \psi(x_j)$ in der gleichen Pfeilbeziehung stehen. Da es keine umkehrbar eindeutige Abbildung zwischen S_1 und S_3 gibt, sind diese nicht isomorph. Aus dem Beispiel wird deutlich, daß homomorphe Systeme nicht notwendig dieselbe Struktur haben müssen (das gilt nur für isomorphe Systeme), vielmehr haben homomorphe Systeme eine analoge (ähnliche) Struktur. Die Homomorphierelation liegt vielen Abstraktionsprozessen zugrunde. So gelangt man von S_1 zu S_3, indem von den Unterschieden zwischen X_2 und X_3 abstrahiert wird. Die Fälle der Strukturverwandtschaft (Homomorphie, Isomorphie) sind deshalb von großer Bedeutung, da sich Erkenntnisse, die über ein System gewonnen wurden, häufig auf ein anderes System übertragen lassen, wenn die Strukturverwandtschaft festgestellt werden kann.

Neben dem Begriff der Systemstruktur sind als weitere grundlegende Begriffe jene des Subsystems, Supersystems und der Systemumwelt zu nennen.

Ein System $S_1 = (X_1, R_1)$ heißt ein *„Subsystem"* des Systems $S_2 = (X_2, R_2)$, wenn das Universum von S_1 im Universum von S_2 echt enthalten ist, und wenn es zu jeder Relation aus R_1 eine Relation in R_2 gibt, so daß jene in dieser enthalten ist. Ist S_1 ein Subsystem von S_2, so heißt S_2 ein *„Supersystem"* von S_1. Elemente und Subsysteme eines Systems werden häufig als seine *Komponenten* bezeichnet.

Für die Bestimmung von Sub- und Supersystemen eines Systems gibt es normalerweise eine Vielzahl von Möglichkeiten. Die Entscheidung für eine oder mehrere dieser Möglichkeiten hat der Systemforscher im Hinblick auf sein jeweiliges Forschungsziel zu treffen. Zutreffend wird daher in den Systemwissenschaften von einer *„Hierarchie der Systeme"* gesprochen. Zu beachten ist, daß es sich bei den Begriffen „Subsystem" und „Supersystem" nicht um Eigenschafts-, sondern um Beziehungsbegriffe handelt, mit deren Hilfe auf jeder gegebenen Menge von Systemen zumindest eine partielle Ordnung eingeführt werden kann.

Der Begriff der *Systemumwelt* wird bei manchen Autoren als (undefinierter) Grundbegriff im Sinn des alltäglichen Sprachgebrauchs eingeführt, andere Autoren definieren den Umweltsbegriff nur für bestimmte, nämlich offene Systeme (vgl. Abschnitt 2.3). Zweckmäßig definert man den Umweltbegriff wie folgt: Zur Umwelt des Systems $S = (X,R)$ gehören alle Elemente der Grundmenge G, die nicht zum Universum des Systems S, also zur Menge X gehören.

Schließlich bleibt noch die Aufgabe, den Begriff des *Systemverhaltens* zu klären. Dieser Begriff läßt sich formalwissenschaftlich wie folgt näher fassen: Man beginnt mit der Annahme, daß für ein System S eine Reihe von *Zustandsvariablen* $v_1, v_2, \ldots v_r$ als Koordinaten eines r-dimensionalen Zustandsraumes Z definiert ist, dessen Punkte (Vektoren mit r Komponenten) mögliche Zustände des Systems S repräsentieren. Die Zustandsvariablen sind hierbei jeweils auf der Menge der diskreten oder kontinuierlichen Ausprägungen eines bestimmten Systemmerkmals definiert.

Der zweite Schritt besteht in der Betrachtung sogenannter *Transformationen* auf der Menge Z der möglichen Systemzustände. Dabei handelt es sich im deterministischen Fall um eine Funktion T(z), durch die jedem Zustand z aus dem Zustandsraum Z wieder genau ein Zustand aus Z zugeordnet wird. Zu beachten ist, daß es sich beim Begriff der Transformation zunächst nur um ein rein formales Konzept handelt, das bei der Anwendung auf physische Systeme kausal oder funktional interpretiert werden kann.

Eine Transformation T(z) kann beliebig oft hintereinander angewendet werden. Interpretiert man eine solche Folge als Zeitfolge (man spricht in diesem Fall auch von *Prozeß)* und wählt eine Zustand z_o als Ausgangszustand, so wird von der „Verhaltensweise des Systems S in bezug auf die Transformation T(z), beim Ausgangszustand z_o" gesprochen. Ein Systemzustand z*, der unter einer Transformation T(z) invariant bleibt, für den also

$$T(z^*)=z^*,\ T^2(z^*) = T(T(z^*)) = z^*,\ T^3(z^*) = T(T(T(z^*))) = z^*, \ldots$$

gilt, wird als ein *„Gleichgewichtszustand* des Systems S in bezug auf die Transformation T(z)" bezeichnet.

Das Verhalten eines Systems kann *zielgerichtet* sein, d.h. das Verhalten ist darauf gerichtet, einen bestimmten Zustand (Ziel) zu erreichen, bzw. im erreichten Zustand zu bleiben. Der Graph in Abb. 2.3 mit Z = { a,b,c,d,e } zeigt b als Ziel (Gleichgewichtszustand). Zur Erreichung dieses Ziels bedient sich ein System regelmäßig bestimmter Elemente oder Systeme (Subsysteme). Die Leistung dieser Elemente und Systeme in bezug auf das Ziel des zielgerichteten Systems heißt die *„Funktion"* der Elemente oder Systeme.

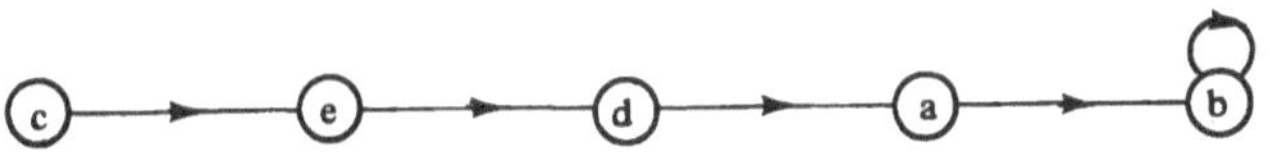

Abb. 2.3 Transformation mit Gleichgewichtszustand

Während das aus der Physik übernommene Gleichgewichtskonzept der formalwissenschaftlichen Richtung der Systemwissenschaften keinen normativen Gehalt hat, werden die Anwendungen in der Biologie und den Sozialwissenschaften häufig normativ interpretiert. Gegen diese Interpretation wendet sich ein Großteil der Kritik an den struktural-funktionalistischen Sozialwissenschaften.

Literatur: *Czayka* (1974), *Händle* (1974), *Klaus* (1971), *Klaus/Buhr* (1972)

2.3 Systemtypen

Systeme können nach einer Vielzahl von Gesichtspunkten eingeteilt werden. Die wichtigsten sind

- Existenzform: konkrete (physische, materielle), abstrakte (konzeptuelle, ideelle) Systeme;
- Beziehungsreichtum zwischen den Elementen: einfache, komplexe Systeme;
- zeitliche Veränderlichkeit: statische, dynamische Systeme;

- Beziehung zur Umwelt: offene, geschlossene Systeme;
- Vorherbestimmbarkeit des Verhaltens: deterministische, stochastische (probabilistische) Systeme;
- Form der Systemstabilisierung: Systeme mit Pufferaggregaten, Systeme mit Steuerungsaggregaten, Systeme mit Regelungsaggregaten;
- Lernfähigkeit: adaptive, nicht adaptive Systeme.

Auf einige dieser Einteilungen soll im folgenden näher eingegangen werden. *Abstrakte* Systeme sind Zeichensysteme (Systeme von Aussagen, Begriffen etc.). *Konkrete* Systeme werden durch materielle Dinge, Prozesse etc. charakterisiert. Gelingt es, eine Strukturverwandtschaft (Isomorphismus, Homomorphismus) zwischen konkreten und abstrakten Systemen herzustellen, so kann das abstrakte System als „*Formalisierung*" des konkreten Systems aufgefaßt werden bzw. das konkrete System stellt eine „*Interpretation*" des abstrakten Systems dar (vgl. dazu auch Abschnitt 4.1). Die Mächtigkeit formalwissenschaftlicher Methoden besteht gerade darin, statt der konkreten Systeme analoge abstrakte zu untersuchen.

Der Begriff der „*Systemkomplexität*" ist ein komparativer Begriff (statt der Aussage „System S_1 ist komplex" ist die Aussage „System S_1 ist im Hinblick auf das Komplexitätsmerkmal K komplexer als System S_2 vorzuziehen). Dieser Begriff wird allerdings mehrdimensional gebraucht. Die wichtigsten Komplexitätsmerkmale sind:

- die Verschiedenartigkeit der Elemente eines Systems;
- die Anzahl der strukturbildenden Relationen;
- die Verknüpfungsdichte der strukturbildenden Relationen.

Unter einem *dynamischen* System wird ein System verstanden, zwischen dessen Elementen und gegebenenfalls auch zwischen diesen und der Umwelt Wirkungsbeziehungen bestehen, d.h. ein System, auf das der Begriff des Verhaltens in einer kausalen Interpretation angewendet werden kann. Alle Systeme, für die das nicht gilt, werden als *statisch* bezeichnet. Die Wirkungsbeziehungen zwischen den Elementen eines dynamischen Systems werden *Kopplungen* genannt. Enthält eine Wirkungsrelation Zyklen, so spricht man von geschlossenen Wirkungskreisen oder *Rückkopplungen* (feed backs). Die Wirkungen (Stimuli), die ein Element von anderen Elementen des Systems oder der Umwelt des Systems empfängt, werden als Inputs und die ausgelösten Reaktionen als Outputs dieses Elements bezeichnet. Für die formale Behandlung der Input-Output-Beziehung in dynamischen Systemen wird das Konzept der Transformation verwendet, wobei die Inputs und Outputs der Systemelemente als Zustandsvariablen interpretiert werden. Die Kybernetik insbesondere betrachtet dynamische Systeme, bei welchen die Beziehungen zwischen den Elementen stoffliche, energetische oder informationelle Kopplungen darstellen.

Unter einem *offenen* System wird ein System verstanden, das mindestens ein sogenanntes Randelement besitzt, d.h. ein Element, das mindestens einen Output an die Umwelt des Systems abgibt und/oder mindestens einen Input von der Umwelt des Systems empfängt. Alle Systeme, die keine solchen Randelemente besitzen, werden als *geschlossen* bezeichnet.

Ein System wird als *deterministisch* bezeichnet, wenn sein Verhalten eindeutig in Sätzen prognostiziert werden kann, für die Wahrheit beansprucht wird; es wird als *stochastisch (probabilistisch)* bezeichnet, wenn sein Verhalten nicht eindeutig, sondern nur in Sätzen prognostiziert werden kann, für die jeweils nur eine gewisse Wahrscheinlichkeit kleiner als Eins beansprucht wird. Die Unterscheidung zwischen deterministischem und stochastischem System ist damit offenbar vom erkenntnistheoretischen Standpunkt, vom Wissen über ein System und vom Grad der Auflösung abhängig.

Stabilität und *Instabilität* werden als Eigenschaften offener und geschlossener dynamischer Systeme betrachtet. Bei solchen Systemen können bestimmte Inputs aus der Umwelt oder bestimmte interne Defekte den Charakter von *„Störungen"* haben. Gestört wird hierbei ein Gleichgewichtszustand z^*, in dem sich ein System S in bezug auf eine bestimmte Transformation T(z) im Zeitpunkt der Störung befindet. Die Störung wird als eine Transformation D(z) betrachtet, die – bei einmaliger Einwirkung – das System aus dem Gleichgewichtszustand z^* bringt ($D(z^*) \neq z^*$), während die Transformation T(z) weiterwirkt.

Der Zustand z^* wird als ein in bezug auf die Störung D(z) *stabiles Gleichgewicht* bezeichnet, wenn das System diesen Zustand unter der Transformation T(z) früher oder später wieder erreicht, wenn also gilt

$$\lim_{n \to \infty} T^n(D(z^*)) = z^*$$

Anderenfalls heißt z^* in bezug auf die Störung D(z) *instabiles Gleichgewicht.* Systeme, die sich gegen eine Vielfalt von Störungstypen – insbesondere auch gegen neu auftretende Störungstypen bei Veränderung der Umwelt – als stabil erweisen, werden *ultrastabil* genannt.

Im Hinblick auf die Art, in der sich dynamische Systeme gegenüber Störungen stabilisieren, unterscheiden die Systemwissenschaften drei elementare Formen:
– Abschirmung mit Hilfe von Pufferaggregaten;
– Aussteuerung mit Hilfe von Steuerungsaggregaten;
– Ausregelung mit Hilfe von Regelungsaggregaten.

Pufferaggregate (Isolatoren) schützen das Restsystem, indem sie Störungen bestimmter Art und Intensität entweder vollkommen auffangen oder zumindest abschwächen (vgl. die sprichwörtliche „Elefantenhaut"). Sie werden wirkungslos, wenn die Störintensität ein bestimmtes Maß überschreitet.

Durch *Steuerungsaggregate* erfolgt eine nachträgliche oder eine antizipative Kompensation von Störungen bestimmter Art auf der Grundlage einer fortlaufenden ex-post- bzw. ex-ante-Bestimmung des Werts der Störvariablen. Ein Steuerungsaggregat besteht aus einem Meßglied, einem Steuerglied (mit Sollwertspeicherung) und einem Stellglied. Durch das Meßglied wird der Wert der Störvariablen gemessen oder prognostiziert, auf Grund dessen durch das Steuerglied unter der ceteris-paribus-Bedingung der notwendige Umfang der kompensatorischen Aktivität im Hinblick auf den Sollwert einer Zielvariablen des Systems bestimmt und dem Stellglied als dem ausführenden Organ des Steuerungsaggregats signalisiert wird. Das Steuerungsaggregat bildet mit dem Restsystem eine „offene" Wirkungskette (vgl. Abb. 2.4).

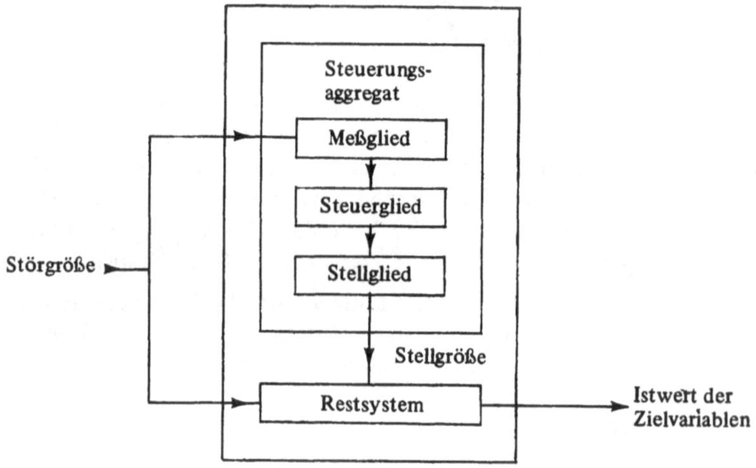

Abb. 2.4 Aussteuerung mit Hilfe eines Steuerungsaggregats

Durch *Regelungsaggregate* erfolgt eine nachträgliche Kompensation von Störungen auf der Grundlage eines fortlaufenden Vergleichs des Istwerts mit dem Sollwert einer Zielvariablen des Systems. Ein Regelungsaggregat (Regler) besteht aus einem Meßglied, einem Regelglied (mit Sollwertspeicherung) und einem Stellglied. Durch das Meßglied wird hier jedoch nicht – wie im Fall der Steuerung – der Wert einer Störvariablen, sondern der Istwert einer Zielvariablen (die „Regelgröße") des Systems gemessen und an das Regelglied weitergegeben. In diesem findet ein Vergleich zwischen dem Istwert und dem Sollwert der Zielvariablen statt, auf Grund dessen ein bestimmter Umfang der kompensatorischen Aktivität („Stellgröße") festgelegt und dem Stellglied, das wiederum das ausführende Organ des Aggregats darstellt, signalisiert wird. Das Regelungsaggregat (der

Regler) bildet mit dem Restsystem (der Regelstrecke) einen geschlossenen Wirkungskreis („*Regelkreis*", Rückkopplungskreis, vgl. Abb. 2.5).

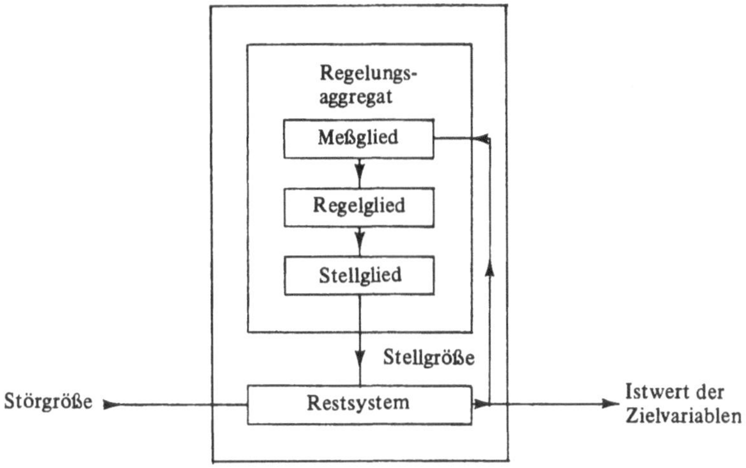

Abb. 2.5 Ausregelung mit Hilfe eines Regelungsaggregats

Der Vorteil der Regelungsaggregate gegenüber den Steuerungsaggregaten besteht darin, daß sie eine Kompensation einer Vielzahl von Störungen, deren Art und Ausmaß im einzelnen nicht bekannt sein müssen, ermöglichen. Mit den nicht-antizipativen Steuerungsaggregaten teilen die Regelungsaggregate den Nachteil, daß sie erst nach dem Eintritt der Störung wirksam werden.

Ferner kann ein Regelungsaggregat bei gewissen Defekten in bezug auf den zeitlichen Ablauf der Regelung entstabilisierend wirken. So kann es bei ungünstiger Reaktionszeit zu einer sogenannten „positiven Rückkoppelung", d.h. nicht zu einer sukzessiven Abschwächung, sondern zu einer sukzessiven Verstärkung einer Störung kommen.

Höher entwickelte Systeme verfügen meist über Kombinationen von Stabilisierungsaggregaten, d.h. sie verwenden Puffer-, Steuerungs- und Regelungsaggregate. Bei einer solchen Kombination können die Vorteile der einzelnen Stabilisierungsmethoden summiert und ihre Nachteile weitgehend kompensiert werden. (Steuerungsaggregate für bekannte und Regelungsaggregate für unbekannte Störungen). Eine weitere Verstärkung des Stabilisierungspotentials kann durch eine sogenannte „*Vermaschung*" (Verknüpfung) mehrerer Regelkreise erzielt werden. Darüber hinaus erhöht die Eigenschaft der *Lernfähigkeit* (*adaptive Systeme*), die auch Selbstorganisation und Selbstreparatur ermöglicht, die Stabilität des Systems gegenüber Störungen.

Literatur: *Ashby* (1970), *Czayka* (1974), *Flechtner* (1970), *Klaus* (1971), *Lange* (1970), *Sachsse* (1974)

2.4 Black-Box-Methode und Systemanalyse

In den Abschnitten 2.4 und 2.5 werden zwei Methoden vorgestellt, die häufig als typisch systemwissenschaftlich bezeichnet werden: die Black-Box-Methode und die Modellmethode. Ihre speziell auf ADV gerichteten Anwendungen sind Systemanalyse und Simulation.

2.4.1 Grundzüge der Black-Box-Methode

Als „*Black-Box*" wird ein System bezeichnet, dessen Struktur und Verhalten unbekannt sind. Das Charakteristikum der sogenannten Black-Box-Methode besteht nun darin, daß der Forschungsprozeß nach dieser Methode nicht mit einer Analyse der inneren Struktur, sondern mit der Betrachtung des äußeren Verhaltens – der dynamischen Umweltbeziehungen – der Black Box eingeleitet wird.

Im einzelnen erfolgt der Forschungsprozeß typisch in zwei Phasen:

Phase I:–

- Auswahl der Beobachtungsvariablen: Input-Variable (im experimentellen Fall: vom Forscher manipulierbare Input-Variable), Output-Variable;
- Beobachtung und statistische Registrierung einer historisch auftretenden oder experimentell erzeugten Input-Folge und einer entsprechenden Output-Folge;
- Korrelationsanalyse und gegebenenfalls mathematische Formulierung der beobachteten Regelmäßigkeiten im Verhalten der Black Box (Input-Output-Tabelle, analytische Funktion).

Phase II:

Formulierung von Hypothesen und Theorien oder Konstruktion von „Modellen" (vgl. Abschnitt 2.5) bezüglich der internen Struktur der Black Box auf der Grundlage der Ergebnisse von Phase I mit dem Ziel, das Verhalten der Black Box als Gesamtverhalten eines Systems – d.h. aus dem Zusammenwirken des Verhaltens verschiedener Elemente – zu erklären.

Charakteristisch für die Black-Box-Methode ist darüber hinaus, daß sie immer wieder auf das betrachtete System angewendet werden soll: Ist eine erste „Auflösung" (Rekonstruktion) der Black Box in ein System gelungen, so sind die Elemente des Systems wiederum als Black Box zu betrachten und mit Hilfe der Black-Box-Methode in Subsysteme aufzulösen usw.

2.4.2 Systemanalyse als Entwicklung von Anwendungssystemen

Dieser „*outside-in-approach*" der Black-Box-Methode ist die typische Vorgangsweise der Systemanalyse. Die Bezeichnung „Systemanalyse" ist mehrdeutig. Einmal kann darunter jede Auflösung eines Systems verstanden werden, in einem engeren Sinn – und dies ist der in der Informatik verwendete – versteht man darunter die schrittweise Systemauflösung zum Zweck der Automation der Funktionen des betrachteten Systems. Gewöhnlich wird dann unter „*Istsystem*" das zu analysierende und unter „*Anwendungssystem*" (kurz, aber unpräzise auch oft lediglich „System" genannt) das neue, mit ADV arbeitende System verstanden. Das Istsystem ist in der Regel ein Subsystem eines „*Gesamtsystem*" genannten Supersystems (vgl. Abb. 2.6). Ist z.B. das Gesamtsystem ein Höchstgericht, das Istsystem die (manuelle) Dokumentation von Entscheidungen, so ist es Aufgabe der Systemanalyse, als Anwendungssystem ein ADV-unterstütztes Dokumentationssystem zu entwerfen.

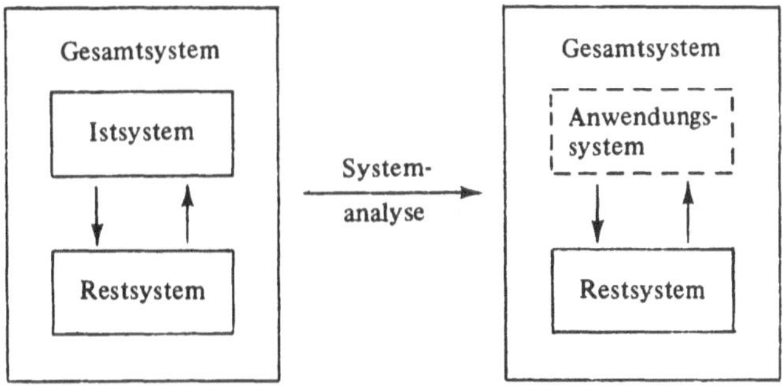

Abb. 2.6. Systeme in der Systemanalyse

In der Entwurfsphase, wenn das Anwendungssystem also noch nicht real existiert, werden die entwurfsrelevanten Eigenschaften der Umgebung des Gesamtsystems und der Umgebung der Komponenten *Spezifikationen* genannt. Genauer müßten die relevanten Eigenschaften der Umgebung *Umgebungsspezifikationen* genannt werden, um sie abzugrenzen von den *System- und Komponenten-Spezifikationen,* die die entwurfsrelevanten Eigenschaften des Gesamtsystems oder seiner Komponenten (des Restsystems) darstellen. Wenn der Systementwurf „von außen nach innen" vor sich geht, so folgen die Systemspezifikationen aus den Umgebungsspezifikationen. Wegen der wechselnden Betrachtungsebene in der Systemhierarchie erweist es sich als zweckmäßig, zwischen Außenumgebung und Innenumgebung eines Systems zu unterscheiden. Die *Innenumgebungen* mit ihren entwurfsrelevanten Eigenschaften beziehen sich auf die Subsysteme und die Systemelemente, während die angrenzenden Nachbarsysteme die *Außenumgebung* darstellen, in die das zu entwickelnde System eingebettet wird. Die Ermittlung der Spezifikationen der Außenumgebung für das zu entwerfende System erfolgt nicht während des Entwurfsprozesses, sondern bei der Zielsetzung.

Ziele sind Sollspezifikationen der Außenumgebung. Aus ihnen werden die Spezifikationen der Innenumgebung beim Entwurf hergeleitet.

Für die Systemanalyse sehr wichtig ist die Unterscheidung der Spezifikationen in *Funktionsspezifikationen* (functional specifications) und *Leistungsspezifikationen* (performance specifications). Bei den Funktionsspezifikationen macht man eine Aussage, daß ein System eine bestimmte Eigenschaft haben soll. Leistungsspezifikationen enthalten die Erfüllung einer Funktion pro Zeiteinheit oder in bezug auf eine vorher festgelegte Zeitspanne.

In der Systemanalyse werden grundsätzlich zwei unterschiedliche Vorgehensweisen unterschieden, die *„outside-in approach"* (top-down approach) und *„inside-out approach"* (bottom-up approach) genannt werden. Bei der outside-in-Vorgehensweise beginnt man mit der äußeren Umgebung des Systems und versucht durch Entwurfsentscheidungen zu Spezifikationen der Innenumgebungen zu kommen. Man schreitet dann fort, indem durch weitere Entscheidungen Spezifikationen für die Umgebungen der Subsysteme und schließlich solche für deren Elemente bestimmt werden. Wenn man die Ermittlung der Spezifikationen als eine hierarchische Struktur auffaßt, so sind die Spezifikationen der höheren Stufe Restriktionen bei der Bestimmung der Spezifikationen auf der folgenden Stufe. Vergleichbar sind die Phasen der Systementwicklung mit den Schalen einer Zwiebel. Man spricht deshalb auch vom *Zwiebelmodell* oder *Schalenmodell* der Entwicklung eines Anwendungssystems.

Beim inside-out-Ansatz geht man gerade umgekehrt vor. Man beginnt, indem man ein möglichst allgemeines Subsystem oder Systemelement entwirft und kümmert sich dabei zunächst nicht um eine besondere Systemumgebung. Erst nachdem man weiß, welchen Umfang an Funktionen das System, Subsystem und Systemelement maximal zu erfüllen in der Lage ist, wird geprüft, in welchen Umgebungen, die durch relevante Eigenschaften beschrieben werden, das Entworfene eingesetzt werden kann.

Der Entwerfer, der nach dem outside-in-Ansatz vorgeht, nimmt an, daß seine Spezifikationen in eine Komponente umgesetzt werden können. Er betrachtet die Komponente zunächst als Black Box. Der inside-out-Ansatz wird von Entwerfern vorgezogen, die den Nutzen einer Komponente abschätzen, über die entschieden wurde, daß sie gebaut werden kann. Ein Entwurf, der nur nach der outside-in-Vorgehensweise durchgeführt wird, kann leicht außerhalb dessen geraten, was noch – auch unter Kostengesichtspunkten – lösbar ist. Eine konsequente Verfolgung des inside-out approach kann dagegen trotz optimal entworfener Komponenten zu dem Ergebnis führen, daß das System überhaupt nicht oder nur beschränkt in einer möglichen Umgebung einsatzfähig ist. Aus diesem Grund wird bei dem Entwurf von Anwendungssystemen beim Benutzer ausschließlich der outside-in-Ansatz gewählt. Hersteller von DV-Anlagen gehen dagegen häufig bei dem Entwurf vom Standardanwendungssoftware den umgekehrten Weg.

Innerhalb der Entwurfsmethodologie versteht man unter dem strukturellen Aufbau eines Anwendungssystems die Bildung und Verküpfung von „Systembaukästen" oder „*Moduln*". Während ein Subsystem eine rein gedanklich gebildete Untermenge von Systemelementen ist, an die keine Voraussetzungen geknüpft werden, sind Moduln Subsysteme, die unter den folgenden drei Aspekten gebildet werden können:

- Überprüfbarkeit der Richtigkeit und Funktionsfähigkeit des Systems;
- Austauschbarkeit;
- Arbeitsorganisation.

Aus dem Gesichtspunkt der *Überprüfung der Richtigkeit und Funktionsfähigkeit* (insbesondere Leistungsfähigkeit) ist ein Modul eine Einheit, die aus dem Anwendungssystem ohne Schwierigkeiten entfernt werden kann, um sie in einer nachzubildenden Umgebung auszutesten. Für große und komplexe Systeme ist schon aus dem Grund der Überprüfbarkeit und Fehlerlokalisation eine modulare Struktur unerläßlich. Systeme ohne modulare Struktur oder mit einer schlechten modularen Struktur können so komplex sein, daß die „Überprüfung der Überprüfbarkeit" fraglich wird.

Die *Austauschbarkeit* von Moduln erhöht die Systemsicherheit und, falls verschiedenartige Moduln ausgetauscht werden können, auch die Flexibilität des Systems. Moduln, die unter dem Gesichtspunkt der Überprüfbarkeit des Systems gebildet werden, brauchen nicht identisch mit den Moduln zu sein, die aus Gründen der Austauschbarkeit in das System eingeführt werden. Aus der Sicht der *Arbeitsorganisation* schließlich ist ein Modul eine Arbeitseinheit, die von einem Mann oder einer Gruppe, deren Mitglieder in direktem Kontakt stehen, unter Terminrestriktionen bewältigt werden.

2.4.3 Phasen der Systemanalyse

Als grobe Phasen in der Entwicklung von Anwendungssystemen können unterschieden werden:

- Istanalyse;
- Sollanalyse: Zielsetzung, Sollkonzept und Rechtfertigung eines neuen Anwendungssystems (Durchführbarkeitsstudie);
- Systementwurf (logischer Systementwurf);
- Systemimplementierung (physischer Systementwurf);
- Systembetrieb und Systempflege.

Das Ziel der Entwicklung eines Anwendungssystems ist es, die DV-Anlage in das System der Außenumgebung einzubetten, so daß die DV-Anlage und Außenumgebung als ein großes System anzusehen sind. Die Entwicklungsarbeit bezieht sich darauf, daß auf die DV-Anlage Funktionen der Außenumgebung übertragen werden, die datenverarbeitungsgerecht formalisiert werden können. In der *Ist-Analyse (Istsystemanalyse)* muß der Bedarf nach einem neuen Anwendungssystem oder der Bedarf nach einer Modifikation eines bestehenden Anwendungssystems und der Istzustand eines bestehenden Anwendungssystems festgestellt werden. Das zentrale Problem der Istanalyse liegt in der Feststellung, welche Eigenschaften der Außenumgebung im Hinblick auf den Bedarf relevant sind und mit welchen Methoden sie erhoben oder beschrieben werden.

In der Phase „*Sollanalyse*" werden die Ergebnisse der Istanalyse verwendet, um zunächst zu präzisen Zielspezifikationen zu gelangen. Im Rahmen der Erstellung eines Sollkonzeptes werden die groben Umrisse eines zu entwerfenden Systems skizziert mit dem Ziel, die logische, technische und ökonomische *Durchführbarkeit* (feasibility) zu prüfen. Insbesondere die ökonomische Durchführbarkeitsstudie krankt häufig daran, daß sich nicht alle Funktionen des Anwendungssystems in ihrem Nutzen quantifizieren lassen (Wie bewertet man die raschere Bereitstellung von Information?). Kosten-Nutzen-Analysen sind daher nur beschränkt möglich.

In der Phase „*Systementwurf*" werden detaillierte Funktionsspezifikationen für das neue Anwendungssystem erarbeitet, wobei grundsätzlich methodologisch nach dem outside-in-Ansatz vorgegangen wird. Der Systementwurf ist dabei ein Prozeß fortschreitender Formalisierung unter Berücksichtigung der Darstellungs- und Verarbeitungsmöglichkeiten eines Rechners. In einer hierarchischen Form werden stufenweise Spezifikationen ermittelt, die für neu hinzukommende Spezifikationen Restriktionen sind. Das Hauptaugenmerk liegt demnach auf der Herleitung von Spezifikationen aus der Zielsetzung und dem Sollkonzept. Der Systementwurf umfaßt auch den Entwurf von Algorithmen, d.h. von Verfahren, die die Transformation des Inputs in Output vornehmen. Die *Algorithmen* gehen als Spezifikationen für die Verarbeitung von Daten in die Systemkomponenten ein, sie sind als das eine Endergebnis des Spezifikationsprozesses aufzufassen. Das andere Endergebnis sind die Spezifikationen für die *Datenstrukturen.* Bei mathematisch-technischer Anwendung sowie bei Anwendungen des Operations Research steht der Algorithmenentwurf häufig im Mittelpunkt der Überlegungen. Bei primär datenintensiven Anwendungen stellen nicht allein die Algorithmen, sondern die von den Systemfunktionen abhängigen Heterogenitäten der Datenstrukturspezifikationen im Verbund mit den Spezifikationen der Algorithmen die großen Schwierigkeiten dar. Bei datenintensiven Anwendungen ist der Spezifikationsprozeß sehr „breit" (d.h. viele Variablen, die einfach verknüpft sind) und wenig „tief" (d.h. wenige Variablen in komplizierter Verknüpfung). Er bezieht sich in einem stärkeren Maße auf Datenstrukturen. Bei mathematisch-technischen Anwendungen liegt der Sachverhalt umgekehrt.

Während der Ausdruck „logischer Systementwurf" die abstrakte, anlagenunabhängige Spezifizierung meint, umfaßt der „physische Systementwurf" die Auswahl der DV-Anlage, die Auswahl der Nebengeräte (z.B. Datenerfassung) und die tatsächliche Komponentenkonstruktion, die als *„Implementierung"* bezeichnet wird. Implementiert werden kann nur, wenn die Hardware bereitgestellt wurde. Bei Anwendungssystemen umfaßt die Programmierung und das Austesten der Moduln den größten Teil der Implementierung. Beim Testen müssen wir unterscheiden zwischen dem Test der Programmoduln, der auch *Komponententest* genannt wird, und dem *Integrationstest (Systemtest),* in dem das Zusammenwirken der Programmoduln, Datenbestände, Datenerfassung und Weiterleitung der Ausgabe üerprüft wird. Während beim (logischen) Systementwurf vornehmlich Funktionsspezifikationen im Mittelpunkt der Überlegungen stehen, befaßt sich die Maschinenauswahl und die Implementierung auch sehr intensiv mit Leistungsspezifikationen. Ein Anwendungssystem z.B. wird nicht ausschließlich danach bewertet, welche Funktionen es erfüllt, sondern von Interesse ist z.B. auch die Laufzeit, die als Leistungsspezifikation vorgegeben sein kann.

Der *Betrieb* (system operation) und die *Systempflege* (system maintenance) umfassen alle Fragen der Ablauforganisation des Gesamtsystems. Hierzu gehören vor allem die zeitliche Belegplanung der Anlage durch die verschiedenen Aufgaben. Um objektive Werte über den Betrieb der Anlagen zu bekommen, ist die Leistungsmessung (performance measurement) in zweifacher Hinsicht von Bedeutung: Einmal soll überprüft werden, inwieweit die Leistungsspezifikationen des entwickelten Systems eingehalten werden, zum anderen dient die Leistungsmessung als „Datenquelle" für die Systemverbesserung oder für die spätere Entwicklung neuer Anwendungssysteme. Vom Meßtechnischen her wesentlich bescheidener ist die Leistungsverrechnung, die eine kontrollierte wirtschaftliche Nutzung der Anlagen zu gewährleisten hat. Die Leistungsverrechnung hat die Grundlage dafür zu schaffen, daß der Benutzer der Anlage verursachungsgerecht finanziell belastet wird. Der Begriff „Systempflege" umfaßt das Korrigieren von Fehlern und die Systemveränderung. Da die Umwelt des Systems sich ständig ändert, muß auch das entwickelte Anwendungssystem ständig angepaßt werden.

Zum Schluß dieser Skizze der Phasen in der Entwicklung von Anwendungssystemen sei noch auf *Bewertungskriterien für Systementwürfe* hingewiesen. Ein erstes ist der bereits genannte modulare Aufbau. Die Empfindlichkeit gegenüber Systemänderungen ist als zweites separates Kriterium zu beachten. Die Qualität eines Systems ist also auch danach zu bewerten, wie gut die Systempflege durchgeführt werden kann. Das dritte und häufig unberücksichtigte Bewertungskriterium ist die verständliche Dokumentation, ohne die ein System wertlos ist. In der Regel sollten für Dokumentationsarbeiten ca. 10–20 % der gesamten Entwicklungskosten eines Anwendungssystems aufgewendet werden. Es gilt der Grundsatz „When in doubt – document". Damit soll angedeutet werden, daß die Dokumentation nicht nur zur Aufbewahrung von Information und zur intersubjektiven Mitteilung dient, sondern wie Netzplantechnik, Simulation etc. als eine Technik zum Entwerfen und Entwickeln angesehen werden muß: „Good documentation is a design tool."

Literatur: *Adams/Kiederich* (1973), *Churchman* (1970), *Daniels/Yeates/Erbach* (1974), *Wedekind* (1973)

2.5 Modellmethode und Simulation

2.5.1 Grundzüge der Modellmethode

Der methodologische Modellbegriff der Systemwissenschaften basiert auf dem Begriff der strukturellen Homomorphie zwischen Systemen. Sind zwei Systeme strukturell homomorph, so sagen die Systemwissenschaftler, daß das eine System als ein *„Modell"* für das andere System betrachtet werden kann. Diese Modellbeziehung ist nicht eindeutig, d.h. für dasselbe Originalsystem können verschiedene Modelle gebildet werden und nützlich sein (verschiedene Homomorphismen definiert werden). Daher wird neuerdings die Beziehung auf ein Modellsubjekt hervorgehoben, für welches ein bestimmter Sachverhalt Modell eines anderen ist. Ein Modell läßt sich daher als zumindest dreistellige Relation auffassen, es bildet eine bestimmte Realität ab (*Modell-wovon*), das sogenannte Original, diese Realität aber nur in bestimmter Hinsicht (*Modell-wozu*) und für einen bestimmten Benutzer (*Modell-für-wen*).

Neben dem auf struktureller Ähnlichkeit basierendem Modell, das dann *Strukturmodell* genannt wird, wird bisweilen noch ein weiterer Modellbegriff verwendet: der des *Funktionsmodells.* Funktionsmodelle haben normalerweise keine strukturelle Ähnlichkeit mit dem Original. Die Ähnlichkeit besteht hier darin, daß das Modell die gleiche Funktion erfüllt wie das ursprüngliche System.

Der Grundgedanke der Modellmethode ist der folgende: Statt dem direkten Studium des Originals wird ein Modell als analoger Repräsentant bestimmter Eigenschaften des Originals hergestellt und im wesentlichen zur Informationsgewinnung über das Original benutzt. Dadurch können insbesondere eine *„Reduktion der Komplexität"* erreicht und im Original schwer durchschaubare Zusammenhänge durchschaubar gemacht werden.

Im einzelnen kann man bei der Modellmethode die folgenden Schritte unterscheiden:

1. Auswahl oder Herstellung eines Modells, ausgehend von der gegebenen Aufgabe, den Eigenschaften des Originals und den Bedingungen der Situation.
2. Bearbeitung des Modells zwecks Gewinnung von zusätzlichen Informationen über das Modell, insbesondere Durchführung von Modellexperimenten.

3. Analogieschluß oder andersartige Ableitung von Informationen über das Original (ausgehend vom Modellexperiment und vom Inhalt der gegebenen Modellrelation).
4. Durchführung der Aufgabe direkt gegenüber dem Original unter Nutzung der Erfahrungen aus dem Modellexperiment und dem Analogieschluß.

Die eigentliche Funktion des Modells ist es also, dem Subjekt Informationen zu erschließen, die über die in der Herstellung des Modells bereits benutzten hinausgeben und Rückschlüsse auf das Original zulassen, d.h. das Modell wird zunächst als vom Original und vom Subjekt unabhängiges, unmittelbares Objekt der Erkenntnis durch das Subjekt benützt.

In vielen Bereichen interessieren insbesondere Zeichensysteme als Modelle. In diesem Fall umfaßt die Modellkonstruktion regelmäßig die folgenden Phasen (vgl. Abschnitt 2.2):

- Die Phase der Taxonomik.
- Die Phase der Strukturalistik. Taxonomik und Strukturalistik haben die Aufgabe, das Original in systemtheoretischer Sicht aufzulösen.
- Die Phase der Formalisierung. Elemente und Relationen des Originals werden in ein formalwissenschaftliches Zeichensystem, insbesondere einen logischen oder mathematischen Kalkül übersetzt. Diese Phase hat daher die Definition der Abbildungsbeziehung zwischen Original und Modell zum Ziel. Mit der Wahl des Kalküls stehen auch die Umformungs- und Schlußregeln fest, nach denen neue Ausdrücke gewonnen werden können, welche auf entsprechende Eigenschaften des Modells hinweisen.

Ist das Original ein komplexes System – und im sozialen und rechtlichen Bereich handelt es sich fast stets um solche Systeme – so können die Auswirkungen eines Modellexperiments wegen der vielfältigen Relationen, insbesondere der zahlreichen informationellen Beziehungen, in der Regel nicht ohne Hilfsmittel überblickt werden.

Eines der wichtigsten Anliegen des Einsatzes der Modellmethode als Planungsinstrument ist es, die Auswirkung der Änderung der Modellrelationen auf das Systemverhalten festzustellen. Als wichtigstes Merkmal bietet sich hierfür die ADV an, da die Auswirkung einer Parameteränderung auch bei komplizierten Interdependenzen mit Hilfe des Computers leicht feststellbar ist. Diese Nachbildung von spezifischen Verhaltensweisen von Systemen durch Rechenanlagen bezeichnen wir als *Systemsimulation* (Simulation im weiteren Sinn). Eine Systemsimulation stellt also jenen Spezialfall der allgemeinen Modellmethode dar, bei dem das Modellexperiment mit Hilfe der ADV durchgeführt wird. Die Rechenanlage wird hierbei häufig als *Simulator* bezeichnet.

2.5.2 Simulation und Planspiel

Für die weitere Diskussion der Systemsimulation unterscheidet man zweckmäßig zwischen Planspiel und Simulation im engeren Sinn. Der Sprachgebrauch ist nicht einheitlich, jedoch läßt sich die folgende, von einem Großteil der Autoren akzeptierte Begriffsbestimmung treffen:
Planspiele sind Forschungs- oder Ausbildungsspiele, bei denen die Teilnehmer mit oder gegeneinander nach bestimmten Spielregeln handeln und bestimmte Rollen übernehmen. Die Spieler lernen am eigenen oder gegenerischen Verhalten, bzw. der Forscher kann aus dem beobachteten Verhalten der Testperson mit anderen bzw. mit der Maschine Schlüsse auf das Verhalten der Testpersonen selbst oder der durch sie nachgebildeten sozialen Gruppen in der Realität ziehen. Das wesentliche ist hier also das menschliche Verhalten, das im Experiment am Modell besser verstanden und beobachtet werden kann. Bei der *Simulation* im engern Sinn sind im Gegensatz zum Planspiel keine menschlichen „Mitspieler" vorhanden. Hier geht es also nicht um das Verhalten des Menschen, sondern um das Verhalten des abgebildeten, simulierten Systems. Simulation in diesem Sinn umfaßt daher die ersten drei Schritte der allgemeinen Modellmethode, nämlich

1. Abbildung der Realität im Modell;
2. Experiment am Modell unter Einsatz von ADV;
3. Auswertung und Rückschlüsse vom Modell auf die Realität.

Die vierte Stufe der Modellmethode, die Durchführung der Aufgabe direkt am Original, fällt nicht mehr unter den Begriff der Simulation.

Eine besonders wichtige Art der Simulation im engeren Sinn bildet die sogenannte *Monte-Carlo-Methode.* Hier werden Analogien zu Wahrscheinlichkeitsexperimenten hergestellt. Man simuliert mit Hilfe der Monte-Carlo-Methode Zusammenhänge, bei denen die Größen als zufällige Variablen auftreten. Äußere Einwirkungen auf das System bzw. die inneren Vorgänge haben hier den Charakter stochastischer Prozesse. Der Zufall, der diesen Wahrscheinlichkeitsprozessen zugrunde liegt, wird mit Hilfe eines sogenannten Zufallszahlengenerators erzeugt. Die Monte-Carlo-Methode wird beispielsweise angewandt, wenn es bei der Analyse eines multistabilen Systems darum geht, die Konsequenzen von zufälligen Zu- und Abschaltungen von Teilsystemen auf das Verhalten des Gesamtsystems zu ermitteln.
Lassen sich die Gemeinsamkeiten der einzelnen Simulationsmodelle verhältnismäßig einfach angeben, so ist dies im Fall der Planspiele viel schwieriger. Diese sind in Anlage und Konstruktion sehr unterschiedlich. Manche sind nur für eine Person gedacht, ihr Gegenspieler ist der Computer. Andere sind Vielpersonenspiele. Hier steht der kompetitive Charakter im Vordergrund. Ebenso vielfältig sind die Planspiele im Hinblick auf die Entscheidungsregeln der Spieler. Manchmal sind die Entscheidungen relativ stark determiniert, in anderen Fällen entscheiden die Spieler ganz frei.

Die Durchführung von Planspielen mit ADV-Unterstützung weist jedoch enge Parallelen zur Durchführung von Simulation im engeren Sinn auf. Bei Planspielen können ebenfalls drei Stufen unterschieden werden:

1. Abbildung der Realität im Planspiel;
2. Durchführung des Planspiels unter Einsatz von ADV;
3. Auswertung und Rückschlüsse vom Planspiel auf die Realität.

Das Kernstück der Abbildung der Realität im Modell bildet bei Simulation im engeren Sinn und Planspiel die Aufstellung des Simulationsmodells bzw. des Planspiels. In beiden Fällen werden die Systemelemente des Originals gewöhnlich durch quantitative Variablen repräsentiert und die Relationen zwischen diesen Elementen mit Hilfe von Gleichungen ausgedrückt. Die Definition der Variablen setzt eine ausgedehnte Indikatorenforschung voraus, die jedoch gerade im Bereich des Rechts nicht gegeben ist. Erst wenn eine solche durch die *Rechtstatsachenforschung* verfügbar gemacht wird, können leistungsfähige Simulationsmodelle rechtlicher Bereiche formuliert werden.

Literatur: *Czayka* (1974), *Hopt* (1972a), *Hopt* (1972b), *Schwabhäuser* (1971)

2.6 Der Informationsbegriff

Mit vielen anderen Grundbegriffen (wie Materie und Energie) hat Information gemeinsam, daß die begriffliche Erfassung große Schwierigkeiten bereitet. Entsprechend der umgangssprachlichen Verwendung des Wortes können vorläufig einmal drei verschiedene Begriffe *Information* unterschieden werden:

- Information als Gegenstand (Information 1); Information 1 ist der Gegenstand einer Mitteilung oder Nachricht;
- Information als Prozeß (Information 2): Information 2 ist der Prozeß des Sich-Informierens und des Informiert-Werdens (z.B. Aufsuchen einer Informationsstelle);
- Information als Ergebnis (Information 3): Information 3 ist das Ergebnis von Information 2, das eine Verringerung der Ungewißheit nach sich ziehen soll.

Folgt man dieser Unterscheidung, so kann man sagen: Information 2 bewirkt Information 3 auf Grund von Information 1.

Eine nähere Untersuchung der in der Literatur verwendeten Informationsbegriffe zeigt jedoch, daß diese Unterscheidungen nicht ausreichen. Eine Typologie der verschiedenen Informationsbegriffe läßt sich nach *Wersig* (1974, 28 ff) mit Hilfe des folgenden Schemas eines Transmissionsprozesses gewinnen: Ein Sender sendet eine Sendung zu einem Empfänger. Der Sender verfügt über einen Vorrat, aus dem er die Sendung auswählt; die Sendung besitzt Eigenschaften und hat bestimmte Wirkungen auf den Empfänger. Diese aus Sender, Sendung und Empfänger bestehende Struktur veranschaulicht einen Prozeß. Bezogen auf diesen Prozeß kann man die materielle Welt einbeziehen, die gewissermaßen die Quelle für den Vorrat des Senders liefert. Die Struktur dieses Transmissionsprozesses läßt sich graphisch wie in Abb. 2.7 darstellen.

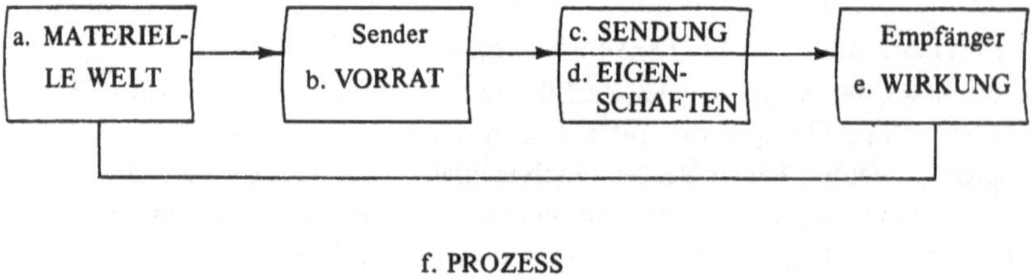

Abb. 2.7 Schema zur Typologisierung von Informationsdefinitionen
Quelle: *Wersig* (1974, 29)

Man erhält dann die folgenden Typen von Definitionen:

1. *Materie-bezogene Definition („Struktur-Definition")*.

Dieser Definitionstyp geht davon aus, daß bereits die Strukturen der Welt „Information" darstellen (wahrscheinlich verursacht durch die philosophische Spekulation von der „Information" als Drittem zu Materie und Energie). Innerhalb dieses Typs finden sich mindestens drei Varianten:

- Information ist bereits durch die statischen Relationen zwischen den materiellen Objekten gegeben.
- Information wird durch Veränderungen der materiellen Objekte offenbar.
- Information wird lediglich als Eigenschaft (also im Unterschied zu den beiden anderen Varianten als einstelliges Prädikat) der materiellen Objekte gesehen.

2. *Sender-bezogene Definition („Wissens-Definition")*

Diese definiert in der Regel den Vorrat des Senders als „Wissen" und setzt Wissen mit Information gleich. Hierbei lassen sich vier Varianten beobachten:

- Das Wissen wird als objektiv bestehend vorausgesetzt, es ist also nicht notwenidg, daß es bereits aktualisiert ist. Diese Variante steht an der Grenze zur Struktur-Definition.
- Das Wissen muß bereits durch ein Subjekt angeeignet sein, es wird dann im Vollzug der ersten Variante die bereits angeeignete Natur.
- Das Wissen muß einem bestimmten Zweck dienen. Damit wird die Aneignung bereits vorausgesetzt und auf die Anwendung des Angeeigneten abgezielt.
- Einen Schritt weiter gehen die Definitionen, die das Wissen als nicht nur angeeignet, sondern als bereits in kommunizierbarer Form fixiert sehen.

3. *Sendung-bezogene Definition* („*Nachricht-Definition*")
Diese Gruppe stellt den größten Teil der Definitionen dar. In diesem Typ wird die Sendung, die vom Sender zum Empfänger transmittiert wird als identisch mit Information gesehen. Hierbei lassen sich drei Formen unterscheiden, die nach den Aspekten variieren, unter denen die Nachricht schwerpunktmäßig gesehen wird:

– Nachricht (und demzufolge Information) als physikalisches Ereignis.
– Nachricht (und demzufolge Information) als Konglomerat von Zeichen.
– Nachricht (und demzufolge Information) als Einheit des materiellen Trägers und der darauf angeordneten Zeichen bzw. ihrer Bedeutung.

4. *Eigenschafts-bezogene Definition* („*Bedeutungs-Definition*").
Dieser Definitionstyp steht an der Grenze zur Empfänger-bezogenen Definition, da er zwar ein die Bedeutung der Nachricht interpretierendes System voraussetzt, aber dieses nicht ausdrücklich zum Empfänger erklärt. Es ist zu vermuten, daß dieser Definitions-Ansatz wesentlich vom linguistischen Ansatz beeinflußt ist. Typisch dafür ist eine amerikanische Terminologie-Norm: „The meaning assigned to data by known conventions."

5. *Empfänger-bezogene Definition* („*Wirkungs-Definition*")
Hier sind drei Varianten erkennbar:

– Information wird allgemein als Ergebnis eines Prozesses aufgefaßt, wobei die Natur sowohl des Prozesses als auch des Ergebnisses nicht weiter interessiert.
– Information wird als spezifische Wirkung aufgefaßt und zwar als eine Veränderung des Wissens. Diese Variante stellt also eine Kombination der Wissens-Definition mit der Wirkungs-Definition dar. Sie konstatiert eine vorhandene Wissensmenge (ein „internes Modell") und jede Veränderung – unabhängig vom Anlaß der Veränderung und der Richtung der Veränderung – gilt als „Information".
– Die Offenheit der zweiten Variante wird aufgehoben, wenn die Wirkung nicht in der Veränderung des „Wissens" gesehen wird, sondern in der Verringerung von „Ungewißheit" (bzw. Unsicherheit). Die Einschränkungen, die dieser Ansatz im Vergleich zum zweiten macht, sind Festlegung einer Richtung (Reduktion oder Beseitigung) und Bezug auf einen kommunikativen Anlaß.

6. *Prozeß-bezogene Definition* („*Prozeß-Definition*").
Bei diesem Definitionstyp wird Information als ein Prozeß aufgefaßt, wobei folgende Varianten auffallen:

– Der Prozeß kann unabhängig von dem in Abb. 2.7 skizzierten Transmissionsprozeß sein.
– Der Prozeß ist ein Kommunikationsprozeß, der zielgerichtet in Gang gesetzt wird.

Die Vielzahl dieser Definitionstypen und ihrer Varianten ist bedauerlich, insbesondere da ja auch die Aufgabe besteht, den Informationsbegriff von Begriffen wie Signal, Daten und Nachricht abzugrenzen. Es zeigt sich, daß eine zweckmäßige Definition des Informationsbegriffs nur im Zusammenhang mit diesen Begriffen vorgenommen werden kann. Dieser Zusammenhang läßt sich wie folgt vornehmen: Wir gehen aus von den *physikalischen Signalen,* die wir mit unseren Sinnesorganen wahrnehmen können. Je nach Ausbildungsstand des Menschen können diese Signale in *Daten* transformiert werden, falls die Signale geordnet sind und die Ordnung dem Menschen bekannt ist. So kann ein Mensch, der das Alphabet kennt, die geschriebene Buchstabenfolge BANK als geordnete Punktmenge wahrnehmen und auch als Buchstabenfolge identifizieren. Daten sind geordnete Signalfolgen, die im speziellen Fall als eine geordnete Schriftzeichenfolge auftreten. Es kann nun sein, daß der Mensch den Daten eine Bedeutung beimessen kann. In diesem Fall transformieren sich die Daten in eine *Nachricht.* Ob dieser semantische Teil beherrscht wird oder nicht, hängt ebenfalls vom Bildungsstand des Menschen ab. Die Schriftzeichenfolge einer Tageszeitung wird von vielen Menschen verstanden, da sie den Daten eine Bedeutung beimessen können. Die Schriftzeichenfolge in einem medizinischen oder rechtslogischen Fachaufsatz hingegen wird nur von wenigen Menschen verstanden. Falls Nachrichten für das menschliche Handeln und Denken oder für das Subsystem, in dem der Mensch arbeitet, relevant sind (pragmatischer Teil), werden diese Nachrichten *Informationen* genannt. (Zu den Begriffen Semantik und Pragmatik vgl. Abschnitt 2.8). Ob Daten für einen Menschen Nachrichten sind oder nicht, ist relativ leicht zu entscheiden, wenn man den Bildungsstand des Menschen kennt. Wesentlich schwieriger ist es festzulegen, ob eine Nachricht für einen Menschen auch eine Information ist, da dies nur geschehen kann, wenn seine Zielvorstellung, nach der er die Relevanz bemißt, bekannt ist. Der Zusammenhang zwischen physikalischen Signalen, Daten, Nachricht und Information läßt sich daher graphisch wie in Abb. 2.8 darstellen.

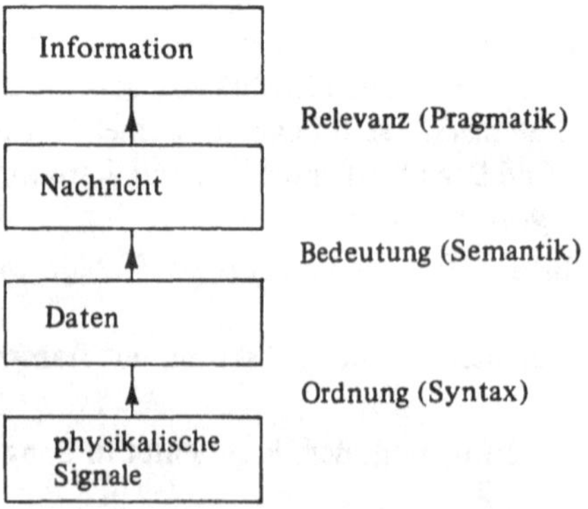

Abb. 2.8 Physikalische Signale, Daten, Nachricht und Information

Für die Abgrenzung des Informationsbegriffs von den Begriffen der physikalischen Signale, der Daten und der Nachricht eignet sich also der Typ der *Wirkungs-Definition* am besten. Um unter den einzelnen Varianten dieses Typs die zweckmäßigste auszuwählen, empfiehlt es sich, zuerst den Begriff des Kommunikationsprozesses zu klären. Ein *Kommunikationsprozeß* ist ein Spezialfall eines Transmissionsprozesses, charakterisiert durch die folgenden Eigenschaften:

- Der Sender sendet Signale an den Empfänger, die dieser auch empfängt.
- „Intendiert" ist jedoch nicht bloß die Transmission von Signalen, sondern von Nachrichten. Hierfür ist notwendig, daß sowohl Sender als auch Empfänger über eine gemeinsame Syntax und Semantik verfügen. Unter Verwendung des Begriffs *Zeichen* (vgl. Abschnitt 2.8) können wir auch sagen, Sender und Empfänger müssen über einen gemeinsamen Zeichenvorrat verfügen.

Genauer erfolgt die Transmission der intendierten Nachricht mit Hilfe einer *Codierung* (Umwandlung) in Signale durch den Sender und einer entsprechenden *Decodierung* durch den Empfänger. Sender und Empfänger müssen also auch über einen gemeinsamen Code (eine gemeinsame Zuordnungsvorschrift) verfügen, soll die Nachricht nicht „gestört" empfangen werden.

Entsprechend dem Typ der Empfänger-bezogenen Definition läßt sich dann Information definieren als *„Reduktion von Ungewißheit aufgrund von Kommunikationsprozessen"* (*Wersig* 1974, 74).
Diese Definition der Information halten wir für die zweckmäßigste, da sie sowohl für die Informationswissenschaften als auch für die Rechtsinformatik zielführend erscheint. Es sei jedoch darauf hingewiesen, daß manchmal das einschränkende Merkmal „aufgrund von Kommunikationsprozessen" weggelassen und Information allgemein als „Reduktion von Ungewißheit" definiert wird.
Gebraucht man diese allgemeine Definition, so werden unter dem Informationsbegriff auch die folgenden Fälle subsumiert:

- Die Reduktion von Ungewißheit durch Interozeption (also durch bloßes Operieren am internen Außenweltmodell oder durch Empfang von Signalen aus dem Organismus selbst).
- Die Reduktion von Ungewißheit durch nicht-kommunikative Exterozeption (also durch den Empfang von Signalen, die nicht von anderen Organismen mit kommunikativer Intention verursacht werden.

Diese beiden Fälle werden jedoch gewöhhlich nicht unter Information verstanden, weshalb die oben gegebene Einschränkung gemacht wird.

Zum Abschluß dieses Abschnitts sei noch eine mögliche Unterscheidung von „Information" und „Informationen" hingewiesen:
Sei „Information" wie oben definiert, so lassen sich *„Informationen"* (nur im Plural zu gebrauchen) definieren als „Daten, die Ungewißheit verringern." Hier wird also gegenüber „Information" der Aspekt der Syntax betont, gleichzeitig aber wieder auf die Wirkung abgestellt.

Literatur: *Klaus* (1971), *Klaus/Buhr* (1972), *Maser* (1971), *Wersig* (1974)

2.7 Informationssysteme und Dokumentationssysteme

2.7.1 Struktur und Typen von Informationssystemen

Genauso vieldeutig wie der Informationsbegriff ist jener des *Informationssystems.* Im weiteren Sinn versteht man darunter ein System, das mit seiner Umwelt durch solche Kopplungen verbunden ist, die die Übertragung von Nachrichten ermöglichen (informationelle Kopplungen). Ein *„Informationssystem im engeren Sinn"* (und dieses interessiert vor allem in der angewandten Rechtsinformatik) läßt sich definieren (*Juris* 1972, 32) als ein Subsystem mit Kanaleigenschaften und der folgenden Funktion:

- Es dient der Sammlung vieler Nachrichten und ihrer Weiterleitung.
- Es erlaubt Speicherung von Nachrichten.
- Es unterstützt die Gewinnung von Information aus Nachrichten – die Interpretation von Nachrichten – durch die empfangende Instanz.

Ein Informationssystem im engeren Sinn ist daher ein materielles, offenes, dynamisches System mit mindestens zwei Randelementen (Nachrichtenannahme und -ausgabe) und einem „Gedächtnis" (einem Nachrichtenspeicher). Es stellt eine organisierte Einheit zur Speicherung, Verarbeitung und Weitergabe von Nachrichten dar; seine Struktur ist definiert durch Kanäle zwischen den Systemelementen (den „Instanzen" des Informationssystems), über die Nachrichten ausgetauscht bzw. verarbeitet werden. Für die Praxis läßt es sich mit genügender Genauigkeit als deterministisches System auffassen, d.h. jedem Input entspricht in eindeutiger Weise ein bestimmter Output. Sein allgemeines Schema läßt sich wie in Abb. 2.9 darstellen. (Einer üblichen Darstellungsform entsprechend werden die Systemelemente – Instanzen – in Informationssystemen durch Rechtecke und die informationellen Kopplungen bzw. Kanäle zwischen den Elementen durch Kreise gekennzeichnet).

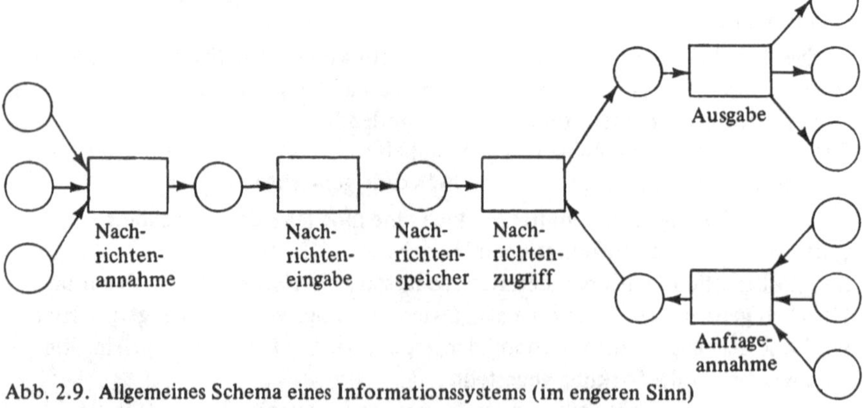

Abb. 2.9. Allgemeines Schema eines Informationssystems (im engeren Sinn)
Quelle: *Juris* (1972, 34)

In der Literatur werden verschiedene Typologien von Informationssystemen angegeben. *Kunz/Rittel* (1972) z.B. gliedern in

- Forschungs-Informationssystem
- Technologisches Informationssystem
- Management-Informationssystem
- Planungs-Informationssystem
- Administratives Informationssystem
- Politisches Informationssystem
- Monitorsystem
- Informations-Service-System.

Für die Rechtsinformatik dürfte jedoch die folgende Typologie zielführender sein (*Juris* 1972, 33, 82 f), welche sich auf ADV-unterstützte Informationssysteme bezieht:

1. *Problemlösende Systeme*

Diese enthalten stark vorinterpretierte Nachrichten und viele Interpretationsregeln. Sie geben der anfragenden Instanz nicht nur eine einfache Antwort, sondern schlagen ihr ausführende Tätigkeiten vor. In diesem Typ werden logische Methoden mit einer sehr kleinen Zahl von Axiomen und meist langen Folgen von Ableitungsschritten sowie heuristische Methoden zur Überwachung und Abkürzung des Ableitungsverfahrens verwendet. Dieser Typ ist kaum über den Status von Forschungsvorhaben hinausgekommen. Charakteristika des gegenwärtigen Standes sind: sehr kleine Datenbasen, Implementierung auf verhältnismäßig kleinen Rechnern, Fehlen von Effizienzbetrachtungen und Angaben zum Aufwand.

2. *Frage-Antwort-Systeme*

Diese speichern und verknüpfen stark vorinterpretierte Nachrichten, sie enthalten zahlreiche Interpretationsregeln. Auf Anfrage liefern sie Information, die durch Interpretation von Nachrichtenkombinationen gewonnen wird. Diese Klasse von Systemen hat eine große Variationsbreite gemäß der jeweiligen Kombinationsfähigkeit. In diesem Typ werden einerseits logische Methoden, die gegenüber problemlösenden Systemen eine größere Zahl von Axiomen (größere Datenbasis) und kürzere Folgen von Ableitungsschritten aufweisen, andererseits analytische Methoden mit einer großen Vielfalt an Datenstrukturtypen und Programmen verwendet. Dieser Typ ist ebenfalls kaum über den Status von Forschungsvorhaben hinausgekommen. Charakteristika des gegenwärtigen Standes sind: Verhältnismäßig kleine Datenbasen, Fehlen von Angaben zum Aufwand, oftmals Fehlen von Effizienzbetrachtungen, zumeist großer Nachdruck auf linguistische Probleme (Gebrauch von einer natürlichen Sprache sehr ähnlichen Zugriffssprachen).

3. *Fakten-Retrieval-Systeme*

Diese speichern stark vorinterpretierte (stark gegliederte) Nachrichten und enthalten wenige Interpretationsregeln. Anfragen zielen auf eine Auswahl von Nachrichten. In diesem Typ werden analytische Methoden mit verhältnismäßig wenigen Datenstrukturtypen und Programmen verwendet. Solche Systeme sind auch für große Datenbasen schon in weitem Gebrauch und ihre erweiterte Anwendung z.B. bei der Verwaltungsautomation ist geplant. Die ersten Ansätze haben hier vor allem die Lösung routinemäßiger Verwaltungsvorgänge zum Ziel. Auf lange Sicht sollen die Systeme aber auch Planungsunterlagen liefern können; eine Entwicklung zu komplizierteren Datenbankstrukturen ist also denkbar.

4. *Dokumentationssysteme* (genauer: Dokumenten-Retrieval-Systeme)

Diese speichern wenig vorinterpretierte (wenig gegliederte) Nachrichten und enthalten wenige Interpretationsregeln. Anfragen zielen auf eine Auswahl von Nachrichten. Sie sind also Fakten-Retrieval-Systemen sehr ähnlich. Ihre „Fakten" sind Texte von variabler Länge, die bei der Anfrage als nicht weiter strukturierte Einheit aufgefaßt werden. Die verhältnismäßig wenigen Verarbeitungsprogramme zielen auf eine Extraktion und Auflistung von „Fakten". Außer Zählungen lassen sich in der Regel keine globalen Aussagen über die gespeicherten Dokumente gewinnen, eine Frage wie „Ist eine Grundsatzentscheidung vorhanden, die zu A bis X Stellung nimmt und entweder vom OLG Köln oder einem der ihm nachgeordneten Gerichte stammt?" läßt sich also nicht direkt beantworten.

Der gegenwärtige Stand von größeren Dokumentationssystemen ist gekennzeichnet durch:

- Die meisten Systeme sind auf dem Gebiet der naturwissenschaftlich-technischen Literatur vorhanden.
- Sie sind mehr oder weniger auf spezielle Aufgaben maßgeschneidert.
- Sie gehen selten über einen Umfang von 1 Million Dokumenten hinaus, der jährliche Zuwachs liegt bei maximal 200.000 Dokumenten.
- Auf die Dokumente selbst kann im allgemeinen nicht direkt während der Suche zugegriffen werden; sie sind auf Mikrofilm, Magnetbändern oder in ihrer Originalform extern gespeichert.
- Nur einige wenige Systeme erlauben Dialogzugriff. Die meisten erfordern Zwischenschalten eines Recherche-Spezialisten bei der Suche. Die Zahl der Recherchen scheint bei einigen Hundert pro Monat, in Einzelfällen bei über 1000 zu liegen.

2.7.2 Die Struktur von Dokumentationssystemen

Für den Aufbau eines juristischen Informationssystems (vgl. Abschnitt 3.2) ist vom Typ des Dokumentationssystems auszugehen, der aber wegen des Umfanges des Benutzerkreises und des zu speichernden Materials modifiziert werden muß. Dies gilt umso mehr, je mehr ein solches System in Richtung von Frage-Antwort-Systemen erweitert werden soll. Ein juristisches Informationssystem unterscheidet sich daher durch die folgenden zusätzlichen Eigenschaften vom herkömmlichen Typ des Dokumentationssystems:

- Zwischen den Dokumenten besteht eine besonders große Vielfalt wechselseitiger Beziehungen. Hierzu gehören gerichtete Relationen wie Verweisungen und Zitierungen sowie Ersatz eines Dokuments durch ein anderes während eines bestimmten Zeitraumes (Novellierung von Gesetzen). Des weiteren sind viele Dokumente in hierarchischen und anderen Anordnungen zusammengefaßt.
- Die zusätzlichen Angaben zu den Dokumenten, insbesondere die formale Charakterisierung, sind sehr umfangreich.
- Dasselbe Dokument muß oft, je nach Anwendungszweck, in verschiedener Verdichtungsstufe vorliegen.
- In erheblichem Umfang ist Dialogbetrieb notwendig, da sich nur ein kleiner Teil des juristischen Entscheidungsprozesses in ein Dokumentationssystem abbilden läßt.

Unter *„Dokumentation"* (Dokumentationsprozeß) versteht man die benutzerorientierte Erschließung von Dokumenten. Die Automation der juristischen Dokumentation bedeutet, daß einzelne Abschnitte dieses Prozesses automatisiert werden, d.h. daß menschliche Tätigkeiten durch die Funktion einer EDVA ersetzt werden.

Die *allgemeine Struktur eines Dokumentationssystems* ist in Abb. 2.10 dargestellt. Diese Darstellung lehnt sich an das Schema des allgemeinen Informationssystems im engeren Sinne (vgl. Abb. 2.9) an. Die Rollen einzelner Teile sind bei Dokumentationssystemen spezifischer angelegt als im allgemeinen Fall, wenngleich gewisse Variationsmöglichkeiten auch hier noch vorhanden sind. Zur Erläuterung des Zusammenhangs mit Abb. 2.9 sind die dort benutzten Bezeichnungen in der oberen Spalte von Abb. 2.10 angeführt. Senkrecht darunter finden sich die jeweils entsprechenden Teile des Dokumentationssystems. Zwei mögliche Gliederungen eines Dokumentationssystems sind in den unteren Spalten von Abb. 2.10 angegeben:

- Vom äußerlich-organisatorischen Gesichtspunkt ergibt sich eine Aufgliederung in ein computerinternes Subsystem C und zwei Randinstanzen: die Eingabebearbeitung und die Fragebearbeitung. Teil des Subsystems C ist das Subsystem IA, das für die automatische Inhaltsanalyse der Dokumentationseinheiten zuständig ist.

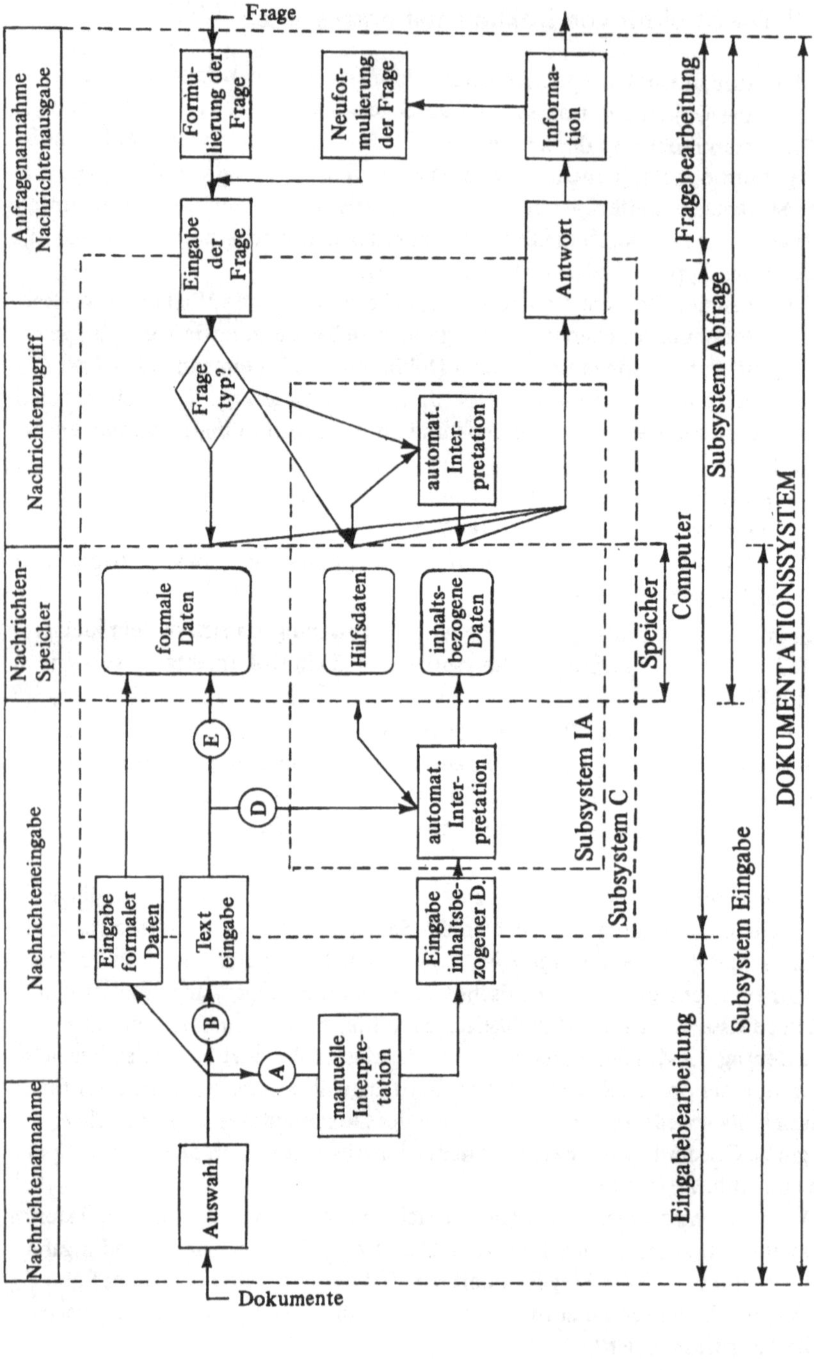

Abb. 2.10. Allgemeines Schema eines Dokumentationssystems Quelle: *Juris* (1972, 86)

– Vom inner-organisatorischen Gesichtspunkt ergibt sich eine Aufgliederung in die Subsysteme „Eingabe" und „Abfrage", deren gemeinsamer Rand die im Speicher abgelegten Daten bilden. Im allgemeinen hat das Subsystem „Abfrage" nur das Zugriffsrecht für diese Daten, während das Subsystem „Eingabe" die Daten ändern und erweitern kann. (In Abb. 2.10 sind Verbindungen zum Nachrichtenspeicher, über die nur ein Zugriff, aber keine Veränderung erfolgt, dadurch gekennzeichnet, daß die Pfeile auf den Speicherrand zeigen. Hilfsdateien werden bei routinemäßiger Eingabe von Dokumenten im allgemeinen ebenfalls nur abgefragt).

Zu unterscheiden ist zwischen zwei Datengruppen, die im folgenden als formale und als inhaltsbezogene Daten bezeichnet werden:

– *Formale Daten* sind das Ergebnis der Erfassung formaler Angaben über Dokumente (z.B. Autor, Erscheinungsdatum, Text).
– *Inhaltsbezogene Daten* sind das Ergebnis der automatischen und/oder manuellen Erschließung der Dokumente (z.B. die manuelle Zuordnung von Schlagwörtern).

Beide Datengruppen können mehrere Datenfelder umfassen, von denen jedes durch einen Feldnamen und zugehörige Feldwerte gekennzeichnet ist (Beispiel: Feldname: Autoren; Feldwerte: A. Müller, B. Schmidt). Bei den formalen Daten sind die Feldnamen systemspezifisch festgelegt, die einem Dokument zukommenden Feldwerte sind Eigenschaften der Dokumente. Dagegen werden bei inhaltsbezogenen Daten die Feldwerte überhaupt erst im Hinblick auf das System erzeugt; sie können auch vom System her vorgeschrieben sein.

Anhand der in Abb. 2.10 wiedergegebenen allgemeinen Struktur eines Dokumentationssystems lassen sich nun verschiedene Typen dieser Systeme dadurch unterscheiden, daß gewissen Instanzen und Kanälen unterschiedliche Rollen (Funktionen) zukommen oder daß diese ganz fehlen. Die in Abb. 2.10 in Kreisen angegebenen Buchstaben markieren Stellen, an denen für bestimmte Systemtypen eine Fortsetzung des Schemas in Pfeilrichtung nicht existiert. In der folgenden Aufzählung wird dies kurz durch eine Angabe der Form „A blockiert" zum Ausdruck gebracht. Im Hinblick auf die Dateneingabe erhält man mit Hilfe dieser Angabe die folgenden Systemtypen:

1. *Systeme ohne Texteingabe* (B blockiert).

   Für ein inhaltsbezogenes Retrieval ist eine entsprechende manuelle Bearbeitung der Dokumente bei der Eingabe erforderlich.
   Systemtyp: manuelle Inhaltserschließung, keine Textanzeige.

2. *Systeme mit Textspeicherung, aber ohne automatische Textinterpretation* (D blockiert).

   Wiederum ist bei der Eingabe eine Interpretation der Dokumente durch den Sachbearbeiter erforderlich.
   Systemtyp: manuelle Inhaltserschließung mit Textanzeige.

3. *Systeme ohne Textspeicherung, aber mit automatischer Textinterpretation* (E blockiert, A blockiert oder nicht blockiert).

   Die Interpretation der eingegebenen Texte erfolgt im wesentlichen automatisch, eventuell unter Hinzunahme einer Kommentierung durch einen Sachbearbeiter.
   Systemtyp: automatische Inhaltsanalyse (mit Kommentierung), keine Textanzeige.

4. *Systeme mit Textspeicherung und automatischer Textinterpretation* (A blockiert oder nicht blockiert).

   Die Interpretation der Texte erfolgt automatisch, eventuell mit Kommentierung durch einen Sachbearbeiter.
   Systemtyp: automatische Inhaltsanalyse (mit Kommentierung) mit Textanzeige.

Die manuelle Erschließung bzw. Kommentierung der Dokumente kann computerunterstützt durchgeführt werden. Die hierbei anwendbaren Verfahren sind vom Systemtyp abhängig.

Eine weitere Typeneinteilung von Dokumentationssystemen läßt sich unter Bezug auf die äußere Organisation des Systems angeben. Die im folgenden aufgezählten Möglichkeiten sind auf die Subsysteme Eingabe und Abfrage, und zwar für beide unabhängig, anwendbar. Von größerem Interesse ist im allgemeinen die Abfrageseite, einmal, weil hier der Benutzer ins Spiel kommt, zum anderen, weil die Anzahl der Fragen im allgemeinen größer sein wird als die der neu hinzukommenden Dokumentationseinheiten (nach Abschluß der anfänglichen Eingabephase). Die folgenden Typen beziehen sich daher nur auf die Abfrage.

1. Mehrere vollständig formulierte Anfragen werden bei der Fragebeantwortung gespeichert und – sobald Rechenzeit und ein Fragebearbeiter zur Verfügung stehen – nacheinander abgearbeitet.
   Systemtyp: delegierte Suche.

Dieses Verfahren ist vor allem dann anwendbar, wenn der Benutzer keinen unmittelbaren Kontakt zum Dokumentationssystem hat. Die Frage kann dann vom Benutzer einem Fragebearbeiter vorgetragen werden, der sie seinerseits für die Frageeingabe formuliert. Eine benutzerfreundliche Zugriffssprache ist in diesem Fall nicht erforderlich. Andererseits ist der Zeitraum zwischen Fragestellung und Antwort für den Benutzer relativ lang und eine Änderung der Frage ist mit demselben Aufwand verbunden wie eine neue Anfrage.

2. Eine Anfrage wird schrittweise an eine Datenendeinrichtung mit Dialogbetrieb eingegeben, die jeden Schritt auf formale Richtigkeit überprüft und gegebenenfalls fehlerhafte Formulierungen sofort anzeigt. Die vollständig formulierte Frage wird im Stapelbetrieb bearbeitet.
   Systemtyp: One-shot Dialog.

Sofern der Benutzer die Frageeingabe selbst formuliert, muß die Zugriffssprache benutzerfreundlich sein. Der computerinterne Aufwand ist jedoch nicht wesentlich größer als bei der delegierten Suche. Die Antwortzeiten sind von der Auslastung des Systems abhängig. Eine Änderung der Frage entspricht einer neuen Anfrage.

3. Eine Anfrage wird schrittweise an eine Datenendeinrichtung mit Dialogbetrieb eingegeben. Das System führt jedes Kommando sofort aus und teilt dem Benutzer das Ergebnis (bzw. ein Teilergebnis) mit, woran dieser weitere Schritte seiner Anfrage orientiert.
   Systemtyp: Dialogverkehr.

Der Benutzer ist in diesem Fall mit dem Fragebearbeiter identisch. Soll die Benutzung für ihn attraktiv sein, so muß die Länge der Wartezeiten für Antworten des Systems eine kontinuierliche Arbeitsweise des Benutzers gestatten (Echtzeitbetrieb). Der computerinterne Aufwand steigt mit dem Grad der Benutzerfreundlichkeit und mit der Anzahl der Möglichkeiten, die dem Benutzer offenstehen, wie z.B. Stellen von Zwischenfragen, Ändern der ursprünglichen Frageformulierung ohne Neuformulierung u.ä.

Literatur: *Juris* (1972), *Kunz/Rittel* (1972)

2.8 Zeichen

In Abschnitt 2.6 wurden die Ausdrücke Zeichen, Syntax, Semantik und Pragmatik gebraucht. Auf diese Zentralbegriffe der Semiotik (Lehre von den Zeichen) soll nun näher eingegangen werden.

2.8.1 Die Zeichenstruktur

„*Zeichen*" läßt sich definieren als „Äquivalenzklasse aller physikalischen Signale, die auf denselben Gegenstand, Sachverhalt usw. hinweisen" (*Klaus* 1971). Man kann Zeichen in verschiedenartiger Weise klassifizieren. Neben *konventionalisierten Zeichen,* bei denen die Zuordnung der Signale zu dem Sachverhalt durch Konvention erfolgt, gibt es *ikonische Zeichen.* Bei diesen wird die Zuordnung durch optische Ählichkeit hergestellt. Schließlich gibt es noch Zeichen, die *Anzeichen (Indikatoren)* von etwas anderem sind. Hier handelt es sich um Fälle, bei denen die Zuordnung zum intendierten Sachverhalt nicht unmittelbar gegeben ist – die Wachstumsrate ist ein Indikator der Dynamik einer Wirtschaft. Quantitative Indikatoren können in systemtheoretischer Sicht als Zustandsvariablen eines Systems interpretiert werden.

Hier interessieren vor allem konventionalisierte, insbesondere sprachliche Zeichen. Es geht nun darum, die Struktur der Zeichen zu bestimmen. Im einfachsten Modell hat ein Zeichen eine dyadische Struktur und besteht aus „*Aus-*

druck" („*Form*") und „*Inhalt*". Besonders in der Linguistik finden sich zahlreiche andere Bezeichnungen für dieses Begriffspaar:

- signifiant und signifié (eingeführt von *de Saussure*)
- Signifikant und Signifikat
- form und meaning.

In einem etwas erweiterten Modell (*Peirce*) haben Zeichen eine triadische Struktur, d.h. für sie sind mindestens drei Faktoren konstitutiv:

- Der Zeichenkörper oder der sinnlich wahrnehmbare Ausdruck des Zeichens;
- Das Bezeichnete oder das, worauf sich der Sender bezieht;
- Die Sender und Empfänger (Benutzer) der Zeichen.

Die Disziplin der Semiotik, die sich mit allen drei Faktoren beschäftigt, nannte *Peirce* Pragmatik. Abstrahiert man vom Benutzer und konzentriert sich auf Zeichenkörper und Bezeichnetes, so bewegt man sich im Bereich der Semantik im *Peirce*schen Sinn. Untersucht man nur die Zeichenkörper und ihre Beziehungen zueinander, so treibt man Syntax oder Syntaktik.

Untersucht man allerdings den Ausdruck Bezeichnetes näher, so erweist er sich als doppeldeutig. Einerseits kann damit nämlich der Begriff (die Bedeutung) des Zeichens gemeint sein, andererseits die (realen) Gegenstände, welche bezeichnet werden. Es empfiehlt sich daher, von dem Modell einer tetradischen Zeichenstruktur auszugehen (*Klaus*). Zeichen – und damit auch die Semiotik – haben vier Aspekte (vgl. Abb. 2.11):

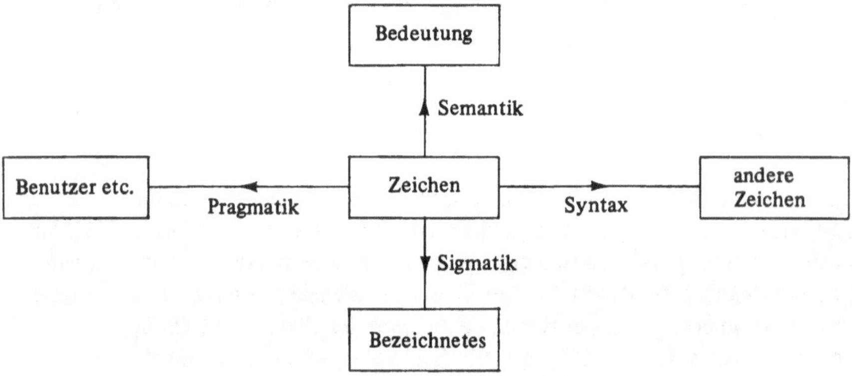

Abb. 2.11. Zeichendimensionen

- Der syntaktische Aspekt (*Syntax*) bezieht sich auf die Beziehungen zwischen Zeichen und anderen Zeichen bzw. zwischen Zeichenreihen und anderen Zeichenreihen.
- Der semantische Aspekt (*Semantik*) behandelt die Beziehungen zwischen den Zeichen und ihren Bedeutungen.

– Der sigmatische Aspekt (*Sigmatik*) behandelt die Beziehungen zwischen den Zeichen und dem, was sie bezeichnet.
– Der pragmatische Aspekt (*Pragmatik*) untersucht die Beziehungen zwischen den Zeichen und den Schöpfern, Sendern und Empfängern (Benutzern) von Zeichen.

„*Sprache*" läßt sich im Sinn der Semiotik definieren, als jedes natürlich oder durch Konvention gegebene System von Zeichen, durch das Nachrichten (semantischer Aspekt) bzw. Informationen (pragmatischer Aspekt) von einem Informationssystem zu einem anderen übertragen werden (z.B. Sprache der Bienen, der Taubstummen, Programmierungssprachen für Automaten, System der Verkehrszeichen, „natürliche" und Fachsprachen etc.). Die Semiotik hat nicht konkrete Sprachen zum Gegenstand ihrer Untersuchungen, sondern sie beschäftigt sich mit Sprachen schlechthin, insbesondere mit formalisierten Sprachen. Im Sinn der allgemeinen Semiotik ist eine Sprache aus zwei Bestandteilen aufgebaut: aus einer Menge von Zeichen und aus Regeln, die angeben, wie aus Elementarzeichen Wörter (Superzeichen) konstruiert werden können. Der Begriff des Wortes ist in diesem Zusammenhang selbst ein abstrakter Begriff, der den Wortbegriff der natürlichen Sprachen nur als Spezialfall enthält. Ein zusammengesetzter Ausdruck des Aussagenkalküls z.B. ist in diesem Sinn ein Wort. Das System dieser Regeln bildet dann die „Grammatik" dieser Sprache (vgl. Abschnitt 2.9).

Wenden wir uns nun dem semantischen und sigmatischen Aspekt von Zeichen näher zu. Ein Zeichen x ist anwendbar auf Gegenstände oder Sachverhalte (Individuen im logischen Sinn) $y_1, y_2, \ldots, y_n$, die Denotata des Zeichens x. Durch x wird also eine Menge (Klasse) der Denotata, das Designatum $\{y_1, y_2, \ldots, y_n\}$ bestimmt (referiert; *Referenzbeziehung*). Die Denotata eines Zeichens erfüllen eine bestimmte strukturierte Merkmalsmenge oder Menge von Bedingungen $\{b_1, b_2, \ldots, b_m\}$. Diese Menge beschreibt oder, wie man auch sagt, konstituiert das Designatum von x. In etwas anderer Sprechweise stellt sich dieser Zusammenhang wie folgt dar: Ein Zeichen x steht für einen bestimmten „Begriff". Der durch x repräsentierte Begriff ist hierbei in doppelter Weise zu sehen:

– als Begriffsumfang (Extension) $E(x) = \{y_1, y_2, \ldots, y_n\}$
– als Begriffsinhalt (Intension) $I(x) = \{b_1, b_2, \ldots, b_m\}$.

Die Zuordnung von x zu E(x) heißt häufig „Bezeichnung" oder „Referenz", die Zuordnung von x zu I(x) „Bedeutung". Bezeichnung und Bedeutung können daher als Abbildungen im mathematischen Sinn aufgefaßt werden. Erstere bezieht sich offenbar gerade auf die sigmatische, letzere auf die semantische Dimension des Zeichens. Entsprechend dem Sprachgebrauch in den Formalwissenschaften werden die Ausdrücke *Bezeichnung* und *Bedeutung* nicht nur für die Abbildungen selbst, sondern auch für die einem Zeichen zugeordneten Mengen E(x) bzw. I(x) verwendet. Die Bezeichnung von x entspricht dann gerade dem Begriffsumfang, die Bedeutung von x dem Begriffsinhalt.

Dieser Zusammenhang zwischen Bedeutung und Bezeichnung, Begriffsinhalt und Begriffsumfang sei an folgendem Beispiel verdeutlicht. Die Zeichenform (Buchstabenfolge) *Student* bezeichnet (referiert) die Menge von Individuen, das Designatum E(*Student*) = $\{y_1, y_2, \ldots, y_n\}$, nämlich die Menge der Studenten und bedeutet eine Merkmalsmenge I(*Student*) = { an einer Hochschule immatrikuliert, ... } . Die Extension des Begriffs *Student* ist also gleich $\{y_1, y_2, \ldots, y_n\}$, die Intension des Begriffs *Student* gleich { an einer Hochschule immatrikuliert, ... } .

Zwischen Extension und Intension von Begriffen besteht bekanntlich im allgemeinen die folgende Beziehung: Seien x und z zwei Zeichen mit $E(x) \subset E(z)$, so gilt $I(z) \subset I(x)$ und umgekehrt. z heißt in diesem Fall *Oberbegriff* (broader term) zu x, x *Unterbegriff* (narrower term) zu z. Allerdings ist zu beachten, daß die Teilmengenrelation nicht immer streng ist, d.h. daß in manchen Fällen auch Gleichheit auftreten kann. Ein Beispiel hierfür bildet das „accidens proprium" (die Eigentümlichkeit) in der traditionellen Logik. Unter Eigentümlichkeit wird eine Eigenschaft verstanden, die Gegenständen notwendig zukommt, ohne ihnen wesentlich zu sein. So sind beispielsweise Geldscheine aus Papier, Sachen unterliegen der Schwerkraft, etc. Juristisch sind diese Eigenschaften jedoch im allgemeinen belanglos, daher werden sie als accidentia propria aufgefaßt. Eine Hinzufügung von Eigentümlichkeiten zur Intension eines Begriffs verkleinert daher nicht seine Extension.

2.8.2 Die Codierung im Kommunikationsprozeß

Wir haben in Abschnitt 2.6 bereits den Begriff der Codierung verwendet. Wir können diesen Begriff nun näher bestimmen: Unter *„Codierung"* versteht man die Zuordnung eines Zeichenvorrats Z_1, der zur Darstellung bestimmter Nachrichten dient, zu anderen Zeichenvorräten $Z_2, Z_3, \ldots$, mit denen dieselben Nachrichten dargestellt werden können. Der umgekehrte Vorgang wird *Decodierung* genannt. Die jeweilige Zuordnungsvorschrift für die Zuordnung der einzelnen Zeichen z_i des Zeichenvorrats Z_1 zu den einzelnen Zeichen z_j eines Zeichenvorrats Z_2 heißt *Code.*

Entsprechend der Unterscheidung von syntaktischer und semantischer Dimension des Zeichens müssen nun auch mehrere Phasen der Codierung bzw. Decodierung unterschieden werden.

– *Semantische Codierung:*

  Codieren heißt: aus dem Vorrat von verabredeten Zeichen diejenigen heraussuchen, die den Vorstellungen des Senders entsprechen, von denen der Sender also annimmt, daß sie beim Empfänger eine analoge Vorstellung hervorrufen. Die erste Phase dieser Codierung muß darin bestehen, daß die Vorstellung des Senders in einem durch Konvention festgelegten sprachlichen Inhalt, wie ihn der Code enthält, umgesetzt werden muß.

– *Syntaktische Codierung:*

  Nachdem der Sender seine Vorstellungen semantisch codiert hat, muß er die semantischen Einheiten (die Inhalte) zueinander in Beziehung sehen. Diese Zuordnung und deren Ausdruck (auf der Schrift- oder Lautebene) der Zeichen kann nicht dem Belieben des Senders überlassen bleiben, weil dann der Empfänger nicht wissen kann, wie er die einzelnen Inhalte aufeinander beziehen soll. Der Code muß also konventionall festgelegte Kombinationsregeln enthalten, nach denen sich der Sender bei der Codierung und der Empfänger bei der Decodierung gleichermaßen richten müssen. Der syntaktische Code stellt sicher, daß nur syntaktisch zulässige Superzeichen gebildet werden.
– Im Kommunikationsprozeß Sprechakt erfolgt als dritte Codierung die *phonologische Codierung,* der nach der Übertragung die phonologische Decodierung folgt. Der Kommunikationsprozeß wird dann durch entsprechende syntaktische und semantische Decodierung durch den Empfänger vervollständigt.

So sehr auch die Unterscheidung von Syntax und Semantik für Semiotik und Linguistik fundamental ist, ist sie doch nicht unproblematisch. Dies zeigt sich schon im dyadischen Zeichenmodell. Zum Zweck der Übermittlung des intendierten „Inhalts" muß bei der Codierung die entsprechende „Form" gefunden werden. Umgekehrt ist der Vorgang bei der Decodierung: Die „Form" ist der Träger des „Inhalts". Für Zeichensysteme, mit deren Hilfe Nachrichten übermittelt werden sollen, bedeutet die Abstraktion von einer der beiden Dimensionen ein Verfahren, das aus theoretischen Gründen natürlich legitim ist, die praktische Anwendbarkeit der Theorie aber stark vermindert. Dies gilt insbesondere für natürliche Sprachen.

Literatur: *Brekle* (1972), *Bühler* (1971), *Klaus* (1971)

2.9 Grammatiken

2.9.1 Die Grammatikstruktur

Ein gutes Beispiel dafür, daß sich die Grenzlinie zwischen dem syntaktischen und dem semantischen Bereich von Zeichen oft nur schwer ziehen läßt, bilden Grammatiken. Unter einer *„Grammatik"* versteht man ein System von Regeln, das die verschiedenen Struktureigenschaften der Sätze einer Sprache beschreibt. Die Ausdrücke oder Sätze einer natürlichen Sprache haben eine vom einzelnen Verwendungsakt unabhängige lautliche, syntaktische und semantische Struktur. Diese Struktur unterscheidet die Sprache (langue) von der konkreten Rede (parole). Nur aufgrund dieser Struktureigenschaften, deren Regularitäten die

Benutzer der Sprache beherrschen müssen, können die Sätze zur Kommunikation verwendet werden. Die Regularitäten der Struktur lassen sich durch exakt formulierte Regeln beschreiben.

Da eine natürliche Sprache aus einer beliebig erweiterbaren Menge von Sätzen besteht, muß das angegebene Regelsystem u.a. die Tatsache erklären, daß mit Hilfe einer endlichen Menge von Grundelementen und Regeln beliebig viele neue Sätze gebildet werden können. Eine Grammatik ist demnach zugleich eine Theorie über die Eigenschaften der (unendlichen) Menge von Sätzen einer Sprache. Sie besteht aus drei Komponenten: *Syntax*, *Semantik* und *Phonologie*, die untereinander durch das *Lexikon* der Sprache verbunden sind.

Die syntaktischen Regeln bestimmen die Form der Strukturen, in die die Grundelemente der Sprache eingehen und durch die sie zu Sätzen verknüpft werden können. Die semantischen Regeln bestimmen die Bedeutung von komplexen Ausdrücken aufgrund ihrer syntaktischen Struktur und der Bedeutung der in ihnen enthaltenen Grundelemente. Die phonologischen Regeln bestimmen die konkrete Lautform, die die Folgen von Grundelementen im Satzzusammenhang annehmen. Das Lexikon besteht aus einer exakten Charakterisierung der Grundelemente der Sprache nach ihren syntaktischen Verwendungsmöglichkeiten, ihren distinktiven Lauteigenschaften und ihrer Bedeutungsstruktur.

Eine Grammatik hat also sowohl syntaktische wie semantische Aspekte. Schwierigkeiten bereitet das Verhältnis von Syntax und Semantik in der Sprache nur dann, wenn man daraus, daß es einen klaren Unterschied zwischen Syntax und Semantik gibt, den Schluß ziehen will, daß es eine scharfe Grenze zwischen diesen beiden Bereichen geben muß. Dieser Schluß ist falsch, tatsächlich gibt es eine solche Grenze auch nicht; vielmehr läßt sich feststellen, daß viele syntaktische Fakten – zumindest teilweise – semantisch motiviert sind (syntaktische Codierung als Folge semantischer Codierung): z.B. ist die Frage, ob ein Verb nur ein Subjekt, ein Subjekt und ein Objekt, oder ein Subjekt und mehrere Objekte zu sich nehmen kann, auch von der Bedeutung dieses Verbs, vom Charakter des durch dieses Verb bezeichneten Vorgangs oder Zustandes abhängig. Umgekehrt setzt die semantische Decodierung eine entsprechende syntaktische Decodierung voraus; deshalb baut die linguistische Semantiktheorie in der Regel auf einer entsprechenden Syntaxtheorie auf (dies trifft insbesondere auf die generative Syntax und Semantik zu – vgl. unten Abschnitt 2.9.2). Wir wenden uns daher zuerst dem syntaktischen Aspekt der Grammatik zu, obwohl für die Rechtsinformatik im allgemeinen und für die Formalisierung rechtlicher Entscheidungen im besonderen die Semantik das eigentliche Interesse beansprucht.

Sätze kann man als strukturierte Wortketten auffassen. Die Wörter in den Sätzen bilden Gruppen verschiedenen Umfangs und verschiedenen Zusammengehörigkeitsgrades. Für Sätze der natürlichen Sprachen ist nun charakteristisch, daß eine lineare Struktur in der Regel zur Charakterisierung eines Satzes nicht ausreicht.

Nehmen wir das einfache Beispiel in Abb. 2.12. (Wir beschränken uns aus Darstellungsgründen bei dieser Analyse auf die Ebene der Wörter; die Wörter können natürlich noch weiter in „Morpheme" – lexikalische Einheiten, die syntaktisch nicht weiter zerlegbar sind – zerlegt werden. S steht hierbei für Satz, V für Verb, Art für Artikel und N für Nomen.)

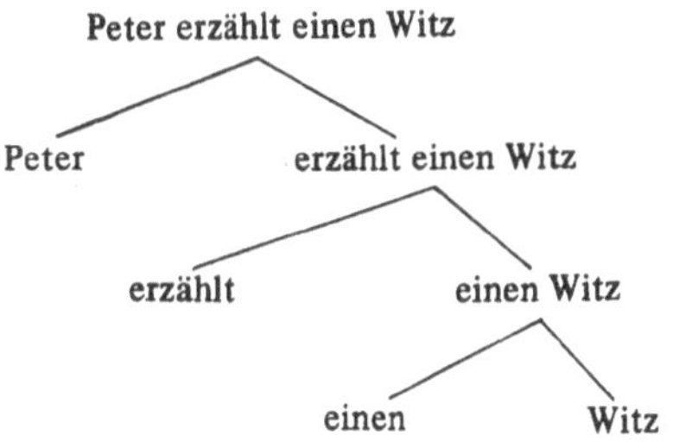

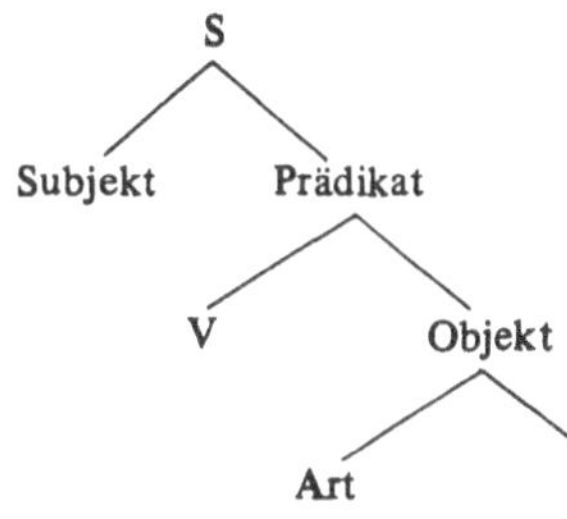

Abb. 2.12 Syntaktische Strukturbeschreibung des Satzes „Peter erzählt einen Witz"
Quelle: *Bühler* (1971, 99)

Statt in dieser Weise vorgegebenen Sätzen eine Strukturbeschreibung zuzuordnen, kann man den Aufbau der Satzstruktur auch als Erzeugungsvorgang (Generierung) darstellen. Dabei geht man von einem Anfangssymbol S aus und beschreibt den Satz als Anwendungsfall einer bestimmten Menge von Regeln, die dieses Symbol expandieren, d.h. sukzessive durch weitere Symbole ersetzen. (Vgl. Abb. 2.13.; wir schreiben für Subjekt NP – Nominalphrase, ebenso für Objekt; für Prädikat VP – Verbalphrase.)

S → NP + VP
NP → N
VP → V + NP
NP → Art + N

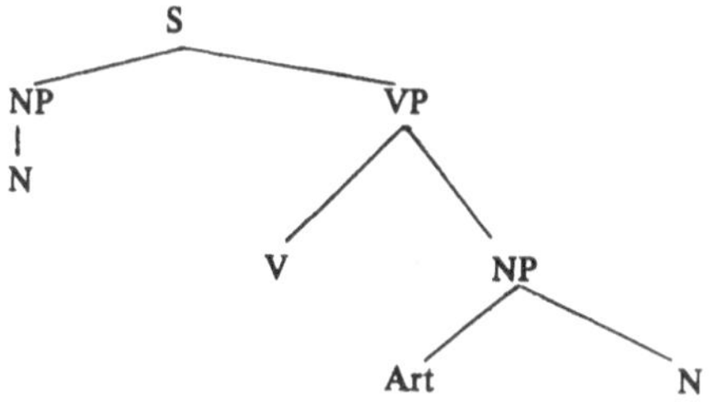

Abb. 2.13 Aufbau der syntaktischen Satzstruktur als Erzeugungsvorgang
Quelle: *Bühler* (1971, 99)

So entsteht eine generelle Satzstruktur, von der aus man durch lexikalische Zuordnungsregeln zu individuellen Sätzen gelangen kann:

N → Peter, Hans, Grete, ...

V → erzählt, weiß, erfindet, ...

Art→ einen, eine, ein, ...

N → Witz, Geschichte, Märchen, ...

2.9.2 Grammatiktypen

Jede lexikalische Zuordnungsregel definiert eine paradigmatische Reihe (Distributionsklasse). Wörter bilden dann eine Distributionsklasse, wenn sie in gleicher Umgebung gegeneinander ausgetauscht werden können. Die Regeln, die zur Erzeugung von Satzstrukturen führen, nennen wir *„Formationsregeln"*; die Zuordnungsregeln, die die abstrakten Symbole mit Einzelelementen aus den Distributionsklassen (in unserem Fall: Wortarten) verbinden und bestimmte Wörter in die Satzstruktur einführen, nennen wir *„Lexikonregeln"*. Mit Formations- und Lexikonregeln lassen sich einfache Grammatiken bauen, die man *„Phrasenstrukturgrammatiken"* (PS-Grammatiken) nennt. Bei diesem Typ der Grammatik werden zwei Unterarten unterschieden: *„kontextfreie"* und *„kontextsensitive"* PS-Grammatiken, je nachdem ob die Formationsregeln kontexfrei oder kontextsensitiv sind.

Die oben angegebenen Formationsregeln sind alle kontextfrei.

Die Regel

VP → V + NP

besagt, daß eine Verbalphrase aus einem Verb, gefolgt von einer Nominalphrase, bestehen kann, gänzlich ohne Rücksicht auf die Umgebung, in der diese Verbalphrase vorkommt. Wo immer die Grammatik eine Verbalphrase spezifiziert, wird sie dieser Regel Genüge leisten. Angenommen jedoch, die Grammatik besagt, daß eine Verbalphrase nur dann diese bestimmte Form annehmen kann, wenn sie beispielsweise einer Nominalphrase folgt, dann kann die Regel etwa wie folgt geschrieben werden:

VP → V + NP/NP __ .

Der ursprünglichen Regel folgt hier ein Schrägstrich und eine Kette, bei der das Unterstreichungszeichen die Stelle markiert, die die Verbalphrase einnehmen muß, wenn die Regel angewendet werden soll. Falls eine Grammatik eine oder mehrere Regeln mit Bedingungen dieser Art enthält, sagt man, sie sei kontextsensitiv. Es ist möglich zu beweisen, daß kontextsensitive Grammatiken im allgemeinen grundlegend mächtiger sind als kontextfreie Grammatiken. Dies bedeutet, daß es Sprachen gibt – wenn auch nicht notwendigerweise natürliche Sprachen – die von Grammatiken mit kontextsensitiven Regeln beschrieben werden können, für die man aber unmöglich eine adäquate kontextfreie Grammatik aufbauen kann.

Allgemein können zwei (syntaktische) Aspekte einer Grammatik unterschieden werden:

- Die (syntaktische) *Analyse von Sätzen* als Zerlegung der Sätze in ihre Konstituenten. Alle durch Teilung entstandenen Einheiten werden als „Konstituenten" bezeichnet, ob es sich nun um Wörter oder Wortkombinationen handelt. Die syntaktische Zerlegung der Sätze in ihre Konstituenten wird auch als *„parsing"* bezeichnet. Die Analyse hat ihren Schwerpunkt in der syntaktischen Decodierung von Nachrichten.
- Die (syntaktische) *Generierung* (Synthese, Produktion) *von Sätzen* aus den Konstituenten. Generative Grammatiken betonen diesen Aspekt gegenüber jenem der Analyse. Die Generierung hat ihren Schwerpunkt in der syntaktischen Codierung von Nachrichten.

Die Tatsache, daß heute noch immer der Schwerpunkt der linguistischen Forschung im generativen Aspekt der Grammatiken zu finden ist, mag zum Teil dafür verantworlich sein, daß linguistische Methoden in der automatisierten Textverarbeitung nicht jene Bedeutung erlangt haben, die ihnen eigentlich zusteht. Für Zwecke der Dokumentation ist nämlich der Aspekt der Analyse weit wichtiger als jener der Synthese (vgl. Abschnitt 3.3.2).

PS-Grammatiken können sowohl für die Analyse als auch für die Synthese von Sätzen verwendet werden. Allerdings sind sie kein sehr mächtiges Instrument für die Beschreibung natürlicher Sprachen. Theoretisch wesentlich besser eignen sich für diesen Zweck Transformationsgrammtiken.

Für *Transformationsgrammatiken* ist die Unterscheidung von *„Oberflächenstruktur"* und *„Tiefenstruktur"* wesentlich. Diese Unterscheidung soll durch das folgende Beispiel illustriert werden: Der Satz
(1) Das Schlachten der Neger war fürchterlich.
kann auf zwei Arten verstanden werden:

(1') Es war fürchterlich, wie die Neger geschlachtet wurden.
(1") Es war fürchterlich, wie die Neger beim Schlachten vorgingen

Im Fall (1') sind die Neger die Geschlachteten; im Fall (1") sind die Neger die Schlächter (genetivus objectivus – genetivus subjectivus). Mit den Mitteln einer PS-Grammatik allein können so wesentliche Aspekte wie die *Mehrdeutigkeit (Ambiguität)* von Satz (1) weder erfaßt noch erklärt werden. Dieser Satz muß mit anderen Mitteln „disambiguiert" werden. Satz (1) gibt übrigens ein Beispiel dafür, daß semantische Ambiguität auf syntaktischer Ambiguität beruhen kann. Der semantischen Decodierung hat die syntaktische Decodierung vorauszugehen.

Nehmen wir ein weiteres Beispiel. Man kann annehmen, daß die Sätze
(2) Die Mutter liebt das Kind.
(3) Das Kind wird von der Mutter geliebt.

dieselbe Bedeutung haben; sie weisen aber verschiedene Konstituentenstrukturen auf. Die PS-Grammatik bietet keine Möglichkeit, die *Verwandtschaft* der beiden Sätze, die zweifellos vorhanden ist, zu erklären und darzustellen. Ein erster Schritt zur Lösung dieses Problems wäre, einen der beiden Sätze, z.B. Satz (2) als „Ausgangsform" anzusehen und ihm eine strukturelle Beschreibung zuzuordnen: die Form des zweiten Satzes kann man dann als Ergebnis einer strukturellen Veränderung auffassen. Damit ist der Zusammenhang zwischen beiden Sätzen als Prozeß dargestellt; wir können sagen: Satz (3) ist durch Transformation aus Satz (2) hervorgegangen.

In der generativen Transformationsgrammatik wird der Prozeßcharakter der Strukturzusammenhänge zwischen Sätzen verallgemeinert: Jeder Satz wird als Ergebnis von Transformationen aufgefaßt. Die an Hand der Sätze (1), (2) und (3) angedeuteten Probleme versucht die generative Transormationsgrammatik durch folgende Hypothese zu erklären:

Satz (1) hat eine Oberflächenstruktur, die auf zwei verschiedene Tiefenstrukturen zurückgeht. Satz (2) und (3) sind zwei verschiedene Oberflächenstrukturen auf der Grundlage ein und derselben Tiefenstruktur. Die Transformationsgrammatik vermag also solche Fälle zu erklären, indem sie unterscheidet zwischen der „Oberflächenstruktur" und der „Tiefenstruktur" eines Satzes. Die Oberflächenstruktur ist die Form des Satzes, wie er als konkrete Äußerung verwendet werden kann, die Tiefenstruktur enthält alle für die Bedeutung des Satzes wichtigen Elemente.

Tiefenstruktur und Oberflächenstruktur eines Satzes sind im generativ-transformationellen Sprachmodell durch Transformationen miteinander verbunden. Durch die Transformationen wird die zugrundeliegende vorstrukturierte Bedeutung der Aussage in eine konkrete syntaktische Struktur eingebracht. Dieses Modell dient der Klärung des linguistischen Grundproblems: Wie hängen Ausdrucksseite und Inhaltsseite der Sprache zusammen? In diesem Modell stellt die Syntax eben diesen Zusammenhang her. In der Basiskomponente (sie entspricht einer PS-Grammatik) wird durch Regeln die Satzstruktur aufgebaut und werden die Lexikonelemente eingeführt; das Ergebnis ist die Tiefenstruktur. Diese bildet ihrerseits die Grundlage der „semantischen Interpretation". Auf die Tiefenstruktur wirken Transformationen ein, deren Ergebnis die Oberflächenstruktur ist. Umgekehrt muß die Tiefenstruktur, welche die Elemente der Satzbedeutung enthält, aus der Satzform der Oberfläche erschließbar (rekonstruierbar) sein.

Wir hatten Formationsregeln als das Instrument für die syntaktisch-grammatikalisch richtige Generierung von Sätzen kennen gelernt. Sollen jedoch die erzeugten Sätze auch „sinnvoll" sein, so müssen semantische Regeln existieren, welche die Bildung syntaktisch korrekter aber semantisch nicht „sinnvoller" Sätze ausschließen. Betrachten wir die folgenden Sätze:

(4) Der Affe frißt die Banane.

(5) Die Banane frißt den Affen.

Beide Sätze sind syntaktisch korrekt, nur Satz (4) dürfte jedoch – von modernen Gedichten abgesehen – als semantisch korrekt akzeptiert werden. Die Wörter eines Lexikons, auf die Formationsregeln angewendet werden, müssen daher gewissen *„Selektionsbeschränkungen"* unterliegen. Diese können sein:

- Syntaktische Selektionsbeschränkungen: Sie geben an, welche grammatikalischen Eigenschaften ein Wort hat, z.B. ob es sich um ein Substantiv handelt oder um ein Verb, sodaß es an bestimmter Stelle und mit bestimmter Funktion im Satz eingebaut werden kann.
- Semantische Selektionsbeschränkungen: Sie geben an, welche Bedeutung ein Wort hat, so daß es sich sinnvoll mit anderen Wörtern zur Satzbedeutung verbinden kann.

Die syntaktische und semantische Selektionsbeschränkung wird in Form von Merkmalskomplexen gegeben: Das Vorhandensein eines Merkmals wird mit + signalisiert, das Fehlen eines Merkmals mit –. Wir geben hier nur die Merkmale an, die auch für die Syntax von unmittelbarem Interesse sind, um an einem Beispiel anzudeuten, wie man sich die Organisation eines Lexikons vorstellen kann. Mit dem Problem der vollständigen Merkmalsbeschreibung von Wörtern beschäftigt sich die Semantik.

Das Merkmal [+konkret] z.B. ermöglicht die Unterscheidung von Wörtern wie Stein, Kraut, Senf, gegenüber Wörtern wie Recht, Gewalt, Treue ([–konkret]). Das Merkmal [+GN] (= Gattungsname) unterscheidet Wörter wie Fenster, Metzger, Fleiß von Eigennamen wie Petra, München, England ([–GN]). Das Merkmal [+zählbar] unterscheidet Wörter wie Dose, Haus, Junge von Mengen wie Lehm, Milch, Fleisch ([–zählbar]), die dadurch gekennzeichnet sind, daß sie keinen Plural bilden.

In ähnlicher Weise lassen sich auch den Verben Merkmalskomplexe zuordnen. Bei der Verbindung von Nomen und Verb im Satz werden die Merkmalskomplexe ineinander amalgamiert und die dabei auftretende lexikalische Verträglichkeit oder Unverträglichkeit beruht auf der Vereinbarkeit oder Unvereinbarkeit der Merkmale.Die generative Semantik geht von folgender Grundüberlegung aus: In natürlichen Sprachen können lexikalische Einheiten, die syntaktisch unzerlegbar sind (also Morpheme), durch syntaktisch zusammengesetzte Ausdrücke ersetzt (paraphrasiert) werden, die die gleiche (zumindest kognitiv-referentielle) Bedeutung haben. Die paraphrasierenden Ausdrücke sind nach den syntaktischen Gesetzen der Sprache aufgebaut, die Bedeutung des paraphrasierten Ausdrucks kann als aus der Bedeutung der Bestandteile des paraphrasierenden Ausdrucks und den zwischen ihnen bestehenden syntaktischen Beziehungen zusammengesetzt aufgefaßt werden.

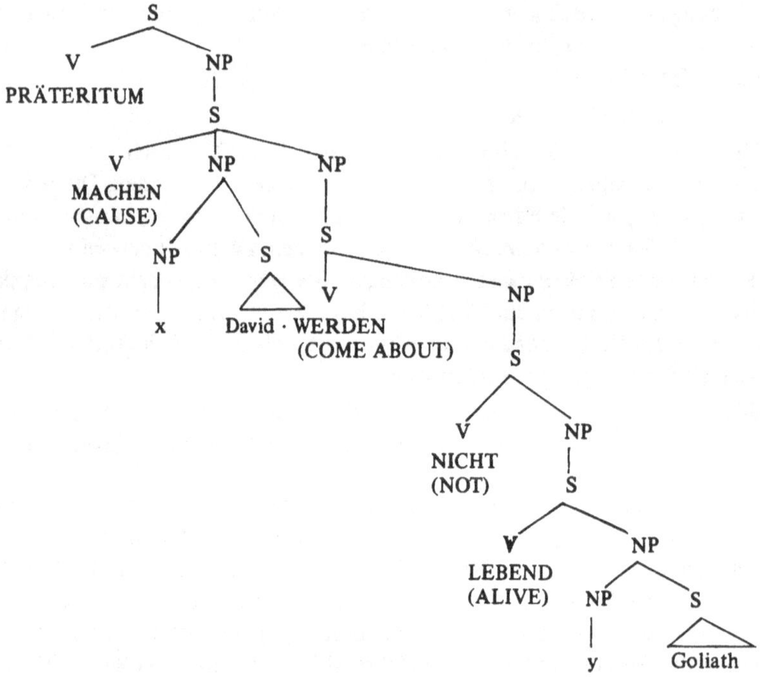

Abb. 2.14 Semantische Strukturbeschreibung des Satzes „David tötete Goliath"
Quelle: *Immler* (1974, 117)

In der Darstellung der generativen Semantik hat ein Satz wie
(6) David tötete Goliath.
die der Abbildung 2.14 zugrundeliegende Repräsentation (lies etwa: „es ist Vergangenheit, daß derjenige x, der David heißt, macht, daß es wird (=daß es eintritt), daß es nicht (der Fall) ist, daß derjenige y, der Goliath heißt, lebt." In dieser Umformulierung von Satz (6) zeigt sich die Affinität der modernen Semantik zur formalen Logik. Wir glauben in diesem Zusammenhang, daß die Zukunft beider Wissenschaften insofern eine gemeinsame sein dürfte, als die Kluft zwischen dem Studium der natürlichen und der formalen Sprachen sich langsam schließen wird. Im übrigen hat die generative Semantik – und dies gilt auch für andere Semantiktheorien – nur zum Teil jenen Grad der Ausgereiftheit erlangt, der sie für praktische Anwendungen in der Computer-Linguistik geeignet erscheinen läßt (vgl. Abschnitt 3.3.2). Eine vollständige Automatisierung der juristischen Entscheidungsprozesse setzt jedoch eine erfolgreiche automatisierte Textverarbeitung voraus – was wieder eine ausgereifte Semantiktheorie bedingt.

Literatur: *Bar-Hillel* (1969), *Bühler* (1971), *Chomsky* (1957), *Chomsky* (1965), *Immler* (1974), *Klaus* (1971), *Lyons* (1968), *Reisinger* (1972), *Sparck Jones/Kay* (1976)

3. Juristische Informationssysteme

Juristische Informationssysteme stellen den für die Praxis wichtigsten Teil des strukturalen Aspekts der Rechtsinformatik im engeren Sinn dar. Ihr wirksamer Einsatz im Rechtssystem setzt ein der Realität angemessenes Modell der juristischen Entscheidung voraus. Abschnitt 3.1 bringt ein Beispiel eines solchen Modells. In Abschnitt 3.2 wird über die im deutschen Sprachraum umfassendste Untersuchung zur Verwirklichung eines ADV-unterstützten juristischen Informationssystems referiert: die Systemanalyse *Juris*. In Abschnitt 3.2.1 wird eine vorläufige Analyse der Ziele von *Juris* und des Istsystems gegeben. Abschnitt 3.2.2 geht näher auf die Fragen des Informationsverhaltens und des Informationsbedarfes von Juristen in der BRD ein. Abschnitt 3.2.3 stellt die Sollanalyse von *Juris* im Detail dar und Abschnitt 3.2.4 bringt die Empfehlungen der Projektgruppen und die Unterscheidung Entwicklungssystem und Ausbausystem.

In Abschnitt 3.3 werden einige allgemeine Ansätze der ADV-unterstützten Inhaltsanalyse in Dokumentationssystemen, insbesondere Thesauri, automatisches Indexieren und automatisches Referieren beschrieben. Außerdem wird auf das Problem der Messung der Selektionsgüte eines Systems näher eingegangen. Die Abschnitte 3.4 bis 3.6 bringen dann eine kurze Einführung in drei konkrete juristische Dokumentationssysteme: die Sozialrechtsdokumentation des BSG (Abschnitt 3.4), das Textretrievalsystem/1 der GMD (Abschnitt 3.5) und das Wiener System (Abschnitt 3.6). Abschnitt 3.7 stellt einige Überlegungen zum Vergleich dieser Systeme an. In Abschnitt 3.8 wird das Informationssystem DPA in seinen Grundzügen als Beispiel einer Integration aller informationell relevanten Aufgaben einer Behörde dargestellt. Dieses System geht damit über Fragen eines reinen Dokumentationssystems hinaus. Abschnitt 3.9 behandelt schließlich einige Perspektiven des Ausbaus eines erweiterten juristischen Informationssystems, insbesondere in Richtung auf ein Frage-Antwort-System. Auch in diesem Problembereich zeigt sich wieder die Bedeutung linguistischer Methoden für die Rechtsinformatik.

3.1 Ein Modell juristischer Entscheidungen

Um den Standort juristischer Informationssysteme im juristischen Entscheidungsprozeß zu bestimmen, empfiehlt es sich, von einem allgemeinen Modell juristischer Entscheidungen auszugehen. Zweckmäßig hierfür erweist sich das von *Steinmüller/Eberle/Garstka* entwickelte Modell (*Steinmüller* 1976 a, 65 ff.). Zur Nomenklatur ist zu bemerken, daß in diesem Modell ausschließlich von „Informationen" gesprochen wird, auch dort, wo nach unserer Begriffsabgrenzung (vgl. Abschnitt 2.6) von „Nachrichten" gesprochen werden müßte. Wir haben jedoch die Nomenklatur unverändert übernommen.

Ein System, dessen Verhalten sich als Entscheidungsprozeß darstellt (*Entscheidungssystem*), weist zwei Klassen von Elementen auf:

- Elemente, mit deren Hilfe Informationen ermittelt gespeichert und übertragen werden können (Kanäle);
- Elemente, mit deren Hilfe Informationen zusammengestellt oder verändert (verarbeitet) werden können (Instanzen).

Im Anschluß an ein von *C.A. Petry* vorgeschlagenes Verfahren werden graphisch Instanzen als Rechtecke, Kanäle als Kreise dargestellt (vgl. Abschnitt 2.7.1). Die Pfeile geben die informationellen Kopplungen zwischen Instanzen und Kanälen an.

In einer genaueren Analyse kann man beim Entscheidungsprozeß zwischen folgenden Kanälen und Instanzen unterscheiden:

- Der Kanal, der die Information überträgt, die den Entscheidungsprozeß in Gang setzt (Träger der Initialinformation).
- Die Instanz, die alle entscheidungsrelevanten Informationen zusammenstellt (Erstellung des Entscheidungssatzes).
- Der Kanal, der alle entscheidungsrelevanten Informationen (Entscheidungssatz) aufnimmt und überträgt (Träger des Entscheidungssatzes).
- Die Instanz, die aus dem Entscheidungssatz das Entscheidungsergebnis erarbeitet (Verarbeitung des Entscheidungssatzes).
- Der Kanal, der das Entscheidungsergebnis aufnimmt und überträgt (Träger des Entscheidungsergebnisses).

Regelmäßig erhält der Träger der Initialinformation nicht alle Informationen, die im Rahmen der Entscheidung verarbeitet werden. Weitere Informationen werden vielmehr über andere Kanäle bereitgestellt. Nach Art der Informationen, die sie übertragen, lassen sich drei Kanäle unterscheiden:

- Ein *Kanal für faktische Informationen.* Sie geben Tatsachen (Fakten, Ereignisse) wieder. Sie geben also an, daß in der Realität etwas geschehen ist, geschieht oder geschehen wird; daß ein Gegenstand eine bestimmte Eigenschaft hat; daß zwischen Gegenständen bestimmte Beziehungen bestehen. Faktische Informationen über zukünftige Tatsachen heißen Prognosen.
- Ein *Kanal für evaluative Informationen.* Die in ihnen wiedergegebenen Sachverhalte kennzeichnen Zustände oder Verhaltensweisen, die anderen vorgezogen werden sollen (Ziele, Präferenzordnung, Alternativen).
- Ein *Kanal für präskriptive Informationen.* Die in ihnen wiedergegebenen Sachverhalte kennzeichnen Zustände oder Verhaltensweisen, die von einem bestimmten Adressaten herbeigeführt werden sollen (Entscheidungsregeln, Programme).

Während die faktischen und evaluativen Informationen selbst verarbeitet werden, regeln die präskriptiven Informationen die Art der Verarbeitung durch die Instanzen.

Jeder Entscheidungsprozeß kann iterativ ablaufen: Entspricht das Entscheidungsergebnis nicht gewissen Anforderungen, so kann der gesamte Entscheidungsprozeß nochmals durchlaufen werden. Hohe Komplexität der Informationsverarbeitungsprozesse einerseits und beschränkte Informationsverarbeitungskapazität eines Entscheidungssystems andererseits können zur Ausgliederung von Instanzen oder Kanälen des Entscheidungssystems führen. Das bedeutet, daß das Entscheidungssystem abhängig wird von Informationen, die in einem anderen System gespeichert (Ausgliederung von Kanälen) oder verarbeitet (Ausgliederung von Instanzen) werden. Da die solchermaßen ausgegliederten Instanzen oder Kanäle gegenüber dem Entscheidungssystem verselbständigt sind, liegt es nahe, sie ihrerseits als Systeme zu interpretieren. Da der Zweck der Ausgliederung in der Bereitstellung von Informationen für das Entscheidungssystem besteht, handelt es sich um Informationssysteme.

Das Modell der juristischen Entscheidung unterscheidet sich vom allgemeinen Entscheidungsmodell durch eine spezifische Ausgestaltung der für die Entscheidung relevanten Informationsmengen, und zwar sowohl derjenigen, die in den Entscheidungssatz eingehen (evaluative Informationen), als auch derjenigen, die das Verhalten der Instanzen determinieren (präskriptive Informationen). Die Besonderheit der juristischen Entscheidung besteht darin, daß ein Teil der evaluativen wie der präskriptiven Informationen aus juristischen Informationen besteht. Die juristischen Informationen umfassen dabei Rechtsnormen, Rechtsprechung und wissenschaftliche Literatur. Die Überführung der juristischen Informationen in die Menge der evaluativen und präskriptiven Informationen eines Entscheidungssystems erfolgt in einer Instanz, in der die juristischen Informationen analysiert und adaptiert werden.

Das Verhältnis von evaluativen und präskriptiven Informationen zueinander und beider zusammen zu den faktischen Informationen ist abhängig vom Typ der zugrunde liegenden Entscheidungsregel. Dabei können zwei Typen von Entscheidungsregeln unterschieden werden:

- Konditionalprogramme
- Finalprogramme.

Konditionalprogramme sind Regeln, die immer dann ein bestimmtes Entscheidungsergebnis (Rechtsfolge) vorschreiben, wenn eine bestimmte Situation (wiedergegeben durch faktische Informationen) vorliegt. Die Verarbeitung des Entscheidungssatzes ist reduziert auf einfache, logische oder arithmetische Operationen (Beispiel: Festsetzung der Einkommensteuerschuld eines Einkommensteuerpflichtigen). *Finalprogramme* sind Regeln, die das Entscheidungsergebnis selbst noch nicht festlegen, bei denen vielmehr noch weitere Informationen beigezogen werden müssen (Beispiele: Gesetzgebung und Planung in der öffentlichen Verwaltung). Eine Abgrenzung zwischen konditional- und finalprogrammierten juristischen Entscheidungen ist oftmals schwierig, da komplexe juristische Entscheidungen Elemente aus beiden Programmtypen enthalten können. Beispiele hierfür sind die Ermessensentscheidungen sowie die Entscheidungen, in die auslegungsbedürftige Rechtsbegriffe eingehen.

Konditional- und Finalprogramme determinieren einen unterschiedlichen Informationsbedarf für das Entscheidungssystem. Während das Konditionalprogramm den Informationsbedarf des juristischen Entscheidungssystems hinsichtlich der entscheidungsrelevanten faktischen Informationen festlegt, ist der Informationsbedarf bei Finalprogrammen zunächst unbestimmt. Bei Konditionalprogrammen werden keine weiteren präskriptiven und keine evaluativen Informationen benötigt, bei Finalprogrammen sind dagegen zusätzliche präskriptive und evaluative Informationen zu ermitteln.

Die Existenz zweier verschiedener Programmtypen hat Konsequenzen, wenn Kanäle oder Instanzen aus juristischen Entscheidungssystemen ausgegliedert werden sollen. Informationssysteme für Konditionalentscheidungen sind anders strukturiert als Informationssysteme für Finalentscheidungen. Während erstere über einen durch Konditionalprogramme exakt definierten Informationsvorrat verfügen, müssen Informationssysteme für juristische Finalentscheidungen dem nicht bestimmbaren Informationsbedarf Rechnung tragen: sie sind deshalb entweder „problembezogen" angelegt oder enthalten eine sehr breite, aber unspezifisch ausgerichtete Datenbasis.

Die Ausgliederung von Kanälen bei juristischen Entscheidungen führt zum Aufbau einer spezifischen Typologie juristischer Informationssysteme (vgl. Abb. 3.1):

- *Juristische Dokumentationssysteme:* Informationssysteme, die einen automatischen Zugriff auf entscheidungsrelevante juristische Informationen ermöglichen sollen, erhalten ihr besonderes Gepräge durch die Anforderungen automatisierter Verarbeitung von Texten und nehmen daher die Form von Dokumentationssystemen an.
- *Juristische Fakten-Informations-Systeme:* Faktische Informationen, die für konditionalprogrammierte Entscheidungen ermittelt werden, werden in Fakten-Informations-Systemen bereitgestellt. In diesen Systemen werden Informationen entsprechend dem durch die Konditionalprogrammierung exakt determinierten Informationsbedarf gespeichert. Die Ermittlung dieser Informationen erfolgt im Rahmen des Verwaltungsvollzugs.
- *Juristische Informationssysteme für Finalentscheidungen:* Informationen für final programmierte juristische Entscheidungen müssen faktische, evaluative und präskriptive Informationen gleichermaßen bereitstellen. Diese Informationen können sowohl direkt als auch aus anderen Informationssystemen ermittelt werden.

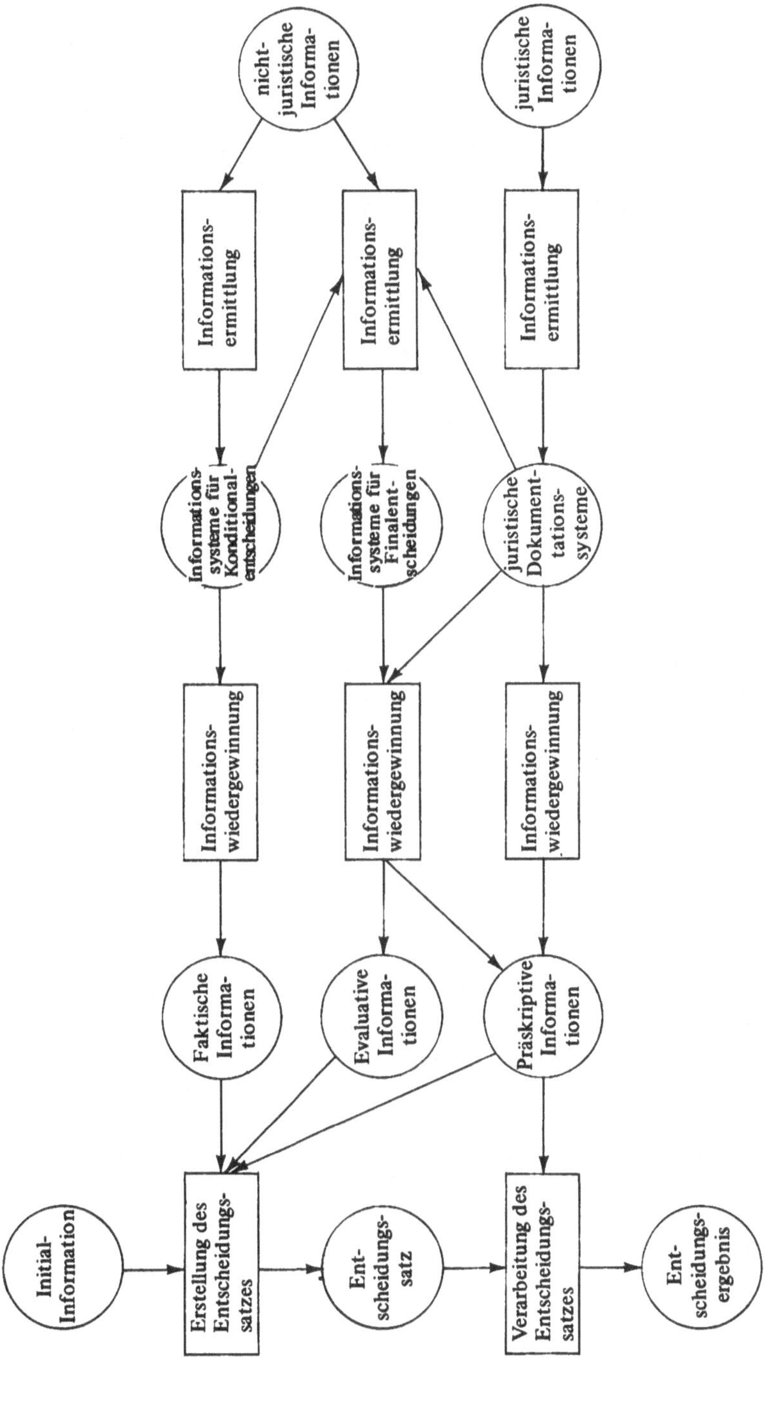

Abb. 3.1. Juristische Informationssysteme
Quelle: *Steinmüller* (1976 a, 71)

Soweit das allgemeine Entscheidungsmodell und die daraus gewonnene Typologie juristischer Informationssysteme bei *Steinmüller* (1976 a). Die Beurteilung der Typologie hängt davon ab, wie weit man die Einteilung in faktische, evaluative und präskriptive Informationen einerseits, in Konditional- und Finalprogramme andererseits für wesentlich hält. Sicher ist, daß eine Zuordnung im Einzelfall oft nur schwerpunktsmäßig vorgenommen werden kann. Dies ist aber auch bei anderen Typologien der Fall. Ausgangspunkt der Betrachtung ist jedoch auch in dieser – wie in anderen Typologien – das juristische Dokumentationssystem.

Literatur: *Steinmüller* (1976 a).

3.2 Die Systemanalyse JURIS

Die einzige umfassende Untersuchung, wie ein juristisches Informationssystem mit Hilfe der ADV praktisch verwirklicht werden kann, stellt im deutschen Sprachraum der vom Bundesministerium der Justiz herausgegebene Bericht „Das Juristische Informationssystem – Analyse, Planung, Vorschläge" (*Juris* 1972) dar. Auf ihn sei im folgenden näher eingegangen. Im zweiten Bericht der Bundesregierung über die Anwendung der elektronischen Datenverarbeitung – Stand 1. Februar 1970 – heißt es zur Zielsetzung des Projekts: „Ziel dieses Projekts ist es, ein automatisiertes Informationssystem zu entwickeln, das es erlaubt, zu einer optimalen Beherrschung der Informationsfülle auf dem Gebiet der Gesetzgebung, der Rechtsprechung und der Rechtsliteratur zu kommen. Das System soll der Erleichterung der Gesetzgebungsarbeit dienen, indem es schnelle und zuverlässige Kontrollen der verwendeten Rechtsbegriffe sowohl innerhalb des in Frage stehenden Gesetzes wie auch in anderen Gesetzen, Kontrollen von Konkurrenzen und Widersprüchen sowie von Blankettnormen ermöglicht. Ferner soll es die mit der Rechtsanwendung betrauten Stellen von einer zeitraubenden herkömmlichen Informationsbereitstellung befreien, eine einheitliche Rechtsanwendung fördern und damit die Rechtssicherheit erhöhen. Schließlich soll das System in der Lage sein, allen interessierten Stellen zu bestimmten Rechtsfragen die bestehenden gesetzlichen Regelungen, die dazu ergangene Rechtsprechung und die einschlägige Rechtsliteratur nachzuweisen."

Die Projektgruppe war beauftragt, ein Systemkonzept für die Errichtung eines juristischen Informationssystems (*Juris*) zu erarbeiten. Zu untersuchen waren dazu insbesondere die in Betracht kommenden Benutzerkreise und die Informationsbedürfnisse, der ungefähre Umfang des zu speichernden Materials, die Möglichkeiten maschineller Textanalyse, die technischen Erfordernisse und ihre Realisierbarkeit einschließlich des gleichzeitigen Teilnehmerverkehrs für eine möglichst hohe Anzahl von externen Anschlüssen, die Möglichkeiten der Datenerfassung, der Personalbedarf und Möglichkeiten der Kompatibilität mit anderen Dokumentationsvorhaben der Bundesregierung, der Behörden, der Europäischen Gemeinschaften und vor allem des Deutschen Bundestages.

Die Systemanalyse *Juris* unterscheidet die folgenden System:

- Das *Rechtssystem* ist eine Menge von Instanzen, die Recht anwenden, gestalten oder setzen (z.B. Parlament, Gerichte, Verwaltungsbehörden, Rechtsanwälte, Notare, Prozeßparteien, Angeklagte etc.) und eine Menge von Kanälen, die den geordneten Nachrichtenaustausch zwischen Instanzen ermöglichen (z.B. Hauspost, Geschäftsstellen und Bibliotheken von Gerichten und Behörden, Fernsprech- und Fernschreibverbindungen etc.).
- Das *Rechtsinformationssystem* ist die Menge aller Kanäle des Rechtssystems.
- Das geplante *juristische Informationssystem* (*Juris*) ist das ADV-unterstützte Anwendungssystem, das das Rechtsinformationssystem ergänzen soll.

3.2.1 Vorläufige Zielanalyse und Istanalyse

Für *Juris* wurden vier Globalziele definiert:

- *Rechtsinnovation.* Diese bedeutet Anpassung des Rechts an veränderte gesellschaftliche Verhältnisse. *Juris* könnte sie beschleunigen, wenn mit seiner Hilfe die Veränderungen schneller allgemein bewußt würden. Ein Mittel wäre die schnellere und weitere Verbreitung von Entscheidungen und Beiträgen der Rechtsliteratur, die solche Veränderungen anzeigen und darauf reagieren. Von Bedeutung wäre auch, die Möglichkeiten der Rechtstatsachenforschung und der Rechtsfolgenanalyse zu verbessern.
- *Rechtssicherheit.* Diese bedingt, daß die Instanzen des Rechtssystems gleiche Sachverhalte regelmäßig gleich entscheiden; ihre Entscheidungen müssen weitgehend vorausschaubar sein. Ein Abweichen von bisher getroffenen Entscheidungen muß in Grenzen bleiben. Unbewußte Abweichungen sollen verhindert werden, d.h. solche Abweichungen, die darauf beruhen, daß die entscheidende Instanz die Entscheidungen, von denen sie abweicht, und die Motive, die zu diesen Entscheidungen geführt haben, gar nicht kennt und deshalb nicht in ihren Entscheidungsprozeß einbezieht. Grundannahme ist, daß die Zahl dieser unbewußt abweichenden Entscheidungen durch bessere Information verringert werden kann. Der entscheidenden Instanz müssen die Informationen, die sie in ihrem Entscheidungsprozeß verarbeiten soll, schnell und in zuverlässiger Form zur Verfügung stehen.
- *Beschleunigung der Entscheidungsprozesse.* Die angestrebte Beschleunigung kann im wesentlichen durch Standardisierung der Entscheidungsprozesse, insbesondere in Routinesachen, und durch Beschleunigung der Informationsgewinnung erreicht werden. Die Informationsverarbeitung der Instanzen kann dadurch verbessert werden, daß der Instanz der Zugriff zu den Nachrichten, die die benötigte Information vermitteln sollen, erleichtert wird (z.B. durch einheitliche Zitierweise). Gleiches gilt für die Interpretation der Nachrichten.

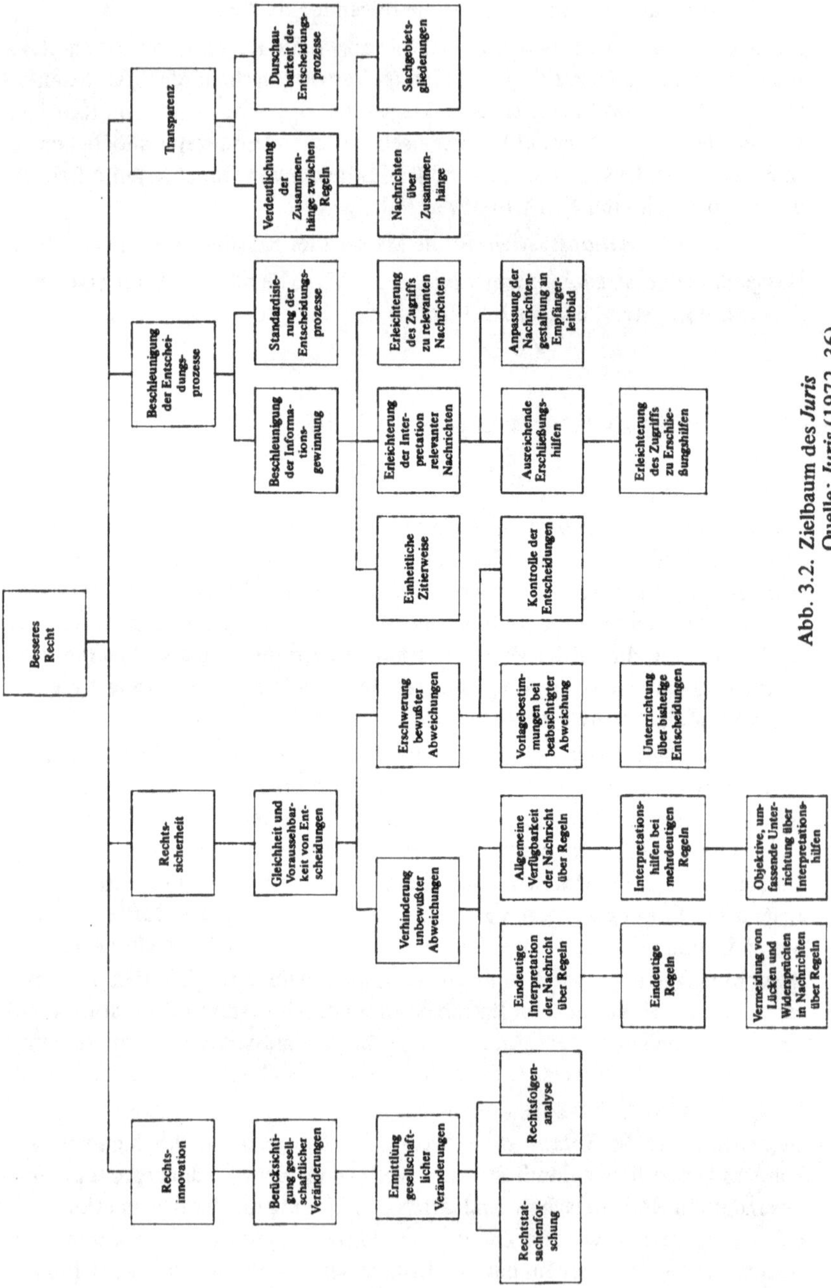

Abb. 3.2. Zielbaum des *Juris*
Quelle: *Juris* (1972, 36)

– *Transparenz.* Das Teilziel Verbesserung der Transparenz kann durch Verdeutlichung der Zusammenhänge zwischen den allgemeingültigen Regeln und bessere Durchschaubarkeit der Entscheidungsprozesse erreicht werden. Transparenz wird nicht dadurch erzielt, daß mehr Information im Einzelfall vermittelt wird, sondern dadurch, daß Information über die Zusammenhänge vermittelt und dadurch die Struktur des Rechtssystems verdeutlicht wird. Die Forderung nach Transparenz zwingt dazu offen zu legen, an welcher Stelle der komplexen Struktur des Rechtssystems eine Instanz eine Entscheidung zu treffen hat, welche Einflüsse auf diese Entscheidung einwirken und welche Instanzen von der getroffenen Entscheidung wiederum beeinflußt werden.

Der gesamte Zielbaum des *Juris* ist in seiner Hierarchie in Abb. 3.2 enthalten. Eine genaue Untersuchung der einzelnen Zielelemente auf die Verträglichkeit sowie ihre Bewertung liegen jedoch noch nicht vor.

Mit der Systemanalyse sollen die Grundlagen für die Entscheidung erarbeitet werden, wie *Juris* gestaltet werden soll, um die dargelegten Ziele möglichst weitgehend zu erreichen. Im Rahmen der Istanalyse ist dabei zu untersuchen, wie das derzeitige System beschaffen ist, inwieweit die angestrebten Ziele bereits verwirklicht sind, wo dies nicht der Fall ist und worauf dies beruht. Im Anschluß daran sind Vorhersagen über den künftigen Informationsbedarf und das künftige Informationsverhalten der in Frage kommenden Benutzer zu machen und Überlegungen darüber anzustellen, durch welche ADV-gestützten Maßnahmen Mängel des derzeitigen Informationssystems behoben werden können (Sollanalyse). Dabei ist zu berücksichtigen, daß es sich bei dem Rechtssystem um eine komplexe Organisation handelt, der von der Gesellschaft ein Bündel von Aufgaben zugewiesen worden ist. Es sind dabei die vorgegebene Arbeitsteilung, die weitgehende Autonomie der organisatorischen Einheiten (Instanzen) und die dadurch bedingten Probleme der Koordination zu beachten.

Die *Zahl der zukünftigen Benutzer* von *Juris* ist im hohem Maß von der Leistungsfähigkeit des Systems, dem Komfort des Zugriffs, dem Preis und psychologischen Faktoren abhängig. Sie kann daher nicht genau im voraus ermittelt werden. Theoretisch ließe sich jeder Bürger als potentieller Benutzer ansehen (so wie heute jeder Bürger eine juristische Bibliothek benutzen kann). Beschränkt man aber die Untersuchung auf Kreise, die möglicherweise als dauernde Benutzer für *Juris* in Betracht kommen, so ergibt sich zusammenfassend:

– Die Gesamtzahl der in Betracht kommenden Institutionen, die im Einzelfall ein sehr unterschiedliches Gewicht haben, beträgt rund 40.000.
– Die Zahl der ausgebildeten Juristen bis zum 65. Lebensjahr beträgt in der BRD rund 70.000 – 80.000 Personen. Davon sind etwa 40.000 als Richter, Staatsanwälte, Wissenschaftler, Rechtsanwälte und Notare tätig.
– Im Bereich der Rechtspflege sind neben Richtern und Staatsanwälten etwa 13.000 Rechtspfleger und Amtsanwälte tätig.

Die Instanzen des Rechtssystems, die mit juristischen Problemen befaßt sind und diese mit juristischen Texten lösen, sollen mit Hilfe von *Juris* die jeweils für sie relevanten Dokumente erhalten bzw. finden können. Daher sind sowohl die Dokumenttypen, die für die Arbeit der Instanzen des Rechtssystems von Bedeutung sein können, als auch deren größenordnungsmäßiger Umfang zu ermitteln.

Für die Arbeit der Instanzen des Rechtssystems können alle diejenigen Dokumente von Bedeutung sein, die juristisch relevante Nachrichten jeglicher Art enthalten. Sie lassen sich formal grob einteilen in Normen, Judikate, Literatur und sonstige Dokumente:

- *Normen:* Die wichtigsten Typen sind Gesetze und Verordnungen des Bundes und der Länder, völkerrechtliche Verträge, überstaatliche Rechtsvorschriften, Satzungen, Verwaltungsvorschriften.
- *Judikate:* Hierunter fallen die Entscheidungen der verschiedenen Gerichtszweige und Rechtszüge.
- *Literatur:* Hierzu gehören Kommentare, Monographien, Lehrbücher, Zeitschriften, Dissertationen, Habilitationsschriften, Festschriften, Literaturübersichten, Jahrbücher usw. Im Hinblick auf Entwicklungstendenzen der Rechtswissenschaft ist nicht nur juristische Literatur im herkömmlichen Sinne in Betracht zu ziehen, sondern auch die Einbeziehung solcher Literatur, die in Zukunft für die Rechtswissenschaft von größerer Bedeutung sein könnte und eventuell zunehmende Berücksichtigung erlangt wie z.B. Literatur aus Soziologie, Kriminologie, Politologie usw.
- *Sonstige Dokumente:* Gesetzesentwürfe, Gesetzgebungsmaterialien, Bestandteile von Gerichtsakten (wie Klagen, Anzeigen, Sitzungsprotokolle usw.), Gutachten, Presseveröffentlichungen zu Gerichtsentscheidungen, allgemeine Geschäfts- und Vertragsbedingungen usw.

Bei der Untersuchung der juristisch relevanten Literatur auf ihren Umfang hin ist zu beachten, daß der Umfang des Materials nicht für alle Dokumenttypen mit gleicher Genauigkeit ermittel werden kann. Insbesondere ist der Umfang der „sonstigen Dokumente" nur schwer abzuschätzen. Dennoch läßt sich der durchschnittliche jährliche Neuanfall in der BRD für Normen, Judikate und Literatur mit einiger Genauigkeit prognostizieren. Man erhält dann die in Tabelle 3.1 angegebenen Werte.

Nach Angaben über den Umfang der juristisch relevanten Nachrichten besteht die Aufgabe der Istanalyse darin, die dokumentationsrelevanten Merkmale der einzelnen Nachrichtentypen festzustellen. Diese hängen natürlich vom Informationsverhalten und Informationsbedarf der Juristen ab (vgl. Abschnitt 3.2.2). Relativ häufig benutzte *Suchmerkmale bei Normen* sind:

- Ausdrucksform der Normen: Hiernach können unterschieden werden Verfassungen, Gesetze im formellen Sinn, Rechtsverordnungen, autonome Satzungen, Tarifverträge, Betriebsvereinbarungen, Verwaltungsanordnungen, völkerrechtliche Verträge;

Tabelle 3.1. Jährlicher Neuanfall an juristisch relevanten Dokumenten in der BRD
Quelle: *Juris* (1972, 44)

Dokumenttyp	Dokumente/ Jahr	Mio Zeichen/ Jahr	Summe Mio. Zeichen/ Jahr
a) Gesetze,			
Bund, BGBl. I	70	2,3	
Bund, BGBl. II	60	3,8	
Länder	200	12	
Verordnungen			
Bund, BGBl. I	140	1,9	
Bund, BGBl. II	120	1,6	
Bund, BAnz.	220	1	
Länder	400	3	
Verwaltungsvorschriften u.a., die in die bereinigten Sammlungen aufzunehmen wären	5 000	30	ca. 56
b) Entscheidungen	über 1 000 000	5000-10000	
(davon bisher veröffentlicht)	(20 000)	(300)	ca. 5000
c_1) wissenschaftliche Beiträge	20 000	500	ca. 500
c_2) Einzeldurchschriften	3 000	2 000	
Dissertationen und Habilitationsschriften	1 000	200	ca. 2200

Das größenmäßige Verhältnis der Gruppen a), b), c_1) und c_2 zueinander beträgt etwa 1 : 80 : 8 : 40.

Zieht man bei Gruppe b) nur die bisher veröffentlichten Entscheidungen in Betracht, so beträgt das größenmäßige Verhältnis der Gruppen a), b), c_1) und c_2) zueinander etwa 1 : 5: 8 : 40.

- Normgeber: Hiernach kann unterschieden werden, ob es sich um Normen des Bundes, der Länder der BRD etc. handelt; wer der Verfasser der autonomen Satzungen ist, und von wem Tarifverträge und Betriebsvereinbarungen abgeschlossen wurden usw.;
- Bestimmte Zeitangaben, nämlich das Datum der Ausfertigung, der Verabschiedung oder der Bekanntmachung, das Datum des Inkrafttretens;

- Überschriften der Normenkomplexe, z.B. Gesetzestitel, und zwar auch die nichtamtlichen Überschriften, sofern sie innerhalb eines größeren Benutzerkreises gebräuchlich sind;
- Fundstellen der Normenkomplexe und zwar nach ihren Verkündungsstellen (z.B. Gesetz- oder sonstige Verkündungsblätter) und den sonstigen innerhalb eines größeren Benutzerkreises gebräuchlichen Fundstellen unter Übernahme der bibliographischen Suchkriterien;
- Sachgebiete der Normenkomplexe, etwa nach dem Klassifikationsschema des Bundesgesetzblattes Teil III;
- Dekriptoren, das sind Einzelwörter oder mehrere Einzelwörter (Wortkomplexe, z.B. „Schadensersatz wegen Nichterfüllung"), die selbständig zur Suche verwendet werden. Neben den Stichwörtern, die aus dem Text der Dokumente stammen, kommen auch Schlagwörter in Betracht, das sind Wörter, die dem Text zugeordnet worden sind. Derartige Wörter findet man heute in Stichwort- oder Schlagwortregistern.

Relativ häufig benutze *Suchmerkmale bei gerichtlichen Entscheidungen* sind
- Gericht und erkennender Spruchkörper;
- Datum der Entscheidung;
- Aktenzeichen;
- Fundstelle in der Fachliteratur;
- Betroffene Sachgebiete;
- Normen der Normenkette, die einer bestimmten Entscheidung etwa wie ein Leitsatz vorangestellt werden. Hier kann man unterscheiden zwischen Normen der Normenkette, die in der Entscheidung selbst zitiert werden und solchen, die der Entscheidung zugeordnet werden, ohne in ihr selbst zitiert zu sein;
- Deskriptoren.

Relativ häufig benutzte *Suchmerkmale in der Rechtsliteratur* sind
- Autor;
- Bearbeiter (Herausgeber, Übersetzer usw.);
- Veröffentlicher, z.B. Verlag;
- Dokumenttyp, z.B. Lehrbuch, Kommentar, Dissertation usw.;
- Sachgebiete;
- Buchtitel, und zwar unterteilt nach Originalsachtitel, Originaluntertitel, Originalnebentitel. Kurzform des Originalsachtitels, Titeländerungen des Originalsachtitels, fingierter Titel, Titel von Übersetzungen;
- Titel übergeordneter Gesamtheiten, z.B. einer Zeitschrift;
- Zeitangaben, z.B. das Veröffentlichungsjahr;

- Zählungen, z.B. Jahrgang bei Zeitschriften u.ä., Heft, Nummer bei Zeitschriften u.ä., Bandzählungen bei mehrbändigen Werken, Nummer der Auflage;
- Normen, etwa des Paragraphenregisters;
- Deskriptoren.

Ein weiterer Schritt der vorläufigen Istanalyse besteht in der Erarbeitung von Modellen des juristischen Problemlösungsverhaltens. Dies erscheint notwendig, um grundsätzliche Ansatzpunkte für einige Aspekte der Benutzerforschung zu gewinnen (vgl. Abschnitt 3.2.2). In den hier skizzierten Modellen werden Nachrichten genauer als im Entscheidungsmodell *Steinmüllers* (Abschnitt 3.1) typisiert; die hier skizzierten Modelle des juristischen Problemlösungsverhaltens haben daher auch einen höheren Grad an Disaggregation.

Jede Problemlösung ist ein Lernprozeß. Für juristische Informationssysteme sind als Fälle zu unterscheiden:

- Problemlösungsverhalten in der Rechtspraxis (Fallösung)
- Problemlösungsverhalten in Rechtswissenschaft und Gesetzgebung.

Betrachten wir zuerst die *Fallösung in der Rechtspraxis.* Die Implementierung eines Dialog-Systems ist für die Problemlösung nur dann sinnvoll, wenn ein operationales Problemlösungsmodell existiert, bei dem die einzelnen Operationen in bestimmten Dialogschritten abgebildet werden können. Da ein Problemlösungsmodell aber auch verschiedene Stufen und Versionen der Problemerschließung zu berücksichtigen hat, dürfen seine Operationen nicht starr in einer bestimmten Reihenfolge angeordnet sein. Die Problemoperationen müssen vielmehr als Moduln (Bausteine) angesehen werden, die in verschiedener Weise kombinierbar sind.

Folgende *Operationen* des Modells der Fallösung in der Rechtspraxis sind zu unterscheiden:

1. Operation: Vorläufige Ortsbestimmung des Problems. Diese kann durch Präsentation von Begriffsnetzen unterstützt werden.
2. Operation: Die Auskunft des Gesetzestextes. Entweder findet sich eine eindeutige Auskunft oder die Textauskunft ist auslegungsbedürftig oder es finden sich mehrere divergente Textstellen, oder das Gesetz schweigt.
3. Operation: Die systematische Gesetzesanalyse. Dieser Schritt dient dazu, die Bedeutung des Textvokabulars zu erkennen, und zwar durch Aufsuchen weiterer Textstellen oder durch Vergleich mit der allgemeinen Gesetzesterminologie.
4. Operation: Die Auskunft der Gesetzesmotive. Sie antwortet auf die Frage: Was wollten die am Gesetzgebungsprozeß beteiligten Personen und Personenkreise sagen? Das Ergebnis kann eindeutig ausfallen, es kann nichtssagend sein, wenn die Motivlage diffus war, oder einfach negativ ausfallen.

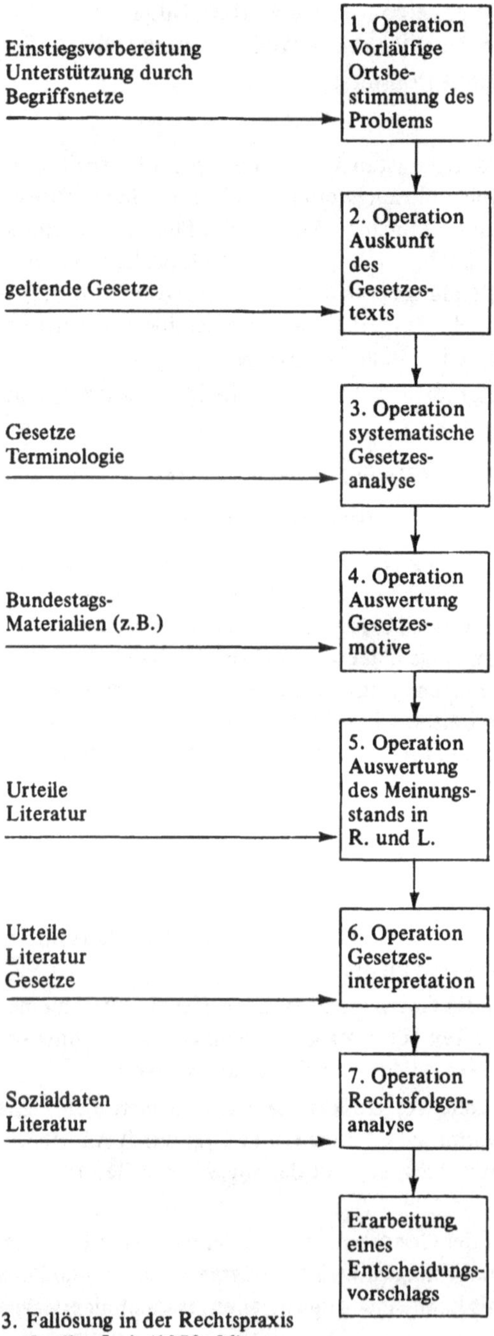

Abb. 3.3. Fallösung in der Rechtspraxis
Quelle: *Juris* (1972, 56)

5. Operation: Auskunft über den Meinungsstand in Rechtsprechung und Literatur (Auskunft über Literatur und Entscheidungskritik). Mit ihr kann man entscheiden, ob eine Gesetzestextauskunft, selbst wenn sie eindeutig ausfiel, verläßlich war, weil nur die öffentlich geführte Diskussion über die bereits aufgetauchten Anwendungsprobleme unterrichtet. Die Auskunft kann negativ ausfallen, wenn das Problem noch nicht behandelt worden ist.
6. Operation: Die Gesetzesauslegung: Sie beantwortet die Frage, welche Lösungen das Gesetz zuläßt, d.h. welche Lösungen nach dem Gesetz vertretbar sind. Es können hier verschiedene Auslegungstheorien (z.B. logisch-systematische, teleologische) zur Anwendung gelangen. In allen problematischen Fällen wird sich herausstellen, daß mehrere Lösungen vertretbar sind.
7. Operation: Die Rechtsfolgenanalyse. Sie antwortet auf die Frage, was die mehreren möglichen Lösungen im Fall ihrer rechtlichen Anerkennung innerparteilich bzw. sozial bewirken. Dieser Schritt wurde bisher nicht als spezifisch juristische Aufgabe verstanden und deswegen auch ziemlich pragmatisch gehandhabt. Im Grunde handelt es sich hier um eine Kombination von rechts- und sozialwissenschaftlicher Aufgabe. Hier liegt die Schnittstelle zu den Sozialdaten. Ist eine befriedigende Lösung innerhalb des Lösungsraums nicht möglich, muß nach neuen Lösungswegen gesucht werden (Rücksprung auf Operation 6).

Man muß sich den geschilderten Suchprozeß iterativ vorstellen. So wird der Benutzer, nachdem er die sieben Phasen (Operationen) hinsichtlich eines oder mehrerer Tatbestandsmerkmale, soweit notwendig, durchgeführt hat, bei der Rechtswidrigkeitsprüfung den Suchprozeß von Phase 4 ab möglicherweise wiederholen. Jeder Suchprozeß dieser Art, der mit den verschiedenen Anforderungen variieren kann, baut sich modular auf den 7 Phasen auf.

Die beschriebenen Problemoperationen lassen sich im wesentlichen in zwei Modellen zusammenfassen, die von den beiden wichtigsten Einstiegsebenen ausgehen:

- Modell der ersten Einstiegsebene: Der Benutzer beginnt das Problem mit einer Fall- bzw. Rechtsfrage zu erschließen. Das Problemlösungsverhalten stellt sich hier als ein Lernprozeß dar, der in der Reihenfolge der aufgeführten Problemoperationen abläuft (vg. Abb. 3.3).
- Modell der zweiten Einstiegsebene: Der Benutzer ist in der Lage, das Problem durch eine Problemfrage zu identifizieren. Benutzergerecht ist es in diesem Fall, sofort mit der fünften Operation zu beginnen, weil die Möglichkeit besteht, auf Anhieb ein Präjudiz zu finden. Eine der Konkretheit der Problemfrage entsprechende Darstellung und Bewertung des Problems findet sich in den meisten Rechtsmaterien – wenn überhaupt – nur in Judikaten und in der Literatur.

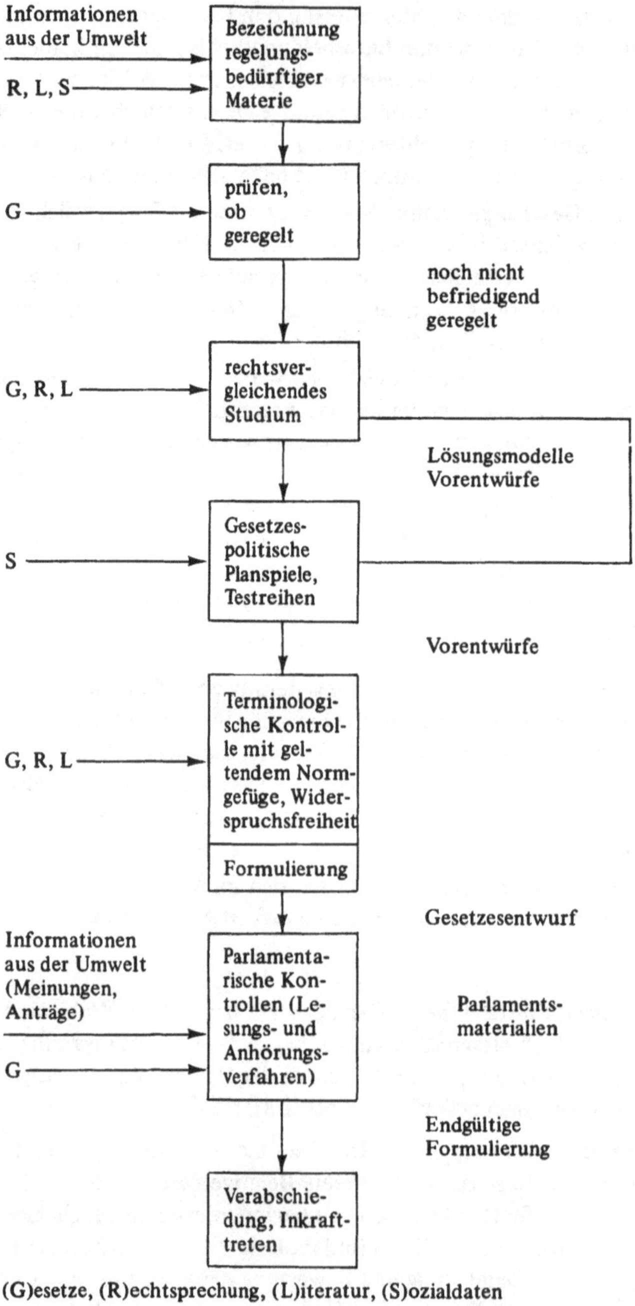

Abb. 3.4. Entwurfsmodell eines Gesetzes
Quelle: *Juris* (1972, 57)

Das *Problemlösungsverhalten in Rechtswissenschaft und Gesetzgebung* ist schwieriger zu beschreiben als die Fallösung in der Rechtspraxis. Im Gegensatz zur Rechtspraxis ist die Rechtswissenschaft auf eine Weiterentwicklung der Rechtssprache eher angewiesen, da sie u.a. gerade eine methodische Reflexion der Rechtsprechungsergebnisse zum Inhalt hat. Ihre Fragestellungen unterscheiden sich von denjenigen in der Rechtspraxis. Es ist deshalb noch nicht abzusehen, inwieweit einzelne Moduln von dem Problemlösungsmodell der Rechtspraxis für die Rechtswissenschaft übernommen werden könnten. Dies ist besonders fraglich, falls sich die Rechtswissenschaft von einer Systematisierung und Reflexion der Rechtspraxis distanziert und sich mehr auf einen methodischen Entwurfsprozeß von Gesetzen besinnt. Das modulare Entwurfsmodell von Gesetzen (vgl. Abb. 3.4), das insbesondere die wissenschaftliche Hypothesenbildung betont, hätte eine gewisse Parallele zum modularen Problemlösungsmodell der Rechtspraxis. Eine Verzahnung beider Modelle könnte zu einem Anknüpfungspunkt für ein besseres Verhältnis und eine bessere Zusammenarbeit von Rechtspraxis und Rechtswissenschaft werden.

3.2.2 Informationsverhalten und Informationsbedarf von Juristen

Das Modell des juristischen Problemlösungsverhaltens ist durch ein Modell des Informationsverhaltens zu ergänzen. Ziel dieses Modells ist es festzustellen, welche Instanzen des Rechtssystems ein gleiches oder ähnliches Informationsverhalten haben und diese zu Gruppen zusammenzufassen. *Juris* soll auf das Informationsverhalten dieser Benutzergruppen ausgerichtet werden. Da dies optimal nur bei einer geringen Anzahl verschiedener Typen des Informationsverhaltens möglich ist, ist es erforderlich, die Untersuchung so zu gestalten, daß nur eine beschränkte Anzahl von Gruppen verschiedenen Informationsverhaltens entsteht, wobei in Kauf genommen werden muß, daß die Gruppen in sich nicht vollständig homogen zusammengesetzt sind.
Die herkömmlichen Einteilungen der Instanzen des Rechtssystems erfolgen durch Zuordnungen zu einzelnen Berufsgruppen oder Sachgebieten. Diese Klassifizierungen reichen für ein Modell des Informationsverhaltens jedoch nicht aus. Als wesentliche Komponenten des *Informationsverhaltens* (IV) können angesehen werden:

– die typische Informationsnachfrage (IN);
– die Verwendungsrichtung (V) der angeforderten Information;
– die Häufigkeit (H) der Informationsbeschaffung, d.h. wie oft versucht wird, den typischen Informationsbedarf zu befriedigen;
– der regelmäßig zur Informationsbeschaffung zur Verfügung stehende Zeitraum (Z).

Das Informationsverhalten läßt sich dann als Funktion der genannten Komponenten darstellen.

Die *Informationsnachfrage* (IN), d.h. die Menge von Informationen, die derzeit von einer Instanz für eine Einzelentscheidung herangezogen werden, kann man weiter in folgende Komponenten zerlegen:

– die Nachrichtenart (NA), die zur Informationsgewinnung herangezogen wird: Normen (N), Judikate (J), rechtswissenschaftliche Literatur (L), Gesetzesmaterialien (M);
– die Darstellungsform (Format, FO) der Nachrichten: Nachrichten im Wortlaut (W), Nachrichten komprimiert (K);
– den Umfang (UM) der Nachrichten: Gesamtmenge aller relevanten Nachrichten (G), Auswahl aus der Menge aller relevanten Nachrichten (A);
– das Sachgebiet (SG), dem die Nachrichten zugeordnet sind: Sachgebiet 1 (SG_1), Sachgebiet 2 (SG_2), . . . Sachgebiet n (SG_n).

Die Informationsnachfrage läßt sich nun als Funktion der genannten Komponenten darstellen. Jede Nachrichtenart muß daher durch die Prädikate über Umfang (G/A) und Format (W/K) sowie das Sachgebiet (SG_1, SG_2. . ., SG_n) beschrieben werden. Jede der Nachrichtenarten J, L und M kann allein oder in beliebiger Kombination mit anderen Nachrichtenarten auftreten. Die Nachrichtenart Norm kann nur als N_{GW} auftreten, denn jede Instanz im Rechtssystem benötigt für eine Entscheidung die Gesamtmenge (G) der relevanten Normen (N), da wegen der Bedeutung des Wortlautes der Normen für ihre Interpretation eine Komprimierung nicht in Betracht kommt.

Jede Informationsnachfrage einer Instanz im Rechtssystem wird die Komponente N_{GW} enthalten, soweit in dem betreffenden Bereich überhaupt Normen vorhanden sind, die somit für eine Klassifizierung nichts hergibt. Dagegen können die Nachrichtenarten J, L und M in verschiedenem Umfang und in verschiedenem Format zur Erleichterung der Interpretation des Wortlautes der Normen herangezogen werden. Sie sind deshalb zur Klassifizierung des Informationsbedarfs geeignet.

Zur Bestimmung der derzeitigen Informationsnachfrage ist es auch erforderlich festzustellen, aus welchen Kanälen die Instanz die zur Informationsgewinnung benötigten Nachrichtenarten bezieht. Man wird dabei davon ausgehen können, daß die Instanz in aller Regel auf den Kanal zugreift, bei dem ihr der Zugriff den geringsten Aufwand abverlangt, d.h. auf die Dokumente, die ihr entweder am Arbeitsplatz zur Verfügung stehen oder die sich in einer nahe gelegenen Bibliothek befinden. Diese Einflüsse müssen berücksichtigt werden, wenn man über das zukünftige Informationsverhalten der Benutzer von *Juris* Aussagen macht.

Die *Verwendungsrichtung* (V) der nachgefragten Information soll durch die Prädikate RA (Rechtsanwendung), RG (Rechtsgestaltung) und RS (Rechtsschöpfung) beschrieben werden. Sie ist für die Art der zweckmäßigen Aufbereitung der Nachrichten sowie der verwendeten Erschließungsmittel bedeutsam. Das Prädikat RA beschreibt die Verwendungsrichtung Rechtsanwendung wobei hierfür als typisch angesehen wird, daß der Instanz eine Situation vorgegeben ist und ihre Aufgabe darin besteht, die auf diese Situation zutreffenden Regeln aufzufinden und anzuwenden (z.B. Richter, Verwaltungsbeamte, Rechtsanwälte im Prozeß). Das Prädikat RG beschreibt die Verwendungsrichtung Rechtsgestaltung, wobei hierfür als typisch angesehen wird, daß der Instanz ein kleiner Spielraum von Situationen vorgegeben ist, aus der sie eine Situation bestimmen kann (z.B. Notare, Rechtsanwälte und Verbandjuristen bei Vertragsgestaltung). Das Prädikat RS beschreibt die Verwendungsrichtung Rechtsschöpfung: hierbei hat die Instanz einen wählbaren Spielraum für eine Vielzahl von Situationen und einen Spielraum von Regeln.

Die *Häufigkeit* (H) der Informationsbeschaffung wird durch die Prädikate oft (o), mittel (m) und selten (s) beschrieben. Sie wird ebenso wie der zur Informationsbeschaffung zur Verfügung stehende Zeitraum entscheidend durch die Zahl der von der Instanz zu treffenden Entscheidungen bestimmt, die der Instanz durch die Funktion vorgegeben sind. Der zur Informationsgewinnung zur Verfügung stehende *Zeitraum* (Z) wird mit Hilfe der Prädikate kurz (k), mittel (m), lang (l) beschrieben. Er wird durch die Zeitspanne begrenzt, die der Instanz für die zu treffende Entscheidung zur Verfügung steht. Information, die nicht innerhalb dieser Zeitspanne beschafft und ausgewertet werden kann, kann bei der Entscheidung nicht berücksichtigt werden. Die Komponenten Zeit und Verwendungsrichtung scheinen das Informationsverhalten entscheidend zu prägen. Wie stark der Einfluß der anderen Komponenten auf das gesamte Informationsverhalten der Instanzen ist, läßt sich ohne eingehende empirische Untersuchungen nicht absehen.

Ein erster Schritt zu einer Typologie des juristischen Informationsverhaltens bietet daher eine Matrix, welche die Instanzengruppen nach den Sachgebieten, der Verwendungsrichtung, Zeitraum, Häufigkeit und den Interpretationshilfen klassifiziert. Eine derartige Klassifikation ist in Tabelle 3.2 wiedergegeben.

Derartige Übersichten müssen jedoch durch eingehende empirische Untersuchungen ergänzt werden. Es fällt auf, daß in dieser Hinsicht bisher wenig geschehen ist. (Dies trifft übrigens auf die meisten Bereiche der „Rechtstatsachen" zu.) Ein erster Schritt in diese Richtung erfolgte 1972, als der Bundesminister der Justiz und die Gesellschaft für Mathematik und Datenverarbeitung (GMD) Infratest-Sozialforschung mit der Durchführung eines sozialwissenschaftlichen Untersuchungsprogramms beauftragte, in dessen Rahmen das *Informationsverhalten von Juristen* und deren Einstellungen und Meinungen zu einer juristischen Datenbank untersucht wurden. Die Besteller erteilten diesen Auftrag im Rahmen der Planungsarbeiten für den Aufbau von *Juris.*

Tabelle 3.2. Informationsverhalten der Instanzengruppen
Quelle: *Juris* (1972, 60f)

Instanzen tätig in/ bei	Sachgebiete: Verfassungsrecht	Sachgebiete: Zivilrecht	Sachgebiete: Strafrecht	Sachgebiete: Arbeits- u. Sozialrecht	Sachgebiete: Finanzrecht	Sachgebiete: Verwaltungsrecht	Verwendungsrichtung: Rechtsanwendung	Verwendungsrichtung: Rechtsgestaltung	Verwendungsrichtung: Rechtssetzung	Zeitraum	Häufigkeit	Interpretationshilfen: Judikate	Interpretationshilfen: Literatur	Interpretationshilfen: Gesetzesgeschichte	Interpretationshilfen: Verwaltungsvorschriften
Gesetzgebung – Parlamente	x	x	x	x	x	x			x	l	o	GW	GW	GW	GW
Gerichte und Staatsanwaltschaften															
Verfassungsgerichte	x						x		x	l	o	GW	GW	GW	GW
Ordentliche Gerichte															
– Eingang		x	x				x			k/m	s/m	AK			
– Rechtsmittel		x	x				x			m/l	m/o	GW	GW	GW	
Arbeits- und Sozialgerichte															
– Eingang				x			x			k/m	s/m	AK			GW
– Rechtsmittel				x			x			m/l	m/o	GW	GW	GW	GW
Verwaltungsgerichte															
– Eingang						x	x			m/l	m/o	GW	GW	GW	GW
–Rechtsmittel						x	x			l	o	GW	GW	GW	GW
Finanzgerichte															
– Eingang					x		x			l	o	GW	GW	GW	GW
– Rechtsmittel					x		x			l	o	GW	GW	GW	GW
Staatsanwaltschaften			x				x			k	s	AK			
Verwaltung						x	x	x		k/m	m	AK	AK	GW	GW
Freie Berufe Rechtsanwälte		x	x	x			x	x		k/m	m	AK	AK		
Notare		x						x		m/l	m	AK	AK		
Steuerberater u. -bevollmächtigte					x		x	x		l	m				GW
Industrie, Handel, Dienstleistungen, Verbände		x		x				x		l	m	AK	AK		

Erläuterung der Abkürzungen:

Zeitraum
k = kurz
m= mittel
l = lang

Häufigkeit
s = selten
m= mittel
o = oft

Interpretationshilfen
G = Gesamtmenge aller relevanten Nachrichten
A = Auswahl
W = Nachricht im Wortlaut
K = Nachricht in komprimierter Form

Wegen des Pioniercharakters dieser Untersuchung im deutschen Sprachraum soll auf die Ergebnisse näher eingegangen werden (vgl. *Jungjohann* 1974, *Jungjohann* 1976).

Die *Schwerpunkte der Untersuchung* waren:

- das aktuelle berufliche Informationsverhalten der Juristen;
- Mängel bei der aktuellen Informationsbeschaffung;
- subjektive Informationsbedürfnisse:
- Einstellungen und Meinungen zu einer juristischen Datenbank.

Die Interviews wurden zwischen dem 19. August 1972 und dem 11. Oktober 1972 von ca. 450 Interviewern in der BRD und West-Berlin durchgeführt. Die Zielpersonen wurden an ihrem Arbeitsplatz oder in ihrer Wohnung interviewt. Der Interviewer las die Fragen vor und schrieb bei „offenen Fragen" die Antworten wörtlich mit bzw. kreuzte sie bei „geschlossenen Fragen" an. Die Antworten wurden vercodet, über Belegleser auf Datenträger übertragen und mit dem Infratest-Text-Daco-Programm auf einem Computer IBM 370 in zwei- und mehrdimensionalen Tabellen ausgewertet.

Da der Anteil der Juristen gemessen an der Gesamtbevölkerung relativ gering ist, konnte für diese Untersuchung keine Zufallsstichprobe aus dem vorhandenen bevölkerungsrepräsentativen Adressenmaterial gezogen werden. Für die Befragung spezieller Teilgruppen der Gesamtbevölkerung bietet sich das Quotenauswahlverfahren an. Die Interviewer müssen sich anhand einer Quotenliste die zu Befragenden in ihrem Einsatzgebiet selbst suchen. Die Studie wurde als Quote

Tabelle 3.3. Aufteilung der Befragten in der BRD und West-Berlin, gegliedert nach Berufsgruppen
Quelle: *Jungjohann* (1974, 100)

	Berufsgruppe	Zahl
1.	Richter	300
2.	Staatsanwalt	150
3.	Verwaltungsjurist	400
4.	Rechtsanwalt, Anwaltsnotar, Notar	400
5.	Steuerberater, Steuerbevollmächtigter	200
6.	Wirtschaftsprüfer	200
7.	Professor (Jura)	75
8.	Assistent/Assistenzprofessor (Jura)	125
9.	Student (Jura)	150
10.	Referendar	150
11.	Jurist im Angestelltenverhältnis, der nicht als Rechtsanwalt zugelassen ist	400
	Insgesamt	2550

mit den Merkmalen „Berufsgruppen" und „Verteilung über die Bundesländer" angelegt. Da bei der proportionalen Verteilung der juristischen Fachrichtungen innerhalb der zu befragenden 2550 Juristen stichprobentheoretisch Juristen einiger Fachrichtungen zu selten befragt worden wären, um quantitative Aussagen über diese Teilgruppen zu erlauben, wurde ein disproportionaler Stichprobenansatz gewählt. Die Aufteilung der 2550 Befragten, gegliedert nach Berufsgruppen, gibt Tabelle 3.3.

Wenden wir uns nun den Hauptergebnissen der Untersuchung „Informationsverhalten und Informationsbedarf von Juristen" näher zu.

1. *Zum aktuellen beruflichen Informationsverhalten der Juristen*

Welche Informationsquellen nutzen Juristen, um fachlich auf dem laufenden zu bleiben?

In der vorliegenden Untersuchung wurde eine Liste mit 17 möglichen Informationsquellen verwendet. Anhand einer Skala von 0–5 sollten die Juristen beurteilen, wie wichtig die einzelnen Informationsquellen für sie persönlich sind, „um fachlich auf dem laufenden zu bleiben". Der Durchschnittswert für jede Quelle errechnet sich aus den Nennungen innerhalb der Skala. Je näher der Durchschnittswert an 5 liegt, desto wichtiger ist die Informationsquelle für die Juristen, je näher der Durchschnittswert an 0 liegt, desto unwichtiger ist die Informationsquelle. Die Ergebnisse für die 11 Berufsgruppen sind in Tabelle 3.4 wiedergegeben.

Im Gesamtergebnis stehen an erster Stelle Fachzeitschriften, gefolgt von Kommentaren und Ergänzungslieferungen zu Gesetzessammlungen. Allerdings sind teilweise erhebliche Unterschiede im Informationsverhalten der einzelnen Berufsgruppen festzustellen.

Eine unterschiedliche Beurteilung einzelner Informationsquellen, um fachlich auf dem laufenden zu bleiben, zeigt sich jedoch nicht nur bei einzelnen Berufsgruppen, die Beurteilung der Informationsquellen erweist sich teilweise als abhängig von

- dem Alter der Juristen;
- ihrem Arbeitsplatz;
- ihrem unterschiedlich starken Informationsbedarf, um fachlich auf dem laufenden zu bleiben;
- ihrer Priorität für schnelle oder ausführliche Informationen;
- der Zufriedenheit mit den Ergebnissen ihrer Suchpraxis nach relevanten Dokumenten;
- der Spezialisierung auf einzelne Rechtsgebiete;
- dem Anteil der routinemäßigen und der problemorientierten Informationen an ihrem gesamten Informationsbezug;
- ihrem habitualisierten Suchverhalten.

Tabelle 3.4. Rangfolge der Informationsquellen, um fachlich auf dem laufenden zu bleiben
Quelle: *Jungjohann* (1974, 6)

Informationsquelle	Durchschnittswert	Gesamt	Berufsgruppen 1.	2.	3.	4.	5.	6.	7.	8.	9.	10.	11.
Fachzeitschriften	4,42	1	1	5	3	1	1	1	1	1	5	1	1
Kommentare	4,26	2	2	1	4	2	4	3	5	3	3	2	3
Ergänzungslieferungen zu Gesetzessammlungen	4,25	3	3	2	2	3	3	4	6	7	7	3	2
Entscheidungssammlungen	4,05	4	4	4	5	4	5	5	3	2	4	4	5
Gesetz- und Verordnungsblätter	3,99	5	5	3	1	5	2	2	7	8	11	7	4
Gespräche mit Kollegen	3,61	6	6	6	6	6	6	6	8	6	6	6	6
Tagespresse	3,02	7	9	11	10	7	9	7	9	9	10	10	7
Lehrbücher	2,53	8	8	13	13	10	12	12	2	4	8	11	12
Arbeitsgemeinsch.	2,40	9	15	14	14	13	10	10	14	13	9	9	11
Vorträge	2,38	10	12	12	12	9	7	8	11	11	13	14	10
Tagungen	2,24	11	7	9	11	8	8	9	10	10	14	15	9
Dienstbesprechungen	1,94	12	13	8	8	15	13	11	16	12	17	12	8
Skripten	1,85	13	16	16	16	16	17	16	15	16	2	8	16
Behördliche Umläufe	1,84	14	10	7	7	14	11	13	13	17	16	17	14
Ministerialblätter	1,84	14	10	10	9	11	14	14	12	15	15	16	13
Repetitorien	1,76	16	17	17	17	17	16	17	17	14	1	5	17
Monographien	1,69	17	14	15	15	12	15	15	4	5	12	13	15

Berufsgruppen

1. Richter
2. Staatsanwalt
3. Verwaltungsjurist
4. Rechtsanwalt
5. Steuerberater
6. Wirtschaftsprüfer
7. Professor
8. Assistent
9. Student
10. Referendar
11. Jurist im Angestelltenverhältnis

Bei gleichen Durchschnittswerten wurde der gleiche Rangplatz zugeordnet.

Welche Informationsquellen nutzen Juristen für die berufliche Arbeit?

Im Interview wurde den Juristen eine Liste von 11 verschiedenen Dokumentarten vorgelegt, die für ihre Arbeit von Bedeutung sein konnten. Anhand einer Skala von 0 bis 5 sollten sie die Dokumentarten nach der Wichtigkeit für ihre jeweilige problemorientierte Arbeit einstufen. Die Ergebnisse für die 11 Berufsgruppen sind in Tabelle 3.5 wiedergegeben. Mit Abstand werden von den Juristen Gesetze als die wichtigste Informationsquelle (Dokumentart) für die berufliche Arbeit angegeben. Nur die Professoren und Assistenten halten wissenschaftliche Aufsätze in Fachzeitschriften bzw. Entscheidungen, die in amtlichen Sammlungen veröffentlicht wurden, für etwas wichtiger.

Tabelle 3.5. Bedeutung von Informationsquellen (Dokumentarten) für die aktuelle Arbeit
Quelle: *Jungjohann* (1974, 15)

Dokumentarten	Durchschnittswert*	Gesamt	Berufsgruppen 1.	2.	3.	4.	5.	6.	7.	8.	9.	10.	11.
Gesetze	4,82	1	1	1	1	1	1	1	2	2	1	1	1
Kommentare	4,44	2	2	2	4	2	5	4	6	4	2	2	2
Entscheidungen, veröffentlicht in amtlichen Sammlungen	4,28	3	3	3	5	3	4	3	2	1	3	3	5
Verordnungen	4,08	4	5	4	2	4	2	2	9	9	8	5	4
Entscheidungen, auf andere Art veröffentl.	3,85	5	4	5	6	5	6	6	7	5	5	4	3
Entscheidungsrezensionen in Fachzeitschr.	3,32	6	7	7	8	6	8	7	8	8	6	7	6
Wissenschaftliche Aufsätze in Fachzeitschriften	3,32	6	6	8	7	7	7	8	1	3	7	7	7
Verwaltungsrichtlinien	3,04	8	9	6	3	8	3	5	11	11	11	9	8
Lehrbücher	2,95	9	8	9	9	9	10	10	2	6	4	6	9
Literaturrezensionen in Fachzeitschriften	2,43	10	11	10	10	10	9	9	10	10	9	11	10
Monographien	2,11	11	10	11	11	11	11	11	5	7	10	10	11

Berufsgruppen

1. Richter	7. Professor
2. Staatsanwalt	8. Assistent
3. Verwaltungsjurist	9. Student
4. Rechtsanwalt	10. Referendar
5. Steuerberater	11. Jurist im Angestelltenverhältnis
6. Wirtschaftsprüfer	

Bei gleichen Durchschnittswerten wurde der gleiche Rangplatz zugeordnet.

* Durchschnittswertberechnung: 0 = völlig unwichtig; 5 = sehr wichtig

Welche Suchpraxis entwickeln Juristen bei der beruflichen Informationssuche (Reihenfolge und Häufigkeit der Nutzung von Suchhilfen)?

Im Lauf der beruflichen Arbeiten haben viele Juristen eine spezifische Suchpraxis entwickelt, die ihren Arbeitsstil und ihre Arbeitspraxis beeinflußt haben. Nur jeder fünfte Jurist gibt an, daß sich sein Vorgehen bei der Suche nach juristischen Informationen von Fall zu Fall ändert. Auf der Suche nach fachlichen Informationen benutzen Juristen zuerst Schlagwortregister und Sachregister und dann Fundstellenangaben. Inhaltsangaben und Leitsätze werden als vierte oder fünfte Suchhilfe zu Rate gezogen. Wenn alle anderen Hilfsmittel nicht zu den benötigten Informationen geführt haben, werden an letzter und vorletzter Stelle Zitate im Text und Autorenregister benutzt. (Zur Aufgliederung auf Berufsgruppen vgl. Tabelle 3.6). Die Häufigkeit der Nutzung entspricht in etwa der Reihenfolge der Nutzung von Suchhilfen.

Tabelle 3.6. Reihenfolge der Nutzung von Suchhilfen
Quelle: *Jungjohann* (1974, 25)

Suchhilfen	Durchschnittswert*	Gesamt	Berufsgruppen 1.	2.	3.	4.	5.	6.	7.	8.	9.	10	11.
Schlagwortregister	2,81	1	2	2	1	2	2	1	2	1	1	1	2
Sachregister	2,83	2	1	1	2	1	1	2	1	2	2	2	1
Fundstellen	4,28	3	4	4	3	3	4	3	6	5	6	3	3
Inhaltsübersichten	4,45	4	6	6	4	5	3	4	4	6	4	4	5
Leitsätze	5,04	5	3	3	5	4	6	5	7	8	10	6	4
Erläuterungen einer Norm in einem Kommentar und wissenschaftlicher Aufsatz zu einem Thema in einer Fachzeitschr.	5,35	6	5	5	6	7	9	9	3	3	3	5	6
Paragraphenregister	6,09	7	7	7	7	6	5	6	11	11	9	8	9
Querverweise in Fußnoten	6,10	8	8	8	9	8	8	7	5	4	5	7	10
Gliederungen des Textes	6,93	9	10	10	8	9	7	8	8	10	11	10	7
Zitate im Text	7,04	10	9	9	10	10	10	10	9	7	8	9	8
Autorenregister	7,92	11	11	11	11	11	11	11	10	9	7	11	11

Berufsgruppen

1. Richter	7. Professor
2. Staatsanwalt	8. Assistent
3. Verwaltungsjurist	9. Student
4. Rechtsanwalt	10. Referendar
5. Steuerberater	11. Jurist im Angestelltenverhältnis
6. Wirtschaftsprüfer	

* Durchschnittswertberechnung aus der angegebenen Reihenfolge von 1–11

Die Informationsbeschaffung unter zeitlichem Aspekt

Unter den meßbaren quantitativen Faktoren des Informationsverhaltens kommt der Zeit, in der die benötigten Informationen zur Verfügung stehen, eine besondere Bedeutung zu. Auf die Frage, in welchem Zeitraum zwischen Suchbeginn und Erhalt in der Regel die einzelnen Dokumentarten zur Verfügung stehen, erhält man ein unterschiedliches Bild der üblichen Zugriffsgeschwindigkeit. Am schnellsten stehen den Juristen die benötigten Gesetzestexte zur Verfügung. Drei Viertel von ihnen halten sie innerhalb einer Stunde in den Händen, 95% erhalten sie in der Regel innerhalb eines Tages. Nur etwa jeder zwanzigste Jurist muß in der Regel mehr als zwei Tage auf die benötigten Gesetzestexte warten.

Auch Verordnungen, Verwaltungsrichtlinien, Entscheidungen, die in amtlichen Sammlungen veröffentlicht werden, Kommentare und Lehrbücher stehen jedem zweiten daran interessierten Juristen innerhalb einer Stunde zur Verfügung. Ewas länger müssen die Juristen auf die Entscheidungen, die auf andere Art veröffentlicht wurden, und auf Beiträge in Fachzeitschriften warten. Jeder fünfte Jurist erhält diese Informationen erst nach zwei Tagen. Auch Monographien stehen nicht so schnell zur Verfügung. Jeder fünfte Jurist muß eine Woche und länger auf die gewünschte Literatur warten.

2. *Mängel bei der aktuellen Informationsbeschaffung*

Die Gründe für einen unbefriedigenden Sucherfolg

Die Juristen, die angaben, daß der Sucherfolg nach juristisch relevanten Dokumenten und Veröffentlichungen nicht immer optimal oder weniger zufriedenstellend sei, wurden nach den Ursachen der mangelhaften Information befragt. Am häufigsten wurde bemängelt, daß die Informationen zu weit verstreut seien oder daß die notwendige Literatur nicht in der Bibliothek erhältlich sei. An dritter Stelle wurde der Zeitmangel genannt. Die mangelhafte Ausstattung der Bibliotheken wird vor allem von Richtern, Staatsanwälten, Verwaltungsjuristen und den Hochschulangehörigen beklagt. Der Zeitmangel wird häufig von Richtern, Staatsanwälten, Verwaltungsjuristen und Juristen im Angestelltenverhältnis genannt. Richter und Staatsanwälte an Amtsgerichten beklagen sich häufiger als ihre Kollegen an höheren Gerichten über veraltete Literatur und ungenügenden Literaturbestand in den Bibliotheken.

Die Fehlschläge bei der Informationsbeschaffung und deren Ursachen

Ein typisches Beispiel für die Informationskrise des Rechts ist die Situation, daß ein time lag zwischen gewandelter Rechtslage und der Anpassung an diese Rechtslage besteht. Die objektiv beruflichen Anforderungen werden nicht erfüllt, weil Entscheidungen getroffen werden, die nicht dem neuesten Stand entsprechen, nur weil notwendige aktuelle Informationen zur Beurteilung der Rechtslage zu spät oder überhaupt nicht eintreffen. Juristen, deren Informationsstand nicht dem neuesten Stand der Rechtslage entspricht, werden oft erst durch Sanktionen, wie z.B. die Fortsetzung des Falles in einer höheren Instanz, auf die Fehlschläge bei der Informationsbeschaffung hingewiesen.

Besonders stark betroffen von der zeitlichen Verzögerung in der Informationsbeschaffung sind Referendare, Staatsanwälte und Rechtsanwälte. Am seltensten werden Professoren und Studenten von diesem Informationsproblem betroffen. Eine zeitliche Verzögerung der Informationsbeschaffung hat sekundäre Bedeutung, da den Hochschulangehörigen nach ihren Angaben genügend Zeit für die Informationsbeschaffung zur Verfügung steht. In einer Informationssenke, bedingt durch die hierarchische Stellung innerhalb der formalen Organisation sehen sich vor allem Richter, Staatsanwälte und Verwaltungsjuristen der unteren Ebene und angestellte Rechtsanwälte, Wirtschaftsprüfer etc. in kleinen Kanzleien oder Firmen und jüngere Juristen eher als ältere Juristen.

Als häufigste Ursache wird der Zeitmangel für die verspätete oder ausbleibende Information verantwortlich gemacht. Jeder fünfte Jurist, der die aktuelle Information zu spät oder überhaupt nicht erhält, beklagt sich über den zu langen Zeitraum zwischen Entscheidung und Veröffentlichung.

3. *Subjektive Informationsbedürfnisse*

Gewicht der routinemäßigen und der problemorientierten Information

Untersuchungen des Informations- und Kommunikationsverhaltens – wie auch die Ergebnisse dieser Untersuchung – zeigen, daß die Suche nach routinemäßigen Informationen, um fachlich auf dem laufenden zu bleiben, ein anderes Vorgehen erfordert, als die Suche nach problemorientierten Informationen, die zur Lösung eines speziellen Falles benötigt werden. Wenn man die gesamte juristische Information, die die Befragten erhalten, als 100% annimmt, ist der Anteil der problemorientierten und der routinemäßigen Information durchschnittlich etwa gleich groß.

Besonders stark ist der durchschnittliche Anteil der routinemäßigen Information bei Steuerberatern (66%), Wirtschaftsprüfern (64%), Juristen im Angestelltenverhältnis (57%), Rechtsanwälten (56%), Verwaltungsjuristen (54%) und Staatsanwälten (53%). Bei den Juristen der übrigen Berufsgruppen übersteigt der Anteil der problemorientierten Informationen die routinemäßige Information. Der durchschnittliche Anteil problemorientierter Informationen beträgt bei Assistenten 63%, Professoren 59%, Studenten 55%, Referendaren 55% und Richtern 54%.

Die gewünschte Wiedergabeform von Dokumentarten

Die einzelnen Dokumentarten werden je nach Nutzungszweck in unterschiedlichen Wiedergabeformen und unterschiedlicher Vollständigkeit benötigt. Alle relevanten Dokumente in vollem Wortlaut werden am häufigsten für die Arbeit mit Gesetzen (89%), Verordnungen (74%) und Kommentaren (66%) gebraucht. Nur eine Auswahl benötigen die Juristen häufig bei Entscheidungen (24%), wissenschaftlichen Aufsätzen in Fachzeitschriften (20%) und Entscheidungsrezensionen in Fachzeitschriften (20%). Entscheidungen, die auf andere Art veröffentlicht wurden, Entscheidungsrezensionen in Fachzeitschriften und Literaturrezensionen in Fachzeitschriften genügen jedem dritten Juristen als Komprimate aller relevanten Dokumente oder als Komprimate einer Auswahl der relevanten Dokumente.

Ganz erheblich unterscheidet sich das Lehrpersonal der Hochschulen in seinem Bedarf an allen Dokumenten im vollen Wortlaut der benötigten Informationsarten von den übrigen Juristen. Drei Viertel der Professoren und Assistenten benötigen zur Problemlösung alle relevanten Dokumente in vollem Wortlaut. Nur Verordnungen und Verwaltungsrichtlinien werden häufiger von Verwaltungsjuristen, Steuerberatern und Wirtschaftsprüfern im vollen Wortlaut benötigt. Ähnlich wie die Hochschulangehörigen legen die Juristen an höheren Gerichten und besonderen Gerichten Wert auf den vollen Wortlaut der relevanten Dokumente, während sich die Verwaltungsjuristen in Ministerien überdurchschnittlich häufig mit der Benutzung von Komprimaten zufrieden geben.

4. *Einstellung und Meinungen zu einer juristischen Datenbank*

Erwartungen an die Speicherung von Nachrichten in einer Datenbank

Zentrales Problem beim Aufbau einer Datenbank ist die Frage, welche Informationen in der Datenbank gespeichert werden sollen und in welcher Aufbereitungsart diese Informationen gespeichert werden sollen, um den Benutzern eine eindeutige Informationsgewinnung zu ermöglichen. Den Befragten wurde eine Liste mit acht Informationsarten unterschiedlicher Vollständigkeit und Aufbereitungsart vorgelegt. Anhand einer Skala von 0 bis 5 sollten sie einstufen, für wie wichtig sie die Speicherung einzelner Informationsarten in einer juristischen Datenbank halten.

Die am häufigsten gewünschte Speicherung juristischer Informationen in einer Datenbank ist die Aufnahme von Fundstellen zu allen genannten Informationsarten. Die Speicherung der Fundstellenangaben zu allen Entscheidungen halten 68% der Juristen für sehr wichtig, und sogar die Speicherung der Fundstellenangaben zu allen Monographien (der Informationsart, die die Juristen an die letzte Stelle der Prioritätenliste gesetzt haben) halten noch 43% der Juristen für sehr wichtig. Die Speicherung einer Auswahl der vorgegebenen Informationsarten, gleichgültig in welcher Aufbereitungsart, wird von den meisten Juristen abgelehnt. Jeder zwanzigste Jurist, allerdings jeder fünfte Professor, wünscht zusätzlich die Aufnahme statistischer Daten in die Datenbank. Zusätzlich wurde noch die Aufnahme sozialer Fakten, aktueller Gesetzesvorlagen, medizinischer Fakten, Wirtschaftsdaten und Gutachten gefordert. 82% sind allerdings der Meinung, daß keine weiteren Daten gespeichert werden müssen.

Die notwendige Zugriffsgeschwindigkeit.

Jeder fünfte Jurist müßte Informationen aus der juristischen Datenbank innerhalb einer Stunde beziehen können, damit die Nutzung für ihn interessant wäre. Besonders starken Wert auf eine schnelle Informationsübermittlung innerhalb einer Stunde legen Staatsanwälte, Richter und Studenten. 26% der Juristen im Amtsgericht, 29% der Juristen im Landgericht und 32% der Juristen in besonderen Gerichten, 17% der Verwaltungsjuristen in Gemeinden, 21% der Verwaltungsjuristen in Körperschaften des öffentlichen Rechts und 28% der Verwaltungsjuristen in Ministerien benötigen die Informationen aus der Datenbank innerhalb einer Stunde. Jeder dritte Jurist benötigt die Informationen aus der Datenbank frühestens nach zwei Tagen, jeder zweite Professor oder Steuerberater die Informationen aus der Datenbank erst nach einer Woche.

Allgemeine Beurteilung der Informationen aus der Datenbank

93% der Juristen halten den Einsatz der ADV für Rechtsfragen, mit denen sie bei ihrer Arbeit zu tun haben, für nützlich und nur 6% halten den Einsatz der ADV für unnützlich. 78% halten die Informationen aus der Datenbank für wahrscheinlich besser als die Informationen, die sie mit ihrer bisherigen Suchpraxis erhalten haben. 17% sind der Meinung, Informationen aus der Datenbank seien genauso gut, und 3% sind der Meinung, die Informationen aus der Datenbank seien schlechter als die, die sie mit ihrer bisherigen Suchpraxis erhalten haben. Die allgemeine Beurteilung der Datenbank ist besonders positiv bei Studenten und Staatsanwälten, den Juristen, denen die Planung einer juristischen Datenbank bekannt ist, den jüngeren Juristen und den Juristen, die mit ihrer jetzigen Suchpraxis unzufrieden sind.

3.2.3 Die Sollanalyse

Die in Abschnitt 3.2.1 erwähnten vier Globalziele des *Juris* müssen in der Sollanalyse näher in Forderungen spezifiziert werden. Die Forderungen aus juristischer Sicht sind dann in technisch-organisatorische Ziele für den Systementwurf zu übersetzen. Diese Ziele für den Systementwerfer stehen auf einer weiter unten liegenden Ebene als die Globalziele. Maßnahmen, die zur Erfüllung von Zielen beitragen, müssen von der Instanz, die sie durchführen soll, wiederum als Ziele verstanden werden. Ob etwas ein Ziel oder eine Maßnahme ist, hängt also von der Ebene der Betrachtung ab.

Beim Entwurf der Systemvorschläge wird die Verknüpfung zwischen den Zielen und den anzuwendenden Maßnahmen hergestellt unter Berücksichtigung der begrenzten Verfügbarkeit von Ressourcen. Dabei werden häufig alternative Maßnahmen möglich sein, die sich im Grad der Erfüllung verschiedener Ziele unterschiedlich auswirken. Diese Auswirkungen sind teils genau vorherberechenbar, teils nur ungenau prognostizierbar. Die Kunst des Systementwurfs besteht darin, eine Kombination der Maßnahmen zu finden, die

– mit hoher Wahrscheinlichkeit einen guten Kompromiß im Grad der Erfüllung der Ziele ergibt und
– mit den Ressourcen haushält (*Zuteilungsproblem*).

Für *Juris* sind folgende Forderungen (F) und daraus resultierende technisch-organisatorische Ziele (Z) zu berücksichtigen;

1. *Vollständigkeit des Informationsmaterials* (F1)

Grundsätzlich ist von einem umfassenden *Juris* zu fordern, daß alles juristisch relevante Material vollständig zugänglich gemacht wird. Im einzelnen ergibt sich folgendes:

– Für die Aufnahme der Normen: Die Aufnahme sämtlicher Rechtsnormen, und zwar des vollen Textes, ist erforderlich. Der volle Wortlaut muß schon für die Erschließung zur Verfügung stehen, wenn die Dokumentation für die Gesetzgebung eine entscheidende Hilfe sein soll. Anders wäre auch eine rechnergestützte Fortschreibung des Gesetzesbestandes nicht möglich (geschätzter jährlicher Neuanfall: über 6000 Dokumente, 56 Millionen Zeichen).
– Für die Aufnahme der Rechtsprechung: Zu fordern ist die Aufnahme aller Entscheidungen, welche für die Auslegung und Fortbildung des Rechts überhaupt Bedeutung haben, und zwar für jede Entscheidung in dem Umfange, in welchem diese Bedeutung besteht. Die sich ergebende Menge ist hier besonders schwer abzuschätzen. Geht man von der Hypothese aus, daß sie ungefähr der Menge der heute publizierten Entscheidungen entspricht, so würde sich ein jährlicher Neuanfall von ca. 20.000 Dokumenten mit ca. 300 Millionen Zeichen ergeben. Ob für die Erschließung Leitsätze, möglicherweise in erweiterter Form und ergänzt durch Deskriptoren, bzw. die Angabe der einschlägigen Gesetzesbestimmungen genügen und ob in diesem Fall auch für die Ausgabe der Volltext weitgehend durch den Nachweis der Fundstelle ersetzt werden kann, bleibt zu prüfen. Geht man von der obigen Hypothese über die dokumentationswürdige Menge von Entscheidungen aus, so könnte sich der jährliche Neuanfall dadurch auf 50 Millionen Zeichen ermäßigen.
– Für die Aufnahme der Rechtsliteratur. Das System soll vollständig die Rechtsliteratur nachweisen. Der geschätzte jährliche Neuanfall sind dann 24.000 Dokumente mit 2,7 Milliarden Zeichen. Hier scheinen Einschränkungen aus technischen und wirtschaftlichen Gründen besonders naheliegend (nur Aufnahme von bibliographischen Angaben, Kurzfassung des Textes).
– Für die Aufnahme sonstiger juristischer Dokumente, Rechtstatsachen und Sozialdaten: Hier sind sowohl Umfang als auch Form der Aufnahme noch weitgehend unbestimmt.

Aus der Forderung nach der Vollständigkeit des Informationsmaterial ergeben sich die folgenden technisch-organisatorischen Ziele:

- Große Datenbasis (Z1)
- Volltextspeicherung, zumindest der Normen (Z2)
- Ergänzbarkeit von Nachrichten (z.B. daß die Novellierung einer Norm im Gange ist) (Z3)
- Komfortable Eingabe von Benutzervorschlägen zur Speicherung von Dokumenten (Korrektiv) (Z4).

2. *Aktualität des Informationsmaterials* (F2)

Ein Aspekt der Vollständigkeit ist die Aktualität des Materials. Für die Gesetzgebungsdokumentation ist dieses Erfordernis besonders dringlich. Sie muß jede Änderung der Gesetzeslage mit dem Tag des Inkrafttretens erkennen lassen. Doch auch von der Dokumentation der Rechtsprechung und Literatur wird man fordern müssen, daß sie den neuesten Stand widerspiegelt. Das jetzige Informationssystem leidet gerade daran, daß der Informationsstand seiner Instanzen in vielen Bereichen um Monate und Jahre hinter der Entwicklung zurückbleibt.

Aus der Forderung der Aktualität des Informationsmaterials ergeben sich die folgenden technisch-organisatorischen Ziele:

- Aktuelle Datenbasis: Geringe Verzögerung bei der Eingabe und Speicherung (Z5)
- Ergänzbarkeit von Nachrichten (z.B. daß zu einer Entscheidung eine Verfassungsbeschwerde läuft) (Z3).

3. *Erschließungsweise des Informationsmaterials* (F3)

Für die Erschließungsweise wird der Ausgangspunkt derjenige des Dokumentationssystems sein (Nachweis von Dokumenten als Antwort auf Suchfragen). Es ist jedoch zu beachten, daß die zukünftige Entwicklung wahrscheinlich noch stärker die Leistungen von Fakten-Retrieval-Systemen oder Frage-Antwort-Systemen erfordern wird. Für *Juris* muß daher gefordert werden, Struktur der Datenbasis und Erschließungsmodus während einer Aufbauphase noch nicht unwiderruflich festzulegen. Der Anschluß von weitergehenden Analyseprogrammen zur Vorbereitung und Auswertung der Datenbasis (z.B. Tatbestand und Rechtsfolgeanordnung von Gerichtsentscheidungen) sollte gesondert untersucht werden.

Aus diesen Überlegungen ergeben sich folgende technisch-organisatorische Ziele:

- Dokumentationssystem (Z6)
- Flexibler Erschließungsmodus (Z7).

4. *Prioritäten beim Aufbau der Datenbasis* (F4)

Eine vollständige, aktuelle Dokumentenbasis in dem geforderten Umfang läßt sich nicht in einem Schritt verwirklichen. Das zwingt gerade für die Aufbauphase dazu, Prioritäten zu setzen. Aus rechtspolitischer Sicht ist hierbei zu fordern, daß das neue Informationssystem sich kontinuierlich entwickeln und das bisherige Verhältnis der Gewichte zwischen Gesetzgebung, Rechtsprechung und Rechtswissenschaft nicht grundlegend ändern sollte. Das spricht dafür, sich beim Aufbau der Datenbasis nicht zunächst einseitig nur der Gesetzgebung oder nur der Rechtsprechung oder nur der Rechtsliteratur anzunehmen. Aus wirtschaftlicher Sicht ist darauf zu achten, die Datenbasis so aufzubauen, daß sie möglichst frühzeitig zur Auskunftserteilung genutzt werden kann. Zweckmäßig erscheint deshalb

- Gesetzgebung, Rechtsprechung und Rechtsliteratur schon in der Aufbauphase möglichst gleichmäßig und gleichzeitig zu berücksichtigen, und zwar
- mit einem abgeschlossenen Rechtsgebiet zu gebinnen, bei dem das Interesse an verbesserter Information in der juristischen Öffentlichkeit besonder hoch ist.

Ein eigenes Problem bei der Festlegung der Prioritäten stellt die *Rückwärtsdokumentation* dar. Im allgemeinen wird die Aufnahme des aktuellen Materials vor der Erfassung älterer Dokumente den Vorrang haben. Rückwärtsdokumentation ist jedoch zum Teil unumgänglich:

- Die Gesetzesdokumentation muß das geltende Recht vollständig enthalten, unabhängig davon, wann es in Kraft getreten ist.
- Auch bei der Erfassung der Rechtspechung wird man auf Rückwärtsdokumentation nicht verzichten können (Vorlagepflichten der Gerichte bei Abweichen der Entscheidung von Entscheidungen eines anderen Gerichts).
- Wünschenswert wäre auch eine Rückwärtsdokumentation der Rechtsliteratur, soweit sie noch aktuellen Bezug hat.

Aus diesen Überlegungen ergeben sich folgende technisch-organisatorische Ziele:

- Aufbau einer Organisation mit Fachleuten (Juristen), die über die Aufnahme von Material entscheiden (durch Setzen von Prioritäten für die zeitliche Reihenfolge, Vereinbarung von Regeln bezüglich Vorwärts- und Rückwärtsdokumentation, Fällen von Einzelentscheidungen in Zweifelsfällen) (Z8)
- Zitatendokumentation, möglichst mit statistischer und intellektueller Bewertung, als Unterstützung für die richtige Auswahl (Z9).
- Komfortable Eingabe von Vorschlägen zur Speicherung von Dokumenten (Korrektiv) (Z4).

5. *Objektivität* (F5)

Ein umfassendes, einem breiten Publikum zur Verfügung stehendes juristisches Informationssystem würde durch die Kanalisierung des Zugangs und eine gewisse Monopolstellung zwangsläufig in hohem Grade meinungsbildende Bedeutung besitzen. Es wäre daher unerträglich, wenn ein solches System die Pluralität dokumentierter juristischer Standpunkte reduzieren oder deren quantitative Repräsentation verschieben würde; das System müßte gerade umgekehrt zur getreuen Anzeige dieser Verhältnisse dienen können. Aus diesem Grund ist die Frage der „Objektivität" für *Juris* von entscheidender Bedeutung.

„Objektivität" bedeutet bei einem Dokumentationssystem im Grunde, daß das durch das System gegebene „Modell" dem Urbild der Gesamtheit einschlägiger Dokumente analog (homomorph oder isomorph) ist. Dies erfordert im einzelnen:

- Falls die Gesamtheit der einschlägigen Dokumente nicht voll in das System aufgenommen wird: Repräsentative Auswahl, Erhaltung der quantitativen Relation unter den juristischen Meinungen.
- Falls Dokumente nicht unverändert aufgenommen, sondern bearbeitet werden: Erhaltung des Sinnes, des Gewichts zwischen den wesentlichen Komponenten.
- Für die Erschließung und Abfrage: Erhaltung der internen Relationen der gespeicherten Dokumentenmenge im Abfrageergebnis.

Aus diesen Überlegungen ergeben sich folgende technisch-organisatorische Ziele:

- Möglichkeit der Löschung von Dokumenten (z.B. bei Überrepräsentation) (Z10)
- Wenig Vorinterpretation der Nachrichten (Z11)
- Komfortable Eingabe von Benutzervorschlägen zur Änderung der Vorinterpretation von Nachrichten (Korrektiv) (Z12)
- Rollengemäßes (funktionsgemäßes) Verhalten der Instanzen (Z13)
- Hohe Selektionsgüte (Z14)
- Viel Datensicherung (Z15).

6. *Transparenz* (F6)

Diese Forderung bedeutet, daß Konstruktionsprinzip und Leistung des *Juris* für den Benutzer durchschaubar sein müssen. Nur so kann der Benutzer die Leistung des Systems für seinen jeweiligen Zweck zutreffend beurteilen. Im einzelnen gilt:

- Der Aufbau des Systems und die Leistung der einzelnen Komponenten müssen offengelegt werden.
- Falls Dokumente zur Aufnahme in das System ausgewählt werden, müssen die Auswahlprinzipien in der Form genereller Regeln dargestellt und offengelegt werden, ihre Einhaltung muß überprüfbar sein. Gleiches gilt für die Bearbeitung von Dokumenten.

- Die Benutzer sollten die Möglichkeit haben, die Änderung der Regeln für Auswahl und Bearbeitung der Dokumente anzuregen.

Aus diesen Überlegungen ergeben sich folgende technisch-organisatorische Ziele:

- Gute Systembeschreibung (Z16)
- Verständliche Regeln für Dokumentenauswahl (Z17)
- Verständliche Regeln für Dokumentenbearbeitung (Z18)
- Komfortable Eingabe von Benutzervorschlägen zur Änderung der Regeln (Z19)
- Komfortable Eingabe von Benutzervorschlägen zur Speicherung von Dokumenten (wenn er Lücken feststellt) (Z4).

7. *Technische Leistungsfähigkeit* (F7)

Juris muß leistungsfähiger sein als die Teile des bisherigen Rechtsinformationssystems, die es ersetzen bzw. verstärken soll. Es muß daher die folgenden Erwartungen erfüllen:

- Es muß auf möglichst viele Fragetypen Auskunft geben. Das Interesse des Benutzers wird gerade an solchen Fragetypen besonders groß sein, auf die er mit der konventionellen Suchmethode nur mit erheblichem Aufwand Antwort erhält.
- Das setzt eine starke Gliederung des gespeicherten Materials voraus (zumindest nach häufig benutzten Suchmerkmalen).
- Hier wird deutlich, daß die Wünsche der Benutzer teilweise über ein reines Dokumentationssystem hinausgehen und auf ein Fakten-Retrieval-System oder Frage-Antwort-System hinsteuern. Das System sollte aus diesem Grund hinreichend flexibel sein.
- Nicht jede Anfrage wird im Dialogverkehr abgewickelt werden müssen. Es müßten deshalb andere, im Zweifel auch weniger aufwendige und deshalb billigere Wege (etwa Briefverkehr) angeboten werden.
- Es wäre wünschenswert, wenn der Benutzer seine Frage möglichst mit eigenen Worten frei formulieren könnte. Das System sollte ihm weitgehende Suchhilfen zur Verfügung stellen (Problemlösungsverhalten als Lernprozeß).
- Das System muß dem Umstand Rechnung tragen, daß der Wunsch nach dem Vollständigkeitsgrad der Auskunft, nach der Person des Benutzers und nach der Aufgabe, für die er sie benötigt, sehr verschieden sein kann. Das System sollte in der Lage sein, auf diese unterschiedlichen Wünsche einzugehen.
- Die Kosten des Systems müssen für den Benutzer tragbar sein. Sie sollten nach Möglichkeit unter den Gesamtkosten liegen, die er für eine seiner Anforderungen entsprechende Recherche mit den konventionellen Hilfsmitteln aufwenden müßte.

Aus diesen Überlegungen ergeben sich folgende technisch-organisatorische Ziele:
- Viele Fragetypen (Z20)
- Zitatendokumentation (Z9)
- Flexibilität bezüglich Fragetypen (Z21)
- Dialogverkehr (Z22)
- Briefverkehr u.ä. (Z23)
- Benutzerkomfort (geringer Benutzeraufwand) (Z24)
- Einfach zu erlernende Zugriffssprache (Z25)
- Einfach zu erlernende Dokumentationssprache (Z26)
- Suchhilfen (z.B. Thesauri) (Z27)
- Wenig Schulung (Z28)
- Kurze Reaktionszeit (auch bei tageszeitlich bedingten Spitzenwerten des Verkehrsvolumens), teilweise unter 1 Minute (Z29)
- Schnelle Anzeige (Z30)
- Übersichtliche Darstellung der Nachrichten (Z31)
- Gute Lesbarkeit (Z32)
- Papierkopien (Z33)
- Hohe Selektionsgüte (Z14)
- Zuverlässigkeit (Z34)
- Flexibilität zwischen Kurzinformation und umfassender Auskunft (Z35)
- Ganztägige Benutzbarkeit (Z36)
- Seltener und nur kurzer Systemausfall (Z37)
- Niedrige Benutzungsgebühren (Z38).

8. *Freier Zugang* (F8)

Anzustreben ist, daß jeder Bürger – ob Jurist oder juristisch interessierter Laie – die Möglichkeit hat, sich des *Juris* zu bedienen. Eine Monopolisierung des Benutzungsrechts würde rechtsstaatlichen Grundsätzen widersprechen.

Aus dieser Forderung ergeben sich folgende technisch-organisatorische Ziele:
- Viele Benutzerstationen (kurze Warteschlangen vor den Stationen) (Z39)
- Kurze Reaktionszeiten (kurze Warteschlangen innerhalb des Systems, hohe Belastbarkeit bezüglich Verkehrsvolumen) (Z29)
- Keine Prioritäten bei der Auflösung von Warteschlangen auf Grund von Benutzeridentifikation, nur auf Grund von Fragetyp, Beantwortungsdauer u.a. (Z40)
- Niedrige Benutzungsgebühren (Z38)
- Gleiche Benutzungsgebühren für alle Benutzer (Z41)
- Z25 – Z28 (siehe F7).

9. *Datensicherung, Datenschutz* (F9)

Die Daten sind gegen vorsätzliche oder fahrlässige Zerstörung zu sichern (Datensicherung). Noch entscheidender ist, daß durch das System die Privatsphäre eines einzelnen Bürgers nicht angetastet werden darf (Datenschutz). Auf jeden Fall ist sicherzustellen, daß Dokumente, die aus Gründen des Geheim- oder Persönlichkeitsschutzes Zugriffsbeschränkungen unterliegen, nicht an Unbefugte geraten.
Aus dieser Forderung ergeben sich folgende technisch-organisatorische Ziele:

- Viel Datensicherung (Z15)
- Z11 – Z13 (siehe F5).

10. *Wirtschaftlichkeit* (F10)

Das System soll bei aller Leistungsfähigkeit wirtschaftlich arbeiten, die Gesamtkosten müssen zu den Leistungen in einem vernünftigen Verhältnis stehen. Anzustreben ist, daß sich das System durch entsprechende Gebühreneinnahmen möglichst selbst trägt. Allerdings kann und darf sich das System nicht in erster Linie an kommerziellen Erwägungen orientieren. Es muß auch Aufgaben übernehmen, die sich nicht unbedingt in Mehreinnahmen an Gebühren niederschlagen.
Aus dieser Forderung ergeben sich folgende technisch-organisatorische Ziele:

- Niedrige fixe Gesamtkosten (Z42)
- Weitgehende Verwendung einheitlicher, möglichst genormter Bausteine (modularer Aufbau) (Z43)
- Niedrige Kosten pro Dokument für die Datenerfassung (Z44)
- Niedrige Kosten pro Frage (Z45).

11. *Flexibler Aufbau in Stufen, schnelle Verwirklichung* (F11)

Es ist noch viel zu wenig untersucht, was der Benutzer von einem *Juris* fordern wird und was das System leisten kann. Vor allem wird aber noch genauer zu untersuchen sein, was seine einzelnen Komponenten zur Stärkung des Rechtsstaates beitragen können und wie daher die Gewichte zwischen den Teilzielen künftig verteilt werden müssen. Aus diesem Grund wird sich der Aufbau von *Juris* flexibel und insbesondere in einzelnen Stufen vollziehen müssen. Jeweils eine Stufe sollte dabei die Gestaltung der nächsten nicht unnötig stark präjudizieren. Die praktische Arbeit muß dabei von Grundlagenuntersuchungen begleitet werden. Es ist zu fordern, daß das System beweglich genug ist, um neue Erkenntnisse der Benutzerforschung, der Hard- und Softwareentwicklung, der rechtswissenschaftlichen Methodenlehre usw. aufnehmen und verarbeiten zu können.

Aus diesen Überlegungen ergeben sich folgende technisch-organisatorische Ziele:
- Flexibler Aufbau von *Juris* (Z46)
- Kompatibilität mit dem bestehenden Rechtsinformationssystem, kontinuierliche Veränderungen (Z47)
- schnelle Implementierung von *Juris* (Z48).

12. *Zugriffsmöglichkeiten zu anderen Systemen* (F12)

Es ist davon auszugehen, daß neben *Juris* andere computerunterstützte Informationssysteme vorhanden sein werden, die für die juristische Arbeit erforderliches Material enthalten. Um Doppelarbeit bei der Erfassung oder Einspeicherung von Material soweit wie möglich zu vermeiden, soll angestrebt werden, den Bezug zu diesen Systemen herzustellen. Insbesondere im Hinblick auf solches Material, das jeweils nur in einem der Systeme gespeichert ist, spielen Probleme der Kompatibilität eine große Rolle.

Für die Inanspruchnahme anderer Systeme durch den Benutzer von *Juris* kann vorgesehen sein:
- ein direkter Anschluß des Benutzers an das andere System;
- ein Durchgriff, der von *Juris* vermittelt wird;
- ein Zugriff, der durch ein eventuell zu errichtendes Informationsbankennetz geregelt wird.

Ein Durchgriff über *Juris* oder ein Zugriff über ein Informationsbankennetz scheint zweckmäßig zu sein, um auch auf das Material zurückgreifen zu können, welches in solchen Systemen zu finden ist, für die ein gesonderter Anschluß für den einzelnen Benutzer von *Juris* aus wirtschaftlichen Gründen nicht in Betracht kommt.

Aus diesen Überlegungen ergeben sich folgende technisch-organisatorische Ziele:
- Zugriffsmöglichkeiten zu anderen Systemen (Z49)
- Weitegehende Kompatibilität von Zugriffssprachen, Benutzerstationen, Datenerfassungsanweisungen usw. (Z50).

13. *Benutzerforschung* (F13)

Die Bedeutung der Benutzerforschung für Ist- und Sollanalyse braucht nach Abschnitt 3.2.2 nicht weiter betont zu werden Jedenfalls sollten auch nach Abschluß der Aufbauphase von *Juris* Informationen über das Benutzerverhalten als feed back für Modifikationen verwendet werden. Hieraus ergibt sich als technisch-organisatorisches Ziel:
- Genaue Protokollierung der Systembenutzung mit computerunterstützter Auswertung zur Verbesserung des Systems (Z51).

14. *Weitere Forderungen* (F14)

- Kompatibilität mit anderen Plänen auf dem Gebiet des Rechts (Z52)
- Kompatibilität mit den jeweils gültigen Rechtsvorschriften (z.B. Urheberrechtsgesetz, Datenschutzgesetze) (Z53).

Den 14 Forderungen und daraus resultierenden 53 technisch-organisatorischen Zielen für *Juris* stehen die folgenden *Ressourcen und anderen Einschränkungen* gegenüber:

1. *Finanzielle Ressourcen* (R1)
   - kurzfristig verfügbare öffentliche Gelder
   - längerfristig verfügbare öffentliche Gelder
   - Gebühreneinnahmen für die Systembenutzung

2. *Angebotene Produkte* (R2)
   - Hardware (fertige Hardware: halbfertige Hardware; Neuentwicklungen)
   - Software (ausgetestete Software; noch nicht ausgereifte Software).

3. *Angebotene Dienstleistungen, bestehende oder geplante technische Einrichtungen* (R3)
   - Datenerfassung außer Haus
   - Fernmeldenetz der Bundespost
   - Fernschreiber an Gerichten, in Anwaltskanzleien usw.

4. *Personelle Ressourcen* (jeweils bereits ausgebildet oder noch auszubilden) (R4)
   - Personal für Auswahl des Dokumentenmaterials, Datenaufbereitung, Datenerfassung, Indexierung, Thesauruspflege usw.
   - Personal für Systementwurf, Programmierung, Systemverbesserung, Operators usw.
   - Personal für Beratung und Schulung der Benutzer sowie der Systembetreuer (also der Indexierer, Terminologen usw.)

5. *Ressourcen aus bereits durchgeführten technischen und wissenschaftlichen Untersuchungen* (R5)
   - Auskunftsbereitschaft wissenschaftlicher und anderer Institutionen des In- und Auslandes
   - veröffentlichte Theorien, Methoden, Übersichten, Erfahrungsberichte, Erhebungen usw.

6. *Zur Verfügung stehende Zeit* (R6)

Die Begrenztheit der Ressourcen hat eine einschränkende Wirkung (constraint) auf die Erreichung der Ziele. Weitere Einschränkungen, die die Umwelt auferlegt und innerhalb derer sich Lösungsalternativen bewegen müssen, sind z.B.:

- Die jeweils gültigen Rechtsvorschriften wie Urheberrechtsgesetzte, Datenschutzgesetze usw.
- Die mangelnde Axiomatisierbarkeit des Rechts (vgl. Abschnitt 4.1).

Zwischen Forderungen, daraus abgeleiteten technisch-organisatorischen Zielen und Ressourcen bestehen vielfältige *Interdependenzen.* Insbesondere stehen viele Ziele mit Z42 (niedrige fixe Gesamtkosten) im Widerspruch. Es ist daher nur möglich, einen unterschiedlichen Grad der Zielerfüllung bei konkurrierenden Zielen zu erreichen. Dies setzt eine genaue Analyse der Interdependenzen und – im Idealfall – quantitative Bewertungen der einzelnen Ziele voraus. Eine derartige Analyse liegt jedoch zum gegenwärtigen Zeitpunkt noch nicht vor. Dennoch haben wir Forderungen und Ziele für den Aufbau von *Juris* in dieser Ausführlichkeit wiedergegeben, da es sich hier um ein vorzügliches Beispiel einer Sollanalyse für juristische Informationssysteme handelt.

3.2.4 Entwicklungssystem und Ausbausystem

Nach Ist- und Sollanalyse, Ansätzen zum Systementwurf und Überprüfung bestehender automatisierter Dokumentationssysteme kam die Projektgruppe von *Juris* zu den in diesem Abschnitt zusammengefaßten Ergebnissen.

Durch die vorgegebenen Ziele ist der Spielraum für vorzuschlagende Maßnahmen nach zwei Richtungen eingeschränkt:

- Die Maßnahmen müssen sich auf die Bewältigung der Informationsfülle ausrichten. Die Untersuchung von Maßnahmen, die auf der administrativen Ebene liegen, ist nicht Gegenstand dieses Projektes (z.B. ADV-Einsatz zur Terminplanung an Gerichten).
- Die Untersuchung muß sich auf Maßnahmen, die sich der ADV bedienen, konzentrieren. Damit entfallen rein konventionelle Reorganisationsvorschläge.

Die Systemanalyse zeigt, daß die Informationsfülle, die es zu bewältigen gilt, vorerst in Form einer Nachrichtenfülle auftritt. Als Nachrichten sind dabei Gesetze, Judikate, Rechtsliteratur und weitere Dokumente, die im juristischen Bereich von Interesse sind, verstanden. Als primäre Maßnahme verspricht daher die Errichtung eines Dokumentationssystems, das die Speicherung und Wiedergewinnung von Nachrichten mit Hilfe der ADV durchführt, eine Verbesserung des Rechtsinformationssystems.

Ein Dokumentationssystem kann aufgefaßt werden als ein Komplex von Detailmaßnahmen. Für die Auswahl der besten Maßnahmen kann folgender Ansatz verwendet werden:

- Untersuchungen, in welchem Rahmen eine Maßnahme realisierbar ist. Diese Frage läßt sich weitgehend reduzieren auf die Untersuchung, in welchem Maße die einzelnen Maßnahmen die Ressourcen beanspruchen, oder umgekehrt, welche Ressourcen zur Realisierung der Maßnahmen benötigt werden. Diese Untersuchungen sind weitgehend abgeschlossen.
- Untersuchungen, in welchem Rahmen sich eine Maßnahme günstig für die Benutzung auswirkt. Entsprechend den rechtspolitischen Zielen soll gewährleistet sein, daß das System tatsächlich benutzt wird. Nur so ist eine Auswirkung in Richtung der vorgegebenen Ziele möglich. Bereits hier zeigt sich die Notwendigkeit einer intensiven Benutzerforschung, da augenblicklich noch nicht genau beantwortet werden kann, welche Maßnahmen sich günstig für die Benutzung auswirken.
- Untersuchungen, in welchem Rahmen sich Maßnahmen günstig auf die Zielsetzung auswirken, finden ihren Niederschlag in den Forderungen Vollständigkeit der Datenbasis, Objektivität, Aktualität und Transparenz. Weder ließen sich in den Arbeiten der Projektgruppe manche dieser Begriffe scharf genug definieren, noch konnten bezüglich dieser Forderungen Meßgrößen für die Wirksamkeit von Maßnahmen ermittelt werden. Doch kann nichts darum herumführen, derartige Meßgrößen zu ermitteln, soll das Dokumentationssystem nicht auf der Stufe der reinen Dienstleistung stehen bleiben.

Der gegenwärtige Kenntnisstand, daneben auch die heute vorhandenen methodischen und technischen Möglichkeiten, lassen es als verfehlt erscheinen, bereits ein endgültiges, in allen Einzelheiten fixiertes Systemkonzept eines umfassenden *Juris* vorzulegen. Umgekehrt soll mit den Arbeiten zu einem von Zielsetzung und Umfang her kleineren Informationssystem möglichst rasch begonnen werden. Aus diesem Grund wird ein zweistufiges Verfahren empfohlen. In einer ersten Stufe (*Entwicklungssystem*) sollen anhand von praktischer Arbeit und Experimenten die Grundlagen geschaffen werden für ein System, das sowohl bezüglich der Zielsetzung als auch bezüglich der technischen Dimensionen dem umfassenden Charakter des Projektes Rechnung trägt. Die zweite Stufe (*Ausbausystem*) soll dann eingerichtet werden, wenn eine entsprechende Entscheidung gefallen ist.

Hauptaufgaben des Entwicklungssystems sind: Schaffung der Grundlagen für einen endgültigen Systementscheid über den Aufbau eines umfassenden *Juris* und schnelle Verwirklichung erster, praktisch verwertbarer Teile des *Juris.* Das Entwicklungssystem soll so angelegt werden, daß es sich für einen Übergang in ein endgültiges Benutzersystem eigenet. Zur Erfüllung der Hauptaufgaben des

Entwicklungssystems müssen insbesondere in folgenden Aufgabenbereichen umfangreiche praktische und theoretische Arbeiten geleistet werden:

- Entwicklung bestimmter Methoden und Vorschriften für die Datenerfassung, Datenaufbereitung und Dateneingabe.
- Prüfung der angegebenen Retrieval-Systeme; Prüfung der Frage, ob ein neues Retrieval-System in Angriff genommen werden muß oder ob mit einem angebotenen Retrieval-System begonnen werden kann, welches ausgebaut wird.
- Aufbau eines zunächst nach Material und Benutzerkreis begrenzten Systems.
- Benutzerforschung
- Prüfung der wirtschaftlichen, politischen und rechtlichen Realisierungsbedingungen des umfassenden *Juris.*
- Vorlage umfassender Unterlagen für die Entscheidung der Frage, in welchem Rahmen das Ausbausystem verwirklicht werden soll.

Vom Dokumentenumfang her sollte das Entwicklungssystem in der Größenordnung der größten gegenwärtig betriebenen Systeme liegen (ca. 1 Mrd. Zeichen). Das Entwicklungssystem sollte im Dialogverkehr zugänglich sein. Die Zahl der gleichzeitig durch das System bedienbaren Datenstationen soll in der Größenordnung 20–50 liegen. Das Entwicklungssystem kann die in Abschnitt 3.2.3 aufgestellten Forderungen erst teilweise erfüllen:

- Vollständige Aufnahme des juristisch relevanten Materials ist auf Grund technischer Begrenzungen nicht möglich. Eine Auswahl ist unumgänglich. Da die Frage einer repräsentativen Auswahl nicht hinreichend geklärt ist, bleibt als Auswahlkriterium nur die Vollständigkeit von Teilbereichen. Als Teilbereiche kommen sowohl sachlich abgrenzbare (Rechtsgebiete) als auch zeitlich abgrenzbare Bereiche in Frage.
- Die geforderte Objektivität wird soweit wie möglich eingehalten werden. Allerdings bedarf der Objektivitätsbegriff gerade in der Entwicklungsphase noch einer Präzisierung und Konkretisierung. Dasselbe gilt auch für die Forderung nach Transparenz.
- Die geforderte und für das Entwicklungssystem unerläßliche Flexibilität muß gewährleistet sein. Dies gilt für die Flexibilität der Programmierung und jene der Projektorganisation.

Für Zeitabschätzung und Mittelbedarf für den Aufbau des Entwicklungssystems werden drei alternative Vorgehensweisen diskutiert:

- Das Entwicklungssystem wird von Grund auf neu entworfen.
- Als Grundstock wird ein existierendes System benutzt, das nach den Bedürfnissen des Entwicklungssystems geändert und ausgebaut wird.
- Für frühzeitige Benutzertests wird ein existierendes System übernommen, aber zeitlich etwas versetzt wird ein eigenes System entwickelt.

Da die dritte Alternative sich aus den beiden anderen zusammensetzt, wird sie hier nicht weiter ausgeführt.

Für die beiden ersten Alternativen beginnt der *Zeitplan* mit den folgenden Zeitabschnitten:

Jahr	Tätigkeit
0 – 0,25	Prüfung der vorhandenen Systeme, Vorbereitung von Tests, Aufforderung an den Hersteller zur Teilnahme an den Tests.
0,25 – 0,5	Durchführung der Tests; diese dienen nur als Entscheidungsgrundlage dafür, ob überhaupt ein System übernommen werden kann, und nicht zum Vergleich der Retrievalmethoden.
0,5 – 0,75	Auswertung der Tests und Entscheidung, welche der genannten Alternativen durchgeführt werden soll.

Durch die Entscheidung gabelt sich der Zeitplan. In der Alternative *„vollständige Neuprogrammierung"* wird das gesamte System einschließlich eines spezialisierten Betriebssystems neu geschrieben. Der Zeitplan setzt sich dann wie folgt fort:

Jahr	Tätigkeit
0,75 – 1,25	Entwurf
1,25	Ausschreibung der Hardware
1,75	Entscheidung über die Hardware
2,75	Lieferung der Hardware
1,25 – 3,75	Entwurf, Programmierung und Austesten der für einen minimalen Betrieb notwendigen Software
ab 3,75	Tests mit verschiedenen Benutzern
3,75 – 5,5	Programmierung und Austesten der restlichen Software
ab 4,5	Laufende Änderungen und Ergänzungen des Systems, zugleich Anwendung durch eine zunehmende Zahl von Benutzern.

Bei Übernahme eines Betriebssystems (z.B. des Herstellers) verkürzen sich alle Termine nach Ablauf des 3. Jahres um etwa 9 Monate.

Fällt die Entscheidung für die *Übernahme eines Software-Pakets* als Grundstock für eigene Programmierungen, ist zu beachten, daß die tatsächlichen Termine stark von den Eigenschaften des zu übernehmenden Retrievalsystems abhängen. Der folgende Terminplan kann daher nur einen Anhaltspunkt liefern.

Jahr	Tätigkeit
0,75 – 1,25	Auslegung der Hardware, weitere Prüfung der Software, Verhandlungen über die Software.
1,25	Endgültige Wahl der Software, Ausschreibung der Hardware, soweit diese nicht durch die Software festgelegt ist.
1,75	Bestellung der Hardware

1,25 – 2,75	Entwurf, zum Teil Programmierung und Austesten (auf einer fremden Anlage) der Änderungen und Erweiterungen der Software.
2,75	Lieferung der Hardware
2,75 – 3,25	Weitere Progammierung
ab 3,25	Tests mit verschiedenen Benutzern; weitere Programmierung
ab 4,0	Laufende Änderungen und Ergänzungen des Systems.

In beiden Versionen ist also mit einer Aufbauphase für das Entwicklungssystem von ca. 5 Jahren zu rechnen. Auch die Schätzungen des Personalbedarfs und der jährlichen Kosten (einschließlich Vorwärtsdokumentation) ergeben für beide Versionen in der Summe ungefähr dieselben Größen. Einen Überblick gibt Tabelle 3.7.

Tabelle 3.7. Jährlicher Personalbedarf und jährliche Kosten (in Mio DM, Stand 1972), des Entwicklungssystems
Quelle: *Juris* (1972, 245f)

Jahr	Personalbedarf	Kosten
1	40	1,6 – 1,8
2	70	3,9 – 5,2
3	120 – 150	8 – 9
4	200 – 240	12 –13
5	280 – 330	14 –16

Über das *Ausbausystem* lassen sich nur wenige Aussagen machen, da sein Entwurf in den wesentlichen Teilen von Untersuchungsergebnissen am Entwicklungssystem abhängt. Dementsprechend kann man nicht davon ausgehen, daß das Ausbausystem einfach eine technisch größer dimensionierte Neuauflage des Entwicklungssystems wird. Vielmehr muß man damit rechnen, daß die Einführung des Entwicklungssystems eine Diskussion in der Fachöffentlichkeit einleitet, die zu modifizierten Zielen und konkretisierten Forderungen führen kann.

Die Planungen für das Ausbausystem werden während des Betriebs des Entwicklungssystems beginnen müssen. Neben Untersuchungs- und Diskussionsergebnissen gehen hierbei auch die dann zur Verfügung stehenden technischen Hilfsmittel in den Entwurf ein.

Literatur: *Bühnemann* (1972/73), *Fiedler* (1973), *Jungjohann* (1974), *Jungjohann* (1976), *Juris* (1972), *Zielinski* (1971), *Zimmermann* (1975)

3.3 ADV-unterstützte Inhaltsanalysen in Dokumentationssystemen

Im folgenden sollen einige Methoden skizziert werden, die für Dokumentationssysteme allgemein gelten. Ihre Bedeutung für juristische Informationssysteme erhalten diese Methoden dadurch, daß auch juristische Informationssysteme – zumindest in ihrer gegenwärtigen Form – Dokumentationssysteme sind.

3.3.1 Thesauri

Bei jedem Dokumentationssystem besteht das Problem, daß die vom Nachrichtensender verwendete Zeichenmenge wegen der Unschärfe der natürlichen Sprache mit jener des Nachrichtenempfängers nur teilweise übereinstimmt. Dies führt zu der bekannten Tatsache, daß die für eine bestimmte Fragestellung relevanten Dokumente einer Datenbank bei der Anfrage nur teilweise nachgewiesen werden.

Jedes Dokumentationssystem steht daher vor der Aufgabe, Suchstrategien zu entwickeln, welche *Silence* (Menge der relevanten, aber nicht nachgewiesenen Dokumente) und *Noise* (Menge der nachgewiesenen, aber nicht relevanten Dokumente) minimieren. Das wichtigste Mittel für diese Erhöhung der Selektionsgüte (vg. Abschnitt 3.3.3) ist der Aufbau eines Thesaurus.

Die Intension des Begriffes „*Thesaurus*" läßt sich wie folgt definieren (Komitee Terminologie und Sprachfragen in der DGD): „Ein Thesaurus im Bereich der Dokumentation ist eine geordnete Menge von Bezeichnungen, die ein offenes System zur fach- und/oder problemorientierten Klassifizierung und Ordnung von Begriffen bilden; als Klassifizierungssystem strebt er die umkehrbar eindeutige Zuordnung von Bezeichnungen zu Begriffen an und als Ordnungssystem die Kennzeichnung von Relationen zwischen Begriffen, jeweils durch Darstellung von Relationen zwischen den Bezeichnungen."

Dies bedeutet also, daß ein Thesaurus aus einer Menge von Zeichen (den *Deskriptoren*) und einer Menge von Relationen zwischen diesen Zeichen besteht. Die Relationen zwischen den Deskriptoren sind hierbei derart definiert, daß eine nach Möglichkeit umkehrbar eindeutige Zuordnung zwischen den Zeichen und ihren Extensionen bzw. Intensionen erreicht wird.

Dem Sprachgebrauch der Formalwissenschaften folgend kann ein Thesaurus daher als ein „relationales System" aufgefaßt werden. Die Definition der Relationen dieses Systems hängt natürlich vom spezifischen Gegenstandsbereich des betreffenden Informationssystems ab, regelmäßig finden sich darunter jedoch einige der folgenden zweistelligen Relationen, die deshalb auch als „allgemeine semantische Relationen" bezeichnet werden.

Zu ihrer Darstellung empfiehlt es sich, entsprechend der oben gegebenen Definition zwischen Klassifizierungs- und Ordnungssystemen zu unterscheiden.

1. *Thesaurus als Klassifizierungssystem („Substitutionsthesaurus")*

Um die umgekehrbar eindeutige Zuordnung zwischen Zeichen und Intension zu erreichen, müssen Homographien ausgeschaltet und Synonymien definiert werden. Zur Beseitigung vom *Homographien* werden Deskriptoren gewöhnlich besonders gekennzeichnet (Beispiel: „Schloß-Gebäude", „Schloß-Verschluß"). Bei der Definition der *Synonymierelation* muß zwischen vollkommener Synonymie (Synonymie i.e.S.) und unvollkommener Synonymie (Synonymie i.w.S., Quasisynonymie) unterschieden werden. Erstere liegt dann vor, wenn zwei Zeichen (Wörter) in jedem Kontext austauschbar sind (Beispiel: „Schornstein", „Rauchfang"). Die meisten Linguisten vertreten die Ansicht, daß vollkommene Synonymie in natürlichen Sprachen selten auftritt. Unvollkommene Synonymie ist kontextabhängig (Beispiel: Zu „schnell" sind synonym i.w.S. „rasch", „eilig", „geschwind", „hurtig", „flott", „zügig", „flink", „behend", „lebhaft", „stürmisch"). Die Unterscheidung von vollkommener und unvollkommener Synonymie ist fließend und hängt vom Gegenstandsbereich der spezifischen Datenbank ab. Die meisten Thesauri lösen die vollkommene Synonymie, indem *Vorzug- und Nachrangsynonyme* unterschieden und diese durch entsprechende Vermerke (USE für Vorzugsynonyme und UF – used for – für Nachrangsynonyme) gekennzeichnet werden (Beispiel: „Rauchfang" USE „Schornstein", „Schornstein" UF „Rauchfang"). Wird die unvollkommene Synonymie von der Synonymie i.e.S. unterschieden, so geschieht dies häufig durch die Definition einer Assoziationsrelation.

2. *Thesaurus als Ordnungssystem („Relationsthesaurus")*

Um eine umkehrbar eindeutige Zuordnung von Relationen zwischen Begriffen und Relationen zwischen Zeichen zu erreichen, werden in der Regel hierarchische Relationen und (seltener) Gegensatzrelationen definiert.

Die wichtigste hierarchische Relation ist die *Abstraktionsrelation* (*generische Relation*) zwischen Oberbegriff (Hyperonym, broader term) und Unterbegriff (Hyponym, narrower term). Diese Relation wird üblicherweise durch BTG (broader term generic) bzw. NTG (narrower term generic) gekennzeichnet. Zwei Unterbegriffe desselben Oberbegriffes stehen in der Relation der Cohyponymie, sie sind Verwandte Begriffe (related terms). Ihre Kennzeichnung ist in diesem Fall RT oder RTG. (Beispiel: Gilt „KFZ" NTG „PKW", „KFZ" NTG „LKW", so folgt daraus „PKW" BTG „KFZ", „LKW" BTG „KFZ", „PKW" RTG „LKW", „LKW" RTG „PKW").

In manchen Thesauri wird von der Abstraktionsrelation die *Bestandsrelation* (*partitive Relation*) unterschieden. Letztere besteht zwischen Verbandsbegriff und Teilbegriff und wird üblicherweise durch BTP (broader term partitive) bzw. NTP (narrower term partitive) gekennzeichnet. Zwei Teilbegriffe desselben Verbandsbegriffes sind Nachbarbegriffe (RTP). (Beispiel: Gilt „BRD"

NTP „Bayern", „BRD" NTP „Hessen", so folgt daraus „Bayern" BTP „BRD", „Hessen" BTP „BRD", „Bayern" RTP „Hessen", „Hessen" RTP „Bayern".) Unterscheidet ein Thesaurus nicht zwischen Abstraktions- und Bestandsrelation, werden in der Regel die Kennzeichnungen BT, NT, RT verwendet.

Seltener werden in Thesauri *Gegensatz-Relationen* definiert. Hier sind Inkompatibilität, Komplementarität und Antonymie zu unterscheiden. Zwei Begriffe sind *inkompatibel,* wenn aus dem ersten Begriff implizit die Verneinung des zweiten folgt. Die Logik spricht in diesem Fall vom konträren Gegensatz. Existiert zu zwei inkompatiblen Begriffen ein gemeinsamer unmittelbarer Oberbegriff, so kann Inkompatibilität als Beziehung zwischen Cohyponymen aufgefaßt werden (Beispiel: „rot"/„schwarz").

Zwei Begriffe sind *komplementär,* wenn der erste synonym zur Verneinung des zweiten ist, d.h. wenn der gemeinsame Oberbegriff nur in zwei Unterbegriffe zerfällt. Die Logik spricht in diesem Fall vom kontradiktorischen Gegensatz (Beispiel: „männlich"/ „weiblich"). Zwei Begriffe sind *antonym,* wenn sie an den Enden einer Skala derart zu finden sind, daß es einen kontinuierlichen Übergang von einem Ende zum anderen gibt. Die Logik spricht hier vom polarkonträren Gegensatz (Beispiele: „klein"/„groß", „hell"/„dunkel", „jung"/„alt"). Da der Thesaurus als Ordnungssystem die Ersetzung der Relationen zwischen Begriffen durch jene zwischen Zeichen anstrebt, werden die genannten Relationen zwischen den die Begriffe repräsentierenden Zeichen (Deskriptoren) definiert.

Zur genaueren Bestimmung der allgemeinen semantischen Relationen eines Thesaurus erweist es sich als zweckmäßig, kurz ihre *formalen Eigenschaften* zu diskutieren:

- Die Synonymie i.e.S. ist eine Äquivalenzrelation (reflexiv, symmetrisch, transitiv). Wird die Synonymie aufgespalten in eine Vorzugssynonymie USE und eine Nachrangssynonymie UF, so sind diese beiden Relationen konvers (d.h. gilt x USE y, so gilt y UF x und umgekehrt). Beide Relationen sind asymmetrisch (gilt z.B. x USE y, so gilt nicht y USE x).
- Die Quasisynonymie ist eine Ähnlichkeit (reflexiv, symmetrisch).
- Abstraktionsrelation und Bestandsrelation sind antirefelxiv und asymmetrisch. Wird darüber hinaus mit BT/BTG/BTP (bzw. NT/NTG/NTP) nicht nur der unmittelbare Oberbegriff (bzw. Unterbegriff) bezeichnet, so sind die Relationen auch transitiv und damit starke Ordnungsrelationen. Die durch die hierarchischen Relationen generierten Relationen RT/RTG/RTP sind (bezüglich desselben Oberbegriffes und derselben Abstraktions- bzw. Bestandsstufe) symmetrisch und transitiv.
- Gegensatzrelationen sind antireflexiv und symmetrisch. Weiters gilt: Sind x und z zwei Zeichen, E(x) und E(z) ihre Extensionen und y ein Individuum

im logischen Sinn, so erhält man

a) im Fall der Inkompatibilität und Antonymie:
aus $y \in E(x)$ folgt $y \notin E(z)$; nicht aber: aus $y \notin E(z)$ folgt $y \in E(x)$.

b) Im Fall der Komplementarität:
aus $y \in E(x)$ folgt $y \notin E(z)$; aus $y \notin E(z)$ folgt $y \in E(x)$.

Da Inkompatibilität und Antonymie insoweit dieselben formalen Eigenschaften aufweisen, kann eine Unterscheidung nur mit Hilfe einer zusätzlichen auf der Menge der Individuen definierten Vorzugsrelation getroffen werden. Im Fall der Antonymie stehen die Individuen in dieser Ordnung, im Fall der Inkompatibilität nicht. Die Antonymie entspricht damit jenem Fall des komparativen Begriffs, bei dem die Enden der durch die Vorzugsrelation geschaffenen Ordinalskala mit sprachlichen Zeichen belegt sind. Im Gegensatz dazu ist die Inkompatibilität eine Relation zwischen klassifikatorischen Begriffen.

Falls die inhaltliche Erschließung der Dokumente und/oder die Fragestellung einer automatischen Textanalyse unterliegen, sind in einer flektierenden Sprache neben den semantischen Relationen auch *morphologische Relationen* notwendig, nämlich die Ersetzung verschiedener Flexionsformen durch die bevorzugte Grundform. Für einen ausschließlich manuell benutzten Thesaurus erübrigen sich Relationen dieser Art. Bei Systemen mit automatischer Textanalyse hingegen werden diese oft in den Thesaurus einbezogen, wenngleich die durch morphologische Substitutionen entstandene Wortmenge besser als *Wortliste* bezeichnet werden sollte.

Für Systeme, bei denen Texte in natürlicher Sprache eingegeben werden, ist außerdem eine weitere Wortliste von Interesse. Diese Liste enthält Wörter, die von der automatischen Textanalyse ausgeschlossen werden sollen. Sie wird allgemein als *negative Wortliste* (*Stoppwortliste*) bezeichnet und umfaßt einmal Füllwörter (z.B. wie, und, für, der , ohne), zum anderen sinntragende Wörter, die in der betreffenden Dokumentation zu häufig auftreten und daher für das Retrieval ohne Interesse sind (z.B. das Wort „Eigentum" in einer Dokumentation über Eigentumsdelikte). Die Anwendung der negativen Wortliste ist vor allem von technischem Interesse, da sie die Anzahl der Ausführungen von morphologischen Substitutionen verringert. Dies gilt allerdings nur für eine Textanalyse auf Einzelwortbasis. Das Auffinden von Wortkomplexen (z.B. „Gesellschafter ohne Geschäftsführungsbefugnis") muß vor der Anwendung der negativen Wortliste ausgeführt werden. Des weiteren kann eine Erweiterung des Sachgebiets (Eigentums- und Sittlichkeitsdelikte) zur Folge haben, daß zunächst unterdrückte sinntragende Wörter wieder von Bedeutung sind.

Für die Erstellung eines Thesaurus gibt es prinzipiell drei Möglichkeiten
– manuell-intellektuelle Verfahren;

– halbautomatische Verfahren;
– vollautomatische Verfahren.

Alle derzeit in größeren Systemen verwendeten Thesauri sind nach *manuell-intellektuellen Verfahren* erstellt. Grob skizziert sind für diese Verfahren folgende Schritte erforderlich:

– Man beschafft sich das für den Fachbereich in Betracht kommende Wortmaterial aus bereits existierenden Wortlisten, z.B. aus dem Register eines geeigneten Nachschlagewerkes. Sofern ein Computer zur Verfügung steht, kommt auch die Erstellung von KWIC- und KWOC-Indizes aus einem repräsentativen Querschnitt von Texten in Betracht.
  KWIC-Index (Keyword-in-Context-Index): Zu wichtigen Wörtern (Keywords) werden jeweils die im Text nächsten Wörter (Context) und die Nummer des zutreffenden Dokuments genannt.
  KWOC-Index (Keyword-out-of-Context-Index): Zu wichtigen Wörtern werden jeweils die Nummern des zutreffenden Dokuments genannt.
– Man ordnet die aufgefundenen Wörter (oder Wortkomplexe) so, daß bedeutungsmäßig ähnliche Wörter einander benachbart sind.
– Synonyme (eventuell auch Quasisynonyme) und Homographen werden eleminiert.
– Der verbleibende Wortschatz wird in hierarchische, assoziative und Gegensatzrelationen gegliedert.

Automatische und halbautomatische Verfahren zur Thesauruserstellung sind Spezialfälle von *automatischen Klassifizierungsverfahren.* Den Ausgangspunkt für diese Verfahren bilden zwei Gruppen von Größen, die allgemein als *Objekte* und *Attribute* bezeichnet werden (Beispiel: Objekte = Textwörter, Attribute = Zugriffsnummern von Dokumenten). Zwischen beiden Gruppen bestehen paarweise Beziehungen, die entweder logisch-binär (bei Zutreffen des Attributes auf das Objekt durch eine 1, bei Nichtzutreffen durch eine 0) oder numerisch (z.B. durch Angabe einer Häufigkeit, etwa für das Vorkommen eines Wortes im Text eines Dokuments) beschrieben werden. Auf diese Weise entsteht eine Objekt-Attribut-Matrix, die nun dazu benutzt wird, auf mathematischem Weg Ähnlichkeiten zwischen den Objekten zu ermitteln, bzw. Gruppen von Objekten aufzufinden, sodaß Objekte derselben Gruppe einander ähnlich sind. Häufig wird hierfür aus der Objekt-Attribut-Matrix eine Ähnlichkeitsmatrix erzeugt, deren Elemente ein Maß für die Bezogenheit je zweier Objekte sind.

Vollautomatische Verfahren (mit der Zuordnung Objekte = Textwörter, Attribute = Zugriffsnummern zu Dokumenten) lassen sich auch halbautomatisch ausführen, indem man die Prozedur vor Beginn der Gruppenbildung abbricht und sich vom Computer Angaben über die Bezogenheit von Wörterpaaren machen läßt, die dann zur manuellen Konstruktion des Thesaurus benutzt werden.

3.3.2 Dokumentationssysteme und Linguistik

Die eigentliche „automatische Textverarbeitung", d.h. die Phase der „automatischen Interpretation" im allgemeinen Schema für Dokumentationssysteme (vgl. Abb. 2.10) ist bisher nur in Ansätzen gelöst. Es ist dies jener Bereich der Dokumentationssysteme, bei dem nur linguistische Verfahren zum Ziel führen können. Im folgenden soll über jene linguistischen Methoden referiert werden, die bereits erfolgreich in der *Computerlinguistik* eingesetzt wurden. Sie dürften – insbesondere beim Übergang von Dokumentationssystemen zu Fakten-Retrieval-Systemen oder Frage-Antwort-Systemen – in zunehmendem Maß auch für juristische Informationssysteme relevant werden.

1. *Syntaxanalyse*

Daß die Syntax für ein vollständiges Verständnis von Texten in natürlicher Sprache unabdingbar ist, ist klar, allein schon deshalb, weil eine vorgegebene Menge von Wörtern unterschiedlich zusammengefügt werden kann, um verschiedene Sätze mit unterschiedlicher Bedeutung zu bilden. Daß „Brutus tötete Caesar" etwas anderes meint als „Caesar tötete Brutus" ist schon ein ausreichender Beweis dafür, daß die Anordnung – genau wie die Wahl der Wörter – von Bedeutung ist. Weiterhin scheint es klar zu sein, daß in einem Satz wie „Der amerikanische Botschafter für Israel unterzeichnete den Vertrag um 2 Uhr heute nachmittag" die Phrase „der amerikanische Botschafter für Israel" eine derartige Einheit konstituiert, wie es die Phrase „für Israel unterzeichnete den Vertrag um" nicht tut.

Die Arten von grammatischem Formalismus, die für die Anwendung in automatischen Analysesystemen vorgeschlagen worden sind, fallen in zwei Klassen:

- Phrasenstrukturgrammatiken
- Transformationsgrammatiken.

Die Syntax einer Progammiersprache ist gewöhnlich eine Spielart von BNF („Backus-Naur-Form" oder „Backus-Normalform"), was nichts anderes als eine Art ist, eine kontextfreie Phrasenstrukturgrammatik zu schreiben. Da hier die Formationsregeln wesentlich einfacher als bei kontextsensitiven PS-Grammatiken sind, wird der kontextfreie Formalismus von Informatikern und auch von Linguisten bevorzugt. Als Resultat des Interesses an kontextfreien PS-Grammatiken sowohl von seiten der Computerbauer als auch von seiten der Computerlinguisten ist zu verzeichnen, daß man die Verfahren, die Computer veranlassen, Sätze mit derartigen Grammatiken zu analysieren, gut versteht.

Es gibt zwei größere Klassen von Strategien, auf die ein automatisches Verfahren zum Parsing von Sätzen mit einer PS-Grammatik gegründet werden kann:

- target-Strategien und
- morsel-Strategien.

Die *target-Strategie* arbeitet „von oben nach unten". Ein Programm, das auf dieser Strategie beruht, setzt sich das Ziel, einen Regelsatz in der Grammtik zu finden, der – wenn er in der geeigneten Reihenfolge und an der geeigneten Stelle in der bisher entwickelten Struktur angewendet wird – als Ergebnis den Satz liefert, den er grammatikalisch analysieren soll, zusammen mit dessen Struktur. Das Programm wird dann seine Schritte zurückverfolgen und einen Punkt in dem Prozeß zu finden versuchen, an dem ein alternativer Schritt hätte gemacht werden können, und dann geht es von diesem Punkt aus vorwärts und versucht, jede der möglichen Strukturen des anliegenden Satzes der Reihe nach zu finden. Zu jedem gegebenen Zeitpunkt arbeitet das Programm mit einer einzigen Hypothese über die Struktur des Satzes und versucht, in der Grammatik Regeln zu finden, die derart angewendet werden können, daß die Gültigkeit dieser Hypothese vervollständigt wird. Ein jedes Mal, wenn eine Regel gefunden wird, die angewendet werden kann oder gegen die es bisher noch keine ausreichenden Einwände gibt, wird sie an das Ende einer Liste angefügt mit einer Kennzeichnung der Position in der Struktur, an der sie verlangt wurde. Falls sich eine Hypothese als unhaltbar erweist, d.h. falls es keine Regeln der Grammatik gibt, die mit der bereits aufgebauten Liste kompatibel sind, werden die Regeln Stück für Stück vom Ende der Liste entfernt, und es wird versucht, eine Alternative für jede zu finden, sodaß eine modifizierte Version der Hypothese untersucht werden kann.

Die *morsel-Strategie* arbeitet „von unten nach oben". Zu keinem Zeitpunkt kann man in einem arbeitenden Programm, das auf dieser Strategie beruht, sagen, daß eine besondere Hypothese zur Struktur des Satzes gerade erforscht wird. Im Gegenteil wird eine Kollektion von Teilstrukturen versammelt, indem die augenblicklichen Elemente der Kollektion als Basis benutzt werden, auf der neue aufzubauen sind. Und zwar geschieht dies derart, daß alle zugelassenen Strukturen des Satzes in der Kollektion sein werden, wenn der Vorgang vollendet ist. Beispielsweise kann man jedes Wort in dem in Frage stehenden Satz der Reihe nach überprüfen und dem Verzeichnis der Strukturen all diejenigen von der Grammatik erlaubten Phrasen hinzufügen, die von diesem Wort ausgehend gebildet werden können und ebenso die ihm in dem Satz vorhergehenden Phrasen. Wenn das letzte Wort des Satzes erreicht wird, kann man hoffen, daß ein oder mehrere Strukturen der Kollektion hinzugefügt werden, die dás erste und das letzte Wort des Satzes umschließen und das Etikett „Satz" tragen. Diese sind die richtigen Strukturen der Kette und alle anderen nun in der Kollektion befindlichen Strukturen, die sich nicht beim Aufbau der richtigen als nützlich erwiesen haben, können vergessen werden.

Es ist nicht klar, ob eine dieser Strategien unter allen Umständen bemerkenswert besser ist als die andere. Wenn die Sprache in hohem Maß mehrdeutig ist, dann spricht viel für die morsel-Strategie, wohingegen, wenn es wenige oder gar keine Mehrdeutigkeiten gibt, eine target-Strategie vorzuziehen ist.

Es gibt zahlreiche Programme und Experimente, welche auf ein automatisches Verfahren zum Parsing von Sätzen mit einer PS-Grammatik gegründet sind. Die Resultate dieser Experimente sind interessant, aber nicht sehr ermutigend. Die vielleicht wichtigste Erkenntnis, die gewonnen wurde, ist die, daß es die menschliche Fähigkeit praktisch übersteigt zu entdecken, wie gut eine Grammatik eine einzelne Sprache beschreibt, ohne einen Computer zu benutzen und diese Art von Experiment durchzuführen. Ebenfalls wichtig war die Entdeckung, daß eine kontextfreie PS-Grammatik, trotz ihrer unbezweifelten Mächtigkeit, ein weitaus zu schwaches Instrument zur Beschreibung natürlicher Sprachen ist.

Die Schwierigkeiten, die bei derartigen Experimenten auftreten, sind zweifacher Art. Zum einen erweist es sich als schwierig, anders als lediglich auf völliger ad hoc-Basis zu entscheiden, welche der verschiedenen möglichen Strukturen für einen Satz als korrekt angesehen werden sollte, und zum anderen erweist es sich auch dann, wenn ad hoc-Entscheidungen auf breiter Grundlage getroffen werden, als unmöglich, die Maschine daran zu hindern, eine Vielzahl von Strukturen für offensichtlich harmlose Sätze hervorzubringen. Die Schwierigkeit ist dann nicht so sehr, eine richtige Lösung zu erhalten, als irgendwie die Gesamtzahl von Lösungen, seien sie nun richtig oder falsch, zu begrenzen. So brachte ein Programm 136 Analysen des folgenden Satzes hervor (vgl. *Kuno/Oettinger* (1963)): „Gravely concerned with spreading racial violence, President Kennedy used his press conference to issue counsel to both sides in the struggle." („Tief besorgt über die sich vermehrenden Rassengewalttaten benutzte Präsident Kennedy seine Pressekonferenz, um beiden Seiten in diesem Kampf Ratschläge zu geben.")

Transformationsgrammatiken sind wesentlich komplizierter als PS-Grammatiken. Schon die Frage, welche Form die Tiefenstrukturen annehmen sollten, wird unterschiedlich beantwortet. Nach Meinung einiger Linguisten, besonders *Chomskys* sollte sie so einfach sein, daß sie nur eine endliche Anzahl von verschiedenen Stammbäumen gestatten sollte. Der Komplexität von Sätzen der Oberflächenstruktur sollte durch ineinander eingebettete Sätze Rechnung getragen werden. So könnte z.B. der Satz „Hans sah einen großen Bären" von einer Tiefenstruktur mit einer terminalen Kette wie „Hans sah einen Bären (der Bär war groß)" kommen, in der das Adjektiv, das (in der Oberflächenstruktur) das Substantiv „Bär" modifiziert, durch einen eingebetteten Satz dargestellt wird. Nach Meinung der meisten Vertreter der generativen Grammatik ist ein einfacher Satz in der Tiefenstruktur einem einfachen Satz in der Oberflächenstruktur (weitgehend) ähnlich, d.h. er besteht aus Subjekt, Prädikat, usw.

Eine Schule der generativen Grammatik hat jedoch eine andere Auffassung von Tiefenstruktur popularisiert, die besonders interessant für das Information Retrieval zu sein scheint. *Fillmore* (1968) ist der Erfinder dessen, was als *„Kasusgrammatik"* bekannt geworden ist. Nach seiner Meinung bestehen Sätze in der Tiefenstruktur aus einem Verb und einer Anzahl von Nominalphrasen, von denen jede einem bestimmten Kasus zugeordnet wird. Die Grammatik sieht eine gewisse

Kasus-Anzahl vor, z.B. sechs, mit Bezeichnungen wie „Handelnder", „Instrument", „Ort" usw. Jedes Verb darf gewisse Kasuskonstellationen annehmen, die für es im Lexikon spezifiziert sind. Der Zusammenhang zwischen diesem Kasus und solchen Kategorien wie Subjekt, direktem Objekt, Präpositionalphrase usw. in der Oberflächenstruktur ist ziemlich entfernt und komplex. Einige Linguisten haben den Ausdruck „Rolle" an Stelle von „Kasus" gebraucht. Die Analogie zu den Rollenindikatoren (z.B. Benzin: Reinigungsmittel, Benzin: Brennstoff), die in künstlichen Sprachen für die Inhaltsanalyse verwendet werden können, liegt auf der Hand.

Diese kurze Darstellung zeigt bereits, daß Transformationsgrammatiken noch nicht jenen Grad an Ausgereiftheit erreicht haben, der für PS-Grammatiken kennzeichnend ist. Tatsächlich existieren auch kaum Computerprogramme, welche eine Syntaxanalyse von Sätzen mit einer Transformationsgrammatik erfolgreich durchführen.

Die automatische Syntaxanalyse steht daher vor dem folgenden Dilemma: Es existieren zahlreiche gut ausgereifte Programme für das einer kontextfreien PS-Grammatik entsprechende Parsing. Eine derartige Grammatik erweist sich aber als ein zu schwaches Instrument für natürliche Sprachen. Geht man daher von der Hypothese aus, daß für natürliche Sprachen Transformationsgrammatiken angemessen sind, so steht man vor dem Problem, daß für diesen Grammatiktyp zum gegenwärtigen Zeitpunkt keine ausgereifte Theorie – von entsprechenden Programmen ganz zu schweigen – existiert.

Zum Abschluß dieser Skizzierung der automatischen Syntaxanalyse sei kurz auf ihre mögliche *Bedeutung für das Information Retrieval* eingegangen. Auskünfte über syntaktische Merkmale eines Eingabedokuments können aus zwei Gründen gesucht werden:

- um Hinweise über die strukturellen Beziehungen zu erhalten, die in irgendeiner Weise in der tatsächlichen Indexierungsbeschreibung repräsentiert sein werden;
- um die Identifizierung von signifikanten Elementen im Text zu ermöglichen, die als Schlagwörter aufgenommen werden können.

Im ersten Fall kann z.B. das Vorkommen einer Adjektiv-Substantiv-Gruppe im Text durch ein Schlagwortpaar dargestellt werden, das in der Beschreibung ein Verhältnis von Hauptwort zu qualifizierendem Schlagwort besitzt. Im zweiten Fall versucht man möglicherweise herauszustellen, daß eine gegebene Texteinheit ein Substantiv ist, weil man Substantive als Inhaltsschlüssel auswählt.

2. *Semantik*

Man braucht die Tatsache nicht besonders zu betonen, daß Bedeutung das wichtigste Merkmal von Sprache ist, und auch nicht, daß sie das am schwierigsten anzugehende Problem für die Linguistik darstellt. Die meisten Linguisten stimmen darin überein, daß das erste Problem der Semantik darin besteht, irgendeine

Notation aufzubauen, um Bedeutungen ohne Mehrdeutigkeiten darzustellen. Eine Bedeutung muß durch einen Ausdruck in irgendeiner Notation dargestellt werden, und die primitiven Symbole dieser Notation werden eine Menge elementarer Bausteine sein, mit denen eine jede Bedeutung darstellbar ist. Diese semantischen Primitiven werden *„semantische Merkmale"* (vgl. Abschnitt 2.9.2), „Thesaurushaupteintragungen", „semantische Marker", „Begriffsnummern", etc. genannt.

Die transformationelle Semantik sieht daher eine semantische Interpretation für jeden Knoten in der Tiefenstruktur eines Satzes vor. Die Interpretationen für die Knoten, die einzelnen Wörtern entsprechen, werden dem Lexikon entnommen, und diejenigen für die verbleibenden Knoten werden durch auf sie angewendete Projektionsregeln angeleitet. Die Idee ist intuitiv befriedigend: Die Bedeutung eines Wortes erhält man durch seine Interpretation, d.h. durch seine semantischen Primitiven, die im Lexikon enthalten sind. Die Bedeutung einer Phrase wird nach und nach durch die Bedeutungen der sie konstituierenden Wörter und Phrasen zusammengesetzt, bis man eine Bedeutung für den ganzen Satz erhält. Woher aber erhält man die semantischen Primitiven?

Dieses, übrigens Jahrhunderte alte philosophische Problem (vgl. *Lullus* – Abschnitt 1.1.1), ist für die gesamte natürliche Sprache – zumindestens in absehbarer Zeit – sicherlich nicht lösbar. Etwas optimistischer kann man für Fachsprachen, also Teilmengen der natürlichen Sprache, sein. Dies gilt insbesondere auch für die in der juristischen Fachsprache abgefaßten juristischen Texte. Da aber eine *„juristische Semantik"* bisher über Ansätze nicht hinaus ist, ergeben sich auch hier keine unmittelbaren Konsequenzen für juristische Informationssysteme. Aus diesem Grund seien im folgenden nur jene Bereiche der automatischen semantischen Analyse von Texten dargestellt, in welchen bereits praktische Erfolge erzielt werden: das automatische Indexieren und das automatische Referieren.

Unter *Indexieren* versteht man die Zuteilung von Schlüsselwörtern (keywords) zu einer dokumentarischen Bezugseinheit (z.B. Originaldokument). Ein *Schlüsselwort* ist ein Wort zur Bezeichnung von in Dokumenten enthaltenen Begriffen. Schlüsselwörter treten auf als:

- *Schlagwort:* ein Schlüsselwort mit Ordnungsfunktion. Ein Schlagwort kann dem Titel oder Text eines Dokuments entnommen sein oder es kann zugeteilt sein. Ein *zugeteiltes Schlagwort* ist also ein nicht unmittelbar dem Dokument entnommenes Schlagwort. Dieses kann sein ein *gebundenes Schlagwort,* wenn es einer verbindlich festgelegten Liste entnommen wurde, oder ein *freies Schlagwort,* wenn es nicht einer verbindlich festgelegten Liste entnommen wurde.
- *Stichwort:* ein unmittelbar dem Dokument entnommenes Schlagwort. Ein Stichwort kann sein ein *Titelstichwort,* wenn es dem Titel eines Dokuments entnommen wurde, oder ein *Textstichwort,* wenn es dem Text eines Doku-

ments entnommen wurde. Stichwörter sind also Unterbegriffe zu Schlagwörtern.

Die Methoden des automatischen Indexierens folgen nun dem Grundsatz, daß sämtliche Schlüsselwörter dem Originaldokument (oder Teilen desselben) entnommen werden. Das Grundproblem dieses Verfahrens besteht also darin, die charakteristischen, typischen, relevanten Stichwörter im Originaldokument zu kennen. Hierfür werden in der Regel statistische Methoden verwendet, man spricht daher auch vom *„statistischen Indexieren"* (*key-method*).

Der Grundgedanke dieser Methoden ist der folgende: Ein Autor wird zwangsläufig die wichtigsten Stichwörter seines Artikels häufiger verwenden als weniger wichtige Wörter der Arbeit. In der einfachsten Form des statistischen Indexierens werden alle Wörter des Dokuments alphabetisch aufgelistet, und die Häufigkeit ihres Auftretens im Text wird gezählt. Nun müssen zwei (empirisch ermittelte) Schwellenwerte C und D vorgegeben werden. Von allen Wörtern, die häufiger als C Prozent mal im Text vorkommen, wird angenommen, daß sie reine Funktionswörter (Artikel, Präpositionen, Pronomina, Konjunktionen usw.) sind. Diese Wörter werden nicht weiter behandelt. Von allen Wörtern, die seltener als D Prozent mal im Text aufscheinen, wird angenommen, daß ihre Bedeutung für den Text nicht sehr groß ist. Auch diese Wörter werden nicht weiter behandelt. Nur Wörter, die weniger als C Prozent aber doch mehr als D Prozent des Textes ausmachen, werden als relevant angesehen. Der Zusammenhang zwischen Häufigkeit und (vermuteter) Wichtigkeit der Wörter für den Inhalt des Textes ist in Abb. 3.5 dargestellt. Die Kurve A zeigt die Häufigkeit der einzelnen Wörter im Text, die Kurve E die (vermutete) Wichtigkeit der Wörter für den Inhalt des Textes.

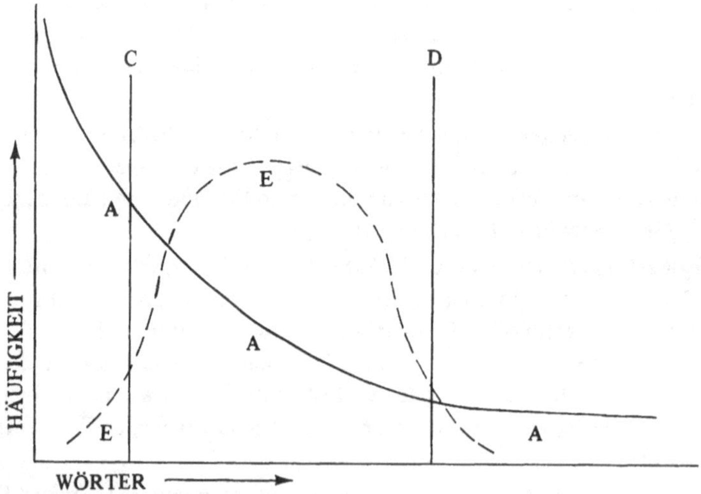

Abb. 3.5. Häufigkeit und (vermutete) Wichtigkeit der Wörter
Quelle: *Luhn* (1958, 161)

Dieses Verfahren ist natürlich noch sehr grob. Zwei einfache Verbesserungen bieten sich sofort an:

– eine Flexionsformenbereinigung;
– eine Funktionswortbereinigung durch eine negative Wortliste.

Die *Flexionsformenbereinigung* erfolgt entweder manuell oder automatisch durch einen Thesaurus mit morphologischen Beziehungen bzw. eine automatische morphologische Analyse. Eine *negative Funktionswortliste,* die die Funktionswörter enthält, ist deshalb besonders wichtig, da ohne sie sehr häufige Nicht-Funktionswörter – die demnach ja auch sehr wichtig sind – nicht als relevant erkannt werden.
Ein weiterer Verbesserungsvorschlag besteht in der Verwendung *relativer Worthäufigkeiten.* Die Idee ist die folgende: Nicht die absolute Worthäufigkeit eines Wortes im Dokument ist für seine Wichtigkeit entscheidend, sondern seine Häufigkeit relativ zur Häufigkeit im „allgemeinen Sprachgebrauch".
Zur Messung dieser relativen Worthäufigkeit werden verschiedene Maßzahlen vorgeschlagen. Um alle Möglichkeiten dieser Methode voll nützen zu können, müßte man zusätzlich zum „allgemeinen Sprachgebrauch" noch Dokumentklassen bilden (für juristische Informationssysteme: Normen, Judikate, Literatur, jeweils gegliedert nach Sachgebieten). Da die Methode der relativen Worthäufigkeiten also viel zusätzliche Informationen erfordert, ist sie bisher noch nicht in größerem Umfang praktisch angewandt worden.

Wendet man die Methode des statistischen Indexierens in seiner reinen Form an, so sind alle Wörter in ihrer Nomalform, die nicht in der negativen Wortliste enthalten sind und die häufiger als D Prozent mal im Text vorkommen, Schlüsselwörter. Sie dienen der inhaltlichen Charakterisierung eines Dokuments. Dieses statistische Indexieren kann durch einige andere Methoden ergänzt bzw. ersetzt werden. Es ist dies die besondere Berücksichtigung von Signalwörtern, von Überschriften und von der grammatikalischen Eigenschaft der Stichwörter. Positive *Signalwörter* (cue-words) sind Stichwörter, die unabhängig von ihrer Häufigkeit in einem Dokument zur inhaltlichen Charakterisierung verwendet werden, wenn sie nur überhaupt im Dokument auftreten. Negative Signalwörter sind Stichwörter, die unabhängig von ihrer Häufigkeit in einem Dokument zur inhaltlichen Charakterisierung nicht verwendet werden. Die Anwendung dieser Methode (*cue-method*) setzt eine entsprechende *Signalwortliste* (cue-dictionary) voraus, die vom entsprechenden Sachgebiet abhängt. Eine negative Wortliste ist eine Signalwortliste, die nur negative Signalwörter enthält.

Der Grundgedanke der besonderen Berücksichtigung von *Überschriften* ist der folgende. Der Titel und die Kapitelüberschriften einer Arbeit sind meist die kürzeste Beschreibung ihres Inhalts. Aus diesem Grund können bedeutungstragende Wörter aus Titel und Kapitelüberschriften zur inhaltlichen Charakterisierung von Dokumenten unabhängig von der Häufigkeit dieser Wörter im Dokument verwendet werden (*title-method*).

Die Einbeziehung der *grammatikalischen Eigenschaften* der Stichwörter schließlich beruht auf der Überlegung, daß für das Information Retrieval in der Regel nur Substantiva oder Kombinationen wie Adjektiv-Substantiv verwendet werden. Daher kann sich das Indexieren auf Wörter dieser Klassen beschränken. Eine Anwendung dieser Überlegung setzt allerdings eine automatische Syntaxanalyse voraus.

Die Methoden des *automatischen Referierens* bauen in der Regel auf jenen des automatischen Indexierens auf. Unter einem *Referat* (*abstract*) versteht man eine kurze Wiedergabe des wesentlichen Inhalts eines Dokuments in ganzen Sätzen. Nach ihrer Funktion können drei Arten der Referate unterschieden werden:

– Das *indikative Referat:* Dieses Referat gibt lediglich an, daß in einem Dokument bestimmte Themen angesprochen werden. Es werden keine Begründungen, Überlegungen oder Resultate des Originaldokuments angeführt. Indikative Referate sollen den Benutzer in die Lage versetzen zu entscheiden, ob das Originaldokument für seine Fragestellung relevant ist. Das Ziel des indikativen Referats ist also Hilfe bei der Literatursuche.
– Das *informativ Referat:* Dieses Referat gibt die wichtigen inhaltlichen Bestandteile des Originaldokuments verkürzt wieder. Es soll insbesondere Auskunft geben über Methodik, Ergebnisse, Schlußfolgerungen u.ä. der im Originaldokument enthaltenen Überlegungen. Das Ziel des informativen Referats ist also eine Zusammenfassung des Originaldokuments.
– Das *kritische* oder *evaluative Referat:* Während es sich beim indikativen und informativen Referat um rein deskriptive Referate handelt, enthält das kritische (evaluative) Referat die explizite Stellungnahme des Referenten. Insbesondere soll dieses Referat das Originaldokument im Hinblick auf den gegenwärtigen Wissensstand des betreffenden Fachgebietes beurteilen. Das Ziel des kritischen Referats ist also Bewertung des Originaldokuments im Hinblick auf neue Ergebnisse.

Das *Quasireferat* (*extract*) ist ein Referat, das ausschließlich aus Sätzen besteht, die wortwörtlich (eventuell gekürzt) dem Originaldokument entnommen sind. Das Quasireferat ist also eine echte Teilmenge des Originaldokuments. Es ist unmittelbar einleuchtend, daß Quasireferate primär die informative Funktion erfüllen. Zum gegenwärtigen Zeitpunkt sind alle automatischen Referate Quasireferate. Das entscheidende Problem besteht also darin, die referierwürdigen, signifikanten, relevanten oder repräsentativen Sätze aus dem Originaldokument herauszulösen.

Die Methoden des automatischen Referierens lassen sich unterscheiden in „Wortmethoden" und „Satzmethoden". Die *Wortmethoden* sind durch zwei Schritte gekennzeichnet: Im ersten Schritt werden den Wörtern des Originaldokuments Gewichte zugewiesen, im zweiten werden aus diesen Gewichte für die Sätze bestimmt. Die Satzmethoden bestimmen die Gewichte der Sätze in einem Schritt.

In beiden Fällen werden dann die Sätze nach ihrem Gewicht geordnet und die Sätze mit den höchsten Gewichten in ihrer ursprünglichen Reihenfolge als Quasireferat ausgegeben.
Die wichtigsten Wortmethoden sind key-method, cue-method und title-method. Die Wortgewichte sind bei der key-method die absoluten oder relativen Worthäufigkeiten. Bei der cue-method werden die Wortgewichte der Signalwortliste entnommen, und bei der title-method erhalten die Wörter der Überschriften unterschiedliche Gewichte entsprechend der Gliederungseinheiten des Textes, auf die sich diese Überschriften beziehen. Für die Bestimmung der Satzgewichte aus den Wortgewichten gibt es verschiedene Algorithmen, im einfachsten Fall werden die Wortgewichte der Wörter eines Satzes addiert.

Die wichtigste Satzmethode ist die *Satzstellungsmethode* (location-method). Diese Methode geht von der Überlegung aus, daß der Autor die wichtigsten Gedanken oft kurz in den ersten und letzten Sätzen eines Kapitels zusammenfaßt. Aus diesem Grund erhalten Sätze entsprechend ihrer absoluten Stellung im Dokument unterschiedliche Gewichte. Daneben existiert noch eine Variante der Berücksichtigung der relativen Satzstellung. Dieses Verfahren ist der cue-method sehr ähnlich. Hier wird die Stellung eines Satzes durch das Auftreten bestimmter Signalwörter bewertet. So werden Sätzen, die mit den Wörtern „Introduction", „Purpose", „Conclusion" etc. eingeleitet werden, höhere Gewichte zugestanden als den anderen Sätzen. Voraussetzung für diese Bewertung ist allerdings ein Heading-dictionary, das all diese Signalwörter enthält. Natürlich lassen sich die einzelnen Wortmethoden untereinander und auch mit der Satzstellungsmethode kombinieren. Eine derartige Kombination kommt der Qualität der automatisch erstellten Quasi-Referate zugute.
Inwieweit Methoden des automatischen Indexierens und Referierens für Dokumentationssysteme im allgemeinen und für juristische Informationssysteme im besonderen nutzbringend anwendbar sind, ist noch umstritten. Jedenfalls haben zahlreiche Experimente gezeigt, daß die Ergebnisse mit manuell-intellektuell erstellten Inhaltserschließungen konkurrieren können. Für juristische Informationssysteme können die Methoden auf jeden Fall für die juristische Literatur und – zum Teil – für Judikate eingesetzt werden. Einem großzügigen Einsatz dieser Methoden stehen allerdings noch die folgenden Probleme entgegen:

- *Wahl der Parameter:* Die bisher verwendeten Verfahren hängen stark von den benötigten Parametern ab (z.B. Gewichtung bei der Kombination der einzelnen Methoden). Um diese Parameter richtig setzen zu können, bedarf es sehr großer Stichproben. Dazu kommt noch, daß diese Parameter vom Fachgebiet und der Art der Veröffentlichung einer Arbeit abhängen.
- *Benötigte Dictionaries:* Die benötigten Wörterbücher (Signalwortliste, negative Wortliste) werden ebenfalls meist auf Grund nur kleiner Stichproben erstellt. Auch fehlen vielfach befriedigende Lösungen für reine Hilfsprogramme, wie zur Flexionsformenbereinigung.

- *Erfassung der Texte in maschinenlesbarer Form:* Alle Texte, die von einem automatischen Indexier- und Referiersystem verarbeitet werden sollen, müssen heute praktisch noch in Form von Lochkarten erfaßt werden. Diese Eingabeform verschlingt bereits einen erheblichen Anteil der Kosten des Indexierens und Referierens. Nur eine Integration der Nachrichtenverarbeitung (Lochstreifen der Druckereien, Magnetbandschreibmaschine, Klarschriftleser etc.) kann hier Abhilfe leisten.
- *Input/Output nichtalphabetischer Textteile* (chemische und mathematische Formeln, Tabellen und Abbildungen): Zur Zeit gehen alle Programme zum automatischen Indexieren und Referieren Formeln und Abbildungen aus dem Weg. Diese sind jedoch für den Inhalt eines Dokuments oft von wesentlicher Bedeutung.

3.3.3 Die Bewertung des Information Retrieval

Unter den Aspekten der Leistungsfähigkeit eines Dokumentationssystems spielt das Information Retrieval wohl die wichtigste Rolle. Hier wird gewöhnlich gefordert, daß dem Benutzer einerseits möglichst alles für ihn relevante Material nachgewiesen werden soll, andererseits aber auch nur das relevante Material. Diese Forderung ist bei den stärker strukturierten formalen Daten (Autorname, Erscheinungsdaten usw.) eher zu realisieren als bei inhaltsbezogenen Daten. Der Grund hierfür liegt im unterschiedlichen Zeichenvorrat von Autor und Benutzer. Durch die Unschärfe der natürlichen Sprache ist die Forderung, alles relevante Material und nur dieses im Information Retrieval zu erhalten, in der Regel nicht vollständig erfüllbar. Die Fähigkeit eines Systems, dieser Forderung hinsichtlich einer speziellen Benutzerfrage nachzukommen, bezeichnet man als *Selektionsgüte.*

Die Definition von Maßzahlen zur Bewertung der Selektionsgüte eines Systems geht gewöhnlich von der folgenden Überlegung aus: Dem konkreten Dokumentationssystem, das auf eine bestimmte Anfrage eine Menge von Dokumenten nachweist, die für die gestellte Aufgabe nur zum Teil relevant sind, wird ein ideales System gegenübergestellt, das genau die relevanten Dokumente nachweist. Dieser Sachverhalt läßt sich wie in Abb. 3.6 darstellen. Die Menge A enthält alle Dokumente, die vom Dokumentationssystem nachgewiesen und vom Benutzer als „relevant" klassifiziert werden. Die Menge B enthält alle vom Dokumentationssystem nachgewiesenen aber „nicht relevanten" Dokumente. Die Menge C enthält alle „relevanten", aber nicht nachgewiesenen Dokumente und die Menge D alle Dokumente, die weder „relevant" sind, noch nachgewiesen werden. Als Ausgangsgrößen für Maßzahlen der Selektionsgüte eines Dokumentationssystems ergeben sich damit die Größen n(A), n(B), n(C) und n(D).

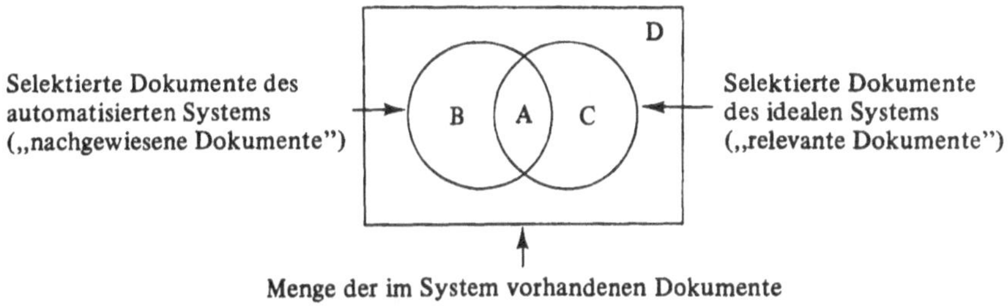

Abb. 3.6. Ausgangsgrößen für die Selektionsgüte

Als wichtigste Maßzahlen der Selektionsgüte ergeben sich daraus:

Recall (Nachweisquote) $R = \frac{n(A)}{n(A)+n(C)} = \frac{\text{nachgewiesene, relevante Dokumente}}{\text{relevante Dokumente}}$

Precision (Relevanzquote) $P = \frac{n(A)}{n(A)+n(B)} = \frac{\text{nachgewiesene, relevante Dokumente}}{\text{nachgewiesene Dokumente}}$

Im allgemeinen besteht ein negativer Zusammenhang zwischen *Recall* und *Precision,* da Suchstrategien, die den Nachweis möglichst aller relevanten Dokumente anstreben, einen hohen Ballast (auch viele nicht relevante Dokumente im Nachweis) in Kauf nehmen müssen.

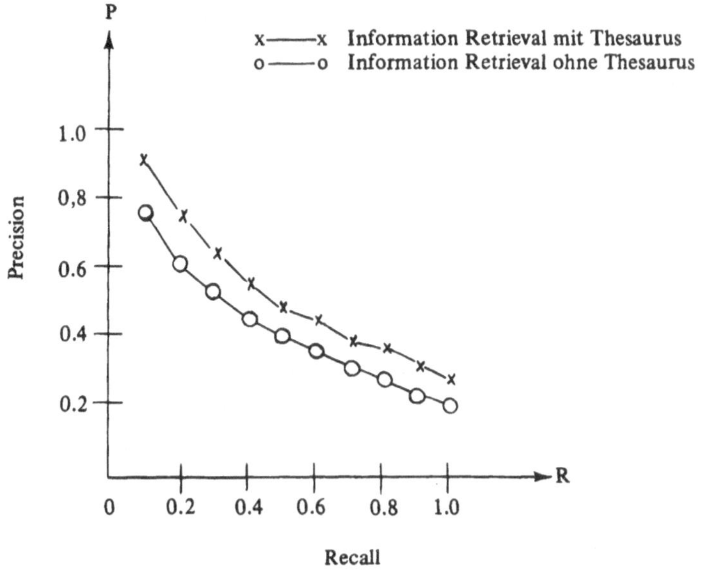

Abb. 3.7. Beziehung zwischen Recall und Precision

Beim Vergleich zwischen verschiedenen Dokumentationssystemen ist zu erwarten, daß jenes mit dem besseren Information Retrieval (z.B. durch Verwendung eines Thesaurus) für vorgegebenen Recall eine höhere Precision erreicht und umgekehrt. Ein derartiger Vergleich läßt sich graphisch wie in Abb. 3.7 darstellen.

Allerdings sind Recall und Precision als Maßzahlen für den Vergleich der Selektionsgüte verschiedener Systeme nicht unbestritten. Als wichtigste Einwände gegen ihre Verwendung sind zu nennen:

- Die Klassifizierung der Dokumente in „relevant" und „nicht relevant" läßt außer acht, daß der Übergang von einem zum anderen Extrem durchaus fließend ist. Es gibt in der Regel Dokumente, die mehr oder weniger zur Fragestellung beitragen, die sie aber nicht lösen. Die genannte Zweiteilung ist daher eine Vergröberung oder, anders ausgedrückt, ein Informationsverlust.
- Ebenso entspricht auch die Zweiteilung in „nachgewiesene" und „nicht nachgewiesene" Dokumente bei vielen Dokumentationssystemen nicht der Realität, weil diese auch die Möglichkeit haben, eine große Zahl von Dokumenten nach systeminternen oder vom Benutzer vorgegebenen Gewichten in eine Rangfolge zu bringen. Daneben ist es im Dialogbetrieb schwierig zu bestimmen, welche Dokumente als nachgewiesen zu gelten haben. Der Bearbeiter schaut sich ja im Verlauf des Dialogs mehrere, eventuell viele Dokumente mehr oder weniger gründlich an, um daraufhin seine Anfrage neu zu formulieren. Es ist fragwürdig, in das Selektionsgütemaß nur die am Ende dem Benutzer ausgegebenen Dokumente einzubeziehen.
- Keine Aussagen können darüber gemacht werden, ob bei der inhaltlichen Analyse alle Dokumente fachlich richtig und vollständig ausgewertet wurden.
- Die Anzahl der tatsächlich im System vorhandenen relevanten Dokumente kann – besonders bei großer Dokumentenzahl – nicht exakt festgestellt werden, es sein denn, die ganze Datenbasis wird durch Einsicht der Originaldokumente vom Benutzer überprüft, womit der Sinn des Information Retrieval ad absurdum geführt wäre.
- Die Qualität der Ergebnisse hängt vom investierten Zeitaufwand ab, da sich Recall und Precision in der Regel nahezu beliebig verbessern lassen, wenn der Benutzer nur genügend Zeit investiert. Ferner wird die Qualität der Ergebnisse sicher auch stark von der Sachkenntnis und von der Schulung und Übung des Bearbeiters beeinflußt.
- Für die meisten Benutzer ist es weniger interessant, in welchem Verhältnis die erhaltenen Dokumente zu den im Speicher vorhandenen relevanten Dokumenten stehen, sondern vielmehr, in welchem Verhältnis die erhaltenen Dokumente zu den überhaupt existierenden relevanten Dokumenten stehen. Darüber kann jedoch der Recall nichts aussagen.

Es gibt deshalb eine Fülle von Vorschlägen für die Bewertung (evaluation) von Retrieval-Systemen, die über einfache Maßzahlen wie Recall und Precision hinausgehen. Bisher konnten sich aber noch keine der hier vorgeschlagenen Maßzahlen in der Praxis durchsetzen, die Diskussion ist noch voll im Gange.

Literatur: *Bauer-Bernet* (1973), *Borko* (1967), *Fillmore* (1968), *Gebhardt* (1975), *Haft* (1973), *Juris* (1972), *Kuno/Oettinger* (1963), *Laisiepen/Lutterbeck/Meyer-Uhlenried* (1972), *Luhn* (1958), *Michajlov/Cernyj/Giljarevskij* (1970), *Müller* (1976), *Rauch* (1974), *Reisinger* (1974 b), *Salton* (1975), *Soergel* (1969), *Sparck Jones/Kay* (1976), *Studnicki* (1974), *Uhlig* (1972/73), *Vickery* (1971)

3.4 Die Sozialrechtsdokumentation des BSG

Ein Vorschlag der Projektgruppe für *Juris* hatte gelautet, sich in der Phase des Aufbaus des Entwicklungssystems auf beschränkte juristische Sachgebiete zu konzentrieren (vgl. Abschnitt 3.2.4). Diesen Vorschlag aufgreifend beauftragte die Bundesregierung mit Beschluß vom 12.9.1973 (Bundesanzeiger 1973, Nr. 174, 3) den Bundesminister der Justiz, mit dem Aufbau des Entwicklungssystems zunächst für das Steuerrecht, einen Teil des Privatrechts und das Sozialrecht zu beginnen. Dabei sollen durch praktische Erfahrungen abgesicherte Erkenntnisse für den endgültigen Ausbau gewonnen werden.

Im vorliegenden Abschnitt soll auf die Sozialrechtsdokumentation näher eingegangen werden. Dennoch ist kurz über den gegenwärtigen Stand (1976) der beiden anderen Projekte zu berichten:

- *Steuerrechtsdokumentation:* Eine gemeinsame Projektgruppe der Bundesministerien für Justiz und der Finanzen und des Bundesfinanzhofes (BFH) hat mit dem Aufbau einer Steuerrechtsdokumentation begonnen. Bisher wurde ein Datenerfassungsschema für den Teilbereich Rechtsprechung entwickelt. Zur Zeit sind etwa 6.200 Entscheidungen auf der Grundlage der Bände 55 bis 90 der Amtlichen Sammlung des BFH im Volltext gespeichert. Die Steuerrechtsdatenbank wurde bisher mit dem Information Retrieval-System *Stairs* (vgl. Abschnitt 3.6.2) auf einer IBM-Anlage der Universität Bonn betrieben. Sie wird jetzt umgestellt und künftig nach dem Siemens-System *Golem* 2 auf der EDV-Anlage des Bundesministeriums der Justiz betrieben. Ein weiterer Ausbau der Rechtsprechungsdokumentation wird erarbeitet, ein Datenerfassungsschema für die Normen wird vorbereitet.
- Teildokumentation des *Privatrechts:* Im Rahmen des dritten Teilprojekts des *Juris*-Entwicklungssystems soll zunächst das Recht der unerlaubten Handlungen einschließlich der Berechnung der Schadensersatzansprüche, das (private) Versicherungsrecht und das Straßenverkehrsrecht (einschließlich des Verkehrsstrafrechts) erfaßt werden. Die Vorarbeiten im Bundesministerium der Justiz haben jedoch erst begonnen. Es ist daher zur Zeit noch nicht abzusehen, wann dieses Teilprojekt realisiert sein wird.

3.4.1 Grundzüge der Sozialrechtsdokumentation

Das am weitesten vorangeschrittene Teilprojekt des *Juris*-Entwicklungssystems ist die *Sozialrechtsdokumentation beim Bundessozialgericht* (*BSG*). Beim BSG wird seit seiner Errichtung im Jahre 1954 mit Hilfe von manuell geführten Karteien Rechtsdokumentation betrieben. 1970 umfaßte die Dokumentationseinrichtung bereits über 450.000 Karteikarten. Auf Grund dieser „Informationslawine" wurde 1970 von einer aus Richtern und Dokumentaren des BSG gebildeten Projektgruppe eine Grundkonzeption zur Errichtung einer Sozialrechtsdatenbank mit Hilfe von ADV entwickelt.

Die Projektgruppe des BSG hat schon 1971 eine Testdatenbank für das *Kindergeldrecht* mit etwa 1.400 Dokumenten aus den Bereichen Rechtsetzungsmaterialien, Rechtsetzung, Verwaltungsregelungen, Literatur und Rechtsprechung fertiggestellt. Dieses 1972 abgeschlossene Testprojekt verwendete das Siemens-Programmsystem *Golem.*

Angesichts der Aktivitäten des BSG beim Testprojekt Kindergeldrecht lag es nahe, diese für den Aufbau des Entwicklungssystems des *Juris* zu nutzen. Es wurde deshalb eine gemeinsame Projektgruppe aus Angehörigen des Bundesministeriums der Justiz, des Bundesministeriums für Arbeit und Sozialordnung und des BSG gebildet. Diese hat die Vorarbeiten der früheren Projektgruppe des BSG kontinuierlich fortgeführt und zu einem gewissen Abschluß gebracht.

Die Sozialrechtsdokumentation versteht unter Sozialrecht als Informationsgebiet in erster Linie die den Gerichten der Sozialgerichtsbarkeit durch Gesetze (§ 51 SGG) zur Entscheidung übertragenen Rechtsgebiete: Materien, die inhaltlich auch zum Sozialrecht gehören, etwa das Ausbildungsförderungsrecht, das Sozialhilferecht, das Jugendhilferecht und das Wohngeldrecht werden nicht erfaßt, weil sie nicht in die Zuständigkeit der Sozialgerichte, sondern der Verwaltungsgerichtsbarkeit fallen.

Zum gegenwärtigen Zeitpunkt sind von der Projektgruppe für die Bereiche Rechtsprechung, Gesetze (einschließlich Rechtsverordnungen und Verwaltungsvorschriften) und Literatur Datenerfassungsschemata entwickelt worden. Begonnen wurde mit dem Bereich *Rechtsprechung.* Der Aufbau dieses Teilbereichs ist inzwischen abgeschlossen. Über 18.000 veröffentlichte Entscheidungen aller Instanzen und aller Gerichtsbarkeiten, die das Sozialrecht betreffen, sind erfaßt und gespeichert. 8.000 Judikate sind jetzt schon abrufbar. Neben der Bestandsdokumentation ist auch die Neudokumentation der anfallenden Rechtsprechung in Gang gesetzt worden. Im Monat werden etwa 250 Dokumente neu erfaßt. Die Entscheidungen werden dem Benutzer in Form von Kurzfassungen (Leitsätzen) mit bibliographischen Angaben (Gericht, Entscheidungsdatum, Aktenzeichen und sämtlichen Fundstellen) ausgegeben.

Für die Teilbereiche *Gesetze* und *Rechtsliteratur* sind die Vorarbeiten für die Datenerfassung inzwischen beendet. Während die Normen im Volltext erfaßt und gespeichert werden, sollen die Dokumente der Rechtsliteratur nur in Referaten zusammen mit bibliographischen Angaben (Autor, Erscheinungsdatum, Verlag und Fundstelle) aufgenommen werden. Nach Abschluß des Programmtests soll die Einspeicherung der Literatur 1976 abgeschlossen werden. Die Erfassung der Normen erweist sich wegen der Vielzahl der Veränderungen als besonders schwierig. Es ist zu hoffen, daß die Normendokumentation Ende 1977/Anfang 1978 abrufbereit sein wird.

Die automatisierte Sozialrechtsdokumentation verwendet das *Siemens-Informationssystem Golem 2* der zweiten Entwicklungsstufe und das *Siemens-Textanalysesystem Passat* (vgl. unten Abschnitt 3.4.2). Für alle Teilprojekte des *Juris,* also auch für die Sozialrechtsdokumentation, steht eine EDV-Anlage des Siemens-Systems 4.004/151 des Bundesministeriums der Justiz zur Verfügung.

Die Wiedergewinnung der Informationen durch den Benutzer geschieht mit Hilfe von Suchkriterien. Jede Frage des Benutzers an das System ist eine verbale oder symbolische Angabe, in der die vom Benutzer als relevant erachteten Suchkriterien zusammengefaßt sind. Das Wesen des Information Retrieval beruht auf einer assoziativen Übereinstimmung zwischen den Suchkriterien der Frage und dem gewünschten Informationsinhalt. Zur Inhaltsbeschreibung der Dokumente werden in diesem konkret wiedergegebene relevante Wörter, Wortzusammensetzungen, Mehrwortbegriffe und Zahlen verwendet (*Stichwörter*). Da jedoch in Dokumenten häufig Begriffe ohne konkrete Nennung inhaltlich abgehandelt werden, ist die Aufnahme von nicht im Text genannten Wörtern notwendig (*Schlagwörter*). Da der Jurist in den Mittelpunkt seiner Problemlösungen die anzuwendenden Regelungen stellen muß, spielt auch die Norm eine entscheidende Rolle als Suchkriterium. Sie rangiert deshalb mit sämtlichen Unterteilungen (Absatz, Satz, Nummer, Buchstabe) bei der Informationswiedergewinnung gleichrangig neben dem Wort.

Neben diesen inhaltlichen Suchbegriffen werden aber noch eine Reihe von *formalen Kriterien* für das Retrieval verwendet. Eine Information kann deshalb auch mit Hilfe bibliographischer Daten (Verfasser, Institution, Aktenzeichen, Verkündungs- bzw. Entscheidungsdatum und Fundstelle) gesucht werden. Die Suche selbst geschieht mit Hilfe von Datensichtstationen, bestehend aus Bildschirm, Schreibtastatur, Steuereinheit und Modem. Beschränkungen des Benutzerkreises sind nicht vorgesehen. Den Kern der Benutzer dürften allerdings in Zukunft Gerichte, Behörden, Verbände, Versicherungsträger und Einrichtungen der Rechtsberatung bilden. Inzwischen sind bereits sechs Landessozialgerichte, die kassenärztliche und die kassenzahnärztliche Bundesvereinigung als erste Benutzer angeschlossen worden.

3.4.2 Die Systeme *Golem* 2 und *Passat*

Das Siemens-Informations Retrieval System *Golem* 2 (= *G*roßspeicher-*o*rientierte, *l*istenorganisierte *E*rmittlungs*me*thode) wurde entwickelt als Verfahren

- zur Abspeicherung von Nachrichtenmengen auf Großraumspeichern;
- zum systematischen, schnellen Wiederauffinden der abgespeicherten Nachrichten durch Eingabe von Suchfragen;
- zum gezielten Ändern von Nachrichten.

Diese Suchfragen können gleichzeitig über maximal 36 Datensichtgeräte und/oder über ein Magnetbandgerät eingegeben werden. Damit stellt *Golem* 2 ein Information Retrieval System dar, das sowohl im Mehr-Benutzer-(Multi-User-) Betrieb, als auch im Batch- oder im gemischten Betrieb arbeiten kann.

Die zentrale Datenbank der abgespeicherten Nachrichten wird von *Golem* 2 selbst aufgebaut und verwaltet. Sie kann Nachrichten von beliebigem Aufbau, Inhalt und nahezu beliebiger Länge aufnehmen: Die maximale Aufnahmefähigkeit beträgt über 4 Mrd. Zeichen. Eine Befugnis-Prüfung stellt sicher, daß ein Benutzer nur solche Tätigkeiten am System ausführen und nur in solchen Pools suchen und auch dort nur solche Nachrichten oder Teile davon sehen darf, für die er ausdrücklich zugelassen ist. *Golem* 2 überprüft die Befugnis anhand eines Befugnis-Schlüssels, den der Benutzer eingeben muß, um mit dem System Kontakt aufnehmen zu können. Selbstverständlich können jederzeit neue Benutzer aufgenommen, alte gestrichen oder ihre Befugnisse geändert werden.

Die in *Golem* 2 gespeicherten Nachrichten (sogenannte „*Zielinformationen*") werden vom Anwender zusammen mit Suchbegriffen (sogenannten „*Deskriptoren*") gespeichert. Das Wiederauffinden der eingespeicherten Informationen erfolgt über die Deskriptoren. *Golem* 2 speichert sowohl formatierte wie unformatierte Zielinformationen. Eine formatierte Zielinformation besteht aus einer Aufeinanderfolge von Datenfeldern. Der Anwender teilt dem System auf Steuerkarten die Feld-Bezeichnungen, die entsprechenden Feldlängen sowie sonstige Angaben (z.B. ob die Felder alphanumerisch oder binär sind) mit. Aus diesen Angaben baut sich *Golem* 2 in einer Platten-Datei einen speziellen Format-Beschreibungssatz auf. Anschließend kann der Anwender Bänder mit derart formatierten Datensätzen (d.h. Zielinformationen) eingeben. Danach kann er mit aus Feld-Bezeichnungen und Feldinhalt zusammengesetzten Deskriptoren die Suche durchführen; eine besondere Deskribierung entfällt also. Anders ist es bei unformatierten Zielinformationen, die aus freiem, keinen formalen Einteilungen unterliegendem Text bestehen. Derartige Texte müssen von Hand indexiert werden, d.h. jedem Text müssen Schlagwörter zugeordnet werden.

Es können mehrere verschiedene – zweckmäßig nach Sachgebieten getrennte – Thesauri nebeneinander bestehen, die zusammen mit ihren zugehörigen Zielinformationen jeweils einen *„Pool"* bilden. *Golem* 2 verwaltet bis zu 150 derartige Pools gleichzeitig.

Die Arbeit mit dem System erfolgt in insgesamt sechs verschiedenen Einzelvorgängen (sog. Prozeduren). Diese sind

– die Zielinformations-Eingabe (Prozedur *Zein*)
– das Suchen nach Zielinformationen (Prozedur *Suchen*)
– die Thesaurus-Ausgabe (*Thaus*)
– der aktive Informationsdienst (*Aktinf*)
– der Thesaurus-Änderungsdienst (*Thaend*)
– der Zielinformations-Änderungsdienst (*Ziaend*).

Jeder adressierbare Suchschlüssel heißt bei *Golem* 2 Deskriptor. Wörter und Komposita werden als *reine Deskriptoren* bezeichnet. Angaben, die einer Bezeichnung bedürfen, um eindeutig verstanden werden zu können (z.B. um das Geburtsdatum vom Heiratsdatum zu unterscheiden) heißen *gebundene Deskriptoren.* Die Bindung erfolgt durch Zuweisung eines *Aspektes.* Gebundene Deskriptoren können alphanumerische oder rein numerische Angaben sein, der Aspekt entspricht dann dem Feldnamen oder dem Variablennamen.

Besonderen Wert legt *Golem* 2 auf die Möglichkeit einer Untergliederung der Dokumente nach variablen, formalen Kategorien. Bei der Erfassung kann angegeben werden, daß sich ein oder mehrere Deskriptoren nur auf bestimmte Abschnitte des Dokuments beziehen, die dann auch über die Deskriptoren einzeln ausgegeben werden können. Jeder dieser Abschnitte kann mit einer eigenen Zugriffsbefugnis versehen werden, sodaß Teile einer Zielinformation dem Zugriff gewisser Benutzer entzogen werden können. Dadurch sind komplizierte Geheimhaltungsvorschriften möglich. Bei der Recherche läßt sich eine zusätzliche Feldeinteilung über Aspekte realisieren. Sehr oft steht die gesuchte Information schon im Deskriptorenteil einer Zielinformation hinter bekannten Aspekten. Durch Eingabe von sogenannten Ausgabedeskriptoren kann der Benutzer bestimmen, welchen Teil der Zielinformation er auszugeben wünscht (z.B. Aktenzeichen und Fundstelle). Es ist möglich, ein Programm zur Sortierung der eingehenden Zielinformation (beispielsweise chronologisch geordnet) anzuschließen.

Darüber hinaus erlaubt *Golem* 2 die Herstellung von weitgehenden Beziehungen zwischen einzelnen Deskriptoren des Thesaurus. Über eine Besonderheitenliste, die bis zu 15 Kategorien enthalten kann, lassen sich Synonymverknüpfungen, Assoziationen, Unter- und Oberbegriffe usw. aufnehmen. Jede dieser Kategorien trägt eine Bezeichnung, über die sie in die Suchlogik einbezogen werden kann. Auf diesem Weg lassen sich Beziehungsstrukturen und Klasseneinteilungen über den Thesaurus legen. Diese Beziehungen sind jederzeit wieder auflösbar und brauchen nach Änderung des Datenbestandes nicht erneut aufgebaut zu werden, da auf Grund der vorhandenen Dateistruktur eine Reorganisation überflüssig ist.

Die Auswahl der Deskriptoren, die nach den Definitionen der Beziehungen einem gegebenen Deskriptor zugeordnet werden, erfolgt intellektuell; die so entstehenden Beziehungsfelder müssen speziell eingegeben werden. Es besteht aber die Möglichkeit, sich Bereiche des Thesaurus entsprechend seinem alphabetischen oder numerischen Aufbau über den Bildschirm anzeigen zu lassen, um gegebenenfalls damit die Recherche zu präzisieren. Es können dabei alle diejenigen Aspekte und Deskriptoren ausgegeben werden, die von einem bestimmten Anfangs- und Endwert umschrieben sind.

Mit Hilfe von Postprozessoren ist es weiters möglich, Verknüpfungsindizes zu verarbeiten sowie im gespeicherten Text (in der Hauptdatei) zu suchen und nach formatierten numerischen Feldern zu sortieren.

Golem 2 wird durch das Programm *Passat* unterstützt. *Passat* findet durch eine Analyse der in die Datenbank aufzunehmenden Dokumente automatisch die nachrichtenrelevanten Deskriptoren. Das Verfahren wurde für Nachrichtenmaterial entwickelt, das auf der deutschen Umgangssprache einschließlich fachsprachlicher Besonderheiten basiert und daher insbesondere den in der deutschen Sprache außergewöhnlich großen Bestand an morphologischen Wortformen berücksichtigt.

Als intellektuell zu erstellende Vorinformation benötigt *Passat* ein Wörterbuch, die sogenannte Vergleichswortliste. Das Wortmaterial dieser Liste läßt sich über Programmläufe erstellen. Anschließend werden den Wörtern Angaben über die grammatikalische Behandlung und möglicherweise eine assoziative Verknüpfung der Wörter untereinander beigefügt. Die mit Unterstützung von Dokumentaren geschaffene Vergleichswortliste ermöglicht die Erfassung der in einem Dokument vorkommenden Deskriptoren und deren Zurückführung auf die grammatikalischen Wortgrundformen.

Soweit bei der Textanalyse mit *Passat* Zielinformationen Wörter aufweisen, die in der Vergleichswortliste nicht enthalten sind, werden diese automatisch protokolliert. Sie können dann ebenfalls in die Vergleichswortliste aufgenommen und als Deskriptoren den aktuellen Zielinformationen beigefügt werden. Innerhalb der Vergleichswortliste lassen sich beliebige Zeichenfolgen als Trivialwörter definieren, die von der Deskribierung ausgeschlossen bleiben (*Stoppwortliste*). Eine wesentliche Präzisierung wird durch eine entsprechende Kompositaverarbeitung und durch die mögliche Aufnahme von Mehrwortdeskriptoren in die Vergleichswortliste erreicht. Es können gebräuchliche, aus mehreren Wörtern bestehende Bezeichnungen (z.B. culpa in contrahendo) festgelegt werden. Bei einem Vorkommen in aufzunehmenden Texten werden diese in ihrer Gesamtheit als Deskriptor erkannt. Schließlich ist *Passat* so konzipiert, daß auch Zahlen und Zahlenkombinationen als Deskriptoren automatisch berücksichtigt werden.

3.4.3 Dialogbeispiele aus der Sozialrechtsdokumentation

Die folgenden Beispiele (*Heussner* 1976 a) zeigen die wesentlichen Recherchemöglichkeiten von *Golem* 2 auf:

Dialogbeispiel	Erläuterung:
	→ = Kommando (vom Benutzer einzugeben)
→ GOLEM GOLEM BEREIT GOLEMSCHLUESSEL	Der Dialog beginnt mit einem Vorspann, der Angaben über den Benutzerschlüssel, den gewünschten Datenpool und das Arbeitsprogramm enthält.
→ JURIS POOL → JURIS	
PROZEDUR → Suchen	Die Suchfrage strebt Auskünfte zu den Begriffen Umschulung und Ausbildung an. Es sollen nur Dokumente ausgewählt werden, die aus den Jahren ab 1972 stammen.
DESKRIPTOREN EINGEBEN	
→ Umschulung+Ausbildung+Datum: 1972** DESKRIPTORENLISTE 1. DATUM:1972** (247) 2. AUSBILDUNG (87) 3. UMSCHULUNG (6) ENDE DER DESKRIPTORENLISTE NAECHSTE ANWEISUNG → 1U2U3 ANZAHL DER ZIELINFORMATIONEN: 2	Es folgt die Verknüpfung der angegebenen Deskriptoren nach den Regeln der Booleschen Algebra und zwar hier mit dem Kommando U=und, um die Zielinformationen (die Dokumente) herauszufiltern, denen alle Deskriptoren gemeinsam zugeordnet sind. Die eingeklammerten Zahlenangaben hinter den einzelnen Deskriptoren weisen die häufigkeit ihres Vorkommens im Thesaurus des Pools nach.
NAECHSTE ANWEISUNG → Text 000001 ZI-INDEX: 00008921 KEND: 2872	Bei der UND-Verküpfung werden 2 Zielinformationen gefunden. Über das Kommando „Text" wird der Textteil dieser 2 Zielinformationen auf dem Bildschirm ausgegeben.
Gericht: BSG 7. Senat Datum: 1974-05-21 Az: 7 RAr 16/72 NK: AFG § 34, AFG § 41, AFG § 43, AFG § 47 Abs 1, AFuU § 3 Abs 2 S 1, AFuU § 3 Abs 6 S 3, AFuU § 6 Abs 1 S 3 Leitsatz 1. Wird durch eine Bildungsmaßnahme ein beruflicher Aufstieg ermöglicht, so schließt dies eine Beurteilung der Maßnahme als berufliche Umschulung (AFG § 47 Abs 1) nicht aus.	Der Textteil der Zielinformationen setzt sich zusammen aus einem Kopfteil, dem Informationstext (hier: Leitsatz), den Fundstellen des Originaldokuments und aus Angaben über Anmerkungen, Besprechungen sowie Zitierungen.

Dialogbeispiel:

Erläuterung:

2. Die Förderung eines Hochschulstudiums als Maßnahme der beruflichen

FORTSETZUNG? (JA, NEIN, ANWEISUNG) 000001

→ ja

Umschulung ist durch Vorschriften des AFG nicht ausgeschlossen.

3. Die Umschulung iS des AFG §47 muß objektiv zu einem beruflichen Abschluß führen, der für die Aufnahme einer auf dem Arbeitsmarkt verwertbaren Berufstätigkeit ausreicht.

4. Das bei der Regelausbildung zum Volksschullehrer erforderliche sechssemestrige Studium an einer Pädagogischen Hochschule ermöglicht allein nicht den Übergang in eine andere geeignete berufliche Tätigkeit iS von AFG § 47 Abs 1.

Fundstelle
RegNr 5038
SozR 4100 § 47 Nr 2
BSGE 37, 223-229

Anmerkung (A)/Besprechung (B)
Zitierung
ZI BEENDET–NAECHSTE ZI? (JA, NEIN, ANWEISUNG) 000001

→ ja

000002 ZI-INDEX: 00009140 KEND: 2964
Gericht: BSG 7. Senat
Datum: 1974-03-19
Az: 7 RAr 9/73
NK: AFG § 41 Abs 1, AFG § 43 Abs 1, AFG § 40, AFG § 36, AFG § 39, BBiG § 1 Abs 3, AFuU § 2 Abs 6, AFuU § 7 Abs 1 Nr. 1, SGG § 130, AFG § 42

Ausgabe der nächsten Zielinformation zur angegebenen Suchfrage.

Leitsatz

1. Die Abgrenzung einzelner beruflicher Bildungsmaßnahmen–Ausbildung, Fortbildung, Umschulung–kann nicht einheitlich für alle Rechtsgebiete erfolgen; es ist insoweit auf den Sinn und Zweck des jeweiligen Gesetzes abzustellen.

FORTSETZUNG? (JA, NEIN, ANWEISUNG) 000002

→ ja

2. Unter einer „bisherigen beruflichen Tätigkeit" im Sinne des AFG § 42 ist auch eine abgeschlossene Berufsausbildung zu verstehen.

3. Berufsausbildung im Sinne des AFG § 40 kann–abgesehen von den dort genannten Lehrgängen–immer nur die erste zu einem Abschluß führende Bildungsmaßnahme in ein und derselben Berufsrichtung sein.

Dialogbeispiel:

4. Als „Stufenausbildung" („Stufenfortbildung") können nur solche Bildungsgänge angesehen werden, die Teile einer Gesamtbildungsmaßnahme sind und bei denen die einzelnen, voneinander getrennten Abschnitte (Stufen) noch zu keinem Abschluß der Ausbildung (Fortbildung) führen, auch wenn die Stufen jeweils mit einer Prüfung beendet werden (Weiterführung von BSG 1973-11-30 7 RAr 43/71=SozR Nr. 2 zu § 41 AFG).

5. Die BA ist nicht befugt, im Wege einer satzungsrechtlichen Anordnung (AFG § 39) die in AFG § 41 Abs 1 alternativ aufgeführten Zugangsvoraussetzungen für eine Maßnahme der beruflichen Fortbildung–abgeschlossene Berufsausbildung oder angemessene Berufserfahrung–zwingend kumulativ

FORTSETZUNG? (JA, NEIN, ANWEISUNG)
000002

→ ja

vorzuschreiben.

6. Hat ein Maßnahmeträger allgemein den Zugang zu einer Maßnahme der beruflichen Fortbildung im Sinne des AFG § 41 Abs 1 sowohl vom Vorliegen einer abgeschlossenen Berufsausbildung als auch von einer angemessenen Berufspraxis abhängig gemacht, darf er im Einzelfall von der Erfüllung einer der beiden Zugangsvoraussetzungen absehen.

7. Die Eignung des Teilnehmers an einer beruflichen Bildungsmaßnahme kann auch nach den von ihm während der Maßnahme erzielten Unterrichtsergebnissen beurteilt werden.

Fundstelle
RegNr 5019
MDR 1974, 874-875
SozR 4100 § 41 Nr 1
BSGE 37, 163-172
SGb 1975, 149-156
JuS 1975, 537-538

Anmerkung (A)/Besprechung (B)
(A) SGb 1975, 149-156 Säcker, F J Streckel,S

Zitierung
ZI-AUSGABE BEENDET–NAECHSTE
ANWEISUNG 000002

→ Frage

DESKRIPTORENLISTE
1. DATUM:1972** (247)
2. AUSBILDUNG (87)
3. UMSCHULUNG (6)
ENDE DER DESKRIPTORENLISTE

LOGIK: 1U2U3

NAECHSTE ANWEISUNG

Erläuterung:

Mit dem Kommando „Frage" kann jederzeit die letzte Deskriptorenliste mit der eingegebenen Verknüpfungslogik eingeblendet werden.

Dialogbeispiel:

```
→ Sort
  SORTIERASPEKT EINGEBEN(STAN-
  DARDSORTLAENGE=6BYTES
  SONST Z.B.  ,10   AN ASPEKT
  ANSCHLIESSEN)
→ Datum, 10
  VON 2 WURDEN  2 ZIELINFOR-
  MATIONEN UEBERNOMMEN
  NAECHSTE ANWEISUNG
→ Abst/2
  000001 ZI-INDEX: 00008426 KEND: 2682
  Gericht: BSG 7. Senat
  Datum: 1974-03-19
  Az: 7 RAr 9/73
   NK: AFG § 41 Abs 1, AFG §43 Abs 1, AFG
    § 40, AFG § 36, AFG § 39, BBiG § 1 Abs 3,
     AFuU § 2 Abs 6, AFuU § 7 Abs 1 Nr 1, SGG
      § 130, AFG § 42
  ZI BEENDET–NAECHSTE ZI? (JA, NEIN,
  ANWEISUNG)                          000001
→ ja
  000002 ZI-INDEX: 00008645 KEND: 2774
  Gericht: BSG 7. Senat
  Datum: 1974-05-21
  Az: 7 RAr 15/72
   NK: AFG § 34, AFG § 41, AFG § 43, AFG
    § 47 Abs 1, AFuU § 3 Abs 2 S 1, AFuU § 3
     Abs 6 S 3, AFuU § 6 Abs 1 S 3
  ZI-AUSGABE BEENDET–NAECHSTE
  ANWEISUNG                           000002
→ Frage
  DESKRIPTORENLISTE
   1. DATUM:1972** (247)
   2. AUSBILDUNG   (87)
   3. UMSCHULUNG  (6)
  ENDE DER DESKRIPTORENLISTE
  LOGIK: 1U2U3
  NAECHSTE ANWEISUNG
→ Ausg
  AUSGABEASPEKTE EINGEBEN
→ Gericht+Az+Fundstelle
  ***000001
  GERICHT:       BSG (*1)
                 BSG 7. SENAT (*1)
  AZ:            7 RAR 9/73 (*1)
  FUNDSTELLE:    REGNR 5019 (*1)
                 MDR 1974, 874-875 (*1)
                 SOZR 4100 § 41 NR 1 (*1)
                 BSGE 37, 163-172 (*1)
                 SGB 1975, 149-156 (*1)
                 JUS 1975, 537-538 (*1)
```

Erläuterung:

Mit der Anweisung „Sort" soll eine Sortierung der gefundenen 2 Zielinformationen durchgeführt werden und zwar nach dem Sortierkriterium Datum (das neueste Dokument zuerst).

Die Ausgabe des Zielinformationen wird durch die Anweisung „Abst/2" auf den zweiten Textabschnitt (Gericht, Datum, Aktenzeichen und Normenkette) beschränkt.

Innerhalb der alten Suchfrage soll mit dem Befehl „Ausg" gezeigt werden, daß die Ausgabe besonders interessierender Informationsteile durchgeführt werden kann. Dem Benutzer wird nur Gericht, Aktenzeichen und Fundstelle der Informationen ausgegeben und zwar, falls gewünscht, über Drucker, so daß anschließend anhand dieses Belegs unschwer die Originaldokumente aufgesucht werden können.

Dialogbeispiel:	Erläuterung:
***000002 GERICHT: BSG (*1) BSG 7. SENAT (*1) AZ: 7 RAR 15/72 (*1) FUNDSTELLE: REGNR 5038 (*1) SOZR 4100 § 47 NR 2 (*1) BSGE 37, 223-229 (*1) → Frage	
DESKRIPTORENLISTE 1. DATUM: 1972** (247) 2. AUSBILDUNG (87) 3. UMSCHULUNG (6) ENDE DER DESKRIPTORENLISTE LOGIK: 1U2U3 NAECHSTE ANWEISUNG → +Foerderung DESKRIPTORENLISTE 1. DATUM: 1972** (247) 2. AUSBILDUNG (87) 3. UMSCHULUNG (6) 4. FOERDERUNG * (22) ENDE DER DESKRIPTORENLISTE NAECHSTE ANWEISUNG → 1U2U3U4 ANZAHL DER ZIELINFORMATIONEN: 1 NAECHSTE ANWEISUNG → Text 000001 ZI-INDEX: 00009140 KEND: 2964 Gericht: BSG 7. Senat Datum: 1974-05-21 Az: 7 RAr 15/72 NK: AFG § 34, AFG §41, AFG § 43, AFG § 47 Abs 1, AFuU § 3 Abs 2 S 1, AFuU § 3 Abs 6 S 3, AFuU § 6 Abs 1 S 3 Leitsatz 1. Wird durch eine Bildungsmaßnahme ein beruflicher Aufstieg ermöglicht, so schließt dies eine Beurteilung der Maßnahme als berufliche Umschulung (AFG § 47 Abs 1) nicht aus. 2. Die Förderung eines Hochschulstudiums als Maßnahme der beruflichen FORTSETZUNG? (JA, NEIN, ANWEISUNG) 000001 → ja Umschulung ist durch Vorschriften des AFG nicht ausgeschlossen. 3. Die Umschulung iS des AFG § 47 muß objektiv zu einem beruflichen Abschluß führen, der für die Aufnahme einer auf dem Arbeitsmarkt verwertbaren Berufstätigkeit ausreicht.	Zu alten Suchanfragen können jederzeit ein oder mehrere Deskriptoren hinzugefügt werden. Der Benutzer wünscht Dokumente, die außer den bereits eingegebenen Deskriptoren noch den Deskriptor „Förderung" enthalten. Dieser Deskriptor wird zunächst in die bestehende Deskriptorenliste eingefügt. Bei der nachfolgenden Verknüpfung wird der hinzugefügte Deskriptor einbezogen mit der Folge, daß durch die Erweiterung der Deskriptorenliste die Informationsmenge eingeschränkt wird.

Dialogbeispiel:

4. Das bei der Regelausbildung zum Volksschullehrer erforderliche sechssemestrige Studium an einer Pädagogischen Hochschule ermöglicht allein nicht den Übergang in eine andere geeignete berufliche Tätigkeit iS von AFG § 47 Abs 1.

Fundstelle
RegNr 5038
SozR 4100 § 47 Nr 2
BSGE 37, 223-229

Anmerkung (A)/Besprechung (B)

Zitierung
ZI-AUSGABE BEENDET–NAECHSTE
ANWEISUNG 000001

→ Proz

PROZEDUR
→ Thaus

THESAURUSTEILE:
E . . .EINZELASPEKT MIT ALLEN
DESKRIPTOREN = ASPEKT
MIT DESK. BEREICH = ASPEKT: NN** NN
A . . .ASPEKTE OHNE DESKRIPTOREN
D . . .ASPEKTE MIT DESKRIPTOREN
F . . .FREIE DESKRIPTOREN
G . . .GESAMTER THESAURUS
ENDETASTE RUECKSPRUNG AUS
DER PROZEDUR

UM DIE BEZIEHUNGEN ZU DEN DESKRIPTOREN ZU BEKOMMEN
FUEGEN-SIE-AN-DEN-JEWEILIGEN BUCHSTABEN EINEN*

AUSGABE AUF DRUCKER ODER MAGENTBAND ERFOLGT DURCH ANGABE VON DR ODER MB VOR DEM KENNBUCHSTABEN DURCH KOMMA GETRENNT

→ F Kind** Kind

KIND (180)
KINDERDORFMUTTER (1)
KINDERFREIBETRAG (1)
KINDERGAERTEN (1)
KINDERGAERTNERINNEN (1)
KINDERGARTEN (2)
KINDERGARTENHELFERIN (1)
KINDERGARTENHELFERINNEN (1)
KINDERGELD (27)
KINDERGELDANSPRUCH (2)
KINDERGELDANTRAG (1)
KINDERGELDBEITRAEGE (1)
KINDERGELDBEITRAG (1)

Erläuterung:

Über das Kommando „Thaus" kann in die Prozedur Thesaurus übergewechselt werden.

Der Thesaurus ist die Zusammenfassung aller in dem Informationssystem zur Wiedergewinnung der gespeicherten Informationen verwendeten Deskriptoren (Suchkriterien). Es wird hier somit die Möglichkeit gegeben, sich darüber zu informieren welche Deskriptoren für eine spezielle Frage oder insgesamt zur Suche zur Verfügung stehen. Eine Gliederung und differenzierte Abfragemöglichkeiten vervollständigen diese Informationsmöglichkeit.

Da sich in dem hier gewählten Beispiel die gewünschten Informationen auf das Recht des Kindes beziehen, wird der Teilbereich des Thesaurus abgefragt, der alle Begriffe enthält, die mit dem Wort „Kind" beginnen.
Auf dem Bildschirm wird angegeben, welche Deskriptoren insgesamt für den entsprechenden Informationsbereich zur Verfügung stehen.

Dialogbeispiel:	Erläuterung
KINDERGELDBERECHTIGT (1) KINDERGELDBETRAG (2) FORTSETZUNG (JA/NEIN) ? → ja KINDERGELDBETRAGEN (1) KINDERGELDEMPFAENGER (1) KINDERGELDGESETZ (7) KINDERGELDGESETZGEBUNG (1) KINDERGELDGEWAEHRUNG (1) KINDERGELDRECHT (4) KINDERGELDZAHLUNG (1) KINDERHEIM (3) KINDERKRANKHEIT (1) KINDERLAEHMUNG (1) KINDERLOS (1) KINDERPFLEGERIN (3) KINDERZULAG (5) KINDERZULAGE (5) KINDERZUSCHLAG (10) FORTSETZUNG (JA/NEIN) ? → ja KINDERZUSCHUSS (24) KINDES STATT (1) KINDESEIGENSCHAFT (1) KINDESMUTTER (8) KINDHEIT (1) KINDSCHAFT (1) FORTSETZUNG DER PROZEDUR? (JA/NEIN/ANWEISUNG) → nein PROZEDUR → Suchen DESKRIPTOREN EINGEBEN	Die angegebenen Deskriptoren dienen dem Benutzer als konkrete Suchhilfen und auch als Denkanstöße. Nach dem Rücksprung in die Prozedur „Suchen" können die so ermittelten Begriffe in die Suchstrategie einbezogen werden.
→ Az: 2 BVR 38/74+Datum: 1974-03-27+Fundstelle: NJW 1974, 893 DESKRIPTORENLISTE 1. AZ:2 BVR 38/74 (1) 2. DATUM:1974-03-27 (2) 3. FUNDSTELLE:NJW 1974, 893 (1) ENDE DER DESKRIPTORENLISTE NAECHSTE ANWEISUNG → 1U2U3 ANZAHL DER ZIEHLINFORMATIONEN: 1 NAECHSTE ANWEISUNG → Text 000001 ZI-INDEX: 00008414 KEND: 2677 Gericht: BVerfG 2. Senat Datum: 1974-03-27 Az: BvR 38/74 NK: RHilfeG § 4, GG	In dieser neuen Suchfrage wird aufgezeigt, daß die Entscheidung ohne weiteres auch über formale Angaben, wie etwa Aktenzeichen, Datum und Fundstelle nachgewiesen werden kann.

Dialogbeispiel:	Erläuterung:
Leitsatz Zur Gerichtsbarkeit des BVerfG in Berliner Sachen–zur Beschränkung der Zulieferung für Strafverfahren in DDR–Fall Brückmann: 1. Akte der öffentlichen Gewalt des Landes Berlin unterliegen wegen des Berlinvorbehalts der westlichen Alliierten nicht der Kontrolle durch das BVerfG. FORTSETZUNG? (JA, NEIN, ANWEISUNG) 000001 → ja 2. Aus dem Berlinvorbehalt folgt jedoch kein generelles Verbot jeder Tätigkeit des BVerfG in allen Berlin berührenden Sachen. Insbesondere kann es ein Bundesgesetz „aus Anlaß" seiner Anwendung durch ein Berliner Gericht verfassungsrechtlich nachprüfen; denn damit ist eine verfassungsgerichtliche Kontrolle der Berliner Entscheidung nicht verbunden. 3. Aus dem Abschluß des Grundlagenvertrages ergeben sich grundsätzlich keine Bedenken gegen die Gültigkeit des RHilfeG. 4. Zu den Einschränkungen der Befugnis auf Zulieferung für ein Strafverfahren in der DDR nach dem RHilfeG. Fundstelle NJW 1974. 893-895 (LT1-4) Anmerkung (A)/Besprechung (B) Zitierung ZI-AUSGABE BEENDET–NAECHSTE ANWEISUNG 000001	
→ Finis	
FINIS ANGENOMMEN	Mit dieser Anweisung wird die Recherche beendet.
DIALOGBEGINN: 10:42:10/DIALOGENDE: 11:00:19 VERARBEITUNGSZEIT 8,110 SEKUNDEN DIALOG BEENDET	Das Arbeitsprotokoll zeigt den Umfang der Tätigkeit im Kernspeicher der EDV-Anlage.

Literatur: *Brackmann/Heussner* (1974), *Conradi* (1976), *Heussner* (1976 a), *Heussner* (1976 b), *Projektgruppe des Bundessozialgerichts* (1972), *Steinacker* (1975)

3.5 Das Textretrievalsystem/1 der GMD

Das Textretrievalsystem/1, kurz TR/1, wurde in den Jahren 1972 bis 1975 von der Gesellschaft für Mathematik und Datenverarbeitung (GMD) in Bonn entwickelt. TR/1 ist ein allgemeines Volltext-Retrieval-System, ähnlich den Systemen *Golem* 2 und *Stairs* (vgl. Abschnitt 3.6.2), jedoch mit besonderen technischen und methodischen Präferenzen. Ein Subset des vollen TR/1-Systems diente als Programmbasis für das Informationssystem „Verfassungen". Diese Datenbank besteht aus den Verfassungen des Bundes und der Länder, sowie dem Bundesverfassungsgesetz. Sie wurde von einer gemeinsamen Gruppe des Bundesministeriums der Justiz und der GMD im Zusammenhang mit dem Projekt *Juris* aufgebaut.

TR/1 arbeitet auf dem Großrechner IBM 370/168 des regionalen Hochschulrechenzentrums Bonn, welcher über Datenfernverarbeitung mit verschiedenen Bundesministerien und der GMD verbunden ist. TR/1 als Gesamtsystem gliedert sich in drei große Blöcke:

– Texterfassungssystem/1 (TE/1)
– Textconvertierungssystem/1 (TC/1)
– Textretrievalsystem/1 (TR/1).

TR/1 arbeitet sowohl bei der Anfrage wie beim Einspeichern und Fortschreiben der Daten alternativ

– im Timesharing-Dialog mit Sichtgeräten oder Fernschreibterminals;
– im Batchbetrieb.

Die TR/1-Syntax besteht aus fachspezifischen Befehlswörtern und nicht aus allgemeinen Funktionsaufrufen wie SEARCH, BROWSE, etc. Über die Befehlswörter erhält das System bereits spezifische Anweisungen durch den Benutzer. Die Basiszuordnung erfolgt durch den Adressierungsbefehl, z.B. bei einem juristischen Informationssystem durch die Befehle:

ADRNORM	–	für Normen
ADRGENT	–	für Judikate
ADRLIT	–	für Literatur.

Auf Grund der Modularität der Programmbasen ist es möglich, anwendungsspezifische Anpassung in der Retrievalmethodik vorzunehmen, etwa auf Grund spezieller Algorithmen für Fassungsabfrage und Verweisungsdokumentation bei der Normendokumentation.

Mit dem Operanden des Adressierungsbefehls wählt der Benutzer die Datenbasis aus. Die hierarchische Notation des Operanden entspricht der modularen Struktur (Baumstruktur) der Gesamtdatenbank. Zum Beispiel:

VERF	–	alle Verfassungen
VERF.BY	–	Verfassung des Landes Bayern

BO.NW.DVO – Durchführungsverordnung zur Bauordnung des Landes Nordrhein-Westfalen.

Der Benutzer kann sich die jeweilige Basis zusammenstellen und während einer Sitzung beliebig verändern. Das Prinzip der Modularität gilt nicht nur für die Textdateien, sondern auch für invertierte Dateien, Thesauri etc. In Zusammenhang mit der Modularität steht die TR/1-Philosophie bezüglich Aufbau, Pflege und Korrektur der Datenbank. TR/1 geht von folgenden Erfassungsprinzipien aus:

- Minimierung der Textvorbereitung (Codierung etc.)
- Texteinspeicherung über TC/1 nur als Einmalvorgang
- Nachbereitung nur in der Datenbank über TE/1. Hierzu gehören Textkorrekturen, Beseitigung der Auswirkungen von Codierfehlern sowie eventuelle Verfeinerungen, welche bei einer Vorcodierung ein kompliziertes und fehleranfälliges Codierungssystem erforderlich machen würden.

Auf Grund der Modularität der Datenbanken sowie der Benutzung der Betriebssystem-Option „shared control" durch TR/1 ist die vorgenannte Datenbankpflege bei laufendem Abfragebetrieb durch privilegierte Personen möglich.

Retrievalsysteme gestatten in der Regel höchstens eine einstufige Gliederung von Dokumenten. Gesetze sind jedoch im allgemeinen stärker gegliedert. Das BGB z.B. weist eine 5-stufige Gliederung auf. Die Speicherung und Adressierung bei TR/1 läßt sich auf beliebige Gliederungsebenen einstellen. Es ist ein Dokumentationssystem, welches eigentlich die Einheit Dokument nicht kennt, sondern verschiedene Ebenen, deren Anzahl und sachlogische Zuordnung je nach Anwendungsfall definiert werden können, z.B. bei Normen:

- mehrere Gesetze
- einzelnes Gesetz
- Artikel/Paragraph
- Absatz
- Satz
- Spannen von Paragraphen (Gesetzesabschnitte) oder Absätzen.

Hinsichtlich der Speicherung der Gesetzestexte gilt der Grundsatz, daß der gesamte Text stets in der Paragraphenfolge, die der letztgültigen Fassung entspricht, gespeichert ist. Dies bedeutet, daß auch nach Einfügungen und Löschungen von Einzelnormen sich der Zusammenhang des einzelnen Paragraphen oder Absatzes zum vorangehenden oder nachfolgenden ohne besondere Pointer einfach aus der Speicherung ergibt. Diese natürliche Folge stellt eine wichtige Relation beim Normenretrieval dar.

Formale und inhaltsbeschreibende Daten finden sich in besonderen Inhaltsdateien, welche mit den Textdateien verpointert sind. Sie können in bis zu 256 Kategorien eingeteilt werden, welche über mnemotechnische Abkürzungen angesprochen werden, z.B.:

EFOR	–	Eingangsformel
SFOR	–	Schlußformel
GLIE	–	Gliederungseinheiten
DES	–	Deskriptoren
NGEB	–	Normgeber
DATE	–	Datum des Inkraftretens, usw.

Es können hier auch Volltexte als Kontexte gespeichert werden. Da ein Inhaltsdatensatz eine beliebige Anzahl und auf beliebige Ebenen bezogene Pointer zu den Texten aufweisen kann, ist die Speicherung der formalen und inhaltsbeschreibenden Daten weitgehend frei von Redundanzen.

Die automatisch erstellten Stichwörterbücher umfassen in TR/1 alle in dem jeweiligen Text vorkommenden Wortformen sowie die Füllwörter. Die Erhöhung des Speicherbedarfs auf Grund der Flexionsformen- und Füllwortspeicherung kann jedoch vernachlässigt werden, da TR/1-Wörterbücher ohnehin nur wenige Prozent des Speichers für Texte beanspruchen.

Hinsichtlich der Retrievaltechnik ist zu bemerken, daß Verknüpfungen möglich sind durch

- *Boole*sche Operatoren;
- Kontext-Operatoren (Eine UND-Bedingung kann in einer der folgenden Weisen eingeschränkt werden: Die Folge im Text muß identisch mit der Folge bei der Eingabe sein; Suchelemente müssen im Text unmittelbar nebeneinander stehen.)

Suchelemente können sein:

- Wörter;
- Zahlen;
- Wortfragmente;
- Satzteile mit Satzzeichen, Leerstellen usw.

Als Besonderheit ist hervorzuheben, daß Suchwörter vorne, hinten und in der Mitte maskiert werden können. Füllwörter sind als Suchelemente zulässig. Eine Vormaskierung durch das Zeichen $ bewirkt, daß die Suche auf entsprechende Kompositafragmente beschränkt wird. Spezielle Zeichen hinter einem Suchwort lösen eine automatische Substitution synonymer, übergeordneter oder untergeordneter Begriffe aus den entsprechenden Thesauri aus, wobei die Thesaurussätze vorher durch eine Auswahlfunktion temporär auf die jeweilige Recherche mittels Lichtstift eingestellt werden können.

Durch die Ebeneeinstellung wird bestimmt, welches bei einer UND-Bedingung der zulässige Abstand zwischen den Suchelementen ist (Kontext, metrischer Operator) und welche Textmenge von TR/1 ausgegeben werden soll. Wenn nichts anderes angegeben ist, gilt die für die spezielle TR/1-Anwendung definierte Voreinstellung (Beispiel: Sucheinheit =Textsatz; Ausgabeeinheit = Textabsatz). Abweichend davon können für die spezielle Anwendung definierte Ebenen im Befehl explizit angegeben werden (Beispiele: Gesetze, Artikel oder Paragraph, Absatz, Satz, n Wörter mit n = 1,2, . . . 9).

Hinsichtlich der Ausgabeformate ist zu unterscheiden zwischen den Befehlsarten GIB, ANZEIG und ZAEHL, von denen sich jede noch auf Text- oder Dateneinheiten beziehen kann:

- Die Befehlsart GIB bewirkt eine vollständige Ausgabe. Suchelemente, die sich qualifiziert haben, werden am Bildschirm durch Intensivanzeige (Highlight) hervorgerufen.
- Die Befehlsart ANZEIG bewirkt, daß lediglich Fundstellen (sachlogische Schlüssel) ausgegeben werden.
- Die Befehlsart ZAEHL bewirkt die Ausgabe einer Resultatzeile.

Durch spezielle Ausgabeformate werden die Texteinheiten nicht in der natürlichen Folge der Dokumente, sondern in der alphabetischen Folge des Wörterbuches (KWIC/KWOC) oder der Inhaltsdatei ausgegeben.

Verschiedene Hilfen stehen dem Benutzer zur Verfügung, um den Schreibaufwand bei der Eingabe zu minimieren:

- ein bausteinartiges zwei- bis vierstelliges Befehlssystem;
- vereinfachte Eingabemöglichkeiten über Funktionstaste und Lichtstift;
- die Möglichkeit des Rückbezuges auf jedes der bereits eingegebenen Suchelemente durch eine Ziffernreferenz.

Die MERK-Funktion des Systems TR/1

- ermöglicht die Verküpfung von TR/1-Befehlen untereinander durch logische UND bzw. ODER und damit die Einschränkung bzw. Erweiterung der Antwortmenge im Dialog mit dem System;
- ermöglicht das Abspeichern und Wiederauffinden von Suchergebnissen unter Verwendung eines frei wählbaren Namens;
- gestattet das Anzeigen der Verknüpfungen, welche zwischen Texten und inhaltsbeschreibenden Daten bestehen.

Jedes Gesetz wird zunächst in der Urfassung bzw. in der Fassung, hinter die man nicht zurückgehen möchte, eingespeichert. Gegen diese Fassung werden alle Änderungen, Löschungen und Neuzugänge und zwar auf Absatzebene „eingespielt". Dabei wird das Änderungsdatum als Zeitstempel mit eingegeben. Dieses Updating vollzieht sich so, daß die nicht mehr gültigen Textabsätze mit dem Zeitstempel versehen in die Archivdatei „Oldtext" gelangen und die Textdatei die gültigen Absätze aufnimmt. Diese gelangen auch speicherungstechnisch jeweils an die Stelle, an der sie logisch im Normenkomplex einzuordnen sind. Diese Vorgangsweise gilt für die Rückwärtsdokumentation ebenso wie für die Vorwärtsdokumentation.

Wird bei der Suche ein Fassungsdatum eingegeben, so verwandelt das System dieses in einen Zeitstempel und aktiviert zusätzlich einen Aufruf der Oldtext-Datei. Es wird jetzt ein „Backdating" durchgeführt, bei dem die Fassung jedes beliebigen Datums für beliebige Gesetzesteile sich zusammenfügt aus Oldtext- und Textdatei.

Dieses Verfahren gilt entsprechend auch für die formalen und inhaltsbeschreibenden Daten. Auch diese können auf Grund von Gesetzesänderung historisch werden, z.B. gesetzte Deskriptoren. Sie sind dann in der Olddata-Datei archiviert und können über das Datum gegebenenfalls wieder aufgerufen werden. Die in den Sätzen der Inhaltsdatei gespeicherten Verweisadressen auf die Texte können sich auf gültige oder auf abgelegte Texteinheiten beziehen.

Eine Besonderzeit von TR/1 ist die Berücksichtigung der *Verweisungsdokumentation* im System. Eine Verweisungsdokumentation innerhalb der Normendokumentation eines ADV-unterstützten Rechtsinformationssystems sollte das gesamte „Netzwerk" der Beziehungen, welche zwischen den gespeicherten Normen bestehen, erfassen, d.h. nicht nur explizite (Norm A setzt Norm B in Kraft), halbexplizite (keine Titelnennung für Objektnorm), sondern auch implizite (Zusammenhang per Begriff) sowie stillschweigende Verweisungen (auf generellen Relationen zwischen Normen beruhend). Daneben sind die Verweisungen auf Normen aus anderen Dokumentarten z.B. Judikaten oder Parlamentsmaterialien zu speichern. Nur so kann der heute – insbesondere für den Normgeber allein auf Grund des Materialumfangs – nicht mehr vorhandene Überblick über die „Vermaschung" im Bereich der Normen wenigstens teilweise wiedergewonnen werden.

Der notwendige personelle Aufwand ist erheblich, insbesondere bei den stillschweigenden Verweisungen. Er besteht in einer Explizitmachung in der Weise, daß

- Subjekt (Ausgangseinheit),
- Prädikat (Verweisungsart),
- nähere Umstände (z.B. Datum, Fundstelle)
- Objekt (Bezugseinheit)

isoliert und zu einem Datensatz zusammengestellt werden. Die Realisierung der Verweisungsdokumentation erfolgt in TR/1 derart, daß bei der Texterfassung den Textsätzen, welche explizite anweisende Verweisungen enthalten, ein Indikator zugeteilt wird. Sie sind daraufhin in der TR/1-Datenbank über die Textart „Verweisungen" auffindbar. Die gültigkeitsregelnden und -ändernden Verweisungen werden bei den entsprechenden Änderungsgesetzen entnommen.

Hinter dem Datenschlüssel, welcher die Verweisungskategorie in mnemotechnischer Form ausweist, erscheint die Bezeichnung der Ausgangsnorm bzw. des Normenkomplexes als Datenschlüsselwert. Der Kontextteil des Datensatzes enthält Verweisungsart, Fundstelle etc. Die Zieladreßliste stellt die Verknüpfung zur Textdatei her und enthält die Bezugseinheiten. Diese können sein:

- Normenkomplexe
- Einzelnormen
- Absätze
- Sätze
- Spannen von Einzelnormen oder Absätzen, z.B. Gesetzesabschnitte.

Der Einstieg bei der Recherche kann über die Ausgangsnorm, die Bezugsnorm (invertierte Abfrage) oder über Wortlaut-Recherche im Kontextteil erfolgen.

Bei den gültigkeitsregelnden und -ändernden Verweisungen erscheint das Datumsattribut zur Ausgangsnorm im Schlüsselfeld und kann hier über Vormaskierung abgefragt werden. Bei den anwendenden Verweisungen gelangt der gesamte Datensatz in die Olddata-Datei, falls die Ausgangsnorm auf Grund einer Gesetzesnovellierung außer Kraft tritt. Gegebenenfalls ist zu diesem Zeitpunkt eine Aufspaltung in mehrere Datensätze entsprechend den gültigen und nicht mehr gültigen Teilen der Ausgangseinheit erforderlich.

Hinsichtlich der Bezugsnormen in der Zieladressliste gilt generell, daß es sich sowohl um Verweisungen auf gültige als auch auf abgelegte (Oldtext) Texteinheiten handeln kann. Beim Retrieval unter Angabe des Datumparameters erfolgt in jedem Falle die gewünschte Zusammenfügung der Text- oder Dateneinheiten aus den gültigen und den archivierten Beständen.

Die Kategorie Gesetzesmaterialien (GMAT) ist ebenfalls als Aktivregister aufgebaut. Sie enthält die Bezeichnung der Parlamentaria als Schlüsselwert und die Bezugsnormen als Zieladressen. Da die Parlamentaria selbst nicht abgespeichert werden, ist die Erstellung von Referenzlisten über Abweichungen in der Paragraphenbezeichnung sowie Seitenangaben der Fundstellen für die Suche in den teilweise umfangreichen Drucksachen erforderlich. Ihre Speicherung in der Datenbank wäre jedoch zu aufwendig.

Literatur: *Krämer* (1975)

3.6 Das Wiener System

In den Abschnitten 3.4 und 3.5 wurden zwei juristische Informationssysteme dargestellt, die in Verbindung mit dem Entwicklungssystem des *Juris* erarbeitet wurden. Im folgenden soll nun ein anderes System vorgestellt werden.

3.6.1 Grundzüge des Wiener Systems

Das *EDV-Versuchsprojekt Verfassungsrecht,* dessen Ergebnisse im Wiener System zusammengefaßt sind, wurde auf der Grundlage eines Vertrages zwischen der Republik Österreich (Bundeskanzleramt) und der Firma IBM Österreich in den Jahren 1971 und 1972 durchgeführt.

Aufgabe des Projektes war es, anhand eines beschränkten Datenbestandes aus dem Bereich des Verfassungsrechts unter Berücksichtigung der Dokumentarten Verfassungsgesetze, Entscheidungen des Verfassungsgerichtshofs und verfassungsrechtlich relevanter Literatur die Möglichkeiten eines automatisierten juristischen Informations- und Dokumentationssystems aufzuzeigen. Der im Zuge dieses Projekts gespeicherte Dokumentenumfang betrug für den Bereich Rechtsvorschriften 5,4 Millionen Zeichen (Volltextspeicherung), für die Verfassungsgerichtshofentscheidungen 22,5 Millionen Zeichen (Volltextspeicherung der geringfügig gekürzten Entscheidungen) und für die Literatur 1 Million Zeichen (nur bibliographische Angaben und Schlagwörter bzw. – wo vorhanden – Inhaltsverzeichnisse). EDV-mäßig unterstützt wird das Wiener System durch das im Projekt mit TLS ausgebaute Retrieval-Programmpaket STAIRS (vgl. unter Abschnitt 6.2).

Die inhaltliche Erschließung der im Wiener System enthaltenen Dokumente wurde zu Vergleichszwecken sowohl durch eine Klassifikation nach Wissensgebieten als auch durch Beschlagwortung nach Gegenständen beziehungsweise Aspekten (in Form von Einfachwörtern und durch ganze Wortgruppen) und durch die Strukturierung der Dokumente in Informationstypen (Kategorien) vorgenommen. Den größten Nutzen für das Retrieval brachte die sehr tief gehende Strukturierung der Dokumente (thematischen Einheiten) nach Informationstypen und die Möglichkeit, im Originaltext mit Hilfe von automatisch generierten Flexionsformen zu suchen. Z.B. können auf Wunsch durch die Angabe des Suchbegriffes „Amt" alle Formen dieses Hauptwortes in die Suche eingeschlossen werden (also auch „Ämter" usw.), ohne daß man diese explizit angeben muß, ebenso gilt dies für Zeitwörter (auch für zusammengesetzte: z.B. mit dem Suchbegriff „wiederaufzunehmen" auch die im Text vorkommende Form „nahm. . . wieder auf") und Eigenschaftswörter. Ebenso sind bestimmte Hilfsmittel für die Suche mit Komposita vorhanden.

Die Analyse der Dokumenttypen „Verfassungsgesetze" und „Verfassungsgerichtshof-Entscheidungen" brachte als Ergebnis zwei Kategorienschemata, die die immer wiederkehrenden Informationstypen (Kategorien) dieser Dokumente enthalten.

Diese Kategorienschemata bildeten die Grundlage für die Auswertung der Dokumente, wobei der Inhalt einer Reihe von Kategorien entweder mittels Symbollisten oder mittels festgelegter Abkürzungen so vereinheitlicht und gekürzt wurde, daß einerseits eine Vereinfachung der Datenerfassung möglich war und umfangreiche Fehlerprüfprogramme erstellt werden konnten, andererseits viele formatierte Felder gebildet und das Abfragehilfsmittel der Maskierung optimal eingesetzt werden konnte.

In ähnlicher Weise wie im System TR/1 löst das Wiener-System die *Verweisungsdokumentation.* Unter „Verweis" wird jede Art von ausdrücklicher Bezugnahme eines Dokuments auf ein anderes Dokument verstanden. Eine ausdrückliche Bezugnahme ist dann gegeben, wenn das zitierte Dokument mit Titel und Fundstellenangaben im zitierenden Dokument genannt ist, z.B. ein in einem Buch zitierter Aufsatz oder ein Gesetz, in dem eine Norm eines anderen Gesetzes ausdrücklich außer Kraft gesetz (formell derogiert) wird. Es wurden also diejenigen Beziehungen ausgeklammert, die sich allein aus dem inhaltlichen Zusammenhang ergeben, z.B. wenn in einem Dokument ein Begriff verwendet wird, der in einem anderen Dokument näher erläutert ist oder der für den Juristen besonders wichtige inhaltliche Zusammenhang zwischen Gesetzen, dessen Folge die materielle Derogation der älteren Norm ist.

Im Wiener System werden Verweisungen von Gerichtsentscheidungen und von generellen Normen berücksichtigt. Speziell für generelle Normen ergeben sich mit Hilfe einer Verweisungsdokumentation folgende Möglichkeiten:

- Der in jedem beliebigen Zeitpunkt (formell) geltende Rechtsbestand kann nachgewiesen werden.
- Bei Gesetzgebungsvorhaben oder Gesetzesänderungen kann mühelos festgestellt werden, welche Auswirkungen dieses Vorhaben auf die bestehenden Gesetze im Hinblick auf die darin enthaltenen „Verweise" haben wird.
- Nicht zuletzt muß darauf hingewiesen werden, daß ein (wenn nicht der wesentliche) Zugang des Juristen zu dem von ihm benötigten Material über Gesetzesstellen geht. Mit einer Verweisungsdokumentation werden ihm sämtliche Dokumente über diesen Zugang erschlossen.

Es geht aber nicht nur darum, die in Dokumenten vorkommenden Verweisungen zu erfassen, sondern diese sind näher zu spezifizieren; der spezielle Zusammenhang, der zwischen dem Zitat und dem zitierenden Dokument besteht, ist festzuhalten.

Im Versuchsprojekt wurden daher mittels Analyse der betreffenden Dokumente typische Zusammenhänge zwischen dem Zitat und dem zitierenden Dokument herausgearbeitet. Tabelle 3.8 enthält die entsprechenden Zusammenhänge für Gesetze (dabei wurden wegen der Beschränkung auf Verfassungsgesetze im Projekt nur diese berücksichtigt).

Als Beispiel einer Verweisauswertung sei die Zitierung einer Rechtsvorschrift in einer Verfassungsgerichtshofentscheidung angeführt (Abb. 3.8).

. . . . .

Der im bekämpften Bescheid bezeichnete Regulierungsplan ist im Protokoll über die Sitzung des Gemeinderates Idolsberg vom 2.4.1960 als „Verbauungsplan der Siedlung I am Stausee" bezeichnet. Im Protokoll heißt es, der Gemeinderat habe beschlossen, „Die Vorschriften des Bebauungsplanes . . . werden an der Amtstafel durch 14 Tage angeschlagen und veröffentlicht."

. . . . .

Der „Verbauungsplan" ist gemäß dem darauf befindlichen Vermerk vom 22.7.1966 bis 19.8.1966 an der Amtstafel angeschlagen gewesen.

. . . . .

Der „Verbauungsplan" enthält generelle Normen, die von einer Verwaltungsbehörde geschaffen worden sind. Es handelt sich also um eine Verordnung.

. . . . .

Aus dem „Verbauungsplan" ist nicht ersichtlich, daß es sich um Anordnungen des Gemeinderates oder . . . eines sonstigen behördlichen Verwaltungsorganes handelt, schon gar nicht ist auf den Beschluß vom 2.4.1960 Bezug genommen.

. . . . .

Hier ist die die Verordnung erlassende Behörde im Rahmen der Kundmachung . . . nicht bezeichnet worden. Die Verordnung ist daher gesetzwidrig. Wegen dieser Gesetzwidrigkeit war sie aufzuheben.

61411	Zitierung von Rechtsvorschriften	0,1
3251	Autor	233: Idolsberg (N)
441	Kurztitel unkontrolliert	Verbauungsplan der Siedlung 1 am Stausee
451	Titelabkürzung legal	
452	Titelabkürzung AZR	
172	Art der Rechtsvorschrift	71
6122	Publikationsorgan	Amtstafel
6123	Nummer des Publikationsorgans	
6124	Seite	
5411	Publikationsdatum	22.7.1966
5421	Datum des Beschlusses	2.4.1960
14112	Gliederung	
62	Inhaltlicher Zusammenhang	4691; 445

Abb. 3.8. Zitierung einer Rechtsvorschrift in einer Verfassungsgerichtshofentscheidung
Quelle: *Svoboda* (1974, 137)

Tabelle 3.8 Symbolliste 4 (inhaltlicher Zusammenhang bei Gesetzen)
Quelle: *Svoboda* (1974, 136)

0		GÜLTIGKEITSREGELUNGEN
	01	Inkraftsetzen
	02	Bedingtes Inkraftsetzen
	03	Wiederinkraftsetzen
	04	Verlängerung der Gültigkeit
	05	Außerkraftsetzen
	06	Bedingtes Außerkraftsetzen
	07-	Aufhebung durch den Verfassungsgerichtshof
1		ÄNDERNDE VERWEISUNGEN
	11	Befristetes Ändern
	12	Einfügen
	13	Anfügen
	14	Ersetzen
	15	Berichtigen
	16	Umordnen
2		INHALTLICHE VERWEISUNGEN
	21	Anwendung
	22	Nichtanwendung
	23	Nicht mehr anwenden
	24	Ermächtigung
	25	Kompetenzfeststellung
	26	Interpretation
	27	Rechtsgrundlage mit Rückwirkung
	28	Einordnung in den Stufenbau.

Bei diesem Beispiel ist der Zusammenhang zwischen Zitat und zitierendem Dokument durch die Sybole 4691 und 445 angegeben, welche „Einordnen in den Stufenbau der Rechtsordnung" und „Aufhebung der Rechtsvorschrift" bedeuten. Sollte also ein Benützer des Systems sich mit dem Problem beschäftigen, welchen Rang im Stufenbau der Rechtsordnung Verbauungspläne haben, und dies nach der Judikatur des Verfassungsgerichtshofes, so braucht er nur folgende Frage zu formulieren:

3251 (Autor des Dokuments) = 11 (Verfassungsgerichtshof)
61411 (Zitierung von Rechtsvorschriften) = 62 (Inhaltlicher Zusammenhang) = 4691 (Einordnung in den Stufenbau der Rechtsordnung)
723 (Text) = Verbauungsplan (wobei auch über die Flexionsformen dieses Wortes wie „Verbauungspläne" usw. gesucht wird).

Nach einer entsprechenden Verknüpfung dieser Suchzeilen wird er als Antwort das oben angeführte Dokument nachgewiesen bekommen.

Eine weitere Besonderheit des Wiener Systems ist die Gesetzesfortschreibung bei Novellierungen (*Derogationszusammenhang*). Als kleinste Auswertungseinheit für die Erfassung der Gesetze wurde der Absatz gewählt. Darüber hinaus können sich aber Derogationsanweisungen auf jedes einzelne Zeichen einer Norm beziehen.

Ausgewertet werden im Wiener System das Stammgesetz und alle Novellen zu diesem Gesetz, wobei die Novellen als selbständige Dokumente behandelt werden, also genau mit dem im Publikationsorgan veröffentlichten Wortlaut erfaßt werden. Ist im System das Stammgesetz gespeichert und wird nun eine Novelle dieses Gesetzes ins System aufgenommen, generiert das System automatisch aufgrund der mitgespeicherten Steuerzeichen ein sogenanntes Kunstdokument (dieser Name deswegen, weil es ein solches Dokument als Input in das System nicht gibt), das die ins Stammgesetz eingearbeitete Novelle enthält. Dieser Vorgang ist etwa vergleichbar mit einer konventionellen Gesetzesausgabe, die sich der Benutzer durch Überkleben der abgeänderten Gesetzesstellen aktuell gehalten hat oder mit einer Wiederverlautbarung. Das System hält aber nicht nur

Bundesverfassungsgesetz vom 13. November 1968, mit dem das Bundes-Verfassungsgesetz in der Fassung von 1929 hinsichtlich der Bestimmungen über das Wahlalter geändert wird (Bundes-Verfassungsgesetz-Novelle 1968).

Der Nationalrat hat beschlossen:

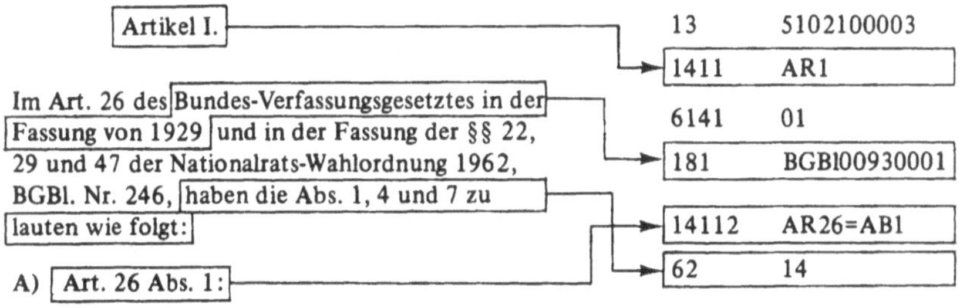

„++ (1) Der Nationalrat wird vom Bundesvolk auf Grund des gleichen, unmittelbaren, geheimen und persönlichen Wahlrechtes der Männer und Frauen, die vor dem 1. Jänner des Jahres der Wahl das 19. Lebensjahr vollendet haben, nach den Grundsätzen der Verhältniswahl gewählt.

. . . . .

Wahl trotz Wahlpflicht als entschuldigt gilt. ++"

Abb. 3.9. Gesetzesänderung
Quelle: *Svoboda* (1974, 141)

den Gesetzestext am laufenden (Fortschreibung), sondern bewahrt jede novellierte Fassung des Gesetzes (genauer jeden Absatz eines Gesetztes) separat auf samt den entsprechenden In- und Außerkrafttrete-Daten; dies und die vom System generierten Datumsangaben ermöglichen eine Abfrage nach jeder vom Benützer gewünschten Fassung (definiert durch einen Stichtag oder die Fundstellenangabe der Novelle) des Gesetzes. Abb. 3.9 erläutert die Auswertung einer Rechtsvorschrift, mit deren Hilfe eine Gesetzesänderung automatisch erfolgt.

Die Programmabläufe zur Exekutierung ändernder Verweisungen benötigen eine Unterstützung durch den Auswerter. Dieser muß die Sonderzeichen "++" am Anfang und am Ende des ersetzenden Textes eintragen. Über den Duplication Check Code findet das System die zu ersetzende Rechtsvorschrift und führt entsprechend der Anweisung „Ersetzen" den Befehl durch. Mit ähnlicher Unterstützung durch den Auswerter kann jedes einzelne Zeichen in einer Rechtsvorschrift ersetzt oder auch Textstellen eingefügt usw. werden.

3.6.2 Die Systeme STAIRS und TLS

Das System TLS (*T*hesaurus und *L*inguistik-*S*ystem) – früher FAIR genannt – stellt eine Weiterentwicklung des Systems STAIRS (*S*torage *A*nd *I*nformation *R*etrieval *S*ystem) dar.

Die Suche nach relevanten Dokumenten und die Dokumentenausgabe erfolgt in TLS entweder über ein Schreibmaschinenterminal oder über einen Bildschirm. Nach Herstellung der Verbindung mit den gespeicherten Datenbanken wird der Benützer aufgefordert, Namen und Sicherheitscode anzugeben. Nur die richtige Eingabe ermöglicht den Zugriff zu den Datenbanken.

Steht als Datenendstation ein Bildschirmgerät zur Verfügung, kann der Benutzer den Einstieg über den Thesaurus, über das Kategorienschema oder den direkten Einstieg durch Formulierung von Suchfragen wählen. Bei Verwendung von Schreibmaschinenterminals ist nur der direkte Einstieg möglich. Im folgenden sollen die wichtigsten Dialogmöglichkeiten unter Verwendung eines Bildschirms geschildert werden.

Es stehen prinzipiell zwei Eingabemöglichkeiten zur Verfügung: das Eintippen über die Tastatur des Bildschirmgerätes oder das Antippen der empfindlichen Felder am Bildschirm mit dem Lichtstift.

Nach der Entscheidung, in welcher (in welchen) Datenbank(en) die Suche erfolgen soll, können *Anfangsbedingungen* gesetzt werden; die wichtigsten sind die Berücksichtigung von Flexionsformen während der Suche (SET FLEX) und das Hervorheben der in der Frage formulierten Suchbegriffe bei der Ausgabe des Dokuments über den Bildschirm in doppelter Helligkeit (SET LIGHT).

Eine Abfrage mit Hilfe des Thesaurus kann erfolgen durch die Angabe

- des Fachbereiches
- einer Phrase
- eines Teiles einer Phrase.

Der Benutzer wird dabei vom System auf Wunsch von einem allgemeinen zu einem spezielleren Fachbereich bzw. von einer allgemeinen zu einer spezielleren Phrase und in umgekehrter Richtung geführt. Hat der Benutzer aufgrund der angegebenen Phrasen bestimmte Dokumente als für seine Fragestellung wahrscheinlich relevant beurteilt, ist der Suchvorgang beendet und die Dokumente können ausgegeben werden. Er kann aber auch die so gefundenen Dokumente mit zusätzlichen Suchbegriffen einschränken und dann erst die Ausgabe der Dokumente verlangen.

Ähnlich erfolgt die Suche mit Hilfe des *Kategorienschemas.* Nach Auswahl der in die Suche einzubeziehenden Kategorien kann der Inhalt dieser Kategorien definiert und damit die Frage aufgebaut werden.

Wird der *direkte Einstieg* gewählt, wird die Programmkontrolle an STAIRS übergeben und die Suche erfolgt über die Systemfunktionen von STAIRS, die im folgenden näher geschildert werden sollen.

STAIRS ist ein on-line Dialogsystem, das unter Verwendung von Terminals arbeitet und vielen Benutzern gleichzeitig zugänglich ist. Mit ihm können unformatierte Textdaten und/oder formatierte Daten (insgesamt als *Dokumente* bezeichnet) gespeichert und wiedergefunden werden. Die wichtigste Eigenschaft von STAIRS besteht darin, daß es eingegebene Textdaten auch ohne intellektuelle Vorverarbeitung aufnehmen kann und für den Text eine genaue Konkordanz erstellt. Dabei ist es möglich, eine intellektuell aufgebaute Liste von Stoppwörtern gegen den Text laufen zu lassen, die aus der Konkordanz ausgeschlossen werden. Mit Hilfe der Konkordanz kann unmittelbar im gespeicherten Text recherchiert werden. Die „Systemphilosophie" läßt sich kurz so formulieren, daß das System bei der Eingabe die Wortfolge so genau festhält, daß der Rechercheur die Struktur der gespeicherten Nachrichten beim Retrieval inhaltlich erschließen kann, ohne daß dafür bei der Eingabe große (intellektuelle) Aufwendungen geleistet werden müßten. Allerdings verbleibt nach wie vor die intellektuell-manuelle Aufgabe der formalen Strukturierung.

Die Suche nach relevanten Informationen erfolgt bei STAIRS mit Hilfe der zwei Recherchefunktionen SEARCH und SELECT.

Die Funktion SEARCH erlaubt es dem Benutzer, sämtliche in der Datenbank gespeicherten Nachrichten auf der Grundlage der *Boole*schen Algebra abzurufen.

Für die Verknüpfung der einzelnen Fragebestandteile verfügt SEARCH neben den logischen Operatoren AND, OR und NOT mit dem Operator XOR über die Möglichkeit zur ENTWEDER-ODER-Verbindung und mit den Operatoren

SAME, WITH und ADJ über Möglichkeiten zur weiteren Verschärfung des AND-Sachverhalts.
Die Operationen SAME, WITH und ADJ lassen sich als *Kontext-Operatoren* bezeichnen; denn sie fordern, daß die durch sie verknüpften Stichwörter nicht nur im selben Dokument enthalten sind, sondern innerhalb des Dokuments in einem bestimmten Zusammenhang (Kontext) stehen müssen.
SAME verlangt, daß zwei mit diesem Operator verknüpfte Stichwörter im selben Abschnitt des Dokuments vorkommen.
Beim Operator WITH müssen die Stichwörter im selben Satz eines Dokuments vorhanden sein; bei ADJ müssen sie unmittelbar aufeinanderfolgen.
Die Anzahl der durch diese Operatoren verknüpften Stichwörter ist innerhalb eines Dialogs praktisch nicht begrenzt. Zum Aufbau einer komplexen Fragestruktur können auch Klammerungen verwendet werden.
ROOT und MASK sind zwei Unterfunktionen von SEARCH. Das im Zusammenhang mit ROOT und MASK angegebene Stichwort wird vom Programm als Rudiment aufgefaßt, d.h. es werden alle die in der Datenbank (richtiger im Wörterbuch) enthaltenen Eintragungen mit ihren Häufigkeiten angezeigt, die mit der gleichen Zeichenkette wie das vorgegebene Rudiment beginnen. ROOT und MASK sind damit ein Hilfsmittel für den Fragesteller, auf weitere mögliche Stichwörter, die zur gesuchten Information hinführen, aufmerksam zu werden bzw. sie in die Anfrage mit einzubeziehen. Der grundsätzliche Unterschied zwischen ROOT und MASK liegt darin, daß die ROOT-Funktion nur zum Wörterbuch zugreift und die Stichwörter mit ihrer Häufigkeit anzeigt, die MASK-Funktion jedoch darüber hinaus die zugehörigen Dokumentnummernketten festhält. Auf dieses Zwischenergebnis kann der Fragesteller dann im weiteren Verlauf seiner Anfrage unmittelbar zurückgreifen.
Die SELECT-Funktion ermöglicht es dem Benutzer, Informationen aus einer Datenbank wiederzugewinnen durch die Anwendung von Operatoren, die die formatierten Felder durchsuchen. Solche Felder können vom Systementwerfer definiert werden, wie z.B. die Kategorie „Datum" oder „Geschäftszahl". Damit kann die Menge der Dokumente, die als Antwort auf eine SEARCH-Frage erscheinen, weiter reduziert werden, indem bestimmte zusätzliche Kriterien, die sich auf den Inhalt der formatierten Felder beziehen, verlangt werden durch die Anwendung der entsprechenden (metrischen) Operatoren in einer SELECT-Anfrage. Neben diesen metrischen Operatoren sind in einer SELECT-Anfrage auch noch die Operatoren AND und OR möglich.
Die folgenden metrischen Operatoren können verwendet werden:

EQ	gleich	NE	nicht gleich
GT	größer als	NG	nicht größer als
LT	kleiner als	NL	nicht kleiner als
WL	innerhalb des Bereiches von	OL	außerhalb des Bereiches von

Nachdem mit den oben genannten Funktionen die Nummern der relevanten Dokumente gefunden wurden, könnte nun die Ausgabe dieser Dokumente verlangt werden. In diesem Fall erfolgt die Ausgabe in derjenigen Reihenfolge, in der die Dokumente im System gespeichert sind. Der Benutzer kann aber auch eine von ihm selbst definierte Reihenfolge wählen. Dies geschieht mit den Funktionen RANK und SORT.

Eine unter diesem Gesichtspunkt günstigere Reihenfolge der Dokumente kann deren Sortierung nach ihrem Relevanzgrad sein. Dabei wird die Relevanz eines Dokuments im wesentlichen durch die Häufigkeiten bestimmt, mit denen die Fragestichwörter in den Dokumenten, die sich qualifiziert haben, vorkommen. Mit RANK werden die Dokumente nach absteigendem Relevanzgrad ausgegeben, sodaß der Benutzer bei der Einsicht in die Dokumente unmittelbar auf die wichtigsten stößt.

Im Gegensatz zu RANK sortiert SORT die auszugebenden Dokumente lediglich nach dem Inhalt eines vom Benutzer zu spezifizierenden formatierten Feldes in auf- oder absteigender Reihenfolge.

Die eigentliche Ausgabe der Dokumenttexte erfolgt mit Hilfe der drei Funktionen BROWSE, MAIL und PRINT. Die BROWSE-Funktion – browse ist das englische Äquivalent für Durchblättern, Durchstöbern – erlaubt neben der Anzeige des gesamten Dokuments auf dem Bildschirm die Beschränkung auf einzelne Abschnitte, das Hin- und Herblättern im einzelnen Dokument und von Dokument zu Dokument.

MAIL und PRINT sind die beiden Druckfunktionen von STAIRS, die das Ausdrucken der gefundenen relevanten Dokumente bewirken. Beide Funktionen haben die gleiche Flexibilität, wie sie STAIRS generell bietet, d.h. der Benutzer kann sich die einzelnen Informationen gezielt nach Anzahl und Umfang über einen Schnelldrucker ausgeben lassen. PRINT bezieht sich dabei auf die Dokumentnummernkette, die in der BROWSE-Funktion angesprochen worden ist. MAIL dagegen ist unabhängig von BROWSE anwendbar.

Neben den hier angegebenen Such-, Sortier- und Ausgabefunktionen existieren in STAIRS noch mehrere Hilfsfunktionen.

Literatur: *Fietzek* (1974), *Lang/Bock* (1973), *Stadler* (1972), *Stadler* (1973 a), *Steinacker* (1975), *Svoboda* (1973), *Svoboda* (1974)

3.7 Zum Vergleich der Systeme GOLEM 2, TR/1 und STAIRS-TLS

Eine vergleichende Aussage über die Eignung der drei Systeme für das Information Retrieval in juristischen Informationssystemen ist zum gegenwärtigen Zeitpunkt praktisch unmöglich. Erstens haben die einzelnen Datenbasen der Sozialrechtsdatenbank, der Datenbank Verfassungen und des Wiener Systems unterschiedlichen Umfang und sind unterschiedlich strukturiert. Zweitens fehlen detaillierte Angaben über die Leistungsfähigkeit (z.B. Selektionsgüte, Antwortzeit) des Retrieval hinsichtlich der einzelnen Datenbasen. Drittens – und dies ist das schwierigste Problem – steht nicht fest, welche Kriterien in den Vergleich eingehen sollten.

Es müßten kontrollierte Experimente erheblichen Umfangs durchgeführt werden, um hier zu fundierten Aussagen zu gelangen. Als allgemeine Zielgröße für die Beurteilung von Dialogsystemen ist die *„Zufriedenheit" des Benutzers* zu nennen. Diese Zielgröße muß natürlich näher spezifiziert werden. Einige Untergrößen sind:

– Das System muß einfach zu bedienen sein. Hierzu gehört ein leichter Zugang ohne räumliche, administrative oder psychologische Sperren ebenso wie eine einfache Abfragesprache, so weit der Benutzer das System selbst bedient.
– Das System muß für den Benutzer schnell zur Verfügung stehen. Hierzu gehören kurze Wege, kurze Einarbeitungszeit und geringe Wartezeiten an den vorhandenen Datenstationen.
– Die Ergebnisse müssen dem rollengemäßen Bedarf des Benutzers entsprechen. Dies bedeutet nur selten einfach eine Maximierung von Recall oder Precision. (Oft genügt es, eine wichtige Aussage einmal aufzufinden bzw. eine für die Zwecke des Benutzers ausreichende Anzahl relevanter Dokumente zu erhalten.)
– Die Kosten müssen erträglich und angemessen sein.

Diese Unterziele sind einerseits sehr divers und kaum auf einen gemeinsamen Nenner zu bringen, andererseits aber noch nicht konkret genug, um Maßzahlen und Meßverfahren vorschlagen zu können. Außerdem hängen sie zum Teil von organisatorischen Entscheidungen über den Betrieb der Dokumentationssysteme ab. Diese sind aber teilweise noch nicht gefallen.

In die *Bewertung des Information Retrieval* sollten sicherlich die folgenden Kriterien eingehen:

– *Übung des Benutzers:* Die Übung könnte durch die Häufigkeit der Benutzung des Systems gemessen werden, bei Anfängern durch den vorangegangenen Schulungsaufwand.
– *Zeitaufwand des Benutzers:* In erster Linie ist hier die Zeit zu berücksichtigen, die der Benutzer als Bearbeiter an der Datenstation verbringt. Dabei müssen aber solche Zeiten abgezogen werden, in denen er nicht sucht, sondern die gefundenen Dokumente auswertet, indem er sich Notizen macht oder überlegt, ob und wie ein Dokument sein ursprüngliches Problem weiterbringt oder löst.
– *Kosten:* Hier sind vor allem diejenigen Kosten relevant, die dem Benutzer vom Dokumentationssystem in Rechnung gestellt werden. Damit dieses die Kosten minimieren kann, sind umfangreiche Messungen am System durchzu-

führen, beispielsweise über die Häufigkeit der Benutzung einzelner Moduln oder bestimmter Deskriptoren sowie über die jeweils benötigten CPU-Zeiten und Kanalzugriffe usw.

– *Qualität der Ergebnisse,* gemessen am Ziel der Suche: Das Ziel der Suche kann im Einzelfall beispielsweise sein, einen Überblick über die in der Literatur vertretenen Meinungen zu gewinnen, mindestens ein relevantes Dokument zu finden oder einige einigermaßen komplette Bibliographien des Problems aufzustellen. Sowohl das Ziel der Suche als auch die Qualität der Ergebnisse müssen durch regelmäßige Befragung der Benutzer ermittelt werden.

Die Ergenisse solcher Untersuchungen können in der Regel sicher nicht von der einfachen Form „System A ist besser als System B" sein. Eher sind Ergebnisse der folgenden Art denkbar, die hier als Hypothesen formuliert sind und deren Beweis oder Widerlegung für die Weiterentwicklung von Dokumentationssystemen von großer Bedeutung wäre:

– Ein geübter Benutzer erreicht sein Ziel mit einem leistungsfähigen System (d.h. einem, das zahlreiche verschiedene Suchmethoden und Suchhilfen wie Thesaurus, Ranking, metrische Operatoren, mehrstufige Dokumentgliederung usw. zur Verfügung stellt) wesentlich schneller als mit einem einfachen System.
– Wenn der Benutzer schnell wenige einschlägige Dokumente sucht, eignen sich als Suchstrategien vor allem Rangfolgesortierungen.
– Einem wenig geübten Benutzer bringen Standard-Dialogverfahren in ausreichender Schnelligkeit befriedigende Ergebnisse.
– Die Nützlichkeit eines Rangfolge-Algorithmus wird bei Volltextsystemen erheblich, bei Indexierungssystemen in geringerem Maße durch die Einbeziehung eines Thesaurus gesteigert.
– Metrische Operatoren (Kontextoperatoren) verbessern in manchen Fällen die Qualität des Ergebnisses beträchtlich. Sofern sie jedoch durch eine Suche im Dokumenttext (scanning) realisiert sind, erhöhen sie die Kosten (Rechenzeit) so stark, daß der Benutzer sie nur in Ausnahmefällen anwenden sollte.

Ein schlüssiger Vergleich juristischer Dokumentationssysteme im allgemeinen, der in den Abschnitten 3.4. bis 3.6 besprochenen im besonderen ist daher zum gegenwärtigen Zeitpunkt nicht möglich. Von der Brücksichtigung spezieller Eigenheiten juristischer Dokumente her scheint STAIRS-TLS zwischen GOLEM 2 und TR/1 zu stehen, da hier bereits Verweisungen und formelle Derogation in das Retrieval einbezogen werden können. Einen gewissen allgemeinen Vergleich der Retrievalsysteme GOLEM 2 und STAIRS-TLS bringt Tabelle 3.9, in der auch die Systeme RECON (Lockheed/NASA) und TELDOK(Telefunken) aufscheinen. (Eine genauere Analyse dieser vier Systeme findet sich in *Steinacker* (1975, 213–252)).

Tabelle 3.9. Vergleich der Systeme GOLEM, RECON, STAIRS und TELDOK
Quelle: *Steinacker/Wessel* (1975, 33)

	GOLEM	RECON	STAIRS	TELDOK
Vokabularium				
Freitextverarbeitung	nur als Postprozessor	ja	ja	nein
– in einer Darstellung	– –	– –	nur Wiener Version	ja
– in mehr als einer Darstellung	ja	ja	nur Wiener Version	nein
Suchprofilaufbau				
– logische Verküpfungen	ja	ja	ja	ja
– Proximitätsoperatoren (für Freitextverarbeitung)	nur als Postprozessor	ja	ja	nein
–Kombination von Einzelwörtern	ja	ja	ja	entfällt
–Verwendung präkoordinierter Wortfolgen	nein	nein	nein	entfällt
– Schachtelung von logischen Ausdrücken (Rückgriff auf frühere Gleichungen)	nein	ja	ja	ja
Darstellung von Zwischenergebnissen				
– ein Format/mehrere Formate	mehrere	mehrere	mehrere	ein Format
– Statistik von Hintergrunddeskriptoren	nein	nein	nein	ja
Mehrere getrennte bibl. Kollektionen				
– Übergang zwischen Kollektionen (file switch)	ja	ja	ja	?
– Anwendung von Suchprofilen auf mehrere Kollektionen (cross file searching)	nein	nein	nein	?

Literatur: *Gebhardt* (1975), *Steinacker* (1975), *Steinacker/Wessel* (1975)

3.8 Das Informationssystem DPA

Das Informationssystem des Deutschen Patentamtes (DPA) stellt ein vorzügliches Beispiel für die Integration aller informationell relevanten Aufgaben einer Behörde dar. Das Informationssystem DPA geht damit über ein reines Dokumentations- oder Fakten-Retrieval-System weit hinaus, es stellt tatsächlich ein umfassendes „Informationssystem" dar.

Dem *Deutschen Patentamt* (DPA) obliegen die gesetzlich festgelegten Aufgaben

- Schutzrechte zu erteilen und zu verwalten, sowie
- die Öffentlichkeit über diese Schutzrechte zu informieren.

Die Erfüllung dieser gesetzlichen Aufgaben wurde insbesondere im Bereich des Patentwesens dadurch erschwert, daß die Fülle der Information über den Stand der Technik mit den herkömmlichen Mitteln und Methoden immer schwieriger zu bewältigen war.

Die Folgen davon waren

- eine stetig wachsende Verfahrensdauer und
- nachteilige Auswirkungen auf die gewerbliche Wirtschaft.

Um hier Abhilfe zu schaffen, ist 1967 das Projekt *„Informationssystem DPA"* ins Leben gerufen worden mit der Aufgabe,

- den Arbeitsablauf im DPA umfassend zu analysieren und
- die Voraussetzungen, Möglichkeiten und Vorteile einer maschinellen Datenverarbeitung für Verfahren, Verwaltung und Dokumentation im DPA zu klären.

Die Projektgruppe bestand aus der Studiengruppe für Systemforschung e.V. Heidelberg (SfS), der Planungsgruppe Datentechnik im Zentrallaboratorium für Nachrichtentechnik der Siemens AG (bis 1971) und Angehörigen des DPA.

Die Analyse des Arbeitsablaufes im DPA ist in Abb. 3.10 graphisch zusammengefaßt. Im folgenden sollen die einzelnen Subsysteme des DPA-Informationssystems kurz dargestellt werden:

1. *Patentdatenverarbeitungssystem (PDVS)*

Der Kern des DPA-Informationssystems ist ein Patentdatenverarbeitungssystem (PDVS), das am Patenterteilungsverfahren orientiert ist und die zentrale Funktion der Datensammlung, -prüfung und -bereitstellung hat. Das PDVS enthält zu jedem Zeitpunkt den aktuellen Verfahrensstand jeder einzelnen Anmeldung und liefert durch Überwachung von Fristen und Plausibilitätsprüfungen Steuerungs- und Bearbeitungshinweise. Es ist bausteinartig und so flexibel gestaltet, daß es ausgebaut werden kann und sich an veränderte Anforderungen anpassen läßt. Damit ist es für die Zusammenarbeit mit anderen Informationssystemen geeignet.

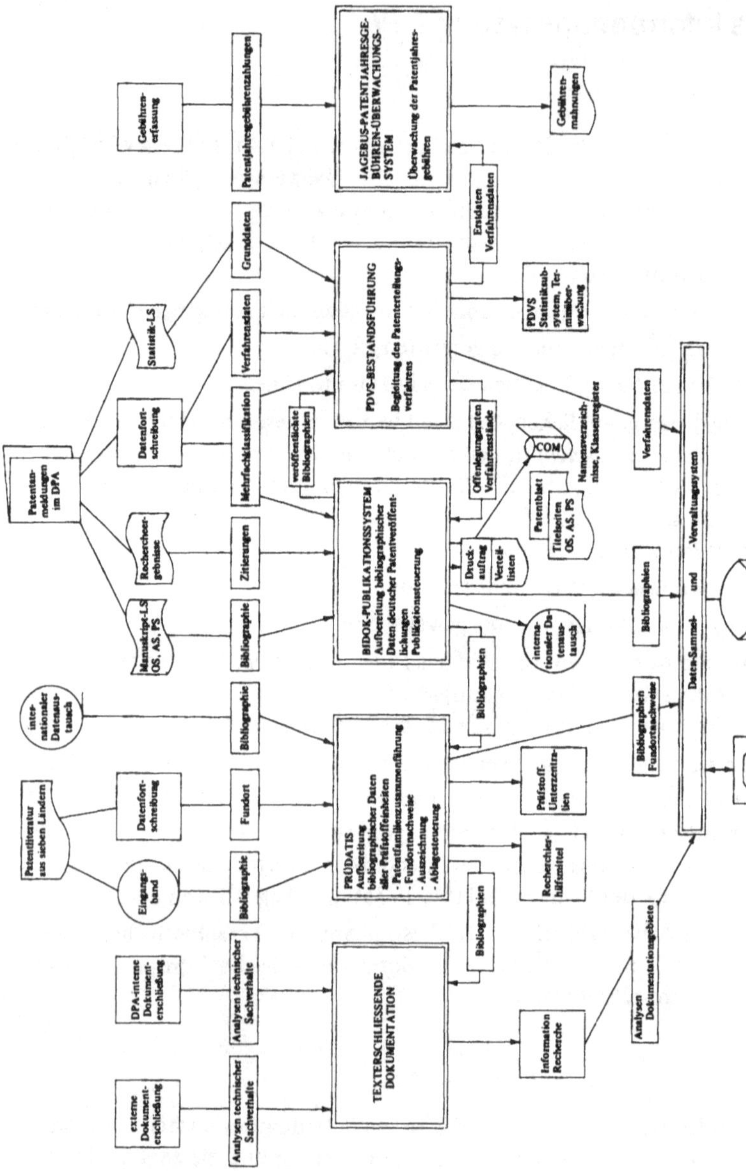

Abb. 3.10 Informationssystem DPA
Verbund der Teilsysteme Patentwesen
Quelle: *DPA* (1975, 33)

Wesentliches Merkmal des PDVS ist die nur einmalige, einheitliche, eindeutige, kontrollierte und überprüfbare Erfassung der Daten zur Schaffung einer einheitlichen Datenbasis für alle Auswertungen.

Aus den Dateien des PDVS können folgende Dienste geleistet werden:

- Neuanmeldungsstatistik (Anzahl der jeweils in einem Monat eingehenden Patentanmeldungen – aufgeschlüsselt nach dem Wohnsitz des Anmelders und technischen Sachgebieten)
- Klasseneingangsstatistik (Anzahl der jeweils in einem Quartal eingehenden Patentanmeldungen – aufgeschlüsselt nach Deutscher und internationaler Patentklassifikation)
- Verfahrensstatistik (Ermitteln der jeweils in einem Monat positiv und negativ erledigten Patentanmeldungen – aufgeschlüsselt nach bestimmten Aktenzeichengruppen)
- Rechercheergebnisstatistik (Ermitteln der Zeitdifferenz zwischen Rechercheantragstellung und -ergebnis)
- Bearbeitungshinweise aus der Ersterfassung zur Steuerung verschiedener Betriebsabläufe in der Vorprüfungsabteilung (Überwachung sog. Ausreißer, Formalüberwachung bei der Erstauszeichnung und damit verbundene Ausgaben von Warnungen bzw. Rückfragelisten, Hilfe bei der Prüfstoffauszeichnung).
- Bearbeitungshinweise im Zuge des weiteren Verfahrens (z.B. Weitergabe geprüfter Verfahrensmeldungen an das Jahresgebührenüberwachungssystem, an Patentrolle und Patentblatt, an ein noch zu entwickelndes Statistiksubsystem, Überwachung der 18-Monats-Offenlegungsfrist, Überwachung der 7-Jahresprüfungsantragsfrist sowie der 18-Jahresfrist bei Patenten.)

PDVS enthält die folgenden Systemkomponenten:

- Datenersterfassung
- Datenfortschreibung
- Bestandsführung.

Datenersterfassung: Nach Eingang einer Patentanmeldung wird parallel zur Aktenanlage ein Grunddatensatz im PDVS erzeugt. Die Datenersterfassung ist an die zentrale maschinelle Eingangsregistrierung (Schreibautomatenanlage) angeschlossen und verursacht keinen zusätzlichen Aufwand. Der Datenträger ist zur Zeit ein Lochstreifen. Der Lochstreifen wird täglich in die EDV-Anlage eingelesen und auf formale Richtigkeit und Plausibilität überprüft. Fehlerhafte Daten werden zurückgewiesen und die Akte erneut zur Registrierung gegeben. Sind Verstöße gegen Formvorschriften erkennbar, werden Hinweise an die Formalprüfstelle gegeben.

Datenfortschreibung: Die im Laufe des Patenterteilungsverfahrens anfallenden Meldungen zur Fortschreibung der Grunddatensätze sind in einem Datenfortschreibungskatalog festgelegt. Sie werden jeweils während eines Verfahrensschrittes dezentral codiert und für die periodische Eingabe in das PDVS gesammelt. Diese Daten werden beim Einlesen ebenfalls einer Formalprüfung unterzogen. Die Vordrucke für die einzelnen Arbeitsvorgänge werden als Datenbelege verwendet, so daß kein zusätzlicher Arbeitsaufwand für die Datenfortschreibung entsteht. Alle Datenfortschreibungsmeldungen laufen über die Datenleitstelle, die als Verbindungsstelle zwischen EDV und Fachabteilungen eingerichtet wurde.

Bestandsführung: Der Datenbestand ist entsprechend den Stufen des Patenterteilungsverfahrens wie folgt aufgeteilt:

- Patentanmeldungen im Vorverfahren befinden sich auf dem Anmelde-Band (AN-Band),
- Patentanmeldungen im Prüfungsverfahren befinden sich auf dem Prüfungs-Band (PR-Band),
- erteilte Patente befinden sich auf dem Patent-Band (PA-Band),
- negativ erledigte Anmeldungen befinden sich auf dem Inaktiven-Band (IN-Band).

Die PDVS-Bestandsführungsprogramme haben folgende Funktionen:

- Neuzugänge nach der Ersterfassung auf dem AN-Band einzufügen,
- Bestandssätze auf den einzelnen Bändern aufgrund eingehender Datenfortschreibungsmeldungen zu aktualisieren (hierbei erfolgen Plausibilitätskontrollen)
- aufgrund bestimmter Verfahrensmeldungen (Prüfungsantrag, Erteilung, negative Erledigung) Bestandssätze von einem Band auf das logisch folgende Bestandsband zu übergeben,
- gesetzliche Fristen des Patenterteilungsverfahrens zu überwachen
- Datensätze für die Auswertung zu erzeugen.

2. *Programmsystem zur Bereitstellung bibliographischer Daten sowie Publikationsvorbereitung und -steuerung (BIDOK)*

Das System BIDOK ist als Datensammel- und Verwaltungssystem zur Dokumentation und Bereitstellung der bibliographischen Daten von patentamtlichen Veröffentlichungen des DPA (Offenlegungs-, Auslege-, Patentschriften- und Gebrauchsmuster-Eintragungen) konzipiert.

Die im DPA anfallenden Daten von Anmeldungen und Veröffentlichungen lassen sich in zwei Kategorien einteilen:

- veränderliche Daten sind solche, die laufend dem Verfahrensstand angepaßt werden; sie werden durch das Programmsystem PDVS verwaltet;
- feststehende Daten sind solche, die sich nicht mehr verändern, weil sie durch Veröffentlichung festgeschrieben sind. Sie werden durch das Programmsystem BIDOK verwaltet.

Die Funktion von BIDOK ist die Bereitstellung der Daten für:

- einen einheitlichen Publikationsdatenträger, der den Druck der Hauptteile des Patentblattes und der Titelseiten der Offenlegungsschriften (OS), Auslegeschriften (AS) und Patentschriften (PS) im Lichtsatzverfahren ermöglicht (Computertypesetting);
- den Datenaustausch mit dem „internationalen Patentdokumentations-Zentrum" INPADCO in Wien;
- die Recherche nach bestimmten bibliographischen Daten;
- das Patentdatenverarbeitungssystem (PDVS);
- die Bibliothek des DPA in Form von Registern, die über COM (Computer Output Microfilm) ausgegeben werden;
- die EDV-Patentrolle.

Die in den Manuskriptwochenbändern enthaltenen Daten der OS, AS und PS werden zu folgenden invertierten Bestandsdateien verarbeitet:

- Aktenzeichenorientierte Datei (Gesamtbestandsdatei mit vollständigen bibliographischen Daten)
- Klassenorientierte Datei (Datei sortiert nach der internationalen Patentklassifikation).

Ferner entstehen folgende Datenausgaben:

- Band für die Datenlieferung an INPADOC (IPD-Band),
- Band für die Druckauftragssteuerung (PUBA-Band),
- Eingabeband für die Erstellung von Registern der Bibliothek nach dem COM-Verfahren,
- Listen über die Klassifikationsangaben von Anmeldungen aus der Schweiz, Österreich und Frankreich. Mit Hilfe dieser Listen werden die Klassifikationsangaben zu den Anmeldungen derselben Erfindung in den verschiedenen Ländern vereinheitlicht.

Bei bekannten Aktenzeichen ermöglichen die bestehenden Programme von BIDOK im direkten Zugriff dreiundzwanzig verschiedene Fragestellungen nach den einzelnen Datenelementen jedes Bibliographie-Datensatzes.

Die Suchfrage wird über Blattschreiber eingegeben. Die Antwort erfolgt wahlweise über den Blattschreiber oder über den Drucker oder über beide Geräte gleichzeitig. Benötigt werden 24 KB Speicherplatz.

3. *Jahresgebührenüberwachung*

Zum gegenwärtigen Zeitpunkt wird das Jahresgebührenüberwachungssystem umgestellt (von JAGEBUS 1 auf JAGEBUS 2). In JAGEBUS 1 wird für jede jahresgebührenpflichtige Patentanmeldung und jedes jahresgebührenpflichtige Patent auf einem Magnetband ein Konto geführt, das den aktuellen Gebührenstand wiedergibt. In JAGEBUS 2 werden auch die einzelnen Kontobewegungen, die zum aktuellen Stand geführt haben, maschinell geführt werden.

Zahlungen gehen auf fünf verschiedenen Wegen beim DPA ein (Postscheck, Giro, Scheck, durch Barzahlung an die Zahlstelle oder durch Übersendung von Gebührenmarken). Zu jeder Einzahlung wird vom Einzahler zum Teil auf getrenntem Weg eine Bestimmungserklärung an das DPA gesandt. In der Zahlstelle werden die Einzahlungsbelege mit den zugehörigen Bestimmungserklärungen auf Plausibilität geprüft. Zahlungen mit unplausiblen Angaben werden bis zur Klärung verwahrt. Die Zahlungen mit plausiblen Angaben werden entsprechend verbucht. Die Feststellung, ob eine Zahlung in der vorgeschriebenen Höhe und termingerecht erfolgt ist, wird in JAGEBUS 1 vom Karteiführer anhand der Kontokarte getroffen, im System JAGEBUS 2 geschieht sie automatisch.

4. *Patentdokumentation*

Die Ziele der Arbeiten im Rahmen des Projekts bestanden darin, die Arbeitsabläufe auf dem Gebiet der Patentdokumentation durch den Einsatz der ADV zu unterstützen und neue Vorschläge für die Patentdokumentation zu erarbeiten. Es wurden zwei getrennte Bereiche der Patentdokumentation untersucht:

- die inhaltliche Erschließung von Patenten,
- das Speichersystem für Dokumente.

Die Untersuchungen zur inhaltlichen Erschließung von Dokumenten konnte noch nicht zum Abschluß gebracht werden. Als Ergebnis der bisherigen Arbeiten lassen sich aber folgende Grundsätze anführen:

- Mit Hilfe der Patentdokumentation müssen umfassendere Lösungen für die Prüfungsrecherche gefunden werden. Das Erstellen von Dokumentationssystemen für eng begrenzte Gebiete würde wegen ihrer großen Zahl einen nicht zu erbringenden Aufwand für Entwicklung und Pflege erfordern. Umfassende Lösungen erfordern die Unterstützung durch maschinelle Retrievalsysteme.
- Aus personellen, finanziellen und wirtschaftlichen Gründen wird die Rückwärtsanalyse nur auf wenigen technischen Teilgebieten möglich sein.
- Für zahlreiche technische Gebiete ist das bisher im DPA angewendete Coordinate-Indexing-Verfahren (das Verknüpfen von Deskriptoren mit Hilfe *Boole*scher Operatoren) nicht geeignet. Zukünftige Arbeiten müssen sich daher auf die Entwicklung neuer und die Weiterentwicklung begonnener Verfahren konzentrieren.
- Die bisherige manuelle Indexierung sollte möglichst weitgehend durch maschinelle Indexierungsverfahren unterstützt werden.
- Jedes maschinelle Dokumentationsverfahren muß einen schnellen Zugriff zu den Originaldokumenten gewährleisten. Der Einsatz des Mirkofilms muß in die Überlegungen einbezogen werden.

Das Speichersystem für Dokumente wurde durch die Arbeitsgruppe *„Prüfstoff"* untersucht. Diese Arbeitsgruppe beschäftigte sich mit der zukünftigen Verteilung und Verwaltung der nach technischen Gesichtspunkten geordneten Sammlung von derzeit rund 16 Millionen Druckschriften im DPA. Sie dient den Prüfern zur Ermittlung des Standes der Technik im Rahmen ihrer Patent-Prüfungsaufgaben von jährlich ca. 65.000 Patentanmeldungen. Diese Sammlung wird als „Prüfstoff" bezeichnet.

Ziel der Arbeiten war es, sowohl den Neueingang an Schriften so zu organisieren, daß die nach etwa 50.000 technischen Einteilungsmerkmalen aufgegliederte Internationale Patentklassifikation (IPC) als alleiniges Ordnungsprinzip benutzt wird. Mit Rücksicht auf die räumlichen Beschränkungen der Lagerkapazität sollen die Druckschriften im Prüfstoff reduziert werden. Zugleich soll der Prüfstoff dem Prüfer so aufbereitet und „gepflegt" bereitgestellt werden, daß die Recherchequalität mindestens erhalten bleibt, möglichst aber steigt. Darüber hinaus war es das Ziel, den verwaltungs- und bürotechnischen Aufwand an Fach- und Hilfskräften zu senken, insbesondere durch den Einsatz der DV für den Austausch von Daten mit anderen Bereichen des Amtes und mit der internationalen Datensammlung von INPADOC. Die Verträglichkeit und Unterstützungsfunktion des erarbeiteten DV-Systems, kurz PRÜDATIS genannt, mit einer eventuellen zentralen Aufstellung des derzeit über die Dienstzimmer von rund 630 Prüfern verteilten Prüfstoffs war zu beachten.

PRÜDATIS verarbeitet die bibliographischen Daten der Druckschriften von 8 Ländern, die in verschiedenen Auskunftsmitteln für die Recherche bereitgestellt und herangezogen werden sollen für

- Steuerung der Prüfstoffablage
- automatische Übernahme der vom DPA vergebenen Feinauszeichnungen in bestimmten Fällen.

Die benötigten Daten für die deutsche Patentliteratur (Offenlegungsschriften, Auslegeschriften, Patentschriften) werden PRÜDATIS vom Subsystem BIDOK geliefert. Für eine zukünftige Weiterentwicklung von BIDOK kann PRÜDATIS die deutschen Bibliographien erweitern um

- die Angabe des klassifizierten Fundorts im Prüfstoff;
- die ermittelten Familienmitglieder bei Zugehörigkeit zu einer Patentfamilie.

PRÜDATIS speichert und verwaltet die Datensätze aller Patentdruckschriften des Prüfstoffs in zwei Dateien:

- die Datei HERDAT 1 enthält die Datensätze geordnet nach Herkunfsland und Nummer der Druckschrift, ergänzt um alle ihr zugeordneten Klassifikationsmerkmale und um alle bekanntgewordenen Mitglieder ihrer Familie;
- die Datei PRIDAT enthält dieselben Datensätze mit denselben Datenelementen, hier aber zusammengefaßt in Patentfamilien, geordnet nach Herkunfts-

land und Nummer der familienbegründeten Ursprungs- oder Prioritätsanmeldung.

Beide Dateien sind Basis für verschiedene Informationsmittel, die für den Prüfprozeß, für eine rationelle Bearbeitung des eingehenden Prüfstoffs (Verminderung des Aufwands für Auszeichnung und Lagerung) und für den Informationsbedarf der Öffentlichkeit (Patentfamiliendienst, Gruppenmappeninhaltsverzeichnis) von Bedeutung sind.

Literatur: *DPA* (1975)

3.9 Vom Dokumentationssystem zum erweiterten juristischen Informationssystem

Die Lösung eines Problems des Benutzers kann durch Bereitstellung von Dokumenten nur innerhalb eines bestimmten Rahmens unterstützt werden, ein „erweitertes" juristisches Informationssystem hat daher auch Elemente des „Fakten-Retrieval-Systems" und des „Frage-Anwort-Systems" einzubeziehen. Die Implementierung solcher Systeme ist heute noch weitgehend Gegenstand der Forschung. Im folgenden sollen einige der hier auftauchenden Probleme skizziert werden.

3.9.1 Zum Aufbau eines erweiterten juristischen Informationssystems

Informationssysteme sollen dem Fragebedürfnis ihrer Benutzer entgegenkommen. Unter diesem Aspekt lassen sich die Forderungen an ein erweitertes Informationssystem wie folgt zusammenfassen: In einem einfachen Modell einer Fragesituation läßt sich unterscheiden zwischen

- dem Frageobjekt („Über was besteht Unklarheit?")
- der Form der Frage selbst („In welcher Form wird gefragt?")
- der Antwort („Was und wie wird geantwortet?") und
- dem Fragezweck („Was soll mit der Antwort bewirkt werden?").

Ein erweitertes Informationssystem muß in seiner Datenbasis für alle *Frageobjekte* die geeigneten Objektarten enthalten. Ein Frageobjekt, das zusätzlich zu den selbstverständlichen Frageobjekten juristischer Informationssuche (Normen, Judikate, Literatur) ein erweitertes Informationssystem ausmacht, ist der Komplex der Rechtstatsachen (z.B. Statistiken über soziale Verhältnisse, Prozeßdaten, Strafgelder, Bußgelder u.ä.).

Die *Form der Frage* in einem erweiterten Informationssystem sollte einem möglichst großen Benutzerkreis vertraut sein. Eine wünschenswerte Form wäre die Formulierung in natürlicher Sprache. Sie hätte den Vorteil, daß die meisten Frageinhalte leicht ausgedrückt werden könnten und daß Adaptionen an den jeweiligen Vertrautheitsgrad mit dem Informationssystem weitgehend entfallen könnten. Die *Antworten* in einem erweiterten Informationssystem sollten nicht Verweise auf oder die Anzeige von Textstellen sein, in denen mit mehr oder weniger großer Relevanz auf den Frageinhalt eingegangen wird. Vielmehr muß die Frage direkt beantwortet werden.

Der *Zweck einer Frage* kann zunächst der Wunsch sein, eine Wissenslücke zu befriedigen. Das ergänzte oder erlangte Wissen kann aber auch das Mittel für eine Veränderung der sozialen oder physischen Umwelt sein. Je nach dem Zweck führen unterschiedliche Suchstrategien zum erwünschten Erfolg. Ein erweitertes Informationssystem müßte daher diesem unterschiedlichen Zweck durch eine Typologie von Suchstrategien Rechnung tragen (Überblick über einander widersprechende Lehrmeinungen, Auffinden einer relevanten Nachricht zu einem Problem etc.).

Mit *Franzen* (1975) läßt sich das *erweiterte juristische Informationssystem* formal wie folgt gliedern:

Die dem erweiterten juristischen Informationssystem zugrunde liegende Datenbasis kann unterteilt werden in *wenig vorinterpretierte Daten* und *stark vorinterpretierte Daten.* In der Praxis entspricht diese Unterscheidung meist der Einteilung in nicht-formatierte und formatierte Daten. Die wenig vorinterpretierten Daten sind Dokumente: Gesetze, Entscheidungen und juristische Veröffentlichungen (Literatur). Die stark vorinterpretierten Daten sollen hier als *Rechtstatsachen* bezeichnet werden. Darunter sollen alle quantifizierbaren Größen verstanden werden, die den "Umweltbereich" einer gesetzlichen Regelung beschreiben und „sensitiv" gegenüber Änderungen der Regelung sind. Weiter sollen Aussagen über Relationen zwischen den Dokumenten aus formalen Gründen ebenfalls den Rechtstatsachen zugerechnet werden, da solche Aussagen nur durch Vorinterpretation der Dokumente gewonnen werden können und nicht durch einfache Wortvergleiche in den Dokumenten selbst. Diese Daten werden für eine automatisierte Strukturanalyse der Dokumente benötigt.

Die Rechtstatsachen können nun in drei Klassen eingeteilt werden:

- Daten, die aus dem Dokument, also z.B. aus dem Gesetz in der Originalfassung, direkt zu entnehmen sind; z.B. Datum des Inkrafttretens, Verweise zu oder auf andere Gesetze;
- Daten, die nicht aus dem Dokument selbst, jedoch direkt aus anderen Quellen erhoben werden können; z.B. aus der Justizstatistik, wenn als ausgewähltes Rechtsgebiet alle verfahrensrechtlichen Regelungen erfaßt werden; Sozialdaten beim Rechtskomplex der Resozialisierung; bei der Steuergesetzgebung die Angaben von den statistischen Landesämtern.
- Daten, die weder aus den Dokumenten selbst, noch direkt aus anderen Quellen erhältlich sind, sondern nur durch spezielle Algorithmen, Modellrechnun-

gen, Simulationen usw. gewonnen werden können; z.B. die finanziellen Auswirkungen einzelner Gesetze im Bereich des Steuerrechts.

Entsprechend der Terminologie in *Juris* (1972, 33) läßt sich das hier diskutierte „erweiterte juristische Informationssystem" in folgende zum Teil voneinander unabhängige Teilsysteme aufteilen:

– das Dokumentationssystem,
– das Frage-Antwort-System,
– das Fakten-Retrieval-System,
– das problemlösende System.

Das Dokumentationssystem benutzt als Datenbasis nur die Dokumente; das Fakten-Retrieval- und das problemlösende System nur die Rechtstatsachen, während des Frage-Antwort-System sowohl auf die Dokumente als auch auf den Teil der Rechtstatsachen zurückgreift, der Daten über die Relationen zwischen den Dokumenten enthält.

Die Rolle eines *Frage-Antwort-Systems* im Zusammenhang mit einem problemlösenden System kann so definiert werden, daß mit Hilfe des Frage-Antwort-Systems die für eine Modellkonstruktion relevanten Fakten und Relationen aus dem zugrunde liegenden Gesetzesmaterial automatisch herausgezogen werden, ohne daß der Modellbauer in jedem Fall alle möglicherweise relevanten Dokumente einer Analyse unterziehen muß. Es handelt sich also dabei um eine automatisierte Strukturanalyse der Dokumente sowohl in formaler, wie auch in inhaltlicher Hinsicht.

Die Frage-Antwort-Systeme können sowohl für die „individuelle" Problemlösung (Hilfe beim Subsumtionsprozeß) als auch die „gesellschaftliche" Problemlösung (politische Planung, Gesetzesplanung) verwendet werden. Für die Gesetzesplanung könnte z.B. mit Hilfe eines Frage-Antwort-Systems ermittelt werden, welche Gesetze bei einer Gesetzesveränderung ebenfalls geändert werden müssen (automatisierte Analyse der Verweisungsstruktur zwischen den Gesetzen); für eine solche Aufgabe genügt der mit einem Dokumentationssystem zu erzielende Genauigkeitsgrad nicht.

Soweit die Darstellung bei *Franzen.* Für seine Gliederung ist der Begriff der Rechtstatsachen fundamental, der wieder auf der Unterscheidung in wenig vorinterpretierte Daten und stark vorinterpretierte Daten aufbaut. Da hier aber der Übergang fließend ist, ist auch die Unterscheidung von „Dokumenten" und „Rechtstatsachen" noch nicht scharf. (Es ist dies ein allgemeines Problem der Rechtstheorie, daß der Begriff der Rechtstatsachen noch nicht genau genug erarbeitet ist).

Andere Autoren unterscheiden nicht so scharf zwischen Dokumentationssystemen, Fakten-Retrieval-Systemen und Frage-Antwort-Systemen. Ein Beispiel hierfür sind *Sparck Jones/Kay* (1976, 189): Das Dokument-Retrieval-System reagiert auf die Anfrage eines Benutzers nach Information, indem es nicht die gewünschte Information selbst liefert, sondern indem es Dokumente oder die Beschreibung von Dokumenten zur Verfügung stellt, in denen die Information möglicherweise zu finden ist. Ein Fakten-Retrieval-System will die Fragen direkt beantworten. Aus diesem Grund bezeichnet man solche Systeme häufig auch als Frage-Antwort-Systeme. Der Unterschied ist kein prinzipieller, denn es ist offensichtlich, daß ein Dokument-Retrieval-System nichts anderes ist als ein Fakten-Retrieval-System, das auf den Umgang mit Tatsachen über Dokumente beschränkt ist. Der Hauptunterschied zwischen den beiden Retrieval-Arten rührt daher, daß ein brauchbares Fakten-Retrieval-System nicht damit rechnen kann, eine schon fertig aufbereitete Antwort in dem ihm zugänglichen Datenbestand auf mehr als einen sehr kleinen Teil der eingehenden Fragen zu finden. Es muß stattdessen in der Lage sein, Tatsachen in dem Datenbestand zu finden, aus denen es eine richtige Antwort auf Fragen erschließen kann.

3.9.2 Semantische Netzwerke

Manche Autoren halten die *deduktive Fähigkeit* eines Frage-Antwort-Systems für das wichtigste Merkmal und unterscheiden auf dieser Basis drei Kategorien von Systemen. Die erste Kategorie ist dadurch gekennzeichnet, daß Deduktionen überhaupt erfolgen, sobald Daten in das System eingebracht werden. Systeme der zweiten Kategorie enthalten eine begrenzte Menge von ausführenden Unterprogramm-Routinen, die zu geeigneten Zeitpunkten im Verlauf der Beantwortung einer Frage aufgerufen werden können, um Schlüsse zu ziehen. Systeme der dritten Kategorie können Schlußfolgerungen ziehen auf der Basis von Regeln, die ihnen eingegeben werden in der Form normaler Daten bzw. Tatsachen. Normalerweise werden das Daten oder Tatsachen sein, die unter Benützung von Quantoren formuliert werden, z.B. „Alle Menschen sind sterblich"; diese Tatsache kann immer dann benutzt werden, wenn es nötig ist, eine Frage zu beantworten, ob ein bestimmter Mensch sterblich ist.

Diese sprachliche Inhaltsbeschreibung und die Möglichkeiten und Schwierigkeiten von Frage-Antwort-Systemen sollen zuerst durch das folgende fiktive Beispiel illustriert werden (*Fiedler* 1975, 80–84).

Betrachtet werden soll eine fiktive Datei (Abb. 3.11), die aus vereinfachten Verwandtschaftsangaben besteht. Bezogen auf diese Daten sollen Fragen formuliert werden:

1 Peter ist der Großvater von Otto
2 Otto ist der Mann von Hilde
3 Hildes Mutter ist Inge
4 Heinrich ist der Enkel von Inge
5 Paul ist der Bruder von Heinrich
6 Ottos Tochter ist Barbara
7 Barbaras Tante ist Maria

8 Pauls Mutter ist Karin
9 Hildes Enkelin ist Ursula
10 Heinrichs Großvater ist Franz
11 Hildes Vater ist Fritz
12 Pauls Großmutter ist Jutta
13 Ottos Vater ist Franz
14 Ottos Großmutter ist Hedwig
15 Dieter ist der Bruder von Franz
16 Franz ist Schwager von Leberecht
17 Maria ist die Schwägerin von Sigi
18 Rita ist die Tante von Barbara

Abb. 3.11. Datei „Verwandtschaftsangaben"
Quelle *Fiedler* (1975, 81)

a) „Wer ist die Tante von Barbara?"

In der Reihenfolge der Fragen ist dies die am einfachsten zu beantwortende Frage; die Antwort kann durch Satzvergleich beantwortet werden. Antwort: (18) Rita ist die Tante von Barbara. (18 = Satznummer in der Datei)

b) „Wer ist die Tochter von Otto"

Zur Beantwortung dieser Frage genügt nicht der bloße zeichenweise Vergleich von Frage und Text.

Nur mit Hilfe einer syntaktischen Transformation erhält man das Ergebnis:

(6) Ottos Tochter ist Barbara
Transformation: A's Tochter ist B →
B ist die Tochter von A
Antwort: (6) Barbara ist die Tochter von Otto

c) „Wer ist der Großvater von Rita?"

Hier versagen die bei den Fragen a) und b) verwendeten Verfahren. Die Antwort muß unter Zuhilfenahme von Hilfssätzen, die die Relationen „Vater von, Großvater von, etc." untereinander in Beziehung setzen, erschlossen werden (Deduktion). Die einzelnen Schritte sind in Abb. 3.12 dargestellt. Dabei wurde davon ausgegangen, daß die Texte schon auf die in ihnen enthaltenen Relationen (Tante) zurückgeführt sind Die Relationen sind *unterstrichen*. Die Antwort erfolgt in insgesamt elf Schritten, wovon drei Schritte Schlüsse sind und acht Schritte Suchschritte bezüglich eines bestimmten Namens. Die Reihenfolge der Schritte wird gesteuert durch eine von der Frage abhängige Suchtaktik (sie wird in Abb. 3.12 durch Kommentare angedeutet).

Das Beispiel zeigt, wie relativ kompliziert die Beantwortung einer einfachen Frage sein kann, auch wenn der zugrunde liegende natürlich-sprachliche Datenbestand sehr klein und in sich abgeschlossen ist. Die Schwierigkeiten, die sich in der Praxis an echten Daten ergeben, lassen sich aus diesem Beispiel gut ersehen.

Frage: Wer ist der Großvater von Rita?

1. (18) Rita *Tante* Barbara
   einzige Aussage über Rita,
   weiter bei Barbara:
2. (7) Maria *Tante* Barbara
3. (6) Barbara *Tochter* Otto
   keine weiteren Aussgen über Barbara, keine *Großvater*-Relation,
   weiter bei Otto:
4. (1) Peter *Großvater* Otto
5. (2) Otto *Mann* Hilde
6. (13) Franz *Vater* Otto
7. (14) Hedwig *Großmutter* Otto

Priorität *Mann*- oder *Vater*-Relation

Schluß:
(A *Tochter* B) $\wedge$ (B *Mann* C) $\rightarrow$
C *Mutter* A

8. (a) [(6) (2)] Hilde *Mutter* Barbara
   (2) Otto *Mann* Hilde
   (a) Hilde *Mutter* Barbara
   (18) Rita *Tante* Barbara

Schluß:
(A *Mann* B) $\wedge$ (B *Mutter* C) $\wedge$
$\wedge$ (D *Tante* C) $\rightarrow$ A *Bruder* D

9. (b) [(2) (a) (18)] Otto *Bruder* Rita
   (1) Peter *Großvater* Otto
10. (b) Otto *Bruder* Rita

Schluß:
(A *Großvater* B) $\wedge$ (B *Bruder* C)
$\rightarrow$ A *Großvater* C

11. (c) [(1) (b)] Peter *Großvater* Rita (= Antwort)

Abb. 3.12 Beispiel für die Deduktion einer Antwort in der Datei „Verwandtschaftsangaben
Quelle: *Fiedler* (1975, 82f)

Neuere Frage-Antwort-Systeme stellen den Faktenbestand meist in *semantischen Netzwerken* (gerichteten Graphen) dar, d.h. durch eine Ansammlung etikettierter Einheiten, die verbunden werden und mittels etikettierter Konnektoren ein Netzwerk bilden.

Wenn man bestimmte Umstände, die sich im wesentlichen auf Zeit und Zeitart beziehen, außer acht läßt, dann könnte der Satz „Brutus tötete Caesar" in etwa so wie in Abb. 3.13 dargestellt werden (vgl. auch Abb. 2.14 in Abschnitt 2.9.2).

Die Kleinbuchstaben an den Knoten kann man sich vorstellen als Repräsentanten der Adressen im physischen Archiv, wo der jeweilige Knoten abgespeichert ist. Sie dienen hier hauptsächlich dem einfacheren Sprechen über das Diagramm. Knoten a repräsentiert die Klasse von Individuen, die alle „Brutus" heißen. Knoten c repräsentiert ein Element dieser Klasse, und b repräsentiert eine Aussage, die das Einzelelement c der Klasse a zuweist. Knoten b wird eingeführt, anstatt a und c direkt aufeinander zu beziehen, um Tatsachen gerecht zu werden, die in Sätzen wie „Hans glaubte nicht, daß es Brutus war, der Caesar getötet hat" formuliert sind.

Was Hans nicht glaubte, ist vermutlich b. Knoten g repräsentiert die Klasse von Individuen, die „Caesar" heißen, e ein Element dieser Klasse und f die Aussage, die sie aufeinander bezieht. Knoten j repräsentiert die Klasse der Tötungsereignisse, h ein Element dieser Klasse und i die Aussage, die sie aufeinander bezieht. Die Aussage, daß c im Ereignis h als Handelnder und e als Erleidender beteiligt sind, wird durch Knoten d repräsentiert. Das Ereignis h wird von der Aussage d getrennt repräsentiert wegen des Unterschiedes in der Interpretation zwischen Sätzen wie „Brutus tötete Caesar, und Cassius sah, wie es geschah" und „Brutus tötete Caesar, aber Cassius glaubte nicht, daß es geschehen war." Was Cassius vermutlich im ersten Satz gesehen hat, ist Ereignis h; was er im zweiten vermutlich nicht glauben kann, ist die Aussage d.

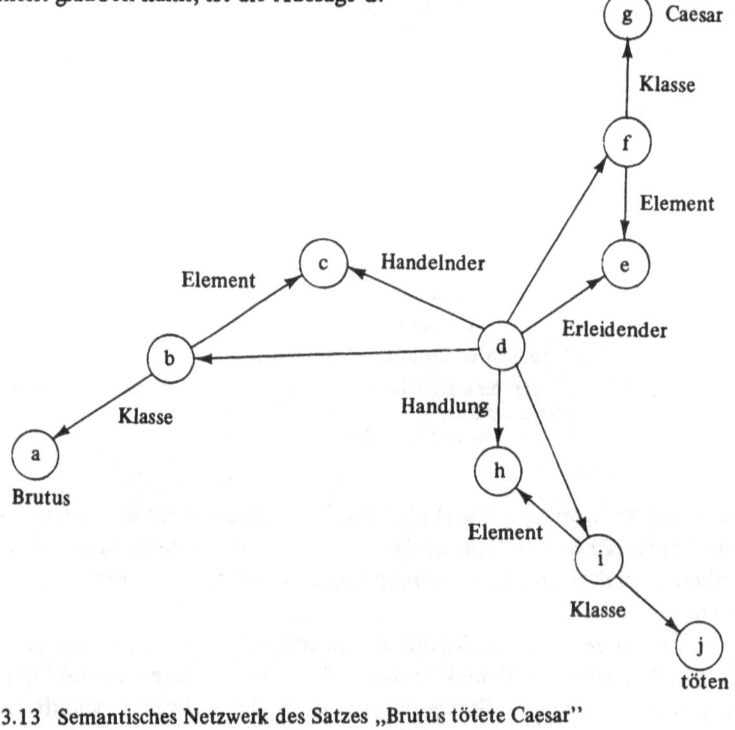

Abb. 3.13 Semantisches Netzwerk des Satzes „Brutus tötete Caesar"

Man beachte, daß verhältnismäßig wenige Knoten des Netzwerkes – nur a, g und j im Beispiel – mit Wörtern im Wörterbuch zusammenhängen. Andere spezielle Knotenarten sind nötig, um mit Negation und mit Tatsachen fertig zu werden, die in ihrer Formulierung *Quantoren* enthalten.

Ein wirksames Fakten-Retrieval-System muß gewisse Vorkehrungen für Aussagen treffen, in denen Wörter wie „alle" und „einige" vorkommen, die den Quantoren der Aussagenlogik entsprechen; denn die Fähigkeit des Systems, Schlüsse zu ziehen, beruht auf dem richtigen Gebrauch solcher Aussagen. Man betrachte den Satz „Jedermann ißt gerne". Man kann sich ein Fakten-Retrieval-Programm vorstellen, das bei Erhalt dieses Satzes seinen Wissensspeicher nach jedem eine Person repräsentierenden Knoten absucht und ihm eine neue Aussage anfügt, nämlich daß diese Person gerne ißt. Es müßte sich auch um alle folgenden Sätze über bislang unbekannte Personen kümmern, um eine neue Aussage über ihr Verhältnis zum Essen bilden zu können.

Diese Strategie ist nicht nur außerordentlich schwerfällig, sondern auch psychologisch gesehen nicht einsichtig. Durch einen Satz, der ein Wort wie „alle" oder ein generisch gebrauchtes Nomen im Plural enthält, würde ein langer und komplizierter Vorgang einsetzen mit dem Ergebnis, daß eine unsägliche Anzahl von neuen Knoten und Verbindungen hinzugefügt würde. Ein Satz wie „Hunde lieben Menschen" reicht schon aus, um ein System, das mehr als nur einige Hunde oder Menschen kennt, in die Knie zu zwingen, denn er würde vermutlich bewirken, daß jedem aus einem Hund und einer Person bestehenden Paar eine neue Aussage beigefügt würde.

Bei Wörtern wie „jemand", die dem Existenzquantor in der Logik entsprechen, gibt es noch schwierigere Probleme. Um die Tatsache abzuspeichern, die in „Maria liebt jemanden" ausgedrückt ist, muß vermutlich dem Diagramm ein Pfeil zugefügt werden, der auf die Person zeigt, die Maria liebt. Aber es ist nicht gesagt worden, wen Maria liebt. Und es ist sogar nicht gesagt worden, ob das System über denjenigen, den sie liebt, schon Bescheid weiß. Die einzige Lösung besteht vermutlich darin, einen Knoten zu bilden, der diese ungenannte Person repräsentiert, und bereit zu sein, alle Pfeile, die an diesem Knoten enden, nach irgendwo andershin zeigen zu lassen, wenn man später entdecken sollte, wer die Person ist. Aber dieser neue Knoten repräsentiert die gebundene Variable der Aussagenlogik und kann vermutlich auch woanders benutzt werden, wenn es zur Lösung des vorliegenden Problems verwendet werden kann.

Der Versuch, die Quantoren des Prädikatenkalküls direkt in einer Netzwerkstruktur, wie wir sie definieren, darzustellen, macht beträchtliche Schwierigkeiten, die von der Tatsache herrühren, daß die Reihenfolge, in der Quantoren in einem formalen logischen Ausdruck oder in einem Satz der Umgangssprache vorkommen, für ihr richtiges Verständnis unabdingbar ist. In vielen, vielleicht den meisten Dialekten des Englischen interpretiert man die Sätze „Everyone loves someone" und „Someone is loved by everyone" so, daß es für jede Person, die man benennen kann, möglich sein muß, zumindest eine andere Person zu finden, die die erste Person liebt. Der zweite Satz hat die weit weniger plausible Interpretation, daß es eine einzelne Person gibt, die von jedermann geliebt wird. In der Schreibweise des Prädikatenkalküls ist die Unterscheidung ungefähr die zwischen

$$(\forall x)\ (\exists y)\ (\text{Liebt}(x,y)) \text{ und } (\exists y)\ (\forall x)\ (\text{Liebt}\ (x,y)).$$

Bei diesen Beispielen ist die Tatsache außer acht gelassen, daß die Liebenden x und y sich nur auf Menschen beziehen, weil dies andere Faktoren berührt, die für die gegenständliche Diskussion nicht wichtig sind.

Eine Art, die durch „Everyone loves someone" ausgedrückte Aussage in einem Speichernetzwerk darzustellen, könnte die in Abb. 3.14 gezeigte sein: Das semantische Netz besteht aus 8 Knoten a,b . . . , h und aus gerichteten Kanten, die diese Knoten verbinden. Die gesamte Aussage wird durch den Knoten c repräsentiert. Die Tatsache, daß diese Aussage Quantoren enthält, wird dadurch angezeigt, daß von diesem Knoten drei Kanten zu den Knoten a, e und d ausgehen; diese Kanten sind mit „Quantor", „Verbindung" und „Matrix" etikettiert und verweisen auf Knoten, die jeweils den Allquantor, die durch diesen Quantor gebundene Variable x und die in der Aussage verbleibende Information repräsentieren. Der durch Knoten d repräsentierte Rest stellt ebenfalls eine Aussage dar, die einen Quantor enthält – in diesem Fall den Existenzquantor. Daher gehen vom Knoten d wieder drei mit „Quantor", „Verbindung" und „Matrix" etikettierte Kanten aus, diesmal zu den Knoten b, g und f; diese repräsentieren den Existenzquantor, die durch diesen Quantor gebundene Variable y und die in der Aussage verbleibende Information. Der durch Knoten f repräsentierte Rest, nämlich der quantorenfreie Teil des logischen Ausdrucks, der ungefähr wie „x liebt y" zu lesen ist, hat Kanten zu den Knoten e, g und h; diese Kanten sind mit „Handelnder", Leidender" und „Handlung" etikettiert. Der Rest des Diagramms ist also in allen wesentlichen Einzelheiten dem Diagramm für „Brutus tötete Caesar" ähnlich, das Diagramm für „Someone is loved by everyone" wäre das gleiche wie für „Someone loves everyone" bis auf die Tatsache, daß der Quantorenpfeil von Knoten c auf Knoten b zeigen würde und der Quantorenpfeil von Knoten d auf Knoten a.

Man kann sich viele andere Vorrichtungen vorstellen, um Quantoren in einer Netzwerkstruktur zu repräsentieren. Eine Möglichkeit, nämlich die in der normalen Logikschreibweise verwendete, steht nicht zur Verfügung, denn das Netzwerk besteht in einem Raum, in dem es nicht so etwas wie eine links-rechts-Anordnung gibt. Eine sorgfältige Wahl der möglichen Methoden zur Darstellung von Quantoren ist wichtig, weil die logische Beweglichkeit und die gesamte deduktive Fähigkeit des Systems gänzlich auf deren richtiger Handhabung aufbaut.

Man kann nicht immer leicht erkennen, welche Quantoren einem Satz in der Umgangssprache zugrunde liegen. Es gibt z.B. keine verläßliche Art, um generisch verwendete Nomina im Plural zu unterscheiden; aber so weit das bewerkstelligt werden kann, gewinnt das System wesentlich an Mächtigkeit. Das liegt daran, weil das System nicht zwischen Tatsachen, die potentielle Regeln für Schlußverfahren sind, und andere Tatsachen, die es erhält, unterscheidet. Faktisch braucht es potentielle Regeln nicht zu erkennen, bevor die Notwendigkeit dafür besteht.

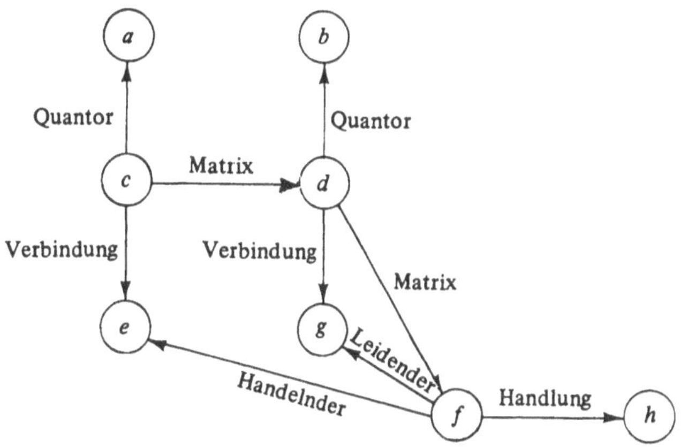

Abb. 3.14. Semantisches Netzwerk des Satzes „Everyone loves someone"
Quelle: *Sparck Jones/Kay* (1976, 200)

Zum Abschluß dieses Abschnittes sein noch auf die *Analogie zwischen dem Fakten-Retrieval und dem Aufbau eines Computerprogrammes zum Beweis von Sätzen in der Mathematik* hingewiesen. Ein Zweig der Mathematik besitzt eine Reihe von Axiomen und eine Reihe von Sätzen, die schon früher als wahr bewiesen worden sind. Wenn wir einen neuen Satz zu beweisen versuchen, stellen wir eine Frage, die nur durch Bezugnahme auf diesen bestehenden Bestand von „Tatsachen" beantwortet werden kann. Wenn es schwierig ist, eine Aussage in der Mathematik zu beweisen oder zu widerlegen, dann liegt das normalerweise daran, daß die aufzubauende Schlußkette lang ist und die Axiome und die bestehenden und zu benutzenden Sätze nicht auf der Hand liegen. Genau das ist der Fall bei einem Frage-Antwort-System. Die Tatsachen, die in dem Systembestand eingegeben worden sind, haben den Status sogenannter nicht-logischer Axiome; das sind Aussagen, die nicht aus rein logischen Gründen wahr sind, sondern aus Gründen der in der Welt gemachten Beobachtungen oder einfach deshalb, weil man deren Wahrheit bloß annimmt. Aber dieser Unterschied ändert nicht das Wesen des zu lösenden Problems. Der Hauptunterschied zwischen Fakten-Retrieval und Satzbeweis besteht in der Größenordnung. Für das Finden von Antworten auf Fragen über normale Sachverhalte und Ereignisse sind in der Regel verhältnismäßig kurze Schlußketten auf der Grundlage von Fakten aufzubauen, die einem ungeheuren Inventar nicht-logischer Axiome entnommen sind. Der Beweis eines nichttrivialen Satzes erfordert normalerweise viele längere Schlußketten, die auf der Grundlage eines viel kleineren Inventars schon bekannter Tatsachen aufzubauen sind. Satzbeweis wie Fakten-Retrieval sind daher Beispiele der „*Artificial Intelligence*".

Literatur: *Fiedler* (1975), *Franzen* (1975), *Juris* (1972), *Müller* (1976), *Popp/Schlink* (1975 a), *Popp/Schlink* (1975 b), *Sparck Jones/Kay* (1976)

4. Die Algorithmisierung juristischer Entscheidungen

Traditionelle Dokumentationssysteme stellen dem urteilenden Juristen Entscheidungsunterlagen zur Verfügung. Die Verarbeitung dieser Entscheidungsunterlagen und die Herleitung der juristischen Entscheidung hieraus wird vom Menschen durchgeführt. In Abschnitt 3.9 wurde bereits gezeigt, daß logische Schlußregeln der notwendige Bestandteil anspruchsvoller Frage-Antwort-Systeme sind. Im folgenden soll über die Ansätze berichtet werden, welche den juristischen Entscheidungsvorgang oder Teile hiervon zu formalisieren und zu algorithmisieren versuchen. Bis auf wenige Ausnahmen – insbesondere die Verwaltungsautomation – handelt es sich hier um Forschungsbereiche, die bisher noch keine Anwendung in der Praxis erlangt haben. Gerade sie sollten jedoch in erweitere juristische Informationssysteme eingebaut werden.

In Abschnitt 4.1 werden die Begriffe „Formalisierung", „Algorithmisierung" und „Automation" diskutiert und es wird gezeigt, daß Formalisierung und Algorithmisierung die notwendigen Vorstufen der Automation darstellen. Abschnitt 4.2 skizziert einige syntaktische, semantische und pragmatische Probleme, die der Formalisierung – und damit Algorithmisierung – genereller Rechtsnormen entgegenstehen. In Abschnitt 4.3 werden Beispiele der Logifizierung von Normen mittels des Prädikatenkalküls und zweier deontischer Kalküle *von Wrights* gebracht. Abschnitt 4.4 diskutiert in einiger Ausführlichkeit das Modell normativer Systeme von *Alchourrón* und *Bulygin,* das uns besonders gut die Möglichkeiten und Grenzen der Formalisierung von Rechtsnormen aufzuzeigen scheint. In Abschnitt 4.5 wird gezeigt, daß derartige Modelle mittels Entscheidungstabellen implementiert werden können. Die Abschnitte 4.2 bis 4.5 diskutieren insgesamt die Formalisierung genereller Rechtsnormen, die vielleicht die wichtigste Vorbedingung der Algorithmisierung juristischer Entscheidungen im kontinentaleuropäischen Recht darstellt.

Die Formalisierung des für die juristische Einzelentscheidung zweitwichtigsten Nachrichtentyps, nämlich der Rechtsfälle (Judikate) wird in Abschnitt 4.6 skizziert, in dem die Ansätze der amerikanischen Jurimetrie und das Verfahren SEDOC dargestellt werden. Abschnitt 4.7 nennt einige Probleme, die einem allgemeinen algorithmisierbaren Modell der juristischen Einzelentscheidung entgegenstehen und diskutiert im speziellen das Modell der juristischen Subsumtion. In Abschnitt 4.8 werden ein Spezialfall der juristischen Entscheidung, nämlich die Strafzumessung, und Ansätze ihrer Algorithmisierung behandelt. Abschnitt 4.9 skizziert die Voraussetzungen für die Algorithmisierung juristischer Einzelentscheidungen, nämlich die Forderungen der automationsgerechten Normsetzung. Abschnitt 4.10 zeigt schließlich, daß in jenen Bereichen, in denen eine

Algorithmisierung juristischer Einzelentscheidungen im großen Maße erfolgt (Verwaltungsautomation), dies Rückwirkungen auf Aufbau- und Ablauforganisation hat.

4.1 Die Begriffe „Formalisierung" und „Algorithmisierung"

Seit den bahnbrechenden Arbeiten von *Knapp* (1963a, 1963b) spielt der Begriff der Formalisierung eine bedeutende Rolle. Jedoch ist die Nomenklatur nicht einheitlich; eine begriffliche Abgrenzung wird meist nicht vorgenommen. Dies ist um so bedauerlicher, als der Verwendung des Wortes „Formalisierung" in anderen Wissenschaften, so in der formalen Logik und den Sozialwissenschaften, häufig unterschiedliche Begriffsinhalte zugrunde gelegt werden und daher eine einfache Übernahme des Terminus in die Rechtsinformatik nicht möglich ist.

Aus dem Kontext, in dem das Wort „Formalisierung" in der rechtsinformatischen Literatur gebraucht wird, läßt sich jedenfalls ableiten, daß darunter regelmäßig die Darstellung eines rechtlich relevanten Bedeutungsinhalts in „Formeln", d.h. in formallogischen und/oder mathematischen Ausdrücken verstanden wird.

Geht man von dieser Verwendung des Wortes „Formalisierung" aus, so läßt sich der Begriff über den Umweg des Kalkülbegriffs näher bestimmen. Ein formalwissenschaftlicher *Kalkül* wird durch die folgenden Mengen M_0, M_1, M_2, und M_3 festgelegt.

1. Grundlage des Systems ist eine abzählbare Menge M_0 von *Grundsymbolen* oder *Atomzeichen* des Kalküls.

2. Im Kalkül existiert ferner eine Menge M_1 von *Kalkülreihen* oder *Zeichenreihen*. Diese Reihen entstehen dadurch, daß endlich viele Symbole aus M_0 aneinandergereiht werden. Die Operation dieser Aneinanderreihung wird als *Verkettung* bezeichnet.

3. Im Rahmen eines Kalküls wird dann der Begriff des *Kalkülausdrucks* definiert. Die Menge M_2 der Kalkülausdrücke ist eine Teilmenge von M_1. Sie wird aus dieser Menge durch bestimmte strukturelle Bedingungen ausgesondert. Handelt es sich bei dem Kalkül im speziellen Fall um einen Logikkalkül, so fällt dieser Begriff des Kalkülausdrucks mit dem Begriff des logischen Ausdrucks zusammen.

4. Schließlich wird im Kalkül der Begriff der *Kalkülaussage* oder des *Kalkülsatzes* definiert. Die Menge M_3 der Kalkülaussagen ist eine Teilmenge von M_2. Die Kalkülaussagen können mit zwei verschiedenen Methoden aus der Menge der Kalkülausdrücke ausgesondert werden:

– Die *semantische Methode* geht vom Begriff der *Allgemeingültigkeit* aus. Allgemeingültig ist ein logischer Ausdruck, wenn er bei jeder beliebigen Einsetzung für seine aussagenlogischen Variablen, bei jeder beliebigen Interpretation seiner Prädikate und für beliebige Individuenbereiche eine wahre Aussage ergibt. Legt man die semantische Methode der Bestimmung der Kalkülaussagen zugrunde, so sind diese dann gerade die allgemeingültigen Ausdrücke.

– Man kann jedoch auch von den Prinzipien der logischen *Syntax* ausgehen. Dieses setzt die Definition einer Menge spezieller Kalkülausdrücke, der *Axiome,* voraus. Die gültigen Kalkülsätze sind dann einerseits gerade die gewählten Axiome, zum andern die aus der Menge der Axiome mit Hilfe der Ableitungsregeln des Kalküls gewonnenen Sätze (*Theoreme*). Ist die Ableitungsrelation, die diesen Ableitungsregeln zugrunde liegt, rein syntaktischer Natur und erfolgt keinerlei Interpretation der Zeichen oder Zeichenreihen des Kalküls, so bezeichnet man ihn als *abstrakten Kalkül.* Charakteristisch für einen abstrakten Kalkül ist also, daß von der semantischen Dimension der Bedeutung abstrahiert wird und eine Umformung der Zeichenreihen nur auf Grund syntaktischer Beziehungen erfolgt. Daneben sind in Kalkülen jedoch auch semantische Ableitungsrelationen möglich, die im Rahmen einer Interpretation des Kalküls definiert werden. Einen interpretierten Kalkül nennt man auch eine *formalisierte Sprache.* Eine formalisierte Sprache ist daher durch die folgenden Bedingungen gekennzeichnet: Neben den zugelassenen Grundzeichen, Formregeln, Definitionsregeln, Umformungs- oder Schlußregeln sind auch die Bedeutungsregeln ausdrücklich angegeben.

Unter einer *Formalisierung* können wir daher die Beschreibung eines substanzwissenschaftlichen Objektbereichs mittels eines Kalküls verstehen. Exakter formuliert bedeutet dies folgendes: Ein bestimmter Objektbereich werde durch eine nichtformalisierte Sprache beschrieben. Formalisierung bedeutet dann die Ersetzung der Aussagen der nichtformalisierten Sprache durch Aussagen des Kalküls, wobei als Interpretation der formalisierten Sprache der genannte Objektbereich zugrunde gelegt wird.

Von Formalisierung in der hier gegebenen Bedeutung sind Symbolisierung und Axiomatisierung scharf zu unterscheiden. Unter *Symbolisierung* versteht man gewöhnlich eine bloße Zuordnung von Symbolen zu den Objekten eines Bereiches, es werden jedoch in diesem Fall keine Regeln über die zulässige Umformung der Symbolketten angegeben.

Die Symbolisierung eines Zeichensystems (z.B. des Textes einer natürlichen Sprache) bedeutet also die Ersetzung der ursprünglichen Zeichen durch andere, in der Regel einfachere Zeichen. Die durch den Text vorgegebene Reihenfolge der Elemente wird hierbei grundsätzlich nicht verändert. Symbolisierung in diesem Sinne ist daher im wesentlichen nichts anderes als eine „Kurzschrift", in welcher der ursprüngliche Text verknappt wiedergegeben wird.

Eine *Axiomatisierung* geht hingegen von einem System von Ausdrücken (Aussagen oder Normen) aus, unter denen ein Ableitungszusammenhang hergestellt werden soll. Wie bereits oben erwähnt, besteht sie in der Auswahl einer Teilmenge von Ausdrücken, den sogenannten Axiomen, welche so beschaffen ist, daß sich alle übrigen Audrücke mit Hilfe bestimmter Schlußregeln aus den Axiomen ableiten lassen.

Axiomatisierung unterscheidet sich von Formalisierung in zweifacher Weise. Erstens stellt sie, wie oben ausgeführt wurde, nur eine spezielle Form der Definition gültiger Kalkülsätze dar. Zweitens setzt Axiomatisierung, wie *Rödig* (1972) betont, nicht unbedingt eine Formalisierung voraus. Auch nichtformalisierte Systeme können axiomatisiert werden. Die Unterscheidung zwischen Axiomatisierung und Formalisierung ist gerade für das Recht von besonderer Bedeutung. Die im rechtsmethodologischen Schrifttum vorherrschende Meinung hält nämlich eine Axiomatisierung rechtlicher Bereiche für undurchführbar und/oder schädlich. Die hierbei geäußerten Einwände müssen auf Grund der Unterscheidung jedoch nicht unbedingt auch auf eine Formalisierung zutreffen.

Es bleibt noch die Aufgabe, Formalisierung begrifflich von Algorithmisierung und Automatisierung zu unterscheiden. Unter einem *Algorithmus* versteht man ein schematisches Verfahren zur Lösung bestimmter Klassen von Aufgaben, wobei jeder einzelne Schritt dieses Verfahrens genau definiert ist. Heuristisch läßt sich ein Algorithmus als eine eindeutig bestimmte Folge von Grundoperationen auffassen. Hierbei sind zwei Fälle möglich:

– Die Reihenfolge der Operationen ist ein für allemal festgelegt.

– Die Reihenfolge hängt zum Teil von den Ergebnissen bestimmter vorausgegangener Operationen ab. Es müssen dann jeweils bestimmte logische Bedingungen auf ihr Gegebensein oder Nichtgegebensein hin überprüft werden, damit der nächste Operationsschritt festzustellen ist.

Algorithmisierung ist nicht mit Formalisierung gleichzusetzen. Wohl stellt die Formalisierung eine notwendige Vorbedingung für die Algorithmisierung von Aufgaben dar, jedoch existieren Algorithmen nicht für alle Kalküle. So bilden z.B. die Methoden der Wahrheitsmatrix und der konjunktiven Normalform Algorithmen zur Lösung des Problems, ob ein gegebener Ausdruck des Aussagenkalküls allgemeingültig ist. Für Ausdrücke des Prädikatenkalküls existiert jedoch im allgemeinen kein derartiger Algorithmus.

Automation (*Automatisierung*) ist ein gesellschaftlicher Prozeß, in dessen Verlauf fortlaufend menschliche Tätigkeiten durch die Funktionen künstlicher Systeme ersetzt werden (*Klaus*).

Aus dem zum Algorithmusbegriff Gesagten geht hervor, daß die Existenz eines Algorithmus die wesentliche Vorbedingung für die Automatisierung eines Aufgabenbereiches durch ADV bedeutet. Automatisierung kann in diesem Sinn als hardware- oder softwaremäßige Realisierung eines Algorithmus gedeutet werden.

Eng mit dem Algorithmusbegriff hängt das erkenntnistheoretische Problem zusammen, ob durch Anwendung eines Algorithmus überhaupt neue Erkenntnis gewonnen werden kann. Bisweilen wird argumentiert, bei Formalisierungen im allgemeinen und Algorithmisierungen im besonderen handle es sich um bloße „tautologische Umformungen". Aus diesem Grund müsse das Ergebnis der Umformungen in den ursprünglichen Zeichenreihen bereits enthalten sein. Dieser Einwand, der schon durch den erfolgreichen Einsatz von ADV in praxi widerlegt erscheint, läßt sich auch theoretisch durch die auf *Klaus* (1969, 92) zurückgehende Unterscheidung von eidetischem und operativem Sinn der Zeichen widerlegen.

„Der operative Sinn eines Zeichens ergibt sich aus den syntaktischen Beziehungen und Regeln, die in einer Sprache gelten und festlegen, wie Zeichen zu Ausdrücken zusammengesetzt und diese Ausdrücke umgeformt werden können. Der eidetische Sinn (von „eidos" = Begriff, Idee usw.) ergibt sich aus den Bedeutungs- und Beziehungsregeln, die die in einer Sprache geltenden Beziehungen eines Zeichens zu den Begriffen und den durch diese Begriffe abgebildeten Objekten festlegen. Der operative Sinn eines Zeichens wird also in der Syntax einer Sprache bestimmt, der eidetische in der Semantik der Sprache."

In Anlehnung an *Klaus* läßt sich die Beziehung zwischen inhaltlicher Interpretation und Algorithmus wie in Abb. 4.1 darstellen.

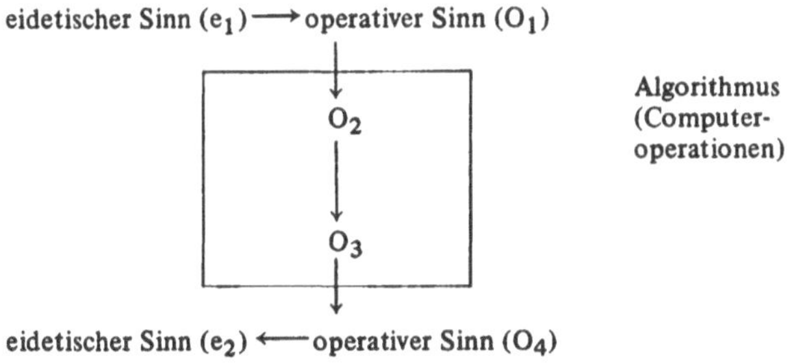

Abb. 4.1. Eidetischer und operativer Sinn von Zeichen
Quelle: *Klaus* (1969, 95)

Klaus kommentiert dieses Diagramm folgendermaßen:

„Die Umsetzung eidetischer Zeichen in die Sprache elektronischer Rechenmaschinen usw. führt dazu, daß nach erfolgter Umsetzung die Maschine gewissermaßen nur mit dem operativen Sinn der umgesetzten Zeichen arbeitet. Das Schlußresultat, das Ergebnis der Bearbeitung dieser Zeichen, muß jedoch wieder ein Zeichen sein, das operativen und eidetischen Sinn besitzt. Dadurch sind elektronische Rechenmaschinen mit dem menschlichen Bewußtsein verbunden."

Für den Algorithmus ist also charakteristisch, daß jemand, der sich genau an die Vorschriften des Algorithmus hält, nicht dessen eidetischen Sinn, sondern nur seinen operativen Sinn zu kennen braucht. Allerdings wird der Wert eines Algorithmus, sobald er zur Lösung substanzwissenschaftlicher Probleme verwendet wird, durch die sachlogisch sinnvolle Zuordnung von eidetischem zu operativem Sinn des Input- bzw. Outputzeichens bestimmt. Auf diese prinzipielle Grenze der Formalisierung im Recht kommen wir in Abschnitt 4.2. 3 zurück.

Literatur: *Klaus* (1969), *Klaus* (1971), *Knapp* (1963a), *Knapp* (1963b) *Rödig* (1972),

4.2 Probleme der Formalisierung genereller Rechtsnormen

Einen wichtigen Bestandteil des juristischen Entscheidungsprozesses stellen generelle Normen dar. Eine Algorithmisierung dieses Prozesses setzt daher die Formalisierung von Rechtsnormen bzw. ihrer Beziehungen untereinander voraus.

4.2.1 Typen der Formalisierung

Eine Formalisierung genereller Rechtsnormen bedeutet ihre Übersetzung in eine formalisierte Sprache. Hierbei können drei Haupttypen von Ansätzen der Problemlösung nach der Herkunft der formalisierten Sprachen unterschieden werden:

– Ein *linguistischer Ansatz,* welcher davon ausgeht, daß Rechtsnormen in Sätzen einer natürlichen Sprache formuliert sind.

– Ein *formallogischer Ansatz,* welcher die Rechtsnormen in einem der üblichen Kalküle, nämlich dem Aussagen-, Klassen- oder Prädikatenkalkül, oder einem eigens für Normen konstruierten deontischen Kalkül darzustellen versucht.

– Ein *mathematischer Ansatz,* welcher mittels quantitativer Beziehungen eine Formalisierung anstrebt.

Allen diesen Ansätzen ist gemeinsam, daß eine Rechtsnorm als System, d.h. als Menge isolierbarer Elemente und zwischen diesen bestehenden Relationen aufgefaßt wird. Jede Formalisierung umfaßt daher regelmäßig die folgenden Phasen:

– *Taxonomik:* In der ersten Phase werden die Elemente der Rechtsnormen isoliert und nach bestimmten Kriterien klassifiziert.

– *Strukturalistik:* In der darauffolgenden Phase werden Beziehungen zwischen diesen Elementen bestimmt. (Zu den Phasen der Taxonomik und Strukturalistik vgl. Abschnitt 2.2).

– Eigentliche *Formalisierung:* In der dritten Phase erfolgt die Auswahl eines Kalküls und die Übersetzung der Elemente und Relationen in die formalisierte Sprache. Mit dem gewählten Kalkül stehen auch die Regeln, nach denen die Zeichenreihen umgeformt werden können, fest. Von den genannten Ansätzen der Formalisierung ist nun aus theoretischer Sicht der formallogische zweifellos der interessanteste. Einerseits lassen nämlich die linguistischen Ansätze eine immer stärker werdende Anlehnung an die formale Logik erkennen, andererseits können die mathematischen Formalisierungsversuche als jener Sonderfall aufgefaßt werden, in dem die Symbole der Elemente Quantitäten vertreten und die Relationen zwischen den Elementen des Systems in Form von Gleichungen oder Ungleichungen ausgedrückt werden. Eine Überprüfung der Möglichkeiten der Formalisierung von Rechtsnormen hat sich daher vor allem mit der formallogischen Ansatz auseinanderzusetzen.

Nach dem in Abschnitt 4.1 über den Begriff der Formalisierung Gesagten erscheinen die Vorteile eines solchen Verfahrens bei generellen Rechtsnormen vor allem in den folgenden Punkten zu liegen:

– Die möglichen Zweideutigkeiten und mißverständlichen Formulierungen der natürlichen Sprache können vermieden werden.

– Der Begriff des logischen Schließens kann auf den der formalen Schlußregeln reduziert und einer kalkülmäßigen Behandlung zugänglich gemacht werden.

– Die Ersetzung des eidetischen durch den operativen Sinn von Zeichen ermöglicht die Anwendung eines Algorithmus logischer oder mathematischer Art zur Verknüpfung von Tatbestandselementen und Rechtsfolgen und damit – wenigstens theoretisch – die Automatisierung der Normanwendung. Diesen Vorteilen der Formalisierung stehen schwere Bedenken gegenüber. Es erweist sich als zweckmäßig, diese Einwände nach den folgenden Schwerpunkten zu unterscheiden:

- Probleme, welche die verwendeten Kalküle als solche betreffen;
- Probleme, welche die Formalisierung natürlicher Sprachen im allgemeinen behandeln und
- spezifisch juristische Probleme.

Diese Unterscheidungen sind typologisch zu verstehen, ihre Grenzen sind fließend. Dennoch erscheint eine getrennte Diskussion insofern gerechtfertigt, als in der genannten Reihenfolge eine Abnahme der formalwissenschaftlichen und eine Zunahme der substanzwissenschaftlich-juristischen Argumente festzustellen ist. Ebenso nimmt die Schwere der Argumente, die gegen eine Formalisierung sprechen, in der genannten Reihenfolge zu.

4.2.2 Unentscheidbarkeit und *Joergensen*sches Dilemma

Wir beginnen mit den Problemen, welche die verwendeten Kalküle als solche betreffen. Es handelt sich hierbei um Fragen, denen der Jurist gleichgültig gegenübersteht. Aus diesem Grund beschränken wir uns auf die Angabe von Schlagworten. Zu den hier einzureihenden Problemen gehören die Untersuchungen von *Gödel* und *Church*, welche zeigen, daß es ein allgemeines Entscheidungsverfahren für die gesamte Logik nicht gibt und nicht geben kann. Dies bedeutet, daß es in einem einigermaßen reichhaltigen System Aussagen gibt, die zwar mit den Mitteln dieses Systems formuliert werden können, die aber in diesem System weder bewiesen noch widerlegt werden können. Damit wird eine prinzipielle Grenze der formalen Methoden angegeben.

Ein anderes Problem, das hier zu nennen ist, ist das sogenannte *Joergensen*sche Dilemma. Dieses besagt, daß Normsätzen Wahrheitswerte nicht sinnvoll zugeschrieben werden können, logische Folgerungen aber Wahrheitsbeziehungen sind. Daraus folgt, daß es keine logischen Folgerungsbeziehungen zwischen Normsätzen geben kann. Andererseits aber arbeitet man praktisch mit Ableitungen zwischen Normsätzen, deren Gültigkeit genau so evident ist wie jene zwischen Aussagen. Das *Joergensen*sche Dilemma ist in der Logik heiß umstritten, nach der Meinung der Vertreter einer deontischen Logik besteht gar kein echtes Dilemma.

4.2.3 Operativer und eidetischer Sinn von Zeichen

Die in Abschnitt 4.2.2 erwähnten Probleme haben für die Formulierung von Rechtsnormen aus juristischer Perspektive keine besondere Bedeutung. Gewichtiger sind schon die Probleme, welche sich aus den Unterschieden zwischen formalisierten und natürlichen Sprachen ergeben. Zu den wichtigsten Unterschieden zählt die Reduktion auf die syntaktische Ebene in den formalisierten Sprachen. Der Vorteil der Eindeutigkeit von Umformungen wird hier in der Regel um den Preis der Berücksichtigung inhaltlicher Zusammenhänge erkauft. Zwar wird der Bezug zur Semantik durch den Begriff der Interpretation des Kalküls hergestellt, jedoch ist die Zuordnung von eidetischem zu operativem Sinn der Zeichen nicht eindeutig. Aus der Fülle der sich hieraus ergebenden Probleme greifen wir als besonders wichtig jene heraus, die durch die Begriffspaare theoretisches Konstrukt-operationale Definition und Intensionalität-Extensionalität der Kalküle gekennzeichnet sind.

1. *Theoretisches Konstrukt und operationale Definition*

Das Problem der Interpretation formalisierter Sprachen ist in den Sozialwissenschaften allgemein bekannt und wird häufig durch die Gegenüberstellung der Begriffe „theoretisches Konstrukt" und „operationale Definition" charakterisiert. Zur Klärung dieser Begriffe geht man von der Unterscheidung *„theoretische Sprache"* und *„Beobachtungssprache"* aus.

Das zuletzt genannte Begriffspaar stammt aus dem Bereich der Erfahrungswissenschaften, in denen die gemachten Erfahrungen in generalisierende Hypothesen und Theorien umgesetzt werden. Dabei entsteht nun die Schwierigkeit, die Begriffe für beobachtbare Gegenstände in Begriffe für nicht beobachtbare Gegenstände (die Begriffe der Hypothesen und Theorien) umzuwandeln. So beobachtet der Astronom Sterne und ihre relevante Bewegung direkt. Zur Formulierung von Theorien braucht er aber Begriffe wie „Bahnellipse", „Gravitation" und andere.

Theoretisches Konstrukt und operationale Definition haben nun in diesem Zusammenhang die folgende Bedeutung: Das *theoretische Konstrukt* dient der Übersetzung von der Beobachtungssprache in die theoretische Sprache, die *operationale Definition* dient der Übersetzung aus der theoretischen Sprache in die Beobachtungssprache. Sozialwissenschaftler, welche sich einer analytischen Wissenschaftstheorie verpflichtet fühlen, stehen vor dem Problem, die in der theoretischen Sprache formulierten Hypothesen nicht unmittelbar empirisch prüfen zu können, sie benötigen operationale Definitionen der theoretischen Begriffe. Durch diese wird genau angegeben, wann bzw. in welchem Ausmaß einem Individuum ein theoretischer Begriff zugesprochen werden kann.

Die Unterscheidung von theoretischer und Beobachtungssprache und die daraus abzuleitenden Eigenheiten der operationalen Definition sind in den Sozialwissenschaften stark umstritten. Im Bereich des Rechts wurde dieses Problem jedoch bisher kaum beachtet. Dennoch scheint es gerade für die Fragen der Formalisierung große Bedeutung zu haben. Geht man nämlich von der Unterscheidung von Beobachtungs- und theoretischer Sprache aus, so bewegt sich die Sprache der Gesetze durchwegs auf der Ebene der theoretischen Sprache. Die Lehre von Sachverhalt und Tatbestand ist geradezu ein Beweis dafür. Der Tatbestand ist „abstrakt" formuliert, die Sachverhalte werden unter ihn „subsumiert". Direkt beobachtbar ist nur der Sachverhalt, die Subsumtion bedeutet also gerade die Übersetzung der Beobachtungssprache in die theoretische Sprache der Gesetze bzw. umgekehrt.

Die Rechtsnorm gibt nun fast nie die Prozeduren an, die eine eindeutige Übersetzung in die Beobachtungssprache gestatten. Anders ausgedrückt, das Gesetz überläßt dem Juristen die operationale Definition der Gesetzesbegriffe. Der Jurist löst dieses Problem gewöhnlich dadurch, daß er die Gesetzesbegriffe nicht explizit operationalisiert, sondern unter „Abwägung aller Sinnzusammenhänge" gemäß der hermeneutischen Methode entscheidet.

Für eine anspruchsvolle Formalisierung genereller Rechtsnormen müßte nun gelten, daß neben einem geeigneten Kalkül auch explizite Regeln für die Zuordnung von Begriffen der verschiedenen Sprachebenen angegeben werden. Nur dadurch würde eine sachlogisch sinnvolle Gleichsetzung von operativem und eidetischen Sinn der Zeichen ermöglicht.

2. *Extensionalität versus Intensionalität der Interpretation*

Das Spannungsverhältnis zwischen dem eidetischen und operativen Sinn der Zeichen führt speziell bei logischen Kalkülen zu den Problemen der extensionalen oder intensionalen Interpretation. Um die Ausdrücke einer formalisierten

Sprache sinnvoll gebrauchen zu können, muß man über explizite Regeln verfügen, die angeben, wann ein Kalkülausdruck bei einer vorliegenden Interpretation als wahr gilt. Diese Regeln begründen gewöhnlich eine extensionale Interpretation.

Für logische Prädikate bedeutet dies, daß nur der Umfang, nicht aber der Inhalt von Begriffen kalkülmäßig berücksichtigt wird. Die daraus abzuleitende Gleichsetzung extensional gleicher Begriffe kann jedoch zu substanzwissenschaftlichen Schwierigkeiten führen. Der Unterschied zwischen extensionaler und intensionaler Interpretation betrifft insbesondere auch die Vagheit oder Unbestimmtheit der Allgemeinvorstellungen, welche in generellen Normen verwendet werden. (Beispiele: Dunkelheit, Nachtruhe, Lärm, Gefahr usw.). Es lassen sich jedoch zwei Quellen der Vagheit unterscheiden, nämlich die extensionale und die intensionale Unbestimmtheit. Eine *extensionale Unbestimmtheit* liegt vor, wenn die Menge der Merkmale, die einen Begriff konstituieren, zwar feststeht, aber Elemente auftreten, denen wir diese Merkmale nicht zweifelsfrei zusprechen können. Die *intensionale Unbestimmtheit* hingegen ist gegeben, wenn die konstituierenden Merkmale nicht feststehen. Extensionale und intensionale Unbestimmtheit müssen nicht positiv korrelieren. So ist etwa die extensionale Unbestimmtheit des Prädikates „Mensch" praktisch null, d.h. in diesem Sinn hat der Begriff „Mensch" scharfe Grenzen, hingegen werden Antworten über die konstituierenden Merkmale häufig auseinanderfallen. Der Jurist wird bei der hier geschilderten Problematik sofort an die *Heck*sche Lehre von Begriffskern und Begriffshof sowie an die Theorie des juristischen Typus erinnert, für die Formalisierung der Rechtsnormen mit Hilfe eines logischen Kalküls ergeben sich jedoch ernste Schwierigkeiten, da in den üblichen Kalkülen ein Prädikat einem Individuum nur zu- oder abgesprochen werden kann.

Ein weiteres Problem ergibt sich aus der Extensionalität für *zusammengesetzte Aussagen.* Bei extensionaler Interpretation hängt nämlich der Wahrheitswert zusammengesetzter Aussagen nur von den Wahrheitswerten der Teilaussagen ab und nicht von inhaltlichen Beziehungen. So ist z.B. „p und q" genau dann wahr, wenn p wahr ist und q wahr ist. Für natürliche Sprachen trifft diese Extensionalität jedoch nur bedingt zu. Die Aussage „q weil p" ist z.B in diesem Sinne nicht extensional, da „q weil p" nicht stets dann wahr ist, wenn beide Teilaussagen wahr sind. „q weil p" ist daher eine intensionale Aussagenverbindung, die in einem extensionalen Kalkül nicht adäquat formalisiert werden kann.

In diesem Zusammenhang ist die von *Carnap* entwickelte Extensionalitätstheorie der formalen Logik zu erwähnen, die besagt, daß sich alle nichtextensionalen Beziehungen und Bestimmungen durch extensionale ersetzen lassen. Diese These ist stark kritisiert worden, für Recht und Rechtswissenschaft ist sie sicher falsch. Insgesamt gesehen können daher die Versuche, die Semantik auf die syntaktische Dimension zu reduzieren, nur teilweise befriedigen. Einer Formalisierung der natürlichen Sprachen steht nach wie vor die semantische Barriere entgegen.

Die skizzierten Schwierigkeiten lassen sich mit *Mates* (1969, 112) wie folgt zusammenfassen: „Alle diese Schwierigkeiten lassen die Aufgabe, zur Formalisierung von Sätzen einer natürlichen Sprache präzise und praktisch verwendbare Regeln anzugeben, fast hoffnungslos erscheinen. Wir können nur den folgenden allgemeinen Grundsatz angeben: Man frage sich nach dem Sinn des gegebenen Satzes einer natürlichen Sprache und versuche dann, eine Aussage des Kalküls zu finden, die relativ zu der vorliegenden Interpretation soweit wie möglich denselben Sinn hat."

4.2.4 Formalisierung und Rechtstheorie

Neben den in Abschnitt 4.2.3 skizzierten Problemen, welche generell bei der Formalisierung natürlicher Sprachen auftreten, existieren speziell juristische Einwände, welche von einem Teil der juristischen Methodenlehre, insbesondere von der juristischen Hermeneutik erhoben worden.

Zusammenfassend läßt sich die Position der juristischen Hermeneutik in dieser Diskussion dadurch charakterisieren, daß sie die *Offenheit, Wertbezogenheit* und *Geschichtlichkeit* der Rechtsnormen betont. In allen Fällen wird also die pragmatische Dimension der Rechtsnormen hervorgehoben.

Jede Formalisierung der Rechtsnormen geht – meist ohne dies explizit als Prämisse zu formulieren – davon aus, daß das Gesetz „an sich" zu verstehen ist, d.h. eine Formalisierung unabhängig vom konkreten Fall vorgenommen werden kann. Eine solche generelle Antithese zwischen Tatbestand und Sachverhalt wird jedoch von der juristischen Methodenlehre bestritten.

Erst anhand der konkreten Problematik des Einzelfalls kann das Gesetz ganz verstanden werden. *Engisch* hat dies mit seinem berühmten Wort vom „Hin- und Herwandern des Blickes zwischen Obersatz und Lebenssachverhalt" verdeutlicht.

Eng mit der Wechselwirkung zwischen Tatbestand und Sachverhalt hängt die folgende Überlegung zusammen: Wenn das Gesetz erst am konkreten Fall völlig verstanden wird, kann dies nur aufgrund einer wertenden Interpretation geschehen. Diese axiologische Komponente führt jedoch dazu, daß die Gesetzesbegriffe nicht nur mit einer extensionalen sondern auch einer intensionalen Unbestimmtheit behaftet sind. Jede Formalisierung setzt jedoch Bedeutungen voraus, die bei aller extensionalen Unschärfe doch auf die Dauer geschlossen sind. Damit würde die Formalisierung einen unerwünschten Zementierungseffekt haben, da sie die wertende Berücksichtigung des Einzelfalls unmöglich macht.

Neben Offenheit und Wertbezogenheit wird als weiteres Merkmal, welches einer Formalisierung entgegensteht, die Geschichtlichkeit der Rechtsnormen hervorgehoben. Die Geschichtlichkeit ist dabei in zwei Aspekten zu berücksichtigen.

Erstens in dem aus sozialer und geschichtlicher Erfahrung stammenden Vorverständnis, das der Gesetzgeber beim Normadressaten inplizit voraussetzt und ohne das die Rechtsnorm nur fragmentarisch verstanden werden kann. Der zweite Aspekt der Geschichtlichkeit ist jener der Rechtsfortbildung durch die richterliche Spruchpraxis. Hier bleibt die Form der einmal gesetzten Rechtsnorm, ihr Inhalt ändert sich; Formalisierungen sind jedoch geschichtslos und klammern alle Veränderungen des Inhalts, welche keinen Niederschlag in der Veränderung der Form finden, grundsätzlich aus. Sie sind, im Gegensatz zur Wirklichkeit, geschlossene Systeme.

Allen diesen Einwänden der hermeneutischen Rechtstheorie ist gemeinsam, daß die Formalisierungsversuche die pragmatische Dimension des Rechts zu wenig berücksichtigen. Jeder Formalisierung steht also eine doppelte Barriere entgegen: Neben der semantischen Barriere besteht als weiteres Hindernis die pragmatische Barriere. (Zur generellen Bedeutung dieser rechtstheoretischen Einwände gegen die Formalisierung und Algorithmisierung für die Rechtsinformatik vgl. oben Abschnitt 1.5).

Literatur: *Canaris* (1969), *Carnap* (1972), *Engisch* (1971), *Esser* (1970), *Hermes* (1961), *Joergensen* (1937), *Larenz* (1975), *Mates* (1969), *Winkler* (1975)

4.3 Beispiele der Formalisierung von Normen

Das *Joergensen*sche Dilemma (vgl. Abschnitt 4.2.2) reißt ein Grundproblem jeder Formalisierung von Rechtsnormen mit Hilfe eines logischen Kalküls an. Jeder derartige Logifizierungsversuch sieht sich nämlich vor dem folgenden Problem:

- Aussagen-, Klassen- und Prädikatenkalkül (erster Stufe) bilden den Kern der Logikkalküle. Diese „harte Logik" ist ziemlich genau erforscht, zahlreiche allgemeingültige Schlußregeln sind bekannt. Gelingt es, Rechsnormen mit Hilfe dieser Kalküle adäquat zu formalisieren, so steht ein reiches Instrumentarium zur Gewinnung neuer Ausdrücke zur Verfügung. Die genannten Kalküle sind jedoch nur für „Aussagen" definiert – so ist jedenfalls die herrschende Meinung. Unter einer „Aussage" versteht man aber die Bedeutung eines Satzes, dem sinnvollerweise ein Wahrheitswert „wahr" oder „unwahr" („falsch") zugeschrieben werden kann. Es ist daher fraglich, ob Normen derart umgeformt werden können, daß sie sich durch Aussagen-, Klassen- oder Prädikatenkalkül adäquat formalisieren lassen.
- Die Konstruktion eigener Kalküle für Normen, sogenannter deontischer Kalküle, hat jedoch noch nicht den erhofften Erfolg gebracht. Diese „weiche Logik" ist dadurch gekennzeichnet, daß weder die zu wählenden Axiome, noch die zulässigen Schlußregeln unumstritten sind. Auf jeden Fall sind die deontischen Kalküle weniger mächtig, als die Kalküle der „harten Logik".

4.3.1 Formalisierung von Normen mit Hilfe des Prädikatenkalküls

Von den drei Kalkülen des Aussagen-, Klassen- und Prädikatenkalküls (erster Stufe) ist zweifellos der Prädikatenkalkül der mächtigste, da sich in ihm Sachverhalte ausdrücken lassen, die in den anderen Kalkülen nicht adäquat wiedergegeben werden können. Zur Charakterisierung der Formalisierungsversuche der harten Logik genügt es daher, ein Beispiel einer Übersetzung der Normen in den Prädikatenkalkül zu geben. Im deutschen Sprachraum ist dieser Ansatz vor allem mit den Namen *Klug* und *Rödig* verbunden. *Klug* (1966, 150) gibt das folgende Grundschema eines teleologischen Axioms an:

$$(1)\ \forall x\, (Ve(x) \rightarrow So(x))$$

In dieser Formel bezeichnet Ve (x) den Ausdruck „x hat die Eigenschaft, ein bestimmtes Verhalten A zu sein" oder kürzer „x ist ein Verhalten von der Art A"; So(x) bezeichnet den Ausdruck „x hat die Eigenschaft, ein gesolltes Verhalten zu sein" oder kürzer „x ist ein gesolltes Verhalten". Die ganze Formel ist dann zu lesen: „Für alle x gilt: Stets wenn x ein Verhalten von der Art A ist, so ist x ein gesolltes Verhalten".

Man bemerkt sofort, daß es im Bereich des Rechts naheliegt, Ve(x) als Tatbestand, So (x) als gesollte Rechtsfolge und das gesamte Grundschema eines teleologischen Axioms als Rechtsnorm zu interpretieren. In seiner Formalisierung juristischer Schlußweisen tut dies *Klug* auch. Der *Klug*sche Ansatz einer Logifizierung von Rechtsnormen wird also durch die folgenden Besonderheiten charakterisiert:

- Die juristische Kopula zwischen Tatbestand und gesollter Rechtsfolge „wenn – dann" wird durch eine Implikation übersetzt
- Der deontische Status der Rechtsfolge, das „Sollen", wird in die Rechtsfolge selbst hineingezogen.

Von den Einwänden gegen diesen Logifizierungsversuch greifen wir den folgenden heraus:

Unter Benutzung des angegebenen Grundschemas lassen sich jedenfalls unterschiedliche deontische Modalitäten und ihre Beziehungen zueinander nur bei Annahme zusätzlicher Axiome unterscheiden. So kann z.B. ohne zusätzlich ausgezeichnete Prädikate im Rahmen des Prädikatenkalküls nicht vom Gebot eines Verhaltens auf seine Erlaubnis geschlossen werden.

Es kann nicht Aufgabe der Rechtsinformatik sein, diese grundlegende Problematik der Rechtslogik zu entscheiden. Das Vorgehen der Rechtsinformatik sollte vielleicht in der folgenden Weise pragmatisch sein: Überall dort, wo Beziehungen zwischen deontischen Modalitäten im Mittelpunkt des Interesses stehen, empfiehlt sich die Formalisierung von Rechtsnormen mit Hilfe eines deontischen Kalküls. Überall dort, wo dies nicht der Fall ist, wo aber ein reiches Repertoir an Schluß- und Umformungsregeln erforderlich ist, sollte versucht werden, mit dem Prädikatenkalkül das Auslangen zu finden. Im Problem der Formalisierung von Rechtsnormen zeigt sich daher die Relativität jeder Anwendung eines formalen Kalküls. Verschiedene Kalküle „leisten" Verschiedenes. Für eine bestimmte Fragestellung ist stets nur der „relativ beste" Kalkül auszuwählen.

Als Beispiele der Logifizierung rechtlicher Ausdrücke mit Hilfe des Prädikatenkalküls geben wir im folgenden die Formalisierung eines Paragraphen, nämlich des § 1 BGB, und die Definition eines allgemeinen Grundsatzes, nämlich des Bestehens eines Anspruches (beide Beispiele nach *Rödig* (1972)). Unklar bleibt, ob es hierbei um Formalisierungen vollständiger Normen der Form des Ausdrucks (1) oder ob es sich nur um Bestandteile solcher Normen handelt.

Fangen wir an mit § 1 BGB. Die Rechtsfähigkeit des Menschen beginnt nach dieser Bestimmung „mit der Vollendung der Geburt". Was die logische Struktur der Vorschrift betrifft, sagt *Heller* (Logik und Axiologie der analogen Rechtsanwendung. 1961, 60): „Als gesetzlichen Tatbestand haben wir hier die Vollendung der Geburt, als Rechtsfolge den Eintritt der Rechtsfähigkeit.

Im Hinblick darauf, daß jeder Mensch mit der Vollendung einer Geburt nach unserem geltenden Recht rechtsfähig wird, kann gesetzt werden: $Tb \rightarrow Rf$. Andererseits ist man aber auch berechtigt, zu setzen: $Rf \rightarrow Tb$, da ein nasciturus noch nicht im Vollsinne rechtsfähig ist. Da mithin in beiden Richtungen eine Implikationsbeziehung besteht, haben wir hier eine Äquivalenz vor uns: $Tb \leftrightarrow Rf$". Sowohl die Vollendung der Geburt als auch das Erlangen der Rechtsfähigkeit sind offenbar auf menschliche Personen, und zwar auf jeweils eine und dieselbe natürliche Person, zu beziehen. Der Zusammenhang von Geburt und Rechtsfähigkeit wird ferner nicht etwa nur hinsichtlich dieser oder jener bestimmten natürlichen Personen, vielmehr hinsichtlich sämtlicher der zu einer Rechtsgemeinschaft gehörenden Rechtsgenossen behauptet. Es bedarf daher ferner der Ersetzung der materiellen Äquivalenz

$$(2)\ (TB \leftrightarrow Rf)$$

durch eine formale. Es sei „p" eine Variable mit der Menge der Namen sämtlicher Rechtsgenossen als Wertbereich. „$Gb^1(\,.\,)$" bezeichne die Eigenschaft, die Geburt vollendet zu haben. „$Rg^1\ (\,.\,)$" die Eigenschaft, rechtsfähig zu sein. Dann ist man versucht, (2) wie folgt mit Hilfe einer formalen Äquivalenz zu reparieren:

$$(3)\ \forall p\,(Gb^1(p) \leftrightarrow Rg^1\ (p)).$$

Jedoch Formel (3) ist, wie man anhand jedes zwar geborenen, jedoch auch schon verstorbenen Rechtsgenossen erkennt, widerlegbar. Richtig ist nur

$$(4)\ \forall p\,(Rg^1\ (p) \rightarrow Gb^1\ (p)),$$

doch von der in (4) enthaltenen Information wird man bei der Entscheidung aktueller Rechtsfälle absehen können.

Von erheblicher Bedeutung für eine adäquate Formalisierung rechtlicher Sätze ist der Gesichtspunkt der Zeit. Es liegt nahe, die soeben behandelten Prädikate „Gb^1 (.)" und „Rg^1 (.)" wie folgt durch den Bezug auf bestimmte Zeitpunkte (die entsprechende Variable laute „z") zu relativieren.

„Gb^1 (.)" geht über in das 2-stellige Prädikat „Gb^2 (. , . .)" als den objektsprachlichen Namen für die 2-stellige Beziehung, daß das an der Stelle . unbestimmt genannte Individuum zu dem an der Stelle . . unbestimmt genannten Zeitpunkt die Geburt vollendet. Ähnlich wird „Rg^1 (.)" in „Rg^2 (. , . .)" transformiert: Erlangung der Rechtfähigkeit durch . zum Zeitpunkt . . . Mit Hilfe der soeben entwickelten Prädikate ist § 1 BGB nun aber in der Tat als eine formale Äquivalenz formulierbar:

$$(5)\ \forall p\ \forall z\ (Gb^2\ (p,z) \leftrightarrow Rg^2\ (p,z)).$$

Formel (5) ist auf der Basis eines mehrsortigen Prädikatenkalküls entwickelt. Verwendet man demgegenüber ausschließlich Variablen mit jeweils derselben Menge von Konstanten als Wertbereich, so muß geklärt werden, daß es sich bei dem jeweils ersten Element des (geordneten) Paares „(p,z)" um die Andeutung des Namens einer natürlichen Person („Pe^1 (.) "), beim zweiten Element um die Andeutung des Namens eines Zeitpunktes („Zp^1 (.) ") handelt.

Die Formel lautet dann:

$$(6)\ \forall p \forall z\ ((Pe^1\ (p)\ \wedge\ Zp^1\ (z)) \rightarrow (Gb^2\ (p,z) \leftrightarrow Rg^2\ (p,z))).$$

Geben wir nun als weiteres Beispiel die Formalisierung des Bestehens eines Anspruches.

Die Variablen „p_1" und „p_2" stehen für Namen von Rechtsgenossen, „z_1", „z_2" und „z_3" für Namen von Zeitpunkten; „s" steht für den Namen einer Sache. Es handelt sich also wiederum um einen mehrsortigen Kalkül. „Fr^2(. , . .)" soll bedeuten, daß . früher als . . geschieht. Der Inhalt („JN(.)") der weiteren Prädikate sei wie folgt definiert:

JN („Hr^4 (. , . . . , ... , ...)") = . kann von . . zum Zeitpunkt . . . die Herausgabe von . . . . verlangen;

JN („Er^4 (. , . . . , ... , ...)") = . erwirbt zum Zeitpunkt . . . gegenüber . . das Recht auf Herausgabe von . . . .; ähnlich wird der Verlust des subjektiven Rechts (Vl^4 (. , . . . , ... , ...)") erklärt.

$$(7)\ \forall p_1\ \forall p_2\ \forall z_3\ \forall s\ (Hr^4\ (p_1\ , p_2\ , z_3\ , s) \rightarrow \exists\ z_1\ (\sim Fr^2\ (z_3, z_1)$$
$$\wedge\ Er^4\ (p_1, p_2, z_1, s) \wedge\ \sim \exists\ z_2\ \ (Fr^2\ (z_2, z_1) \wedge \sim Fr^2\ (z_3, z_2)$$
$$\wedge Vl^4\ \ (p_1, p_2, z_2, s))))$$

Annähernd ‚„wörtlich" übersetzt bedeutet dies „Eine Person (Kläger) kann von einer andern (Beklagter) genau dann zu einem Zeitpunkt z_3 Herausgabe einer Sache verlangen, wenn es erstens einen Zeitpunkt z_1 gibt, der (jedenfalls!) nicht später als z_3 liegt und zu welchem der Kläger den Anspruch auf Herausgabe erworben hat, und wenn es zweitens keinen zwischen z_1 und z_3 liegenden (oder sich gar mit z_1 oder z_3 deckenden) Zeitpunkt z_2 gibt, zu welchem der Kläger diesen Anspruch verloren hat."

Diese an Allgemeinheit wohl nicht zu übertreffende Formel ist jetzt Schritt für Schritt zu konkretisieren. Es möge genau zwei – zusammenfassende – Formen für den Erwerb der Berechtigung geben, etwa Erwerb aufgrund Vertrages („Ev^4 (. , . . . , . . . , ...)") sowie Erwerb aufgrund bereicherungsrechtlicher, deliktischer oder ähnlicher Haftung („Eh^4 (. , . . . , . . . , ...)"). Mit der Einführung dieser ersten Differenzierung ist zugleich die Notwendigkeit der Einbeziehung einer zweiten verbunden: Wir dürfen nicht vergessen, daß sich möglicherweise nunmehr auch die Gründe für einen Verlust der Berechtigung verschieden gestalten („Vv^4 (. , . . . , . . . , ...)" versus „Vh^4 (. , . . . , . . . , ...)"):

(8) $$\begin{aligned}&\forall p_1\, \forall p_2\, \forall z_3\, \forall s (Hr^4 (p_1, p_2, z_3, s) \rightarrow (\exists z_1 (\sim Fr^2 (z_3, z_1)\\ &\wedge Ev^4 (p_1, p_2, z_1, s) \wedge \sim \exists z_2 (\sim Fr^2 (z_2, z_1) \wedge \sim Fr^2 (z_3, z_2)\\ &\wedge Vv^4 (p_1, p_2, z_2, s))) \vee \exists z_1 (\sim Fr^2 (z_3, z_1) \wedge Eh^4 (p_1, p_2, z_1, s)\\ &\wedge \sim \exists z_2 (\sim Fr^2 (z_2, z_1) \wedge \sim Fr^2 (z_3, z_2) \wedge Vh^4 (p_1, p_2, z_2, s)))))\end{aligned}$$

Ein nächster Schritt würde namentlich in der weiteren Konkretisierung der – bereits im Zusammenhang mit der Unterscheidung der Erwerbsgründe erstmals konkretisierten – Verlustgründe bestehen; beispielsweise Verlust der Berechtigung durch Übergang auf einen Dritten (insbesondere Abtretung) oder aber durch deren sogenannten „Untergang", durch ihr „Erlöschen".

Die beiden Beispiele zeigen, daß bereits die Formalisierung relativ einfacher Rechtssätze zu ziemlich komplexen Ausdrücken des Prädikatenkalküls führt.

4.3.2 Formalisierung von Normen mit Hilfe deontischer Kalküle

Die Versuche, Normen mit Hilfe deontischer Kalküle zu formalisieren, gehen in der Regel nicht so sehr ins Detail wie die Beispiele des Abschnittes 4.3.1. Das Hauptinteresse konzentriert sich hier auf die Formulierung der Axiome und Schlußregeln und nicht auf die Übersetzung von Rechtsnormen in Ausdrücke dieser Kalküle. Wir geben als Beispiele die vielleicht bekanntesten Kalküle der deontischen Logik, nämlich die Kalküle *von Wrights* an.

Das erste System *von Wrights*, das sogenannte *„Old System"* (OS) wurde 1951 geschaffen. Es geht von den folgenden Grundgedanken aus:

- Analogie zwischen Verpflichtung, Gebot und Erlaubnis einerseits und entsprechend Notwendigkeit, Unmöglichkeit und Möglichkeit andererseits;

– Übertragung der Begriffe (z.B. Junktoren) der Namenlogik auf das Feld der deontischen (normantiven) Äußerungen analog zur Übertragung der Begriffe (z.B. Junktoren) der Aussagenlogik auf das Feld der Namenlogik. (Namenlogik ist jener Zweig der Logik, der sich sowohl mit Eigennamen wie mit Prädikaten (Klassennamen) befaßt.)

Sei A eine Namensvariable für eine Handlung; jede Handlung ist entweder erlaubt oder verboten oder obligatorisch oder indifferent. *Von Wright* schreibt „PA" für „A ist erlaubt", „FA" für „A ist verboten", „OA" für „A ist obligatorisch" und „IA" für „A ist indifferent". P,F,O,I sind normenbildende Funktoren (Operatoren) mit einem prädikativen Argument, das durch allgemeine Namensvariablen symbolisiert wird. „P" ist der einzige Grundbegriff im OS. Die definierten Begriffe werden so eingeführt:

Df. F. $FA = \sim(PA)$
Df. O $OA = \sim(P \sim A)$
Df. I. $IA = PA \wedge P \sim A$.

OS kennt die folgenden Axiome:

A 1. $\sim(OA \wedge O \sim A)$
A 2. $O(A \wedge B) \leftrightarrow (OA \wedge OB)$

und die üblichen Schlußregeln: Einsetzungsregel, Ersetzungsregel und Abtrennungsregel. Als Hilfstheoreme werden die Theoreme der Aussagenlogik verwendet (Theoreme des OS sind die deontisch richtigen Einsetzungen in die Theoreme der Aussagenlogik).

Die von *von Wright* selbst angegebenen Haupttheoreme des Systems sind:

Ia. $\sim(O \sim A) \leftrightarrow PA$
Ib. $OA \rightarrow PA$
IIa. $O(A \wedge B) \leftrightarrow (OA \wedge OB)$
IIb. $P(A \vee B) \leftrightarrow (PA \vee PB)$
IIc. $(OA \vee OB) \rightarrow O(A \vee B)$
IId. $P(A \wedge B) \rightarrow (PA \wedge PB)$
IIIa. $(OA \wedge O(A \rightarrow B)) \rightarrow OB$
IIIb. $(PA \wedge O(A \rightarrow B)) \rightarrow PB$
IIIc. $(\sim(PB) \wedge O(A \rightarrow B)) \rightarrow \sim(PA)$
IIId. $(O(A \rightarrow (B \vee C)) \wedge \sim(PB) \wedge \sim(PC)) \rightarrow \sim(PA)$
IIIe. $\sim(O(A \vee B) \wedge \sim(PA) \wedge \sim(PB))$
IIIf. $(OA \wedge O((A \wedge B) \rightarrow C)) \rightarrow O(B \rightarrow C)$
IIIg. $O(\sim A \rightarrow A) \rightarrow OA$.

Aus den Axiomen des OS lassen sich verschiedene „Paradoxa" ableiten, die von Vertretern der deontischen Logik ausführlich diskutiert werden.

Als Beispiele seien angeführt:

1. *Die Paradoxa der abgeleiteten Verpflichtung*

Die folgenden Ausdrücke sind Theoreme des OS:

(1) $\sim(PA) \rightarrow O(A \rightarrow B)$ und (2) $OB \rightarrow O(A \rightarrow B)$

zu lesen als „Wenn A nicht erlaubt (anders gesagt „verboten") ist, dann ist (wenn A, dann B) obligatorisch" bzw. „Wenn B obligatorisch ist, dann ist (wenn A, dann B) obligatorisch". Dies besagt einerseits, daß jede verbotene Handlung uns zum Vollzug jeder beliebigen Handlung, auch wenn diese verboten oder sogar mit der ersten identisch ist, zwingt, und andererseits, daß alles uns zum Vollzug einer obligatorischen Handlung zwingt.

2. *Das Paradoxon des Räubers (oder Paradoxon des guten Samariters)*

(2) läßt sich umwandeln in

$$(3) \quad \sim(PA) \rightarrow \ \sim P(A \wedge B)$$

Der Sinn von (3) ist „Wenn A verboten ist, dann ist (A und B) verboten", d.h. dann ist der Vollzug von A bei gleichzeitigem Vollzug irgendeiner anderen Handlung B verboten. Das betreffende Theorem verdankt seinen Namen dem evangelischen Gleichnis. Wenn nämlich die Wegelagerei, deren Opfer der Mann wird, der von Jerusalem nach Jericho geht, verboten ist, dann ist nach (3) diese Wegelagerei, gefolgt von Bemühungen um das Opfer, verboten (gleich wer sich um das Opfer kümmert: der Räuber selbst oder sonstwer; im ersten Fall spricht man vom Paradoxon des Räubers, im zweiten von dem des guten Samariters).

3. *Das Rosssche Paradoxon*

Ein weiteres Theorem des OS ist

$$(4) \quad OA \rightarrow O(A \vee B)$$

Dieses Theorem erhält man aus dem aussagenlogischen Hilfstheorem

$$p \rightarrow p \vee q.$$

Setzen wir für „p" ein „dieser Brief wird aufgegeben" und für „q" ein „dieser Brief wird verbrannt", dann erhält man „Wenn dieser Brief aufgegeben wird, dann wird dieser Brief aufgegeben oder verbrannt". Wenn das Vorderglied p gegeben ist, dann kann das Hinterglied p oder q abgetrennt werden. Nun ist dies ein disjunktiver Satz und wie alle solche Sätze ist er wahr, wenn eines seiner Glieder wahr ist. Er wäre also wahr, wenn der betreffende Brief verbrannt statt aufgegeben wird. Das $p \vee q$ entsprechende Gebot ist „es ist obligatorisch, daß der Brief aufgegeben oder verbrannt wird". In jedem Kontext ist es die Quasi-Konklusion des Gebots „es ist obligatorisch, daß der Brief aufgegeben wird" und darüber hinaus wäre es erfüllt, wenn der Brief verbrannt würde. So weit das Paradoxon. Allerdings ist fraglich, ob hier überhaupt ein Paradoxon vorliegt. Denn wann kann das Hinterglied $p \vee q$ als der dem disjunktiven Gebot $O(A \vee B)$ entsprechende disjunktive Satz von dem Vorderglied p, das dem Gebot $O(A)$ entspricht, abgetrennt werden? Doch nur, wenn dieses Vorderglied wahr und das entsprechende Gebot erfüllt ist. Wenn dem so ist, müssen wir bis zum Ende unserer Überlegung dabei bleiben; wir können nicht zwischendurch die Annahme ändern. Anders gesagt, wenn wir das Hinterglied abgetrennt haben, haben wir nicht mehr das Recht anzunehmen, es sei wahr, weil der Brief, um den es sich handelt, verbrannt wird.

Wir sind auf das *Ross*sche Paradoxon deshalb etwas ausführlicher eingegangen, weil es charakteristisch für die gegenwärtigen Probleme der deontischen Logik ist.

Unabhängig von diesen Paradoxa besteht für die Anwendung des OS auf Rechtsnormen das folgende Problem: Das OS kennt nur *kategorische* (unbedingte) Normen. Nun ist der Jurist jedoch aufgrund der Lehre von Tatbestand und Rechtsfolge gewöhnt, mit *hypothetischen* (bedingten) Normen zu arbeiten. Es ist nicht klar, ob ein fundamentaler Unterschied zwischen kategorischen und hypothetischen Normen besteht:

Einerseits scheint es stets möglich zu sein, hypothetische Normen in kategorische Normen über den Namen des Handlungsträgers oder der Handlung umzuwandeln. Betrachten wir dazu die beiden folgenden hypothetischen Normen: „Du sollst A tun, wenn du glücklich sein willst" und „Du sollst das Fenster schließen, wennn es zu regnen anfängt". Die zugehörigen kategorischen Normen sind dann „Du, der du glücklich sein willst, sollst A tun" (Umwandlung über den Handlungsträger) und „Du sollst die t_k -Zeitpunkt-Fensterschließung bewerkstelligen", wobei der betreffende Zeitpunkt der ist, in dem es zu regnen anfängt (Umwandlung über die Handlung). Andererseit ist es aber auch stets möglich, eine kategorische Norm in eine hypothetische umzuwandeln, indem für die Bedingung eine Tautologie, z.B. $A \vee \sim A$ gesetzt wird. Trotz dieser Überlegungen erscheint es für Rechtsnormen zweckmäßiger, statt eines *monadischen Kalküls* für kategorische Normen, wie ihn das OS darstellt, einen *dyadischen Kalkül* für hypothetische Normen zu verwenden. Einen solche Kalkül stellt das *„New System"* (NS) *von Wrights* dar, das 1964 formuliert wurde.

Im NS werden bedingte Funktionen wie „A/B" („A unter der Bedingung B"), „B/C", usw. gebildet. Jedoch stehen die Symbole „A", „B" usw. hier für Satzvariable, nicht mehr für Namensvariable (Prädikate). Sie stehen für Sätze, die allgemeine und durch menschliches Verhalten änderbare Sachverhalte bezeichnen, Sätze wie etwa „Das Fenster ist geschlossen" (das Beispiel stammt von *von Wright*).

Der Grundbegriff ist diesmal „O (-/-)", den *von Wright* im Englischen so liest: „One ought to see to it that – when it is the case that –". Wir geben ihn hier so wieder: „Es ist obligatorisch, daß – unter der Bedingung, daß –". Von diesem Grundbegriff aus werden deontische Sätze gebildet, indem an die Stelle des ersten Bindestrichs die Beschreibung eines generischen Sachverhalts gesetzt wird, der bestehen soll, und an die Stelle des zweiten Bindestrichs die Beschreibung eines Sachverhaltes, der besteht und der die Verpflichtung zur Verwirklichung des ersten bedingt.

NS hat drei Axiome

B 1. $\sim(O(A/B) \wedge O(\sim A/B))$

B 2. $O(A \wedge B/C) \leftrightarrow (O(A/C) \wedge O(B/C))$

B 3. $O(A/(B \vee C) \leftrightarrow (O(A/B) \wedge O(A/C))$

Aber es läßt sich zeigen, daß man aus B 1 unter anderem $O(A/B) \rightarrow \sim O(\sim A/C)$ beweisen kann. Das folgende Beispiel illustriert den Sinn davon: „Wenn man das Fenster bei Regen schließen soll, dann gilt nicht: man soll das Fenster nicht schließen, falls die Sonne scheint". Anders gesagt, in diesem letzten Fall besteht keine Verpflichtung, es zu öffnen, weil es erlaubt ist, es zu schließen (oder geschlossen zu lassen). Die Verpflichtung, das Fenster bei schlechtem Wetter zu schließen, schließt die Verpflichtung aus, es zu öffnen, wenn das Wetter schön ist, und das ist, wie *von Wright* zurecht bemerkt, absurd. Er ersetzt B 1 daher durch.

B 1'. $\sim(O(A/A) \wedge O(A/\sim A) \wedge O(\sim A/A) \wedge O(\sim A/\sim A))$

Die Schlußregeln von NS sind die von OS. Ferner ist jeder Ausdruck Theorem von NS, den man dadurch erhält, daß man in einem Theorem von OS für jeden darin enthaltenen atomaren O-Ausdruck einen Ausdruck vom Typ „O (-/T)" einsetzt, wobei „T" irgendeine Tautologie der Aussagenlogik repräsentiert und links von "/" das Argument des betreffenden O-Ausdrucks steht.

Von Wright führt als Beispiel zwei Theoreme des NS an, nämlich

I. $O(A/B) \rightarrow O((A \vee \sim A/B)$

II. $O(A/B) \rightarrow O(A/B \wedge \sim B))$,

die sich wie folgt interpretieren lassen: „Wenn etwas unter bestimmten Bedingungen obligatorisch ist, dann ist die Tautologie unter diesen Bedingungen obligatorisch" und „Wenn etwas unter bestimmten Bedingungen obligatorisch ist, dann ist es unter widersprüchlichen Bedingungen obligatorisch".

Allerdings ist hier zu fragen, ob man von Verpflichtungen zum Notwendigen (d.h. zu einer Handlung, deren Name eine Tautologie ist) reden kann und wozu man inexistente Bedingungen in Erwägung ziehen soll.

Wir haben als Beispiele deontischer Kalküle jene *von Wrights* gewählt, da sie die berühmtesten – und in gewisser Weise auch einfachsten – deontischen Kalküle darstellen und gleichzeitig die Schwierigkeiten, denen sich die deontische Logik gegenübersieht, gut illustrieren. Im Abschnitt 4.4 soll ein Beispiel der Anwendung deontischer Kalküle in der Rechtsinformatik gegeben werden.

Literatur: *Cornides* (1974), *Hilpinen* (1971), *Kalinowski* (1972), *Klug* (1966), *Lenk, H.* (1974), *Reisinger* (1972), *Rödig* (1972), *Tammelo/Moens* (1976), *Tammelo/Schreiner* (1974), *Wagner/Haag* (1970), *Weinberger* (1970), *Weinberger* (1974 a), *von Wright* (1951), *von Wright* (1964)

4.4 Das Modell von *Alchourrón* und *Bulygin* und seine Erweiterung

Im folgenden soll eine formale Beschreibung eines normativen Systems skizziert werden. Die Darstellung folgt in den Abschnitten 4.4.1 bis 4.4.4 im wesentlichen *Alchourrón/Bulygin* (1971), verwendet allerdings die Bezeichnungen der deutschsprachigen Rechtstheorie.

4.4.1 Die Beschreibung eines normativen Problems

Wir gehen von einem beliebigen „normativen Problem" aus. Ein *„normatives Problem"* besteht in der Frage nach dem deontischen Status (Gebot, Verbot, usw.) bestimmter „Verhaltensweisen" (der „Rechtsfolgen") bei Vorliegen bestimmter „Bedingungen" (der „Tatbestände"). Bei jedem normativen Problem sind daher die beiden folgenden Bereiche zu unterscheiden:

– der Bereich des Seins, welcher die Bedingung (den Tatbestand) umfaßt;
– der Bereich des Sollens, welcher das gesollte Verhalten (die Rechtsfolge) umfaßt.

Im einzelnen läßt sich ein normatives Problem wie folgt beschreiben:

1. Gegeben sei eine Grundmenge von *„Sachverhalten"*, welchen ein bestimmtes Definitionsmerkmal gemeinsam ist. Diese Grundmenge werde mit UD bezeichnet.

2. Ein normatives Problem läßt sich – wie bereits erwähnt – als eine Frage bezüglich des deontischen Status bestimmter „Verhaltensweisen" auffassen. Manche dieser Verhaltensweisen sind *grundlegende Verhaltensweisen* in dem Sinne, daß alle anderen sich als wahrheitsfunktionale Zusammensetzungen dieser Verhaltensweisen darstellen lassen. Jede endliche Menge von grundlegenden Verhaltensweisen sei mit UA bezeichnet. UD und UA bestimmen ein normatives Problem in dem Sinne, daß jede Variation dieser beiden Elemente zu einem neuen normativen Problem führt.

3. Alle Sachverhalte haben bestimmte *relevante Eigenschaften* gemeinsam. Die Bestimmung dieser Eigenschaften wird durch Wertung vorgenommen. Jede dieser Eigenschaften teilt das UD in zwei Klassen: Die Klasse der Elemente von UD, auf die die betrachtete Eigenschaft zutrifft, und die Klasse der Elemente von UD, auf die die betrachtete Eigenschaft nicht zutrifft (bzw. auf die das Komplement der betrachteten Eigenschaft zutrifft). Jede Menge solcher Eigenschaften sei mit UP bezeichnet.

4. Jede Eigenschaft eines UP und jede wahrheitsfunktionale Zusammensetzung solcher Eigenschaften (mit Ausnahme von Kontradiktionen und Tautologien) definiert einen möglichen *„Tatbestand"*. Ist die einen Tatbestand definierende Eigenschaft eine Konjunktion, welche alle Eigenschaften (oder deren Negationen)

eines UP enthält, so wird der dadurch beschriebene Tatbestand als *„elementar"* bezeichnet. Alle nichtelementaren Tatbestände heißen „komplex". Jeder komplexe Tatbestand ist äquivalent einem elementaren Tatbestand oder einer Disjunktion elementarer Tatbestände. Die Menge aller (bez. eines UP) elementaren Tatbestände werden mit UC bezeichnet. Sei k die Anzahl der Elemente eines UP, so erhält man 2^k elementare Tatbestände. Das UP definiert den *Seinsbereich* des normativen Problems.

5. Der *Sollensbereich* des Problems wird in der folgenden Weise bestimmt: Jedes Element eines UA und jede wahrheitsfunktionale Zusammensetzung solcher Elemente (mit Ausnahme von Tautologien und Kontradiktionen) kann als *„deontischer Inhalt"* bezeichnet werden, dessen normativer Status durch einen *„deontischen Funktor"* bestimmt wird.

In den Kalkülen der deontischen Logik werden unterschiedliche deontische Funktoren definiert. Sei p ein deontischer Inhalt, so werden im hier gewählten Modell die folgenden deontischen Funktoren zugelassen:

Op	p ist geboten (obligatio)
Vp	p ist verboten (vetitum)
Pp	p ist erlaubt (permissio)
Fp	p ist fakultativ (facultas)
Ip	p ist indifferent (indifferentia)
Rp	p ist pflichtrelevant (relevantia)

Zur gewählten Bezeichnungsweise der deontischen Funktoren ist folgendes zu bemerken: Unglücklicherweise hat sich in der deontischen Logik keine allgemein akzeptierte Bezeichnungsweise für deontische Funktoren durchgesetzt. Meist werden als Symbole die Anfangsbuchstaben der deontischen Modalisationen aus jener Sprache gewählt, in der der betreffende Autor schreibt. Daß dieser Zustand unbefriedigend ist, braucht nicht näher erörtert zu werden. Wir schlagen daher vor, bei der Symbolwahl einer normativen Notation prinzipiell von der lateinischen Sprache auszugehen.

Wir wählen P als primitiven Funktor, durch den alle anderen Funktoren ausgedrückt werden können. Es gilt dann:

$$Op = \sim P \sim p$$
$$Vp = \sim Pp$$
$$Fp = P \sim p$$
$$Ip = Pp \wedge P \sim p$$
$$Rp = \sim Pp \vee \sim P \sim p$$

6. Jeder Ausdruck, in dem ein deontischer Inhalt einem deontischen Funktor folgt, heiße eine *„Rechtsfolge"*. Wenn eine Rechtsfolge alle deontischen Inhalte, welche einem UA entsprechen, determiniert, nennen wir sie eine *„maximale Rechtsfolge"*. Die Menge aller maximalen Rechtsfolgen sei mit USmax bezeichnet.

Das USmax ist die Menge aller vollständigen Antworten auf ein normatives Problem: Wird ein Tatbestand mit einer maximalen Rechtsfolge verknüpft, so sind alle möglichen Verhaltensweisen (deontischen Inhalte) determiniert. Sei z.B. UA die einelementige Menge UA = $\{p\}$, so sind als mögliche deontische Inhalte p und ~p zu unterscheiden. Man erhält dann USmax = $\{Op, Vp, Ip\}$. Die Rechtsfolge Pp z.B. ist nicht maximal, da aus Pp nichts über den deontischen Status von ~p geschlossen werden kann, während die maximalen Rechtsfolgen sowohl p als auch ~p determinieren.

Alle Rechtsfolgen, die nicht maximal sind, heißen *„partiell"*. Es läßt sich zeigen, daß jede partielle Rechtsfolge einer Disjunktion mehrerer maximalen Rechtsfolgen äquivalent ist. Jede partielle Rechtsfolge kann daher durch maximale Rechtsfolgen definiert werden.

4.4.2 Normative Systeme als Lösungen normativer Probleme

Sätze (linguistische Ausdrücke), welche Tatbestände mit Rechtsfolgen verknüpfen, mögen als *„Normen"* bezeichnet werden. Seien z.B. p eine Rechtsfolge und G ein Tatbestand, so ist Op/G eine Norm. Jede Menge von Normen konstituiert ein „normatives System" (allerdings kann ein normatives System auch andere Satztypen neben Normen enthalten).

Das folgende Beispiel möge die einzelnen Definitionen verdeutlichen:
Gegeben seien UA = $\{p\}$ und UP = $\{F, G, H\}$. Aus UA = $\{p\}$ erhält man USmax = $\{Op, Ip, Vp\}$; aus UP = $\{F, G, H\}$ erhält man UC = $\{F \wedge G \wedge H, \sim F \wedge G \wedge H, F \wedge \sim G \wedge H, \sim F \wedge \sim G \wedge H, F \wedge G \wedge \sim H, \sim F \wedge G \wedge \sim H, F \wedge \sim G \wedge \sim H, \sim F \wedge \sim G \wedge \sim H\}$.

Wir betrachten die folgenden sieben Normen:
$N_1 = Op/\sim F, N_2 = Op/\sim G, N_3 = Op/\sim H, N_4 = Ip/F \wedge G \wedge H, N_5 = Op/\sim G \wedge H, N_6 = Op/\sim F \wedge G \wedge H, N_7 = Ip/F \wedge G$.

Vier normative Systeme seien wie folgt definiert: $S_1 = \{N_1, N_2, N_3, N_4\}$. $S_2 = \{N_3, N_4, N_5, N_6\}$, $S_3 = \{N_2, N_3, N_7\}$ und $S_4 = \{N_3, N_6\}$. Einen Überblick über die vier normativen Systeme gibt Tabelle 4.1

Tabelle 4.1. Vier normative Systeme

	S_1				S_2				S_3			S_4	
Tatbestände	N_1	N_2	N_3	N_4	N_3	N_4	N_5	N_6	N_2	N_3	N_7	N_3	N_6
1. F G H				Ip		Ip					Ip		
2. ~ F G H	Op							Op					Op
3. F ~ G H		Op					Op		Op				
4. ~ F ~ G H	Op	Op					Op		Op				
5. F G ~ H			Op		Op					Op	Ip	Op	
6. ~ F G ~ H	Op		Op		Op					Op		Op	
7. F ~ G ~ H		Op	Op		Op				Op	Op		Op	
8. ~ F ~ G ~ H	Op	Op	Op		Op				Op	Op		Op	

In der ersten Spalte stehen die 8 möglichen elementaren Tatbestände. Die weiteren Spalten beziehen sich auf die einzelnen Normen der betrachteten normativen Systeme. Rechtsfolgen werden an den entsprechenden Schnittstellen zwischen Tatbeständen und Normen eingetragen.

Die Tabelle erlaubt die folgenden vorläufigen Definitionen:

1. Ein Tatbestand, dem in einem normativen System keine Rechtsfolge entspricht, heiße eine (normative) „*Lücke*". Ein normatives System ist „*unvollständig*", genau dann, wenn es mindestens eine Lücke hat. Ein System ohne normative Lücken heiße „*vollständig*".

2. Ein System heiße „*inkonsistent* (*widersprüchlich*) *in einem Tatbestand* C_i" genau dann, wenn dem Tatbestand C_i zwei oder mehr inkompatible Rechtsfolgen entsprechen. Ein System heiße „*inkonsistent*" genau dann, wenn es mindestens in einem Tatbestand inkonsistent ist. Ist dies nicht der Fall, heiße das System „*konsistent*" (*widerspruchsfrei*).

3. Ein System heiße „*redundant in einem Tatbestand* C_i" genau dann, wenn dem Tatbestand C_i dieselbe Rechtsfolge mindestens zweimal entspricht. Die Normen eines Systems seien „*unabhängig*" genau dann, wenn das System in keinem Tatbestand redundant ist. Ist das System in mindestens einem Tatbestand redundant, seien die Normen des Systems „*redundant*".

Auf Grund dieser Definitionen lassen sich die betrachteten Systeme wie folgt analysieren:

1. S_1 ist vollständig, konsistent und redundant. S_1 ist vollständig, da Rechtsfolgen in jeder Zeile auftreten. S_1 ist konsistent, da unterschiedliche Rechtsfolgen (Ip und Op) in keiner Zeile gemeinsam auftreten. Die Normen N_1, N_2 und N_3 sind nicht unabhängig: N_1 und N_2 sind redundant in den Tatbeständen (Zeilen) 4 und 8; N_2 und N_3 sind redundant in den Tatbeständen 7 und 8; N_1 und N_3 sind redundant in den Tatbeständen 6 und 8. Trotz dieser Tatsache kann keine der 3 Normen ohne Entstehen von Lücken aus dem System S_1 entfernt werden: Die Entfernung von N_1 würde Tatbestand 2 ohne Rechtsfolge lassen; ohne

N_2 hätte Tatbestand 3 keine Rechtsfolge; dasselbe gilt für Tatbestand 5 bei Entfernung von N_3.

2. Eine Möglichkeit die Redundanz von S_1 zu beseitigen, ist die Rekonstruktion des Systems durch S_2, in dem N_1 und N_2 durch N_5 und N_6 substuiert wurden. S_2 ist vollständig und konsistent, seine Normen sind unabhängig. In jeder Zeile und jeder Spalte findet sich genau eine Eintragung.

Der Vergleich zwischen S_1 und S_2 illustriert die Tatsache, daß eine vollständige und widerspruchsfreie Lösung eines normativen Problems nicht eindeutig zu sein braucht. Verschiedene normative Systeme können konstruiert werden, welche beide Bedingungen erfüllen. Vergleicht man S_1 und S_2, so erkennt man, daß die Unabhängigkeit der Normen von S_2 um den Preis einer größeren Komplexität (Strukturiertheit) der Normen erkauft wurde. Dieser negative Zusammenhang zwischen Redundanz und Komplexität von Normen scheint ein allgemeines legistisches Problem darzustellen.

3. Das System S_3 ist unvollständig (Tatbestand 2 ist eine Lücke), inkonsistent (zwei unterschiedliche Rechtsfolgen bei Tatbestand 5) und redundant (in den Tatbeständen 7 und 8).

4. Das System S_4 ist konsistent und unabhängig, aber nicht vollständig (in den Tatbeständen 1, 3 und 4).

Nach dieser Illustration läßt sich eine allgemeine Definition der Vollständigkeit und Konsistenz normativer Systeme relativ zu einem USmax wie folgt angeben:

1. Ein normatives System α sei „*inkonsistent*" in einem Tatbestand C_i eines UC, falls das normative System C_i derart mit zwei oder mehr Rechtsfolgen verknüpft, daß die Konjunktion dieser Rechtsfolgen eine deontische Kontradiktion darstellt. Ist dies nicht der Fall, sei α „*konsistent*". Mit Hilfe des Begriffes der maximalen Rechtsfolge läßt sich diese Definition nun in der folgenden Weise umformulieren: Ein normatives System α sei „konsistent" genau dann, wenn kein Tatbestand C_i eines UC durch α mit mehr als einer maximalen Rechtsfolge verknüpft wird. Existiert in α mindestens ein C_i, das mit mindestens zwei Elementen des USmax verknüpft ist, heiße α „inkonsistent" (bez. des UC und des USmax).

2. Ein Tatbestand C_i eines UC sei eine „*Lücke*" in einem normativen System α bez. eines USmax genau dann, wenn α C_i nicht mit irgendeiner Rechtsfolge des USmax verknüpft.

Ein Tatbestand C_i eines UC sei eine „*partielle Lücke*" in einem normativen System α bez. eines USmax genau dann, wenn C_i eine Lücke in α ist, aber α C_i mit einer Disjunktion von zwei oder mehr Rechtsfolgen des USmax verknüpft, die nicht deontisch tautologisch ist.

Ein normatives System α sei „*vollständig*" bez. eines UC und eines USmax genau dann, wenn α keine Lücken im UC bez. des USmax aufweist. Existiert in α mindestens eine Lücke bez. eines UC und eines USmax, heiße α „*unvollständig*" (bez. des UC und des USmax).

Die Vollständigkeit eines normativen Systems bedeutet also nicht nur, daß alle Tatbestände mit Rechtsfolgen verknüpft sind, sondern auch, daß die mit den Tatbeständen verknüpften Rechtsfolgen alle möglichen deontischen Inhalte deontisch determinieren.

4.4.3 Die formale Rekonstruktion der Tatbestände

Im folgenden sollen einige der impliziten bzw. expliziten Voraussetzungen für die formale Rekonstruktion normativer Systeme diskutiert werden. Wenden wir uns zuerst der Rekonstruktion des UC zu. Die Aufga'›e besteht in der Rekonstruktion aller kontingenten (neutralen) Tatbestände. Dies impliziert, daß unmögliche (kontradiktorische) und notwendige (tautologische) „Tatbestände" auszuschließen sind. Um dies sicherzustellen, müssen die Elemente des UP bestimmte Bedingungen erfüllen.

1. Die Elemente des UP müssen von einander *„logisch unabhängig"* sein. Zwei Eigenschaften heißen „logisch unabhängig", wenn die Präsenz der einen in einem Objekt kompatibel mit der Präsenz der anderen in demselben Objekt ist– aber auch kompatibel mit ihrer Absenz. Die Annahme, die Elemente des UP seien logisch unabhängig, möge als *„Hypothese des logischen Atomismus"* bezeichnet werden. Die theoretische Bedeutung dieser Hypothese ergibt sich aus der folgenden Überlegung: Würden die Elemente des UP nicht logisch unabhängig sein, wären bestimmte Kombinationen kontradiktorisch und damit unmögliche Tatbestände. Um dies zu vermeiden, müßten zusätzliche semantische Postulate eingeführt werden. Diese Komplikation wird jedoch durch die Hypothese des logischen Atomismus vermieden.

Von der logischen Unabhängigkeit ist die empirische Unabhängigkeit zu unterscheiden. Es kann vorkommen, daß zwei logisch unabhängige Eigenschaften empirisch nicht unabhängig sind. Sei z.B. P_1 eine (empirische) notwendige Bedingung für P_2, so ist der Tatbestand $P_1 \wedge \sim P_2$ empirisch leer. Diese Kombination tritt in der Realität nicht auf.

Dem Begriff der „empirischen Unabhängigkeit" korrelieren die Begriffe der „empirischen Lücke" und der „empirischen Vollständigkeit" des normativen Systems. Ein System ist „empirisch vollständig", wenn es keine empirische Lücke aufweist. Empirische Vollständigkeit ist kompatibel mit logischer Unvollständigkeit: ein empirisch vollständiges System kann logisch unvollständig sein. Der Umkehrschluß gilt jedoch nicht. Ein logisch vollständiges System ist notwendigerweise empirisch vollständig.

Die Frage der logischen Vollständigkeit ist für die Rechtstheorie weit wichtiger als jene der empirischen Vollständigkeit, da die empirische Vollständigkeit eines Systems nur festgestellt werden könnte, wenn alle Naturgesetze (des betreffenden Bereiches) bekannt wären. Dies ist im allgemeinen jedoch nicht der Fall. Die

Rechtstheorie wird sich daher mit der Analyse der logischen Vollständigkeit des Systems zu begnügen haben.

2. Die Elemente des UP müssen von den Eigenschaften, welche die Verhaltensweisen des UA charakterisieren, logisch unabhängig sein. Trifft diese Forderung nicht zu, so kann der folgende Fall eintreten: Bestimmte Rechtsfolgen werden als möglich angesehen, obwohl die Verhaltensweisen wegen der logischen Abhängigkeit von den Elementen des UP nicht realisiert werden können.

3. UC und UD müssen insoweit übereinstimmen, als jedes Element des UD jede der Eigenschaften des UP haben kann.

Die Charakterisierung der elementaren Rechtsfälle durch ein UP setzt voraus, daß das UP endlich ist. Dies trifft im Recht jedoch nicht immer zu. Eine wichtige Ausnahme bilden jene Fälle, in denen das UC nicht durch eine Konjunktion von Eigenschaften, sondern durch einen numerischen Wert gekennzeichnet wird (z.B Steuertarife). In diesem Fall empfiehlt sich die folgende verallgemeinerte Definition eines UC: Jede Partition des UD sei ein UC.

Eine Zerlegung des UD in eine Menge von Teilmengen ist genau dann eine *Partition,* wenn die folgenden Forderungen erfüllt sind:

a) Die Vereinigung aller Teilmengen ist gleich der Grundmenge von Sachverhalten;
b) Der Durchschnitt von je zwei Teilmengen ist leer. Dies bedeutet, daß zwei Teilmengen logisch inkompatibel sind;
c) Keine der Teilmengen ist logisch leer.

Wie man sich leicht überlegt, generieren die Elemente eines UP eine spezielle Partition des UD. Jedem Tatbestand entspricht also eine nichtleere Teilmenge des UD. Diese Extension des Tatbestandes ist – in der Sprache der Rechtswissenschaft – die Menge der Sachverhalte, die unter ihn subsumiert werden.

4.4.4 Die formale Rekonstruktion der Rechtsfolgen

Rechtsfolgen können als deontische Modalisationen von Elementen eines UA und ihrer wahrheitsfunktionalen Zusammensetzungen beschrieben werden. Die Elemente eines UA seien mit p, q, r etc. bezeichnet. Diese Symbole können interpretiert werden als Aussagen, welche generelle Verhaltensweisen (oder besser: Zustände, die aus Verhaltensweisen resultieren) beschreiben.

Für die Elemente des UA gelten analoge Bedingungen wie für die Elemente des UP:

1. Sie sind von einander logisch unabhängig.
2. Sie sind von den Elementen des UP logisch unabhängig.

Wegen ihrer deontischen Modalisation zu Rechtsfolgen können die Elemente eines UA und ihre wahrheitsfunktionalen Zusammensetzungen auch als *„deon-*

tische Inhalte" bezeichnet werden. Atomare Inhalte werden durch ein Element des UA gekennzeichnet. Molekulare Inhalte sind komplexe Ausdrücke, die mit Hilfe der Negation, der Konjunktion und der Disjunktion gebildet werden. Auch hier seien jedoch Tautologien und Kontradiktionen ausgeschlossen, da sie nicht kontingente (neutrale) Verhaltensweisen beschreiben.

Einen speziellen Fall der deontischen Inhalte stellen *„Zustandsbeschreibungen"* dar. Eine Zustandsbeschreibung ist eine Konjunktion, in der jeder atomare Inhalt oder seine Negation auftritt (aber nicht beides). Die Menge der Zustandsbeschreibungen (relativ zu einem UA) hat insofern eine Sonderstellung, als jeder deontische Inhalt äquivalent einer Zustandsbeschreibung oder einer Disjunktion von Zustandsbeschreibungen ist. Sei n die Zahl der Elemente eines UA, so ist, wie man sich leicht überlegt, die Zahl der entsprechenden Zustandsbeschreibungen gleich 2^n.

Jeder Ausdruck, der aus einem deontischen Funktor und einem deontischen Inhalt gebildet wird, und jede wahrheitsfunktionale Zusammensetzung solcher Ausdrücke werde als *„deontischer Satz"* bezeichnet. Werden aus der Menge aller einem UA entsprechenden deontischen Sätze jene ausgeschieden, welche deontisch tautologisch oder kontradiktorisch sind, erhält man die Menge der Rechtsfolgen für dieses UA. Eine Rechtsfolge ist also ein deontischer Satz, der weder deontisch tautologisch noch kontradiktorisch ist. (Die Bedeutung der Ausdrücke „deontisch tautologisch" und „deontisch kontradiktorisch" hängt vom gewählten deontischen Kalkül ab.)

Innerhalb der Menge der Rechtsfolgen interessiert insbesondere eine spezielle Teilmenge von deontischen Sätzen, welche *„deontische Konstituenten"* genannt werden. Deontische Konstituenten sind Ausdrücke, welche durch den Funktor P oder ~P und eine Zustandsbeschreibung gebildet werden. Die Bedeutung der deontischen Konstituenten liegt darin, daß jeder deontische Satz einer wahrheitsfunktionalen Zusammensetzung von deontischen Konstituenten äquivalent ist. Für jede Zustandsbeschreibung können mit Hilfe von P und ~P zwei deontische Konstituenten gebildet werden. Diese werden als *„deontisches Paar"* der Zustandsbeschreibung bezeichnet.

Mit Hilfe der deontischen Konstituenten lassen sich maximale Rechtsfolgen wie folgt definieren:

Eine *„maximale Rechtsfolge"* sei definiert als jede Konjunktion deontischer Konstituenten derart, daß genau ein Konstituent aus jedem deontischen Paar genommen wird und diese Konjunktion nicht deontisch kontradiktorisch ist. (Verwendet man z.B. einen deontischen Kalkül für bedingte Normen, der analog zum OS *von Wrights* aufgebaut ist, bedeutet dies, daß jene Konjunktion eliminiert wird, in der alle Konstituenten Verbote von Zustandsbeschreibungen darstellen, da in dieser Logik das Verbot aller möglichen Zustände deontisch kontradiktorisch ist.) Die Menge aller maximalen Rechtsfolgen eines UA sei mit USmax bezeichnet.

Die Zahl der maximalen Rechtsfolgen ist eine Funktion der Zahl der Elemente des UA. Sei diese gleich n, so ist die Zahl der maximalen Rechtsfolgen gleich $2^{(2^n)} - 1$. Mit wachsendem n steigt diese Zahl sehr rasch.

Tab. 4.2 gibt einen Überblick über die formale Rekonstruktion der maximalen Rechtsfolgen für UA = {p }.

Tab. 4.2 Maximale Rechtsfolgen für UA = {p}

UA	Zustands-beschrei-bungen	Deontische Konstituen-ten	Deontische Paare	Maximale Rechtsfolgen
p	p	Pp	{Pp, ~Pp}	Pp∧P ~p (≡ Ip)
	~ p	~ Pp	{P~p, ~P ~p}	Pp∧~P ~p (≡ Op)
		P ~p		~Pp∧P ~p (≡ Vp)
		~ P ~p		

Es läßt sich zeigen, daß jede Rechtsfolge deontisch äquivalent einer maximalen Rechtsfolge oder einer Disjunktion maximaler Rechtsfolgen ist. Jede Rechtsfolge kann daher durch maximale Rechtsfolgen ausgedrückt werden (vgl. dazu die Theorie der konjunktiven Normalform im Aussagenkalkül).

4.4.5 Das erweiterte Modell eines normativen Systems

Wie bereits in Abschnitt 4.4.1 angeführt, teilt jedes Element P_i des UP das UD in zwei Klassen: die Klasse der Elemente von UD, auf die P_i zutrifft, und die Klasse der Elemente von UD, auf die $\sim P_i$ zutrifft. Diese binäre Einteilung schränkt – insbesondere bei Annahme der Hypothese des logischen Atomismus für die Elemente des UP – die Tauglichkeit des Modellt für praktische Anwendungen erheblich ein. Das folgende Beispiel möge dies illustrieren: Ein maßgebendes Merkmal für die Konstruktion eines UC sei das Merkmal „Alter (des Täters)" mit den Ausprägungen „unter 14", „14 bis 18", „über 18". Im bisher diskutierten Modell kann diese – recht einfache – Annahme nicht adäquat formalisiert werden. Durch die binäre Einteilung (P_i, $\sim P_i$) kann eine Berücksichtigung der drei Ausprägungen nur in der folgenden Weise geschehen: P_1 steht für „unter 14", P_2 für „14 bis 18" und P_3 für „über 18". Allerdings sind in diesem Fall die Elemente des UP nicht mehr von einander logisch unabhängig (aus P_1 folgt z.B. $\sim P_2$). Die mit diesem UP konstruierten elementaren Tatbestände enthalten kontradiktorische Kombinationen (z.B. $P_1 \wedge P_2$) und damit unmögliche Bedingungen.

Die Aufgabe einer Erweiterung des Modells besteht für den Bereich der Tatbestände also darin, auch Fälle zuzulassen, die nicht auf binäre Einteilungen des UD zurückgeführt werden können. Diese Erweiterung kann in der folgenden Weise vorgenommen werden.

Gegeben sei eine Menge UX von Tatbestandsmerkmalen (-attributen, -variablen) $UX = \{X_1, X_2, \ldots, X_k\}$. Die Elemente des UX sollen die folgenden Eigenschaften haben:

1. Jedes X_i erzeugt eine Partition des UD;
2. X_i und X_j sind logisch unabhängig für $i \neq j$.

Die Intensionen der Teilmengen des UD, die durch die Partition erzeugt werden, bezeichnen wir als „Ausprägungen des Merkmals X_i". X_i habe m_i Ausprägungen.

Die j-te Ausprägung von X_i werde mit x_{ij} und der gesamte Vektor dieser Ausprägungen mit $I(X_i)$ bezeichnet; $I(X_i) = (x_{i1}, x_{i2}, \ldots, x_{im_i})$.

Dem UP aus Abschnitt 4.4.1 entspricht im erweiterten Modell $UP^* = \{I(X_1), I(X_2), \ldots, I(X_k)\}$.

Ein „elementarer Tatbestand" ist dann im erweiterten Modell definiert als eine Konjunktion, welche je eine Ausprägung von jedem Tatbestandsmerkmal enthält. UC ist die Menge aller (bez. eines UP*) elementaren Tatbestände.

Es gibt

$$m^* = \prod_{i=1}^{k} m_i \text{ elementare Tatbestände.}$$

Jeder komplexe Tatbestand ist äquivalent einem elementaren Tatbestand oder einer Disjunktion elementarer Tatbestände.

Dies sei am folgenden Beispiel illustriert: Sei $UX = \{X_1, X_2\}$ mit der Interpretation X_1 = „Geschlecht" und X_2 = „Alter"; weiters gelt $I(X_1) = (x_{11}, x_{12})$ und $I(X_2) = (x_{21}, x_{22}, x_{23})$. Daraus folgt $UC = \{x_{11} \wedge x_{21}, x_{11} \wedge x_{22}, x_{11} \wedge x_{23}, x_{12} \wedge x_{21}, x_{12} \wedge x_{22}, x_{12} \wedge x_{23}\}$. Es ist dann z.B.

$x_{11} = (x_{11} \wedge x_{21}) \vee (x_{11} \wedge x_{22}) \vee (x_{11} \wedge x_{23})$;

$x_{11} \wedge \sim x_{21} = x_{11} \wedge (x_{22} \vee x_{23}) = (x_{11} \wedge x_{22}) \vee (x_{11} \wedge x_{23})$.

Man erkennt sofort, daß das in den Abschnitten 4.4.1 und 4.4.3 vorgestellte Modell für die Konstruktion der Tatbestände jenen Spezialfall des erweiterten Modells darstellt, für den gilt

$$m_1 = m_2 = \ldots = m_k = 2.$$

In diesem Fall läßt sich x_{i1} als x_i und x_{i2} als $\sim x_i$ schreiben und $UP^* = \{(x_1, \sim x_1), (x_2, \sim x_2), \ldots, (x_k, \sim x_k)\}$. Man erhält daraus unmittelbar $UP = \{x_1, x_2, \ldots, x_k\}$ und 2^k elementare Tatbestände (vgl. Abschnitt 4.4.1)

In analoger Weise läßt sich nun der Bereich der Rechtsfolgen erweitern. Entsprechend der Unterscheidung der juristischen Methodenlehre in generell-abstrakte Ebene (Tatbestand, generell-abstrakte Rechtsfolgeanordnung) und individuell-konkrete Ebene (Sachverhalt, individuell-konkrete Rechtsfolgeanordnung) definieren wir UB als die Menge der auf ein normatives Problem bezogenen individuell konkreten Rechtsfolgen. In Abschnitt 4.4.1 war UA als die Menge der grundlegenden Verhaltensweisen definiert worden. Durch jedes Element des UA und seine Negation wird eine binäre Partition des UB konstituiert. Wir erweitern nun das Modell derart, daß auch für den Bereich der Rechtsfolgen nichtbinäre Partitionen zugelassen werden.

Gegeben sei eine Menge UY von Rechtsfolgenmerkmalen (-attributen, -variablen) $UY = \{Y_1, Y_2, \ldots, Y_l\}$. Die Elemente des UY sollen die folgenden Eigenschaften haben:

1. Jedes Y_i erzeugt eine Partition des UB;
2. Y_i und Y_j sind logisch unabhängig für $i \neq j$.

Weiters gelte die logische Unabhängigkeit der Y_j von den X_i.

Y_i habe n_i Ausprägungen und die j-te Ausprägung von Y_i werde mit y_{ij} bezeichnet. Analog zum Bereich der Tatbestände gelte dann $I(Y_i) = (y_{i1}, y_{i2}, \ldots, y_{in_i})$ und $UA^* = \{I(Y_1), I(Y_2), \ldots, I(Y_l)\}$.

Jede Ausprägung y_{ij} läßt sich als atomarer deontischer Inhalt auffassen. Eine „Zustandsbeschreibung" ist dann eine Konjunktion, welche je einen atomaren deontischen Inhalt (je eine Ausprägung) von jedem Rechtsfolgemerkmal enthält. Es gibt

$$n^* = \prod_{i=1}^{l} n_i \text{ Zustandsbeschreibungen.}$$

Jeder deontische Inhalt ist äquivalent einer Zustandsbeschreibung oder einer Disjunktion von Zustandsbeschreibungen.

Für den Spezialfall $n_1 = n_2 = \ldots = n_l = 2$ läßt sich analog zum Bereich der Tatbestände y_{i1} als y_i und y_{i2} als $\sim y_i$ schreiben. Es ist dann $UA^* = \{(y_1, \sim y_1), (y_2, \sim y_2), \ldots, (y_l, \sim y_l)\}$. Man erhält daraus unmittelbar $UA = \{y_1, y_2, \ldots, y_l\}$ und 2^l Zustandsbeschreibungen.

Deontische Sätze, Rechtsfolgen, deontische Konstituenten und deontische Paare der Zustandsbeschreibungen seien wie in Abschnitt 4.4.4 definiert. Auch im erweiterten Modell gilt, daß jeder deontische Satz einem deontischen Konstituenten oder einer wahrheitsfunktionalen Zusammensetzung von deontischen Konstituenten äquivalent ist.

Desgleichen seien maximale Rechtsfolgen wie in Abschnitt 4.4.4 definiert. Ihre Zahl ist nun eine Funktion von n^*. Existieren (bez. eines UA^*) n^* Zustandsbeschreibungen, so gibt es $2n^*$ deontische Konstituenten, n^* deontische Paare und $2^{n^*} - 1$ maximale Rechtsfolgen.

Durch die in diesem Abschnitt vorgenommene Erweiterung des Modells normativer Systeme ist es also möglich, das Schema der begrifflichen Rekonstruktion der Welt durch binäre Einteilungen zu verlassen und beliebige Einteilungen zuzulassen. Damit wird die Anwendbarkeit des Modells für praktische Zwecke erheblich erhöht.

4.4.6 Zur Anwendung des Modells in der Rechtsinformatik

Welche Beziehungen bestehen nun zwischen den aus elementaren Tatbeständen und maximalen Rechtsfolgen dargestellten Normen und Rechtsnormen, wie sie in Gesetzestexten in natürlicher Sprache formuliert sind? Wir glauben, daß sich die gemäß dem oben skizzierten Modell formulierten Normen als Elemente der *Tiefenstruktur* deuten lassen. Für die Beschreibung dieser Tiefenstruktur scheint sich von den heute in der Linguistik verwendeten Ansätzen vor allem die Kasusgrammatik *Fillmores* zu eignen (vgl. Abschnitt 3.3.3). Die aus elementaren Tatbeständen und maximalen Rechtsfolgen aufgebauten Elemente der Tiefenstruktur sind durch Transformationsregeln mit den Elementen der Oberflächenstruktur, nämlich den in natürlicher Sprache formulierten Rechtsnormen der Gesetzestexte verknüpft. Die explizite Angabe dieser Regeln ist natürlich außerordentlich schwierig; die Regeln hängen sicher von semantischen und pragmatischen Eigenschaften des betrachteten Rechtssystems ab (vgl. Abschnitt 4.2). Dies gilt insbesondere dann, wenn aus der Oberflächenstruktur die Tiefenstruktur erschlossen, also eine semantische Decodierung vorgenommen werden soll. Dies aber ist der Vorgang bei der Interpretation bereits bestehender Gesetzestexte, wie sie von Gerichten und Verwaltungsbehörden bei der Entscheidung des Einzelfalles vorgenommen werden muß. Eine Formalisierung bereits bestehender Gesetzestexte kann in diesem Zusammenhang als der Versuch gedeutet werden, die zugehörige Tiefenstruktur explizit zu machen. Wegen der Unschärfe und Mehrdeutigkeit der natürlichen Sprache ergeben sich hier meist Schwierigkeiten, weil eben die Zuordnung Oberflächenstruktur – Tiefenstruktur nicht eindeutig ist.

Geringer erscheinen die Probleme in der Phase der Codierung, also der Formulierung der Gesetzesentwürfe. Der Gesetzgeber (bzw. der zuständige Referent des Gesetzesentwurfes) „weiß" die intendierte Nachricht und sieht sich vor dem Problem, diese entsprechend zu codieren. Dies bedeutet also, daß die Aufgabe hier darin besteht, den Elementen der Tiefenstruktur entsprechende Elemente der Oberflächenstruktur zuzuordnen. Hier fallen die Probleme der Interpretation weitgehend weg. Aus diesem Grund kann ein Modell der oben skizzierten Art erheblich zur Qualitätsverbesserung von Gesetzesentwürfen beitragen. Voraussetzung ist lediglich, daß UP und UA (bzw. UP* und UA* im erweiterten Modell) explizit angegeben werden. Mit Hilfe einer Implementierung des Modells können dann sämtliche elementare Tatbestände und maximale Rechtsfolgen generiert und mit den Rechtsnormen des Gesetzesentwurfes verglichen werden. Damit wird es möglich, den Gesetzesentwurf auf Vollständigkeit und Konsistenz zu prüfen.

Bei vollständiger Implementierung des in den Abschnitten 4.4.1 bis 4.4.5 skizzierten Modells läßt sich das EDV-Programm wie folgt summarisch beschreiben:

1. Eingabe

a) Eingabe der Normen des normativen Systems (des Gesetzesentwurfes).

b) Bei Verwendung des erweiterten Modells: Eingabe der Tatbestandsmerkmale und ihrer Ausprägungen (entspricht dem UP* aus Abschnitt 4.4.5); Eingabe der Rechtsfolgemerkmale und ihrer Ausprägungen (entspricht dem UA* aus Abschnitt 4.4.5).

c) Fakultativ die Eingabe von kontradiktorischen Kombinationen von Ausprägungen der Tatbestandsmerkmale und/oder Rechtsfolgemerkmale. Diese Eingabe empfiehlt sich dann, wenn die Hypothese des logischen Atomismus nicht zutrifft; durch die Formulierung kontradiktorischer Kombinationen wird die Zahl der zu generierenden elementaren Tatbestände und maximalen Rechtsfolgen erheblich herabgesetzt.

2. Verarbeitung

a) Generierung der Menge der elementaren Tatbestände (UC) unter eventueller Berücksichtigung kontradiktorischer Kombinationen von Ausprägungen der Tatbestandsmerkmale.

b) Umformulierung der Tatbestände des Gesetzesentwurfes als elementare Tatbestände bzw. als Disjunktionen elementarer Tatbestände und Vergleich mit den Elementen des UC.

c) Generierung der Menge der maximalen Rechtsfolgen (USmax) unter eventueller Berücksichtigung kontradiktorischer Kombinationen von Ausprägungen der Rechtsfolgemerkmale.

d) Umformulierung der Rechtsfolgen des Gesetzesentwurfes als maximale Rechtsfolgen bzw. als Disjunktionen maximaler Rechtsfolgen und Vergleich mit den Elementen des USmax.

e) Feststellen der „Lücken" des Gesetzesentwurfes (ein elementarer Tatbestand ist nicht mit einer maximalen Rechtsfolge verknüpft) und damit Feststellen der Unvollständigkeit oder Vollständigkeit des normativen Systems.

f) Feststellen der „partiellen Lücken" des Gesetzesentwurfes (ein elementarer Tatbestand ist mit einer Disjunktion von zwei oder mehr maximalen Rechtsfolgen verknüpft).

g) Feststellen der Inkonsistenz (ein elementarer Tatbestand ist mit mehr als einer maximalen Rechtsfolge verknüpft) oder Konsistenz des Gesetzentwurfes.

3. Ausgabe

a) Ausgabe des Prüfungsergebnisses (ein Gesetzesentwurf ist vollständig und konsistent, wenn jeder elementare Tatbestand mit genau einer maximalen Rechtsfolge verknüpft ist).

b) Ausgabe der Lücken, partiellen Lücken und inkonsistenten Regelungen unter Angabe der entsprechenden Normen des Gesetzesentwurfes.

Ein Teil dieses Programms, nämlich der Bereich der Tatbestände, wurde in einem von IBM-Österreich unterstützten Forschungsprojekt „Allgemeines Verfahren zur Prüfung der Struktur der Gesetze" in den Jahren 1973 und 1974 implementiert (vgl. *Lachmayer/Reisinger* 1976).

Literatur: *Alchourrón/Bulygin* (1971), *Lachmayer/Reisinger* (1976)

4.5 Zur Verwendung von Entscheidungstabellen in der Rechtsinformatik

Das in Abschnitt 4.4. dargestellte Modell eines normativen Systems setzt bez. seiner vollständigen Anwendung in der legistischen Praxis relativ umfangreiche Programmierarbeiten voraus. Der Gedanke liegt daher nahe, nach Möglichkeiten der Umformulierung des Modells zu suchen, welche die Verwendung bereits vorhandener Programmpakete erlauben.

Eine derartige Möglichkeit ist durch die Verwendung von Entscheidungstabellen (decision tables) gegeben.

4.5.1 Die Technik der Entscheidungstabellen

Der grundlegende Aufbau einer Entscheidungstabelle ist in Tab. 4.3 wiedergegeben.

Tab. 4.3. Aufbau einer Entscheidungstabelle

Vorspalte	Entscheidungsregeln					
	1	2	3	....	r	
B_1 B_2 . . . B_m						Bedingungsteil
H_1 H_2 . . . H_n						Handlungsteil

Eine Entscheidungstabelle besteht aus einem *Bedingungsteil* und einem *Handlungsteil.* Die Zeilen der Vorspalte des Bedingungsteiles enthalten die Einzelbedingungen (Bedingungssätze, condition stubs) $B_1, B_2, \ldots, B_m$. Diese werden auch als „Entscheidungsparameter" bezeichnet.

In der Normalform der Entscheidungstabelle sind diese Einzelbedingungen durch „UND" verknüpft, Die Vorspalte des Bedingungsteiles ist daher wie folgt zu lesen:

WENN	
	B_1
UND	B_2
UND	B_3
.	
.	
UND	B_m
DANN	

Daneben existieren aber auch Entscheidungstabellen, deren Einzelbedingungen durch „ODER" mit einander verknüpft sind. Die Verarbeitung der Entscheidungstabelle erfolgt nach der Regel „von oben nach unten".

Die Vorspalte des Handlungsteiles enthält die Handlungen (Handlungssätze, action stubs) $H_1, H_2, \ldots, H_n$. Auch diese sind in der Regel durch „UND" verknüpft. Jede Spalte der Entscheidungstabelle enthält eine Entscheidungsregel, die angibt, welche Handlungen bei Vorliegen der Einzelbedingungen zu setzen sind.

Die Felder der Entscheidungsregeln im Bedingungsteil werden „Bedingungseingänge" (condition entries), die Felder der Entscheidungsregel im Handlungsteil „Handlungseingänge" (action entries) genannt. Bei den Bedingungseingängen werden zwei Formen unterschieden:

1. *Begrenzte Eingänge* (limited entries): Sie können nur die Werte „J" (ja), „N" (nein) oder „blank" (irrelevant) annehmen. „J" schreibt vor, daß die Einzelbedingung B_i erfüllt sein muß, „N" verlangt, daß die Einzelbedingung B_i nicht erfüllt sein darf. Ein „blank" (keine Eintragung) besagt, daß es gleichgültig ist, ob die Einzelbedingung B_i erfüllt wird oder nicht ($B_i \vee \sim B_i$).

2. *Erweiterte Eingänge* (extended entries); Hier wird nur das Merkmal der Einzelbedingung im Bedingungssatz der Vorspalte angeführt; die Felder der Entscheidungsregeln enthalten die entsprechenden Ausprägungen dieses Merkmals.

Das folgende Beispiel möge den Unterschied zwischen begrenzten und erweiterten Eingängen im Bedingungsteil erläutern:

Bedingungssatz	Entscheidungsregeln 1	2	3
Alter $\leqq$ 14	J		
14 < Alter $\leqq$ 18		J	
Alter > 18			J

Begrenzte Eingänge

Bedingungssatz	Entscheidungsregeln 1	2	3
Alter	$\leqq$ 14	14<,$\leqq$18	>18

Erweiterer Eingang

Entscheidungstabellen mit begrenzten und erweiterten Eingängen werden „Entscheidungstabellen mit gemischten Eingängen" (mixed entry tables) genannt.

Bei den Handlungseingängen können ebenfalls wieder begrenzte und erweiterte Eingänge unterschieden werden. Den Feldern für die Handlungseingänge können bei Tabellen mit begrenzten Eingängen nur zwei Feldinhalte, nämlich die Marke „x" oder „blank" zugeordnet werden. „x" bedeutet, daß die in derselben Spalte durch „J", „N" oder „blank" spezifizierten Einzelbedingungen erfüllt sein müssen, damit die entsprechende Handlung H_j, die im zugehörigen Handlungssatz derselben Zeile formuliert ist, folgen kann. „blank" bedeutet, daß die erfüllten Einzelbedingungen für den Handlungssatz irrelevant sind. Wie bei den Bedingungseingängen können auch die Handlungseingänge zwecks kompakterer Darstellung erweitert werden.

Eine Besonderheit der Entscheidungstabellen ist schließlich noch die ELSE-Regel. Die ELSE-Regel ist die letzte Spalte der Tabelle. Sie enthält alle jene Fälle, die zu keiner im Handlungsteil spezifizierten Entscheidungsregel führen (Ausnahmen vom Algorithmus!).

Nach dieser Skizzierung der Grundformen der Entscheidungstabellen seien noch die folgenden *Erweiterungen der Entscheidungstabellentechnik* erwähnt:

1. Ein Handlungssatz kann die Aufforderung enthalten, eine andere Entscheidungstabelle zu verarbeiten, um danach entsprechend der Regel „von oben nach unten" mit dem nächsten Handlungssatz fortzufahren. Es handelt sich hier also um eine SUBROUTINE, die durch ein PERFORM in der Obertabelle und durch ein RETURN in der Untertabelle aufgerufen bzw. beendet wird.

2. Ein Handlungssatz kann den Sprung in eine andere Tabelle ohne Rückkehr enthalten. Dieser Sprung wird durch ein GOTO eingeleitet. Ein GOTO-Handlungssatz muß entsprechend der Regel „von oben nach unten" immer in der letzten regelrelevanten Handlungszeile stehen.

Da in einem begrenzten Bedingungseingang drei Zeichen benutzt werden, ist die Zahl der möglichen Entscheidungsregeln für eine Tabelle in Normalform 3^m. Wegen der Abhängigkeit der Bedingungssätze ist die Zahl der Entscheidungsregeln in der Praxis allerdings meist kleiner.

Zum Abschluß dieser kurzen Beschreibung der Entscheidungstabellentechnik seien die folgenden *Prüfregeln* für die korrekte Formulierung der Entscheidungsregeln angegeben:

1. Formulierung des Bedingungsteiles
Im Bedingungsteil soll jede Entscheidungsregel mindesten ein „J", „N" oder eine erweiterte Eintragung haben.

2. Formulierung des Handlungsteiles
Im Handlungsteil soll jede Entscheidungsregel mindestens eine Marke „x" oder eine erweiterte Eintragung aufweisen.

3. Unabhängigkeit der Entscheidungsregeln
Zwei beliebig ausgewählte Entscheidungsregeln sollen von einander unabhängig sein, d.h. für mindestens eine Bedingungszeile muß eine der beiden Regeln ein „J" oder eine erweiterte Eintragung aufweisen, während die andere ein „N" oder eine verschiedene erweiterte Eintragung enthält. Ist dies nicht der Fall, sind die zwei Regeln von einander abhängig. (In dem oben angeführten Beispiel des Merkmals „Alter" sind die Entscheidungsregeln 1 bis 3 im Fall des begrenzten Einganges von einander abhängig.)

4. Redundanz und Widerspruch der Entscheidungsregeln
Wenn zwei Regeln abhängig sind, existiert entweder eine Redundanz oder ein Widerspruch. Enthalten zwei abhängige Regeln vollkommen identische Handlungssätze, so liegt Redundanz vor. Wenn zwei abhängige Regeln unterschiedliche Handlungssätze aufweisen, liegt ein Widerspruch vor.

4.5.2 Die Anwendung der Entscheidungstabellen auf Modelle normativer Systeme

Die Parallelen zwischen der Entscheidungstabellentechnik und dem in Abschnitt 4.4 dargestellten Modell eines normativen Systems sind unmittelbar einsichtig. Dem Bedingungsteil der Entscheidungstabelle entsprechen die Tatbestände des normativen Systems, dem Handlungsteil seine Rechtsfolgen. Jeder Entscheidungsregel entspricht eine Rechtsnorm, welche einen speziellen Tatbestand mit einer speziellen Rechtsfolge verknüpft. Jedes normative System läßt sich daher prinzipiell durch eine Entscheidungstabelle abbilden.

Im einzelnen gilt: Dem in den Abschnitten 4.4.1 bis 4.4.4 dargestellten Modell, das auf binären Einteilungen aufbaut, entspricht die Entscheidungstabelle mit beschränkten Eingängen. Die Menge der Einzelbedingungen $B_1, B_2, \ldots, B_m$ kann juristisch als UP interpretiert werden. Der Menge UC der elementaren Tatbestände entspricht die Menge der Bedingungsteile jener Entscheidungsregeln, die nur „J" oder „N" als Eintragungen enthalten. Jedes UC kann daher als der (vollständige) Bedingungsteil einer Entscheidungstabelle aufgefaßt werden, in dem keine „blank"-Eintragungen auftreten. Da hier nur zwei Eintragungen für jede Einzelbedingung vorgenommen werden können, erhalten wir wieder 2^m Elemente des UC.

In der Normalform der Entscheidungstabelle sind die Handlungssätze durch „UND" verknüpft. Sollen hingegen – was für die Überprüfung der Vollständigkeit und Konsistenz eines normativen Systems (z.B eines Gesetzesentwurfes) zweckmäßiger ist – die Handlungssätze maximale Rechtsfolgen repräsentieren, so muß jener Typ der Entscheidungstabellen gewählt werden, welcher eine „ODER"-Verknüpfung der Handlungssätze analysiert. Es ist dann unmittelbar möglich, jede einem elementaren Tatbestand entsprechende Rechtsfolge im Handlungsteil durch entsprechende Marken „x" einzutragen.

Diese Überlegungen sind in Tab. 4.4 nochmals zusammengestellt. Der Handlungsteil dieser Entscheidungstabellen ist wegen der großen Zahl von maximalen Rechtsfolgen für manuelle Bearbeitungen nicht praktikabel. Durch eine entsprechende EDV-Unterstützung können jedoch die maximalen Rechtsfolgen aus den Elementen des UA leicht generiert und die entsprechenden Äquivalenzen zu den im Gesetzesentwurf vorgesehenen Rechtsfolgen hergestellt werden. In ähnlicher Weise ist es möglich, die elementaren Tatbestände aus den im Entwurf vorgesehenen Tatbeständen zu erzeugen.

Tab 4.4. Entscheidungstabellen für normative Systeme (begrenzte Eingänge)

		Elementare Tatbestände (UC)
		C_1 C_2 . . . C_{2^m}
UP	P_1 UND P_2 UND P_3 . . UND P_m	
USmax	$Smax_1$ ODER $Smax_2$ ODER $Smax_3$ . . ODER $Smax_n$	

$n = 2^{(2^k)} - 1$ für k = Zahl der Elemente des UA

Dem in Abschnitt 4.4.5 dargestellten erweiterten Modell, das beliebige Einteilungen zuläßt, entspricht die Entscheidungstabelle mit erweiterten Eingängen.

Es gelten die analogen Überlegungen wie bei der Entscheidungstabelle mit beschränkten Eingängen, allerdings stehen nun im Bedingungsteil der Vorspalte die k Tatbestandsmerkmale $X_1, X_2, \ldots, X_k$. Die Ausprägungen der Merkmale werden in den Spalten der elementaren Tatbestände selbst eingetragen. Die Tabelle enthält daher m* Spalten. Der Handlungsteil der Entscheidungstabelle stimmt im Aufbau mit jenem der Tabelle mit beschränkten Eintragungen überein (Eintragungen der Marke „x" oder „blank"), allerdings ist die Zahl der Zeilen in der Regel wesentlich größer.

Natürlich ist auch eine Kombination des einfachen, auf binären Einteilungen aufbauenden Modells mit dem erweiterten Modell möglich. So dürfte in vielen Fällen die folgende Kombination für die Praxis der Legistik zielführend sein: Für den Bereich der Tatbestände wird das erweiterte Modell gewählt, während für den Bereich der Rechtsfolgen das einfache Modell gewählt wird. Wir erhalten dann eine Entscheidungstabelle mit erweiterten Eingängen im Bedingungsteil und begrenzten Eingängen im Handlungsteil.

Die Verwendung der Entscheidungstabellentechnik in der Legistik hat vor allem den folgenden großen Vorteil: Es existieren bereits mehrere Entscheidungstabellenübersetzer (preprocessors), welche eine Tabelle in eine problemorientierte Programmiersprache übersetzen und außerdem die Formulierung der Tabelle mittels Prüfroutinen auf ihre Richtigkeit hin analysieren. Damit ergibt sich die Möglichkeit, die Vollständigkeit und Widerspruchsfreiheit von Gesetzesentwürfen auf automatischem Weg zu überprüfen – ein Ziel, das wohl als das wichtigste Anliegen einer automationsunterstützten Gesetzgebung anzusehen ist.

Literatur: *Dressler/Hammelmann/Wilhelm* (1972), *Gildersleeve* (1970), *McDaniel* (1970), *Pollack/Hicks/Harrison* (1971)

4.6 Die Formalisierung von Rechtsfällen

Die Abschnitte 4.2 bis 4.5 haben über Ansätze der Formalisierung und Algorithmisierung von Rechtsnormen, sowie über die hierbei auftretenden Probleme referiert. Ein weiterer Nachrichtentyp, der für juristische Einzelentscheidungen von Bedeutung ist, sind Judikate. Diese bereits entschiedenen Rechtsfälle zeichnen sich durch einen geringeren Abstraktionsgrad als generelle Normen aus. Es ist daher zu überlegen, inwieweit eine Formalisierung von Rechtsfällen einen automatischen Ähnlichkeitsvergleich gestattet. Die aus diesem Vergleich abgeleiteten Handlungsanweisungen können dann für die Entscheidung eines Einzelfalles herangezogen werden. Versuche in diese Richtung sind die Entscheidungsprognosen der amerikanischen Jurimetrie und das Verfahren SEDOC.

4.6.1 Die Formalisierung von Rechtsfällen in der Jurimetrie

Die Formalisierung von Rechtsfällen hat ihren Ursprung in den „jurimetrics" der USA. Seit 1957 werden hier – ausgehend von einer Arbeit *Korts* – mathematische Methoden zur Prognose von Einzelentscheidungen („predicting judicial decisions") verwendet. Die den einzelnen Modellen zugrunde liegende gemeinsame Vorgangsweise kann wie folgt beschrieben werden:

- Auswahl einer Menge von gleichartigen Rechtsfällen,
- Definition einer Menge von Deskriptoren, welche eine Beschreibung der gewählten Rechtsfälle erlauben,
- Analyse der einzelnen Rechtsfälle in Hinblick auf die gewählten Deskriptoren,
- Eventuelle Modifizierung der Deskriptoren und neuerliche Analyse der einzelnen Rechtsfälle,
- Definition einer „correspondence function", welche die gewählten Deskriptoren als unabhängige Variablen mit der richterlichen Entscheidung als abhängiger Variablen verknüpft,
- Beurteilung der Ergebnisse in Hinblick auf Gesetzmäßigkeiten, die zu einer Prognose der Einzelentscheidung verwendet werden können.

Die bisherigen Versuche haben folgende Ergebnisse gebracht: Der erste Schritt, die Auswahl der Fälle, bestimmt die zu verwendenden Deskriptoren und die Genauigkeit der Vorhersage: Je heterogener die Fälle, um so allgemeiner die Deskriptoren und um so geringer die Genauigkeit. Im allgemeinen erweist es sich als zweckmäßig, die Definition der Deskriptoren teils a priori aufgrund juristischen Fachwissens, teils empirisch aus dem Vergleich der Rechtsfälle vorzunehmen.

Eine wichtige Annahme der Modelle ist jene der *Unabhängigkeit der Deskriptoren* voneinander. Um dies zu erreichen, werden Deskriptoren zu Gruppen zusammengefaßt, fallweise wird dazu die Methode der Faktorenanalyse verwendet. Eine derartige Reduktion der Zahl der Deskriptoren wird auch dann vorgenommen, wenn das verwendete Modell zur Bestimmung der „correspondence function" verlangt, daß die Zahl der unabhängigen Variablen geringer ist als jene der untersuchten Fälle. Dies ist z.B. bei der Regressions- oder der Diskriminanzanalyse der Fall.

Eine weitere Annahme der Modelle ist regelmäßig jene, daß die Deskriptoren *„kompensatorisch"* sind, d.h. kein Deskriptor genügt allein zur Fällung der Entscheidung. Jede „positive" Ausprägung einer Variablen kann in größerem oder geringerem Maße durch „negative" Ausprägungen anderer Variablen kompensiert werden. In den meisten Fällen sind die verwendeten Deskriptoren binäre Variablen: Eine bestimmte Bedingung trifft für einen gegebenen Rechtsfall zu oder nicht. Die abhängige Variable – die juristische Entscheidung – ist in der Regel ebenfalls binär (pro oder contra).

Zur Bestimmung der „correspondence function" werden unterschiedliche Methoden verwendet: *Boole*sche Verbände, multiple Regression, Diskriminanzanalyse, lineare Programmierung usw. Ein besonders einfaches und einleuchtendes Verfahren ist jenes der *„nearest neighbour method"*. Ihr Grundgedanke liegt darin, daß „gleiche" Fälle in gleicher Weise zu entscheiden sind. Die Aufgabe besteht also darin, eine Maßzahl der Unähnlichkeit (dissimilarity measure) zwischen Rechtsfällen zu definieren. Im einfachsten Modell wird dann als Entscheidungsprognose eines gegebenen Rechtsfalles C_o die Entscheidung jenes Falles gewählt, dem gegenüber C_o die geringste Unähnlichkeit aufweist.

Eine besonders einfache Maßzahl der Unähnlichkeit stellt der mathematische Distanzbegriff dar. Werden Rechtsfälle durch binäre Merkmale (Deskriptoren) charakterisiert, so läßt sich der Rechtsfall C_i durch einen binären Vektor $(c_{i1}, c_{i2}, \ldots, c_{in})$ darstellen mit

$$c_{ik} = \begin{cases} 1 & \text{falls Rechtsfall } C_i \text{ durch den k-ten Deskriptor} \\ & \text{charakterisiert wird; } k = 1,2, \ldots, n \\ 0 & \text{sonst} \end{cases}$$

Die Distanz $d(C_i, C_j)$ zwischen den Rechtsfällen C_i und C_j ist dann gegeben durch

$$d(C_i, C_j) = \left(\sum_{k=1}^{n} |c_{ik} - c_{jk}|^r\right)^{\frac{1}{r}}$$

Für $r = 1$ erhält man die *Hamming*-Distanz, für $r = 2$ die *Euklid*ische Distanz.

Zur Beurteilung der Validität der Prognosemethoden seien einige Zahlen aus einer Untersuchung von 64 kanadischen Rechtsfällen über Kapitalgewinne aus den Jahren 1958 bis 1968 genannt (*Lawlor R.C.*, Fact Content Analysis and Precedent, in: Jurimetrics Journal 1972): Von den 64 Rechtsfällen wurden mit der Methode der „nearest neighbour rule" 4, mit der Methode der linearen Programmierung 7 und durch „Expertenbefragung" 4 Rechtsfälle falsch prognostiziert. Diese hohe „rate of precision" zeigt, daß die verwendeten Methoden der Formalisierung dem Expertenwissen des geschulten Juristen nahekommen bzw. es sogar erreichen.

Die Verknüpfung des „predicting judicial decisions" mit der automatisierten Normanwendung liegt theoretisch nahe. Existieren nämlich einmal Methoden, welche die Entscheidung eines Rechtsfalls mit großer Genauigkeit vorhersagen, so lassen sich diese Verfahren auch zu einer automatisierten Entscheidung, zumindest jedoch für einen unverbindlichen Vorschlag an den entscheidenden Juristen verwenden.

4.6.2 Das Verfahren SEDOC

Im deutschsprachigen Raum ist ein allgemeines Verfahren zur Formalisierung der Rechtsfälle erstmals von *Haft* und *Müller-Krumbhaar* entwickelt worden

(*Haft/Müller-Krumbhaar* 1970). Das Verfahren SEDOC läßt sich durch die folgenden Schritte charakterisieren:

- Auswahl einer Menge von juristisch relevanten Entscheidungskriterien (Merkmalen). Bei qualitativen Merkmalen sind diese den Deskriptoren bei den Verfahren des „predicting judicial decisions" vergleichbar, bei quantitativen Merkmalen müssen Klassen etwa gleicher Ähnlichkeit festgelegt werden (z.B. Alters- oder Einkommensklassen).
- Festlegung von Beziehungen zwischen den einzelnen Entscheidungskriterien. Dies geschieht auf die folgende Weise: Bei n Kriterien läßt sich jeder Rechtsfall durch einen Vektor mit n (binären oder nicht-binären) Elementen darstellen. Hieraus erhält man einen n-dimensionalen Entscheidungsraum, dessen Ursprung das jeweilige Bezugsobjekt C_0 ist – also der vorhandene Bezugsfall. Jedes Testobjekt C_i (jeder zum Vergleich herangezogene Rechtsfall) ist dann mittels des ihm zugeordneten Vektors ein Punkt des Entscheidungsraumes. Im Entscheidungsraum werden nun Hyperflächen gleicher Ähnlichkeit festgelegt. Die Hyperflächen sind nur zwischen den positiven Achsen des Entscheidungsraumes definiert. In jeder Hyperfläche soll genau ein erlaubter Zustand (Punkt) des Entscheidungsraumes liegen. Damit wird erreicht, daß für jede denkbare Kombination von Ähnlichkeitsklassen das Maß der Ähnlichkeit zum Bezugsfall C_0 eindeutig festgelegt wird. Wenn wir diese Methode auf mehrere Testobjekte anwenden, ergibt sich eine Rangfolge, d.h. wir können sagen, dieser Fall C_1 ist dem Bezugsfall C_0 ähnlicher als jener Fall C_2 und so fort.

Aufgabe des Juristen ist es also, die juristisch relevanten Entscheidungskriterien auszuwählen und diese durch Wertentscheidung zu gewichten. Die Gewichtung spiegelt sich dann in den Hyperebenen wider. Ein Beispiel für die Erarbeitung der relevanten Entscheidungskriterien durch ein computergerechtes juristisches „Sprechschema" gibt Abb. 4.2.

Dieses Schema geht von folgenden Grundüberlegungen aus: Innerhalb eines jeden Falles gibt es gewisse Stationen, die aus juristischer Blickrichtung unter einem allgemeinsten Begriff zusammengefaßt werden können, und zwar noch ehe eine juristische Wertung vorgenommen wird. Diese Stationen lassen sich logisch – und zwar im allgemeinen chronologisch – ordnen, und von ihnen lassen sich einfache Begriffshierarchien ableiten. *Haft* und *Müller-Krumbhaar* haben sie Sequenzbilder genannt und davon die Abkürzung SEDOC hergeleitet. Damit entsteht eine offene Struktur, die unmittelbare Ähnlichkeitsvergleiche zwischen allen so dargestellten Fällen ermöglicht. Das zeigt schon eine oberflächliche Betrachtung. Übereinstimmung besteht bei den beiden Fällen – sie gehören zum Komplex Produzentenhaftung – zunächst und vor allem darin, daß die Struktur der Oberbegriffe im Prinzip anwendbar ist. Hier wie dort geht es um ein Produkt, das entwickelt wird, erprobt, hergestellt, dann angepriesen, vertrieben, das verwendet wird, eine bestimmte Auswirkung hat, was schließlich zu

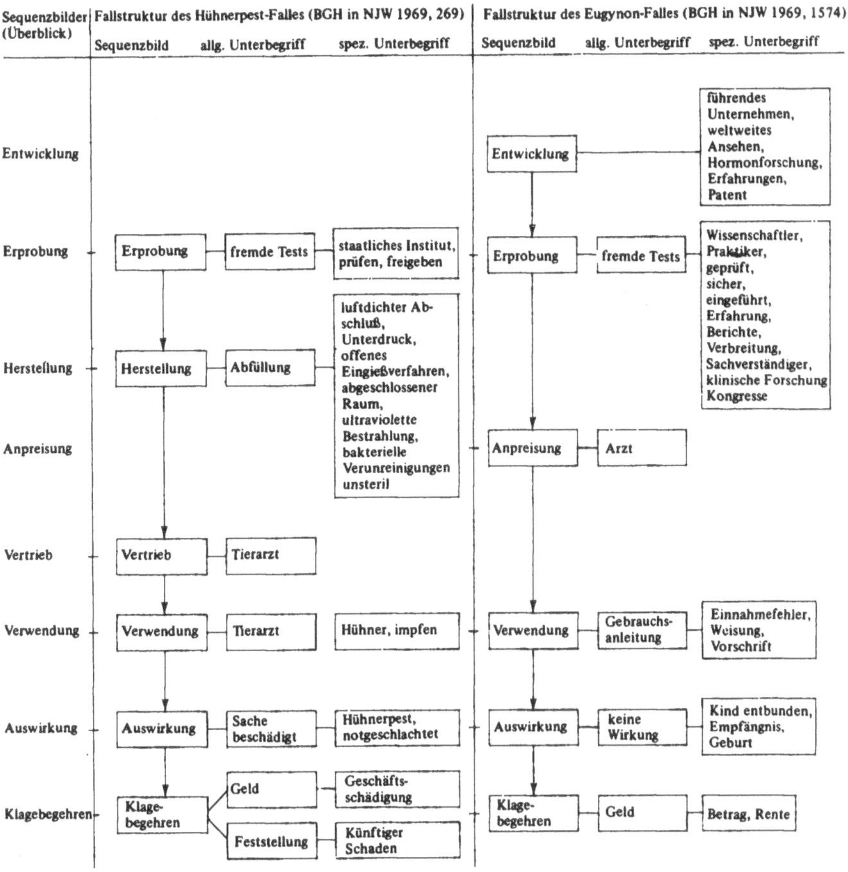

Abb. 4.2. SEDOC-Darstellung „Produzentenhaftung"
Quelle: *Haft* (1973, 139)

einem Klagebegehren führt. Eine besondere Ähnlichkeit besteht alsdann darin, daß die Erprobung hier wie dort eine besonders große Rolle spielt. Das zeigt schon „formal" die Zahl der verwendeten speziellen Unterbegriffe, die sämtlich dem Originaltext entstammen. Unterschiede bestehen dagegen darin, daß die Entwicklung, die Herstellung, die Anpreisung und der Vertrieb jeweils nur bei einem der beiden Fälle eine Rolle spielen. Auch diese Erkenntnis kann „formal" gewonnen werden.

Nun zum Ähnlichkeitsvergleich: Tab. 4.5 zeigt einen fünfdimensionalen Entscheidungsraum.

Tab. 4.5. Fünfdimensionaler Entscheidungsraum
Quelle: *Haft* (1973, 140)

Entscheidungskriterium:	Klasse 1	Klasse 2	Klasse 3
Übereinstimmung OI	0–15%	15–45%	45–100%
Reihenfolge R I	0–15%	15–45%	45–100%
Übereinstimmung O II	0–15%	15–45%	45–100%
Reihenfolge R II	0–15%	15–45%	45–100%
Übereinstimmung O III	0–15%	15–45%	45–100%

Die geprüften Fälle werden ihrer Ähnlichkeitsmaßzahl nach sortiert, und zwar werden die 15% mit größter Maßzahl in Klasse 1 eingeordnet, etc. (Die Zahlensind hier nur ein erster Vorschlag).

Beispiel: Der Vergleich eines Textfalles C_1 mit einem Bezugsfall C_0 ergibt:

Entscheidungskriterium:	Klasse 1	Klasse 2	Klasse 3
O I	–	0,7	–
R I	1,0	–	–
O II	–	0,5	–
R II	–	0,8	–
O III	–	–	0,1

C_1 ist also der Entscheidungsvektor (2, 1, 2, 2, 3) zugeordnet.

Der in Tab. 4.5 gemachte Vorschlag zur Ähnlichkeitsbestimmung läßt sich wie folgt erläutern. Es werden fünf Entscheidungskriterien angenommen: Erstens die Übereinstimmung hinsichtlich der Oberbegriffe (O I), zweitens hinsichtlich der Reihenfolge der Oberbegriffe (R I), drittens hinsichtlich der allgemeinen Unterbegriffe (OII), viertens hinsichtlich der Reihenfolge der allgemeinen Unterbegriffe (R II) und fünftens hinsichtlich der speziellen Unterbegriffe (O III).

Die Ähnlichkeit bezüglich der jeweiligen Übereinstimmung der Begriffe wird ermittelt, indem einfach die Anzahl der gemeinsamen Begriffe durch die Gesamtzahl der Begriffe des kürzeren Falles dividiert wird. Das ergibt eine Zahl zwischen Null und Eins.

Die Reihenfolgeprüfung geschieht dagegen gemäß einer Grundüberlegung, welche besagt, daß geprüft wird, inwieweit die im Testfall vorkommenden Begriffe in derselben Reihenfolge erscheinen wie im Bezugsfall.

Insgesamt ergeben sich damit fünf Entscheidungskriterien, wodurch ein fünfdimensionaler Entscheidungsraum festgelegt ist. Innerhalb jedes Kriteriums werden nun heuristisch drei Ähnlichkeitsklassen festgelegt. Die erlaubten Punkte des

Entscheidungsraumes sind also durch ganzzahlige positive Vektorkomponenten der Werte 1, 2 oder 3 definiert. Die Nummer der dazugehörigen Ähnlichkeitshyperfläche ergibt das Maß der Gesamtähnlichkeit über die hier mangels vorliegender Forschungsergebnisse noch keine Aussage möglich ist. Das methodische Problem dabei soll am Beispiel eines zweidimensionalen Entscheidungsraumes verdeutlicht werden (vgl. Abb. 4.3).

Auch hier ist jedes der beiden Kriterien in drei Ähnlichkeitsklassen eingeteilt, sodaß insgesamt neun mögliche Schnittpunkte gegeben sind. Sie entsprechen neun Ähnlichkeitshyperflächen, deren jede in einem bestimmten Abstand zum Bezugsfall C_0 steht. Dabei ist kraft Wertentscheidung festgelegt, daß das Kriterium 2 in irgendeiner Weise bedeutsamer ist für die Ähnlichkeit als das Kriterium 1, sodaß die Ähnlichkeitshyperfläche durch den Punkt P_{21} ähnlicher ist als die Fläche durch P_{12}. In entsprechender Weise wäre bei juristischen Fällen auf heuristischer Basis vorzugehen.

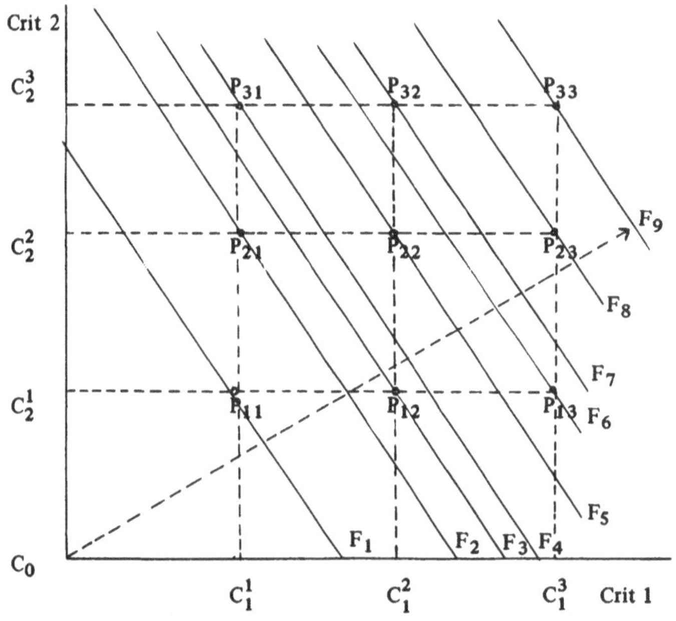

Abb. 4.3. Beispiel für einen zweidimensionalen Entscheidungsraum
Quelle: *Haft* (1973, 140)

Die Parallelen zwischen SEDOC und den Methoden des „predicting judicial decisions" sind augenscheinlich. Auch *Haft* und *Müller-Krumbhaar* gehen von der Gleichbehandlung rechtlich „gleicher" Fälle aus und begründen dies mit dem Gleichheitssatz. In beiden Fällen wird eine Menge von Deskriptoren (bei SEDOC Entscheidungskriterien) zur Beschreibung der Fälle verwendet, in beiden Fällen wird daraus ein – quantitatives oder ordinales – Ähnlichkeitsmaß definiert. Ein wichtiger Unterschied liegt allerdings darin, daß SEDOC die Deskriptoren selbst strukturiert, indem es allgemeine und spezielle Unterbegriffe zu den Entscheidungskriterien unterscheidet.

Literatur: *Haft* (1973), *Haft/Müller-Krumbhaar* (1970), *Kort* (1957), *Mackaay/Robillard* (1974)

4.7 Algorithmisierung juristischer Entscheidungen und Subsumtion

In den Abschnitten 4.2. bis 4.6. wurden Formalisierungsversuche für Normen und Judikate (bzw. Fallbeschreibungen) dargestellt. Beide Informationstypen gehen in den juristischen Entscheidungsprozeß der Einzelentscheidung ein. Weisen schon die genannten Formalisierungsversuche erhebliche Probleme auf, so ist kaum zu erwarten, daß ein allgemeiner operationalisierbarer Algorithmus der juristischen Einzelentscheidung angegeben werden kann. Der wichtigste Grund hierfür ist der folgende: in ein solches Entscheidungsmodell müßte die gesamte Pragmatik des juristischen Entscheidungsverhaltens eingehen. Diese ist aber weder formalisierbar, noch herrscht in der Rechtstheorie Einigkeit darüber, wie diese Pragmatik aussieht und/oder aussehen sollte.

In Abschnitt 3.1 wurde eine (umstrittene) Typologie juristischer Entscheidungsregeln angegeben: Konditionalprogramme und Finalprogramme. Diese Unterscheidung, die sich wegen des mangelnden Eingehens auf Nah- und Fernziel, sowie Hierarchie von Forderungen, Zielen und Maßnahmen nicht mit der Einteilung in kategorische und hypothetische Normen decken muß, ist jedenfalls noch sehr grob. Hinsichtlich der Informationen über Ziele lassen sich im geltenden Recht allgemein drei Informationslagen unterscheiden:

- ein Ziel wird in einem Normsatz definiert;
- ein Ziel wird in mindestens einem Normsatz erschließbar angedeutet,
- ein Ziel wird weder definiert noch erschließbar angedeutet.

Zieldefinitionen durch Normsätze, also normativ beschriebene oder beschreibbare Zustände, die bei der Anwendung eines Normsatzes erreicht werden sollen, dürften im Wirtschaftsrecht und im öffentlichen Recht häufiger vorkommen als im bürgerlichen Recht und im Strafrecht, ferner in jüngeren Gesetzen häufiger als in älteren Gesetzen. Als Ursache hierfür läßt sich das Vordringen von planerisch-funktional ausgerichteten Gesetzen und der Rückgang von klassisch-konditional aufgebauten Gesetzen vermuten.

Ein umfassendes Modell juristischer Einzelentscheidungen müßte jedenfalls die pragmatisch determinierten Anwendungsbedingungen für die Verwendung von Rechtsregeln bzw. Rechtsbegriffen explizit angeben. *Kilian* (1974, 183) schreibt hierzu: „Damit entsteht die Frage, ob und wie sich juristische Alternativen in der Entscheidungssituation überhaupt in Richtung einer Operationalisierung strukturieren lassen. Fest steht im Gerichtsverfahren lediglich, daß über einen Antrag letztlich mit „ja" oder „nein" entschieden werden muß. Um die dafür notwendigen Vorentscheidungen über die Anwendung eines Rechtsatzes oder Rechtsbegriffs nicht als intuitiv-zufällig einstufen zu müssen, sondern so weit wie möglich intersubjektiv nachprüfbar zu machen, ist es nötig, Wandlungen bei der Begriffsverwendung als Konsequenzen von Wandlungen in der zugrunde liegenden Informationsbasis nachzuweisen. Hierfür den Rechtsbegriff unmittelbar selbst gebrauchen zu wollen, bedeutete nichts anderes, als die informationsverarbeitenden Schritte und die daraus folgenden Vorentscheidungen nicht zu benennen. Wenn und soweit also rationale Informationsverarbeitungsprozesse bei juristischen Entscheidungen stattfinden sollen, ist es aus analytischer Sicht notwendig, eine vorgelagerte Kategorie von Informationen zu isolieren, welche die Relationen zu den übrigen Informationskategorien (Sachverhalts-, Ziel- und Folgeninformationen) zusammenfaßt und aufgrund einer ausdrücklichen Bewertung die „Bedingungen" für die Anwendung eines Rechtsbegriffs repräsentiert. Die Menge der Bedingungen bildet dann eine Metaebene zur Sprachstufe der Rechtsbegriffe und ist geeignet, die Alternativenwahl im juristischen Entscheidungsprozeß zu steuern."

Die vielfältigen Zusammenhänge zwischen Anwendungsbedingungen eines Rechtsbegriffs und Informationskategorien sind graphisch in Abb. 4.4 wiedergegeben. *Kilian* erläutert dieses Zusammenhänge wie folgt: Die Anwendungsbedingungen (A) relativieren die Informationen über den konkreten Sachverhalt (IS) gegenüber den Informationen über die Ziele für die Anwendungen des Rechtsbegriffs (IZ); die Bewertung der Anwendungsbedingungen (B) hängt von den Informationen über die Ziele (IZ) und den Informationen über die Folgen der Entscheidung (IF) ab. Aus den Informationen über die bewerteten Anwendungsbedingungen (IBA) ergibt sich die auszuwählende Alternative bezüglich der Anwendung des Rechtsbegriffs.

Das folgende Beispiel möge diese Zusammenhänge illustrieren: Um die Alternative, ob ein Streik gegen die Stillegung eines Betriebes „Gewalt" im Sinne von § 240 Abs. 1 StGB ist, mit „ja" oder „nein" entscheiden zu können, müssen die Informationen über die bewerteten Anwendungsbedingungen (IBA) verschieden aussehen. Die „ja"-Alternative (Streik=Gewalt) wird gewählt, wenn die wirtschaftliche Lage des Betriebs (A_1) höher bewertet wird (B_1) als die wirtschaftliche Lage der Arbeitnehmer (A_2 B_2); die „nein"-Alternative (Streik=Gewalt)

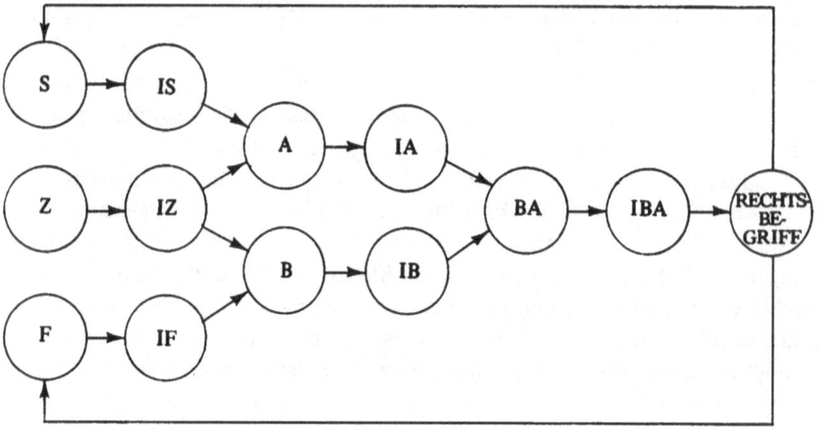

Abb. 4.4. Zusammenhänge zwischen Anwendungsbedingungen eines Rechtsbegriffs und Informationskategorien
Quelle: *Kilian* (1974, 183)

wird gewählt, wenn die wirtschaftliche Lage der Arbeitnehmer (A_2) höher bewertet wird (B_2) als die wirtschaftliche Lage des Betriebes $(A_1\ B_1)$. Der Ausdruck „wirtschaftliche Lage" umfaßt jeweils ein ganzes Bündel von Gesichtspunkten. Bei der Alternative $A_2\ B_2$ (Streik=Gewalt) ist als Folge F nicht auszuschließen, daß sich solche Streiks künftig wiederholen werden. Dies könnte je nach der Einstellung des Entscheidungssubjekts gegenüber der Folge (F) die Bewertung (B) und damit die bewerteten Anwendungsbedingungen (BA) für die Alternativenwahl verändern.

Diese komplexen Zusammenhänge zwischen den Anwendungsbedingungen eines Rechtsbegriffs und den Informationskategorien stärken die Zweifel an der Möglichkeit eines umfassenden operationalisierbaren Modells der juristischen Einzelentscheidung. Aber selbst der wohl einfachste Fall, nämlich die Anwendung ausschließlicher Konditionalprogramme, die in hypothetischen Normen formuliert sind und der klassische juristische Subsumtionsschluß lassen sich in einem deontischen Kalkül kaum in einer für die Praxis adäquaten Weise formalisieren.

Der klassische juristische Subsumtionsschluß sei durch das folgende Beispiel illustriert:

(1) Wer stiehlt, soll bestraft werden

(2) a hat gestohlen

(3) a soll bestraft werden

Der Obersatz enthält die aus Tatbestand und generell-abstrakter Rechtsfolge bestehende Norm, der Untersatz den individuell-konkreten Sachverhalt und die

Konklusion die individuell-konkrete Rechtsfolge. Der logische Schluß von (1) und (2) auf (3) ist in der dargestellten Form trivial und verdeckt die eigentlichen Schwierigkeiten. Dennoch läßt er sich nicht einfach in einem deontischen Kalkül abbilden.

In der Schreibweise des NS *von Wrights* wäre ein erster Versuch der Formalisierung die folgende Schreibweise

(4) $O(A/C)$

(5) C

(6) $O(A)$

bzw. $(O(A/C) \wedge C) \rightarrow O(A)$.

Dieser Übergang von hypothetischen zu kategorischen Normen ist nicht unproblematisch und würde wahrscheinlich in vielen deontischen Kalkülen zu Paradoxa führen. Er ist aber auch nicht für den Juristen brauchbar, da er weder den Gegensatz generell-individuell, noch den Gegensatz abstrakt-konkret berücksichtigt. Eine Berücksichtigung des Gegensatzes generell-individuell würde einen in Analogie zum Prädikatenkalkül aufgebauten deontischen Kalkül erfordern, etwa

(7) $\forall x\, O(A(x)/C(x))$

(8) $C(a)$

(9) $O(A(a))$

Aber auch im Schluß (7) bis (9) wird der Gegensatz abstrakt-konkret weder in der Ebene des Seins (Tatbestand, Sachverhalt), noch in der Ebene des Sollens (abstrakte Rechtsfolge, konkrete Rechtsfolge) berücksichtigt. Eine Berücksichtigung des Gegensatzes abstrakt-konkret in der Ebene des Seins setzt einmal die Unterscheidung zwischen Tatbestand C und Sachverhalt C_0 voraus. Dann muß aber eine hinreichende Ähnlichkeit, nämlich eine hinreichende Übereinstimmung von C und C_0 in den relevanten Merkmalen gegeben sein, soll der Sachverhalt unter den Tatbestand „subsumiert" werden können. In einem zweiwertigen Kalkül möge diese Ähnlichkeit durch die Relation Sim $(C, C_0(a))$ dargestellt sein. Wir erhalten dann

(7) $\forall x\; O(A(x)/C(x))$

(8a) $C_0(a)$

(8b) $\mathrm{Sim}\,(C, C_0(a))$

(9) $O(A(a))$

Nun ist aber „Ähnlichkeit" kaum adäquat als binäre Relation zu formalisieren, es handelt sich hierbei vielmehr um eine unscharfe Relation im Sinn der Theory of Fuzzy Sets (vgl. *Reisinger* 1975 d). Sim $(C, C_0(a))$ ist dann bestimmt durch eine charakteristische Funktion χ, welche beliebige Werte zwischen 0 und 1 annehmen kann. Gilt nun $\chi\,(\mathrm{Sim}(C, C_0(a))) = k$, $0 \leqq k \leqq 1$, so hat k offenbar

Einfluß auf die Konklusion O(A(a)). O(A(a)) wird damit zur unscharfen kategorischen Norm, deren Wert χ von k abhängt. Setzt man im einfachsten Fall $\chi(\text{Sim}(C, C_o(a))) = \chi(O(A(a))) = k$ (die identische Abbildung), so erhält man als Schlußverfahren

(7) $\forall x \quad O(A(x)/C(x))$
(8a) $C_o(a)$
(8c) $\chi(\text{Sim}(C, C_o(a))) = k$
(9a) $\chi(O(A(a))) = k$

Das Schlußverfahren (7) bis (9a) berücksichtigt noch nicht den Gegensatz zwischen abstrakter und konkreter Rechtsfolge. (Die konkrete Rechtsfolge ist häufig eine Teilmenge der abstrakten Rechtsfolge z.B. bei Rahmenstrafen). Der Gegensatz braucht nur dann nicht berücksichtigt zu werden, wenn wir maximale Rechtsfolgen im Sinn des Abschnittes 4.4 betrachten. Das Schlußverfahren der juristischen Subsumtion läßt sich dann unter Analogie zur „nearest neighbour rule" (vgl. Abschnitt 4.6.1) wie folgt angeben:

1. Gegeben sei ein vollständiges und konsistentes normatives System mit m elementaren Normen $N_1, N_2 \ldots N_m$. (Eine elementare Norm ist eine solche, die einen elementaren Tatbestand mit einer maximalen Rechtsfolge verknüpft. Elementare Normen sind Rekonstruktionen allgemeiner hypothetischer Normen, wie sie in Abschnitt 4.4.2 angegeben sind.) N_i läßt sich dann darstellen durch ein geordnetes Paar (A_i, C_i) mit „A_i" = „maximale Rechtsfolge" und „C_i" = „elementarer Tatbestand" der i-ten Norm, i = 1,2, . . , m.
2. Gegeben sei weiters ein Sachverhalt C_o. Gesucht ist A_o, die „beste" Entscheidung für C_o;
3. A_o ist dann jenes A_j dessen zugehöriges C_j dem Sachverhalt C_o am ähnlichsten ist, d.h. für dieses C_j muß gelten

$$(10) \quad \chi(\text{Sim}(C_j, C_o)) = \max_i \chi(\text{Sim}(C_i, C_o))$$

$\chi(\text{Sim}(C_i, C_o))$ läßt sich natürlich auf sehr unterschiedliche Weise bestimmen. Ein sehr einfaches Modell geht wieder davon aus, daß sich Tatbestände und Sachverhalt durch Deskriptoren charakterisieren lassen, die Tatbestandsmerkmale und entsprechende Sachverhaltselemente bezeichnen. Die Subsumtion des Sachverhalts unter den Tatbestand (= Festlegen der Ähnlichkeit) erfolgt also durch Einzelbegriffsubsumtionen. Die Ähnlichkeit läßt sich dann als Komplement zur „Unähnlichkeit" auffassen, wobei als Maßzahl der Unähnlichkeit z.B. eine normierte Distanz verwendet werden kann. Es gilt also (vgl. Abschnitt 4.6.1): Jeder Tatbestand C_i lasse sich charakterisieren durch einen Vektor $(c_{i1}, c_{i2} \ldots c_{in})$, entsprechend C_o durch $(c_{o1}, c_{o2} \ldots c_{on})$. Die Ähnlichkeit $\text{Sim}(C_i, C_o)$ ist dann definiert durch die charakteristische Funktion

$$(11) \quad \chi(\text{Sim}(C_i, C_o)) = 1 - \chi(\overline{\text{Sim}}(C_i, C_o))$$

wobei $\chi(\overline{\mathrm{Sim}}(C_i, C_o))$ ein auf das Intervall [0,1] normiertes Maß für die Unähnlichkeit darstellt. Für die Konkretisierung dieses Maßes ist das folgende „Postulat der Kompensation" von entscheidender Bedeutung:

Das *„Postulat der Kompensation"* bedeutet, daß die Tatbestandsmerkmale nur „überwiegend" durch den Sachverhalt erfüllt sein müssen; das Fehlen eines Elements kann durch das Auftreten anderer Elemente kompensiert werden. Gilt dieses Postulat, so empfiehlt sich für die Definition von $\chi(\overline{\mathrm{Sim}}(C_i, C_o))$ eine „Durchschnitt-Strategie". Als Maß der Unähnlichkeit wird dann ein „durchschnittliches" Abweichen der Elemente des Tatbestandes von jenen des Sachverhalts bestimmt, z.B. eine normierte *Hamming*-Distanz

$$(12)\quad \chi(\overline{\mathrm{Sim}}(C_i, C_o)) = \frac{1}{n}\sum_{k=1}^{n} |c_{ik} - c_{ok}|.$$

Gilt das Postulat der Kompensation nicht, müssen also alle Tatbestandsmerkmale durch den Sachverhalt erfüllt sein, bedeutet dies, daß nur die maximale Abweichung betrachtet werden muß, z.B.

$$(13)\quad \chi(\overline{\mathrm{Sim}}(C_i, C_o)) = \max_k |c_{ik} - c_{ok}|$$

Diese „Maximum-Strategie" entspricht weit mehr als die „Durchschnitt-Strategie" der zweiwertigen Logik, die beiden Strategien spiegeln die Schärfe oder Unschärfe der *Struktur* (Verknüpfungen) der Tatbestände wider. Von dieser ist die Schärfe oder Unschärfe der *Elemente* zu unterscheiden.

Im folgenden seien nun einige einfache Fälle diskutiert, welche schrittweise immer mehr „Unschärfe" der Elemente der Tatbestände und Sachverhalte einbeziehen und damit sich an die in der Praxis bestehende Situation annähern.

1. Der einfachste Fall ist jener, bei dem sowohl für die Elemente von C_i wie von C_o ein zweiwertiger Logikkalkül anzuwenden ist. Da C_o mit einem „feststehenden C_i verglichen wird, sind alle c_{ij} gleich 1 und die c_{oj} können 0 oder 1 sein. Wie man sich leicht überlegt, erhält man dann für (11) unter Verwendung von (12) mittels der Durchschnitt-Strategie

$$(14)\quad \chi(\mathrm{Sim}(C_i, C_o)) = \frac{1}{n}\sum_{k=1}^{n} c_{ok}$$

und unter Verwendung von (13) mittels der Maximum-Strategie

$$(15)\quad \chi(\mathrm{Sim}(C_i, C_o)) = \min_k c_{ok}$$

Bei (15) erhalten wir als Ergebnis für $\chi(\mathrm{Sim}\, C_i, C_o))$ nur die Werte 0 oder 1, der Tatbestand C_i ist durch den Sachverhalt C_o genau dann erfüllt

($\chi(Sim(C_i, C_o)) = 1$) wenn alle in der aussagenlogischen Konjunktion verknüpften Tatbestandselemente erfüllt sind.

2. Der erste Schritt zur Unschärfe der Elemente ist jener, bei dem für c_{ok} beliebige Werte aus dem Intervall [0,1] angenommen werden können. Dies bedeutet, daß der Sachverhalt unscharf ist, manche Elemente können nicht mehr zweifelsfrei festgestellt werden. Auch in diesem Fall gelten die Beziehungen (14) und (15), je nachdem ob die Durchschnitt- oder die Maximum-Strategie gewählt wird. Im zweiten Fall können für $\chi(Sim(C_i, C_o))$ jetzt allerdings auch Werte zwischen 0 und 1 auftreten.
3. Der nächste Schritt zur Berücksichtigung der Unschärfe der Elemente im Modell besteht darin, daß auch die c_{ik} beliebige Werte zwischen 0 und 1 annehmen können. Dies bedeutet, daß nun die Elemente des Tatbestands nicht mehr zweifelsfrei feststellbar sind. Durch diese Modellannahme kann also die sich in Rechtssätzen widerspiegelnde Unschärfe der natürlichen Sprache berücksichtigt werden. Es gelten hier die allgemeinen Beziehungen (11), (12) und (13).

Wir haben diese Modell deshalb etwas ausführlicher diskutiert, weil wir zeigen wollten, daß schon sehr einfache Modellannahmen der juristischen Einzelentscheidung zu Ergebnissen führen, die sich relativ weit von logischen Kalkülen entfernen.

Fassen wir die Beschränkungen des Modells nochmals zusammen:

- Es handelt sich um reine Konditionalprogramme.
- Die pragmatische Dimension wird überhaupt nicht und die semantische Dimension nur in Einzelaspekten berücksichtig. Insbesondere wird nicht angegeben, wie man zum Obersatz des Syllogismus gelangt; dieser entspricht in der Regel ja nicht einem Paragraphen, sondern muß aus dem gesamten normativen System (Gesetz, Rechtsgebiet, gesamte Rechtsordnung) unter Verwendung verschiedener Informationstypen erschlossen werden.
- Die Elemente des Tatbestandes lassen sich unabhängig vom Sachverhalt identifizieren, also kein „Hin- und Herwandern des Blickes zwischen Obersatz und Lebenssachverhalt".
- Die Elemente des Tatbestandes sind untereinander unabhängig („Verdatung" der Merkmale). Gleiches gilt für die Elemente des Sachverhalts. Nur unter diesen Annahmen frühen Durchschnitt- und Maximum-Strategie zu befriedigenden Maßzahlen der Unähnlichkeit. Sind diese Annahmen nicht realitätsadäquat, müssen mehrstufige Verfahren zur Bestimmung der Unähnlichkeit bzw. Ähnlichkeit angewendet werden.
- Die Unschärfe wird nur in der Ebene des Seins, nicht in jener des Sollens berücksichtigt. Das Problem der Bestimmung der konkreten Rechtsfolge aus der abstrakten wird nicht gelöst, wenn die abstrakte Rechtsfolge nicht maximal ist.

– Die „nearest neighbour rule" versagt, wenn $\chi(\mathrm{Sim}(C_i, C_o))$ das Maximum bei mehreren Normen annimmt.

Literatur: *Kilian* (1974), *Reisinger* (1972), *Reisinger* (1973)

4.8 Die algorithmisierte Strafzumessung

Das in Abschnitt 4.7 dargestellte Modell hat die Bestimmung der konkreten Rechtsfolge nur am Rande berücksichtigt. Diese Bestimmung ist aber Gegenstück zur Subsumtion des Sachverhalts unter den Tatbestand und wird dann zum Problem, wenn die einem Tatbestand entsprechende abstrakte Rechtsfolge selbst eine Menge von Alternativen darstellt. Sind diese Alternativen nun Punkte oder Abschnitte auf einer Kardinalskala, d.h. Ausprägungen eines quantitativen Merkmals, so liegt es nahe, die konkrete Rechtsfolge als mathematische Funktion der (ebenfalls metrisierten) Tatbestands- bzw. Sachverhaltselemente zu formulieren. Ein in der Rechtsinformatik bereits historischen Beispiel für dieses Verfahren hat *Kanpp* (1963 b) gegeben, indem er die Bestimmung von Unterhaltszahlungen behandelt:

Die Höhe der Alimente x ist abhängig von der Höhe des Einkommens des Unterhaltspflichtigen p, jedoch ist die Beziehung derart, daß x mit wachsendem p immer langsamer ansteigt und ab einer bestimmten Höhe p_o überhaupt nicht mehr zunimmt. x ist jedoch nicht nur von p, sondern auch noch von anderen Faktoren abhängig, so z.B. vom Alter des unterhaltsberechtigten Kindes. Die Aufgabe besteht nun darin, zwischen x und allen unabhängigen Variablen eine funktionale Beziehung herzustellen.

Ähnliche Verfahren lassen sich selbstverständlich auch bei der Berechnung von Steuern oder Bußgeldern anwenden.

Aus theoretischer Sicht interessanter erscheint jedoch die algorithmisierte Strafzumessung, insbesondere als Funktion der Tatschuld.

Unter *„Messung"* (im allgemeinsten Sinn) versteht man ein Zuordnen von Zahlen zu Objekten (Sachverhalten usw.), so daß bestimmte Relationen zwischen den Zahlen entsprechende Relationen zwischen den Objekten widerspiegeln. Bei der Strafzumessung als Funktion der Tatschuld sind zwei Probleme zu unterscheiden:

– die Festlegung der Funktion zwischen Strafzumessung und Tatschuld;
– die Messung der Tatschuld selbst.

Bei der Festlegung der Funktion zwischen Strafzumessung und Tatschuld kann die Hypothese zugrundegelegt werden, daß gleichen Strafunterschieden an verschiedenen Stellen der Strafenskala keine gleichen Tatschuldunterschiede entsprechen, sondern daß mit zunehmender absoluter Strafhöhe die einer gleichbleibenden Strafdifferenz entsprechende Tatschulddifferenz abnimmt. Als Begründung für diese Hypothese wird manchmal das *Fechner*sche Gesetz (Beziehung zwischen Reizgröße und Wahrnehmungsgröße) herangezogen. Aber auch wenn man das *Fechner*sche Gesetz nicht auf die vorliegende Fragestellung anwendbar erklärt, dürfte eine logarithmische Beziehung ungefähr zutreffen. Allerdings sind hier empirische Untersuchungen erforderlich.

Noch wesentlich schwieriger als die Bestimmung der Abhängigkeit zwischen Strafzumessung und Tatschuld erscheint das zweite Problem zu lösen: die Messung der Tatschuld selbst. Hierfür muß der Begriff der Tatschuld näher definiert werden. Zu den Komponenten des Begriffes gehören einmal alle Merkmale des gesetzlichen Tatbestandes. Dabei ist nicht das „ob", sondern das „wie" ihrer Verwirklichung maßgebend. Dies bedeutet unter anderem, daß für jedes Delikt oder für jede Deliktsgruppe die Tatschuldkomponenten gesondert zu bestimmen sind. Daneben haben Rechtsprechung und Lehre noch eine Reihe weiterer außertatbestandlicher Merkmale als Komponenten der Tatschuld herausgearbeitet, wie Motive, subjektive Tendenzen, Absichten usw.

Die Tatschuld ist also kein eindimensionales, sondern ein mehrdimensionales Merkmal. In einem solchen Fall erhebt sich die Frage, ob es zweckmäßiger ist, die einzelnen Komponenten zu skalieren und die für alle Komponenten erhaltenen Meßwerte für die gesamte Tatschuld zusammenzufügen oder ob man besser die Tatschuld global (in einem Meßvorgang) skaliert.

Die Frage: Einzelkomponenten- oder Globalmessung ist primär danach zu entscheiden, auf welche Weise man eine höhere Genauigkeit, eine höhere Konsistenz der Messungen erreicht. Einerseits dürfte die Beurteilung einer einzelnen Komponente wegen ihrer größeren Einfachheit leichter sein; andererseits treten bei den Einzelmessungen Meßfehler auf, die sich bei Kombination eventuell summieren und einen größeren Betrag erreichen können als der Fehler einer Globalmessung. Außerdem dürften die Gerichte in der Skalierung der einzelnen Komponenten weniger geübt sein und schließlich kann auch die Aufstellung eines quantitativen Zusammenhanges bei der Kombination der Einzelkomponenten Schwierigkeiten bereiten. Die Frage ist letztlich nur empirisch entscheidbar; man müßte empirisch die mit beiden Methoden erreichbare Konsistenz untersuchen.
Entschließt man sich für die Einzelkomponentenmessung, so müssen die einzelnen Komponenten der Tatschuld, z.B. die Schwere der Rechtsgutsverletzung, der Grad des Vorsatzes oder der Fahrlässigkeit usw., mit soziometrischen und psychometrischen Skalierungsverfahren auf jeweils einer eigenen Skala (der Schwere oder des Ausprägungsgrades) gemessen werden. Aus den Meßwerten der Komponenten $x_1, x_2, \ldots, x_n$ ist dann der Gesamtwert der Tatschuld t durch eine Verküpfungsfunktion zu bestimmen: $t = f(x_1, x_2, \ldots, x_n)$. Da es nicht möglich ist, eine einheitliche Liste von Komponenten aufzustellen, kann auch keine einheitliche Verküpfungsfunktion für alle Straftaten gebildet werden.
Haag (1970, 453) gibt die folgende Grundregel für die Verküpfungsfunktion an: Alle strafbegründenden Merkmale sind zuerst multiplikativ zu verbinden (Produkt P), alle straferhöhenden oder strafmindernden Umstände sind mit dem

vorigen Produkt P zu multiplizieren und dann zu P zu addieren. Liegt ein strafbegründendes Merkmal nicht vor, so hat es den Skalenwert 0, so daß das ganze Produkt P und damit auch die Tatschuld t = 0 ist. Dagegen bewirkt das Nichtvorliegen eines straferhöhenden oder -mindernden Umstandes nur, daß sich das Produkt P und damit die Tatschuld t nicht ändert:

$$t = P(1+A) = P+PA = b_1 b_2 \ldots b_k + P(a_1+a_2+\ldots+a_e)$$

mit „$b_1, \ldots, b_k$" = „strafbegründende Merkmale", Produkt P; und „$a_1, \ldots, a_e$"= „strafändernde Merkmale", Summe A. Die Gewichtung der einzelnen Merkmale erfolgt durch Wahl einer entsprechenden Skaleneinheit.

Die Anwendung dieser Regel auf die allen Straftaten gemeinsamen Komponenten ergibt:

$$t = x_1 . x_2 . x_3 . x_4 . (1+a_1+a_2+\ldots)$$

„x_1" = „Unrechtssachverhalt"; „x_2" = „Unrechtsvorwurf"; „x_3" = „Schuldsachverhalt"; „x_4" = „Schuldvorwurf".

Für das versuchte Delikt muß der Überschuß der inneren Tatseite (gegenüber dem vorsätzlichen Gefährdungsdelikt) berücksichtigt werden. *Haag* bezeichnet mit x_1' den Unrechtssachverhalt mit Ausnahme der Gefährdungs- bzw. Verletzungsintensität, mit x_{12} die tatsächliche Rechtsgutgefährdung, mit x'_{12} die gewollte Rechtsgutverletzung beim Versuch und gibt folgenden Ansatz für die Tatschuld des Versuchs:

$$t = x_1'(x_{12} + \frac{1}{2} x'_{12}).x_2 . x_3 . x_4$$

Daß die gewollte Verletzungsintensität nur mit dem Faktor $\frac{1}{2}$ berücksichtigt wird, rührt daher, daß die Normalstrafe beim Versuch wegen des auf 1/4 erniedrigten Strafrahmens nur 1/2 so groß ist wie beim vollendeten Delikt (unter Zugrundelegung einer logarithmischen Strafskala).

Soweit der Ansatz bei *Haag*. Ein sehr detailliertes Modell der algorithmisierten Strafzumessung gibt *von Linstow* (1974) für Verkehrsdelikte an. Dieses Modell beruht auf dem Gedanken, alle für die Strafzumessung relevanten Tatumstände und Tätermerkmale müßten unter ein System von Obersätzen subsumiert werden, das eine zahlenmäßige Bewertung zuläßt. Dabei soll der globale Obersatz „Schuld" in Unterbegriffe aufgegliedert werden, denen Teile des Sachverhalts in plausibler Weise zugeordnet werden können. Sowohl der Sachverhalt als auch die Obersätze müssen also in geeignete – nämlich für die Strafzumessung relevante – Teile aufgegliedert werden.

Alle für die Strafzumessung relevanten Merkmale, z.B. Höhe der Blutalkohol-Konzentration, Vorstrafen, etc. werden in einer Liste (Merkmalskatalog) festgelegt. Jedem dieser Merkmale wird ein bestimmter Zahlenbereich zugeordnet (z.B. 1–20). Bei der konkreten Anwendung der Methode ordnet der Richter den zu beurteilenden Sachverhalt den für den vorliegenden gesetzlichen Tatbestand in Betracht kommenden Merkmalen in der Weise zu, daß er das Vorliegen einer bestimmten Merkmalsintensität feststellt (z.B. Schwere der Verletzung, Höhe der Blutalkohol-Konzentration). Aus dem Merkmalskatalog entnimmt er dann die Zahl, die dieser Stärke zugeordnet ist (Merkmalswert oder Merkmalszahl). Bei einigen Merkmalen gibt es zwei Arten von Merkmalszahlen: die Merkmalsgrundzahl und die Merkmalsendzahl. Die Merkmalsgrundzahl ist der Merkmalstärke direkt zugeordnet. Die Merkmalsendzahl ist das Produkt aus Merkmalsgrundzahl und einer weiteren Zahl, dem sogenannten tatbestandsunabhängigen Gewicht. Diese Zahl gibt das Gewicht an, welches das Merkmal bei dem gesetzlichen Tatbestand im Verhältnis zu den anderen Merkmalen haben soll Eine bestimmte Auswahl von Merkmalswerten wird dann gemäß einer – bei jedem Tatbestand verschiedenen – Vorschrift (Verknüpfungsregel) durch Addition oder Multiplikation verknüpft. Das Ergebnis heißt Strafrohzahl. Durch Anwendung der „Allgemeinen Entscheidungsregeln" – in welche die bisher noch nicht verwerteten Merkmalswerte eingehen – auf die Strafrohzahl wird die zu verhängende Strafe gefunden. Abb. 4.5 zeigt zusammengefaßt den Ablauf der Strafzumessung. *Von Linstow* gibt einen sehr detaillierten Merkmalskatalog mit Merkmalsstärke und zugehörigem Merkmalswert sowie die Verknüpfungsregeln für einzelne Paragraphen des StGB, welche Verkehrsdelikte betreffen, an. In die allgemeinen Entscheidungsregeln, welche die Strafrohzahl in die Strafe überführen, gehen im wesentlichen ein:

- die Höhe der Strafrohzahl;
- einschlägige Verurteilungen im ersten oder zweiten Jahr vor der Tat.

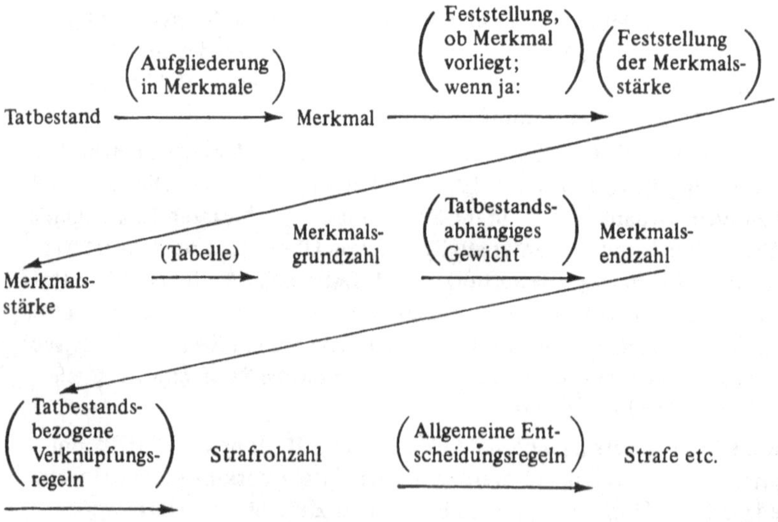

Abb. 4.5. Das Schema der Strafzumessung
Quelle: *von Linstow* (1974, 11)

Die Vorschläge der algorithmisierten Strafzumessung sind nicht unwidersprochen geblieben. *Hassemer* (1972) weist richtig darauf hin, daß hierfür die Dokumentation von Strafurteilen wesentlich erweitert werden muß, falls der Algorithmus der Strafzumessung auf empirischer Basis gefunden werden soll. Zum einen müssen, anders als herkömmlich, die Urteilsgründe zur Strafzumessung ebenso vollständig eingegeben werden wie die zur tatbestandlichen Qualifizierung des Täterverhaltens. Zum anderen wird der Sachverhalt, der bei der bisherigen Form der Dokumentation von Strafurteilen in Zeitschriften und Entscheidungssammlungen nur eine untergeordnete Rolle spielt, stärker berücksichtigt werden müssen. Dies deshalb, weil die Strafzumessung Tat- und Tätermerkmale individualisierend verarbeiten muß.

Insbesondere wendet sich *Hassemer* gegen den Anspruch, eine algorithmisierte Strafzumessung sei „rational". Die Prognostizierbarkeit des Entscheidungsergebnisses oder auch nur die vollständige und eindeutige Aufzählung sämtlicher Entscheidungsfaktoren sei auf Dauer unerfüllbar. Nicht von einer Generalisierung der Entscheidungsabläufe bei der Strafzumessung, sondern von ihrer Individualisierung, ihrer Anreicherung mit fallbezogener Argumentation sei eine Verwissenschaftlichung der Strafzumessung zu erwarten. Aus diesen Überlegungen heraus schlägt *Hassemer* nicht eine algorithmisierte Strafzumessung, sondern ein Dialogverfahren vor, das eine Mittelstellung zwischen Dokumentations- und Subsumtionsprogramm einnimmt. Die Algorithmisierung der juristischen Einzelentscheidung wird zugunsten eines Frage-Antwort-Systems verworfen.

Literatur: *Haag* (1970), *Hassemer* (1972), *von Linstow* (1974)

4.9 Automationsgerechte Normsetzung

Formalisierung und Algorithmisierung der juristischen Entscheidung setzen in bestimmter – nämlich automationsgerechter – Weise strukturierte generelle Normen voraus. Der Begriff der *„Au.omationsgerechtheit"* kann hier weiter oder enger verstanden werden. In einem umfassenden Sinn versteht man darunter die optimale Gestaltung von Regelungskomplexen im Hinblick auf das Organisationsmittel der Automation, dessen Einsatz und Folgeprobleme. Die automationsgerechte Gestaltung von Rechts- und Verwaltungsvorschriften im weitesten Sinne erfordert daher:

- die adäquate Nutzung des Hilfsmittels der ADV für die Ziele der betreffenden Regelung, welche dessen Möglichkeit im Dienste der Gesellschaft optimal ausschöpft;
- die Berücksichtigung und Bewältigung der durch die Nutzung der ADV gemäß den Zielsetzungen der Regelung eventuell ausgelösten Sekundäreffekte;

- schließlich eine den technischen Erfordernissen der ADV im so bestimmten Rahmen günstige Gestaltung der Einzelvorschriften der betreffenden Regelung.

Der dritte Punkt kann mit *Fiedler* (1972) als *„Automationsgünstigkeit"* (Automationsgerechtheit i.e.S.) bezeichnet werden. Innerhalb der „automationsgünstigen Vorschriften" läßt sich dann weiter unterscheiden in

- *automationsgeeignete Vorschriften* (automationsgünstig insbesondere bezüglich des Vollzugs der betreffenden Vorschrift selbst);
- *automationsfördernde Vorschriften* (automationsgünstig im allgemeinen Sinn, insbesondere auch bezüglich des Vollzugs anderer Vorschriften).

Die von Regierungsseite erlassenen „Grundsätze" oder „Richtlinien" zur Sicherung der Automationsgerechtheit zukünftiger Rechts- und Verwaltungsvorschriften betreffen in der Regel lediglich die Automationsgünstigkeit. Bahnbrechend sind in diesem Bereich die „Vorläufigen Grundsätze für das automationsgerechte Abfassen von Vorschriften" der Bayerischen Staatsregierung vom 27.8.1969 (Bayer. Staatsanzeiger Nr. 36 vom 5.9.1969) geworden. Diese gliedern in ihrem Hauptteil in Grundsätze für

- Einfachheit der Vorschriften
- Einheitlichkeit der Vorschriften
- Ermittlung der Sachverhalte und Erfassung der Tatbestände
- Eindeutigkeit der Vorschriften
- Form- und Verfahrensvorschriften
- Verfahren beim Erlaß von Vorschriften.

Eine systematische Unterscheidung, welche für die Probleme der Automationsgünstigkeit bedeutsam ist, ist durch Einteilung in Forderungen einerseits an den Inhalt von Vorschriften, andererseits an die Darstellungsweise gegeben.

1. *Forderungen der Automationsgünstigkeit an den Inhalt von Vorschriften:*

- „Verdatung" der Merkmale (des Tatbestands und der Rechtsfolgen; d.h. die Tatbestandsmerkmale sollen im Sinn von „Daten" möglichst leicht ermittelbar und erfaßbar sein; auf bereits erfaßte Merkmale soll möglichst zurückgegriffen werden können; z.B. sollen unbestimmte Rechtsbegriffe möglichst nicht verwendet werden).
- Algorithmisierung der Zusammenhänge (d.h. die Vorschriften sollen möglichst einen eindeutigen Ableitungszusammenhang logischer oder mathematischer Art zwischen Tatbestandsmerkmalen und Rechtsfolgen ergeben; z.B. soll möglichst kein „Ermessen" eingeräumt werden).
- Vollständigkeit der Regelung (hier sind verschiedene Präzisierungen des Begriffs der Vollständigkeit möglich, vgl. Abschnitt 4.4)

- Verringerung der Komplexität der Regelung (d.h. die Vorschriften sollen möglichst einfach sein, sie sollen keine unnötigen Differenzierungen enthalten; so sind z.B. Pauschalierungen erwünscht, ebenso einheitliche Stichtage statt individueller Fristen).
- Verringerung sozialer Interaktivität beim Vollzug von Vorschriften (z.B. Verzicht auf Antragserfordernisse, Verzicht auf Vorbehalte von Zustimmungen und Genehmigungen).
- Erleichterung von Formvorschriften für das maschinelle Verfahren (z.B.keine eigenhändige Namensunterschrift des Sachbearbeiters).
- Abstimmung mit der inhaltlichen Gestaltung anderer Vorschriften (insbesondere inhaltliche Vereinheitlichung mit Rücksicht auf das maschinelle Verfahren).

2. *Forderungen der Automationsgünstigkeit an die Darstellungsweise von Vorschriften:*

- Ausdrücklichkeit aller in einer Vorschrift getroffenen Regelungen (diese sollen explizit angegeben werden und sich nicht nur mittelbar aus dem Zusammenhang erschließen lassen; auch Definitionen sind ausdrücklich zu treffen).
- Eindeutigkeit der Bezeichnungsweise (dies impliziert auch die Kontextunabhängigkeit der Bezeichnungen).
- Strukturell günstiger Aufbau der Vorschriften, Vorschriftenkomplexe und Vorschriftensysteme (z.B. günstiger Aufbau aus Teilregelungen; passende Einordnung von Spezialfällen. Auch die Technik der Definitionen und Verweisungen gehört zum Teil in diesen Zusammenhang).
- Klarheit und Transparenz der Darstellung (diese ergibt sich großteils bereits aus den vorher genannten Forderungen. Sie sollte eventuell auch auf Kosten der Ökonomie der Formulierung realisiert werden).
- In geeigneten Fällen Klärung und Verdeutlichung durch Diagramme (auch Flußdiagramme).
- Abstimmung mit der Darstellungstechnik anderer Vorschriften (insbesondere formale Vereinheitlichung mit Rücksicht auf das maschinelle Verfahren).
- Dokumentationsgünstigkeit von Vorschriften (insbesondere auch in Bezug auf maschinelle Dokumentation. Hier könnte unter anderem durch teilweise Formatierung, etwa durch entsprechende formale Gestaltung von Identifikationsmerkmalen und Zitierungen in Vorschriften die computergestützte Dokumentation erleichtert werden).
- Änderungsgünstigkeit von Vorschriften (gewisse Merkmale, bei denen die Wahrscheinlichkeit der Beeinflussung durch spätere abändernde Vorschriften vorauszusehen ist, könnten so in die Ausgangsvorschrift eingeordnet werden, daß die Durchführung von Änderungen im maschinellen Verfahren möglichst leicht fällt).

Die genannten Forderungen an Inhalt und Darstellungsweise von Vorschriften sind allgemein nur teilweise erfüllbar und ergeben sich auch nur teilweise spezifisch aus der Notwendigkeit der ADV. Rechtstheoretische Probleme werfen natürlich vor allem die inhaltlichen Forderungen auf, da sie die logische Auffassung vom Recht gegenüber der hermeneutischen Auffassung, das Ziel der Rechtssicherheit im Sinn der Vorherbestimmbarkeit der Entscheidung gegenüber dem Ziel der sachgerechten Lösung „unter Brücksichtigung aller relevanten Zusammenhänge" des speziellen Einzelfalls betonen. Formatierung ist gleichzusetzen mit der Einführung klassifikatorischer Begriffe über einen Sachbereich. Ob und wie ein realer Bereich durch eine Klassifikation geordnet wird, bestimmt sich nicht durch Eigenschaften der realen Objekte dieses Bereichs, sondern allein durch die Interessen der Benutzer der Klassifikation. Wenn demnach in einem Rechtsbereich die Klassifikation der Sachverhalte nach einem bestimmten Schema vorgenommen wird, im Grundbuchamt etwa die Erdoberfläche in Grundstücke, im Katasteramt aber in Flurstücke unterteilt wird, so hat das nicht seinen Grund in der Eigenart dieses Objektbereichs, sondern in der Eigenart der Rechtsvorschriften, die diesen Objektbereich regeln. Auch hier zeigt sich wieder die generelle Grenze der Formalisierung und Algorithmisierung juristischer Entscheidungsprozesse.

Literatur: *von Berg* (1968), *Fiedler* (1972), *Kókai* (1972), *von Oertzen* (1969), *von Oertzen* (1970), *Spillecke* (1971)

4.10 Verwaltungsautomation

Im folgenden sollen einige Perspektiven der Verwaltungsautomation skizziert werden. Da wir die Entwicklung einer eigenen Verwaltungsinformatik befürworten (vgl. Abschnitt 1.3.4), berühren die folgenden Probleme nicht den Kern der Rechtsinformatik, sie werden daher nur sehr kursorisch dargestellt.

4.10.1 Zum Stand der Verwaltungsautomation in der Bundesrepublik Deutschland

Von „*Verwaltungsautomation*" kann man nur dann sprechen, wenn nicht nur einzelne Arbeitsoperationen am jeweiligen Arbeitsplatz maschinell erledigt, sondern ganze Arbeitsprozesse zusammenhängend, selbst steuernd und selbst kontrolliert auf ADV übertragen werden. Die fortgeschrittenen Formen der Verwaltungsautomation, gekennzeichnet durch gemeinsame Datenspeicherung oder durch automatisierten Datenaustausch zwischen mehreren Verwaltungsstellen, finden sich in Europa zum gegenwärtigen Zeitpunkt vor allem in den skandinavischen Ländern und in Belgien. Für die BRD sind die drei Ebenen der Gemeinden, Länder und des Bundes zu unterscheiden.

Die *Kommunen* können für sich in Anspruch nehmen, schon frühzeitig die Anwendbarkeit der ADV für ihren Bereich erkannt zu haben. Vorrangig ist bei den Bestrebungen zur Ausweitung der Anwendungsgebiete auf die Kommunalverwaltung die *kommunale Gemeinschaftsstelle für Verwaltungsvereinfachung* (KGSt) beteiligt, die schon 1957 einen Funktionskatalog der automatisierbaren Tätigkeiten im kommunalen Bereich veröffentlichte. Die darin aufgestellten Funktionsgruppen (Personalwesen, Finanzwesen, Einwohnerwesen, Bauwesen, Dokumentation und Information, Wissenschaftliche Berechnungen) wirkten auch über den kommunalen Bereich hinaus und bildeten weitgehend die Grundlage für die Aufgabenkataloge der Länder.

Bisher sind von der ADV vor allem Masse- und Routinearbeiten erfaßt worden (Berechnung und Zahlbarmachung von Bezügen, Renten und anderen Leistungen; Finanzverwaltung: Einwohner- und Meldewesen; Erstellung und Aufarbeitung von Statistiken etc.). Die Einführung von ADV auf kommunaler Ebene ist durch intensive Kooperation gekennzeichnet. Städte und Landkreise betreiben nicht nur gemeinsame Rechenzentren, sondern arbeiten auch bei Systementwicklung und Implementierung zusammen. Beispielhaft für den letztgenannten Bereich ist die *Arbeitsgemeinschaft Kommunale Datenverarbeitung* (AKD), zu der sich Städte und Landkreise in Nordrhein-Westfalen zusammengeschlossen haben. Probleme der Stadtplanung und Entwicklung sowie die Entwicklung kompatibler Systeme und Programme stehen im Vordergrund der Tätigkeit dieser Arbeitsgemeinschaft.

Auch bei den auf *Landesebene* eingerichteten Datenzentralen beherrscht die Bewältigung von Masse- und Routinearbeiten die Anwendung der EDV-Anlagen. Die bekanntesten Planungen zur Schaffung von Informationssystemen bestehen in Bayern und Hessen; Einzelheiten der Realisierung sind jedoch noch nicht abzusehen. Die *Organisationsformen der Datenverarbeitung* in den einzelnen Bundesländern sind vielfältig; für die Regelung der Koordination bei der ADV lassen sich drei Modelle unterscheiden:

- *Hierarchisches Modell:* Bei diesem Modell wird die Koordination in der Form ermöglicht, daß innerhalb der neu geschaffenen ADV-Aufbauorganisation ein Instanzenzug eingerichtet wird, aufgrund dessen im Wege der administrativen Hierarchie einheitliche Verfahren durchgesetzt werden können. Dieses Modell wurde in Hessen und Schleswig-Holstein verwirklicht.
- *Verordnungsmodell:* Dieses Modell verzichtet auf eine administrative Hierarchie innerhalb der ADV-Aufbauorganisation, erlaubt aber die Durchsetzung einheitlicher Verfahren im Wege von Verordnungen, zu deren Erlaß die Landesregierungen ermächtigt werden. Beispiele für die Realisierung dieses Modells sind Baden-Württemberg, Bayern und Nordrhein-Westfalen.

- *Kooperationsmodell:* Die Schaffung einheitlicher Verfahren bei der Datenverarbeitung erfolgt bei diesem Modell auf der Grundlage der Kooperation zwischen der Landes- und der Kommunalverwaltung. Diese Kooperation wird dadurch gesichert, daß der Erlaß einer koordinierenden Rechtsverordnung durch die Landesregierung an die vorherige Zustimmung von Repräsentanten der Kommunalverwaltung gebunden ist. Dieses Modell ist im Entwurf eines ADV-Organisationsgesetzes für Niedersachsen vorgesehen.

Der Einsatz der ADV in der *Bundesverwaltung* spiegelt sich in den vom Innenministerium vorgelegten „EDV-Berichten der Bundesregierung" wider. In den Bund- Länder- Koordinierungsausschüssen wird unter Beteiligung des Bundesministeriums der Justiz an der Automatisierung des Grundbuchwesens, des Strafregisters, des Kosten- und Kassenwesens sowie des Mahnwesens gearbeitet. Im Geschäftsbereich des Bundesinnenministeriums, bei dem auch die Koordinierungskompetenz liegt, wird die ADV vorrangig im Statistischen Bundesamt und im Bundesverwaltungsamt eingesetzt. Konkretere Formen hat auch schon der Einsatz im Bundeskriminalamt angenommen. Im Aufbau ist ein kriminalpolizeiliches Informationssystem, an dem die Landeskriminalämter beteiligt sind. Vorrangig wird ein Personenfahndungssystem entwickelt, das Direktabfragen erlaubt. Im Planungsstadium ist die Beteiligung an der Vergabe des Personenkennzeichens.

Mit dem *Personenkennzeichen* sollen alle in der BRD wohnhaften natürlichen Personen (auch Ausländer) sowie unter bestimmten Umständen auch im Ausland wohnhafte Deutsche oder bei Bedarf sonstige Personen bezeichnet werden. Als Personenkennzeichen soll eine zwölfstellige Zahl dienen:

- Stellen 1 bis 6: Geburtsdatum, bestehend aus der Angabe des Tages (1–2), des Monats (3–4) und des Jahres der Geburt (5–6), ohne Angabe des Jahrhunderts oder Jahrtausends;
- Stelle 7: Jahrhundert und Geschlecht;
- Stellen 8 bis 11: Seriennummer; diese dient der Unterscheidung von am selben Tag geborenen Personen, zur leichteren Handhabung der Vergabe werden die Seriennummern länderweise aufgeteilt.
- Spalte 12: Prüfziffer.

Das Personenkennzeichen soll in erster Linie Ordnungs- und Verknüpfungsmerkmal sein, enthält aber gleichzeitig schon die Nachrichten: Alter, Geschlecht und regionale Herkunft des Inhabers.

Ähnlich wie bei den natürlichen Personen das Personenkennzeichen soll für juristische Personen, Personenmehrheiten und Institutionen in der BRD das *Gruppenkennzeichen* eingeführt werden. Dieses soll ebenfalls 12 Stellen umfassen:

- Stellen 1 bis 8: Kennzeichen des Unternehmens;

- Stellen 9 bis 11: Laufende Nummer der Betriebsstätte im Rahmen eines Unternehmens; bei Unternehmen selbst erhalten diese Stellen Null-Eintragungen;
- Stelle 12: Prüfziffer.

4.10.2 Verwaltungsautomation und Organisation

Die Einführung von ADV bewirkt zunächst Veränderungen von Informationsprozessen bei juristischen Entscheidungen. Hieraus ergeben sich weitreichende Fragen für die Organisation juristischer Entscheidungssysteme. Die Automation von Verwaltungshandeln verändert die „Verwaltung als Arbeitsvorgang und die Verwaltung als Arbeitsinstitution" (*Forsthoff*). Es sind also zwei Formen der Organisation zu unterscheiden:

- *Institutionale Organisation* (*Aufbauorganisation*): Die Vielzahl der zur Erfüllung stehenden Aufgaben muß auf einzelne Entscheidungssysteme (Aufgabenträger) übertragen werden. Gleichzeitig müssen die Abhängigkeiten der einzelnen Entscheidungssysteme untereinander festgelegt werden. Die Gesamtheit der hierzu ergehenden Regelungen konstituiert die Aufbauorganisation (institutionale Organisation). Bei juristischen Entscheidungssystemen wird die Aufbauorganisation durch die Verteilung von Zuständigkeiten festgelegt.
- *Funktionale Organisation (Ablauforganisation):* Die Erfüllung der Aufgaben setzt die Regelung des Ablaufs der dafür notwendigen Informationsverarbeitungsprozesse voraus. Die Gesamtheit dieser Regelungen ergibt die Ablauforganisation (funktionale Organisation). Bei juristischen Entscheidungssystemen wird die Ablauforganisation teils durch verfahrensrechtliche Vorschriften, teils durch Vorschriften des materiellen Rechts festgelegt.

Die institutionale Organisation wird in der öffentlichen Verwaltung durch das Prinzip der „Arbeitsteilung" charakterisiert. Hier lassen sich verschiedene, einander überschneidende *Prinzipien der Behördengliederung* unterscheiden:

- an den Verwaltungsobjekten ist die Gliederung in Fachverwaltungen (bzw. Fachbehörden, Ämter, Dezernate, Referate) ausgerichtet (z.B. Grundbuchamt, Finanzverwaltung, Rundfunkanstalten);
- die Art der notwendigen Verrichtungen bestimmt die Ausgliederung von Vollzugsbehörden (Polizei, Bundeswehr) und Wirtschaftsbetrieben (Eigenbetriebe, Bahn, Post);
- die regionale Lage von Objekten und/oder Verrichtungen grenzt die örtliche Zuständigkeit gleichgeordneter Verwaltungseinrichtungen voneinander ab (z.B. Gemeinden, Finanzämter, Referate des Außenministeriums);
- nach Routine und Grundsatzaufgaben richtet sich die vertikale Aufteilung der Verwaltungsaufgaben auf die Stufen einer mehrstufigen Verwaltung (Kreis, Regierung, Ministerium bzw. Oberbehörde);

- der ausgegliederten Erledigung von Innenaufgaben – im Gegensatz zu Außenaufgaben – dienen die Querschnittsämter (Personal, Haushalt, Beschaffung, technische Dienste).

Die Auswirkungen der Verwaltungsautomation auf die Organisation der Verwaltung lassen sich unter den folgenden Begriffen zusammenfassen:

- funktionale Verselbständigung;
- funktionale Zentralisierung (organisatorische Integration);
- Auslagerung von Informationsverarbeitungsfunktionen.

1. *Funktionale Verselbständigung von Verarbeitungsschritten*

Betrachtet man Verwaltungshandeln von seiner Ablauforganisation her, so wird deutlich, daß mit der Ausgliederung von Hilfsfunktionen Verarbeitungsschritte und damit Teile von Verarbeitungsprozessen verschiedenen Einheiten in der Aufbauorganisation zugeordnet werden. Auf einer höheren Ebene erscheinen solche Ausgliederungen dort, wo andere Behörden mitwirken. In diesen Fällen kann man von einer funktionalen Verselbständigung von Verarbeitungsschritten sprechen. Eine solche funktionale Verselbständigung erscheint in der nicht-automatisierten Verwaltungstätigkeit als eine Ausnahme. Die Besonderheit der ersten größeren Phase der Verwaltungsautomation, nämlich der automatisierten Erledigung von Routineaufgaben, besteht nun darin, daß ganze Komplexe von solchen Verarbeitungsschritten (Entscheidungsabschnitten) funktional verselbständigt und anderen Stellen (meistens Querschnittsbehörden wie Rechenzentren) übertragen werden.

2. *Funktionale Zentralisierung von Verarbeitungsschritten (organisatorische Integration)*

Die Analyse des Ablaufs von Verarbeitungsprozessen in der Verwaltung zeigt, daß vielen dieser Prozesse Verarbeitungsschritte gemeinsam sind und daß unterschiedliche Verarbeitungsschritte gleiche Nachrichten verarbeiten. Dies macht es möglich, diese Schritte aus den einzelnen Verarbeitungsprozessen herauszunehmen, sie zusammenzufassen und von einer einzigen Einheit der Aufbauorganisation erledigen zu lassen. Eine solche Verbindung oder Vereinigung verschiedener Verarbeitungsschritte aus mehreren Abläufen kann als *funktionale Zentralisierung* bezeichnet werden. Die Lieferung von Nachrichten an verschiedene Organisationseinheiten, die dieselben Nachrichten für ihre Entscheidungen brauchen, kann zur funktionalen Zentralisierung der Datenspeicherung und Datenausgabe sowie der Datenerfassung führen. Eine physische Zentralisation der DV-Kapazitäten braucht damit ebensowenig verbunden zu sein wie die Schaffung neuer Einheiten in der Aufbauorganisation.

Eine solche funktionale Zentralisierung von Teilfunktionen vermeidet Doppelarbeit bei Verwaltungsbehörden, bei denen gleiche Verarbeitungsschritte auszuführen oder gleiche Daten zu verarbeiten sind. Die funktionale Zentralisierung von Verarbeitungsschritten in größerem Maßstab kann als *organisatorische Integration* bezeichnet werden. Auf diese zielt das Konzept einer *„integrierten Datenverarbeitung"*. Das Prinzip der integrierten Datenverarbeitung ist eine Zusammenfassung von Grundsätzen zur Datenorganisation (Datenbankorganisation und Datenübertragung). Merkmale der integrierten Datenverarbeitung sind:

- Einmalige Datenermittlung und -erfassung: ADV-gespeicherte Daten sollen möglichst nur einmal ermittelt und erfaßt, d.h. in ADV-lesbare Form gebracht werden, auch und gerade wenn sie in mehreren automatisierten Entscheidungsprozessen verwendet werden sollen.
- Einmalige Datenspeicherung.
- Vielfachverwendung der gespeicherten Daten: Einmal gespeicherte Daten sollen grundsätzlich in allen Entscheidungsprozessen verwendet werden, für die diese Daten relevant sind.

3. *Auslagerung von Informationsverarbeitungsfunktionen*

Funktionale Verselbständigung und funktionale Zentralisierung von Informationsverarbeitungschritten können entweder innerhalb ein und derselben Einheit der Aufbauorganisation vorgenommen werden oder zur Auslagerung von Informationsverarbeitungsschritten auf andere Einheiten führen, die bereits bestehen oder eigens für diesen Zweck neu geschaffen werden.

Eine Automatisierung von Informationsverarbeitung bei Verwaltungsabläufen kann derart erfolgen, daß die Verwaltungsabläufe an der bisherigen Stelle der Verwaltung verbleiben, um dort ganz oder teilweise maschinell bearbeitet zu werden. In der Regel führen funktionale Verselbständigung und funktionale Zentralisierung jedoch zur Auslagerung der betreffenden Informationsverarbeitungsschritte, d.h. zur Übernahme durch eine andere Stelle in der Aufbauorganisation. Dies kann auf zweierlei Weise geschehen: Durch Aufbau neuer Behörden oder durch Veränderung des Aufgabenbereichs bestehender Behörden.

Beispiel für die erste Methode sind die zentralen und regionalen Datenverarbeitungsbehörden (Datenzentralen usw.), die sich zu *Sonderverwaltungen* mit eigener Gestaltungskompetenz in Fragen der Ablauforganisation und mit neuer Hierarchie entwickeln und neben die aufgabenbezogene Hierarchie treten. Beispiel für die zweite Methode sind Meldebehörden, die sich von einem Instrument der Ordnungsverwaltung mit der ursprünglich primären Aufgabe des Meldewesens, Aufenthaltsfeststellungen zu ermöglichen, zu Behörden entwickeln sollen, denen die zentrale Aufgabe des Informationspools für Einwohnerdaten zugewiesen wird mit eigener Zuständigkeit der Meldebehörden zur Datenübermittlung. Damit wird eine generelle Auslagerung der Umweltdatenregister der einzelnen Behörden, also der Verarbeitungsschritte Erfassung, Speicherung und

Updating angestrebt. Die Verarbeitung selbst erfolgt bei der Behörde, die für die Aufgabe sachlich zuständig ist.

Die weithin vorherrschende Form der funktionalen Verselbständigung von Verarbeitungsschritten mit Auslagerung auf Datenverarbeitungsbehörden, die als Sonderverwaltungen eingerichtet werden, hat einschneidende Folgen für die restliche Verwaltungsorganisation. Während sich durch die Teilautomation von Verwaltungsverfahren im Bereich der Ablauforganisation bereits erhebliche Veränderungen ergeben haben, ist die vielfach erwartete Veränderung des bisherigen Verwaltungsaufbaus bisher ausgeblieben. Mit den Datenverarbeitungsbehörden der Länder und der Gemeinden entwickelt sich stattdessen eine Automationsorganisation, die sehr oft neben die bisherige Organisation tritt, diese unangetastet läßt und sogar in ihrem Aufbau widerspiegelt. Da die Einheiten dieser Automationsorganisation aus der allgemeinen Verwaltungsorganisation oft ausgegliedert und verselbständigt sind, mag am Ende dieser Entwicklung eine *„Dissoziation der Verwaltung" (Steinmüller)* stehen: Das bisher einheitliche Verwaltungsverfahren differenziert sich in zwei Teile, einen manuellen und einen automatisierten. Diese Entwicklung ist insbesondere auch unter Datenschutzgesichtspunkten von Interesse.

Literatur: *von Berg* (1972), *Brinckmann* (1974), *Fuchs* (1973), *Innenministerium Schleswig-Holstein* (1972), *Interministerielle Arbeitsgruppe beim Bundesministerium des Inneren* (1971), *Jähning* (1973), *Luhmann* (1966), *Meincke* (1970), *Ostermann* (1970), *Steinmüller* (1972 a), *Steinmüller* (1976 a)

5. Datenschutz

Der „Datenschutz" stellt den wichtigsten Bereich der Funktion des Rechtssystems in Hinblick auf ADV dar (vgl. dazu Abschnitt 1.3.4). In Abschnitt 5.1 wird der von *Steinmüller* (1976 a) verwendete umfassende Begriff „Informationsrecht" diskutiert. Anschließend wird versucht, die Begriffe „Datenschutz" und „Datensicherung" gegeneinander abzugrenzen (Abschnitt 5.2). In Abschnitt 5.3 werden einige der Sachprobleme des Datenschutzes angeführt: die neue Qualität der automatisierten Datenverarbeitung gegenüber der herkömmlichen Datenverarbeitung; die Kriterien, welche die Reichweite der Datenschutzregelungen bestimmen sollen; die Versuche, den Begriff der Privatsphäre näher zu fassen und schließlich die Formen der Kontrolle des Datenschutzes.

Die Abschnitte 5.4 bis 5.6 referieren über die Entwicklung der Datenschutzgesetzgebung. Vergleicht man die Datenschutzbestrebungen in den einzelnen Ländern , so lassen sich zahlreiche *Gemeinsamkeiten in der Zielsetzung* feststellen. Es sind dies:

- der Publizitätsgrundsatz für Datenbanken;
- der Grundsatz der Richtigkeit der Daten;
- der Grundsatz der Relevanz der gespeicherten Daten;
- der Grundsatz der Fremdaufsicht;
- der Grundsatz der Weitergabebeschränkung;
- der Grundsatz der Datensicherung;
- der Grundsatz der erhöhten Berufspflichten für ADV-Personal.

Diese Grundsätze sind natürlich in den einzelnen Regelungen in unterschiedlicher Weise ausgeprägt und gewichtet. In Abschnitt 5.4 wird die Entwicklung des außerdeutschsprachigen Raumes an den Beispielen USA, Großbritannien und Schweden illustriert. Diese Länder wurden gewählt, da die Datenschutzdiskussion ihren Ursprung in den USA hatte und die beiden Alternativen: allgemeines Datenschutzgesetz – ja oder nein, bei Schweden und Großbritannien besonders gut ausgeprägt sind. Abschnitt 5.5 skizziert die Entwicklung der Datenschutzgesetzgebung in der BRD. Im einzelnen werden das Hessische Datenschutzgesetz, der Regierungsentwurf des Bundesdatenschutzgesetzes, der Alternativentwurf *Podlechs*, die Beschlüsse des Innenausschusses und die endgültige Fassung des Bundesdatenschutzgesetzes dargestellt. Abschnitt 5.6 bringt schließlich die Entwicklung der Datenschutzgesetzgebung in Österreich und referiert über die Regierungsvorlage des Datenschutzgesetzes und den Entwurf eines Bundesverfassungsgesetzes über Datenschutz und Datensicherung. Die in den einzelnen Gesetzen und Entwürfen enthaltenen Bestimmungen machen organisatorische

Maßnahmen des Datenschutzes und der Datensicherung notwendig. Abschnitt 5.7 nennt als Voraussetzungen zur Schaffung eines Sicherheitssystems die Analyse der Risiken, der Wirkungen eingetretener Risiken und der Schutz- und Sicherungsmaßnahmen. Im einzelnen werden die organisatorischen Schutz- und Sicherungsmaßnahmen der DV-Abteilung dargestellt.

5.1 Zum Begriff „Informationsrecht"

Inwieweit die systematische Behandlung des Rechts der Informationsverarbeitung einen Bestandteil der Rechtsinformatik darstellt, ist umstritten. Meist wird jedenfalls der Problembereich „Datenschutz" zur Rechtsinformatik bzw. zu „ADV und Recht" gerechnet. Wesentlich weiter geht *Schimmel* in *Steinmüller* (1976 a, 131 ff), der von einem allgemeinen Begriff des Informationsrechts ausgeht. Der vorliegende Abschnitt referiert über seinen Versuch der Begriffsbestimmung und Systematik von „Informationsrecht".

Zunächst erscheint die Anzahl der Vorschriften, die sich mit Informationen befassen, buchstäblich uferlos: Es gibt kaum Rechtsnormen, die nicht – zumindest mittelbar – mit Informationsprozessen im Zusammenhang stehen. Es muß daher eine einschränkende Definition von „Informationsrecht" gefunden werden. Dazu ist zu präzisieren, auf welche Weise Recht sich überhaupt mit Informationen auseinandersetzt. Dabei lassen sich zwei Typen von Rechtsvorschriften unterscheiden:

- Vorschriften, die aussagen, daß ein bestimmter Informationsprozeß geboten oder verboten ist (z.B. Anzeige- und Meldepflichten, berufliche Schweigepflicht, Zeugnisverweigerungsrecht). Diese Gruppe von Rechtsnormen hat den Informationsprozeß unmittelbar zum Gegenstand der Regelung; ihr Norminhalt ist es, Informationsprozesse durchzusetzen bzw. zu unterbinden, d.h. diese Vorschriften definieren, welche Informationen in einem Kanal fließen sollen oder (nicht) fließen dürfen.
- Vorschriften, die im Tatbestand zwar Informationsprozesse enthalten und an diese Rechtsfolgen anknüpfen, die Zulässigkeit eines derartigen Informationsprozesses selbst aber nicht zum Gegenstand haben (z.B. Vorschriften über Willenserklärung, Zugang von Verwaltungsakten). Bei dieser Gruppe ist der Regelungsgegenstand beliebig und jeweils definiert durch die Information, die Gegenstand des Informationsprozesses ist, und die am Informationsprozess Beteiligten (z.B. Vertragsangebot, Verwaltungsakt, Gerichtsurteil); erst daraus ergibt sich, welche Rechtsfolgen der Informationsprozeß auslöst (Vertragsabschluß, Bestandskraft usw.). Inhalt der Norm ist hier also nicht die Regelung von Informationsprozessen; diese sind hier nur der Anknüpfungspunkt, der zum Teil nur aus beweistechnischen Zwecken gewählt zu sein scheint.

Geht man davon aus, daß die Neukonzeption von „Informationsrecht" vor allem den gegenwärtigen Mangel an wissenschaftlicher Aufarbeitung in bestimmten Rechtsbereichen beseitigen soll, scheidet diese zweite Gruppe aus der Betrachtung aus. *Schimmel* gibt daher die folgende Definition von *Informationsrecht* (*Steinmüller* 1976 a, 132): Informationsrecht bezeichnet die Menge aller Rechtsnormen, die Informationsprozesse regeln, die also Informationsprozesse verbieten, (zulassen) oder gebieten. In die Betrachtung sind dabei auch die Vorschriften mit einzubeziehen, die sekundär einer Absicherung derartiger Gebote und Verbote dienen, z.B. sind im Rahmen des – zum Informationsrecht gehörigen – Datenschutzes auch Fragen der Überwachung der Einhaltung von informationsrechtlichen Vorschriften zu erörtern.

Zur Abgrenzung des Begriffs werden einige Beispiele genannt, die nicht unter den Begriff des Informationsrechts zu subsumieren sind:

- das Recht der Willenserklärung, insbesondere Vertragsabschluß durch Computer;
- das Problem des „Verwaltungsfabrikats";
- Haftungsfragen bei Einsatz von ADV;
- Formvorschriften;
- Rechtsfragen bei automatisierten juristischen Entscheidungen;
- strafrechtliche Probleme des Einsatzes von ADV („Computerkriminalität").

Als Systematik des Informationsrechts wird eine Gliederung nach Normzwecken bzw. Schutzgütern empfohlen und der folgende *Systematisierungsvorschlag* zur Diskussion gestellt, der sich an der Gliederung des Grundgesetzes in Grundrechts- und Organisationsteil orientiert. Informationsrecht soll gegliedert werden in

- Vorschriften, die sich auf Organisationen beziehen; hierzu sind zu rechnen: Fragen des Informationsgleichgewichts zwischen Legislative, Exekutive und Judikative, zwischen Bund, Ländern, Kommunen, ebenso aber im nichtstaatlichen gesellschaftlichen Bereich (z.B. in der Betriebsverfassung und der Organisation von Privatunternehmen), Probleme der Organisation der Information in der öffentlichen Verwaltung, des Medienrechts usw.
- Individualrechtliche Vorschriften; hierzu gehören die Fragen des Datenschutzrechts, ebenso die einschlägigen Vorschriften in Zivil-, Straf- und Presserecht zum Schutz von Personen vor der mißbräuchlichen Verwendung sie betreffender Informationen, Vorschriften über berufliche Schweigepflichten, Aussageverweigerungsrechte usw.

Soweit die Darstellung bei *Steinmüller/Schimmel.* Zur Beurteilung der Zweckmäßigkeit dieses Ansatzes ist davon auszugehen, daß der Mangel an wissenschaftlicher Aufarbeitung in den genannten Fragestellungen auf jeden Fall besteht und daß es auch zweckmäßig erscheint, diese Fragen unter einer Bezeichnung zusammenzufassen. Die Frage ist allerdings, ob diese – und nur diese – Fragestellungen durch die Definition *Schimmels* erfaßt werden. Definiert man nämlich Informationsrecht extensional als die Menge aller Rechtsnormen, die Informationsprozesse regeln, so hängt der Umfang dieser Begriffsbestimmung offenbar vom Begriff „Informationsprozeß" ab. Dieser ist aber nicht eindeutig. Die Unbestimmtheit dieses Begriffes ist schon dadurch gegeben, daß zahlreiche unterschiedliche Bedeutungen von „Information" verwendet werden (vgl. Abschnitt 2.6). Wir würden z.B. Normen, die die Verbreitung pornographischer Druckwerke verbieten, als einen Informationsprozeß regelnde Normen interpretieren. Gleiches gilt für Teile des Urheberrechts. Beide Beispiele würden jedoch von *Steinmüller/Schimmel* vermutlich nicht unter den Begriff des Informationsrechts subsumiert werden.

Es erscheint uns daher zweckmäßiger, uns im Bereich der Rechtsinformatik auf den Problembereich „Datenschutz" zu beschränken. Hierunter lassen sich auch Fragen, welche Organisationen betreffen (z.B. Fragen des Informationsgleichgewichts) subsumieren, gerade wenn man wie *Steinmüller* den Begriff „Datenschutz" sehr weit faßt: „Datenschutz ist die Menge aller Vorkehrungen zur Verhinderung unerwünschter (Folgen von) Datenverarbeitung."

Literatur: *Steinmüller* (1976 a)

5.2 Zur Abgrenzung der Begriffe „Datenschutz" und „Datensicherung"

Während die für die Datenschutzdiskussion zentralen Begriffe „Datenschutz" und „Datensicherung" zuerst sehr unterschiedlich interpretiert wurden, zeichnet sich in jüngerer Zeit eine einheitlichere Tendenz ab. *„Datenschutz"* betrifft darin zunehmend ein komplexes Gefüge von Rechten und Pflichten zwischen den Betroffenen, dem Bestandsführer (der die Datenbank führenden Einrichtung) und dem Benutzer (dem Empfänger und Verwender von Daten). Demgegenüber wird mit dem Begriff der *Datensicherung* das Ziel verbunden, die verfügbaren Datenbestände in ihrer unverfälschten Existenz zu erhalten und/oder ihre Weitergabe an Unberechtigte zu verhindern.

Im Mittelpunkt der gesetzlichen Regelungen bzw. Entwürfe zum Datenschutz steht zunächst der Bürger als Individuum, und alle vorhandenen bzw. geplanten Regelungen zielen darauf ab, den Bürger in seiner Privatsphäre zu schützen. Der Datenschutz betrifft zum anderen auch den Bürger als Mitglied einer Gebietskörperschaft. Unter diesem Aspekt kommt es darauf an, auch bei der Implementierung öffentlicher Datenbanken die traditionelle Gewaltenteilung aufrecht zu erhalten. In dieser Interpretation des Datenschutzes zielen alle Regelungen darauf ab, einen Schutz vor dem datenverarbeitenden System sicherzustellen. In diesem Sinn umfaßt das Ziel des Datenschutzes den anglo-amerikanischen Begriff *„privacy"*, geht aber darüber hinaus.

Datenschutz ist nicht primär Schutz der Daten (Datenverarbeitung), sondern Schutz *vor* unerwünschter Datenverarbeitung, d.i. Schutz vor Mißbrauch durch Daten (Datenverarbeitung), insbesondere in Hinblick auf die Verletzung der Privatsphäre des Einzelnen. Es empfiehlt sich daher, zwischen Datenschutz im weiteren Sinn und personenbezogenem Datenschutz (privacy) zu unterscheiden, letzterer Begriff zielt speziell auf den Schutz der Privatsphäre ab. Die Realisierung des Datenschutzes erfolgt primär durch rechtliche Maßnahmen, nämlich durch ein entsprechendes Datenschutzrecht.

Wird dieser Auffassung gefolgt, dann lassen sich die Problemschwerpunkte des Datenschutzes anhand der Relationen zwischen Betroffenem, Bestandsführer und Benutzer darstellen:

1. In der Relation zwischen dem *Betroffenen* und dem *Bestandsführer* (der die Datenbank führenden Einrichtung) stehen unter anderem im Vordergrund die aus dem Datenschutz abzuleitenden Rechte des Betroffenen bzw. Pflichten des Bestandsführers:

   - die exakte Datenermittlung, soweit sie zugelassen ist;
   - die Verhinderung bestimmter Datenermittlungen;
   - die Einsichtnahme des Betroffenen in alle Elemente des ihn betreffenden Datenbestandes;
   - die Korrekturen bei nachweisbaren Fehlern der berechtigt ermittelten Daten und die Löschung unberechtigt ermittelter Daten;
   - die Einsichtnahme des Betroffenen in alle Verwendungszwecke der ihn betreffenden Daten;
   - die Verhinderung bestimmter Datenverarbeitungsprozesse;
   - der Schadenersatz.

2. Aus der Relation zwischen dem *Betroffenen* und dem *Benutzer* (z.B. einer Behörde, einem Unternehmen, einem Verein) lassen sich folgende Rechte des Betroffenen ableiten:

   - die Kenntnis aller als Benutzer in Erscheinung tretenden Institutionen;
   - die Einsichtnahme in die Auswertungsergebnisse;
   - die Wiederholung bzw. Anpassung von Auswertungsprozessen, in die nachweislich falsche und pflichtgemäß korrigierte Daten eingegangen sind.

3. Aus der Relation zwischen dem *Bestandsführer* und der Gesamtheit der *Benutzer* können sich unter anderem folgende Rechte und Pflichten ergeben:

   - die Pflicht des Bestandsführers, bei jedem automatischen Zugriff eines Benutzers auf personenbezogene Daten ex ante zu kontrollieren, ob der zugreifende Benutzer überhaupt berechtigt ist, ob er für die gerade angesprochenen Daten Zugriffsrechte besitzt, ob der Benutzer zum Aufrufen der vorliegenden Datenbank-Prozessor-

funktion berechtigt ist und ob der Benutzer zum Aufrufen dieses Anwendungsprogrammes in Verbindung mit diesen Daten berechtigt ist;
- die Pflichten des Benutzers, die bestimmungsgemäße Datenverwendung sicherzustellen.

Die Erfahrungen der Praxis zeigen, daß dieses Verhältnis dreier Partner bei vielen Anwendungen auf ein zweiseitiges Verhältnis reduziert werden kann. Derartige Situationen liegen vor, wenn jeweils eine Einheit dem anderen Partner als Bestandsführer und Betroffener (ein Unternehmen betreibt ein eigenes Rechenzentrum und läßt Fremdabfragen zu), Bestandsführer und Benutzer (eine Behörde betreibt ein eigenes Rechenzentrum) oder als Betroffener und Benutzer (ein Unternehmen vergibt Datenverarbeitungsaufgaben an externe Rechenzentren) gegenüberstehen. Damit ändern sich jedoch nicht die angesprochenen Problemschwerpunkte hinsichtlich ihres materiellen Inhalts.

Gegenüber diesem Begriff des Datenschutzes als eines komplexen Gefüges von Rechten und Pflichten versteht man unter *„Datensicherung"* in der Regel alle Maßnahmen, um verfügbare Daten in ihrer Existenz zu halten, also um ihre Zerstörung, Verfälschung und Entwendung zu verhindern. Entsprechend dieser Auffassung können der Datenbestand selbst sowie – daraus abgeleitet – die technischen Medien zur Herstellung, Veränderung und Ausgabe des Datenbestandes als Objekt der Datensicherung aufgefaßt werden. Damit umfaßt die Datensicherung den Schutz bzw. die Sicherung *des* datenverarbeitenden Systems und entspricht dem Ziel der *„security"*. Datensicherung ist daher primär technisch und organisatorisch orientiert.

Aus der Zielsetzung, die Daten in ihrer Existenz zu erhalten (bzw. bei Verarbeitungsprozessen falsche Ergebnisse auszuschließen), lassen sich die Schwerpunkte dieses Problembereiches ableiten:

- die Verhinderung von Ereignissen, die einzelne Daten bzw. ganze Bestände in ihrer Existenz bedrohen;
- das nachträgliche Erkennen von Ereignissen, die vorhandene Daten zerstört oder verfälscht haben bzw. die zum Verlust des Datenbesitzes führten;
- das Korrigieren von Daten in solchen Fällen, bei denen das Ereignis aufgrund eindeutiger Wirkungen „rückgängig" gemacht werden kann;
- das Rekonstruieren von Daten auf der Basis von noch verfügbaren Ergebnissen vorgelagerter Verarbeitungs- und Erfassungsprozesse.

Die Beziehung zwischen Datenschutz als der Realisierung des Schutzes vor dem datenverarbeitenden System durch primär rechtliche Maßnahmen und Datensicherung als Schutz des datenverarbeitenden Systems durch primär technische und organisatorische Maßnahmen ergibt sich einerseits daraus, daß ein wirksamer Datenschutz unter anderem entsprechende Maßnahmen der Datensicherung voraussetzt. Andererseits gibt oft erst die Diskussion um den Datenschutz Anstoß zu entsprechenden Maßnahmen der Datensicherung, rechtliche Regelungen führen zu organisatorischen und technischen Maßnahmen. Insofern ist also eine Interdependenz zwischen Datenschutz und Datensicherung festzustellen. Datenschutz betrifft den Problemkreis des „Was" (Was ist zu schützen?) und Datensicherung den Problemkreis des „Wie" (Wie soll dieser Schutz realisiert werden?).

Literatur: *Grochla* (1974), *Herrmann/Lindemann/Nagel* (1973), *Schneider* (1971)

5.3 Sachprobleme des Datenschutzes

5.3.1 Automatisierte versus herkömmliche Datenverarbeitung

Beim Datenschutz stehen sich konkurrierende Interessen der Rechte von Einzelpersonen und Organisationen (z.B. Unternehmen, Verwaltungseinheiten) gegenüber. Aus dem Verhältnis des Bürgers zum Staat folgt klar, daß in einer freiheitlichen Gesellschaft der Einzelne das Recht hat, seine Persönlichkeit zu entfalten (GG Art. 1) und selbst zu bestimmen, wann und wem er sich als Persönlichkeit offenbart. Es ist aber genauso unbestritten, daß der Staat das Recht und die Pflicht hat, die Einhaltung von Normen zu überwachen und die Nichteinhaltung mit Sanktionen zu belegen. Darüber hinaus hat der Staat seinen Bürgern gegenüber eine Fürsorgepflicht. Beide Aufgaben haben zur Folge, daß der Staat über seine Verwaltungsorgane laufend in die Privatsphäre seiner Bürger eingreift und daß er über die notwendigen Informationen verfügt, diese Eingriffe gezielt, zur richtigen Zeit und mit der notwendigen Wirksamkeit vorzunehmen.

An diesen öffentlichen Aufgaben und den informationellen Voraussetzungen, sie erfüllen zu können, ändert die ADV grundsätzlich nichts. Es ist daher zu fragen, inwieweit die Datenschutzproblematik überhaupt neu ist. Zweifellos ist ja die Tätigkeit jeder Entscheidungsinstanz in politischen, juristischen und wirtschaftlichen Systemen eine Verarbeitung von Nachrichten. Führt die Verwendung von ADV hier zu einer qualitativen Veränderung der Problematik? Allgemein wird diese Frage von der Fachliteratur bejaht. Die Argumente hierfür lassen sich wie folgt zusammenfassen. Die *herkömmliche Datenverarbeitung* wird durch die folgenden Merkmale charakterisiert:

- Die Daten werden dezentral erfaßt, verarbeitet und aufbewahrt. Dadurch verfügt keine beteiligte Stelle oder Person über die Gesamtheit der relevanten Daten über einen schutzbedürftigen Tatbestand. Eine generelle Recherche ist also mit viel Aufwand und Zeit verbunden.

– Die Datenaufbewahrung ist nur geringfügig formal geordnet. Nur die Beschäftigten der jeweiligen Stelle wissen mit den Daten umzugehen, für Außenstehende sind sie wenig informativ.

Mit dem Aufbau umfassender, ADV-unterstützter Informationssysteme ergeben sich jedoch *völlig andere Systembedingungen:*

– Die Daten werden zwar dezentral erfaßt, aber weitgehend zentral verarbeitet und so aufbewahrt, daß sie in ihrer Gesamtheit an jeder Stelle zusammengefaßt werden können (vgl. organisatorische Auswirkungen der Verwaltungsautomation, Abschnitt 4.10.2). Damit ergibt sich eine schnelle Verfügbarkeit des Gesamtdatenbildes über einen schutzbedürftigen Tatbestand an jeder organisatorisch gewünschten Stelle. Diese neue Qualität großer Datenmengen macht es möglich, *„Persönlichkeitsprofile"* eines hohen Genauigkeitsgrades in großer Menge herzustellen. Durch die Fähigkeit der ADV, Datenbestände nach neuen Ordnungskriterien rasch und effizient zu sortieren, kann einer Veränderung der Fragestellung kurzfristig Rechnung getragen werden.
– Die Datenverarbeitung erfolgt in streng geordneten Dateien, zu denen der Zugriff nach allen vorgesehenen Suchargumenten mit klaren Regeln möglich ist. Für den informationellen Zugriff sind also nicht primär die Sachkenntnisse entscheidend, sondern das formale Regelwissen. Damit wird der Zugriff für jeden Regelkundigen ohne großen Aufwand und ohne wesentlichen Zeitverlust möglich. Ebenso besteht die Möglichkeit der Veränderung der Daten, ohne daß dies für jedermann einsichtig zu sein braucht. Diese Abhängigkeit der Datenverarbeitung von technischen Voraussetzungen ist insofern besonders bedeutsam, als durch die Möglichkeit der Datenfernverarbeitung auch physisch weit entfernte Personen Zugriff zu den Daten über Datenstationen haben können.

Insoweit Wissen Macht bedeutet, führen diese Eigenschaften der ADV zu einem Machtzuwachs der Benutzer ADV-unterstützter Informationssysteme. Die neue Qualität der Datenverarbeitung erfordert damit eine neue Qualität des Datenschutzes. „Datenschutz ist die Kehrseite der Datenverarbeitung" (*Steinmüller*).

5.3.2 Der Umfang des Datenschutzes

Wenn auch über den Begriffsinhalt von „Datenschutz" insofern weitgehend Konsens besteht, als er als Schutz vor unerwünschter Datenverarbeitung aufgefaßt wird, so gehen die Meinungen bezüglich des Umfanges dieses Begriffes auseinander. Der Umfang des Datenschutzes kann nach drei Kriterien unterschieden werden:

– *Automatisierte* oder auch *manuelle (herkömmliche)* Datenverarbeitung;
– *Öffentliche* oder auch *private* Datenverarbeitung;
– *Individualdatenschutz* oder auch *Kollektivdatenschutz.*

Das erste Kriterium betrifft die technische Durchführung der Datenverarbeitung. Die Meinungen zur Frage, ob auch die manuelle Datenverarbeitung in eine Regelung einbezogen werden soll, sind geteilt. Vertreter, welche eine solche Einbeziehung bejahen, führen als Argument an, daß eine Überführung der manuellen in eine automatisierte Datenverarbeitung (und umgekehrt) möglich sei. Dies sei nur eine Frage der Kosten und der Organisation. Gegen dieses Umgehungsargument wird vorgebracht, daß ein beliebiger Wechsel nicht möglich sei, da ab einem bestimmten Umfang und Komplexitätsgrad eine Datei nur noch elektronisch gesteuert werden könne. Aus diesem Grund sei die Einbeziehung der manuellen Datenverarbeitung in die Datenschutzregelung nicht notwendig und würde überdies die Regelung verwässern.

Das zweite Kriterium betrifft den Normadressaten, den Träger (Bestandsführer) der Datenverarbeitung. Geht man davon aus, daß die Gefahr eines Mißbrauches in ähnlicher Weise durch öffentliche und private Stellen gegeben ist, dann liegt es nahe, beide Bereiche der Datenschutzregelung zu unterwerfen. Damit ist natürlich nicht die Frage entschieden, ob eine derartige Regelung zweckmäßigerweise in einem einzigen Gesetz zu erfolgen hat. Von vielen Autoren wird die unterschiedliche Situation im öffentlichen und privaten Bereich betont und aus diesem Grund eine getrennte Regelung in verschiedenen Gesetzen empfohlen.

Das dritte Kriterium betrifft die Schutzobjekte (Betroffene) des Datenschutzes. Hier sind die Meinungen wieder geteilt. Während z.B. *Steinmüller* den Kreis sehr weit faßt, indem er auch den Schutz sozialer Minderheiten und überpersonaler gesellschaftlicher Institutionen fordert, will *Simitis* den Datenschutz auf den Schutz des Einzelnen beschränken.

Das grundlegende Problem des Umfanges einer Datenschutzregelung läßt sich wie folgt zusammenfassen: Je größer der Umfang ist, umso größer ist die Gefahr, daß eine undifferenzierte Regelung wegen der großen Zahl der zu berücksichtigenden Fälle in praxi versagt.

5.3.3 „Privatsphäre" versus „personenbezogene Daten"

Als Kernbereich des Datenschutzes wird allgemein der *personenbezogene Datenschutz,* also der Schutz der Privatsphäre des Einzelnen angesehen. Für jede gesetzliche Regelung tritt damit sofort das Problem auf, diesen Begriff entsprechend zu definieren. Diese Aufgabe stellt eines der grundlegenden Probleme des Datenschutzes dar.

Die Diskussion hat sich in der BRD vor allem an der *„Sphärentheorie"* entzündet, welche als Inhalt des Persönlichkeitsrechts mehrere um die Persönlichkeit gezogene Schutzkreise (Geheimsphäre, Privatsphäre, Individualsphäre) ansieht. Diese Sphärentheorie wurde vom BVerfG in mehreren in der Datenschutzdiskussion häufig zitierten Entscheidungen angewandt. Im *Mikrozensusbeschluß*

(NJW 1969, 1707) differenzierte das BVerfG zwischen einer Geheimsphäre, zu der solche Beziehungen gehören, die der Außenwelt nicht zugänglich sind und die deshalb von Natur aus „Geheimnischarakter" haben, und einer Intimsphäre, die nicht näher definiert wird. Diese beiden Sphären bilden zusammen einen „innersten" (Intim-) Bereich, in den der Staat auch nicht durch eine Befragung zu statistischen Zwecken ohne Verletzung der Menschenwürde und des Selbstbestimmungsrechts des Einzelnen eingreifen könne.

Dieser absolut geschützte Bereich wurde im *Scheidungsaktenurteil* (NJW 1970, 555), welches die Weitergabe von Scheidungsakten durch ein ordentliches Gericht an ein Disziplinargericht zum Gegenstand hatte, als Intimsphäre bezeichnet, zu welcher aber, da der Mensch ein gemeinschaftsverbundenes Wesen sei, nicht der ganze Bereich des privaten Lebens gehöre. Vielmehr müsse der Bürger in dem nicht absolut geschützten Bereich Eingriffe des Staates hinnehmen, die im überwiegenden Interesse der Allgemeinheit unter strikter Wahrung der Verhältnismäßigkeit erfolgen.

Dieser Versuch einer inhaltlichen Definition der Privatsphäre durch das BVerfG wird von einem Teil der Autoren als für das Datenschutzrecht nicht zielführend abgelehnt. Als wichtigstes Argument wird die *„Relativität der Privatsphäre"* genannt. Es sei kein Teil der Privatsphäre bekannt, der auf jeden Fall und in jeder Beziehung von legitimem staatlichem Zugriff frei wäre. Jeder private Bereich werde irgendwo in der öffentlichen Verwaltung legitimerweise erfaßt. Es komme immer nur darauf an, über welchen Teil der Information „verfügt" werden dürfe. Dies aber sei relativ zum jeweiligen Berechtigten.

Von jenen Autoren, welche die Sphärentheorie ablehnen, werden zur Klärung des Begriffs *„Privatheit"* (der gewöhnlich an Stelle von „Privatsphäre" verwendet wird) zwei andere Konzepte vorgeschlagen: die Mosaiktheorie und die Theorie der gesellschaftlichen Kommunikationsstrukturen. Nach der *Mosaiktheorie* kann ein Eingriff in „private Bereiche", welche die Theorie nicht definiert, sondern vielmehr voraussetzt, auch dann vorliegen, wenn an sich nicht private Informationen zusammengetragen werden und so ein umfassendes Bild über den Betroffenen entsteht (wie ein Mosaik aus einer Menge nichtssagender Steinchen). Die Mosaiktheorie stellt klar, daß ein Dossier über einen Betroffenen in einer Hand etwas qualitativ anderes ist, als dieselben Informationen einzeln und bei verschiedenen Stellen verstreut. Es wird durch diese Theorie klargestellt, daß die „Summe" von nicht privaten Informationen sehr wohl privat sein kann; allerdings sagt die Mosaiktheorie nichts darüber aus, wann ein solcher Eingriff in die Privatheit unzulässig ist und wann nicht.

Sphärentheorie und Mosaiktheorie versuchen, den Begriff der Privatsphäre bzw. Privatheit durch eine Grenzziehung zwischen „öffentlich" und „privat" näher zu erfassen. Diesen Theorien stehen Definitionen gegenüber, die auf der Analyse gesellschaftlicher Kommunikationsstrukturen beruhen. Hier ist insbesondere der

Versuch zu nennen, den Begriff der Privatheit mit Hilfe des *rollentheoretischen Konzepts* herzuleiten. *Steinmüller* (1976 a, 150) beschreibt diesen Ansatz wie folgt: Der Einzelne hat in der Gesellschaft verschiedene Funktionen zu erfüllen bzw. „Rollen" zu spielen (als Ehepartner, Freund, Arbeitnehmer, Steuerzahler usw.). Diesen Rollen entspricht jeweils eine bestimmte Menge von spezifischen Informationen, die für die Erfüllung der jeweiligen Funktion erforderlich ist (oder üblicherweise als erforderlich verstanden wird), also Informationen über Einkommen und Vermögen beim Steuerzahler, Arbeitsleistung und Qualifikation beim Arbeitnehmer usw. Andere Informationen sind für die Rolle nicht erforderlich, unter Umständen sogar störend. Für die Ausfüllung der Rolle kommt es daher jeweils nicht auf das Gesamtbild der Persönlichkeit an, sondern nur auf deren „rollenspezifische" Züge. Es bleibt also immer ein Rest von Privatheit erhalten, der allerdings entsprechend der sozialen Distanz zum Kommunikationspartner (Ehegatte, Arbeitgeber, usw.) im Umfang variiert. Nach dieser Theorie über Privatheit ist also die ungleiche Verteilung von Informationen durch soziale Rollen bestimmt.

Diese auf der Analyse von Kommunikationsstrukturen aufbauende Interpretation von Privatheit setzt also dem „Right to be let alone" der Sphären- und Mosaiktheorie das „Right to share and to withhold" entgegen. Schwerpunkt ist nicht die Schaffung einer Privatsphäre als Abschirmung vor der Bedrohung durch Informationsverarbeitung sondern die differenzierte Beurteilung je nach der betrachteten Rolle.

Nach unserer Meinung schließen die genannten Theorien einander nicht aus. Eine wirksame Datenschutzregelung sollte sowohl die Privatsphäre als auch die in Kommunikationsprozessen auftretenden unterschiedlichen Rollen berücksichtigen. Die Privatsphäre läßt sich z.B. dadurch in eine Regelung einbeziehen, daß in einem Katalog besonders sensitive (höchst persönliche) Daten wie z.B. religiöses Bekenntnis, politische Überzeugungen, Daten über den Gesundheitszustand aufgezählt werden, die nur aufgrund ausdrücklicher gesetzlicher Ermächtigung gesammelt und verarbeitet werden dürfen. Der Schwierigkeit der taxativen Aufzählung dieser Daten steht beim Rollenkonzept die Schwierigkeit gegenüber, die einzelnen Rollen und die rollenspezifisch erlaubte Informationsweitergabe genau und erschöpfend anzugeben.

Auf Grund der Schwierigkeiten, „Privatsphäre" oder „Privatheit" inhaltlich oder nach dem Rollenkonzept zu definieren, wird stattdessen in den Gesetzesentwürfen der Terminus *„personenbezogene Daten"* verwendet (vgl. Abschnitt 5.5). Allerdings läßt sich auch an diesem Versuch einer legistischen Präzisierung des Datenschutzes Kritik üben. Der Begriffsumfang ist nämlich so weit, daß praktisch alle nicht aggregierten Daten, insbesondere bei geeigneter Kombination mit anderen Daten, unter den Begriff subsumierbar sind. Damit wird aber wieder das eigentliche Anliegen der Datenschutzbestrebungen verwässert.

Überdies wäre es sprachlich korrekter, statt von „personenbezogenen" von „personenbeziehbaren" Daten zu sprechen.

5.3.4 „Fremdkontrolle" versus „Selbstkontrolle"

Auch wenn der Inhalt des Datenschutzes hinlänglich bestimmt ist, so bleibt doch die Frage nach Durchführung und Kontrolle der Schutzbestimmungen bestehen. Dieses Problem läßt sich unter dem Schlagwort *„Fremdkontrolle* oder *Selbstkontrolle"* (*externe* versus *interne Kontrolle*) zusammenfassen. Der Entwurf zum BDSG sah für Behörden und sonstige öffentliche Stellen im wesentlichen Selbstkontrolle vor (§ 14) (vgl. Abschnitt 5.5.2). Diese Bestimmung hat starke Kritik hervorgerufen. Geht man nämlich davon aus, daß die Gefahr einer Beeinträchtigung der Privatsphäre im öffentlichen Bereich vor allem durch die Exekutive gegeben ist und hier Weisungsgebundenheit besteht, so setzt ein effektiver Datenschutz eine Aussonderung der Aufsichtsbehörde aus dem allgemeinen Instanzenzug voraus. Dies ist beim Datenschutzbeauftragten nach dem Hessischen Datenschutzgesetz der Fall (§ 8) (vgl. Abschnitt 5.5.1). Diese Überlegungen haben auch zur Neufassung der entsprechenden Bestimmung im BDSG gegenüber dem Regierungsentwurf geführt (vgl. Abschnitt 5.5.4).

Ist die Notwendigkeit der Fremdkontrolle im öffentlichen Bereich umstritten, so besteht für den privaten Bereich innerhalb der Wissenschaft die einhellige Meinung, daß Selbstkontrolle nicht ausreicht. Insbesondere genügen Berufs- und Standesregeln nicht, um der Gefahr eines Datenmißbrauches vorzubeugen.

Nach unserer Meinung ist die Alternative „Fremdkontrolle oder Selbstkontrolle" falsch gestellt. Ein wirksamer Datenschutz kann nicht in einer Alternative, sondern nur in einer Verbindung beider Formen der Kontrolle bestehen. Beide Formen decken unterschiedliche Kontrollmechanismen ab, es hat daher der Grundsatz zu gelten: Fremdkontrolle und Selbstkontrolle.

Ähnliches gilt für die Frage, ob die Kontrolle begleitend oder nur a posteriori sanktionierend sein soll. Viele Datenschutzregelungen sehen nur die zweite Form der Kontrolle vor. Berücksichtigt man jedoch, daß der Aufbau von Datenbanken mit erheblichem Aufwand an Zeit und Kosten verbunden ist, so ergibt sich schon aus dieser Überlegung die Notwendigkeit einer zusätzlichen begleitenden Kontrolle. Der Normadressat (Bestandsführer) muß die Möglichkeit haben, von einer zuständigen Stelle zu erfahren, ob und inwieweit die im Aufbau begriffene und/oder bereits in Betrieb befindliche Datenbank den Normen der Datenschutzregelung entspricht.

Literatur: *Kilian/Lenk/Steinmüller* (1973), *Mallmann* (1971), *Mutz* (1973), *Reisinger* (1975 a), *Seidel* (1973), *Simitis* (1973), *Steinmüller* (1972 a), *Steinmüller* (1976 a)

5.4 Zur Entwicklung der Datenschutzgesetzgebung

In diesem Abschnitt soll die Entwicklung der Datenschutzgesetzgebung in jenen Ländern skizziert werden, welche für die Entwürfe der BRD und Österreichs besondere Bedeutung erlangt haben. Es sind dies die USA, Großbritannien und Schweden. Die Datenschutzbestrebungen haben ihren Ausgang in den USA, wo die Gefahren der Datenverarbeitung zuerst in aller Deutlichkeit gesehen wurden. Großbritannien und Schweden sind deshalb von Interesse, weil hier die beiden Alternativen: allgemeines Datenschutzgesetz – ja oder nein, besonders gut ausgeprägt sind.

5.4.1 USA

Seit Mitte der sechziger Jahre wurde die amerikanische Öffentlichkeit durch die unter dem Schlagwort *„Right of privacy"* geführte Diskussion in zunehmendem Maße sensibilisiert. Das „Right of privacy" war im amerikanischen Recht, basierend auf einem grundlegenden Aufsatz von *Warren* und *Brandeis* (1890) als ein Rechtsinstitut entwickelt worden, das dem Einzelnen einen Schutz vor Indiskretionen, falscher Berichterstattung und ähnlichen Eingriffen in seinen persönlichen Bereich gab.

Aufgezeigte Mißstände und Übergriffe der öffentlichen Verwaltung und privater Kreditauskunfteien erregten das Mißtrauen der Öffentlichkeit gegen die 1965 im sogenannten *Ruggles-Report* vorgeschlagene Errichtung eines nationalen Datenzentrums (National Data Center). Ab 1966 führten mehrere Ausschüsse beider Häuser des Kongresses umfangreiche Hearings zum Thema „privacy" durch, in denen die Tätigkeit der Kreditauskunfteien beleuchtet wurde. Die hier festgestellten Mißstände betrafen Übergriffe in die Privatsphäre, Ungenauigkeit der Daten und die Tatsache, daß oftmals Auskünfte faktisch an jeden gegeben wurden, der dafür zahlte.

Besondere Kritik betraf die als Methode der Informationsbeschaffung häufig verwendeten Interviews mit Personen, die den Betroffenen persönlich kennen. Derart ermittelte Berichte (sogenannte *„investigative reports"*) werden vor allem an Versicherungen und Arbeitgeber weitergegeben. Sie enthalten oft sehr weitgehende Angaben über charakterliche Eigenschaften und Lebensweise der Betroffenen.

Das folgende Beispiel illustriert die Fragen, welche in „investigative reports" enthalten sind (aus *Mallmann* (1973, 315)): In einem Formular der Retail Credit Co, das über Personen Auskunft geben soll, die eine Kraftfahrzeugversicherung abschließen wollen, sind u.a. die folgenden Fragen enthalten:

18. Zusammenleben mit Personen anderen Geschlechts, ohne verheiratet zu sein, in den letzten Jahren?

19. Moralischer Ruf fragwürdig?
20. Irgendwelche Vorstrafen?
21. Unerwünschte Bekanntschaften?
22. Unerwünschte Fahrgewohnheiten?
23. Schlechter finanzieller Ruf?
24. Antagonistisch, unsozial, nicht zur Kooperation bereit?

Der Interviewer kreuzt auf Grund der Angaben von Arbeitgeber, Hauseigentümer, Nachbarn und Bekannten jeweils die Ja- oder die Nein-Spalte des Formulars an.

Die auf Grund dieser Mißstände einsetzenden Bestrebungen, das Auskunfteiwesen gesetzlich zu regeln, führten 1970 zum *Fair Credit Reporting Act* (FCRA). Die vom FCRA geschützten Daten werden unter dem Begriff „Verbraucher-Auskunft" zusammengefaßt. Diese liegt nur dann vor, wenn Daten über natürliche Personen weitergegeben werden, und sie ist dann nicht gegeben, wenn wegen geschäftlicher Verhältnisse des Betroffenen eine Auskunft erteilt wird. Das Gesetz sagt nichts darüber aus, welche Daten gesammelt und gespeichert werden dürfen. Für „investigative reports" wird jedoch bestimmt, daß der Betroffene in der Regel vor Erstellung des Berichts schriftlich von dem Vorhaben unterrichtet werden soll. Auf schriftlichen Antrag ist der Betroffene schriftlich über Art und Umfang der (von dem Kunden der Auskunftei) angeforderten Untersuchungen zu unterrichten.

Dem Betroffenen sind auf Antrag „klar und genau" die Art und der Inhalt aller über ihn gespeicherten Daten offenzulegen, mit Ausnahme medizinischer Daten, ebenso sind die Quellen dier Informationen (außer bei „investigative reports") zu bezeichnen. Der Personenkreis, an den Daten weitergegeben werden dürfen, ist erschöpfend aufgezählt. Falsche Daten sind zu löschen oder zu berichtigen. Die Kreditauskunfteien unterliegen der Aufsicht der Federal Trade Commission.

Die Regelungen des FCRA konnten die Bedenken der Öffentlichkeit nur zum Teil zerstreuen. Als wichtigste Punkte der Kritik in der weitergehenden Diskussion sind zu nennen:

- Die Befugnis der Auskunfteien zum Sammeln und Speichern von Informationen wird im FCRA nicht beschränkt. Vielfach wird von Kritikern gefordert, nur das Notwendigste an Daten solle gespeichert werden dürfen und ein Kern der „privacy" sei auf jeden Fall zu achten.
- Datenweitergabe soll grundsätzlich einer Einwilligung des Betroffenen bedürfen.
- Private Datenbanken sollen einem Genehmigungsverfahren unterliegen.
- Das „Right of privacy" besteht nicht nur gegenüber privaten, sondern auch gegenüber öffentlichen Datenbanken.

Auf Grund dieser Kritik der Öffentlichkeit wurden die Hearings im Senat fortgesetzt und 1973 der erste umfassende Problembericht der Regierung unter dem Titel *„Records, Computers and the Rights of Citizens"* veröffentlicht. Dieser, nach dem Vorsitzenden des Beratungskomitees für automatisierte Datenbanken mit personenbezogenen Informationen benannte *Ware-Report* schlägt einen allgemeinen „Code for Fair Information Pracitice" im Rang eines Bundesgesetzes zum Schutz der „privacy" vor. Der Bericht kommt zum Schluß, daß „privacy" nicht allgemein materiell definiert, sondern im Zusammenhang mit Datenbanken nur formell durch ein Mitspracherecht der Betroffenen garantiert werden kann. Grundlegend ist hierfür der Begriff der „identifizierenden Information". Eine solche liegt vor, wenn durch Personennummer, Name oder persönliche Charakteristika mit Wahrscheinlichkeit auf eine bestimmte Person geschlossen werden kann. Als inhaltliche Bestimmungen des „Code for Fair Information Practice" werden vorgeschlagen:

- Jede Organisation, die eine Personendatenbank errichtet, muß bestimmte (namentlich aufgeführte) Sicherheitsbestimmungen erfüllen.
- Jede Organisation, die eine automatisierte Personendatenbank führt, muß jährlich u.a. Typen gespeicherter Daten, Gruppen und Zahl der Betroffenen, Informationsquellen, Typen und Gruppen der Benutzer bekanntgeben.
- Der Betroffene soll ein Recht auf Einsicht und Berichtigung der über ihn gespeicherten Daten haben.

Die praktischen Erfahrungen mit dem FCRA und die Empfehlungen des *Ware-*Report führten schließlich am 31. Dezember 1974 zur Verkündung des *Privacy Act* 1974. Da mit dem FCRA Datenschutzregelungen für einen bestimmten Teil des nicht-staatlichen Bereichs in Kraft sind, bestand ein vordringliches Bedürfnis für eine Datenschutzregelung im öffentlichen Bereich. Dem trägt der Privacy Act Rechnung, indem er den Bereich der Bundesverwaltung detaillierten Datenschutzbestimmungen unterwirft (Art. 2(b)). In Art. 7 enthält er einige auch auf bundesstaatliche und kommunale Behörden bezügliche Bestimmungen; darüber hinaus trifft er Vorsorge, künftig weitere Bereiche der öffentlichen Verwaltung sowie der Privatwirtschaft zu erfassen.

Der Privacy Act ist durch die folgenden Grundsätze charakterisiert: Der wichtigste ist der Grundsatz der *Selbstbestimmung des Einzelnen.* Wie Art. 2, Absatz (b) (1) bestimmt, ist es Zweck des Gesetzes, „dem Einzelnen zu gestatten, darüber zu bestimmen, welche auf ihn bezügliche Daten von diesen Behörden gesammelt, unterhalten, benutzt oder weitergegeben werden". Dieser Grundsatz der Selbstbestimmung wird dahingehend konkretisiert, daß das Gesetz einerseits Bestimmungen für Behörden enthält, die sie zur Beachtung dieses Grundsatzes anhalten sollen, und daß es andererseits dem Bürger bestimmte Abwehrrechte und Rechtsansprüche gegenüber der Verwaltung einräumt. So dürfen die Behörden nur solche personenbezogene Daten sammeln und speichern, die sie für einen „notwendigen und gesetzmäßigen Zweck" brauchen. Sie müssen darüber hinaus jedem Einzelnen, von dem sie Informationen verlangen, über den Rechtsgrund informieren, „auf Grund dessen die Information begehrt wird, und darüber, ob die Abgabe der Information Pflicht oder freiwillig ist" (Art. 3 (e) (3) (A)).

Der Einzelne hat gegenüber den Behörden das Recht, „es zu verhindern, daß auf ihn bezügliche Daten, die diese Behörden für einen bestimmten Zweck von ihm erhalten haben, ohne seine Zustimmung für einen anderen Zweck benutzt oder zugänglich gemacht werden" (Art. 2 (b) (2)). Außerdem hat der Einzelne das Recht, von den Behörden zu verlangen, „Zugang zu auf ihn bezügliche, von Bundesbehörden gespeicherte Informationen zu erhalten, sowie davon oder einem Teil derselben eine Kopie anfertigen zu lassen und diese Daten zu berichtigen oder zu ändern".

Der zweite wesentliche Grundsatz des Privacy Act ist eine Bestimmung, die auf einen Vorschlag des *Ware*-Report zurückgeht: Es darf *keine geheimen Datenbanken innerhalb der öffentlichen Verwaltung* geben. „Jede Behörde soll dem Kongreß. . . hinreichend frühzeitig über Vorschläge zur Errichtung oder Änderung von Datenbanken Mitteilungen machen, damit die Möglichkeit gegeben ist, die wahrscheinlichen oder möglichen Auswirkungen. . . auf das Persönlichkeitsrecht . . . auszuwerten" (Art. 3 (o)). Darüber hinaus müssen diese dem Bundesanzeiger übermittelten Bekanntmachungen über neue Datenbanken jährlich in einer Form veröffentlicht werden, „daß sie für die Öffentlichkeit zu geringen Kosten erhältlich sind".

Ein dritter Grundsatz des Privacy Act verdient besondere Beachtung: Die Forderung nämlich, zu ermitteln, „in welchem Umfang Regierungs- und Privatinformationssysteme die Beziehungen zwischen Bund und Bundesstaaten oder den Grundsatz der *Gewaltentrennung* beeinträchtigen" (Art. 5 (c) (3)). Der Privacy Act berücksichtigt also das Problem des Informationsgleichgewichts.

Den Grundsatz der Fremdkontrolle findet man im Privacy Act nur in sehr abgeschwächter Form. Zwar wird die Einrichtung einer *Kommission zum Schutz des Persönlichkeitsrechts* bestimmt (Art. 5), die auch sehr weitgehende Befugnisse hat: Sie kann z.B. Zeugen anhören und vereidigen, durch Ordnungsstrafe deren Vorladung oder die Vorlage von Beweismaterial erzwingen, vertragliche Vereinbarungen mit staatlichen Stellen und Körperschaften sowie Firmen abschließen, und sie besitzt eine weitgehende Unabhängigkeit auf finanziellem Gebiet. Ihre Tätigkeit besteht jedoch vorwiegend in der Untersuchung der Datenschutzprobleme und der Beratung der Regierung und ist auf zwei Jahre nach ihrer Berufung begrenzt. Es ist noch nicht abzusehen, inwieweit die Einrichtung dieser Kommission einen ersten Schritt zur Schaffung einer wirksamen Fremdkontrolle in den USA bedeutet.

5.4.2 Großbritannien

Anders als in den USA haben die Datenschutzbestrebungen im UK bisher zu keiner Verabschiedung eines Datenschutzgesetzes geführt. Wohl wurden 1969, 1971 und 1972 Gesetzesentwürfe von Abgeordneten (*Baker* und *Huckfield*) im Unterhaus eingebracht, der wesentliche Beitrag Großbritanniens zu den Datenschutzbestrebungen besteht jedoch in dem 1972 vom Committee on Privacy veröffentlichten Report. Dieser – nach dem Vorsitzenden des Komitees benannte – *Younger-Report* enthält die Ergebnisse einer breit angelegten Untersuchung (Befragung von Sachverständigen und Institutionen, Meinungsumfrage) zum Thema Datenschutz. Diese Untersuchung beschränkte sich auf den privaten Sektor. Als Ergebnis der Analyse lehnt das Komitee die Schaffung eines allgemeine „Right of privacy" ab,vor allem deshalb, weil seine Auswirkungen auf andere Rechts- und Lebensbereiche nicht überschaubar seien. Statt dessen wird eine Reihe von Detailmaßnahmen für die einzelnen sozialen Bereiche wie Presse, Rundfunk, Kreditwesen, Arbeitsleben, Ausbildung, Medizin usw. vorgeschlagen. Unter den Grundsätzen der personenbezogenen Informationsverarbeitung steht die strenge Zweckbindung an erster Stelle: Informationen sollen nur zu dem vorgesehenen und vorausgesetzten Zweck verwendet und nur innerhalb dieses Zweckes zugänglich sein, eine zweckneutrale Speicherung wird abgelehnt.

Allgemein stellt der Report fest, daß die „privacy" durch die ADV zwar nicht aktuell bedroht sei, man jedoch mit künftigen Beeinträchtigungen rechnen müsse. Die Regierung wird aufgefordert, mit Hilfe einer unabhängigen gemischten Kommission aus ADV- und Verwaltungsfachleuten die Entwicklung gründlich zu analysieren und geeignete Kontrollinstrumente zu entwickeln, die dann zu gegebener Zeit eingesetzt werden könnten. Einer Selbstkontrolle der ADV-Fachwelt durch Berufs- oder Standesregeln steht der Report skeptisch gegenüber. An den Gesetzesentwürfen von *Baker* und *Huckfield* wird bemängelt, daß die Aufgaben und Befugnisse der darin vorgesehenen Überwachungsinstanzen nicht hinreichend bezeichnet seien.

5.4.3 Schweden

Schweden hat als erstes Land der Welt eine umfassende gesetzliche Datenschutzregelung getroffen: das zum Teil am 1.7.1973, zum Teil am 1.7.1974 in Kraft getretene *Datengesetz* (*Datalag*).

Dieses regelt die automatische Verarbeitung personenbezogener und auf Personen beziehbarer Daten im öffentlichen und privaten Sektor. Die manuelle Datenverarbeitung wird nicht erfaßt. Das Datalag bekennt sich zum *Grundsatz der Fremdkontrolle.* Diese wird einer von der Regierung zu ernennenden, aus einem beamteten Vorsitzenden und acht weiteren Mitgliedern bestehenden *Datenschutz-*

kommission übertragen. Zum Aufgabenbereich der Kommission gehören die Lizenzerteilung (§§ 2 bis 7) und die Überwachung bereits im Betrieb befindlicher Datenbanken (§§ 15 bis 19). Grundsätzlich benötigt jede in den Anwendungsbereich des Gesetzes fallende Datenbank eine Lizenz. (Ausgenommen sind hiervon Datenbanken, die durch Beschluß der Regierung oder des Reichstags errichtet werden.) Bei der Lizenzerteilung hat die Kommission Auflagen zu erteilen, soweit der Schutz der (im Gesetz nicht definierten) Privatsphäre der Betroffenen dies erfordert. Die Befugnisse der Kommission sind hier sehr weitreichend. Sie kann u.a. Regelungen treffen über den Zweck der Datenbank, die Art der zu speichernden Daten sowie über Weitergabe und Verwendungszweck der Daten. Sie ist sowohl zum Erlaß von auf den Einzelfall bezogenen Regelungen als auch von Verordnungen ermächtigt.

Mit dieser funktionsspezifischen Regelung der Datenbeschaffung und -weitergabe hat der Gesetzgeber die Konsequenz aus der Erkenntnis gezogen, daß die Sensitivität von Individualdaten nicht abstrakt-generell definierbar ist, sondern es auf den konkreten Verwendungszusammenhang ankommt. Einzelne besonders schutzwürdige Bereiche werden jedoch aufgezählt (§ 4): Informationen über Vorstrafen, der Verdacht einer strafbaren Handlung und andere erschöpfend aufgezählte gesetzliche Zwangsmaßnahmen dürfen nur in eine Datenbank aufgenommen werden, wenn eine gesetzliche Ermächtigung vorliegt. Das gleiche gilt für medizinische Daten und Angaben über politische und religiöse Ansichten sowie über die Inanspruchnahme der Sozialhilfe. Nur in besonders begründeten Ausnahmefällen darf die Kommission ohne Vorliegen einer gesetzlichen Grundlage eine Lizenz erteilen, wobei der Träger der Datenbank die Beweislast für die Dringlichkeit des Informationsbedarfs hat.

Bei der Überwachung bereits in Betrieb befindlicher Datenbanken ist die Kommission verpflichtet, dafür zu sorgen, daß durch automatische Datenverarbeitung nicht die Privatsphäre verletzt wird (§ 15). Näher wird die Zielfunktion der Kontrolle nicht umschrieben. Wenn die Privatsphäre anders nicht geschützt werden kann, dann ist die Kommission zum Lizenzentzug mit der Folge der Stillegung der Datenbank berechtigt. Hervorzuheben ist die Bestimmung, daß Individualdaten nur mit Erlaubnis der Kommission ins Ausland übermittelt werden dürfen (§ 11). Damit wird der Umgehung des Gesetzes durch Errichtung von Datenbanken im Ausland mit Informationen über schwedische Bürger entgegengewirkt.

Das Datalag gibt den Betroffenen Einsichts- und Berichtigungsansprüche (§§ 8 bis 10). Interessant ist die schadenersatzrechtliche Regelung: Der Betroffene hat einen Anspruch gegen den Datenbankunternehmer auf Ersatz des durch unrichtige Informationen entstandenen Schadens, wobei kein Verschulden vorzuliegen braucht. Auch immaterielle Schäden sind zu ersetzen. Dieser Grundsatz der Gefährdungshaftung bedeutet einen echten Schutz des Betroffenen, der sämtliche ihn betreffende Dossiers in der Regel nur schwer überprüfen kann.

Bei der Formulierung des Datalag stand der schwedische Gesetzgeber vor der verfassungsrechtliche Probleme aufwerfenden Frage der Einpassung der Kommission in die Trichotomie des Gewaltenteilungsschemas. Man entschied sich für eine Zuordnung zur Exekutive. Es bleibt abzuwarten, ob das daraus resultierende Vetorecht der Regierung die Wirksamkeit der Kommission als Kontrollorgan einschränken wird.

Literatur: *Dammann* (1973), *Kamlah* (1969), *Mallmann (1973), Mallmann* (1974), *Seidel* (1972), *Tiedemann/Sasse* (1973), *Westin* (1970), *Westin/Baker* (1972)

5.5 Zur Entwicklung der Datenschutzgesetzgebung in der Bundesrepublik Deutschland

5.5.1 Das Hessische Datenschutzgesetz

Die Entwicklung der Datenschutzgesetzgebung in der BRD hat ihren Anfang auf Landesebene. Das erste Datenschutzgesetz wurde 1970 in Hessen erlassen (Datenschutzgesetz 7.10.1970 GVBel I 1970, 625 – vgl. Anhang I). Der Datenschutz erfaßt nach diesem Gesetz alle für Zwecke der maschinellen Datenverarbeitung erstellten Unterlagen, die gespeicherten Daten und die Ergebnisse ihrer Verarbeitung im Bereich der Behörden des Landes und der der Aufsicht des Landes unterstehenden Körperschaften, Anstalten und Stiftungen des öffentlichen Rechts (§ 1). Generell bestimmt § 2, daß diese Unterlagen, Daten und Ergebnisse so zu ermitteln, weiterzuleiten und aufzubewahren sind, daß sie nicht durch Unbefugte eingesehen, verändert, abgerufen oder vernichtet werden können.

Besonders wichtig wurde das Hessische Datenschutzgesetz für die weitere Entwicklung durch die Einrichtung eines *Datenschutzbeauftragten* (§§ 7 bis 15). Dieser wird auf Vorschlag der Landesregierung vom Landtag gewählt, er ist grundsätzlich weisungsfrei (§ 8). Seine Aufgaben sind wie folgt geregelt (§ 10):

- Er überwacht die Einhaltung der Vorschriften bei der maschinellen Datenverarbeitung durch die in § 1 genannten Stellen. Er unterrichtet die zuständige Aufsichtsbehörde über festgestellte Verstöße und regt Vorkehrungen zur Verbesserung des Datenschutzes an.
- Er beobachtet die Auswirkungen der maschinellen Datenverarbeitung auf die Arbeitsweise und die Entscheidungsbefugnisse der in § 1 genannten Stellen dahingehend, ob sie zu einer Verschiebung in der Gewaltenteilung zwischen den Verfassungsorganen des Landes, zwischen den Organen der kommunalen Selbstverwaltung und zwischen der staatlichen und der kommunalen Selbstverwaltung führen. Er kann Maßnahmen anregen, die ihm geeignet erscheinen, derartige Auswirkungen zu verhindern.

Jedermann hat das Recht, sich an den Datenschutzbeauftragten zu wenden, wenn er annimmt, durch die maschinelle Datenverarbeitung der in § 1 genannten Stellen in seinen Rechten verletzt zu werden (§ 11). Diese Stellen haben dem Datenschutzbeaufragten die ihm für die Erfüllung seiner Aufgaben notwendigen Auskünfte zu erteilen (§ 13). Jährlich hat der Datenschutzbeauftragte dem Landtag und dem Ministerpräsidenten einen Bericht über das Ergebnis seiner Tätigkeit vorzulegen.

Das Hessische Datenschutzgesetz konstituierte damit erstmals im deutschsprachigen Bereich den *Grundsatz der Fremdkontrolle.* Damit wurde es zum Vorbild für die weitere Diskussion.

Zur gleichen Zeit wie Hessen erließ Bayern ein EDV-Organisationsgesetz und Baden-Württemberg ein Gesetz über die Datenzentrale Baden-Württemberg. Beide Gesetzte enthalten Datenschutzbestimmungen. Schleswig-Holstein und Niedersachsen begnügten sich zunächst mit verwaltungsinternen Datenschutzregelungen. Die dem hessischen Datenschutzgesetz weitgehend folgenden Entwürfe zu Landes-Datenschutzgesetzen in Rheinland-Pfalz, Nordrhein-Westfalen, Hamburg und Schleswig-Holstein wurden bis zum Erlaß eines Bundes-Datenschutzgesetzes zurückgestellt.

5.5.2 Der Regierungsentwurf des Bundes-Datenschutzgesetzes

Auf Bundesebene wurde ein erster Gesetzesentwurf von der interparlamentarischen Arbeitsgemeinschaft (IPA) vorbereitet und im Dezember 1971 eingebracht. Gleichzeitig wurde im zuständigen Innenministerium am Entwurf eines Bundes-Datenschutzgesetzes (BDSG) gearbeitet. Zu einem überarbeiteten Referentenentwurf im August 1972 wurde im September desselben Jahres ein mehrtägiges Hearing in Bonn veranstaltet. Als Ergebnis dieses Hearings wurden einige Abänderungsvorschläge der beteiligten Wirtschaftskreise berücksichtigt. Der daraus resultierende Regierungsentwurf *„Entwurf eines Gesetzes zum Schutz vor Mißbrauch personenbezogener Daten bei der Datenverarbeitung (Bundes-Datenschutzgesetz – BDSG)"*, BT-Drucksache 7/1027 vom 21.9.1973, läßt sich in seinen Grundzügen wie folgt darstellen.

Grundlegend für den Entwurf ist die Unterscheidung nach dem Träger der Datenverarbeitung in Datenverarbeitung

- von Behörden und sonstigen öffentlichen Stellen;
- von Personen, Gesellschaften oder anderen Personenvereinigungen des privaten Rechts für eigene Zwecke;
- von Personen, Gesellschaften oder anderen Personenvereinigungen des privaten Rechts geschäftsmäßig für Dritte.

In den ersten Paragraphen werden Zweck und Gegenstand des Datenschutzes umrissen sowie die für alle Anwendungsbereiche gültigen Begriffsbestimmungen vorgenommen.

Der Zweck des Gesetzes ist, personenbezogene Daten vor Mißbrauch bei der Datenverarbeitung zu schützen und dadurch der Beeinträchtigung schutzwürdiger Belange der Betroffenen entgegenzuwirken.

Zur Gewährleistung des Datenschutzes sind die erforderlichen und zumutbaren technischen und organisatorischen Maßnahmen gegen Mißbräuche bei der Datenverarbeitung zu treffen, wobei auch die Angemessenheit der Schutzwirkung zum verursachten Aufwand Berücksichtigung finden soll. Es ist vorgesehen, daß die Bundesregierung noch Grundsätze über Maßnahmen und deren Durchführung erlassen kann, wobei für den öffenlichen Bereich die Verordnungszuständigkeit auf die Landesregierungen übertragen werden kann.

Die *Datenspeicherung,* also das Festhalten von Daten auf Datenträgern und die Aufbewahrung zum Zwecke weiterer Verwendungen, ist für die öffentliche Verwaltung zulässig zur rechtmäßigen Erfüllung der in ihrer Zuständigkeit liegenden Aufgaben. Für den Bereich der Wirtschaft für eigene Zwecke ist die Zulässigkeit auch abhängig von der Zweckbestimmung eines Vertragsverhältnisses oder vertragsähnlichen Vertrauensverhältnisses bzw. von den berechtigten Interessen der speichernden Stelle, sofern dadurch schutzwürdige Belange des Betroffenen nicht beeinträchtigt werden. Für die geschäftsmäßige Datenverarbeitung sind die schutzwürdigen Belange des Betroffenen das Kriterium der zulässigen Speicherung.

Für den Bereich der Behörden ist der *Datenaustausch* im Rahmen der Amtshilfe als notwendiges Instrument für die Wirksamkeit der öffentlichen Verwaltung unter bestimmten Zulässigkeitsvoraussetzungen gesondert geregelt. Wenn der Datenaustausch mittels selbsttätiger Einrichtungen erfolgt, sind Vorkehrungen zu treffen, daß dies nur im zulässigen Umfang geschieht und daß kein Unbefugter Daten abrufen kann. Der Nachweis der regelmäßigen Datenempfänger ist durch die Dokumentation der DV-Programme und eventuell durch weitere Unterlagen zu erbringen. Bei selbsttätigem Datenabruf ist ein Protokoll zu führen, das die abrufende Stelle sowie Art und Zeitpunkt des Abrufs aufweist. Grundsätzlich unbeschränkt ist die Weitergabe *freier Daten* (Name, Titel und akademische Grade, Geburtsdatum, Beruf, Branchen- und Geschäftsbezeichnung, Anschrift, Rufnummer).

Die *Datenweitergabe* ist auch zulässig an den einem Berufs- oder Amtsgeheimnis unterliegenden Personenkreis, im Rahmen der rechtmäßigen Aufgabenerfüllung sowie bei einem berechtigten Interesse des Dritten. Im Bereich der geschäftsmäßigen Datenverarbeitung ist das glaubhaft dargelegte Interesse des Empfängers durch Aufzeichnung der Gründe zu belegen. Auch hier gilt, wie bei den anderen Verarbeitungsphasen, daß schutzwürdige Belange des Betroffenen nicht beeinträchtigt werden dürfen. Im Behördensektor ist die Datenweitergabe zu unterlassen, wenn dadurch dem Betroffenen oder einer anderen Person eine Gefahr für Leben, Gesundheit oder die persönliche Freiheit erwachsen kann. Die beim Datenaustausch genannten Maßnahmen über die zu treffenden Vorkehrungen gelten auch bei der Datenweitergabe.

Für das inhaltliche Umgestalten von Daten werden unter den Paragraphen der Rubrik „*Datenveränderung*" die zulässigen Möglichkeiten aufgeführt.

Wenn die Daten unrichtig sind, besteht *Anspruch auf Berichtigung*. Wenn die Richtigkeit oder Unrichtigkeit nicht festgestellt werden kann, ist diesen bestrittenen Daten ein Hinweis beizufügen. Im Bereich der geschäftsmäßigen Datenverarbeitung für Dritte kann der Betroffene eine Gegendarstellung den Daten beifügen, ohne die künftige Weitergaben nicht stattfinden dürfen. Bisherigen Empfängern sind eventuelle Berichtigungen, Hinweise oder Gegendarstellungen bekanntzugeben.

Eine *Löschung* muß erfolgen, wenn die Speicherung unzulässig war. Eine Löschung kann erfolgen, wenn der Zweck der Speicherung nicht mehr gegeben ist. Die Daten sind mit einem Sperrvermerk zu versehen, der eine weitere Verarbeitung oder sonstige Nutzung verhindert, wenn die Speicherung nicht mehr erforderlich ist oder es der Betroffene verlangt bzw. fünf Jahre nach der Speicherung. Es sind einzelne Tatbestände aufgeführt, die ausnahmsweise eine weitere Nutzung erlauben.

Die Verarbeitung von personenbezogenen Daten im Auftrag Dritter ist nur mit Zustimmung der auftraggebenden Stelle gestattet. Die Verarbeitung zum Zwecke der Weitergabe in anonymisierter Form (insbesondere bei Markt- und Meinungsforschungsinstituten) wird in einem besonderen Paragraphen behandelt.

Ein wesentliches Kernstück des Entwurfes ist das *Recht auf Auskunftserteilung*. Die Information über die gespeicherten Daten erhält der Betroffene durch die behördliche Veröffentlichung oder durch die Benachrichtigung im Wirtschaftsbereich, wenn Daten zu seiner Person gespeichert werden. Von einer Veröffentlichung sind die staatlichen Behörden ausgenommen, die schon immer aufgrund ihrer besonderen Aufgabenstellung einen absoluten Geheimhaltungsstatus hatten (z.B. Verfassungsschutz, Bundeskriminalamt usw.). Über die näher zu bezeichnenden gespeicherten Daten kann vom Betroffenen Auskunft verlangt werden, die in der Regel schriftlich erteilt werden soll. Der Gesetzesentwurf sieht auch Ausnahmeregelungen vor, die die speichernde Stelle von der Benachrichtigungspflicht entbinden oder eine Auskunftsverweigerung begründen. Für die Auskunft wird eine Gebühr bzw. ein Entgelt erhoben.

Bei der *Durchführung des Datenschutzes* sind folgende Kontrollprinzipien vorgesehen: Im Behördenbereich gilt die „Dienst- und Fachaufsicht", im Bereich der Wirtschaft für eigene Zwecke die „Selbstverantwortlichkeit und Selbstkontrolle", und im Bereich der geschäftsmäßigen Datenverarbeitung für Dritte wird eine „Institutionalisierte Fremdkontrolle" eingeführt.

Die obersten Bundesbehörden, der Vorstand der deutschen Bundesbahn sowie die bundesunmittelbaren Körperschaften usw. haben jeweils für ihren Geschäftsbereich die Durchführung des Datenschutzes sicherzustellen und dafür zu sorgen, daß Übersichten geführt werden über die Art der Daten, über die Aufgaben, die eine Datenkenntnis erfordern, sowie über die Datenempfänger, denen regelmäßig Daten zugänglich gemacht werden. Des weiteren obliegt ihnen die Überwachung der ordnungsgemäßen Anwendung der DV-Programme.

Die Sicherstellung des Datenschutzes wird im Bereich der Wirtschaft für eigene Zwecke vom Inhaber, Vorstand, Geschäftsführer oder Leiter des Unternehmens erwartet, indem er, in Abhängigkeit von der Größe der Datenverarbeitung, einen Beauftragten für den Datenschutz beruft und diesen sich unmittelbar unterstellt. Zu seinen Aufgaben gehört ebenfalls das Führen von Übersichten über Art der Daten, Geschäftszwecke und Ziele, die Datenkenntnis erfordern, und regelmäßige Empfänger sowie die Überwachung der ordnungsgemäßen Anwendung der DV-Programme. Weitere Aufgaben sind die Schulung der bei der Datenverarbeitung tätigen Personen über die gesetzlichen Vorschriften und spezielle Datenschutzprobleme sowie die beratende Mitwirkung bei der Auswahl dieses Personenkreises.

Die geschäftsmäßig für Dritte tätigen Unternehmen unterliegen der Meldepflicht. Die Aufsichtsbehörde führt ein Register, holt Auskünfte ein und führt Prüfungen und Berichtigungen durch.

Im abschließenden Teil des Gesetzentwurfes werden in den Straf- und Bußgeldvorschriften sowie bei Ordnungswidrigkeiten oder Verletzung der Geheimhaltungspflicht Freiheitsstrafen bis zu zwei Jahren oder Geldstrafen bis zu DM 50.000 genannt. Des weiteren sind auch die dem Datenschutzgesetz vorgehenden Rechtsvorschriften des Bundes aufgeführt. Die Übergangsvorschriften in Verbindung mit dem Inkrafttreten regeln die Fristen der Einführung des Gesetzes.

5.5.3 Der Alternativentwurf *Podlechs* und die Beschlüsse des Innenausschusses

Der Regierungsentwurf zum BDSG führte zu vehementer Kritik von mehreren Seiten. Hierbei waren zwei Richtungen zu unterscheiden. Die eine, welche insbesondere aus Vertretern der einschlägigen Wirtschaftsbereiche (Kreditauskunfteien) bestand, lehnte den Entwurf als zu restriktiv ab. Als hauptsächliches Argument wurde in der Diskussion auf die Wirtschaftskriminalität und die Notwendigkeit einer entsprechenden Kreditsicherung hingewiesen. Die Kritik dieser Richtung sei exemplarisch durch *Tiedemann/Sasse* (1973, 146) illustriert:

„Die Wirtschaftsferne, wenn nicht Wirtschaftsfeindschaft der bisherigen Datenschutzdiskussion in der Bundesrepublik erweckt den fatalen Eindruck, daß in einer Zeit, in der die interdisziplinäre Behandlung möglichst jedes Projekts in aller Munde ist, weder die Einschätzung des gewerblichen Wirtschaftsinformationswesens durch die wirtschaftswissenschaftliche Standardliteratur noch die reale wirtschaftliche Funktion dieses Informationswesens oder auch nur die qualitative und quantitative Bedeutung ihres Bezugsobjektes, des Lieferantenkredits, für die heutige Wirtschaft gesehen oder gar gewürdigt worden ist."

Die andere Richtung lehnte umgekehrt den Entwurf als ungenügenden Schutz vor dem Mißbrauch mit Daten ab. Insbesondere wurden die zahlreichen im Entwurf verwendeten Generalklauseln und vagen Bestimmungen (schutzwürdige Belange, berechtigte Interessen) und der Grundsatz der Selbstkontrolle im öffentlichen Bereich kritisiert.

Diese Kritik wurde in einem Alternativentwurf eines Datenschutzgesetzes durch *Podlech* (1973 a) zusammengefaßt. *Podlechs „Entwurf" eines Bundesrahmengesetzes zum Schutze personenbezogener Daten und Informationen im Bereich der öffentlichen Verwaltung (Bundesdatenschutz-Rahmengesetz)"* stellt in Aufbau und Formulierung wohl den besten Versuch einer Regelung dieser schwierigen Materie im deutschsprachigen Raum dar. Der Bereich des Datenschutzes wird hier wie folgt bestimmt (§ 6):

„Datenschutz heißt die Menge aller Vorkehrungen zur Verhinderung rechtswidriger Datenverarbeitung, insbesondere zur Verhinderung unbefugter Verwendung personenbezogener Daten. Der Datenschutz umfaßt alle für Zwecke der herkömmlichen oder der automatischen Datenverarbeitung erstellten Unterlagen, insbesondere alle gespeicherten personenbezogenen Daten und die Ergebnisse ihrer Verarbeitung. Er umfaßt auch alle Programme, mit deren Hilfe personenbezogene Daten verarbeitet werden können".

Der Geltungsbereich des Alternativentwurfes bezieht sich nur auf den öffentlichen Bereich. Der Entwurf ist in zehn Abschnitte gegliedert:

I. Begriffsbestimmungen
II. Allgemeine Vorschriften
III. Registrierungsvorschriften
IV. Erforderlichkeit und Gesetzmäßigkeit der Informationserhebung und des Informationsaustausches
V. Programmschutz
VI. Organisatorische Vorschriften im Bereich integrierter Informationssysteme
VII. Datensicherung
VIII. Rechte der Betroffenen
IX. Straf- und Bußgeldbestimmungen
X. Schlußbestimmungen.

Als *Mittel des Datenschutzes* sind vorgesehen:

- Registrierungsvorschriften. Jede Datenbank des Geltungsbereiches ist im Datenbank-Register des zuständigen Aufsichtsamtes einzutragen.

- Erforderlichkeit und Gesetzmäßigkeit der Informationserhebung und des Informationsaustausches. Eine Erhebung von personenbezogenen Informationen ist nur zulässig, soweit die Kenntnis der Information zur Erfüllung öffentlicher Aufgaben erforderlich ist. Eine Weitergabe an Dritte ist nur zulässig, wenn dem Empfänger ein Recht auf Kenntnisnahme aufgrund einer Rechtsvorschrift zusteht.
- Programmschutz. Alle Programme zur Verarbeitung personenbezogener Daten dürfen in DVA nur eingeführt werden, wenn sie von dem zuständigen Aufsichtsamt getestet, genehmigt und veröffentlicht worden sind.
- Organisatorische Vorschriften im Bereich integrierter Informationssysteme. Bei Zusammenschluß von automatischen DVA zu einem integrierten Informationssystem ist der Unternehmer der Daten- und Programmbanken organisatorisch von den Benutzern der Daten- oder Programmbanken zu trennen.
- Datensicherung. Die vom Datenschutz erfaßten Unterlagen, Daten und Ergebnisse sind so zu ermitteln, daß sie nicht durch Unbefugte eingesehen, verändert, abgerufen oder vernichtet werden können.
- Rechte der Betroffenen. Jeder hat ein Recht auf Auskunft über die zu seiner Person gesammelten Daten, sofern dies nicht durch Gesetz ausgeschlossen ist. Sind über den Betroffenen aufgezeichnete Daten falsch, unvollständig, überholt oder im Verhältnis zum angestrebten Zweck falsch gewichtet, so kann er Berichtigung, Löschung oder Ergänzung der Daten verlangen. Wird ein Betroffener durch eine widerrechtliche Speicherung, Einsicht, Änderung, Löschung oder Vernichtung oder durch einen widerrechtlichen Abruf in seinen Rechten verletzt, so kann er Schadenersatz verlangen. Erfolgte die Speicherung mit Hilfe automatischer DVA, dann setzt der Anspruch kein schuldhaftes Verhalten voraus.
- Straf- und Bußgeldbestimmungen.

In der Folge der Diskussion um den Regierungsentwurf wurde dieser durch die Beschlüsse des Innenausschusses (4. Ausschuß) in mehreren Punkten erheblich abgeändert (vgl. BT-Drucksache 7/5277). Im folgenden sollen die wichtigsten Änderungen skizziert werden. Die angegebenen Paragraphen beziehen sich auf das BDSG in seiner endgültigen Fassung (vgl. Abschnitt 5.5.4).

1. *Allgemeine Vorschriften*

- Anstelle des Begriffs „Weitergabe von Daten" wird der Begriff „Übermittlung von Daten" gesetzt (§ 2 Abs. 2 Nr. 2).
- Zusätzlich werden „speichernde Stelle" und „Dritter" definiert (§ 2 Abs. 3 Nr. 1 und 2).
- Der Begriff „Datengeheimnis" wird eingeführt (§ 5).

2. *Datenverarbeitung der Behörden und sonstigen öffentlichen Stellen*

- Die „Datenübermittlung" wird abweichend vom „Datenaustausch" im öffentlichen Bereich geregelt (§ 10).
- Die Veröffentlichungspflicht über die gespeicherten Daten wird ausgedehnt (§ 12).
- Personenbezogene Daten sind zu sperren, wenn ihre Richtigkeit vom Betroffenen bestritten wird und sich weder die Richtigkeit noch die Unrichtigkeit feststellen läßt (§ 14 Abs. 2). Nach dem Regierungsentwurf sind diese Daten mit einem entsprechenden Hinweis zu versehen.
- Die Bestellung eines Bundesbeauftragten für den Datenschutz stellt wohl die wichtigste Änderung der Regierungsvorlage dar (§§ 17 bis 21).

3. *Datenverarbeitung nicht-öffentlicher Stellen für eigene Zwecke*

- Das Auskunftsrecht des Betroffenen wird erweitert. Werden die Daten automatisch verarbeitet, kann der Betroffene Auskunft auch über die Personen und Stellen verlangen, an die seine Daten regelmäßig übermittelt werden (§ 26 Abs. 2).
- Die Aufgaben des Beauftragten für den Datenschutz und der Aufsichtsbehörde werden detailliert geregelt (§§ 29, 30).

4. *Geschäftsmäßige Datenverarbeitung nicht-öffentlicher Stellen für fremde Zecke* (im Regierungsentwurf: für Dritte).

- Das Auskunftsrecht des Betroffenen wird bei automatischer Datenverarbeitung analog zu Abschnitt 3 erweitert (§ 34 Abs. 2).
- Die Bedingungen für den Wegfall der Auskunftserteilung werden geändert (§ 34 Abs. 4).
- Ein Beauftragter für den Datenschutz ist auch bei geschäftsmäßiger Datenverarbeitung nicht-öffentlicher Stellen für fremde Zwecke zu bestellen (§ 38).

5.5.4 Das Bundesdatenschutzgesetz

Auf Grund des Berichts und Antrags des Innenausschusses (4. Auschuß) nahm der Deutsche Bundestag den Regierungsentwurf zum BDSG in seiner 250. Sitzung am 10. Juni 1976 in modifizierter Fassung an (vgl. BR-Drucksache 422/76). Diese Fassung wurde durch den Antrag des Ausschusses nach Art. 77 GG (Vermittlungsausschuß) vom 9.7.1976 in einigen Bestimmungen verändert (vgl. BT-Drucksache 7/5568) und am 1.2.1977 im BGBl I1977 Nr. 7 verkündet. Damit hat die BRD als dritter Staat der Welt nach Schweden und den USA ein allgemeines Datenschutzgesetz (vgl. Anhang II).

Das *Gesetz zum Schutz vor Mißbrauch personenbezogener Daten bei der Datenverarbeitung (Bundesdatenschutzgesetz – BDSG)* vom 27.1.1977 ist in sechs Abschnitte gegliedert:

1. Allgemeine Vorschriften (§§ 1–6)
2. Datenverarbeitung der Behörden und sonstigen öffentlichen Stellen (§§ 7–21)
3. Datenverarbeitung nicht-öffentlicher Stellen für eigene Zwecke (§§ 22–30)
4. Geschäftsmäßige Datenverarbeitung nicht-öffentlicher Stellen für fremde Zwecke (§§ 31–40)
5. Straf- und Bußgeldvorschriften (§§ 41–42)
6. Übergangs- und Schlußvorschriften (§§ 43–47).

In den ersten Paragraphen werden Aufgabe und Gegenstand des Datenschutzes umrissen sowie die für alle Anwendungsbereiche gültigen Begriffsbestimmungen und Grundsätze verankert. Aufgabe des Datenschutzes ist es, durch den Schutz personenbezogener Daten vor Mißbrauch bei ihrer Speicherung, Übermittlung, Veränderung und Löschung der Beeinträchtigung schutzwürdiger Belange der Betroffenen entgegenzuwirken (§ 1 Abs. 1). Geschützt werden als *„personenbezogene Daten"* Einzelangaben über persönliche oder sachliche Verhältnisse einer bestimmten oder bestimmbaren natürlichen Person (§ 2 Abs. 1), die in Dateien verarbeitet werden und zur Übermittlung an Dritte bestimmt sind, wobei die angewendeten Verarbeitungsverfahren unbeachtlich bleiben. Die juristische Person ist demnach kein Betroffener im Sinne dieses Gesetzes. Unter *„Datenverarbeitung"* wird das Speichern, Übermitteln, Verändern und Löschen von Daten verstanden. Als *„Datei"* wird eine gleichartig aufgebaute, verfahrensunabhängige Sammlung von Daten angesehen, die nach bestimmten Merkmalen erfaßt und geordnet, nach anderen bestimmten Merkmalen umgeordnet und ausgewertet werden kann (§ 2 Abs. 3 Nr. 3). Nicht geschützt werden personenbezogene Daten, die durch Presse, Rundfunk oder Film ausschließlich zu eigenen publizistischen Zwecken verarbeitet werden (§ 1 Abs. 3).

Die §§ 3 bis 6 enthalten die folgenden Grundsätze: Die Verarbeitung personenbezogener Daten, die vom BDSG geschützt werden, ist nur zulässig, wenn dieses Gesetz oder eine andere Rechtsvorschrift sie erlaubt oder der Betroffene eingewilligt hat (§ 3). Jeder Betroffene hat nach Maßgabe des BDSG ein Recht auf Auskunft, Berichtigung, Sperrung und Löschung der zu seiner Person gespeicherten Daten (§ 4). Den bei der Datenverarbeitung beschäftigten Personen ist untersagt, geschützte personenbezogene Daten unbefugt zu einem anderen als dem zur jeweiligen rechtmäßigen Aufgabenerfüllung gehörenden Zweck zu verarbeiten, bekanntzugeben, zugänglich zu machen oder sonst zu nutzen (Datengeheimnis § 5). Zur Gewährleistung des Datenschutzes sind die erforderlichen technischen und organisatorischen Maßnahmen zu treffen, wobei der Aufwand der Maßnahmen in einem angemessenen Verhältnis zum angestrebten Schutzzweck stehen soll. Es ist vorgesehen, daß die Bundesregierung die in der Anlage zum BDSG genannten Anforderungen nach dem jeweiligen Stand der Technik und Organisation fortschreiben kann. „Stand der Technik und Organisation" ist hierbei der Entwicklungsstand fortschrittlicher Verfahren, Einrichtungen oder Betriebsweisen, der die praktische Eignung einer Maßnahme zur Gewährleistung der Durchführung des BDSG gesichert erscheinen läßt (§ 6).

Die *Speicherung* (das Erfassen, Aufnehmen oder Aufbewahren von Daten auf einem Datenträger zum Zwecke ihrer weiteren Verwendung) und die *Veränderung* (das inhaltliche Umgestalten gespeicherter Daten) personenbezogener Daten sind für Behörden und sonstige öffentliche Stellen zulässig, wenn sie zur rechtmäßigen Erfüllung der in der Zuständigkeit der speichernden Stelle liegenden Aufgaben erforderlich sind. Werden Daten beim Betroffenen auf Grund einer Rechtsvorschrift erhoben, dann ist er auf sie, sonst auf die Freiwilligkeit seiner Angaben hinzuweisen (§ 9). Im Bereich der Datenverarbeitung nicht-öffentlicher Stellen für eigene Zwecke sind die Speicherung und Veränderung personenbezogener Daten zulässig im Rahmen der Zweckbestimmung eines Vertragsverhältnisses oder vertragsähnlichen Vertrauensverhältnisses mit dem Betroffenen oder soweit es zur Wahrung berechtigter Interessen der speichernden Stelle erforderlich ist und kein Grund zur Annahme besteht, daß dadurch schutzwürdige Belange des Betroffenen beeinträchtigt werden (§ 23, § 25). Weiters ist das Speichern in nicht automatisierten Verfahren zulässig, soweit die Daten unmittelbar aus allgemein zugänglichen Quellen entnommen sind. Für die geschäftsmäßige Datenverarbeitung nicht-öffentlicher Stellen für fremde Zwecke gilt der Grundsatz, daß Speicherung und Veränderung personenbezogener Daten zulässig sind, soweit kein Grund zur Annahme besteht, daß dadurch schutzwürdige Belange des Betroffenen beeinträchtigt werden (§ 32 Abs. 1, § 33). Weiters ist das Speichern zulässig, soweit die Daten unmittelbar aus allgemein zugänglichen Quellen entnommen sind.

Bei der Datenverarbeitung der Behörden und sonstigen öffentlichen Stellen ist die *Datenübermittlung* (das Bekanntgeben gespeicherter oder durch Datenverarbeitung unmittelbar gewonnener Daten an Dritte in der Weise, daß die Daten durch die speichernde Stelle weitergegeben oder zur Einsichtnahme, namentlich zum Abruf bereitgehalten werden) innerhalb des öffentlichen Bereichs von jener an Stellen außerhalb des öffentlichen Bereichs zu unterscheiden. Die Übermittlung personenbezogener Daten an Behörden und sonstige öffentliche Stellen ist zulässig, wenn sie zur rechtmäßigen Erfüllung der in der Zuständigkeit der übermittelnden Stelle oder des Empfängers liegenden Aufgaben erforderlich ist. Unterliegen die personenbezogenen Daten einem Berufs- oder besonderem Amtsgeheimnis und sind sie der übermittelnden Stelle von der zur Verschwiegenheit verpflichteten Person in Ausübung ihrer Berufs- oder Amtspflicht übermittelt worden, ist für die Zulässigkeit der Übermittlung ferner erforderlich, daß der Empfänger die Daten zur Erfüllung des gleichen Zweckes benötigt, zu dem sie die übermittelnde Stelle erhalten hat (§ 10 Abs. 1).

Die Übermittlung personenbezogener Daten an Stellen außerhalb des öffentlichen Bereichs ist zulässig, wenn sie zur rechtmäßigen Erfüllung der in der Zuständigkeit der übermittelnden Stelle liegenden Aufgaben erforderlich ist oder soweit der Empfänger ein berechtigtes Interesse an der Kenntnis der zu übermittelnden Daten glaubhaft macht und dadurch schutzwürdige Belange des Betroffenen nicht beeinträchtigt werden. Unterliegen die personenbezogenen Daten einem Berufs- oder besonderen Amtsgeheimnis und sind sie der übermittelnden Stelle von der zur Verschwiegenheit verpflichteten Person in Ausübung ihrer Berufs- oder Amtspflicht übermittelt worden, ist für die Zulässigkeit der Übermittlung ferner erforderlich, daß die gleichen Voraussetzungen gegeben sind, unter denen sie die zur Verschwiegenheit verpflichtete Person übermitteln dürfte (§ 11).

Für die Datenverarbeitung nicht-öffentlicher Stellen für eigene Zwecke ist die Datenübermittlung wie folgt geregelt: Die Übermittlung personenbezogener Daten ist zulässig im Rahmen der Zweckbestimmung eines Vertragsverhältnisses oder vertragsähnlichen Vertrauensverhältnisses mit dem Betroffenen oder soweit es zur Wahrung berechtigter Interessen der übermittelnden Stelle oder eines Dritten oder der Allgemeinheit erforderlich ist und dadurch schutzwürdige Belange des Betroffenen nicht beeinträchtigt werden. Personenbezogene Daten, die einem Berufs- oder besonderen Amtsgeheimnis unterliegen und die von der zur Verschwiegenheit verpflichteten Person in Ausübung ihrer Berufs- oder Amtspflicht übermittelt worden sind, dürfen vom Empfänger nicht mehr weitergegeben werden (§ 24 Abs. 1). Abweichend von dieser Bestimmung ist die Übermittlung von listenmäßig oder sonst zusammengefaßten Daten über Angehörige einer Personengruppe zulässig, wenn sie sich auf Namen, Titel oder akademische Grade, Geburtsdatum, Beruf-, Branchen- oder Geschäftsbezeichnung, Anschrift sowei Rufnummer beschränkt und kein Grund zu Annahme besteht, daß dadurch schutzwürdige Belange des Betroffenen beeinträchtigt werden. Zur Angabe der Zugehörigkeit des Betroffenen zu einer Personengruppe dürfen andere als die genannten Daten nicht übermittelt werden (§ 24 Abs. 2).

Im Rahmen der geschäftsmäßigen Datenverarbeitung nicht-öffentlicher Stellen für fremde Zwecke ist die Übermittlung von personenbezogenen Daten zulässig, wenn der Empfänger ein berechtigtes Interesse an ihrer Kenntnis glaubhaft dargelegt hat (§ 32 Abs. 2). Weiters ist die Übermittlung von listenmäßig oder sonst zusammengefaßten Daten über Angehörige einer Personengruppe zulässig, wenn sie sich auf Namen, Titel, akademische Grade, die Anschrift sowie auf eine Angabe über die Zugehörigkeit des Betroffenen zu dieser Personengruppe beschränkt und kein Grund zur Annahme besteht, daß dadurch schutzwürdige Belange des Betroffenen beeinträchtigt werden (§ 32 Abs. 3).

Für die Datenverarbeitung der Behörden und sonstigen öffentlichen Stellen regelt § 12 die *Veröffentlichung über die gespeicherten Daten.* Behörden und sonstige öffentliche Stellen geben die Art der von ihnen oder in ihrem Auftrag gespeicherten personenbezogenen Daten, die Aufgaben, zu deren Erfüllung die

Kenntnis dieser Daten erforderlich ist, den betroffenen Personenkreis, die Stellen, an die sie personenbezogene Daten regelmäßig übermitteln, sowie die Art der zu übermittelnden Daten unverzüglich nach der ersten Einspeicherung in dem für ihren Bereich bestehenden Veröffentlichungsblatt für amtliche Bekanntmachungen bekannt. Auf Antrag sind dem Betroffenen die bisherigen Bekanntmachungen zugänglich zu machen (§ 12 Abs. 1). Ausgenommen von der Bestimmung des § 12 Abs. 1 sind u.a. die Behörden für Verfassungsschutz, der Bundesnachrichtendienst, der militärische Abschirmdienst, das Bundeskriminalamt, die Behörden der Staatsanwaltschaft und der Polizei sowie Bundes- und Landesfinanzbehörden, soweit sie personenbezogene Daten in Erfüllung ihrer gesetzlichen Aufgaben im Anwendungsbereich der Abgabenordnung zur Überwachung und Prüfung in Dateien speichern (§ 12 Abs. 2 Nr. 1).

Ein Kernstück des BDSG ist das *Recht* des Betroffenen *auf Auskunft.* Im Bereich der Datenverarbeitung der Behörden und sonstigen öffentlichen Stellen ist dem Betroffenen auf Antrag Auskunft über die zu seiner Person gespeicherten Daten zu erteilen. In dem Antrag soll die Art der personenbezogenen Daten, über die Auskunft erteilt werden soll, näher bezeichnet werden. Die speichernde Stelle bestimmt das Verfahren, insbesondere die Form der Auskunftserteilung nach pflichtgemäßem Ermessen (§ 13 Abs. 1). Die Auskunftserteilung ist gebührenpflichtig. Kein Recht auf Auskunft besteht gegenüber den in § 12 Abs. 2 Nr. 1 genannten Behörden. Weiters unterbleibt die Auskunftserteilung, soweit die Auskunft die rechtmäßige Erfüllung der in der Zuständigkeit der speichernden Stelle liegenden Aufgaben gefährden würde; die Auskunft die öffentliche Sicherheit oder Ordnung gefährden oder sonst dem Wohle des Bundes oder eines Landes Nachteile bereiten würde; die personenbezogenen Daten oder die Tatsache ihrer Speicherung nach einer Rechtsvorschrift oder ihrem Wesen nach, namentlich wegen der überwiegenden berechtigten Interessen einer dritten Person, geheimgehalten werden müssen; oder die Auskunft sich auf die Übermittlung personenbezogener Daten an die in § 12 Abs 2 Nr. 1 genannten Behörden bezieht.

Für den Bereich der Datenverarbeitung nicht-öffentlicher Stellen für eigene Zwecke ist das Recht des Betroffenen auf Auskunft wie folgt geregelt: Werden erstmals zur Person des Betroffenen Daten gespeichert, ist er darüber zu benachrichtigen, es sei denn, daß er auf andere Weise Kenntnis von der Speicherung erlangt hat. Der Betroffene kann Auskunft über die zu seiner Person gespeicherten Daten verlangen. Werden die Daten automatisch verarbeitet, kann der Betroffene Auskunft auch über die Personen und Stellen verlangen, an die seine Daten regelmäßig übermittelt werden. Er soll die Art der personenbezogenen Daten, über die Auskunft erteilt werden soll, näher bezeichnen. Die Auskunft wird grundsätzlich schriftlich erteilt; hierfür kann ein Entgelt verlangt werden (§ 26 Abs. 1 bis 3). Kein Recht auf Auskunft besteht u.a., soweit das Bekanntwerden personenbezogener Daten die Geschäftszwecke oder Ziele der speichernden Stelle erheblich gefährden würde und berechtigte Interessen des Betroffenen nicht entgegenstehen; die zuständige öffentliche Stelle gegenüber der speichernden Stelle festgestellt hat, daß das Bekanntwerden der personenbezogenen Daten die öffentliche Sicherheit oder Ordnung gefährden oder sonst dem Wohle des Bundes oder eines Landes Nachteile bereiten würde; die personenbezogenen Daten nach einer Rechtsvorschrift oder ihrem Wesen nach, namentlich wegen der überwiegenden berechtigten Interessen einer dritten Person, geheimgehalten werden müssen (§ 26 Abs. 4).

Für den Bereich der geschäftsmäßigen Datenverarbeitung nicht-öffentlicher Stellen für fremde Zwecke regelt § 34 das Recht des Betroffenen auf Auskunft. Werden erstmals zur Person des Betroffenen Daten übermittelt, ist er grundsätzlich über die Speicherung zu benachrichtigen, es sei denn, daß er auf andere Weise von der Speicherung Kenntnis erlangt hat. Der Betroffenen kann Auskunft über die zu seiner Person gespeicherten Daten verlangen. Werden die Daten automatisch verarbeitet, kann der Betroffene Auskunft auch über die Personen und Stellen verlangen, an die seine Daten regelmäßig übermittelt werden. Die Auskunft ist grundsätzlich schriftlich zu erteilen; hierfür kann ein Entgelt verlangt werden (§ 34 Abs. 1 bis 3). Kein Recht auf Auskunft besteht, soweit das Bekanntwerden der personenbezogenen Daten überwiegende berechtigte Interessen einer dritten Person schädigen oder nach Feststellung durch die zuständige öffentliche Stelle gegenüber der speichernden Stelle die öffentliche Sicherheit oder Ordnung gefährden oder sonst dem Wohle des Bundes oder eines Landes Nachteile bereiten würde (§ 34 Abs. 4).

Berichtigung, Sperrung und Löschung von Daten regelt das BDSG für den Bereich der Datenverarbeitung der Behörden und sonstigen öffentlichen Stellen wie folgt: Personenbezogene Daten sind zu berichtigen, wenn sie unrichtig sind. Sie sind zu sperren, wenn ihre Richtigkeit vom Betroffenen bestritten wird und sich weder die Richtigkeit noch die Unrichtigkeit feststellen läßt; weiters wenn ihre Kenntnis für die speichernde Stelle zur rechtmäßigen Erfüllung der in ihrer Zuständigkeit liegenden Aufgaben nicht mehr erforderlich ist. Gesperrte Daten sind mit einem entsprechenden Vermerk zu versehen; sie dürfen nicht mehr verarbeitet, insbesondere übermittelt, oder sonst genutzt werden, es sei denn, daß die Nutzung zu wissenschaftlichen Zwecken, zur Behebung einer bestehenden Beweisnot oder aus sonstigen im überwiegenden Interesse der speichernden Stelle oder eines Dritten liegenden Gründen unerläßlich ist oder der Betroffene der Nutzung zugestimmt hat (§ 14 Abs. 1, 2). Personenbezogene Daten können gelöscht werden (Löschen ist das Unkenntlichmachen gespeicherter Daten), wenn ihre Kenntnis für die speichernde Stelle zur rechtmäßigen Erfüllung der in ihrer Zuständigkeit liegenden Aufgaben nicht mehr erforderlich ist und kein Grund zu der Annahme besteht, daß durch die Löschung schutzwürdige Belange des Betroffenen beeinträchtigt werden. Sie sind zu löschen, wenn ihre Speicherung unzulässig war (§ 14 Abs. 3).

Analoge Bestimmungen gelten für die Berichtigung, Sperrung und Löschung von Daten im Bereich der Datenverarbeitung nicht-öffentlicher Stellen für eigene Zwecke und für fremde Zwecke (§ 27, § 35). Im letzteren Fall sind personenbezogene Daten auch am Ende des fünften Kalenderjahres nach ihrer Einspeicherung zu sperren (§ 35 Abs. 2). In beiden Fällen sind Daten über gesundheitliche Verhältnisse, strafbare Handlungen, Ordnungswidrigkeiten sowie religiöse oder politische Anschauungen zu löschen, wenn ihre Richtigkeit von der speichernden Stelle nicht bewiesen werden kann (§ 27 Abs. 3, § 35 Abs. 3).

Bei der *Durchführung des Datenschutzes* sieht das BDSG ein kombiniertes System von Selbst- und Fremdkontrolle vor. Im Bereich der Bundesverwaltung haben die obersten Bundesbehörden etc. jeweils für ihren Geschäftsbereich die Ausführung dieses Gesetzes sowie anderer Rechtsvorschriften über den Datenschutz sicherzustellen. Sie haben insbesondere dafür zu sorgen, daß eine Übersicht über die Art der gespeicherten personenbezogenen Daten und über die Aufgaben, zu deren Erfüllung die Kenntnis dieser Daten erforderlich ist, sowie über deren regelmäßige Empfänger geführt und die ordnungsgemäße Anwendung der Datenverarbeitungsprogramme, mit deren Hilfe personenbezogene Daten verarbeitet werden sollen, überwacht wird (§ 15). Weiters haben sie allgemeine Verwaltungsvorschriften zu erlassen, die die Ausführung des BDSG, bezogen auf die besonderen Verhältnisse in dem jeweiligen Geschäftsbereich und die sich daraus ergebenden besonderen Erfordernisse für den Datenschutz, regeln (§ 16).

Der Grundsatz der Fremdkontrolle wird für die Datenverarbeitung der Behörden und sonstigen öffentlichen Stellen durch die Bestellung eines *Bundesbeauftragten für den Datenschutz* berücksichtigt. Die wichtigsten Bestimmungen über den Bundesbeauftragten sind die folgenden:

Der Bundesbeauftragte wird auf Vorschlag der Bundesregierung vom Bundespräsidenten ernannt. Die Amtszeit beträgt fünf Jahre, einmalige Wiederbestellung ist zulässig. Der Bundesbeauftragte steht zum Bund in einem öffentlich-rechtlichen Amtsverhältnis. Er ist in Ausübung seines Amtes unabhängig und nur dem Gesetz unterworfen. Er untersteht der Rechtsaufsicht der Bundesregierung (§ 17).

Der Bundesbeauftragte kontrolliert die Einhaltung der Vorschriften über den Datenschutz bei Behörden und sonstigen öffentlichen Stellen des Bundes, ausgenommen die Gerichte, soweit sie nicht in Verwaltungsangelegenheiten tätig werden. Zu diesem Zweck kann er Empfehlungen zur Verbesserung des Datenschutzes geben, insbesondere kann er die Bundesregierung und einzelne Minister sowie sonstige Stellen des Bundes in Fragen des Datenschutzes beraten (§ 19 Abs. 1). Auf Anforderung des Bundestages und der Bundesregierung hat der Bundesbeauftragte Gutachten zu erstellen und Berichte zu erstatten. Außerdem erstattet er dem Bundestag regelmäßig jährlich einen Tätigkeitsbericht (§ 19 Abs. 2).

Die Behörden und sonstigen Stellen sind verpflichtet, dem Bundesbeauftragten und seine Beauftragten bei der Erfüllung ihrer Aufgaben zu unterstützen. Ihnen ist dabei insbesondere Auskunft zu ihren Fragen sowie Einsicht in alle Unterlagen und Akten zu gewähren, die im Zusammenhang mit der Verarbeitung personenbezogener Daten stehen, namentlich in die gespeicherten Daten und in die Datenverarbeitungsprogramme (§ 19 Abs. 3). Der Bundesbeauftragte führt ein Register der automatisch betriebenen Dateien, in denen personenbezogene Daten gespeichert werden. Das Register kann von jedem eingesehen werden. Die Behörden und sonstigen Stellen sind verpflichtet, die von ihnen automatisch betriebenen Dateien beim Bundesbeauftragten anzumelden. Das Bundesamt für Verfassungsschutz, der Bundesnachrichtendienst und der militärische Abschirmdienst sind von der Meldepflicht ausgenommen (§ 19 Abs. 4).

Stellt der Bundesbeauftragte Verstöße gegen Datenschutzbestimmungen oder sonstige Mängel bei der Verarbeitung personenbezogener Daten fest, so beanstandet er dies und fordert zur Stellungnahme innerhalb einer von ihm zu bestimmenden Frist auf (§ 20 Abs. 1). Mit der Beanstandung kann der Bundesbeauftragte Vorschläge zur Beseitigung der Mängel und zur sonstigen Verbesserung des Datenschutzes verbinden (§ 20 Abs. 3).

Jedermann kann sich an den Bundesbeauftragten wenden, wenn er der Ansicht ist, bei der Verarbeitung personenbezogener Daten durch Behörden oder sonstige öffentliche Stellen des Bundes in seinen Rechten verletzt worden zu sein (§ 21).

Bei der Datenverarbeitung nicht-öffentlicher Stellen für eigene Zwecke ist ein *Beauftragter für den Datenschutz* zu bestellen, falls die personenbezogenen Daten automatisch verarbeitet und hierbei in der Regel mindestens fünf Arbeitnehmer. ständig beschäftigt sind oder falls personenbezogene Daten auf andere Weise verarbeitet werden und soweit hierbei in der Regel mindestens zwanzig Arbeitnehmer ständig beschäftigt sind. Der Beauftragte für den Datenschutz ist dem Inhaber etc. unmittelbar zu unterstellen. Er ist bei Anwendung seiner Fachkunde auf dem Gebiet des Datenschutzes weisungsfrei und darf wegen der Erfüllung seiner Aufgaben nicht benachteiligt werden. Der Beauftragte ist von den zu seiner Bestellung verpflichteten Personen etc. bei der Erfüllung seiner Aufgaben zu unterstützen (§ 28).

Aufgabe des Beauftragten für den Datenschutz ist es, die Ausführung des BDSG sowie anderer Vorschriften über den Datenschutz sicherzustellen. Zu diesem Zweck kann er sich in Zweifelsfällen an die Aufsichtsbehörde wenden. Er hat insbesondere eine Übersicht über die Art der gespeicherten Daten und über die Geschäftszwecke und Ziele, zu deren Erfüllung die Kenntnis dieser Daten erforderlich ist, über deren regelmäßige Empfänger sowie über die Art der eingesetzten automatisierten Datenverarbeitungsanlagen zu führen; die ordnungsgemäße Anwendung der Datenverarbeitungsprogramme, mit deren Hilfe personenbezogene Daten verarbeitet werden sollen, zu überwachen; die bei der Verarbeitung personenbezogener Daten tätigen Personen mit den Vorschriften über den Datenschutz vertraut zu machen; und bei der Auswahl der in der Verarbeitung personenbezogener Daten tätigen Personen beratend mitzuwirken (§ 29).

Die Tätigkeit des Beauftragten für den Datenschutz wird durch die nach Landesrecht zuständige *Aufsichtsbehörde* ergänzt. Die Aufsichtsbehörde überprüft im Einzelfall die Ausführung des BDSG sowie anderer Vorschriften über den Datenschutz, wenn ein Betroffener begründet darlegt, daß er bei der Verarbeitung seiner personenbezogenen Daten in seinen Rechten verletzt worden ist. Sie hat den Beauftragten für den Datenschutz zu unterstützen, wenn er sich an sie wendet. Der Aufsichtsbehörde sind auf Verlangen die für die Erfüllung ihrer Aufgaben erforderlichen Auskünfte unverzüglich zu erteilen (§ 30 Abs. 1, 2).

Analog zu den Bestimmungen bei der Datenverarbeitung nicht-öffentlicher Stellen für eigene Zwecke sind Bestellungen und Aufgaben des Beauftragten für den Datenschutz bei der geschäftsmäßigen Datenverarbeitung nicht-öffentlicher Stellen für fremde Zwecke geregelt (§ 38). Diese Stellen unterliegen der Meldepflicht. Der zuständigen Aufsichtsbehörde sind Firmenbezeichnung, Leiter oder Inhaber, die mit der Leitung der Datenverarbeitung beauftragten Personen, Anschrift, Zweck des Unternehmens und der Datenverarbeitung, Art der eingesetzten automatisierten Datenverarbeitungsanlagen, Name des Beauftragten für den Datenschutz, Art der gespeicherten personenbezogenen Daten sowie bei regelmäßiger Übermittlung personenbezogener Daten Empfänger und Art der übermittelten Daten zu melden (§ 39). Die Aufsichtsbehörde führt ein Register der anmeldepflichtigen Stellen, das von jedem eingesehen werden kann. Im übrigen sind ihre Aufgaben analog zu den Aufgaben der Aufsichtsbehörde bei der Datenverarbeitung nicht-öffentlicher Stellen für eigene Zwecke geregelt (§ 40).

Die Straf- und Bußgeldvorschriften des BDSG sehen bei Straftaten und Ordnungswidrigkeiten Freiheitsstrafen bis zu zwei Jahren oder Geldstrafen bis zu DM 50.000 vor (§§ 41, 42). In den Übergangs- und Schlußvorschriften sind u.a. die dem BDSG vorgehenden Rechtsvorschriften des Bundes aufgeführt (§ 45). Das BDSG tritt grundsätzlich am 1. Januar 1978 in Kraft (§ 47).
In der Anlage enthält das BDSG nähere Bestimmungen über die bei einer automatisierten Verarbeitung personenbezogener Daten zu treffenden technischen und organisatorischen Maßnahmen (vgl. § 6 Abs. 1 Satz 1): Zugangskontrolle, Abgangskontrolle, Speicherkontrolle, Benutzerkontrolle, Zugriffskontrolle, Übermittlungskontrolle, Eingabekontrolle, Auftragskontrolle, Transportkontrolle und Organisationskontrolle.

Literatur: *Auernhammer* (1974), *Birkelbach* (1974), *Bühnemann* (1974), *Dammann* (1975), *Dammann* (1977), *Herrmann* (1973), *Herrmann/Lindemann/Nagel* (1973), *Podlech* (1973 a), *Tiedemann/Sasse* (1973)

5.6 Zur Entwicklung der Datenschutzgesetzgebung in Österreich

5.6.1 Die Regierungsvorlage des Datenschutzgesetzes

Österreich zeigt eine ähnliche, aber durch einen gewissen time lag gekennzeichnete Entwicklung wie die BRD; allerdings existieren hier keine Datenschutzbestrebungen auf Landesebene.

1971 wurde im Rahmen des Koordinationskomitees für die EDV im Bereich des Bundes unter dem Vorsitz des Bundeskanzleramtes – Verfassungsdienst eine Arbeitsgruppe „Datenschutz" eingesetzt. Diese erstellte 1973 einen ersten Vorentwurf für ein Datenschutzgesetz, dem noch im selben Jahr ein Referentenentwurf folgte. Auf Grund der Ergebnisse des Begutachtungsverfahrens wurde im Mai 1974 ein weiterer revidierter Entwurf erstellt, dem schließlich im Dezember 1974 eine Regierungsvorlage folgte. Diese wurde mit geringfügigen Änderungen am 17.12.1975 neu eingebracht. Diese Regierungsvorlage *„Bundesgesetz über den Schutz personsbezogener Daten (Datenschutzgesetz – DSG)"*, 72 der Beilagen zu den stenographischen Protokollen des Nationalrates, XIV.GP, läßt sich in ihren Grundzügen wie folgt darstellen (vgl. Anhang III).

Die Regierungsvorlage zum DSG ist in 7 Abschnitte gegliedert:

I. Allgemeine Bestimmungen (§§ 1–5);
II. Verarbeitung personsbezogener Daten (§§ 6–13);
III. Vertragliche Inanspruchnahme von Datenverarbeitung durch die in § 3 und 4 genannten Rechtsträger (§ 14);
IV. Bundes-Datenschutzkommission (§§ 15–23);
V. Private Datenbanken (§§ 24–26);
VI. Strafbestimmungen (§§ 27–29);
VII. Schlußbestimmungen (§§ 30–32).

§ 1 enthält eine Zuständigkeitsregelung als Verfassungsbestimmung. Hiernach ist Bundessache die Gesetzgebung hinsichtlich des Schutzes personsbezogener Daten, die mit Hilfe der elektronischen Datenverarbeitung oder vergleichbarer technischer Hilfsmittel verarbeitet werden. Die Vollziehung solcher Bundesgesetze steht dem Bund zu, soweit die Daten weder von oder im Auftrag juristischer Personen, die durch Gesetz eingerichtet sind und deren Einrichtung in der Vollziehung in die Zuständigkeit der Länder fällt, verarbeitet werden.

§ 2 enthält die Begriffsbestimmungen für personsbezogene Daten, Betroffene, Datenverarbeitung; Erheben, Speichern, Verändern, Verküpfen, Weitergeben und Löschen von Daten; Datenbank. Die wichtigsten Begriffsbestimmungen sind jene der „personsbezogenen Daten", der „Datenverarbeitung" und der „Datenbank". (Die österreichische Regierungsvorlage gebraucht im Gegensatz zum BDSG die Bezeichnung „personsbezogene Daten"; diese Bezeichnung dürfte sprachlich korrekter sein, da sich die Daten in der Regel auf eine Person beziehen. Die sprachlich korrekteste Bezeichnung scheint uns jedoch „personsbeziehbare Daten" zu sein.) *„Personsbezogene Daten"* werden definiert als „Angaben, die Aussagen über eine bestimmte oder mit Wahrscheinlichkeit bestimmbare natürliche oder juristische Person oder handelsrechtliche Personengesellschaft enthalten einschließlich von Personenkennzeichen" (§ 2 Z. 1).

„Datenverarbeitung" wird definiert als „das Speichern, Verändern, Verknüpfen, Weitergeben oder Löschen von personsbezogenen Daten ohne Rücksicht auf die dabei angewendeten Verfahren" (§ 2 Z. 3). Eine *„Datenbank"* ist „eine nach bestimmten Merkmalen geordnete Sammlung personsbezogener Daten, die mit Hilfe der elektronischen Datenverarbeitung oder vergleichbarer technischer Hilfsmittel (automatisierte Datenverarbeitung) nach anderen Merkmalen umgeordnet oder verarbeitet werden können, einschließlich der Datenträger und der maschinellen Einrichtungen" (§ 2 Z. 10).

§ 6 regelt die Zulässigkeit der *Erhebung und Verarbeitung personsbezogener Daten.* Diese dürfen zum Zwecke ihrer Verwendung in Datenbanken nur erhoben und verarbeitet werden, wenn dafür eine ausdrückliche gesetzliche Ermächtigung besteht oder insoweit dies für den Rechtsträger zur Wahrnehmung der ihm gesetzlich übertragenen Aufgaben eine wesentliche Voraussetzung bildet.

Personsbezogene Daten dürfen, soweit sie der Amtsverschwiegenheit oder einer gesetzlich festgelegten beruflichen Verschwiegenheitspflicht unterliegen, grundsätzlich aus einer Datenbank nicht weitergegeben werden (§ 7 Abs. 1). Eine *Weitergabe* an Organe des Bundes, der Länder, der Gemeinden und der gesetzlichen beruflichen Vertretungen ist jedoch insoweit zulässig, als die Daten für den Empfänger zur Wahrnehmung der ihm gesetzlich übertragenen Aufgabe eine wesentliche Voraussetzung bilden. Weiters dürfen personsbezogene Daten, die in einer Datenbank gespeichert werden, mit in anderen Datenbanken gespeicherten personsbezogenen Daten nur insoweit verknüpft werden, als dies gesetzlich ausdrücklich vorgesehen oder mit dem Zweck, für den die Daten ermittelt wurden, vereinbar ist.

Für jede Datenbank ist gemäß § 9 durch Verordnung eine *Datenbank-Verordnung* zu erlassen, die unter Bedachtnahme auf die wirtschaftliche Vertretbarkeit und auf die technische Möglichkeit jene Maßnahmen organisatorischer, personeller, technischer und baulicher Art festzulegen hat, die notwendig sind, um sicherzustellen, daß personsbezogene Daten Dritten rechtswidrig weder zur Kenntnis gelangen noch weitergegeben noch durch dazu nicht berechtigte Personen verändert, verknüpft oder gelöscht werden können.

Die Datenbank-Verordnung hat insbesondere Bestimmungen zu erhalten

- über den Zugang zur Datenbank und zu den Datenträgern,
- über die vorzusehenden technischen und baulichen Sicherheitsvorkehrungen, um eine unbefugte, fahrlässige oder zufällige Löschung oder Veränderung von Daten und Programmen zu verhindern,
- über die Durchführung von Prüfungen von Maschinen und Programmen mit personsbezogenen Daten,
- über die Protokollierung von Datenweitergaben und die Dauer der Aufbewahrung der Protokolle,
- über die zur Datenveränderung und Datenweitergabe berechtigten Personengruppen und deren Verpflichtung zur Geheimhaltung der ihnen im Zusammenhang mit der Datenverarbeitung bekanntgewordenen Tatsachen und Informationen.

Nach § 10 Abs. 1 hat der Betroffene ein *Auskunftsrecht* über personsbezogene Daten, soweit es sich dabei nicht um solche Daten handelt, die auf Grund einer ausdrücklichen gesetzlichen Anordnung oder im Interesse einer Gebietskörperschaft auch ihm gegenüber geheimzuhalten sind.

Unrichtige, unvollständige oder entgegen der Bestimmung des § 6 erhobene oder verarbeitete personsbezogene Daten sind von Amts wegen, auf Grund einer Entscheidung der für die Feststellung der Daten sachlich zuständigen Behörde, auf Antrag des Betroffenen oder auf Grund einer Entscheidung der Bundes-Datenschutzkommission unverzüglich zu berichtigen oder zu löschen (§ 11 Abs. 1). Der Beweis der Richtigkeit der verarbeiteten personsbezogenen Daten obliegt hierbei der Einrichtung, die den Auftrag zur Verarbeitung gegeben hat, soweit die Daten nicht ausschließlich auf Grund von Angaben des Betroffenen erhoben wurden.

§ 12 sieht eine Ausnahme vom Auskunftsrecht und der Berichtigungspflicht für das von der Bundespolizeidirektion Wien geführte Strafregister vor. In § 13 wird die Kundmachung eines Verzeichnisses der Datenbanken geregelt. Jede Einrichtung, bei der oder in deren Auftrag eine Datenbank geführt wird, hat jährlich bis zum 1. Februar dem Bundeskanzleramt die Führung und die Rechtsgrundlage sowie den Zweck und die Verwendung der Datenbank, die Art der in dieser Datenbank verarbeiteten personsbezogenen Daten und den Kreis der Betroffenen schriftlich mitzuteilen. Das Bundeskanzleramt hat jeweils bis spätestens 10. Mai jedes Jahres ein Verzeichnis der Datenbanken im Amtsblatt zur „Wiener Zeitung" zu verlautbaren. In der Verlautbarung sind auch die Art der in der betreffenden Datenbank gespeicherten personsbezogenen Daten, der Kreis der Betroffenen und der Zweck der Datenbank anzugeben.

Abschnitt IV enthält Bestimmungen über die beim Bundeskanzleramt einzurichtende *Bundes-Datenschutzkommission*. Die Kommission besteht aus 15 Mitgliedern, welche vom Bundespräsidenten auf Vorschlag der Bundesregierung für die Dauer von 6 Jahren ernannt werden. 8 Mitglieder müssen Richter sein, die übrigen auf dem Gebiet des Datenschutzes besondere Erfahrungen aufweisen (§ 15 Abs. 2).

Die Mitglieder der Bundes-Datenschutzkommission sind in Ausübung ihres Amtes unabhängig und an keine Weisungen gebunden (§ 16). Durch diese Bestimmung wird eine Behörde nach Art. 133 Z. 4 B-VG eingerichtet, die von den die Datenbank führenden Stellen unabhängig ist, der Richter angehören und gegen deren Entscheidungen die Gerichtshöfe des öffentlichen Rechts angerufen werden können.

Die Bundes-Datenschutzkommission erkennt, soweit nicht ein ordentliches Gericht zuständig oder der Antrag des Betroffenen auf Berichtigung oder Löschung bereits Gegenstand eines Verfahrens vor der sachlich zuständigen Behörde ist, in erster Instanz über Beschwerden wegen Verletzung von Bestimmungen des DSG oder der auf Grund dieses Bundesgesetzes erlassenen Verordnungen, soweit der Beschwerdeführer behauptet, dadurch in seinen Rechten verletzt worden zu sein (§ 20 Abs. 1). Die Entscheidungen der Bundes-Datenschutzkommission unterliegen nicht der Aufhebung oder Abänderung im Verwaltungswege. Die Beschwerde an den Verwaltungsgerichtshof ist zulässig (§ 20 Abs. 4).

Weiters hat die Bundes-Datenschutzkommission jährlich der Bundesregierung über ihre Tätigkeit zu berichten (§ 23 Abs. 2).

Die Bestimmungen des DSG über *private Datenbanken* sind sehr kursorisch. Die Ermittlung und Erhebung personsbezogener Daten und ihre Verarbeitung haben in einem dem Zweck des Unternehmens oder Vereins entsprechenden Art sowie in einem das Privat- und Familienleben der Betroffenen achtenden Umfang zu erfolgen (§ 24). Dies gilt auch bei der Heranziehung von nicht innerhalb des österreichischen Bundesgebietes gelegener DVA zur Verarbeitung personsbezogener Daten (§ 25). Die Beobachtung und Durchsetzung der Einhaltung dieser Bestimmungen obliegt der zuständigen Aufsichtsbehörde oder der örtlich zuständigen Bezirksverwaltungsbehörde (§ 26).

Die Strafbestimmungen (§§ 27–29) unterscheiden die Delikte des Datenmißbrauchs, des Geheimnisbruches in privaten Datenbanken und der unbefugten Verschaffung von Daten. Diese Delikte sind mit Freiheitsstrafe bis zu sechs Monaten oder mit Geldstrafe bis zu 360 Tagessätzen zu bestrafen.

5.6.2 Der Entwurf des Bundesverfassungsgesetzes über Datenschutz und Datensicherung

Der Regierungsvorlage des DSG steht der Gegenentwurf eines „*Bundesverfassungsgesetzes über Datenschutz und Datensicherung*" der Abgeordneten *Ermacora, Hauser, Blenk, Gruber, Pelikan* und Genossen gegenüber (II-3586 der Beilagen zu den stenographischen Protokollen des Nationalrates, XIII. GP, Nr. 125/A).

Die Grundzüge dieses Entwurfs sind die folgenden:

- Öffentliche Datenbanken, die für personsbezogene Daten bestimmt sind, dürfen nur auf Grund von Gesetzen eingerichtet und geführt werden. Private Datenbanken bedürfen der behördlichen Bewilligung. Öffentliche und private Datenbanken sind in einem zentralen, öffentlichen Datenbankregister einzutragen.
- Daten, die sich auf höchstpersönliche Eigenschaften des Menschen, wie religiöses Bekenntnis, Sorgepflichten, Gesundheitszustand, politische Gesinnung u.ä. beziehen, dürfen in einer Datenbank ohne besondere gesetzliche Grundlage nicht gesammelt, gespeichert und verwendet werden. Datenkombinationen bedürfen der ausdrücklichen gesetzlichen Ermächtigung.
- Auskünfte über personsbezogene Daten dürfen, abgesehen von Zwecken der Strafrechtspflege, nicht erteilt werden, wenn ihre Geheimhaltung im Interesse der betroffenen Person geboten ist. Jedermann hat ein Recht auf Verständigung und ein Recht auf Richtigstellung der über ihn gespeicherten Daten.
- Im Bereich der Verwaltung haben die Funktion eines Datenkontrollamtes der Rechnungshof (Variante I) oder Behörden nach Art. 133 Z. 4 B-VG (Variante II).
- Jedem Mitglied des Nationalrates ist das Recht einzuräumen, von Datenbanken, die vom Bund oder den von ihm eingerichteten Körperschaften, Anstalten, Stiftungen und Fonds betrieben werden, Auskünfte über nicht personsbezogene Daten einzuholen. Eine parlamentarische Datenprüfungskommission ist einzurichten, welche über Meinungsverschiedenheiten hinsichtlich der Richtigkeit oder der Verweigerung derartiger Auskünfte zu entscheiden hat.

Als Entwurf eines Verfassungsgesetzes enthält dieser Gegenentwurf nur allgemeine Grundsätze und soll durch ein einfaches Bundesgesetz ergänzt werden.

Literatur: *Dohr* (1974), *Reisinger* (1975 c), *Stadler* (1974), *Stadler G.* (1975)

5.7 Zur Organisation von Datenschutz und Datensicherung

Die in den Abschnitten 5.5 und 5.6 skizzierten Entwürfe und Gesetze machen eine Vielzahl organisatorischer Maßnahmen des Datenschutzes und der Datensicherung notwendig. Im folgenden sollen einige dieser Maßnahmen skizziert werden.

5.7.1 Zum Begriff „Organisation von Datenschutz und Datensicherung"

Der Begriff der organisatorischen Schutz- und Sicherungsmaßnahmen wird in der einschlägigen Literatur sehr verschieden ausgelegt. Von diesen Begriffsfassungen haben die nachfolgenden zwei Interpretationen eine größere Verbreitung gefunden:

1. In einer engen Interpretation (*von zur Mühlen* 1972, 129) wird der Terminus „organisatorische Maßnahmen von Datenschutz und Datensicherung" als Gruppenbegriff für diejenigen sprachlich-administrativen Regelungen gesehen, mit deren Hilfe Einfluß auf den Ablauf und auf Zusammenhänge zwischen Aktivitäten der DV (personell und automatisiert) genommen wird. Dabei orientieren sich diese Regelungen primär an Risikoereignissen, die durch den Aufgabenträger Mensch induziert werden. In diesem Sinn umfassen die organisatorischen Maßnahmen des Datenschutzes und der Datensicherung

- einzelne, ausdrücklich formulierte Regelungen hinsichtlich der genauen Rechte und Pflichten von Personen;
- präzise Regelungen hinsichtlich der genauen materiellen und zeitlichen Aspekte von personellen Arbeitsprozessen, Abläufen, Belegflüssen etc.

2. Demgegenüber umfaßt die weite Interpretation der organisatorischen Maßnahmen von Datenschutz und Datensicherung (*Seidel* 1972, 180) die Gesamtheit der Aufgaben zum Entwurf und zur Durchsetzung des für notwendig erachteten Systems von Schutz- und Sicherungsmaßnahmen, sowie zur Kontrolle der Maßnahmen hinsichtlich ihrer tatsächlichen Durchführung und ihrer Wirksamkeit in Relation zu den jeweils verfolgten Schutz- und Sicherungswirkungen.

Aus einer Gegenüberstellung der beiden Begriffsinhalte ergibt sich die Zweckmäßigkeit, zwischen organisatorischen Schutz- und Sicherungsmaßnahmen im weiteren Sinn und im engeren Sinn zu unterscheiden. Die organisatorischen Schutz- und Sicherungsmaßnahmen i.w.S. umfassen:

- technische Sicherungsmaßnahmen;
- Sicherungsmaßnahmen im Betriebssystem;
- Sicherungsmaßnahmen in den Anwendungsprogrammen;
- organisatorische Schutz- und Sicherungsmaßnahmen i.e.S.

Im folgenden beschränken wir uns auf organisatorische Schutz- und Sicherungsmaßnahmen i.e.S.

5.7.2 Die Voraussetzungen zur Schaffung eines Sicherheitssystems

Die Schaffung eines Sicherheitssystems erfordert die folgenden Analyseschritte:

- Analyse der Risiken;

– Analyse der Wirkungen eingetretener Risiken;
– Analyse der Schutz- und Sicherungsmaßnahmen.

Nach Abschluß dieser Analyseschritte erfolgt die Zuordnung von Schutz- und Sicherungsmaßnahmen zu Risiken. In der Theorie werden die Analyseschritte jeweils aufgespalten in

– Definition;
– Klassifikation;
– Quantifizierung.

Dies bedeutet, daß die Zuordnung von Maßnahmen zu Risiken aufgrund quantitativer Beziehungen erfolgt und damit – in der Theorie – ein „optimales" Sicherheitssystem verwirklicht werden kann. In der Praxis kann jedoch das Postulat der Quantifizierung von Risiken, Wirkungen und Maßnahmen häufig nicht realisiert werden. Wir beschränken uns daher im folgenden auf die Phasen der Definition und Klassifikation.

1. *Analyse der Risiken*

Organisatorische Schutz- und Sicherungsmaßnahmen können nur dann wirksam werden, wenn eine Analyse der Risiken und der Wirkungen eingetretener Risiken vorausgegangen ist. Zu den Risiken, die unter dem Aspekt des Datenschutzes und der Datensicherung bei ADV-Systemen auftreten können, gehören alle Ereignisse (bzw. Zustände), die die Daten in ihrer Existenz, ihrem Inhalt und ihrer Darstellungsform beeinträchtigen. Hierbei können die folgenden Risikotypen unterschieden werden:

1. *Das Katastrophenrisiko.* Es besteht darin, daß aufgrund eines Ereignisses höherer Gewalt das gesamte ADV-System einschließlich der Datenbestände bzw. wesentliche Teile des Systems vernichtet werden oder zumindest zeitweilig ausfallen.
2. *Das Risiko einer vorsätzlichen Sachbeschädigung.*
3. *Das Diebstahlrisiko.* Unter Beschränkung der Analyse auf Datenbestände lassen sich im wesentlichen vier Fälle unterscheiden:
    - Entwenden (räumlicher Abtransport) eines Speichermediums bzw. Datenträgers (z.B. Plattenstapel bei Wechselplatten oder Magnetband);
    - Duplizieren der Inhalte eines Speichermediums (z.B. Direktzugriffsspeicher) mit sofortiger Übertragung der duplizierten Daten zu einem Terminal (einer anderen ADV-Anlage), an dem (an der) der Täter agiert;
    - Duplizieren eines Speichermediums bzw. eines Datenträgers mit Datenträgerausgabe und dessen Entwenden (z.B. Magnetband);
    - Duplizieren (Mitschneiden) von Daten während eines betriebsbedingten Übertragungsprozesses.

4. *Das Risiko widerrechtlicher Eingriffe.* Mit diesem Risiko sollen alle Risikoereignisse gekennzeichnet werden, bei denen ein unberechtigter Täter entweder bestehende Programme oder – unabhängig davon – den Inhalt der Datenbestände verändert. Dabei kann es sich materiell um ein Zuführen neuer Programmteile bzw. Daten, um das Entfernen (Löschen) bestehender Programmteile und/oder Daten oder um das Verändern von Programmen bzw. Daten im Sinn eines Ersetzens bzw. Überschreibens handeln.

5. *Das Risiko fahrlässiger Kunstfehler.* Bestimmendes Merkmal dieses Typs ist, daß im ADV-System Ereignisse wirksam werden, die ihre Ursache in der fahrlässigen Handlungsweise eines Menschen haben. Neben Fehlern im Betriebssystem sind, insbesondere beim Betrieb von Datenbanken, die Fehler im Datenbankprozessor von Bedeutung. Weiters sind hier Fehler in den Anwendungsprogrammen, Datenstrukturen und schließlich Bedienungsfehler zu nennen, also Fehler bei den Arbeitsprozessen zur Eingabe von Daten und Programmen, zu deren Abruf aus den Speichermedien und zur Vorbereitung und Durchführung der Ausgabe.

6. *Das Risiko technischer Störungen.*

7. *Das Risiko unbeabsichtigter Einblicke in den Datenbestand.* Im Mittelpunkt dieses Risikos steht der Sachverhalt, daß ein zwar grundsätzlich berechtigter Benutzer, etwa ein Sachbearbeiter an einem Terminal, Einblick in solche Datenbestände erhält, die ihm eigentlich vorenthalten bleiben sollen.

2. *Analyse der Wirkungen eingetretener Risiken*

Der Risikoanalyse hat eine entsprechende Wirkungsanalyse zu folgen. Jede der genannten Risikotypen wird durch spezielle Wirkungen gekennzeichnet. Bei einer Gegenüberstellung der Risiken und Wirkungen zeigt sich aber, daß jeweils mehrere Risikotypen gleiche Wirkungen bzw. ein Risiko Wirkungen verschiedenen Typs auslösen können.

Es erscheint zweckmäßig, die Risikowirkungen in die folgenden Gruppen zusammenzufassen:

- unmittelbare Wirkungen für die Datenbestände;
- mittelbare Wirkungen für die Aktions- bzw. Reaktionsfähigkeit des Gesamtsystems.

Diese Unterscheidung orientiert sich an der ableitbaren Kausalkette von Wirkungen, die primär die DV-Abteilung, sekundär aber dann das Gesamtsystem treffen.

Die *unmittelbaren (primären) Wirkungen* eingetretener Risikoereignisse lassen sich wie folgt gliedern:

1. *Datenverlust.* Von einem Datenverlust ist zu sprechen, wenn die Datenbestände nach dem Eintritt eines Risikoereignisses nicht mehr existieren, insbesondere dem maschinellen Zugriff, der maschinellen Interpretation und/oder der maschinellen Rekonstruktion entzogen sind. Einmal kann es sich um einen endgültigen Daten-

verlust handeln, etwa in der Form, daß der Datenträger zerstört oder derart beschädigt wurde, daß eine Eingabe unmöglich ist. Zum anderen kann es sich – insbesondere bei Datenbanken – um einen nur vorübergehenden Datenverlust handeln. In diesem Fall können etwa die betreffenden Daten zwar im Speichermedium weiterhin verfügbar sein, es bestehen aber keine unmittelbaren Möglichkeiten, diese Daten sofort bei Bedarf zu finden.

2. *Datenergänzung.* Datenergänzungen als Primärwirkung von Risikoereignissen werden dadurch gekennzeichnet, daß der Bestand nach dem Ereignis größer ist als sachlich gerechtfertigt wäre. Inhaltlich lassen sich zwei Fälle unterscheiden: Einerseits kann eine Datenergänzung dadurch erfolgen, daß ein formal zulässiger aber sachlich unberechtigter Datensatz in den Datenbestand eingefügt wird. Andererseits kommt es zu der Primärwirkung einer Datenergänzung, wenn eine sachlich notwendige Bestandsreduktion unterbleibt.

3. *Datenverfälschung.* Eine Datenverfälschung liegt vor, wenn entweder ein Datenfeld in seinem Inhalt oder eine verarbeitungstechnisch realisierbare logische Sequenz (von Segmenten bzw. logischen Sätzen) unberechtigt bzw. unzutreffend abgeändert wird.

Die *mittelbaren (sekundären) Wirkungen* von eingetretenen Risikoereignissen lassen sich durch ihre Konsequenzen für die Aktions- bzw. Reaktionsfähigkeit des Gesamtsystems, d.h. durch die Qualität und die Fristigkeit von Entscheidungen auf allen Ebenen, kennzeichnen. Grundlage für eine Beurteilung der mittelbaren Wirkungen eingetretener Risikoereignisse ist, daß die entscheidungs- bzw. aktionsberechtigten Instanzen je nach Situation keine oder falsche Daten erhalten. Im günstigsten Fall sind zeitliche Verzögerungen der Entscheidungen und damit Friktionen im Gesamtsystem die Folge.

3. *Die Analyse der Schutz- und Sicherungsmaßnahmen.*

In der Theorie umfaßt die Analyse der Risikoereignisse und ihrer Wirkungen auch die Feststellung der Eintrittswahrscheinlichkeiten der Ereignisse und die numerische Bewertung ihrer Wirkungen (z.B. durch Verlustfunktionen). Erst darauf aufbauend kann ein Optimum der Schutz- und Sicherungsmaßnahmen festgestellt werden. In der Praxis ist eine derartige Bewertung jedoch meist nicht möglich. Weder sind die Eintrittswahrscheinlichkeiten bekannt, noch läßt sich der finanzielle Wert der Sicherungsobjekte stets angeben. Dies betrifft insbesondere den Kernbereich, nämlich die Informationen selbst. Ein allgemeiner Ansatz zur Bewertung von Informationen, der für die Praxis sinnvoll verwendbar ist, existiert zum gegenwärtigen Zeitpunkt nicht. Aus diesen Gründen existiert keine eindeutige Lösung des Problems, für ein gegebenes Informationssystem die optimalen Schutz- und Sicherungsmaßnahmen zu treffen.

Es lassen sich jedoch, ausgehend von der DV-Abteilung als dem Kernbereich der Sicherungsbestrebungen, folgende Maßnahmen unterscheiden:

1. *Primäre Schutz- und Sicherungsmaßnahmen.* Diese betreffen die DV-Abteilung selbst. Hier ist zu gliedern (vgl. Abschnitt 5.7.1) in:

- technische (hardwaremäßige) Sicherungsmaßnahmen;
- Sicherungsmaßnahmen im Betriebssystem (systemsoftware-orientierte Sicherungsmaßnahmen);
- Sicherungsmaßnahmen in den Anwendungsprogrammen;
- organisatorische Schutz- und Sicherungsmaßnahmen (i.e.S.).

2. *Sekundäre Schutz- und Sicherungsmaßnahmen.* Diese betreffen die Relationen zwischen der DV-Abteilung und den anderen Instanzen des Gesamtsystems. Im organisatorischen Bereich sind dies die Einordnungsmöglichkeiten der DV-Abteilung in das Gesamtsystem.

3. *Tertiäre Schutz- und Sicherungsmaßnahmen.* Diese betreffen sämtliche informationelle Beziehungen der Instanzen des Gesamtsystems.

Im folgenden seien die primären organisatorischen Schutz- und Sicherungsmaßnahmen näher skizziert.

5.7.3 Organisatorische Schutz- und Sicherungsmaßnahmen der DV-Abteilung

Die Gesamtheit der primären organisatorischen Schutz- und Sicherungsmaßnahmen der DV-Abteilung kann nach verschiedenen Kriterien gegliedert und dargestellt werden. Im Vordergrund der nachfolgenden Darstellung steht der unmittelbare Gegenstandsbereich, auf den die einzelnen organisatorischen Maßnahmen gerichtet sind.

1. *Personenorientierte Schutz- und Sicherungsmaßnahmen*

Unter „personenorientierte organisatorische Schutz- und Sicherungsmaßnahmen" sind alle Regelungen zu subsumieren, mit deren Hilfe Personen von der DV-Abteilung ferngehalten werden bzw. Personen entweder nachträglich als ungeeignet identifiziert oder im Verlauf von Schulungs- oder Ausbildungsprozessen mit Aufgaben vertraut gemacht werden.

Der ersten Gruppe von Maßnahmen, die das Abschirmen der DV-Abteilung vor Personen zum Gegenstand hat, sind die folgenden Maßnahmen zuzurechnen:

- Maßnahmen der Zugangsbeschränkung für Abteilungsfremde. Grundsätzlich haben Abteilungsfremde keinen Zugang zu den Räumen der DV-Abteilung, insbesondere zum Maschinenraum (closed-shop-Betrieb). Wird dieser Grundsatz für bestimmte Personen oder Personengruppen aufgehoben, so ist durch organisatorische Regelungen festzulegen, welche Person für die Gruppen verantworlich ist (Anmeldung, Führung), durch welche Maßnahmen die Gruppenangehörigen kontrollierbar sein sollen (Gruppengröße, äußeres Kennzeichen) und zu welchen Zeiten Besuche stattfinden (zu definierten Uhrzeiten, bei Testarbeiten oder in Zeiten geringer kapazitiver Engpässe).

– Maßnahmen der Personenidentifikation bei Abteilungsangehörigen. Ziel ist die womöglich minutengetreue Dokumentation der Personenbewegungen in den einzelnen Räumen der DV-Abteilung.

Die andere Gruppe der personenorientierten Maßnahmen bezieht sich primär auf die sachliche Qualifikation und die Vertrauenswürdigkeit der bereits zur DV-Abteilung gehörenden Mitarbeiter bzw. der zusätzlich einzustellenden Personen. Diese Maßnahmengruppe umfaßt:

– Maßnahmen zur Personenauswahl. Inhaltlich orientieren sich diese Maßnahmen an Merkmalen wie Qualifikation (Leistungszeugnisse, Probearbeiten) und Vertrauenswürdigkeit (Führungszeugnisse);
– Abteilungsinterne Personalausbildung. Diese organisatorischen Maßnahmen können sowohl die Schulung (ex-ante-Ausbildung) als auch die Kontrolle vollzogener Arbeitsprozesse (ex-post-Ausbildung, Weiterbildung) betreffen.

2. *Rollenorientierte Schutz- und Sicherungsmaßnahmen.*

Die an den Rollen (Funktionen) der einzelnen Akteure ausgerichteten organisatorischen Schutz- und Sicherungsmaßnahmen haben im allgemeinen, entsprechend dem Arbeitsfortschritt bei der Planung und Implementierung von (automatisierten) Teilsystemen, mehrere Schwerpunkte.

Ein erster Schwerpunkt wird durch jene Maßnahmen gebildet, mit denen die Rollen definiert werden. Zu diesen Maßnahmen gehören:

– Die exakte Abgrenzung der Rollen innerhalb der Systemgestaltungsprozesse, etwa zwischen Systemanalytiker, Programmierer und Operator. Zu diesen Abgrenzungen gehören auch Aussagen über den Inhalt und über die Anforderungen an die Dokumentation der rollenspezifischen Aktivitäten.
– Die exakte Abgrenzung der Rollen zwischen Operator und Benutzer, insbesondere hinsichtlich der Datenübergabe sowie deren Dokumentation.
– Die Fixierung von Rechten und Pflichten bei Veränderung bestehender Programme und von Mindestanforderungen der Dokumentation bei Programmvarianten, Folgeversionen etc. Dabei sind etwa Zuständigkeiten festzulegen für die Datenorganisatoren, die Programmierer, die Operators und die Fachabteilungen (Benutzer).

Ein zweiter Schwerpunkt kann in jenen Regelungen gesehen werden, mit denen Formatierung und Inhalt der einzelnen Arbeitsprozesse festgelegt werden. Zu diesen Maßnahmen gehören:

– Anforderungen an bestimmte Techniken des Vorgehens (Programmiersprache, vgl. auch die „normierte Programmierung");

- Anforderungen an die Berücksichtigung zentraler bzw. kritischer Größen (Programmgröße, Zahl der verwendeten Input- und/oder Output-Dateien).
- Anforderungen an die Beurteilungsmaßstäbe zur Bestätigung der sachlichen und der formalen Richtigkeit von Arbeitsergebnissen (Tests).

Schließlich bilden die Maßnahmen zur Gewährleistung der Richtigkeit der Verwendung von verfügbaren Programmen und Daten einen Schwerpunkt der rollenorientierten Maßnahmen. Zu diesen Maßnahmen gehören:

- Richtlinien über den Aufruf (den Einsatz) von bestehenden Programmen;
- Regelungen für das Laden von Datenbeständen und für den Datenaufruf bzw. die Datenbereitstellung im Normalbetrieb und in Fällen eine Rückgriffes auf eine ältere Datengeneration.
- Anweisungen über die Protokollierung und die Auswertung wichtiger Faktoren (Zeitpunkte, Zeiträume des Programmeinsatzes u.a.)

3. *Datenbestandsorientierte Schutz- und Sicherungsmaßnahmen.*

Die organisatorischen Schutz- und Sicherungsmaßnahmen, bei denen die Datenbestände im Vordergrund stehen, lassen sich in mehreren Gruppen zusammenfassen. Eine erste Gruppe kann auf der Basis der Aktivitäten dargestellt werden, die zur Gestaltung von Datenbeständen erledigt werden müssen. Diese Gruppe umfaßt u.a.:

- Regelungen über die notwendigen Abstimmungs- und Entscheidungsprozesse bei der logischen Strukturierung von Datenbeständen. Im Mittelpunkt dieser Maßnahmen stehen Anforderungen an den Präzisierungsgrad von Wünschen der Fachabteilungen und das Bestreben, Redundanzen auf der logischen Ebene der zu gestaltenden Datenbestände möglichst gering zu halten.
- Richtlinien für die Arbeitsprozesse im Vorfeld der DV i.e.S. Mit diesen Richtlinien wird festgelegt, in welchen Arbeitsprozessen zwischen der ersten Fixierung von Daten auf einem Datenträger und der Eingabe in einen Verarbeitungsprozeß Sicherungsmaßnahmen (Vollständigkeitsprüfung, Inhaltsprüfung, Erstellung von ablauf- oder archivierungsbedingten Duplikaten) vorzusehen sind. Daneben ist festzulegen, welche Maßnahmen zu ergreifen sind, um die Gefahr von Verlust und Fremdverwendung auszuschließen bzw. zu reduzieren.

Die organisatorischen Maßnahmen zur Sicherung der Datenbestandverwaltung (-pflege, -wartung) können als eine zweite Gruppe datenbestandsorientierter Sicherungsmaßnahmen aufgefaßt werden. Zu diesen Maßnahmen gehören:

- Regelungen über die Initiativrechte und die Durchführung von Reorganisationen der Datenbestände.
- Regelungen über die Zulässigkeit und den Ablauf von Veränderungen in der Struktur der Datenbestände.
- Richtlinien über die Periodizität von Arbeitsprozessen zur Eingabe von Bewegungs- und/oder Veränderungsdaten.

Im Mittelpunkt einer dritten Gruppe von datenbestandsorientierten Maßnahmen steht die Datenverwendung. Diese Maßnahmen können u.a. folgende Sachverhalte treffen:

- Festlegung von Verwendungsbeschränkungen der Datenbestände auf Feld-, Satz- und Dateiebene. Dabei kommt es insbesondere darauf an festzulegen, unter welchen Bedingungen ein Zugriff auf die Daten bzw. eine Eingabe der Daten zulässig ist. Dazu gehört u.a. die Festlegung von unterschiedlichen Sicherungsebenen innerhalb der Datenbestände und die Fixierung der Fristigkeit der Sicherung.
- Festlegung von Verwendungsberechtigungen für Datenbestände. Bei diesen Maßnahmen steht die rollenorientierte (benutzerorientierte) Zuweisung von Berechtigungen im Vordergrund (passwords).

Eine vierte Gruppe von datenbestandsorientierten Maßnahmen hat die Rekonstruktionsmöglichkeiten für zentrale Datenbestände zum Gegenstand. Hierzu gehören:

- Einrichtung und separate Aufbewahrung von Generationsdateien bei Stapelverarbeitung (Magnetbänder);
- Einrichtung und separate Aufbewahrung von Recoverydateien bei Echtzeitverarbeitung (Plattenabzug).

4. *Ablauforientierte Schutz- und Sicherungsmaßnahmen.*

Die organisatorischen Maßnahmen zur Sicherung der Arbeitsabläufe stehen in unmittelbarem Bezug zu den laufenden Prozessen der DV (Maschinenraum und Nebenräume). Auch hier lassen sich mehrere Gruppen von Maßnahmen unterscheiden.

Die erste Gruppe von ablauforientierten Schutz- und Sicherungsmaßnahmen kann auf der Basis jener Arbeitsprozesse gebildet werden, die der Einsatzplanung (Arbeitsvorbereitung) der laufenden Verarbeitungsprozesse dienen. Dazu gehören:

- Regelungen über die lang-, mittel- und kurzfristige Kapazitätsplanung im Rechenzentrum.
- Regelungen über die Aufgabenfolge (Festlegung der Einsatztermine, Einsatzhäufigkeiten und der Einsatzreihenfolge der Programme).
- Anweisungen über Art, Inhalt und Umfang der Arbeitsvorbereitung im Rechenzentrum.

Aus der unmittelbaren Relation zur Durchführung von Verarbeitungsprozessen kann eine zweite Gruppe ablauforientierter Maßnahmen gebildet werden. Zu diesen Maßnahmen gehören:

- Fixierung der formalen und inhaltlichen Anforderungen an das Operatorhandbuch eines jeden Programmes.
- Festlegung und nachträgliche Auswertung der Konsolprotokolle.

Schließlich kann eine Gruppe von ablauforientierten Maßnahmen gebildet werden, die sich mit speziellen Fällen gravierender Ablaufstörung bzw. mit Katastrophenfällen befassen. Zu dieser Gruppe gehören:

- Regelungen über notwendige Aktivitäten bei Feuer-, Wasser- und Gebäudeschäden sowie bei Unterversorgung mit Strom (Notstromaggregat).
- Regelungen über das Vorgehen zur verzögerungsminimalen Erledigung der Datenverarbeitungsprozesse nach der Katastrophe (Ausweichanlagen, dezentrale Lagerung von Programmkopien und Datei-Generationen).

Literatur: *Garbe* (1974), *Herrmann/Lindemann/Nagel* (1973), *Krause* (1974), *Kwiatkowski* (1974), *Leibrock/Gutmann* (1974), *Lindemann/Nagel/Herrmann* (1973), *von zur Mühlen* (1972), *Seidel* (1972)

Anhang 1. Das Hessische Datenschutzgesetz

7.10.1970 (Hess. GVBl 1970 I S. 625) idF GVBl 1974 I S. 361

Erster Abschnitt: Datenschutz

§ 1 Bereich des Datenschutzes

Der Datenschutz erfaßt alle für Zwecke der maschinellen Datenverarbeitung erstellten Unterlagen sowie alle gespeicherten Daten und die Ergebnisse ihrer Verarbeitung im Bereich der Behörden des Landes und der Aufsicht des Landes unterstehenden Körperschaften, Anstalten und Stiftungen des öffentlichen Rechts.

§ 2 Inhalt des Datenschutzes

Die vom Datenschutz erfaßten Unterlagen, Daten und Ergebnisse sind so zu ermitteln, weiterzuleiten und aufzubewahren, daß sie nicht durch Unbefugte eingesehen, verändert, abgerufen oder vernichtet werden können. Dies ist durch geeignete personelle und technische Vorkehrungen sicherzustellen.

§ 3 Datengeheimnis

(1) Den mit der Datenerfassung, dem Datentransport, der Datenspeicherung oder der maschinellen Datenverarbeitung betrauten Personen ist untersagt, die dabei erlangten Kenntnisse über Unterlagen, Daten und Ergebnisse anderen mitzuteilen oder anderen zu gestatten oder andere dabei zu fördern, derartige Kenntnisse zu erlangen, soweit sich nicht eine Befugnis aus Rechtsvorschriften oder aus der Zustimmung derjenigen ergibt, die über die Unterlagen, Daten und Ergebnisse verfügungsberechtigt sind.

(2) Das Verbot des Abs. 1 gilt nicht, wenn die dort bezeichneten Handlungen zur verwaltungsmäßigen oder technischen Durchführung der Datenverarbeitung erforderlich sind.

(3) Die Pflicht zur Geheimhaltung besteht auch nach der Beendigung der in Abs. 1 bezeichneten Tätigkeiten.

(4) Gesetzliche Auskunftspflichten bleiben unberührt.

§ 4 Anspruch auf Datenschutz

(1) Sind gespeicherte Daten unrichtig, so kann der Betroffene Berichtigung verlangen.

(2) Wer durch eine widerrechtliche Einsicht, Änderung oder Vernichtung oder durch einen widerrechtlichen Abruf (§ 2 Satz 1) in seinen Rechten verletzt wird, kann Wiederherstellung des früheren Zustandes und bei Gefahr weiterer Verletzungen Unterlassung verlangen.

(3) Der Anspruch jeder natürlichen oder juristischen Person auf Auskunft nach den bestehenden Gesetzen wird durch dieses Gesetz nicht berührt.

§ 5 Datenbanken und Informationssysteme

(1) Für den Aufbau von Datenbanken und Informationssystemen sowie für statistische Zwecke der in § 1 genannten Stellen können Unterlagen, Daten und Ergebnisse weitergegeben werden.

(2) Bei Datenbanken und Informationssystemen ist zu gewährleisten, daß keine Stellen Unterlagen, Daten und Ergebnisse einsehen oder abrufen können, die nicht auf Grund ihrer Zuständigkeiten hierzu befugt sind.

(3) Daten und Datenbestände, die keine Einzelangaben über natürliche oder juristische Personen enthalten und keine Rückschlüsse auf solche Einzelangaben zulassen, können weitergegeben und veröffentlich werden, wenn nicht ein gesetzliches Verbot oder ein wichtiges öffentliches Interesse entgegensteht. Dem Auskunftsrecht des Landtags (§ 6 Abs. 1) steht ein öffenliches Interesse in der Regel entgegen.

§ 6 Informationsrecht des Landtags und der kommunalen Vertretungsorgane

(1) Die Hessische Zentrale für Datenverarbeitung, die Kommunalen Gebietsrechenzentren und die Landesbehörden, die Datenverarbeitungsanlagen betreiben, sind verpflichtet, dem Landtag, dem Präsidenten des Landtags und den Fraktionen des Landtags die von diesen

im Rahmen ihrer Zuständigkeiten verlangten Auskünfte auf Grund der gespeicherten Daten zu geben, soweit die Voraussetzungen des § 5 Abs. 3 vorliegen und Programme zur Auswertung vorhanden sind.

(2) Das Auskunftsrecht des Abs. 1 steht im Rahmen ihrer Zuständigkeiten den Gemeindevertretungen und den Kreistagen sowie deren Fraktionen und den entsprechenden Organen anderer in § 1 genannten Körperschaften und Anstalten gegenüber der Hessischen Zentrale für Datenverarbeitung, dem zuständigen Kommunalen Gebietsrechenzentrum sowie den sonstigen von Gemeinden und Landkreisen betriebenen Datenverarbeitungsanlagen zu. Der Antrag der Fraktionen ist über den Gemeindevorstand bzw. den Kreisausschuß zu leiten.

(3) Im Zweifelsfalle entscheidet die Aufsichtsbehörde.

Zweiter Abschnitt: Datenschutzbeauftragter

§ 7 Rechtsstellung

(1) Der Landtag wählt auf Vorschlag der Landesregierung einen Datenschutzbeauftragten.

(2) Der Datenschutzbeauftragte steht nach Maßgabe dieses Gesetzes in einem öffentlich-rechtlichen Amtsverhältnis. Das Amt kann auch einem Beamten im Nebenamt, einem beurlaubten Beamten oder einem Ruhestandsbeamten übertragen werden.

(3) Der Datenschutzbeauftragte wird für die Dauer der jeweiligen Wahlperiode des Landtags gewählt; nach dem Ende der Wahlperiode bleibt er bis zur Neuwahl im Amt. Die Wiederwahl ist zulässig. Vor Ablauf der Amtszeit kann er nur abberufen werden, wenn Tatsachen vorliegen, die bei einem Beamten die Entlassung aus dem Dienst rechtfertigen. Er kann jederzeit von seinem Amt zurücktreten.

(4) Die Vergütung des Datenschutzbeauftragten ist durch Vertrag zu regeln.

§ 8 Weisungsfreiheit

Der Datenschutzbeauftragte ist unbeschadet seiner Verpflichtungen aus den §§ 10 und 12 frei von Weisungen.

§ 9 Verschwiegenheitspflicht

Der Datenschutzbeauftragte ist auch nach Beendigung seines Amtsverhältnisses verpflichtet, über die ihm bei seiner amtlichen Tätigkeit bekanntgewordenen Angelegenheiten Verschwiegenheit zu bewahren. Dies gilt nicht für Mitteilungen im dienstlichen Verkehr oder über Tatsachen, die offenkundig sind oder ihrer Bedeutung nach keiner Geheimhaltung bedürfen. Er darf über die der Verschwiegenheitspflicht unterliegenden Angelegenheiten ohne Genehmigung weder vor Gericht noch außergerichtlich aussagen. Die Genehmigung erteilt der Ministerpräsident.

§ 10 Aufgaben

(1) Der Datenschutzbeauftragte überwacht die Einhaltung der Vorschriften dieses Gesetzes und der übrigen Vorschriften über die vertrauliche Behandlung der Angaben der Bürger und der über die einzelnen Bürger vorhandenen Unterlagen bei der maschinellen Datenverarbeitung durch die in § 1 genannten Stellen. Er unterrichtet die zuständige Aufsichtsbehörde über festgestellte Verstöße und regt Vorkehrungen zu Verbesserungen des Datenschutzes an.

(2) Der Datenschutzbeauftragte beobachtet die Auswirkungen der maschinellen Datenverarbeitung auf die Arbeitsweise und die Entscheidungsbefugnisse der in § 1 genannten Stellen dahingehend, ob sie zu einer Verschiebung in der Gewaltenteilung zwischen den Verfassungsorganen des Landes, zwischen den Organen der kommunalen Selbstverwaltung und zwischen der staatlichen und der kommunalen Selbstverwaltung führen. Er kann Maßnahmen anregen, die ihm geeignet erscheinen, derartige Auswirkungen zu verhindern.

§ 11 Anrufungsrecht

Jedermann hat das Recht, sich an den Datenschutzbeauftragten zu wenden, wenn er annimmt, durch die maschinelle Datenverarbeitung der in § 1 genannten Stellen in seinen Rechten verletzt zu werden.

§ 12 Untersuchungen für den Landtag und die kommunalen Vertretungsorgane

Der Landtag, der Präsident des Landtags, die Fraktionen des Landtags und die in § 6 Abs. 2 genannten Vertretungsorgane können verlangen, daß der Datenschutzbeauftragte untersucht, aus welchen Gründen Auskunftsersuchen nicht oder nicht ausreichend beantwortet werden.

§ 13 Auskunftsrecht

Alle in § 1 genannten Stellen haben dem Datenschutzbeauftragten die ihm für die Erfüllung seiner Aufgaben notwendigen Auskünfte zu erteilen.

§ 14 Jahresbericht

(1) Bis zum 31. März jeden Jahres, erstmalig zum 31. März 1972, hat der Datenschutzbeauftragte dem Landtag und dem Ministerpräsidenten einen Bericht über das Ergebnis seiner Tätigkeit vorzulegen.

(2) Der Ministerpräsident führt eine Stellungnahme der Landesregierung zu dem Bericht herbei und legt diese dem Landtag vor.

(3) Zwischenberichte sind zulässig. Sie sind nach Abs. 2 zu behandeln.

§ 15 Hilfskräfte

(1) Dem Datenschutzbeauftragten können bei Bedarf zur Erfüllung seiner Aufgaben Hilfskräfte von der Staatskanzlei zur Verfügung gestellt werden. Sie unterstehen insoweit seinen Weisungen.

(2) Für bestimmte Einzelfragen kann der Datenschutzbeauftragte auch Dritte zur Mitarbeit heranziehen.

Dritter Abschnitt: Schlußvorschriften

§ 16 Strafvorschriften

(1) Wer mit der Datenerfassung, dem Datentransport, der Datenspeicherung oder der maschinellen Datenverarbeitung betraut ist oder war und

1. die dabei erlangten Kenntnisse über Unterlagen, Daten oder Ergebnisse unbefugt einem anderen mitteilt oder
2. daran mitwirkt, daß ein anderer unbefugt derartige Kenntnisse erlangt, oder
3. unbefugt derartige Kenntnisse verwertet,

wird mit Freiheitsstrafe bis zu einem Jahr oder mit Geldstrafe bestraft.

(2) Handelt der Täter gegen Entgelt oder in der Absicht, sich oder einem anderen einen Vermögensvorteil zu verschaffen oder einen anderen zu schädigen, so ist die Strafe Freiheitsstrafe bis zu zwei Jahren oder Geldstrafe.

(3) Die Strafvorschriften in Abs. 1 und 2 finden nur Anwendung, soweit die Tat nicht in anderen Vorschriften mit einer schwereren Strafe bedroht ist.

(4) Die Tat wird nur auf Antrag des Verletzten verfolgt.

§ 17 Inkrafttreten

Dieses Gesetz tritt am Tage nach seiner Verkündung in Kraft

Anhang 2. Das Bundesdatenschutzgesetz (BDSG)

27.1.1977 (BGBl 1977 I Nr. 7 S. 201–214)
Gesetz zum Schutz vor Mißbrauch personenbezogener Daten bei der Datenverarbeitung (Bundesdatenschutzgesetz – BDSG)

Erster Abschnitt: Allgemeine Vorschriften

§ 1 Aufgabe und Gegenstand des Datenschutzes

(1) Aufgabe des Datenschutzes ist es, durch den Schutz personenbezogener Daten vor Mißbrauch bei ihrer Speicherung, Übermittlung, Veränderung und Löschung (Datenverarbeitung) der Beeinträchtigung schutzwürdiger Belange der Betroffenen entgegenzuwirken.

(2) Dieses Gesetz schützt personenbzogene Daten, die
1. von Behörden oder sonstigen öffentlichen Stellen (§ 7),
2. von natürlichen oder juristischen Personen, Gesellschaften oder anderen Personenvereinigungen des privaten Rechts für eigene Zwecke (§ 22),
3. von natürlichen oder juristischen Personen, Gesellschaften oder anderen Personenvereinigungen des privaten Rechts geschäftsmäßig für fremde Zwecke (§ 31)

in Dateien gespeichert, verändert, gelöscht oder aus Dateien übermittelt werden. Für personenbezogene Daten, die nicht zur Übermittlung an Dritte bestimmt sind und in nicht automatisierten Verfahren verarbeitet werden, gilt von den Vorschriften dieses Gesetzes nur § 6.

(3) Dieses Gesetz schützt personenbezogene Daten nicht, die durch Unternehmen oder Hilfsunternehmen der Presse, des Rundfunks oder des Films ausschließlich zu eigenen publizistischen Zwecken verarbeitet werden; § 6 Abs. 1 bleibt unberührt.

§ 2 Begriffsbestimmungen

(1) Im Sinne dieses Gesetzes sind personenbezogene Daten Einzelangaben über persönliche oder sachliche Verhältnisse einer bestimmten oder bestimmbaren natürlichen Person (Betroffener).

(2) Im Sinne dieses Gesetzes ist
1. Speichern (Speicherung) das Erfassen, Aufnehmen oder Aufbewahren von Daten auf einem Datenträger zum Zwecke ihrer weiteren Verwendung,
2. Übermitteln (Übermittlung) das Bekanntgeben gespeicherter oder durch Datenverarbeitung unmittelbar gewonnener Daten an Dritte in der Weise, daß die Daten durch die speichernde Stelle weitergegeben oder zur Einsichtnahme, namentlich zum Abruf bereitgehalten werden,
3. Verändern (Veränderung) das inhaltliche Umgestalten gespeicherter Daten,
4. Löschen (Löschung) das Unkenntlichmachen gespeicherter Daten,

ungeachtet der dabei angewendeten Verfahren.

(3) Im Sinne dieses Gesetzes ist
1. speichernde Stelle jede der in § 1 Abs. 2 Satz 1 genannten Personen oder Stellen, die Daten für sich selbst speichert oder durch andere speichern läßt,
2. Dritter jede Person oder Stelle außerhalb der speichernden Stelle, ausgenommen der Betroffene oder diejenigen Personen und Stellen, die in den Fällen der Nummer 1 im Geltungsbereich dieses Gesetzes im Auftrag tätig werden,
3. eine Datei eine gleichartig aufgebaute Sammlung von Daten, die nach bestimmten Merkmalen erfaßt und geordnet, nach anderen bestimmten Merkmalen umgeordnet und ausgewertet werden kann, ungeachtet der dabei angewendeten Verfahren; nicht hierzu gehören Akten und Aktensammlungen, es sei denn, daß sie durch automatisierte Verfahren umgeordnet und ausgewertet werden können.

§ 3 Zulässigkeit der Datenverarbeitung

Die Verarbeitung personenbezogener Daten, die von diesem Gesetz geschützt werden, ist in jeder ihrer in § 1 Abs. 1 genannten Phasen nur zulässig, wenn
1. dieses Gesetz oder eine andere Rechtsvorschrift sie erlaubt oder
2. der Betroffene eingewilligt hat.

Die Einwilligung bedarf der Schriftform, soweit nicht wegen besonderer Umstände eine andere Form angemessen ist; wird die Einwilligung zusammen mit anderen Erklärungen schriftlich erteilt, ist der Betroffene hierauf schriftlich besonders hinzuweisen.

§ 4 Rechte des Betroffenen

Jeder hat nach Maßgabe dieses Gesetzes ein Recht auf
1. Auskunft über die zu seiner Person gespeicherten Daten,
2. Berichtigung der zu seiner Person gespeicherten Daten, wenn sie unrichtig sind,

3. Sperrung der zu seiner Person gespeicherten Daten, wenn sich weder deren Richtigkeit noch deren Unrichtigkeit feststellen läßt oder nach Wegfall der ursprünglich erfüllten Voraussetzungen für die Speicherung,
4. Löschung der zu seiner Person gespeicherten Daten, wenn ihre Speicherung unzulässig war oder – wahlweise neben dem Recht auf Sperrung – nach Wegfall der ursprünglich erfüllten Voraussetzungen für die Speicherung.

§ 5 Datengeheimnis

(1) Den im Rahmen des § 1 Abs. 2 oder im Auftrag der dort genannten Personen oder Stellen bei der Datenverarbeitung beschäftigten Personen ist untersagt, geschützte personenbezogene Daten unbefugt zu einem anderen als dem zur jeweiligen rechtmäßigen Aufgabenerfüllung gehörenden Zweck zu verarbeiten, bekanntzugeben, zugänglich zu machen oder sonst zu nutzen.

(2) Diese Personen sind bei der Aufnahme ihrer Tätigkeit nach Maßgabe von Absatz 1 zu verpflichten. Ihre Pflichten bestehen auch nach Beendigung ihrer Tätigkeit fort.

§ 6 Technische und organisatorische Maßnahmen

(1) Wer im Rahmen des § 1 Abs. 2 oder im Auftrag der dort genannten Personen oder Stellen personenbezogene Daten verarbeitet, hat die technischen und organisatorischen Maßnahmen zu treffen, die erforderlich sind, um die Ausführung der Vorschriften dieses Gesetzes insbesondere die in der Anlage zu diesem Gesetz genannten Anforderungen zu gewährleisten. Erforderlich sind Maßnahmen nur, wenn ihr Aufwand in einem angemessenen Verhältnis zu dem angestrebten Schutzzweck steht.

(2) Die Bundesregierung wird ermächtigt, durch Rechtsverordnung mit Zustimmung des Bundesrates die in der Anlage genannten Anforderungen nach dem jeweiligen Stand der Technik und Organisation fortzuschreiben. Stand der Technik und Organisation im Sinne dieses Gesetzes ist der Entwicklungsstand fortschrittlicher Verfahren, Einrichtungen oder Betriebsweisen, der die praktische Eignung einer Maßnahme zur Gewährleistung der Durchführung dieses Gesetzes gesichert erscheinen läßt. Bei der Bestimmung des Standes der Technik und Organisation sind insbesondere vergleichbare Verfahren, Einrichtungen oder Betriebsweisen heranzuziehen, die mit Erfolg im Betrieb erprobt worden sind.

Zweiter Abschnitt: Datenverarbeitung der Behörden und sonstigen öffentlichen Stellen

§ 7 Anwendungsbereich

(1) Die Vorschriften dieses Abschnittes gelten für Behörden und sonstige öffentliche Stellen des Bundes, der bundesunmittelbaren Körperschaften, Anstalten und Stiftungen des öffentlichen Rechts sowie für Vereinigungen solcher Körperschaften, Anstalten und Stiftungen. Für öffentlich-rechtliche Unternehmen, die am Wettbewerb teilnehmen, gelten von den Vorschriften dieses Abschnittes jedoch nur die §§ 15 bis 21.

(2) Soweit der Datenschutz nicht durch Landesgesetz geregelt ist, gelten die Vorschriften dieses Abschnittes mit Ausnahme der §§ 15 bis 21 auch für

1. Behörden und sonstige öffentliche Stellen der Länder, der Gemeinden und Gemeindeverbände und der sonstigen der Aufsicht des Landes unterstehenden juristischen Personen des öffentlichen Rechts und für deren Vereinigungen, soweit sie Bundesrecht ausführen,
2. Behörden und sonstige öffentliche Stellen der Länder, soweit sie als Organe der Rechtspflege tätig werden, ausgenommen in Verwaltungsangelegenheiten.

Für öffentlich-rechtliche Unternehmen, die am Wettbewerb teilnehmen und soweit sie die Voraussetzungen von Satz 1 Nr. 1 erfüllen, gelten die Vorschriften dieses Abschnittes nicht.

(3) Abweichend von den Absätzen 1 und 2 gelten anstelle der §§ 9 bis 14 die §§23 bis 27 entsprechend, soweit die Datenverarbeitung frühere, bestehende oder zukünftige dienst- oder arbeitsrechtliche Rechtsverhältnisse betrifft.

§ 8 Verarbeitung personenbezogener Daten im Auftrag

(1) Die Vorschriften dieses Abschnittes gelten für die in § 7 Abs. 1 und 2 genannten Stellen auch insoweit, als personenbezogene Daten in deren Auftrag durch andere Personen oder Stellen verarbeitet werden. In diesen Fällen ist der Auftragnehmer unter besonderer Berücksichtigung der Eignung der von ihm getroffenen technischen und organisatorischen Maßnahmen (§ 6 Abs. 1) sorgfältig auszuwählen.

(2) Die Vorschriften dieses Abschnittes gelten mit Ausnahme der §§ 15 bis 21 nicht für die in § 7 Abs. 1 und 2 genannten Stellen, soweit sie personenbezogene Daten im Auftrag verarbeiten. In diesen Fällen ist die Verarbeitung personenbezogener Daten in jeder ihrer in § 1 Abs. 1 genannten Phasen nur im Rahmen der Weisungen des Auftraggebers zulässig.

(3) Für juristische Personen, Gesellschaften und andere Personenvereinigungen des privaten Rechts, bei denen dem Bund oder einer bundesunmittelbaren Körperschaft, Anstalt oder Stiftung des öffentlichen Rechts die Mehrheit der Anteile gehört oder die Mehrheit der Stimmen zusteht, gelten die §§ 15 bis 21 entsprechend, soweit diese Personen oder Personenvereinigungen in den Fällen des Absatzes 1 Satz 1 im Auftrag tätig werden.

§ 9 Datenspeicherung und -veränderung

(1) Das Speichern und das Verändern personenbezogener Daten ist zulässig, wenn es zur rechtmäßigen Erfüllung der in der Zuständigkeit der speichernden Stelle liegenden Aufgaben erforderlich ist.

(2) Werden Daten beim Betroffenen auf Grund einer Rechtsvorschrift erhoben, dann ist er auf sie, sonst auf auf die Freiwilligkeit seiner Angaben hinzuweisen.

§ 10 Datenübermittlung innerhalb des öffentlichen Bereichs

(1) Die Übermittlung personenbezogener Daten an Behörden und sonstige öffentliche Stellen ist zulässig, wenn sie zur rechtmäßigen Erfüllung der in der Zuständigkeit der übermittelnden Stelle oder des Empfängers liegenden Aufgaben erforderlich ist. Unterliegen die personenbezogenen Daten einem Berufs- oder besonderen Amtgeheimnis (§ 45 Satz 2 Nr. 1, Satz 3) und sind sie der übermittelnden Stelle von der zur Verschwiegenheit verpflichteten Person in Ausübung ihrer Berufs- oder Amtspflicht übermittelt worden, ist für die Zulässigkeit der Übermittlung ferner erforderlich, daß der Empfänger die Daten zur Erfüllung des gleichen Zweckes benötigt, zu dem sie die übermittelnde Stelle erhalten hat.

(2) Die Übermittlung personenbezogener Daten an Stellen der öffentlich-rechtlichen Religionsgesellschaften ist in entsprechender Anwendung der Vorschriften über die Datenübermittlung an Behörden und sonstige öffentliche Stellen zulässig, sofern sichergestellt ist, daß bei dem Empfänger ausreichende Datenschutzmaßnahmen getroffen werden.

§ 11 Datenübermittlung an Stellen außerhalb des öffentlichen Bereichs

Die Übermittlung personenbezogener Daten an Personen und an andere Stellen als die in § 10 bezeichneten ist zulässig, wenn sie zur rechtmäßigen Erfüllung der in der Zuständigkeit der übermittelnden Stelle liegenden Aufgaben erforderlich ist oder soweit der Empfänger ein berechtigtes Interesse an der Kenntnis der zu übermittelnden Daten glaubhaft macht und dadurch schutzwürdige Belange des Betroffenen nicht beeinträchtigt werden. Unterliegen die personenbezogenen Daten einem Berufs- oder besonderen Amtsgeheimnis (§ 45 Satz 2 Nr. 1, Satz 3) und sind sie der übermittelnden Stelle von der zur Verschwiegenheit verpflichteten Person in Ausübung ihrer Berufs- oder Amtspflicht übermittel worden, ist für die Zulässigkeit der Übermittlung ferner erforderlich, daß die gleichen Voraussetzungen gegeben sind, unter denen sie die zur Verschwiegenheit verpflichtete Person übermitteln dürfte. Für die Übermittlung an Behörden und sonstige Stellen außerhalb des Geltungsbereichs dieses Gesetzes sowie an über- und zwischenstaatliche Stellen finden die Sätze 1 und 2 nach Maßgabe der für diese Übermittlung geltenden Gesetze und Vereinbarungen Anwendung.

§ 12 Veröffentlichung über die gespeicherten Daten

(1) Behörden und sonstige öffentliche Stellen geben

1. die Art der von ihnen oder in ihrem Auftrag gespeicherten personenbezogenen Daten,

2. die Aufgaben, zu deren Erfüllung die Kenntnis dieser Daten erforderlich ist,
3. den betroffenen Personenkreis,
4. die Stellen, an die sie personenbezogene Daten regelmäßig übermitteln sowie
5. die Art der zu übermittelnden Daten

unverzüglich nach der ersten Einspeicherung in dem für ihren Bereich bestehenden Veröffentlichungsblatt für amtliche Bekanntmachungen bekannt. Auf Antrag sind dem Betroffenen die bisherigen Bekanntmachungen zugänglich zu machen.

(2) Absatz 1 gilt nicht

1. für die Behörden für Verfassungsschutz, den Bundesnachrichtendienst, den militärischen Abschirmdienst sowie andere Behörden des Bundesministers der Verteidigung, soweit die Sicherheit des Bundes berührt wird, das Bundeskriminalamt, die Behörden der Staatsanwaltschaft und der Polizei sowie für Bundes- und Landesfinanzbehörden, soweit sie personenbezogene Daten in Erfüllung ihrer gesetzlichen Aufgaben im Anwendungsbereich der Abgabenordnung zur Überwachung und Prüfung in Dateien speichern,
2. für die personenbezogenen Daten, die deshalb nach § 14 Abs. 2 Satz 2 gesperrt sind, weil sie auf Grund gesetzlicher Aufbewahrungsvorschriften nicht nach § 14 Abs. 3 Satz 1 gelöscht werden dürfen,
3. für gesetzlich vorgeschriebene Register oder sonstige auf Grund von Rechts- oder veröffentlichten Verwaltungsvorschriften zu führende Dateien, soweit die Art der in ihnen gespeicherten personenbezogenen Daten, die Aufgaben, zu deren Erfüllung die Kenntnis dieser Daten erforderlich ist, der betroffene Personenkreis, die Stellen, an die personenbezogene Daten regelmäßig übermittelt werden, sowie die Art der zu übermittelnden Daten in Rechts- oder veröffentlichten Verwaltungsvorschriften festgelegt sind.

(3) Die Bundesregierung wird ermächtigt, durch Rechtsverordnung, die nicht der Zustimmung des Bundesrates bedarf, für die in § 7 Abs. 1 Satz 1 genannten Behörden und sonstigen öffentlichen Stellen das Veröffentlichungsblatt sowie das Verfahren der Veröffentlichung zu bestimmen. Die Landesregierungen werden ermächtigt, durch Rechtsverordnung für die in § 7 Abs. 2 Satz 1 genannten Behörden und sonstigen öffentlichen Stellen das Veröffentlichungsblatt sowie das Verfahren der Veröffentlichung zu bestimmen.

§ 13 Auskunft an den Betroffenen

(1) Dem Betroffenen ist auf Antrag Auskunft über die zu seiner Person gespeicherten Daten zu erteilen. In dem Antrag soll die Art der personenbezogenen Daten, über die Auskunft erteilt werden soll, näher bezeichnet werden. Die speichernde Stelle bestimmt das Verfahren, insbesondere die Form der Auskunftserteilung nach pflichtgemäßem Ermessen.

(2) Absatz 1 gilt nicht in den Fällen des § 12 Abs. 2 Nr. 1 und 2.

(3) Die Auskunftserteilung unterbleibt, soweit

1. die Auskunft die rechtmäßige Erfüllung der in der Zuständigkeit der speichernden Stelle liegenden Aufgaben gefährden würde,
2. die Auskunft die öffentliche Sicherheit oder Ordnung gefährden oder sonst dem Wohle des Bundes oder eines Landes Nachteile bereiten würde,
3. die personenbezogenen Daten oder die Tatsache ihrer Speicherung nach einer Rechtsvorschrift oder ihrem Wesen nach, namentlich wegen der überwiegenden berechtigten Interessen einer dritten Person, geheimgehalten werden müssen,
4. die Auskunft sich auf die Übermittlung personenbezogener Daten an die in § 12 Abs. 2 Nr. 1 genannten Behörden bezieht.

(4) Die Auskunftserteilung ist gebührenpflichtig. Die Bundesregierung wird ermächtigt, durch Rechtsverordnung mit Zustimmung des Bundesrates die gebührenpflichtigen Tatbestände und die Höhe der Gebühr näher zu bestimmen sowie Ausnahmen von der Gebührenpflicht zuzulassen. Die Gebühren dürfen nur zur Deckung des unmittelbar auf Amtshandlungen dieser Art entfallenden Verwaltungsaufwandes erhoben werden. Ausnahmen von der Gebührenpflicht sind insbesondere in den Fällen zuzulassen, in denen durch besondere Umstände die Annahme gerechtfertigt wird, daß personenbezogene Daten unrichtig oder

unzulässig gespeichert werden, oder in denen die Auskunft zur Berichtigung oder Löschung gespeicherter personenbezogener Daten geführt hat. Im übrigen findet das Verwaltungskostengesetz Anwendung.

§ 14 Berichtigung, Sperrung und Löschung von Daten

(1) Personenbezogene Daten sind zu berichtigen, wenn sie unrichtig sind.

(2) Personenbezogene Daten sind zu sperren, wenn ihre Richtigkeit vom Betroffenen bestritten wird und sich weder die Richtigkeit noch die Unrichtigkeit feststellen läßt. Sie sind ferner zu sperren, wenn ihre Kenntnis für die speichernde Stelle zur rechtmäßigen Erfüllung der in ihrer Zuständigkeit liegenden Aufgaben nicht mehr erforderlich ist. Gesperrte Daten sind mit einem entsprechenden Vermerk zu versehen; sie dürfen nicht mehr verarbeitet, insbesondere übermittelt, oder sonst genutzt werden, es sei denn, daß die Nutzung zu wissenschaftlichen Zwecken, zur Behebung einer bestehenden Beweisnot oder aus sonstigen im überwiegenden Interesse der speichernden Stelle oder eines Dritten liegenden Gründen unerläßlich ist oder der Betroffene in die Nutzung eingewilligt hat.

(3) Personenbezogene Daten können gelöscht werden, wenn ihre Kenntnis für die speichernde Stelle zur rechtmäßigen Erfüllung der in ihrer Zuständigkeit liegenden Aufgaben nicht mehr erforderlich ist und kein Grund zu der Annahme besteht, daß durch die Löschung schutzwürdige Belange des Betroffenen beeinträchtigt werden. Sie sind zu löschen, wenn ihre Speicherung unzulässig war oder wenn es in den Fällen des Absatzes 2 Satz 2 der Betroffene verlangt.

§ 15 Durchführung des Datenschutzes in der Bundesverwaltung

Die obersten Bundesbehörden, der Vorstand der Deutschen Bundesbahn sowie die bundesunmittelbaren Körperschaften, Anstalten und Stiftungen des öffentlichen Rechts, über die von einer obersten Bundesbehörde lediglich Rechtsaufsicht ausgeübt wird, haben jeweils für ihren Geschäftsbereich die Ausführung dieses Gesetzes sowie anderer Rechtsvorschriften über den Datenschutz sicherzustellen. Sie haben insbesondere dafür zu sorgen, daß

1. eine Übersicht über die Art der gespeicherten personenbezogenen Daten und über die Aufgaben, zu deren Erfüllung die Kenntnis dieser Daten erforderlich ist, sowie über deren regelmäßige Empfänger geführt und
2. die ordnungsgemäße Anwendung der Datenverarbeitungsprogramme, mit deren Hilfe personenbezogene Daten verarbeitet werden sollen, überwacht wird.

§ 16 Allgemeine Verwaltungsvorschriften

Die obersten Bundesbehörden und der Vorstand der Deutschen Bundesbahn erlassen jeweils für ihren Geschäftsbereich allgemeine Verwaltungsvorschriften, die die Ausführung dieses Gesetzes, bezogen auf die besonderen Verhältnisse in dem jeweiligen Geschäftsbereich und die sich daraus ergebenden besonderen Erfordernisse für den Datenschutz, regeln.

§ 17 Bestellung eines Bundesbeauftragten für den Datenschutz

(1) Es ist ein Bundesbeauftragter für den Datenschutz zu bestellen. Der Bundesbeauftragte wird auf Vorschlag der Bundesregierung vom Bundespräsidenten ernannt. Er muß bei seiner Ernennung das 35. Lebensjahr vollendet haben.

(2) Der Bundesbeauftragte leistet vor dem Bundesminister des Innern folgenden Eid:

„Ich schwöre, daß ich meine Kraft dem Wohle des deutschen Volkes widmen, seinen Nutzen mehren, Schaden von ihm wenden, das Grundgesetz und die Gesetze des Bundes wahren und verteidigen, meine Pflichten gewissenhaft erfüllen und Gerechtigkeit gegen jedermann üben werde. So wahr mir Gott helfe."

Der Eid kann auch ohne religiöse Beteuerung geleistet werden.

(3) Die Amtszeit des Bundesbeauftragten beträgt fünf Jahre. Einmalige Wiederbestellung ist zulässig.

(4) Der Bundesbeauftragte steht nach Maßgabe dieses Gesetzes zum Bund in einem öffentlich-rechtlichen Amtsverhältnis. Er ist in Ausübung seines Amtes unabhängig und nur dem Gesetz unterworfen. Er untersteht der Rechtsaufsicht der Bundesregierung.

(5) Der Bundesbeauftragte wird beim Bundesminister des Innern eingerichtet. Er untersteht der Dienstaufsicht des Bundesministers des Innern. Dem Bundesbeauftragten ist die für die Erfüllung seiner Aufgaben notwendige Personal- und Sachausstattung zur Verfügung zu stellen; sie ist im Einzelplan des Bundesministers des Innern in einem eigenen Kapitel auszuweisen.

(6) Ist der Bundesbeauftragte vorübergehend an der Ausübung seines Amtes verhindert, kann der Bundesminister des Innern einen Vertreter mit der Wahrnehmung der Geschäfte beauftragen. Der Bundesbeauftragte soll dazu gehört werden.

§ 18 Rechtsstellung des Bundesbeauftragten für den Datenschutz

(1) Das Amtsverhältnis des Bundesbeauftragten für den Datenschutz beginnt mit der Aushändigung der Ernennungsurkunde. Es endet

1. mit Ablauf der Amtszeit,
2. mit der Entlassung.

Der Bundespräsident entläßt den Bundesbeauftragten, wenn dieser es verlangt oder auf Vorschlag der Bundesregierung, wenn Gründe vorliegen, die bei einem Richter auf Lebenszeit die Entlassung aus dem Dienst rechtfertigen. Im Falle der Beendigung des Amtsverhältnisses erhält der Bundesbeauftragte eine vom Bundespräsidenten vollzogene Urkunde. Eine Entlassung wird mit der Aushändigung der Urkunde wirksam. Auf Ersuchen des Bundesministers des Innern ist der Bundesbeauftragte verpflichtet, die Geschäfte bis zur Ernennung seines Nachfolgers weiterzuführen.

(2) Der Bundesbeauftragte darf neben seinem Amt kein anderes besoldetes Amt, kein Gewerbe und keinen Beruf ausüben und weder der Leitung oder dem Aufsichtsrat oder Verwaltungsrat eines auf Erwerb gerichteten Unternehmens noch einer Regierung oder einer gesetzgebenden Körperschaft des Bundes oder eines Landes angehören. Er darf nicht gegen Entgelt außergerichtliche Gutachten abgeben.

(3) Der Bundesbeauftragte hat dem Bundesminister des Innern Mitteilung über Geschenke zu machen, die er in bezug auf sein Amt erhält. Der Bundesminister des Innern entscheidet über die Verwendung der Geschenke.

(4) Der Bundesbeauftragte ist, auch nach Beendigung seines Amtsverhältnisses, verpflichtet, über die ihm amtlich bekanntgewordenen Angelegenheiten Verschwiegenheit zu bewahren. Dies gilt nicht für Mitteilungen im dienstlichen Verkehr oder über Tatsachen, die offenkundig sind oder ihrer Bedeutung nach keiner Geheimhaltung bedürfen. Der Bundesbeauftragte darf, auch wenn er nicht mehr im Amt ist, über solche Angelegenheiten ohne Genehmigung des Bundesministers des Innern weder vor Gericht noch außergerichtlich aussagen oder Erklärungen abgeben. Unberührt bleibt die gesetzlich begründete Pflicht, Straftaten anzuzeigen und bei Gefährdung der freiheitlich demokratischen Grundordnung für deren Erhaltung einzutreten.

(5) Die Genehmigung, als Zeuge auszusagen, soll nur versagt werden, wenn die Aussage dem Wohle des Bundes oder eines deutschen Landes Nachteile bereiten oder die Erfüllung öffentlicher Aufgaben ernstlich gefährden oder erheblich erschweren würde. Die Genehmigung, ein Gutachten zu erstatten, kann versagt werden, wenn die Erstattung den dienstlichen Interessen Nachteile bereiten würde. § 28 des Gesetzes über das Bundesverfassungsgericht in der Fassung der Bekanntmachung vom 3. Februar 1971 (BGBl. I S. 105), geändert durch das Einführungsgesetz zum Strafgesetzbuch vom 2. März 1974 (BGBl. I S. 469), bleibt unberührt.

(6) Der Bundesbeauftragte erhält vom Beginn des Kalendermonats an, in dem das Amtsverhältnis beginnt, bis zum Schluß des Kalendermonats, in dem das Amtsverhältnis endet, im Falle des Absatzes 1 Satz 6 bis zum Ende des Monats, in dem die Geschäftsführung endet, Amtsbezüge in Höhe der einem Bundesbeamten der Besoldungsgruppe B 9 zustehenden Besoldung. Das Bundesreisekostengesetz und das Bundesumzugskostengesetz sind entspre-

chend anzuwenden. Im übrigen sind die §§ 13 bis 20 des Bundesministergesetzes in der Fassung der Bekanntmachung vom 27. Juli 1971 (BGBl. I S. 1166), zuletzt geändert durch das Siebente Gesetz zur Änderung beamtenrechtlicher und besoldungsrechtlicher Vorschriften vom 20. Dezember 1974 (BGBl. I S. 3716), mit der Maßgabe anzuwenden, daß an die Stelle der zweijährigen Amtszeit in § 15 Abs. 1 des Bundesministergesetzes eine Amtszeit von fünf Jahren tritt.

§ 19 Aufgaben des Bundesbeauftragten für den Datenschutz

(1) Der Bundesbeauftragte für den Datenschutz kontrolliert die Einhaltung der Vorschriften dieses Gesetzes sowie anderer Vorschriften über den Datenschutz bei den in § 7 Abs. 1 genannten Behörden und sonstigen öffentlichen Stellen des Bundes, ausgenommen die Gerichte, soweit sie nicht in Verwaltungsangelegenheiten tätig werden. Zu diesem Zwecke kann der Empfehlungen zur Verbesserung des Datenschutzes geben, insbesondere kann er die Bundesregierung und einzelne Minister sowie die übrigen in § 7 Abs. 1 genannten Behörden und sonstigen Stellen in Fragen des Datenschutzes beraten.

(2) Auf Anforderung des Deutschen Bundestages oder der Bundesregierung hat der Bundesbeauftragte Gutachten zu erstellen und Berichte zu erstatten. Außerdem erstattet er dem Deutschen Bundestag regelmäßig jährlich, erstmals zum 1. Januar 1979 einen Tätigkeitsbericht. Auf Ersuchen des Deutschen Bundestages oder der Bundesregierung kann der Bundesbeauftragte ferner Hinweisen auf Angelegenheiten und Vorgänge, die seinen Aufgabenbereich unmittelbar betreffen, nachgehen. Der Beauftragte kann sich jederzeit an den Deutschen Bundestag wenden.

(3) Die in Absatz 1 Satz 1 genannten Behörden und sonstigen Stellen sind verpflichtet, den Bundesbeauftragten und seine Beauftragten bei der Erfüllung ihrer Aufgaben zu unterstützen. Ihnen ist dabei insbesondere

1. Auskunft zu ihren Fragen sowie Einsicht in alle Unterlagen und Akten zu gewähren, die in Zusammenhang mit der Verarbeitung personenbezogener Daten stehen, namentlich in die gespeicherten Daten und in die Datenverarbeitungsprogramme,
2. jederzeit Zutritt in alle Diensträume zu gewähren.

Die Sätze 1 und 2 gelten für die in § 12 Abs. 2 Nr. 1 genannten Bundesbehörden mit der Maßgabe, daß die Unterstützung nur dem Bundesbeauftragten selbst und den von ihm schriftlich besonders damit betrauten Beauftragten zu gewähren ist. Satz 2 gilt für die in § 12 Abs. 2 Nr. 1 genannten Bundesbehörden nicht, soweit die jeweils zuständige oberste Bundesbehörde im Einzelfall feststellt, daß die Einsicht in Unterlagen und Akten die Sicherheit des Bundes oder eines Landes gefährdet.

(4) Der Bundesbeauftragte führt ein Register der automatisch betriebenen Dateien, in denen personenbezogene Daten gespeichert werden. Das Register kann von jedem eingesehen werden. Die in Absatz 1 Satz 1 genannten Behörden und sonstigen Stellen sind verpflichtet, die von ihnen automatisch betriebenen Dateien beim Bundesbeauftragten anzumelden. Das Bundesamt für Verfassungsschutz, der Bundesnachrichtendienst und der militärische Abschirmdienst sind von der Meldepflicht ausgenommen. Zu den Dateien der übrigen in § 12 Abs. 2 Nr. 1 genannten Bundesbehörden wird ein besonderes Register geführt. Es beschränkt sich auf eine Übersicht über Art und Verwendungszweck. Satz 2 findet auf dieses Register keine Anwendung. Das Nähere regelt der Bundesminister des Innern durch Rechtsverordnung.

(5) Der Bundesbeauftragte wirkt auf die Zusammenarbeit mit den Behörden und sonstigen öffentlichen Stellen, die für die Kontrolle der Einhaltung der Vorschriften über den Datenschutz in den Ländern zuständig sind, sowie mit den Aufsichtsbehörden nach § 30 hin.

§ 20 Beanstandungen durch den Bundesbeauftragten für den Datenschutz

(1) Stellt der Bundesbeauftragte für den Datenschutz Verstöße gegen die Vorschriften dieses Gesetzes oder gegen andere Datenschutzbestimmungen oder sonstige Mängel bei der Verarbeitung personenbezogener Daten fest, so beanstandet er dies

1. bei der Bundesverwaltung gegenüber der zuständigen obersten Bundesbehörde,

2. bei der Bundesbahn gegenüber dem Vorstand,
3. bei den bundesunmittelbaren Körperschaften, Anstalten und Stiftungen des öffentlichen Rechts sowie bei Vereinigungen solcher Körperschaften, Anstalten und Stiftungen gegenüber dem Vorstand oder dem sonst vertretungsberechtigten Organ

und fordert zur Stellungnahme innerhalb einer von ihm zu bestimmenden Frist auf. In den Fällen von Satz 1 Nr. 3 unterrichtet der Bundesbeauftragte gleichzeitig auch die zuständige Aufsichtsbehörde.

(2) Der Bundesbeauftragte kann von einer Beanstandung absehen oder auf eine Stellungnahme der betroffenen Stelle verzichten, wenn es sich um unerhebliche Mängel handelt.

(3) Mit der Beanstandung kann der Bundesbeauftragte Vorschläge zur Beseitigung der Mängel und zur sonstigen Verbesserung des Datenschutzes verbinden.

(4) Die gemäß Absatz 1 Satz 1 abzugebende Stellungnahme soll auch eine Darstellung der Maßnahmen enthalten, die auf Grund der Beanstandung des Bundesbeauftraten getroffen worden sind. Die in Absatz 1 Satz 1 Nr. 3 genannten Stellen leiten der zuständigen Aufsichtsbehörde eine Abschrift ihrer Stellungnahme an den Bundesbeauftragten zu.

§ 21 Anrufung des Bundesbeauftragten für den Datenschutz

Jedermann kann sich an den Bundesbeauftragten für den Datenschutz wenden, wenn er der Ansicht ist, bei der Verarbeitung seiner personenbezogenen Daten durch die in § 7 Abs. 1 genannten Behörden oder sonstigen öffentlichen Stellen des Bundes, ausgenommen die Gerichte, soweit sie nicht in Verwaltungsangelegenheiten tätig werden, in seinen Rechten verletzt worden zu sein.

Dritter Abschnitt: Datenverarbeitung nicht-öffentlicher Stellen für eigene Zwecke

§ 22 Anwendungsbereich

(1) Die Vorschriften dieses Abschnittes gelten für natürliche und juristische Personen, Gesellschaften und andere Personenvereinigungen des privaten Rechts, soweit sie geschützte personenbezogene Daten als Hilfsmittel für die Erfüllung ihrer Geschäftszwecke oder Ziele verarbeiten. Sie gelten mit Ausnahme der §§ 28 bis 30 nach Maßgabe von Satz 1 auch für öffentlich-rechtliche Unternehmen, die am Wettbewerb teilnehmen, soweit sie die Voraussetzungen von § 7 Abs. 1 Satz 1 oder § 7 Abs. 2 Satz 1 Nr. 1 erfüllen.

(2) Die Vorschriften dieses Abschnittes gelten für die in Absatz 1 genannten Personen, Gesellschaften und anderen Personenvereinigungen auch insoweit, als personenbezogene Daten in deren Auftrag durch andere Personen oder Stellen verarbeitet werden. In diesen Fällen ist der Auftragnehmer unter besonderer Berücksichtigung der Eignung der von ihm getroffenen technischen und organisatorischen Maßnahmen (§ 6 Abs. 1) sorgfältig auszuwählen.

(3) Die Vorschriften dieses Abschnittes gelten nicht für die in Absatz 1 genannten Personen, Gesellschaften und anderen Personenvereinigungen, die Aufgaben der öffentlichen Verwaltung wahrnehmen.

§ 23 Datenspeicherung

Das Speichern personenbezogener Daten ist zulässig im Rahmen der Zweckbestimmung eines Vertragsverhältnisses oder vertragsähnlichen Vertrauensverhältnisses mit dem Betroffenen oder soweit es zur Wahrung berechtigter Interessen der speichernden Stelle erforderlich ist und kein Grund zur Annahme besteht, daß dadurch schutzwürdige Belange des Betroffenen beeinträchtigt werden. Abweichend von Satz 1 ist das Speichern in nicht automatisierten Verfahren zulässig, soweit die Daten unmittelbar aus allgemein zugänglichen Quellen entnommen sind.

§ 24 Datenübermittlung

(1) Die Übermittlung personenbezogener Daten ist zulässig im Rahmen der Zweckbestimmung eines Vertragsverhältnisses oder vertragsähnlichen Vertrauensverhältnisses mit dem Betroffenen oder soweit es zur Wahrung berechtigter Interessen der übermittelnden Stelle oder eines Dritten oder der Allgemeinheit erforderlich ist und dadurch schutzwürdige Belange des Betroffenen nicht beeinträchtigt werden. Personenbezogene Daten, die einem Berufs- oder besonderen Amtsgeheimnis (§ 45 Satz 2 Nr. 1, Satz 3) unterliegen und die von der zur Verschwiegenheit verpflichteten Person in Ausübung ihrer Berufs- oder Amtspflicht übermittelt worden sind, dürfen vom Empfänger nicht mehr weitergegeben werden.

(2) Abweichend von Absatz 1 ist die Übermittlung von listenmäßig oder sonst zusammengefaßten Daten über Angehörige einer Personengruppe zulässig, wenn sie auf

1. Namen,
2. Titel, akademische Grade,
3. Geburtsdatum,
4. Beruf, Branchen- oder Geschäftsbezeichnung,
5. Anschrift,
6. Rufnummer

beschränkt und kein Grund zu der Annahme besteht, daß dadurch schutzwürdige Belange des Betroffenen beeinträchtigt werden. Zur Angabe der Zugehörigkeit des Betroffenen zu einer Personengruppe dürfen andere als die im vorstehenden Satz genannten Daten nicht übermittelt werden.

§ 25 Datenveränderung

Das Verändern personenbezogener Daten ist zulässig im Rahmen der Zweckbestimmung eines Vertragsverhältnisses oder vertragsähnlichen Vertrauensverhältnisses mit dem Betroffenen oder soweit es zur Wahrung berechtigter Interessen der speichernden Stelle erforderlich ist und kein Grund zur Annahme besteht, daß dadurch schutzwürdige Belange des Betroffenen beeinträchtigt werden.

§ 26 Auskunft an den Betroffenen

(1) Werden erstmals zur Person des Betroffenen Daten gespeichert, ist er darüber zu benachrichtigen, es sei denn, daß er auf andere Weise Kenntnis von der Speicherung erlangt hat.

(2) Der Betroffene kann Auskunft über die zu seiner Person gespeicherten Daten verlangen. Werden die Daten automatisch verarbeitet, kann der Betroffene Auskunft auch über die Personen und Stellen verlangen, an die seine Daten regelmäßig übermittelt werden. Er soll die Art der personenbezogenen Daten, über die Auskunft erteilt werden soll, näher bezeichnen. Die Auskunft wird schriftlich erteilt, soweit nicht wegen besonderer Umstände eine andere Form der Auskunftserteilung angemessen ist.

(3) Für die Auskunft kann ein Entgelt verlangt werden, das über die durch die Auskunftserteilung entstandenen direkt zurechenbaren Kosten nicht hinausgehen darf. Ein Entgelt kann in den Fällen nicht verlangt werden, in denen durch besondere Umstände die Annahme gerechtfertigt wird, daß personenbezogene Daten unrichtig oder unzulässig gespeichert werden, oder in denen die Auskunft ergeben hat, daß die personenbezogenen Daten zu berichtigen oder unter der Voraussetzung des § 27 Abs. 3 Satz 2 erster Halbsatz zu löschen sind.

(4) Die Absätze 1 und 2 gelten nicht, soweit

1. das Bekanntwerden personenbezogener Daten die Geschäftszwecke oder Ziele der speichernden Stelle erheblich gefährden würde und berechtigte Interessen des Betroffenen nicht entgegenstehen,
2. die zuständige öffentliche Stelle gegenüber der speichernden Stelle festgestellt hat, daß das Bekanntwerden der personenbezogenen Daten die öffentliche Sicherheit oder Ordnung gefährden oder sonst dem Wohle des Bundes oder eines Landes Nachteile bereiten würde,

3. die personenbezogenen Daten nach einer Rechtsvorschrift oder ihrem Wesen nach, namentlich wegen der überwiegenden berechtigten Interessen einer dritten Person, geheimgehalten werden müssen,
4. die personenbezogenen Daten unmittelbar aus allgemein zugänglichen Quellen entnommen sind,
5. die personenbezogenen Daten deshalb nach § 27 Abs. 2 Satz 2 gesperrt sind, weil sie auf Grund gesetzlicher, satzungsmäßiger oder vertraglicher Aufbewahrungsvorschriften nicht nach § 27 Abs. 3 Satz 1 gelöscht werden dürfen.

§ 27 Berichtigung, Sperrung und Löschung von Daten

(1) Personenbezogene Daten sind zu berichtigen, wenn sie unrichtig sind.

(2) Personenbezogene Daten sind zu sperren, wenn ihre Richtigkeit vom Betroffenen bestritten wird und sich weder die Richtigkeit noch die Unrichtigkeit feststellen läßt. Sie sind ferner zu sperren, wenn ihre Kenntnis für die Erfüllung des Zweckes der Speicherung nicht mehr erforderlich ist. Die Vorschriften über das Verfahren und die Rechtsfolgen der Sperrung in § 14 Abs. 2 Satz 3 gelten entsprechend.

(3) Personenbezogene Daten können gelöscht werden, wenn ihre Kenntnis für die Erfüllung des Zweckes der Speicherung nicht mehr erforderlich ist und kein Grund zur Annahme besteht, daß durch die Löschung schutzwürdige Belange des Betroffenen beeinträchtigt werden. Sie sind zu löschen, wenn ihre Speicherung unzulässig war oder wenn es in den Fällen des Absatzes 2 Satz 2 der Betroffene verlangt. Daten über gesundheitliche Verhältnisse, strafbare Handlungen, Ordnungswidrigkeiten sowie religiöse oder politische Anschauungen sind zu löschen, wenn ihre Richtigkeit von der speichernden Stelle nicht bewiesen werden kann.

§ 28 Bestellung eines Beauftragten für den Datenschutz

(1) Die in § 22 Abs. 1 und 2 genannten Personen, Gesellschaften und anderen Personenvereinigungen, die personenbezogene Daten automatisch verarbeiten und hierbei in der Regel mindestens fünf Arbeitnehmer ständig beschäftigen, haben spätestens binnen eines Monats nach Aufnahme ihrer Tätigkeit einen Beauftragten für den Datenschutz schriftlich zu bestellen. Das gleiche gilt, wenn personenbezogene Daten auf andere Weise verarbeitet werden und soweit hierbei in der Regel mindestens zwanzig Arbeitnehmer ständig beschäftigt sind.

(2) Zum Beauftragten für den Datenschutz darf nur bestellt werden, wer die zur Erfüllung seiner Aufgaben erforderliche Fachkunde und Zuverlässigkeit besitzt.

(3) Der Beauftragte für den Datenschutz ist dem Inhaber, dem Vorstand, dem Geschäftsführer oder dem sonstigen gesetzlich oder verfassungsmäßig berufenen Leiter unmittelbar zu unterstellen. Er ist bei Anwendung seiner Fachkunde auf dem Gebiet des Datenschutzes weisungsfrei. Er darf wegen der Erfüllung seiner Aufgaben nicht benachteiligt werden.

(4) Der Beauftragte für den Datenschutz ist von den nach Absatz 1 zu seiner Bestellung verpflichteten Personen, Gesellschaften oder anderen Personenvereinigungen bei der Erfüllung seiner Aufgaben zu unterstützen.

§ 29 Aufgaben des Beauftragten für den Datenschutz

Der Beauftragte für den Datenschutz hat die Ausführung dieses Gesetzes sowie anderer Vorschriften über den Datenschutz sicherzustellen. Zu diesem Zweck kann er sich in Zweifelsfällen an die Aufsichtsbehörde (§ 30) wenden. Er hat insbesondere

1. eine Übersicht über die Art der gespeicherten personenbezogenen Daten und über die Geschäftszwecke und Ziele, zu deren Erfüllung die Kenntnis dieser Daten erforderlich ist, über deren regelmäßige Empfänger sowie über die Art der eingesetzten automatisierten Datenverarbeitungsanlagen zu führen,
2. die ordnungsgemäße Anwendung der Datenverarbeitungsprogramme, mit deren Hilfe personenbezogene Daten verarbeitet werden sollen, zu überwachen,

3. die bei der Verarbeitung personenbezogener Daten tätigen Personen durch geeignete Maßnahmen mit den Vorschriften dieses Gesetzes sowie anderen Vorschriften über den Datenschutz, bezogen auf die besonderen Verhältnisse in diesem Geschäftsbereich und die sich daraus ergebenden besonderen Erfordernisse für den Datenschutz, vertraut zu machen,
4. bei der Auswahl der in der Verarbeitung personenbezogener Daten tätigen Personen beratend mitzuwirken.

§ 30 Aufsichtsbehörde

(1) Die nach Landesrecht zuständige Aufsichtbehörde überprüft im Einzelfall die Ausführung dieses Gesetzes sowie anderer Vorschriften über den Datenschutz im Anwendungsbereich dieses Abschnittes, wenn ein Betroffener begründet darlegt, daß er bei der Verarbeitung seiner personenbezogenen Daten durch eine der in § 22 Abs. 1 und 2 genannten Personen, Gesellschaften oder anderen Personenvereinigungen in seinen Rechten verletzt worden ist. Sie hat den Beauftragten für den Datenschutz zu unterstützen, wenn er sich an sie wendet (§ 29 Abs. 1 Satz 2).

(2) Die in § 22 Abs. 1 und 2 genannten Personen, Gesellschaften und anderen Personenvereinigungen sowie die mit deren Leitung beauftragten Personen haben der Aufsichtsbehörde auf Verlangen die für die Erfüllung ihrer Aufgaben erforderlichen Auskünfte unverzüglich zu erteilen. Der Auskunftspflichtige kann die Auskunft auf solche Fragen verweigern, deren Beantwortung ihn selbst oder einen der in § 383 Abs. 1 Nr. 1 bis 3 der Zivilprozeßordnung bezeichneten Angehörigen der Gefahr strafgerichtlicher Verfolgung oder eines Verfahrens nach dem Gesetz über Ordnungswidrigkeiten aussetzen würde.

(3) Die von der Aufsichtsbehörde mit der Überwachung beauftragten Personen sind befugt, soweit es zur Erfüllung der der Aufsichtsbehörde übertragenen Aufgaben erforderlich ist, Grundstücke und Geschäftsräume der Stelle zu betreten, dort Prüfungen und Besichtigungen vorzunehmen und in die geschäftlichen Unterlagen, namentlich in die nach § 29 Satz 3 Nr. 1 von Beauftragten für den Datenschutz zu führende Übersicht, in die gespeicherten personenbezogenen Daten und die Datenverarbeitungsprogramme Einsicht zu nehmen. Der Auskunftspflichtige hat diese Maßnahmen zu dulden. Das Grundrecht der Unverletzlichkeit der Wohnung (Artikel 13 des Grundgesetzes) wird insoweit eingeschränkt.

(4) Die Anwendung der Gewerbeordnung auf die den Vorschriften dieses Abschnittes unterliegenden Gewerbebetriebe bleibt unberührt.

(5) Die Landesregierungen oder die von ihnen ermächtigten Stellen bestimmen die für die Überwachung der Durchführung des Datenschutzes im Anwendungsbereich dieses Abschnittes zuständigen Aufsichtsbehörden.

Vierter Abschnitt: Geschäftsmäßige Datenverarbeitung nicht-öffentlicher Stellen für fremde Zwecke

§ 31 Anwendungsbereich

(1) Für natürliche und juristische Personen, Gesellschaften und andere Personenvereinigungen des privaten Rechts sowie für öffentlich-rechtliche Unternehmen, die am Wettbewerb teilnehmen, soweit sie die Voraussetzungen von § 7 Abs. 1 Satz 1 oder § 7 Abs. 2 Satz 1 Nr. 1 erfüllen, gelten

1. die §§ 32 bis 35, soweit diese Stellen geschäftsmäßig geschützte personenbezogene Daten zum Zweck der Übermittlung speichern und übermitteln; dabei ist es unerheblich, ob die Daten vor der Übermittlung verändert werden.
2. § 36, soweit diese Stellen geschäftsmäßig geschützte personenbezogene Daten zum Zweck der Veränderung speichern, sie derart verändern, daß diese Daten sich weder auf eine bestimmte Person beziehen noch eine solche erkennen lassen (anonymisieren), und sie in dieser Form übermitteln,
3. § 37, soweit diese Stellen geschäftsmäßig geschützte personenbezogene Daten im Auftrag als Dienstleistungsunternehmen verarbeiten.

Für natürliche und juristische Personen, Gesellschaften und andere Personenvereinigungen des privaten Rechts gelten außerdem die §§ 38 bis 40. Satz 2 gilt nicht für juristische Personen, Gesellschaften und andere Personenvereinigungen des privaten Rechts, bei denen der öffentlichen Hand die Mehrheit der Anteile gehört oder die Mehrheit der Stimmen zusteht, soweit diese Personen oder Personenvereinigungen geschäftsmäßig geschützte personenbezogene Daten im Auftrag von Behörden oder sonstigen öffentlichen Stellen als Dienstleistungsunternehmen verarbeiten; § 8 Abs. 3 bleibt unberührt.

(2) Die in Absatz 1 genannten Vorschriften gelten für die dort genannten Personen, Gesellschaften und anderen Personenvereinigungen auch insoweit, als die Verarbeitung personenbezogener Daten in deren Auftrag durch andere Personen oder Stellen betrieben wird. In diesen Fällen ist der Auftragnehmer unter besonderer Berücksichtigung der Eignung der von ihm getroffenen technischen und organisatorischen Maßnahmen (§ 6 Abs. 1) sorgfältig auszuwählen.

§ 32 Datenspeicherung und -übermittlung

(1) Das Speichern personenbezogener Daten ist zulässig, soweit kein Grund zur Annahme besteht, daß dadurch schutzwürdige Belange des Betroffenen beeinträchtigt werden. Abweichend von Satz 1 ist das Speichern zulässig, soweit die Daten unmittelbar aus allgemein zugänglichen Quellen entnommen sind.

(2) Die Übermittlung von personenbezogenen Daten ist zulässig, wenn der Empfänger ein berechtigtes Interesse an ihrer Kenntnis glaubhaft dargelegt hat. Die Gründe für das Vorliegen eines berechtigten Interesses und die Mittel für ihre glaubhafte Darlegung sind aufzuzeichnen.

(3) Abweichend von Absatz 2 Satz 1 ist die Übermittlung von listenmäßig oder sonst zusammengefaßten Daten über Angehörige einer Personengruppe zulässig, wenn sie sich auf Namen, Titel, akademische Grade, die Anschrift sowie auf eine Angabe über die Zugehörigkeit des Betroffenen zu dieser Personengruppe beschränkt und kein Grund zur Annahme besteht, daß dadurch schutzwürdige Belange des Betroffenen beeinträchtigt werden.

§ 33 Datenveränderung

Das Verändern personenbezogener Daten ist zulässig, soweit dadurch schutzwürdige Belange des Betroffenen nicht beeinträchtigt werden.

§ 34 Auskunft an den Betroffenen

(1) Werden erstmals zur Person des Betroffenen Daten übermittelt, ist er über die Speicherung zu benachrichtigen, es sei denn, daß er auf andere Weise von der Speicherung Kenntnis erlangt hat. Satz 1 gilt nicht für Übermittlungen nach § 32 Abs. 3.

(2) Der Betroffene kann Auskunft über die zu seiner Person gespeicherten Daten verlangen. Werden die Daten automatisch verarbeitet, kann der Betroffene Auskunft auch über die Personen und Stellen verlangen, an die seine Daten regelmäßig übermittelt werden. Die Auskunft wird schriftlich erteilt, soweit nicht wegen besonderer Umstände eine andere Form der Auskunftserteilung angemessen ist.

(3) Für die Auskunft kann ein Entgelt verlangt werden, das über die durch die Auskunftserteilung entstandenen direkt zurechenbaren Kosten nicht hinausgehen darf. Ein Entgelt kann in den Fällen nicht verlangt werden, in denen durch besondere Umstände die Annahme gerechtfertigt wird, daß personenbezogene Daten unrichtig oder unzulässig gespeichert werden, oder in denen die Auskunft ergeben hat, daß die personenbezogenen Daten zu berichtigen oder unter der Voraussetzung des § 35 Abs. 3 Satz 2 erster Halbsatz zu löschen sind.

(4) Die Absätze 1 und 2 gelten nicht, soweit das Bekanntwerden der personenbezogenen Daten überwiegende berechtigte Interessen einer dritten Person schädigen oder nach Feststellung durch die zuständige öffentliche Stelle gegenüber der speichernden Stelle die öffentliche Sicherheit oder Ordnung gefährden oder sonst dem Wohle des Bundes oder eines Landes Nachteile bereiten würde.

§ 35 Berichtigung, Sperrung und Löschung von Daten

(1) Personenbezogene Daten sind zu berichtigen, wenn sie unrichtig sind.

(2) Personenbezogene Daten sind zu sperren, wenn ihre Richtigkeit vom Betroffenen bestritten wird und sich weder die Richtigkeit noch die Unrichtigkeit feststellen läßt. Sie sind ferner am Ende des fünften Kalenderjahres nach ihrer Einspeicherung zu sperren. Die Vorschriften über das Verfahren und die Rechtsfolgen der Sperrung in § 14 Abs. 2 Satz 3 gelten entsprechend.

(3) Personenbezogene Daten können gelöscht werden, soweit kein Grund zur Annahme besteht, daß dadurch schutzwürdige Belange des Betroffenen beeinträchtigt werden. Sie sind zu löschen, wenn ihre Speicherung unzulässig war oder wenn es in den Fällen des Absatzes 2 Satz 2 der Betroffene verlangt. Daten über gesundheitliche Verhältnisse, strafbare Handlungen, Ordnungswidrigkeiten sowie religiöse oder politische Anschauungen sind zu löschen, wenn ihre Richtigkeit von der speichernden Stelle nicht bewiesen werden kann.

§ 36 Verarbeitung personenbezogener Daten zum Zwecke der Übermittlung in anonymisierter Form

(1) Die in § 31 Abs. 1 Satz 1 Nr. 2 genannten Personen, Gesellschaften und anderen Personenvereinigungen sind verpflichtet, die gespeicherten personenbezogenen Daten zu anonymisieren. Die Merkmale, mit deren Hilfe anonymisierte Daten derart verändert werden können, daß sie sich auf eine bestimmte Person beziehen oder ein solche erkennen lassen, sind gesondert zu speichern. diese Merkmale dürfen mit den anonymisierten Daten nicht mehr zusammengeführt werden, es sei denn, daß die dadurch ermöglichte Nutzung der Daten noch für die Erfüllung des Zweckes der Speicherung oder zu wissenschaftlichen Zwecken erforderlich ist.

(2) Für die Veränderung und Löschung personenbezogener Daten gelten §§ 33 und 35 Abs. 3 Satz 1 und Satz 2 erster Halbsatz entsprechend.

(3) Bei automatischer Datenverarbeitung ist die Durchführung der in Absatz 1 vorgesehenen Maßnahmen durch entsprechende Vorkehrungen sicherzustellen.

§ 37 Verarbeitung personenbezogener Daten im Auftrag

Den in § 31 Abs. 1 Satz 1 Nr. 3 genannten Personen, Gesellschaften und anderen Personenvereinigungen ist die Verarbeitung personenbezogener Daten in jeder ihrer in § 1 Abs. 1 genannten Phasen nur im Rahmen der Weisungen des Auftraggebers gestattet.

§ 38 Beauftragter für den Datenschutz

Die in § 31 genannten Personen, Gesellschaften und anderen Personenvereinigungen haben einen Beauftragten für den Datenschutz zu bestellen. Die Vorschriften über den Beauftragten für den Datenschutz in §§ 28 und 29 gelten entsprechend.

§ 39 Meldepflichten

(1) Die in § 31 genannten Personen, Gesellschaften und anderen Personenvereinigungen sowie ihre Zweigniederlassungen und unselbständigen Zweigstellen haben die Aufnahme ihrer Tätigkeit bei der zuständigen Aufsichtsbehörde binnen eines Monats anzumelden.

(2) Bei der Anmeldung sind folgende Angaben zu dem bei der Aufsichtsbehörde geführten Register mitzuteilen:

1. Name oder Firma der Stelle,
2. Inhaber, Vorstände, Geschäftsführer oder sonstige gesetzlich oder verfassungsmäßig berufene Leiter und die mit der Leitung der Datenverarbeitung beauftragten Personen,
3. Anschrift,
4. Geschäftszwecke oder Ziele der Stelle und der Datenverarbeitung,
5. Art der eingesetzten automatisierten Datenverarbeitungsanlagen,
6. Name des Beauftragten für den Datenschutz

7. Art der von ihr oder in ihrem Auftrag gespeicherten personenbezogenen Daten,
8. bei regelmäßiger Übermittlung personenbezogener Daten Empfänger und Art der übermittelten Daten.

(3) Absatz 1 gilt für die Beendigung der Tätigkeit sowie für die Änderung der nach Absatz 2 mitgeteilten Angaben entsprechend.

§ 40 Aufsichtsbehörde

(1) Die nach Landesrecht zuständige Aufsichtsbehörde überwacht die Ausführung dieses Gesetzes sowie anderer Vorschriften über den Datenschutz im Anwendungsbereich dieses Abschnittes; sie nimmt insbesondere auch die in § 30 Abs. 1 genannten Aufgaben wahr. Sie führt das Register über die nach § 39 Abs. 1 anmeldepflichtigen Stellen; das Register kann von jedem eingesehen werden.

(2) Die übrigen Vorschriften über die Aufsichtsbehörde in § 30 Abs. 2 bis 5 finden entsprechende Anwendung.

Fünfter Abschnitt: Straf- und Bußgeldvorschriften

§ 41 Straftaten

(1) Wer unbefugt von diesem Gesetz geschützte personenbezogene Daten, die nicht offenkundig sind,

1. übermittelt oder verändert oder
2. abruft oder sich aus in Behältnissen verschlossenen Dateien verschafft,

wird mit Freiheitsstrafe bis zu einem Jahr oder mit Geldstrafe bestraft.

(2) Handelt der Täter gegen Entgelt oder in der Absicht, sich oder einen anderen zu bereichern oder einen anderen zu schädigen, so ist die Strafe Freiheitsstrafe bis zu zwei Jahren oder Geldstrafe.

(3) Die Tat wird nur auf Antrag verfolgt.

§ 42 Ordnungswidrigkeiten

(1) Ordnungswidrig handelt, wer vorsätzlich oder fahrlässig

1. entgegen § 26 Abs. 1, § 34 Abs. 1 den Betroffenen nicht benachrichtigt,
2. entgegen § 28 Abs. 1, § 38 in Verbindung mit § 28 Abs. 1 einen Beauftragten für den Datenschutz nicht oder nicht rechtzeitig bestellt.
3. entgegen § 32 Abs. 2 Satz 2 die dort bezeichneten Gründe oder Mittel nicht aufzeichnet,
4. entgegen § 39 Abs. 1 oder 3 eine Meldung nicht oder nicht rechtzeitig erstattet oder entgegen § 39 Abs. 2 oder 3 bei einer solchen Meldung die erforderlichen Angaben nicht, nicht richtig oder nicht vollständig mitteilt,
5. entgegen § 30 Abs. 2 Satz 1, § 40 Abs. 2 in Verbindung mit § 30 Abs. 2 Satz 1 eine Auskunft nicht, nicht richtig, nicht vollständig oder nicht rechtzeitig erteilt oder entgegen § 30 Abs. 3 Satz 2, § 40 Abs. 2 in Verbindung mit § 30 Abs. 3 Satz 2 den Zutritt zu den Grundstücken oder Geschäftsräumen oder die Vornahme von Prüfungen oder Besichtigungen oder die Einsicht in geschäftliche Unterlagen nicht duldet.

(2) Die Ordnungswidrigkeit kann mit einer Geldbuße bis zu fünfzigtausen Deutsche Mark geahndet werden.

Sechster Abschnitt: Übergangs- und Schlußvorschriften

§ 43 Übergangsvorschriften

(1) Die Veröffentlichung über personenbezogene Daten (§ 12), die beim Inkrafttreten des

Gesetzes schon gespeichert waren, hat binnen eines Jahres nach Inkrafttreten des Gesetzes zu erfolgen.

(2) Die in § 28 Abs. 1, § 38 in Verbindung mit § 28 Abs. 1 und in § 39 Abs. 1 genannten Verpflichtungen treten für die Personen, Gesellschaften und anderen Personenvereinigungen, die bei Inkrafttreten des Gesetzes personenbezogene Daten verarbeiten, mit dem Inkrafttreten des Gesetzes ein.

(3) Sind zur Person des Betroffenen bereits vor dem Inkrafttreten des Gesetzes Daten gespeichert worden, so ist der Betroffene darüber nach § 26 Abs. 1 zu benachrichtigen, wenn die Daten erstmals nach dem Inkrafttreten des Gesetzes übermittelt worden sind.

(4) Sind die zur Person des Betroffenen gespeicherten Daten bereits vor dem Inkrafttreten des Gesetzes übermittelt worden, so ist der Betroffene über die Speicherung nach § 34 Abs. 1 zu benachrichtigen, wenn die Daten erstmals nach dem Inkrafttreten des Gesetzes übermittelt worden sind.

§ 44 Anwendung des Verwaltungsverfahrensgesetzes

Auf die Ausführung dieses Gesetzes ist das Verwaltungsverfahrensgesetz auch insoweit anzuwenden, als sie den Ländern obliegt.

§ 45 Weitergeltende Vorschriften

Soweit besondere Rechtsvorschriften des Bundes auf in Dateien gespeicherte personenbezogene Daten anzuwenden sind, gehen sie den Vorschriften dieses Gesetzes vor. Zu den vorrangigen Vorschriften gehören namentlich:

1. Vorschriften über die Geheimhaltung von dienstlich oder sonst in Ausübung des Berufs erworbenen Kenntnissen, z.B. § 12 des Gesetzes über die Statistik für Bundeszwecke vom 3. September 1953 (BGBl. I S. 1314), zuletzt geändert durch Gesetz vom 2. März 1974 (BGBl. I S. 469), § 30 der Abgabenordnung, § 9 des Gesetzes über das Kreditwesen in der Fassung der Bekanntmachung vom 3. Mai 1976 (BGBl. I S. 1121), §§ 5 und 6 des Gesetzes über das Postwesen, §§ 10 und 11 des Fernmeldeanlagengesetzes;
2. Vorschriften über das Zeugnis- oder Auskunftsverweigerungsrecht aus persönlichen oder berufsbedingten Gründen in Gerichts- und Verwaltungsverfahren, z.B. §§ 52 bis 55 der Strafprozeßordnung, §§ 383 und 384 der Zivilprozeßordnung, §§ 102 und 105 der Abgabenordnung;
3. Vorschriften über die Verpflichtung, die Beschränkung oder das Verbot der Speicherung, Übermittlung oder Veröffentlichung von Einzelangaben über Personen, z.B. § 161 der Strafprozeßordnung, §§ 20 und 22 des Arbeitsförderungsgesetzes vom 25. Juni 1969 (BGBl. I S. 582), zuletzt geändert durch Gesetz vom 16. März 1976 (BGBl. I S. 581), § 49 des Bundeszentralregistergesetzes;
4. Vorschriften über die Beschränkung der Einsicht in Unterlagen durch Dritte, z.B. § 61 Abs. 2 und 3 des Personenstandsgesetzes, § 36 des Gesetzes über das Verwaltungsverfahren der Kriegsopferversorgung in der Fassung der Bekanntmachung vom 6. Mai 1976 (BGBl. I S. 1169);
5. Vorschriften über die Einsicht des Beamten oder Arbeitnehmers in seine Personalunterlagen, z.B. § 90 des Bundesbeamtengesetzes, § 83 des Betriebsverfassungsgesetzes;
6. Vorschriften über die Auskunftspflicht von Behörden an Bürger über die zu ihrer Person gespeicherten Daten, z. B. § 1325 der Reichsversicherungsordnung, § 104 des Angestelltenversicherungsgesetzes, § 108 h des Reichsknappschaftsgesetzes;
7. Vorschriften über die Übermittlung, Berichtigung und Löschung von in öffentlichen Registern aufgeführten personenbezogenen Daten, z.B. §§ 19, 23, 27 Abs. 2, §§ 31, 37 Abs. 1, §§ 39 bis 47 und 58 des Bundeszentralregistergesetzes, § 30 des Straßenverkehrsgesetzes, § 13 a der Straßenverkehrs-Zulassungs-Ordnung, § 12 und der 2. Abschnitt der Grundbuchordnung;
8. Vorschriften über die Verpflichtung zur Verarbeitung personenbezogener Daten bei der Rechnungslegung einschließlich Buchführung und sonstiger Aufzeichnungen, z.B. §§ 38

bis 40, 42 bis 47 des Handelsgesetzbuches, §§ 140 bis 148 der Abgabenordnung, § 8 der VOPR Nr. 30/53 über die Preise bei öffentlichen Aufträgen vom 21. November 1953 (Bundesanzeiger Nr. 244), § 71 der Bundeshaushaltsordnung.

Die Verpflichtung zur Wahrung der in § 203 Abs. 1 des Strafgesetzbuches genannten Berufsgeheimnisse, z.B. des ärztlichen Geheimnisses, bleibt unberührt.

§ 46 Berlin-Klausel

Dieses Gesetz gilt nach Maßgabe des § 13 Abs. 1 des Dritten Überleitungsgesetzes vom 4. Januar 1952 (BGBl. I S. 1) auch im Land Berlin. Rechtsverordnungen, die auf Grund dieses Gesetzes erlassen werden, gelten im Land Berlin nach § 14 des Dritten Überleitungsgesetzes.

§ 47 Inkrafttreten

Dieses Gesetz tritt am 1. Januar 1978 in Kraft. Abweichend davon treten in Kraft:

1. § 12 Abs. 3, § 13 Abs. 4, §§ 16 und 19 Abs. 4 Satz 8 am Tage nach der Verkündung des Gesetzes,
2. §§ 17, 18, 28 und 38 am 1. Juli 1977,
3. § 6 und die Anlage zu § 6 Abs. 1 Satz 1 am 1. Januar 1979.

Die Bundesregierung hat dem vorstehenden Gesetz die nach Artikel 113 des Grundgesetzes erforderliche Zustimmung erteilt.

Das vorstehende Gesetz wird hiermit ausgefertigt und wird im Bundesgesetzblatt verkündet.

Bonn, den 27. Januar 1977

Anlage zu § 6 Abs. 1 Satz 1

Werden personenbezogene Daten automatisch verarbeitet, sind zur Ausführung der Vorschriften dieses Gesetzes Maßnahmen zu treffen, die je nach der Art der zu schützenden personenbezogenen Daten geeignet sind,

1. Unbefugten den Zugang zu Datenverarbeitungsanlagen, mit denen personenbezogene Daten verarbeitet werden, zu verwehren (Zugangskontrolle),
2. Personen, die bei der Verarbeitung personenbezogener Daten tätig sind, daran zu hindern, daß sie Datenträger unbefugt entfernen (Abgangskontrolle),
3. die unbefugte Eingabe in den Speicher sowie die unbefugte Kenntnisnahme, Veränderung oder Löschung gespeicherter personenbezogener Daten zu verhindern (Speicherkontrolle),
4. die Benutzung von Datenverarbeitungssystemen, aus denen oder in die personenbezogene Daten durch selbsttätige Einrichtungen übermittelt werden, durch unbefugte Personen zu verhindern (Benutzerkontrolle),
5. zu gewährleisten, daß die zur Benutzung eines Datenverarbeitungssystems Berechtigten durch selbsttätige Einrichtungen ausschließlich auf die ihrer Zugriffsberechtigung unterliegenden personenbezogenen Daten zugreifen können (Zugriffskontrolle),
6. zu gewährleisten, daß überprüft und festgestellt werden kann, an welche Stellen personenbezogene Daten durch selbsttätige Einrichtungen übermittel werden können (Übermittlungskontrolle),
7. zu gewährleisten, daß nachträglich überprüft und festgestellt werden kann, welche personenbezogenen Daten zu welcher Zeit von wem in Datenverarbeitungssysteme eingegeben worden sind (Eingabekontrolle),
8. zu gewährleisten, daß personenbezogene Daten, die im Auftrag verarbeitet werden, nur entsprechend den Weisungen des Auftraggebers verarbeitet werden können (Auftragskontrolle),

9. zu gewährleisten, daß bei der Übermittlung personenbezogener Daten sowie beim Transport entsprechender Datenträger diese nicht unbefugt gelesen, verändert oder gelöscht werden können (Transportkontrolle),
10. die innerbehördliche oder innerbetriebliche Organisation so zu gestalten, daß sie den besonderen Anforderungen des Datenschutzes gerecht wird (Organisationskontrolle).

Anhang 3. Die Regierungsvorlage zum Datenschutzgesetz (Österreich)

Bundesgesetz über den Schutz personsbezogener Daten (Datenschutzgesetz – DSG)

Der Nationalrat hat beschlossen:

I. ALLGEMEINE BESTIMMUNGEN

Zuständigkeit

§ 1 (Verfassungsbestimmung) Bundessache ist die Gesetzgebung hinsichtlich des Schutzes personsbezogener Daten, die mit Hilfe der elektronischen Datenverarbeitung oder vergleichbarer technischer Hilfsmittel verarbeitet werden. Die Vollziehung solcher Bundesgesetze steht dem Bund zu, soweit die Daten weder von oder im Auftrage eines Landes bzw. von oder im Auftrage von juristischen Personen, die durch Gesetz eingerichtet sind, und deren Einrichtung in der Vollziehung in die Zuständigkeit der Länder fällt, verarbeitet werden. Die die Ermittlung und Verarbeitung von Daten regelnden Bundesgesetze können vorsehen, daß die Durchführungsverordnungen zu den nach dem ersten Satz ergehenden Bundesgesetzen auch in den Fällen, in denen sonst die Vollziehung den Ländern zusteht, vom Bund zu erlassen sind.

Begriffsbestimmungen

§ 2. Im Sinne dieses Bundesgesetzes bedeuten:

1. personsbezogene Daten: Angaben, die Aussagen über eine bestimmte oder mit Wahrscheinlichkeit bestimmbare natürliche oder juristische Person oder handelsrechtliche Personengesellschaft enthalten einschließlich von Personenkennzeichen;
2. Betroffene: Personen oder handelsrechtliche Personengesellschaften, über die Daten nach Z. 1 erhoben oder verarbeitet werden;
3. Datenverarbeitung oder Verarbeitung von Daten: das Speichern, Verändern, Verknüpfen, Weitergeben oder Löschen von personsbezogenen Daten ohne Rücksicht auf die dabei angewendeten Verfahren;
4. Erhebung oder Erheben: das Ermitteln personsbezogener Daten unter mündlicher oder schriftlicher Mitwirkung des Betroffenen;
5. Speicherung oder Speichern: das Festhalten von Daten auf einem Datenträger;
6. Veränderung oder Verändern: das inhaltliche Umgestalten gespeicherter Daten;
7. Verknüpfung oder Verknüpfen: das einmalige oder dauernde Zusammenfassen von für verschiedene Datenbanken erhobenen oder in verschiedenen Datenbanken gespeicherten personsbezogenen Daten in einer einzigen Datenbank;
8. Weitergabe oder Weitergeben: das Bekanntgeben gespeicherter oder durch Datenverarbeitung gewonnener Daten an Personen oder Stellen außerhalb der Einrichtung, bei der oder in deren Auftrag die Daten verarbeitet werden;

9. Löschung oder Löschen: das Unkenntlichmachen von gespeicherten Daten ohne die Möglichkeit ihrer Rekonstruierung;

10. Datenbank: eine nach bestimmten Merkmalen geordnete Sammlung personsbezogener Daten, die mit Hilfe der elektronischen Datenverarbeitung oder vergleichbarer technischer Hilfsmittel (automatisierte Datenverarbeitung) nach anderen Merkmalen umgeordnet oder verarbeitet werden können, einschließlich der Datenträger und der maschinellen Einrichtungen.

Anwendung im Bereich der Vollziehung des Bundes

§ 3. (1) Die Bestimmungen der Abschnitte I bis IV, VI und VII sind auf die Erhebung und Verarbeitung personsbezogener Daten durch oder im Auftrage von Rechtsträgern anzuwenden, die unmittelbar durch Gesetz errichtet sind, soweit es sich nicht um Rechtsträger nach § 4 handelt.

(2) Dieses Bundesgesetz ist mit Ausnahme der Bestimmungen des § 27 und des § 29 auf Datenbanken, die von oder im Auftrage von Organen der Gesetzgebung geführt werden, nicht anzuwenden.

(3) Auf die Oesterreichische Nationalbank und auf die Österreichische Postsparkasse sind die Abschnitte II bis IV dieses Bundesgesetzes nicht anzuwenden.

Anwendung im Bereich der Vollziehung der Länder

§ 4. Auf die Verarbeitung personsbezogener Daten in Datenbanken von oder im Auftrage von juristischen Personen, die durch Gesetze eingerichtet sind, und deren Einrichtung in der Vollziehung in die Zuständigkeit der Länder fällt, sowie von oder im Auftrage von Gemeinden oder Gemeindeverbänden sind die Bestimmungen der Abschnitte I bis IV, VI und VII dieses Bundesgesetzes mit der Maßnahme anzuwenden,

1. daß die Datenbank-Verordnung (§ 9) und die Höhe der Verwaltungsabgabe für die Erteilung einer Auskunft (§ 10 Abs. 3) durch die Landesregierung festzulegen sind;

2. daß die Pflicht zur Mitteilung gemäß § 13 Abs. 1 gegenüber der Landesregierung besteht;

3. daß diese Datenbanken in ein von der Landesregierung in einem Kundmachungsblatt des Landes zu verlautbarendes Datenbanken-Verzeichnis des Landes aufzunehmen sind;

4. daß für jedes Land beim Amt der Landesregierung eine Landes-Datenschutzkommission einzurichten ist, deren Mitglieder zum Landtag wählbar sein müssen und von der Landesregierung bestellt werden, die der Landesregierung jährlich über ihre Tätigkeit zu berichten hat und deren Bericht von der Landesregierung dem Landtag zur Kenntnis zu bringen ist;

5. daß Mitglieder der Bundes-Datenschutzkommission nicht zu Mitgliedern einer Landes-Datenschutzkommission bestellt werden dürfen;

6. daß die Landes-Datenschutzkommission zur Entscheidung über Beschwerden gemäß § 20 zuständig ist;

7. daß die Entschädigung für die Mitglieder der Landes-Datenschutzkommission (§ 18) jährlich durch Verordnung der Landesregierung festzusetzen ist;

8. daß zu besetzende Stellen in der Landes-Datenschutzkommission von der Landesregierung zur allgemeinen Bewerbung in der für allgemeine Kundmachungen des Landes bestimmten Landeszeitung auszuschreiben sind.

Öffentlich zugängliche Datenbanken

§ 5. Auf Datenbanken, die auf Grund gesetzlicher Bestimmungen öffentlich zugänglich sind, ist dieses Bundesgesetz nicht anzuwenden.

II. VERARBEITUNG PERSONSBEZOGENER DATEN

Zulässigkeit der Erhebung und Verarbeitung

§ 6. Personsbezogene Daten dürfen zum Zwecke ihrer Verwendung in Datenbanken nur erhoben und verarbeitet werden, wenn dafür eine ausdrückliche gesetzliche Ermächtigung besteht oder soweit dies für den Rechtsträger zur Wahrnehmung der ihm gesetzlich übertragenen Aufgaben eine wesentliche Voraussetzung bildet.

Weitergabe von Daten

§ 7. (1) Personsbezogene Daten dürfen, soweit sie der Amtsverschwiegenheit (Art. 20 Abs. 3 B-VG) oder einer gesetzlich festgelegten beruflichen Verschwiegenheitspflicht unterliegen, in keiner wie immer gearteten Weise aus einer Datenbank weitergegeben werden.

(2) Die Bestimmung des Abs. 1 ist nicht anzuwenden, wenn

1. gesetzlich etwas anderes bestimmt ist oder
2. der Betroffene der Weitergabe schriftlich zugestimmt hat oder
3. durch geeignete Maßnahmen sichergestellt wird, daß der Betroffene nicht bestimmbar ist, soweit es sich dabei um personsbezogene Daten handelt, deren Geheimhaltung ausschließlich im Interesse des Betroffenen geboten ist.

(3) Eine Weitergabe an Organe des Bundes, der Länder, der Gemeinden und der gesetzlichen beruflichen Vertretungen ist weiters insoweit zulässig, als die Daten für den Empfänger zur Wahrnehmung der ihm gesetzlich übertragenen Aufgabe eine wesentliche Voraussetzung bilden.

Verknüpfung von Daten

§ 8. Personsbezogene Daten, die in einer Datenbank gespeichert werden, dürfen mit in anderen Datenbanken gespeicherten personsbezogenen Daten nur insoweit verknüpft werden, als dies gesetzlich ausdrücklich vorgesehen oder mit dem Zweck, für den die Daten ermittelt wurden, vereinbar ist.

Datenbank-Verordnung

§ 9. (1) Für jede Datenbank ist durch Verordnung des Bundesministers, dem die Aufsicht über die die Datenbank-führende Einrichtung obliegt, nach Anhörung des Bundeskanzlers eine Datenbank-Verordnung zu erlassen, die unter Bedachtnahme auf die wirtschaftliche Vertretbarkeit und auf die technische Möglichkeit jene Maßnahmen organisatorischer, personeller, technischer und baulicher Art festzulegen hat, die je nach Art der personsbezogenen Daten und der technischen Ausstattung sowie des Umfanges der Datenbank notwendig sind, um sicherzustellen, daß personsbezogene Daten Dritten rechtswidrig weder zur Kenntnis gelangen noch weitergegeben noch durch dazu nicht berechtigte Personen verändert, verknüpft oder gelöscht werden können.

(2) Die Datenbank-Verordnung hat insbesondere Bestimmungen zu enthalten über den Zugang zur Datenbank und zu den Datenträgern, über die vorzusehenden technischen und baulichen Sicherheitsvorkehrungen (physische Datensicherung), um eine unbefugte, fahrlässige oder zufällige Löschung oder Veränderung von Daten und Programmen zu verhindern, über die Durchführung von Prüfungen von Maschinen und Programmen mit personsbezogenen Daten, über die Protokollierung von Datenweitergaben und die Dauer der Aufbewahrung der Protokolle sowie über die zur Datenveränderung und Datenweitergabe berechtigten Personengruppen und deren Verpflichtung zur Geheimhaltung der ihnen im Zusammenhang mit der Datenverarbeitung bekanntgewordenen Tatsachen und Informationen.

(3) Sollen personsbezogene Daten unter der Voraussetzung des § 7 Abs. 2 Z. 3 weitergegeben werden, so hat die Datenbank-Verordnung Bestimmungen über die Sicherstellung der Anonymisierung dieser Daten zu enthalten.

(4) Weiters ist in der Datenbank-Verordnung unter Bedachtnahme auf § 7 die Aus- und Weitergabe personsbezogener Daten in einer Weise zu regeln, daß dadurch die berechtigten Interessen der Betroffenen an der Geheimhaltung personsbezogener Daten gewährleistet werden.

(5) Die Datenbank-Verordnung ist durch den zuständigen Bundesminister der jeweiligen technischen Entwicklung anzupassen, sofern es die im Abs. 1 und im Abs. 4 genannten Zwecke erfordern.

Auskunftsrecht

§ 10. (1) Dem Betroffenen sind auf schriftlichen Antrag bei der die Datenbank führenden Einrichtung personsbezogene Daten in allgemein verständlicher, lesbarer Form sowie die Rechtsgrundlage für deren Erhebung und Verarbeitung schriftlich binnen vier Wochen mitzuteilen, soweit es sich dabei nicht um solche Daten handelt, die auf Grund einer ausdrücklichen gesetzlichen Anordnung oder im Interesse einer Gebietskörperschaft auch ihm gegenüber geheimzuhalten sind.

(2) Wird einem Antrag nach Abs. 1 nicht vollinhaltlich stattgegeben, so ist dies dem Betroffenen schriftlich mitzuteilen.

(3) Für die Erteilung einer Auskunft kann von dem für die Erlassung der Datenbank-Verordnung zuständigen Bundesminister (§ 9) eine Verwaltungsabgabe vorgeschrieben werden, deren Höhe durch Verordnung unter Bedachtnahme auf die durchschnittlichen tatsächlichen Kosten einer Auskunftserteilung pauschaliert festzusetzen ist.

(4) Abs. 1 ist nicht anzuwenden, soweit die Daten dem Betroffenen von der die Datenbank führenden Einrichtung bereits mitgeteilt wurden.

Berichtigungspflicht

§ 11. (1) Jede Einrichtung, die den Auftrag zur Verarbeitung personsbezogener Daten in einer Datenbank gegeben hat, hat unrichtige, unvollständige oder entgegen der Bestimmung des § 6 erhobene oder verarbeitete personsbezogene Daten von Amts wegen, auf Grund einer Entscheidung der für die Feststellung der Daten sachlich zuständigen Behörde, auf Antrag des Betroffenen oder auf Grund einer Entscheidung der Bundes-Datenschutzkommission unverzüglich, längstens jedoch binnen zwei Wochen nach Klärung der der Datenverarbeitung zugrunde zu legenden Angaben zu berichtigen, zu löschen oder die Berichtigung oder Löschung zu veranlassen. Die Prüfung des Berichtigungsantrages hat unverzüglich zu erfolgen.

(2) Wird ein Antrag (Abs. 1) des Betroffenen abgelehnt, so ist ihm dies schriftlich mitzuteilen.

(3) Der Beweis der Richtigkeit der verarbeiteten perosnsbezogenen Daten obliegt der Einrichtung, die den Auftrag zur Verarbeitung gegeben hat, soweit die Daten nicht ausschließlich auf Grund von Angaben des Betroffenen erhoben wurden.

(4) Ist die Berichtigung oder Löschung auf Antrag des Betroffenen oder auf Grund einer Entscheidung der Bundes-Datenschutzkommission durchgeführt worden, so ist der Betroffene, im Falle der Berichtigung oder Löschung auf Grund einer Entscheidung der Bundes-Datenschutzkommission auch diese, von der Berichtigung oder Löschung zu verständigen.
Die Benachrichtigung des Betroffenen hat zu entfallen, soweit ihm die Berichtigung oder Löschung von der für die Feststellung der Daten sachlich zuständigen Behörde bereits mitgeteilt wurde.

(5) Wurden im Sinne des Abs. 1 berichtigte oder gelöschte personsbezogene Daten vor der Berichtigung oder Löschung weitergegeben (§ 7) oder verbunden (§ 8), so hat die datenverarbeitende Einrichtung die Berichtigung oder Löschung dem Empfänger dieser Daten mitzuteilen, sofern der Betroffene es verlangt, ein berechtigtes Interesse glaubhaft macht und der Empfänger noch feststellbar ist.

(6) Eine Berichtigung und eine Löschung sind ausgeschlossen, wenn die personsbezogenen Daten im Zeitpunkt ihrer Ermittlung richtig und vollständig waren und der Zweck der Ermittlung oder der Verarbeitung der Daten eine Veränderung der Daten in Entsprechung von Änderungen des ihnen zugrunde liegenden Sachverhaltes ausschließt.

(7) Erfolgt eine Berichtigung oder Löschung auf Grund einer Entscheidung der für die Feststellung der Daten sachlich zuständigen Behörde, so ist die Einrichtung, die den Auftrag zur Datenverarbeitung gegeben hat, an diese Entscheidung gebunden.

Ausnahme für das Strafregister

§ 12. Die Bestimmungen des § 10 und des § 11 dieses Bundesgesetzes sind auf das von der Bundespolizeidirektion Wien geführte Strafregister (Strafregistergesetz 1968, BGBl. Nr. 277, in der Fassung der Strafregisternovelle 1972, BGBl. Nr. 101, und der Strafregisternovelle 1974, BGBl. Nr. 797) nicht anzuwenden.

Kundmachung eines Verzeichnisses der Datenbanken

§ 13. (1) Jede Einrichtung, bei der oder in deren Auftrag (§ 14) eine Datenbank geführt wird, hat jährlich bis zum 1. Feber dem Bundeskanzleramt die Führung und die Rechtsgrundlage sowie den Zweck und die Verwendung der Datenbank, die Art der in dieser Datenbank verarbeiteten personsbezogenen Daten und den Kreis der Betroffenen schriftlich mitzuteilen.

(2) Das Bundeskanzleramt hat jeweils bis spätestens 10. Mai jedes Jahres ein Verzeichnis der Datenbank im Amtsbaltt zur „Wiener Zeitung" zu verlautbaren. In der Verlautbarung sind auch die Art der in der betreffenden Datenbank gespeicherten personsbezogenen Daten, der Kreis der Betroffenen und der Zweck der Datenbank anzugeben.

III. VERTRAGLICHE INANSPRUCHNAHME VON DATENVERARBEITUNG DURCH DIE IN § 3 UND 4 GENANNTEN RECHTSTRÄGER

Voraussetzungen

§ 14. (1) Die in § 3 und in § 4 genannten Rechtsträger dürfen nur unter den Voraussetzungen des § 6 andere Rechtsträger oder sonstige Personen zur Verarbeitung personsbezogener Daten in Datenbanken in Anspruch nehmen.

(2) Im Falle der Inanspruchnahme anderer Rechtsträger oder sonstiger Personen zur Verarbeitung personsbezogener Daten haben die in § 3 und in § 4 genannten Rechtsträger vertraglich sicherzustellen, daß bei der Verarbeitung dieser Daten die Bestimmungen des Abschnittes II eingehalten werden. In Verträgen, mit denen andere Rechtsträger oder sonstige Personen mit der Verarbeitung personsbezogener Daten durch die in § 3 und 4 genannten Rechtsträger betraut werden, ist insbesondere eine den Anforderungen des § 9 entsprechende Datenbank-Betriebsordnung zu vereinbaren.

(3) Die Verarbeitung von personsbezogenen Daten auf Grund dieses Abschnittes ist in das Verzeichnis der Datenbanken (§ 13) einzubeziehen, soweit sie nicht bloß vorübergehend ist.

IV. BUNDES-DATENSCHUTZKOMMISSION

Einrichtung und Zusammensetzung

§ 15. (1) Zur Gewährleistung der Einhaltung der Bestimmungen der Abschnitte II und III wird beim Bundeskanzleramt die Bundes-Datenschutzkommission eingerichtet.

(2) Die Bundes-Datenschutzkommission besteht aus fünfzehn Mitgliedern, von denen acht Mitglieder dem Richterstand angehören müssen. Die übrigen Mitglieder müssen auf dem Gebiet des Datenschutzes besondere Erfahrungen aufweisen.

(3) Der Besetzung von Stellen in der Bundes-Datenschutzkommission hat eine Ausschreibung nach dem Ausschreibungsgesetz, BGBl. Nr. 700/1974, vorzugehen.

(4) Die Mitglieder der Bundes-Datenschutzkommission ernennt der Bundespräsident auf Vorschlag der Bundesregierung für die Dauer von sechs Jahren.

(5) Der Bundes-Datenschutzkommission können nicht angehören:

1. Mitglieder der Bundesregierung oder einer Landesregierung sowie Staatssekretäre;
2. Personen, die in einer Datenbank, auf die die Bestimmungen dieses Bundesgesetzes Anwendung finden, beschäftigt sind;
3. Mitglieder einer Landes-Datenschutzkommission;
4. Personen, die zum Nationalrat nicht wählbar sind.

(6) Hat ein Mitglied der Bundes-Datenschutzkommission drei aufeinanderfolgenden Einladungen zu einer Verhandlung ohne genügende Entschuldigung keine Folge geleistet oder tritt bei einem Mitglied ein Ausschließungsgrund des Abs. 5 nachträglich ein, so hat dies nach seiner Anhörung die Vollversammlung der Bundes-Datenschutzkommission festzustellen. Diese Feststellung hat den Verlust der Mitgliedschaft zur Folge. Im übrigen kann ein Mitglied der Bundes-Datenschutzkommission nur aus einem schwerwiegenden Grund durch Beschluß der Vollversammlung der Bundes-Datenschutzkommission, dem mindestens zwei Drittel ihrer Mitglieder zustimmen müssen, seines Amtes für verlustig erklärt werden.

(7) Scheidet ein Mitglied der Bundes-Datenschutzkommission wegen Todes, freiwillig oder gemäß Abs. 6 vorzeitig aus, so ist an seiner Stelle ein neues Mitglied zu ernennen (Abs. 4). Abs. 2 findet hierbei mit der Maßgabe Anwendung, daß an Stelle eines Richters wieder ein Richter und an Stelle eines anderen Mitgliedes nur wieder ein solches ernannt werden darf.

Unabhängigkeit und Weisungsfreiheit

§ 16. Die Mitglieder der Bundes-Datenschutzkommission sind in Ausübung ihres Amtes unabhängig und an keine Weisungen gebunden.

Vorsitzender

§ 17. Die Vollversammlung der Bundes-Datenschutzkommission wählt mit einfacher Mehrheit aus dem Kreis der richterlichen Mitglieder einen Vorsitzenden und einen stellvertretenden Vorsitzenden.

Entschädigung der Mitglieder

§ 18. Den Mitgliedern der Bundes-Datenschutzkommission gebührt eine Entschädigung, die von der Bundesregierung durch Verordnung unter Bedachtnahme auf die Bedeutung und den Umfang der von der Bundes-Datenschutzkommission zu besorgenden Aufgaben jährlich festzusetzen ist.

Senate und Verfahren

§ 19. (1) Zur Entscheidung über jede Beschwerde wird ein aus fünf Mitgliedern bestehender Senat gebildet. Drei Mitglieder des Senates werden aus dem Kreise der richterlichen Mitglieder der Bundes-Datenschutzkommission, zwei weitere aus dem Kreis der übrigen Mitglieder vor Beginn des Verfahrens durch das Los bestimmt. Für jedes Mitglied eines Senates ist nach dem gleichen Verfahren ein Ersatzmitglied zu bestellen, das im Falle der Verhinderung des Mitgliedes an dessen Stelle tritt.

(2) Den Vorsitz führt im Senat der Vorsitzende der Bundes-Datenschutzkommission, sofern er ihm angehört, ansonsten der stellvertretende Vorsitzende. Ist auch dieser nicht Mitglied des Senates, so ist der Vorsitzende des Senates vom Senat aus dem Kreis der richterlichen Mitglieder zu wählen.

(3) Der Senat entscheidet mit einfacher Stimmenmehrheit. Stimmenthaltung ist unzulässig. Der Vorsitzende gibt seine Stimme als letzter ab.

(4) Auf das Verfahren der Bundes-Datenschutzkommission ist im übrigen das AVG 1950 anzuwenden.

(5) Wenn die Bundes-Datenschutzkommission eine Verletzung von Bestimmungen dieses Bundesgesetzes oder der auf Grund dieses Bundesgesetzes erlassenen Verordnungen festgestellt hat, so sind die Verwaltungsbehörden verpflichtet, mit den ihnen zu Gebote stehenden rechtlichen Mitteln unverzüglich den der Rechtsanschauung der Bundes-Datenschutzkommission entsprechenden Rechtszustand herzustellen. In den Bescheiden der Bundes-Datenschutzkommission ist die Behörde zu bestimmen, die den Bescheid zu vollstrecken hat. Das Vollstreckungsverfahren richtet sich nach den für diese Behörde sonst geltenden Vorschriften.

Beschwerdeverfahren

§ 20. (1) Die Bundes-Datenschutzkommission erkennt, soweit nicht ein ordentliches Gericht zuständig oder der Antrag des Betroffenen auf Berichtigung oder Löschung (§ 11) bereits Gegenstand eines Verfahrens vor der sachlich zuständigen Behörde ist, in erster Instanz über Beschwerden wegen Verletzung von Bestimmungen dieses Bundesgesetzes oder der auf Grund dieses Bundesgesetzes erlassenen Verordnungen, soweit der Beschwerdeführer behauptet, dadurch in seinen Rechten verletzt worden zu sein, sowie über Anträge gemäß Abs. 3.

(2) Erfolgte eine Berichtigung oder Löschung auf Grund einer Entscheidung der für die Feststellung der Daten sachlich zuständigen Behörde (§ 11 Abs. 6), so ist die Bundes-Datenschutzkommission an die Entscheidung gebunden.

(3) Wird in einem Verwaltungsverfahren, in dem personsbezogene Daten aus einer den Bestimmungen dieses Bundesgesetzes unterliegenden Datenbank verwertet werden, die Verletzung von Bestimmungen dieses Bundesgesetzes oder der auf Grund dieses Bundesgesetzes erlassenen Verordnungen behauptet, so ist das Verwaltungsverfahren, außer bei Gefahr von Verzug, bis zur Entscheidung der Bundes-Datenschutzkommission auszusetzen (§ 38 AVG). Gleichzeitig ist ein solches Verfahren zu beantragen.

(4) Entscheidungen der Bundes-Datenschutzkommission unterliegen nicht der Aufhebung oder Abänderung im Verwaltungswege. Die Beschwerde an den Verwaltungsgerichtshof ist zulässig.

Amtswegige Einleitung eines Verfahrens

§ 21. (1) Ergibt sich während eines Verfahrens nach § 20 die Vermutung der Verletzung von Bestimmungen dieses Bundesgesetzees oder der auf Grund dieses Bundesgesetzes erlassenen Verordnungen auch für andere Betroffene, so hat die Bundes-Datenschutzkommission von Amts wegen unter Benachrichtigung der Betroffenen ein Verfahren zur Prüfung dieser Vermutungen einzuleiten, wobei den Betroffenen Parteistellung (§ 8 AVG) zukommt.

(2) Die Bestimmungen des § 19 und des § 20 Abs. 2 und 3 sind auch auf dieses Verfahren anzuwenden.

Verbindung eingeleiteter Verfahren

§ 22. Wenn die Zweckmäßigkeit, Raschheit, Einfachheit und Kostenersparnis von Verfahren es erfordern, hat die Vollversammlung der Bundes-Datenschutzkommission eingeleitete Verfahren (§ 20, § 21) zu verbinden und einem Senat zu Entscheidung zuzuweisen. Auf die Zusammensetzung dieses Senates ist § 19 anzuwenden.

Veröffentlichung der Entscheidungen und Bericht

§ 23. (1) Die Entscheidungen der Bundes-Datenschutzkommission sind zu veröffentlichen, soweit dadurch nicht berechtigte Interessen der Betroffenen verletzt werden.

(2) Die Bundes-Datenschutzkommission hat jährlich der Bundesregierung über ihre Tätigkeit zu berichten, wobei insbesondere auf beobachtete Erfahrungen bei der Durchführung von Verfahren nach diesem Bundesgesetz Bedacht zu nehmen ist. Dieser Bericht ist durch die Bundesregierung dem Nationalrat zur Kenntnis zu bringen.

V. PRIVATE DATENBANKEN

Beschränkung privater Datenbanken

§ 24. Die Ermittlung und Erhebung personsbezogener Daten und ihre Verarbeitung in einer nicht den Bestimmungen des § 3 oder des § 4 unterliegenden Datenbank eines Unternehmens (§ 2 des Umsatzsteuergesetzes 1972, BGBl. Nr. 223) oder eines Vereines haben in einer dem Zweck des Unternehmens oder Vereines entsprechenden Art sowie in einem das Privat- und Familienleben der Betroffenen achtenden Umfang zu erfolgen.

Heranziehung ausländischer Datenverarbeitungsanlagen

§ 25. Die Heranziehung von nicht innerhalb des österreichischen Bundesgebietes gelegenen Datenverarbeitungsanlagen zur Verarbeitung personsbezogener Daten durch eine nicht den Bestimmungen des § 3 und des § 4 unterliegenden Rechtsträger, der seinen Sitz in Österreich hat, daf nur unter Einhaltung der Bestimmungen des § 24 erfolgen.

Aufsicht

§ 26. Die Beobachtung und Durchsetzung der Einhaltung der Bestimmungen des § 24 und § 25 obliegt der Behörde, die für die allgemeine Aufsicht über den die Datenbank führenden Rechtsträger zuständig ist. Ist für den die Daten erhebenden oder verarbeitenden Rechtsträger nicht die Zuständigkeit einer solchen Behörde gegeben, so ist die Aufsicht von der örtlich zuständigen Bezirksverwaltungsbehörde (§ 3 AVG) wahrzunehmen.

(2) Die Aufsichtsbehörde (Abs. 1) kann neben den ihr auf Grund anderer Gesetze zustehenden Mitteln durch Bescheid die Einstellung oder Einschränkung einer den Bestimmungen des § 24 oder des § 25 nicht entsprechenden Ermittlung oder Verarbeitung von Daten verfügen.

VI. STRAFBESTIMMUNGEN

Datenmißbrauch

§ 27. Wer personsbezogene Daten, die ihm ausschließlich kraft seiner Beschäftigung mit Aufgaben der Datenverarbeitung anvertraut oder zugänglich geworden sind, entgegen den Bestimmungen des § 7 offenbart oder verwertet, ist, wenn die Tat nicht nach einer anderen

Bestimmung mit strengerer Strafe bedroht ist, vom Gericht mit Freiheitsstrafe bis zu sechs Monaten oder mit Geldstrafe bis zu 360 Tagessätzen zu bestrafen.

Geheimnisbruch in privaten Datenbanken

§ 28. (1) Wer ein Geheimnis offenbart oder verwertet, das ihm bei berufsmäßiger Beschäftigung mit Aufgaben der Datenverarbeitung in einer Datenbank (§ 2 Z. 10) anderer als der in den § 3 und § 4 bezeichneten Art ausschließlich kraft seines Berufes anvertraut worden oder zugänglich geworden ist und dessen Offenbarung oder Verwertung geeignet ist, ein berechtigtes Interesse der Person zu verletzen, auf die sich die Daten beziehen, ist vom Gericht mit Freiheitsstrafe bis zu sechs Monaten oder mit Geldstrafe bis zu 360 Tagessätzen zu bestrafen.

(2) Der Täter ist nicht zu bestrafen, wenn die Offenbarung oder Verwertung nach Inhalt und Form durch ein öffentliches oder ein berechtigtes privates Interesse gerechtfertigt ist.

(3) Der Täter ist nur auf Verlangen des in seinem Interesse an der Geheimhaltung Verletzten (Abs. 1) zu verfolgen.

Unbefugte Verschaffung von Daten

§ 29. (1) Wer sich widerrechtlich personsbezogene Daten, deren Offenbarung oder Verwertung geeignet ist, ein berechtigtes Interesse des Betroffenen (§ 2 Z. 2) zu verletzen, aus einer Datenbank mit dem Vorsatz verschafft, die Daten zu offenbaren oder zu verwerten, ist vom Gericht mit Freiheitsstrafe bis zu sechs Monaten oder mit Geldstrafe bis zu 360 Tagessätzen zu bestrafen.

(2) Der Täter ist nur auf Verlangen des Betroffenen zu verfolgen. Wird die Tat jedoch in Bezug auf eine Datenbank der in den §§ 3 und 4 bezeichneten Art begangen, so hat der öffentliche Ankläger den Täter mit Ermächtigung des Verletzten (Abs. 1) zu verfolgen.

VII. SCHLUSSBESTIMMUNGEN

Inkrafttreten

§ 30. (1) Dieses Bundesgesetz tritt mit 1. Jänner 1977 in Kraft.

(2) Verordnungen auf Grund der Bestimmungen dieses Bundesgesetzes können bereits von dem seiner Kundmachung folgenden Tag an erlassen werden. Diese Verordnungen dürfen frühestens mit dem in Abs. 1 bezeichneten Zeitpunkt in Kraft gesetzt werden.

(3) Für im Zeitpunkt des Inkrafttretens bereits eingerichtete Datenbanken ist die Datenbank-Verordnung bis spätestens 1. Jänner 1978 zu erlassen.

Eigener Wirkungsbereich der Gemeinde

§ 31. Soweit dieses Bundesgesetz auf Datenbanken anzuwenden ist, die von oder im Auftrage von Gemeinden geführt werden, sind von der Gemeinde nach diesem Bundesgesetz durchzuführende Aufgaben solche des eigenen Wirkungsbereiches, soweit die Daten ausschließlich oder überwiegend im Interesse der Gemeinde ermittelt oder verarbeitet werden.

Vollziehung

§ 32. Mit der Vollziehung dieses Bundesgesetzes sind, soweit sie nicht der Bundesregierung oder den Landesregierungen obliegt, der Bundeskanzler und die anderen Bundesminister nach Maßgabe des Bundesministeriengesetzes 1973 im Rahmen ihres Wirkungsbereiches betraut.

Anhang 4. Normierte Begriffe der ADV

Die folgende Begriffsliste ist *Podlech* (1973 a, 87 ff) entnommen.
Aufgeführt sind Begriffe aus dem Bereich der ADV, die Bestandteil des Normenwerks des Deutschen Normenausschusses sind. Ist ein Begriff, der Bestandteil einer Definition ist, in einer Norm definiert, ist er mit einem Stern versehen.

Benützte Normen: DIN 44300 Informationsverarbeitung, Begriffe, Stand März 1972

	DIN 44302 Datenübertragung, Begriffe, Stand Oktober 1968
	DIN 44302, Blatt 11, Entwurf, Datenübertragung, Begriffe, Ergänzung zu DIN 44302, Stand Februar 1970
	DIN 66201 Prozeßrechensysteme, Begriffe, Stand August 1971
Anweisung:	Eine in einer beliebigen Sprache abgefaßte Arbeitsvorschrift, die im gegebenen Zusammenhang wie auch im Sinne der benutzten Sprache abgeschlossen ist. (DIN 44300, 37)
Ausgabeeinheit:	Eine Funktionseinheit* innerhalb eines digitalen Rechensystems*, mit der das System Daten* nach außen hin abgibt. (DIN 44300, 112)
Ausgabewerk:	Eine Funktionseinheit* innerhalb eines digitalen Rechensystems*, die das Übertragen von Daten* von der Zentraleinheit* in Ausgabeeinheiten* oder peripheren Speichern* steuert und dabei die Daten gegebenenfalls modifiziert. (DIN 44300, 106)
Baueinheit:	Ein nach Aufbau oder Zusammensetzung abgrenzbares materielles Gebilde. (DIN 44300, 128)
Befehl:	Eine Anweisung*, die sich in der benutzten Sprache nicht mehr in Teile zerlegen läßt, die selbst Anweisungen sind. (DIN 44300, 37)
Benutzerstation:	Eine Funktionseinheit* innerhalb eines Rechensystems*, mit deren Hilfe einem Benutzer direkter Informationsaustausch mit dem Rechensystem möglich ist. (DIN 44300, 114)
Betriebssystem:	Die Programme* eines digitalen Rechensystems*, die zusammen mit den Eigenschaften der Rechenanlage* die Grundlage der möglichen Betriebsarten des digitalen Rechensystems bilden und insbesondere die Abwicklung von Programmen steuern und überwachen. (DIN 44300, 59)
binär:	Genau zweier Werte fähig; die Eigenschaft bezeichnend, eines von zwei Binärzeichen* als Wert anzunehmen. (DIN 44300, 5)
Binärzeichen:	Jedes Zeichen* aus einem Zeichenvorrat* von zwei Zeichen. (DIN 44300, 6)

Daten:	Zeichen* oder kontinuierliche Funktionen, die zum Zweck der Verarbeitung Informationen auf Grund bekannter oder unterstellter Abmachungen darstellen. (DIN 44300, 19)
Daten, digitale:	Daten*, die nur aus Zeichen* bestehen. (DIN 44300, 20)
Datenendeinrichtung:	Eine Einrichtung, die aus einer Fernbetriebseinheit* und einer oder mehreren der folgenden Einheiten besteht: Eingabewerk*, Ausgabewerk*, Rechenwerk*, Leitwerk*, Speicher*, und gegebenenfalls Fehlerschutzeinheit*, Synchronisiereinheit*. (DIN 44302, 11)
Datenfluß:	Die Folge zusammengehöriger Vorgänge an Daten* und Datenträgern*. (DIN 44300, 72)
Datenflußplan:	Die Darstellung des Datenflusses*, die im wesentlichen aus Sinnbildern mit zugehörigem Text und orientierten Verbindungslinien besteht. (DIN 44300, 73) *Anmerkung:* Sinnbilder für Datenflußpläne siehe DIN 66001.
Datensignal:	Ein Signal*, das digitale Daten* repräsentiert. (DIN 44302, 2)
Daten(signal)quelle:	Der Teil einer Datenendeinrichtung*, der Datensignale* liefern kann. (DIN 44302, Blatt 11, Entwurf, 1)
Daten(signal)senke:	Der Teil einer Datenendeinrichtung*, der Datensignale* aufnehmen kann. (DIN 44302, Blatt 11, Entwurf, 2)
Datenstation:	Einrichtung, die aus Datenendeinrichtung* und aus Datenübertragungseinrichtung* besteht. (DIN 44302, 9)
Datenträger:	Ein Mittel, auf dem Daten* aufbewahrt werden können. (DIN 44300, 22)
Datenübermittlungsabschnitt:	Die Gesamtheit von Fernbetriebseinheiten*, Datenübertragungseinrichtungen* und Verbindungsnetz*, die nach einem vereinbarten Betriebsverfahren arbeitet und den Austausch von Informationen ermöglicht. (DIN 44302, Blatt 11, Entwurf, 3)
Datenübermittlungssystem:	Ein oder mehrere Datenübermittlungsabschnitte* mit den zugeordneten Daten(signal)quellen* und

	Daten(signal)senken*. (DIN 44302, Blatt 11, Entwurf, 4)
Datenübertragungsblock:	Eine begrenzte Menge digitaler Daten*, die zum Zweck gesicherter Datenübertragung als Einheit behandelt wird. Die Größe der Menge kann von Fall zu Fall verschieden sein.
Datenübertragungs-einrichtung:	Eine Einrichtung, die aus folgenden Einheiten bestehen kann: Signalumsetzer, Anschalteinheit und gegebenenfalls Fehlerschutzeinheit*, Synchronisiereinheit*. Der *Signalumsetzer* bringt die von der Datenendeinrichtung* angelieferten Datensignale* in eine für die Übertragung geeignete Form und/oder die von der Übertragungsleitung empfangenen Datensignale in die für die Schnittstelle* vorgeschriebene Form. (DIN 44302, 10)
Datenverarbeitungsanlage:	siehe Rechenanlage.
Datenverbindung:	Die Gesamtheit von Datenübertragungseinrichtungen* und Übertragungsleitung, die in einer bestimmten Betriebsart die Übertragung von Datensignalen* ermöglicht. (DIN 44302, Blatt 11, Entwurf, 12) *Anmerkung:* Betriebsarten an der Schnittstelle* sind Sende- oder Empfangsbetrieb, Wechselbetrieb, Gegenbetrieb. (DIN 44302, 19 bis 22)
Eingabeeinheit:	Eine Funktionseinheit* innerhalb eines digitalen Rechensystems*, mit der das System Daten* von außen her aufnimmt. (DIN 44300, 111)
Eingabewerk:	Eine Funktionseinheit* innerhalb eines digitalen Rechensystems*, die das Übertragen von Daten*, von Eingabeeinheiten* oder peripheren Speichern* in die Zentraleinheit* steuert und dabei die Daten gegebenenfalls modifiziert. (DIN 44300, 105)
Empfangsstation:	Eine Datenstation* zu der Zeit, zu der sie aufgefordert wird, bestimmte Übertragungszeichenfolgen* zu empfangen. (DIN 44302, Blatt 11, Entwurf, 10)
Fernbetriebseinheit:	Einheit, die den Betriebsablauf der Datenübertragung steuert. (DIN 44302, 11)
Fehlerschutzeinheit:	Eine Einrichtung zum Erkennen und gegebenenfalls Eliminieren von Fehlern, die während der Übertragung entstanden sind. (DIN 44302, 12)

Funktionseinheit: Ein nach Aufgabe oder Wirkung abgrenzbares Gebilde. (DIN 44300, 98, DIN 66201, 4.1)
Anmerkung: Ein System von Funktionseinheiten kann in einem gegebenen Zusammenhang wieder als eine Funktionseinheit aufgefaßt werden.

Kopf: Eine einem Text* vorausgehende Zeichenfolge, die es der Empfangsstation* ermöglicht, den Text zu behandeln. (DIN 44302, Blatt 11, Entwurf, 36)

Leitstation: Die Datenstation*, welche die jeweilige Sendestation* festlegt und den Betriebsablauf steuert und überwacht. (DIN 44302, Blatt 11, Entwurf, 7)

Leitwerk: Eine Funktionseinheit* innerhalb eines digitalen Rechensystems,
- die die Reihenfolge steuert, in der die Befehle* eines Programms* ausgeführt werden,
- die diese Befehle entschlüsselt und dabei gegebenenfalls modifiziert und
- die die für ihre Ausführung erforderlichen digitalen Signale* abgibt. (DIN 44300, 103)

Nachricht: Zeichen* oder kontinuierliche Funktionen, die zum Zweck der Weitergabe Information auf Grund bekannter oder unterstellter Abmachungen darstellen. (DIN 44300, 18)

Programm: Eine zur Lösung einer Aufgabe vollständige Anweisung* zusammen mit allen erforderlichen Vereinbarungen*. (DIN 44300, 40)

Programmablauf: Die zeitlichen Beziehungen zwischen den Teilvorgängen, aus denen sich die folgerichtige Ausführung eines Programms* zusammensetzt. (DIN 44300, 74)

Programmablaufplan: Die Darstellung der Gesamtheit aller beim Programmablauf* möglichen Wege*. (DIN 44300, 75)
Anmerkung: Sinnbilder für Programmablaufpläne siehe DIN 66001.

Programmiersprache: Eine zum Abfassen von Programmen* geschaffene Sprache. (DIN 44300, 44)

Programmiersprache, problemorientierte: Eine Programmiersprache*, die dazu dient, Programme* aus einem bestimmten Anwendungsbereich unabhängig von einer bestimmten digitalen Rechenanlage* abzufassen, und die diesem Anwendungsbereich besonders angemessen ist. (DIN 44300, 45)

Prozessor:	Eine Funktionseinheit* innerhalb eines digitalen Rechensystems*, die Rechenwerk* und Leitwerk* umfaßt. (DIN 44300, 104)
Rechenanlage, Datenverarbeitungsanlage:	Die Gesamtheit der Baueinheiten*, aus denen ein Rechensystem* aufgebaut ist. (DIN 44300, 129)
Rechenanlage, digitale:	Die Gesamtheit der Baueinheiten*, aus denen ein digitales Rechensystem* aufgebaut ist. (DIN 44300, 130)
Rechensystem, Datenverarbeitungssystem:	Eine Funktionseinheit* zur Verarbeitung von Daten*, nämlich zur Durchführung mathematischer, umformender, übertragender und speichernder Operationen. (DIN 44300, 99)
Rechensystem, digitales:	Ein Rechensystem*, das, als Funktionseinheit* betrachtet, ein Schaltwerk* ist. (DIN 44300, 100)
Rechenwerk:	Eine Funktionseinheit* innerhalb eines digitalen Rechensystems*, die digitale Daten* aufnimmt, aufbewahrt und abgibt. (DIN 44300, 102)
Schaltvariable:	Eine Variable, die nur endlich viele Werte annehmen kann. (DIN 44300, 86) *Anmerkung:* Die Menge dieser Werte bildet einen Zeichenvorrat*. Am häufigsten sind binäre* Schaltvariable.
Schaltwerk:	Eine Funktionseinheit* zum Verarbeiten von Schaltvariablen*, wobei der Wert am Ausgang zu einem bestimmten Zeitpunkt abhängt von den Werten am Eingang zu diesem und endlich vielen vorangegangenen Zeitpunkten. (DIN 44300, 89)
Schnittstelle:	Sie ist definiert durch die Gesamtheit der Festlegungen über a) physikalische Eigenschaften der Verbindungsleitungen zwischen zwei Einrichtungen und die auf diesen Leitungen (Schnittstellenleitungen*) ausgetauschten Signale*, b) die Bedeutung der ausgetauschten Signale. (DIN 44302, 14)
Schnittstellenleitung:	Verbindungsleitung zwischen den Einrichtungen beiderseits der Übergabestelle*. (DIN 44302, 18)
Schritt, Schrittdauer:	Ein Signal* definierter Dauer, dem eindeutig ein Wertebereich des Signalparameters* unter endlich vielen vereinbarten Wertebereichen dieses Signalparameters – bei binärer* Übertragung unter zwei

	Wertebereichen des Signalparameters – zugeordnet ist. Der Sollwert der Schrittdauer ist gleich dem vereinbarten kürzesten Abstand zwischen aufeinanderfolgenden Übergängen des Signalparameters von einem auf den anderen Wertebereich. (DIN 44300, 3)
Schrittakt:	Eine Folge von äquidistanten Zeitpunkten, wobei der Abstand zweier aufeinanderfolgender Zeitpunkte gleich dem Sollwert der Schrittdauer* ist. (DIN 44302, 4)
Sendestation:	Eine Datenstation* zu der Zeit, zu der sie aufgefordert ist, Übertragungszeichenfolgen* zu senden. (DIN 44302, Blatt 11, Entwurf, 9)
Signal:	Die physikalische Darstellung von Nachrichten* oder Daten* (DIN 44300, 23)
Signal, digitales:	Ein Signal*, dessen Signalparameter* eine Nachricht* oder Daten* darstellt, die nur aus Zeichen besteht bzw. bestehen. (DIN 44300, 25)
Signalparameter:	Diejenige Kenngröße des Signals*, deren Wert oder Werteverlauf die Nachricht* oder die Daten* darstellt. (DIN 44300, 24)
Speicher:	Eine Funktionseinheit* innerhalb eines digitalen Rechensystems*, die digitale Daten* aufnimmt, aufbewahrt und abgibt. (DIN 44300, 101)
Speicher, peripherer:	Jeder Speicher*, der nicht Zentralspeicher* ist. (DIN 44300, 113)
Strecke:	Eine Folge von Anweisungen*, die dann und nur dann in der Reihenfolge der Niederschrift ausgeführt werden, wenn die erste Anweisung angesprochen wird. (DIN 44300, 76)
Synchronisiereinheit:	Eine Einrichtung, die dazu dient, den Synchronismus* zwischen den miteinander verkehrenden Datenstationen* herzustellen und während des Betriebes aufrechtzuerhalten. (DIN 44302, 13)
Synchronismus:	Der Umstand, daß miteinander verkehrende Datenstationen* sowohl den gleichen Schrittakt* besitzen, als auch hinsichtlich des Beginns von Zeichen* und/oder Datenübertragungsblöcken* in definierter Beziehung zueinander stehen. (DIN 44302, 13)
System:	Abgegrenzte Anordnung von aufeinander einwirkenden Gebilden. Solche Gebilde können sowohl

Gegenstände als auch Denkmethoden und deren Ergebnisse (z.B. Organisationsformen, mathematische Methoden, Programmiersprachen) sein. Diese Anordnung wird durch eine Hüllfläche von ihrer Umgebung abgegrenzt oder abgegrenzt gedacht. (DIN 66201, 1.1)

Text: Der Teil einer Folge von Zeichen*, der die Information enthält, die zur empfangenden Dateneinrichtung* zu übermitteln ist. (DIN 44302, Blatt 11, Entwurf, 35)

Übergabestelle: Der Ort, an dem die Signale auf den Schnittstellenleitungen* in definierter Weise übergeben werden und an dem die Schnittstellenleitungen mittels Steckverbindungen zusammengeschaltet sind. (DIN 44302, 15)

Übertragungssteuerzeichen: (DIN 66003)

Übertragungszeichenfolge: Eine Folge von Zeichen* bestehend aus Text* und, falls vorhanden, Kopf* sowie dazugehörige (Übertragungs-)Steuerzeichen*. (DIN 44302, Blatt 11, Entwurf, 39)

Verbindungsnetz: Die Gesamtheit der Einrichtungen, mit denen Verbindungen zwischen Datenstationen* hergestellt werden. (DIN 44302, Blatt 11, Entwurf, 16)

Vereinbarung: Eine Absprache über in Anweisungen* auftretende Sprachelemente. (DIN 44300, 39)

Weg: Eine (zusammenhängende) Folge von Strecken*. (DIN 44300, 77)

Zeichen, Zeichenvorrat: Ein Element aus einer zur Darstellung von Informationen vereinbarten endlichen Menge von verschiedenen Elementen. Die Menge wird Zeichenvorrat genannt. (DIN 44300, 1)

Zentraleinheit, Rechner: Eine Funktionseinheit* innerhalb eines digitalen Rechensystems*, die Prozessoren*, Eingabewerke*, Ausgabewerke* und Zentralspeicher* umfaßt. (DIN 44300, 109)

Zentralspeicher: Ein Speicher*, zu dem Rechenwerke*, Leitwerke* und gegebenenfalls Eingabewerke* und Ausgabewerke* unmittelbar Zugang haben. (DIN 44300, 108)

Ausgewählte Literatur

Ackoff, R.L. (1964):	General Systems Theory and Systems Research: Contrasting Conceptions of Systems Science. In: *Mesarovič* (1964), 51–60.
Adams, K., Kiederich, K. (1973):	Systemanalyse. Opladen 1973.
Aderhold, D. (1973):	Kybernetische Regierungstechnik in der Demokratie. München 1973.
Ahrens, F., Walter, H. (1971):	Datenbanksysteme. Berlin, New York 1971.
Albert, H., u.a. (Hrsg.) (1972):	Rechtstheorie als Grundlagenwissenschaft der Rechtswissenschaft. Düsseldorf 1972.
Alchourrõn, C., Bulygin, E. (1971):	Normative Systems. Wien, New York 1971.
Allen, L., Caldwell, M. (Hrsg.) (1965):	Communication Sciences and Law. Indianapolis, Kansas City, New York 1965.
Andreev, N.D., Kerimov, D.A. (1960):	Die Möglichkeiten der Kybernetik bei der Lösung juristischer Probleme. In: Ostprobleme (1960), 593–596.
Arbeitsgemeinschaft Rechtsinformatik München-Regensburg (1972)	Gesetzesplanung. Beiträge zur Rechtsinformatik. Berlin 1972
Ashby, W.R. (1970):	An Introduction to Cybernetics. London 1970.
Auernhammer, H. (1974):	Die gesetzliche Regelung der Verarbeitung personenbezogener Daten im Dienste des Datenschutzes. In: IBM-Nachrichten (1974), 167–174.
Baade, H. (Hrsg.) (1963):	Jurimetrics. New York, London 1963.
Bar-Hillel, Y. (1969):	Language and Information. Reading, Mass., 1969.
Bauer-Bernet, H. (1973):	Rechtsdokumentation. Frankfurt/M. 1973.
Bauer-Bernet, H. (1975):	Communication entre Systèmes d'Informatique documentaire. In: DVR (1975), 88–106.
von Berg, M. (1968):	Automationsgerechte Rechts- und Verwaltungsvorschriften. Köln 1968.
von Berg, M. (1972):	Die ADV-Organisationsgesetze und Vereinbarungen der Bundesländer. In: ÖVD (1972), 319–329, 380–385.

Berger, A. (1973); Projekte EDV-unterstützter Rechtsdokumentation in der Bundesrepublik. Stand: August 1973. In: DSWR (1973), 336–337.

von Bertalanffy, L. (1968): General System Theory. New York, 1968.

Bigelow, R.P. (1969): Computer and the Law. 2. Aufl. New York, Chicago 1969.

Birkelbach, W. (1974): Das hessische Modell des Datenschutzes – Erfahrungen aus dreijähriger Praxis. In: IBM-Nachrichten (1974), 248–254, 338–343.

Böhret, C. (1970): Entscheidungshilfen für die Regierung. Opladen 1970.

Borko, H. (Hrsg.) (1967): Automated Language Processing. New York, London, Sidney 1967.

Boulding, K.E. (1956): General Systems Theory – The Skeleton of Science. In: Management Science 2 (1956), 197–208.

Brackmann, K., Heussner, H., u.a. (1974): Der Aufbau einer automatisierten Sozialrechtsdokumentation beim Bundessozialgericht. In: Materialien zur Rechtsinformatik. Folge 3. Frankfurt/M. 1974, 9–52.

Brekle, H.E. (1972): Semantik. München 1972.

Brinckmann, H., u.a. (1974): Verwaltungsautomation. Darmstadt 1974.

Brinckmann, H., Grimmer, K. (Hrsg.) (1974): Rechtstheorie und Linguistik. Kassel 1974.

Brinckmann, H., Petöfi, J.S., Rieser, H. (1972/73): Paraphrasen juristischer Texte II. In: DVR (1972/73), 257–272.

Buffelan, J.P. (1975): Introduction a l'Informatique juridique. Paris 1975.

Bühler, H. (1971): Linguistik I. 2. Aufl. Tübingen 1971.

Bühnemann, B. (1972/73): Benutzerbedürfnisse und juristische Datenbanken. In: DVR (1972/73), 79–102.

Bühnemann, B. (1974): Datenschutz im nicht-öffentlichen Bereich. Berlin 1974

Burhenne, W., Perband, K. (1970 ff): EDV-Recht. Berlin 1970 ff.

Burkert, H. (1975): Theorieansätze in der Rechtsinformatik. In: DVR (1975), 226–245.

Canaris, C.W. (1969): Systemdenken und Systembegriff in der Jurisprudenz, entwickelt am Beispiel des deutschen Privatrechts. Berlin 1969.

Carnap, R. (1972): Sinn und Synonymität in natürlichen Sprachen. In: *Sinnreich, J.* (Hrsg.): Zur Philosophie der idealen Sprache. München 1972, 145–163.

Chomsky, N. (1957): Syntactic Structures. Den Haag 1957.

Chomsky, N. (1965): Aspects of the Theory of Syntax. Cambridge, Mass. 1965

Churchmann, C. (1970): Einführung in die Systemanalyse. München 1970.

Coing, H. (1969): Grundzüge der Rechtsphilosophie. 2. Aufl. Berlin 1969.

Conradi, J. (1976): Das Textinformationssystem STAIRS/VS in der Praxis. Elektronische Steuerrechtsdokumentation. In: IBM-Nachrichten (1976), 289–294.

Conseil de l'Europe (1975): La protection des données en Europe. Strasbourg 1975.

Cornides, Th. (1974): Ordinale Deontik. Wien, New York 1974.

Cowan, T. (1974): Nicht-Rationalität in der Entscheidungstheorie. In: DVR (1974), 332–368.

Czayka, L. (1974): Systemwissenschaft. Pullach bei München 1974.

Dammann, U. (1972/73): Zum Vorschlag eines „Informationsbankensystems". In: DVR (1972/73), 209–236.

Dammann, U. (1973): Zum Stand der Datenschutzdiskussion: Großbritannien. In: DSWR (1973), 107 ff.

Dammann, U. (1974): Strukturwandel der Information und Datenschutz. In: DVR (1974), 267–301.

Dammann, U. (1975): Datenschutz und Forschungsfreiheit – Konsequenzen und Probleme des Entwurfs eines Bundesdatenschutzgesetzes. In: DVR (1975), 201–225.

Dammann, U. (1977): Anwendungsmatrix des Bundes-Datenschutzgesetzes. In: ÖVD (1977), 74–80.

Dammann, U., Karhausen, M., u.a. (1974): Datenbanken und Datenschutz. Frankfurt/M., New York 1974.

Daniels, A., Yeates, D., Erbach, K. (1974): Grundlagen der Systemanalyse. Köln, Braunsfeld 1974.

Deutsch, K. (1969): Politische Kybernetik. Modelle und Perspektiven. Freiburg 1969.

Deutscher Juristentag (1974): Grundsätze für eine gesetzliche Regelung des Datenschutzes. Bericht der Datenschutzkommission des Deutschen Juristentags. München 1974.

Dierstein, R., Fiedler, H., Schulz, A. (Hrsg.) (1976): Datenschutz und Datensicherung. Köln 1976.

Dohr, W. (1974): Datenschutz in Österreich. In: ÖVD (1974), 513–518.

DPA (1975): Bundesministerium der Justiz. Informationssystem-Deutsches Patentamt. Systemanalyse, Entwicklung, Einführung o.O. 1975.

Dressler, H., Hammelmann, I., Wilhelm, H. (1972): Entscheidungstabellen. München, Wien 1972.

Engisch, K. (1971): Einführung in das juristische Denken. 5. Aufl. Stuttgart 1971.

Esser, J. (1970): Vorverständnis und Methodenwahl in der Rechtsfindung. Frankfurt/M. 1970.

Esser, J. (1974): Grundsatz und Norm in der richterlichen Fortbildung des Privatrechts. 3. Aufl. Tübingen 1974.

Fabry, J. (1973): Das juristische Informationssystem des Bundes. In: DSWR (1973), 298 ff.

Fiedler, H. (1964): Probleme der elektronischen Datenverarbeitung in der öffentlichen Verwaltung. In: Deutsche Rentenversicherung (1964), 40–47.

Fiedler, H. (1970/71): Automatisierung im Recht und juristische Informatik In: JuS (1970), 432–436, 552–556, 603–607; JuS (1971), 67–71, 228–233.

Fiedler, H. (1972): Wandlungen der „Automationsgerechten Rechtssetzung". In: DVR (1972/73), 41–55.

Fiedler, H. (1973): Perspektiven juristischer Informationssysteme. In: ÖVD (1973), 443–446.

Fiedler, H. (1974 a): Grundprobleme der juristischen Informatik. In: DVR (1974), 198–205.

Fiedler, H. (1974 b): Die Stellung der Rechtsinformatik zu den Informationswissenschaften. In: DSWR (1974), 116–119.

Fiedler, H. (1975): Methodische Erfordernisse juristischer Informationssysteme. In: *Gebhardt* (1975), 7–98.

Fiedler, H., von Berg, M. (1973): Stichworte zur Rechtsinformatik-Ausbildung an den juristischen Fakultäten. In: DVR (1973), 231–241.

Fietzek, K. (1974): Juristische Dokumentation mit EDV-Anlagen am Beispiel des Programmsystems „STAIRS". In: DVR (1974), 230–251.

Fillmore, C.J. (1968): The Case for Case. In: *Bach, Harms:* Universals in Linguistic Theory. New York 1968, 1–88.

Flechtner, H.J. (1970): Grundbegriffe der Kybernetik. 5. Aufl. Stuttgart 1970.

Franzen, R. (1975): Möglichkeiten und Grenzen erweiterter juristischer Informationssysteme. In: *Gebhardt* (1975), 194–201.

Frosini, V. (1973): Der Bürger und der Computer in der italienischen Rechtspraxis. In: DVR (1973), 195–206.

Frosini, V. (1976): Cibernetica, Diritto e Società. 3. Aufl. Mailand 1976.

Fuchs, E. (1973): Gedanken zur organisatorischen Eingliederung der ADV in der öffentlichen Verwaltung. In: ÖVD (1973), 99–102.

Garbe, H. (1974): Die organisatorischen Maßnahmen zur Datensicherung. In: *Grochla* (1974), 81–104.

Garstka, H. (1972): Formulierungsprobleme bei der Gesetzesplanung. In: *Arbeitsgemeinschaft Rechtsinformatik* (1972), 83–94.

Garstka, H. (1975): Information und Sprache im rechtlichen Regelungsprozeß. In: DVR (1975), 281–293.

Gebhardt, F. (Hrsg.) (1975): Beiträge zur Methodik juristischer Informationssysteme. Berlin 1975

Gildersleeve, T.R. (1970): Decision Tables and Their Practical Applications. In: Data Processing 1970.

Glück, R.S. (1976): Wirtschaftlichkeit juristischer Informationssysteme. Darmstadt 1976.

Goller, F., Scheuring, H., Trageser, A. (1971): Das KI-System. Automatische Kommunikation und Information in Politik und Verwaltung. Stuttgart 1971.

Göttlinger, F. (1972): EDV-Planung in der öffentlichen Verwaltung. Berlin 1972.

Grimm, D. (Hrsg.) (1973): Rechtswissenschaft und Nachbarwissenschaften. Frankfurt/M. 1973.

Grimmer, K. (1974): Probleme der Institutionalisierung in der öffentlichen Verwaltung. In: ÖVD (1974), 61–66.

Grochla, E. (Hrsg.) (1973): Handwörterbuch der Organisation. Stuttgart 1973.

Grochla, E. (Hrsg.) (1974): Datenschutz und Datensicherung bei automatisierter Datenverarbeitung. BIFOA Arbeitsbericht Nr. 73/4. Köln 1974.

von der Groeben, W. (1974): Informationsrecht der Parlamente im Rahmen der Neuorganisation der ADV, In: ÖVD (1974), 38–40.

Haag, K. (1970): Messung wertrationaler Komponenten der strafrechtlichen Entscheidung mittels sozialwissenschaftlicher Skalierungsverfahren. In: *Lautmann, Maihofer, Schelsky* (1970), 417–456.

Haft, F. (1970): Elektronische Datenverarbeitung im Recht. Berlin 1970.

Haft, F. (1972): Automatische juristische Dokumentation und Gesetzesplanung. In: *Arbeitsgemeinschaft Rechtsinformatik* (1972), 163–182.

Haft, F. (1973): Methodenprobleme der Datenverarbeitung im Recht II. In: DSWR (1973), 136–142.

Haft, F., Müller-Krumbhaar, H. (1970): SEDOC – ein Verfahrensvorschlag zur Erschließung juristischer Literatur mit Computern. In: JA (1970), 566–577.

Hagen, J.J. (1974): Rationales Entscheiden. München 1974.

Händle, F. (Hrsg.) (1974): Systemtheorie und Systemtechnik. München 1974.

Hasselkuss, A., Kaminski, C.J. (1972/73): Sozialdaten in einem Informationssystem für den Rechtsanwender. In: DVR (1972/73), 237–256.

Hassemer, W. (1972): Automatisierte und rationale Strafzumessung. In: *Arbeitsgemeinschaft Rechtsinformatik* (1972), 95–120.

Hays, D.G. (1967): Introduction to Computational Linguistics. New York 1967.

Heffner, R., Weideneder, F. (1974): Datenschutz und Datensicherung – Realisierung eines EDV-Kontroll- und Sicherheitssystems. In: IBM-Nachrichten (1974); 27–32.

Hentschel u.a. (1974): Datenschutzfibel. Köln 1974.

Hermes, H. (1961): Aufzählbarkeit, Entscheidbarkeit, Berechenbarkeit. Berlin, Göttingen, Heidelberg 1961.

Herrmann, G. (1973): Das künftige Bundesdatenschutzgesetz. In: DSWR (1973), 258 ff.

Herrmann, G., Lindemann, P., Nagel, K. (1973): Datenschutz und Datensicherung. Sach- und Rechtsprobleme. Organisation des Datenschutzes. In: IBM-Nachrichten (1973), 760–764, 836–840.

Heussner, H. (1976 a): Automation in der Sozialversicherung – Bedrohung oder Nutzen für den Versicherten. In: Versicherungsrundschau (1976), 111–128.

Heussner, H. (1976 b): Die automatisierte Sozialrechtsdokumentation des BSG als Teil eines Juristischen Informationssystems des Bundes. In: Die Betriebskrankenkasse (1976), 65–73.

Hilpinen, R. (Hrsg.) (1971): Deontic Logic. Dordrecht 1971.

Hoffmann, G., Tietze, B., Podlech, A. (Hrsg.) (1975): Numerierte Bürger. Wuppertal 1975.

Hogrebe, A. (1976): Verwaltungsautomation und Datenschutz in Frankreich. Berlin 1976.

Hopt, K. (1971/72): Entwicklung der Rechtsinformatik in den USA. In: DSWR (1971/72), 235–243.

Hopt, K. (1972 a): Finale Regelungen, Experiment und Datenverarbeitung in Recht und Gesetzgebung. In: JZ (1972), 66–75.

Hopt, K. (1972 b): Simulation und Planspiel in Recht und Gesetzgebung. In: DVR (1972/73), 1–40.

Horovitz, J. (1972): Law and Logic. Wien, New York 1972.

Immler, M. (1974): Generative Syntax-Generative Semantik. München 1974.

Innenministerium Schleswig-Holstein (Hrsg.) (1972): Zweite Bestandsaufnahme der Ausschüsse auf dem Gebiet der EDV (Stand 1.2.1972). Erhebung des Kooperationsausschusses für EDV Bund/Länder/Kommunen.

Interministerielle Arbeits-Gruppe beim Bundesministerium des Inneren (1971): Das Informationsbankensystem, Bd. 1–3. Bonn 1971.

Jähning, W. (1973): Automatisierte Datenverarbeitung in der öffentlichen Verwaltung. 2. Aufl. Köln, Berlin 1973.

Jarass, H. (1974): Das „Informationsgleichgewicht" zwischen Parlament und Verwaltung. In: DVR (1974), 369–382.

Joergensen, J. (1937): Imperatives and Logic. In: Erkenntnis 7 (1937), 258–296.

Jungjohann, K., u.a. (1974): Informationsverhalten und Informationsbedarf von Juristen. Analyse-Band. Berlin 1974.

Jungjohann, K., u.a. (1976): Informationsverhalten und Informationsbedarf von Juristen. Tabellen-Band. Berlin 1976.

Juris (1972): Bundesministerium der Justiz. Das juristische Informationssystem. Analyse, Planung, Vorschläge. Karlsruhe 1972.

Kalinowski, G. (1972): Einführung in die Normenlogik. Frankfurt/M. 1972.

Kamlah, R. (1969): Right of Privacy. Köln, Berlin, Bonn, München 1969.

Kaufmann, A. (Hrsg.) (1973): Münchner Ringvorlesung EDV und Recht. Möglichkeiten und Probleme. Berlin 1973.

Kerkau, H. (1970): Automatische Datenverarbeitung (ADV)-Kybernetik in Rechtswissenschaft und Praxis. Berlin 1970.

Kilian, W. (1974): Juristische Entscheidung und elektronische Datenverarbeitung. Darmstadt 1974.

Kilian, W., Lenk, K., Steinmüller, W. (Hrsg.) (1973): Datenschutz. Darmstadt 1973.

Kisza, A. (1975 a): Kybernetisches Modell der Entstehung und der Wirkung des Rechts. Berlin 1975.

Kisza, A. (1975 b): Bemerkungen zur Geschichtsmethode der Rechtsinstitutionen im Blickpunkt des rechtskybernetischen Modells. In: DVR (1975), 158–168.

Klaus, G. (1969): Semiotik und Erkenntnistheorie. Berlin 1969.

Klaus, G. (1971): Wörterbuch der Kybernetik. 2 Bände. Frankfurt/M., Hamburg 1971.

Klaus, G., Buhr, M. (1972): Philosophisches Wörterbuch. 2 Bände. 8. Aufl. Berlin 1972.

Klug, U. (1966): Juristische Logik. 3. Aufl. Berlin, Heidelberg, New York 1966.

Knapp, V. (1963 a): Über die Möglichkeit der Anwendung kybernetischer Methoden in Gesetzgebung und Rechtsanwendung. In: ARSP (1963), 45 ff.

Knapp, V. (1963 b): Aspekte automatischer Rechtsfindung. In: Ostprobleme (1963), 394 ff.

Kőkai, T. (1972): Gesichtspunkte für die Abfassung von Grundsätzen zur automationsgerechten Gestaltung von Rechts - und Verwaltungsvorschriften. In: ÖVD (1972), 91 ff., 159 ff.

Kort, F. (1957): Predicting the Supreme Court Decisions Mathematically: a Quantitative Analysis of the „right-to-counsel" cases. In: American Political Science Review 51 (1957).

Krauch, H. (1972): Systemanalyse in Regierung und Verwaltung. Freiburg/Br. 1972.

Krauch, H. (Hrsg.) (1975): Erfassungsschutz. Stuttgart 1975.

Krämer, H.G. (1975): Text Retrievalsystem/1. Normendokumentation. GMD. Bonn 1975.

Kraus, W. (1973): Organisatorische und technische Maßnahmen zur Realisierung des Datenschutzes. In: DSWR (1973), 328–333.

Krause, J. (1974): Die Sicherungsmöglichkeiten durch hardware- und systemsoftwareorientierte Maßnahmen. In: *Grochla* (1974), 41–54.

Kuno, S., Oettinger, A.G. (1963): Multiple Path Syntactic Analyzer. In: *Popplewell*, Information Processing – 1962. Amsterdam 1963, 306–312.

Kunz, W., Rittel, H. (1972): Die Informationswissenschaften. München, Wien 1972.

von Kutschera, F. (1975): Sprachphilosophie. 2. Aufl. München 1975.

Kwiatkowski, J. (1974): Datenschutz und Datensicherung – Die Sicherungsmöglichkeiten im EDV-Anwendungssystem. In: IBM-Nachrichten (1974), 266–270.

Lachmayer, F. (1973 a): Anwendungsmöglichkeiten für EDV-Bildschirmgeräte. In: DVR (1973), 242–249.

Lachmayer, F. (1973 b): Strukturalismus und Dogmatismus in der Rechtswissenschaft. In: Österr. Notariatszeitung. Wien 1973, 129 ff.

Lachmayer, F., Reisinger, L. (1976): Legistische Analyse der Struktur von Gesetzen. Wien 1976.

Laisiepen, K., Lutterbeck, E., Meyer-Uhlenried, K.H. (1972): Grundlagen der praktischen Information und Dokumentation. München-Pullach, Berlin 1972.

Lang, E. (1966): Staat und Kybernetik. Salzburg, München 1966.

Lang, E. (1970): Zu einer kybernetischen Staatslehre. Salzburg, München 1970.

Lang, F., Bock, F. (Hrsg.) (1973): Wiener Beiträge zur elektronischen Erschließung der Information im Recht. Wien 1973.

Lange, O. (1970): Einführung in die ökonomische Kybernetik Tübingen 1970.

Larenz, K. (1975): Methodenlehre der Rechtswissenschaft. 3. Aufl. Berlin, Heidelberg, New York 1975.

Lautmann, R., Maihofer, W., Schelsky, H. (Hrsg.) (1970): Die Funktion des Rechts in der modernen Gesellschaft. Bielefeld 1970.

Leibrock, D., Gutmann, W. (1974): Datenschutz und Datensicherung-Maßnahmen zur Datensicherung in der Praxis. In: IBM-Nachrichten (1974), 103–107.

Lenk, H. (1972): Philosophie im technologischen Zeitalter. 2. Aufl. Stuttgart 1972.

Lenk, H. (Hrsg.) (1974): Normenlogik. Grundprobleme der deontischen Logik. München-Pullach 1974.

Lenk, K. (1974): Die Automation der Informationsfunktion in der öffentlichen Verwaltung. Bonn-Bad Godesberg 1974.

Lenk, K. (Hrsg.) (1976): Informationsrechte und Kommunikationspolitik. Darmstadt 1976.

Lewandowski, Th. (1975): Linguistisches Wörterbuch. 3 Bände. Heidelberg 1975.

Liehr, W. (1973): Die computerunterstützte Rechtsbereinigung in Niederösterreich. In: DVR (1973), 207–230.

Lindemann, P., Nagel, K., Herrmann, G. (1973): Organisation des Datenschutzes. Neuwied, Berlin 1973.

von Linstow, B. (1974): Berechenbares Strafmaß. Berlin 1974.

Losano, M. (1969): Giuscibernetica. Macchine e modelli cibernetici nel diritto. Turin 1969.

Losano, M. (1971): La Juricybernetique. In: Diogène (1971), 102 ff.

Luhmann, N. (1966): Recht und Automation in der öffentlichen Verwaltung. Berlin 1966.

Luhmann, N. (1969): Zweckbegriff und Systemrationalität. Tübingen 1969.

Luhn, H.P. (1958): The Automatic Creation of Literature Abstracts. In: IBM Journal of Research and Development 2 (1958), 159–165.

Lutterbeck, E. (Hrsg.) (1971): Dokumentation und Information. Frankfurt/M. 1971.

Lyons, J. (1968): Introduction to Theoretical Linguistics. Cambridge 1968.

Mackaay, E., Robillard, P. (1971): Predicting judicial decisions. In: DVR (1974), 302–331.

Mallmann, Ch. (1971): Das Problem der Privatsphäre innerhalb des Datenschutzes. In: *Siemens* (1971).

Mallmann, Ch. (1973): Kreditauskunfteien und Datenschutz in den USA. In: *Kilian, Lenk, Steinmüller* (1973), 311–330.

Mallmann, Ch. (1974): Datenschutz in Schweden: Das neue Datengesetz. In: ÖVD (1974), 31 ff.

Mallmann, Ch. (1976): Datenschutz in Verwaltungs-Informationssystemen. München, Wien 1976.

Maser, S. (1971): Grundlagen der allgemeinen Kommunikationstheorie. Stuttgart 1971.

Mates, B. (1969) Elementare Logik. Göttingen 1969.

McDaniel, H. (Hrsg.) (1970): Applications of Decision Tables. Princeton 1970.

Mehl, L. (1957 ff) La Cybernetique et l'Administration. In: Revue Administrative 10 (1957) 410–419; 11 (1958) 539–545; 667–671; 12 (1959) 201–207; 531–544; 13 (1960) 75–83; 95–101; 323–327; 14 (1961) 311–319, 671–679; 16 (1963) 505–511; 17 (1964) 77–83.

Meincke, E. (1970): Integrierte Datenverarbeitung in der öffentlichen Verwaltung. Stuttgart 1970.

Mesarovič, M.D. (Hrsg.) (1964): Views on General Systems Theory. New York, London, Sidney 1964.

Michajlov, A., Cernyj, A. I., Giljarevskij, R.S. (1970): Informatik. Grundlagen. Berlin 1970.

Miller, A.R. (1973): Der Einbruch in die Privatsphäre. Neuwied, Berlin 1973.

Mokre, J., Weinberger, O. (Hrsg.) (1976): Rechtsphilosophie und Gesetzgebung. Wien, New York 1976.

von zur Mühlen, R. (1972): Computer-Kriminalität. Gefahren und Abwehrmaßnahmen. Neuwied, Berlin 1972.

Müller, B.S. (Hrsg.) (1976): Beiträge zur Sprachverarbeitung in juristischen Dokumentationssystemen. Berlin 1976.

Müller, Ch. (1973): Inhalt und Funktion der Privatsphäre – eine kritische Darstellung. In: DSWR (1973), 50–57.

Müller, P. (1975): Funktion des Datenschutzes aus soziologischer Sicht. In: DVR (1975): 107–118.

Mutz, G. (1973): Rechtsprobleme des sogenannten Datenschutzes. In: JBl (1973), 245 ff.

Noll, P. (1973): Gesetzgebungslehre. Reinbek 1973.

von Oertzen, H.J. (1969): Automationsgerechte Gesetze als Voraussetzung der Automation. In: Deutsches Verwaltungsblatt (1969), 61 ff.

von Oertzen, H.J. (1970): Automationsgerechtigkeit von Gesetzen. In: Verh. des 48. Deutschen Juristentags. Band 2 (1970), T 29 ff.

Ostermann, J. (1970): Automation in der Verwaltung. Realität und Zukunftserwartung. In: Die Verwaltung (1970), 129 ff.

Podlech, A. (1969/70): Rechtskybernetik – eine juristische Disziplin der Zukunft. In: JJB (1969/70), 157–170.

Podlech, A. (1970): Verfassungsrechtliche Probleme öffentlicher Datenbanken. In: DÖV (1970), 473–475.

Podlech, A. (1971): Gehalt und Funktion des allgemeinen verfassungsrechtlichen Gleichheitssatzes. Berlin 1971.

Podlech, A. (1972/73): Verfassungsrechtliche Probleme öffentlicher Informationssysteme. In: DVR (1972/73), 149–169.

Podlech, A. (1973 a): Datenschutz im Bereich der öffentlichen Verwaltung. Berlin 1973.

Podlech, A. (1973 b): Adressenverlage, die Mengenlehre und der Entwurf eines Bundes-Datenschutzgesetzes. In: DVR (1973), 190–194.

Pollack, S.L., Hicks, H.T., Harrison, W.T. (1971): Decision Tables. Theory and Practice. New York 1971.

Popp, W., Schlink, B. (1975 a): Skizze eines intelligenten juristischen Informationssystems. In: DVR (1975), 1–29.

Popp, W., Schlink, B. (1975 b): Artificial Intelligence (AI) in der Rechtsinformatik. In: DVR (1975), 294–340.

Prestel, B. (1971): Datenverarbeitung im Dienste juristischer Dokumentation. Berlin 1971.

Projektgruppe des Bundessozialgerichts (1972): Grundkonzeption für die Errichtung einer sozialrechtlichen Datenbank beim Bundessozialgericht. Berlin 1972.

Rattel, P.N. u.a. (1971): Rahmen-Soll-Konzept Grundstücksdatenbank. Berlin 1971.

Rave, D., Brinckmann, H., Grimmer, K. (1971): Paraphrasen juristischer Texte. Darmstadt 1971.

Rave, D., Brinckmann, H., Grimmer, K. (1972): Syntax und Semantik juristischer Texte. Darmstadt 1972.

Rauch, W. (1974): Automatisches Referieren. Diplomarbeit. Universität Wien 1974.

Rehbinder, M., Schelsky, H. (Hrsg.) (1972): Zur Effektivität des Rechts. Bielefeld 1972.

Reisinger, L. (1972): Automatisierte Normanalyse und Normanwendung. Berlin 1972.

Reisinger, L. (1972/73): Möglichkeiten der Gesetzesprognose. In: DVR (1972/73), 289–305.

Reisinger, L. (1973): Die automatisierte Messung juristischer Begriffe. Berlin 1973.

Reisinger, L. (1974 a): Überlegungen zur Formalisierung im Recht. In: DSWR (1974). 46–55, 87–94.

Reisinger, L. (1974 b): Probleme der Bewertung und des Vergleiches automatisierter juristischer Informationssysteme. In: DVR (1974), 153–167.

Reisinger, L. (1975 a): Zur Problematik des Datenschutzes. In: Österr. Juristenzeitung (1975). 115–125.

Reisinger, L. (1975 b): Überlegungen zu einer Systemtheorie des Rechts. In: Archivum Juridicum Cracoviense VIII (1975), 99–117.

Reisinger, L. (1975 c): Datenschutz in Österreich. In: DSWR (1975), 206–215, 335–341, 357–361.

Reisinger, L. (1975 d): Über die Anwendungsmöglichkeiten der Theorie unscharfer Mengen (Fuzzy Sets Theory) im Recht. In: DVR (1975), 119–157.

van Rijsbergen, C.J. (1975): Information Retrieval. London, Boston 1975.

Rödig, J. (1972): Axiomatisierbarkeit juristischer Systeme. In: DVR (1972/73), 170–208.

Rödig, J., Baden, E., Kindermann, H. (1975): Vorstudien zu einer Theorie der Gesetzgebung. Bonn 1975.

Rodingen, H., Falke, Ch. (1975): Das Rechtsverfahren – Dressur oder Diskurs. In: DVR (1975), 348–360.

Sachsse, H. (1974): Einführung in die Kybernetik. Reinbek 1974.

Salton, G. (1968): Automatic Information Organization and Retrieval. New York 1968.

Salton, G. (1975): Dynamic Information and Library Processing. Englewood Cliffs 1975.

Schindel, J. (1975): Das amerikanische Datenschutzgesetz von 1974. In: Beiträge zum Datenschutz. Heft 3. Wiesbaden 1975.

Schlagböhmer, M. (1975): Das automatisierte juristische Informationssystem des Kassationsgerichtshofes in Rom „Italgiure". In: DVR (1975), 61–87.

Schmidt, W. (1972/73): Grundsätze und methodische Probleme automativer Normsetzung bei einer Umstellung des Grundbuchs auf elektronische Datenverarbeitung. In: DVR (1972/73), 329–349.

Schneider, J. (1971): Datenschutz – Datensicherung. In: *Siemens* (1971).

Schulze, J.H. (1972): Technische Möglichkeiten des Datenschutzes. In: ÖVD (1972), 166–175.

Schwabhäuser, W. (1971): Modelltheorie I. Mannheim 1971.

Seidel, U. (1972): Datenbanken und Persönlichkeitsrecht. Köln 1972.

Seidel, U. (1973): Das aktuelle Thema: Datenschutz. In: ZFD (1973), 143 ff., 247 ff., 359 ff. 436 ff.

Seidel, U. (Hrsg.) (1976): Datenschutz aus der Sicht der Anwender. Darmstadt 1976.

Seidel, U., Bechmann, U. (1975): Datenschutz aus der Sicht der Anwender. In: DVR (1975), 341–347.

Selmer, K. (Hrsg.) (1972): Data Banks and Society. The First International Oslo Symposium on Data Banks and Society. Oslo 1972.

Siemens AG (Hrsg.) (1971): Datenschutz – Datensicherung. München 1971.

Simitis, S. (1966): Rechtliche Anwendungsmöglichkeiten kybernetischer Systeme. Tübingen 1966.

Simitis, S. (1970): Informationskrise des Rechts und Datenverarbeitung. Karlsruhe 1970.

Simitis, S. (1971): Chancen und Gefahren der elektronischen Datenverarbeitung – zur Problematik des Datenschutzes. In: NJW (1971), 673–682.

Simitis, S. (1973): Datenschutz – Notwendigkeit und Voraussetzungen einer gesetzlichen Regelung. In: DVR (1973), 138–198.

Simitis, S. (1974): Gesellschaftspolitische Implikationen juristischer Dokumentationssysteme. In: DVR (1974), 1–56.

Simitis, S., Voss-Eckermann, H., Dammann, U. (Hrsg.) (1971 ff.): Materialen zur Rechtsinformatik. Frankfurt/M. 1971 ff.

Soergel, D. (1969): Klassifikationssysteme und Thesauri. Frankfurt/M. 1969.

Sparck Jones, K., Kay, M. (1976): Linguistik und Informationswissenschaft. München 1976.

Spillecke, H. (1971): Probleme automationsgerechter Gesetzgebung. In: IBM-Nachrichten (1971), 865 ff.

Stadler, G. (1972): Neue Wege der juristischen Information auch in Österreich. In: Österr. Anwaltsblatt (1972). 72–75.

Stadler, G. (1973 a): Rechtserkenntnis aus höchstgerichtlichen Entscheidungen. In: Österr. Notariatszeitung (1973), 3 ff.

Stadler, G. (1973 b): Elektronische Datenverarbeitung und Kybernetik in der Gesetzgebung. In: DVR (1973), 1–35.

Stadler, G. (1974): Zum Entwurf eines österreichischen Bundes-Datenschutzgesetzes. In: ÖVD (1974), 439–442.

Stadler, G. (1975): Die Regierungsvorlage des österreichischen Datenschutzgesetzes. In: ÖVD (1975), 81–87.

Stadler, N. (1975): Datenschutz durch Organisation – Voraussetzung des Datenschutzes. Freiburg/Br. 1975.

Steinacker, I. (1975): Dokumentationssysteme. Berlin, New York 1975.

Steinacker, I., Wessel, A. (1975): Perspektiven des automatisierten Information Retrieval. In: *Nagel, K.*, DV-Aktuell 1976. Stuttgart 1975.

Steinauer, P.H. (1975): L'Informatique et l'Application du Droit. Fribourg 1975.

Steinmüller, W., u.a. (1970): EDV und Recht. Einführung in die Rechtsinformatik. Berlin 1970.

Steinmüller, W. (1971): Rechtsinformatik. Elektronische Datenverarbeitung und Recht. In: Juristische Rundschau (1971), 1–9.

Steinmüller, W. (1972 a): Stellenwert der EDV in der öffentlichen Verwaltung und Prinzipien des Datenschutzes. In: ÖVD (1972), 453–462.

Steinmüller, W. u.a. (1972 b): Grundfragen des Datenschutzes. Gutachten im Auftrag des Bundesministeriums des Innern. In: Bundestagsdrucksache VI/3826 5–193.

Steinmüller, W. (1972 c): Rechtstheorie, Rechtsinformatik und Rechtspolitik. I: *Albert* (1972), 373–388.

Steinmüller, W. (1972/73): Gegenstand, Grundbegriffe und Systematik der Rechtsinformatik, Ansätze künftiger Theoriebildung. In: DVR (1972/73), 113–148.

Steinmüller, W. u.a. (1973): Systemanalyse als Hilfsmittel für den Entwurf von Informationssystemen. Berlin 1973.

Steinmüller, W. (1974): Rechtspolitische Fragen der Rechts- und Verwaltungsautomation in der Bundesrepublik Deutschland. In: DVR (1974), 57–124.

Steinmüller, W. (1975): Datenschutz. In: *Kunst, H., Herzog, R., Schneemelcher, W.* (Hrsg.), Evangelisches Staatslexikon. 2. Aufl. Stuttgart, Berlin 1975, Sp. 350–359.

Steinmüller, W., u.a. (1976 a): ADV und Recht. Einführung in die Rechtsinformatik und das Recht der Informationsverarbeitung. Berlin 1976.

Steinmüller, W. (Hrsg.) (1976 b): Informationsrecht und Informationspolitik. München, Wien 1976.

von Stephanitz, D. (1970): Exakte Wissenschaft und Recht. Berlin 1970.

Studnicki, F. (1974): Die semantischen Probleme der automatischen Suche in gesetzlichen Texten. In: DVR (1974). 252–266.

Suhr, D., u.a. (1970): Computer als juristischer Gesprächspartner. Berlin 1970.

Suhr, D., u.a. (1971): Begriffsnetze – Invarianten – Routinen der Kritik. Berlin 1971.

Svoboda, R.W. (1973): Typische juristische Fragestellungen und deren Beantwortung durch das „Wiener System". In: DSWR (1973), 115 ff.

Svoboda, R.W. (1974): Automatisierte juristische Informations- und Dokumentationssysteme in Österreich. In: DVR (1974), 125–152.

Tammelo, I. (1969): Outlines of Modern Legal Logic. Wiesbaden 1969.

Tammelo, I., Moens, G. (1976): Logische Verfahren der juristischen Begründung. Wien, New York 1976.

Tammelo, I., Schreiner, H. (1974): Grundzüge und Grundverfahren der Rechtslogik. Pullach bei München 1974.

Tapper, C. (1973): Computers and the Law. London 1973.

Tiedemann, K., Sasse, Ch. (1973): Delinquenzprophylaxe. Kreditsicherung und Datenschutz in der Wirtschaft. Köln, Berlin, Bonn, München 1973.

Uhlig, S. (1972/73): Zur Problematik der Bewertung eines juristischen Informationssystems. In: DVR (1972/73), 56–78.

Uhlig, S., Hartleb, U. (1973): Handbuch der Sozialrechtsdokumentation (HSD). o.O. 1973.

Verlegervereinigung Rechtsinformatik e.V. (1975): Staatliche Rechtsdokumentation – Gefahr für die juristische Fachliteratur. Darmstadt 1975.

Vickery, B.C. (1971): Dokumentationssysteme. Pullach bei München, Berlin 1971.

Vrecion, V. (1973): Zur Anwendungsmöglichkeit der Informationstheorie im Bereich des Rechts. In: DVR (1973), 76–92.

Vrecion, V. (1976): Informationstheorie und Recht. Zur Anwendung kybernetischer Methoden in der Rechtswissenschaft. Berlin 1976.

Wagner, H., Haag, K. (1970): Die moderne Logik in der Rechtswissenschaft. Bad Homburg v.d.H. 1970.

Warner, M., Stone, M. (1972): Die Computergesellschaft. München 1972.

Wedekind, H. (1973): Systemanalyse. München 1973.

Weinberger, O. (1970): Rechtslogik. Wien, New York 1970.

Weinberger, O. (1972): Bemerkungen zur Grundlegung der Theorie des juristischen Denkens. In: *Albert* (1972), 134–162.

Weinberger, O. (1974 a): Studien zur Normenlogik und Rechtsinformatik. Berlin 1974.

Weinberger, O. (1974 b): Der Begriff der Sanktion und seine Rolle in der Normenlogik und Rechtstheorie. In: *Lenk, H.* (1974), 89–111.

Weinberger, O. (1975): Die Struktur der rechtlichen Normenordnung. In: *Winkler* (1975), 110–132.

Wersig, G. (1974): Information – Kommunikation – Dokumentation. 2. Aufl. Pullach bei München 1974.

Wersig, G., Meyer-Uhlenried, K.H. (1970): Versuche zur Terminologie in der Dokumentation III: Dokumentation. In: Nachr. Dok. 21 (1970), 14–19.

West, C. (1970): Einführung in die Systemanalyse. München 1970.

Westin, A. (1967): Privacy and Freedom. New York 1967.

Westin, A. (1970): Der Mensch und seine Privatsphäre. In: IBM-Nachrichten (1970), 189–196, 289–296.

Westin, A., Baker, M. (1972): Databanks in a Free Society. Computers, Record-Keeping and Privacy. New York 1972.

Wiener, N. (1968): Kybernetik. Reinbek 1968.

Winkler, G. (Hrsg.) (1975): Rechtstheorie und Rechtsinformatik. Wien, New York 1975.

von Wright, G.H. (1951): Deontic Logic. In: Mind 60 (1951), 58–74.

von Wright, G.H. (1964): A New System of Deontic Logic. In: Danish Yearbook of Philosophy I (1964), 173–182.

Zielinski, D. (1971): Die juristische Bundesdatenbank als rechtspolitisches Problem. In: JZ (1971), 409 ff.

Zielinski, D. (1973): Das Juristische Informationssystem. In: DVR (1973), 36–75.

Zimmermann, D. (1975): Um den Ansatz eines Juristischen Informationssystems. In: DVR (1975), 30–60.

Zippelius, R. (1971): Einführung in die juristische Methodenlehre. München 1971.

Bibliographien

Bigelow, R.P. (Hrsg.): Computer Law Service. Chicago 1972 f.

Centre de Documentation des Sciences Humaines (Hrsg.): Informatique et Sciences Juridiques. Collection Documentation. Paris 1969, 1971, 1973 ff.

Istituto per la Documentazione Giuridica del Consiglio Nazionale delle Ricerche (Hrsg.): Bollettino bibliografico d'informatica generale e applicata al diritto. Florenz 1972–1974.

Istituto per la Documentazione Giuridica del Consiglio Nazionale delle Ricerche (Hrsg.): Informatica e diritto. Bibliografia internazionale. Florenz 1976 f.

Nagel, K. Datenschutz und Datensicherung (Bibliographie). Neuwied–Berlin 1974.

Schubert, W., *Steinmüller, W.* (Hrsg.): JUDAC. Jurisprudence, Data Processing, Cybernetics. Internationale Bibliographie. München 1971.

Steinmüller, W. (Hrsg.): REDOC. Recht, Verwaltung und Informationsverarbeitung (Zeitschriftendokumentation). Regensburg 1973 ff.

Turn, R., Hunter, M.K. Privacy and Security in Databank Systems. An Annotated Bibliography 1970–1973. Santa Monica 1974.

Sachregister

Ablauforganisation 269
abstract s. Referat
Abstraktionsrelation 141 f.
Adjazenzmatrix 56
ADV und Recht s. Rechtsinformatik
Ähnlichkeitsvergleich 247, 250 f., 255 ff.
AKD s. Arbeitsgemeinschaft Kommunale Datenverarbeitung
Algorithmisierung 210, 252 ff., 259 ff., 264
Algorithmus 210
Allgemeingültigkeit 208
Alternativentwurf zum BDSG 296
Ambiguität 93
Antonymie 142
Anwendungssystem 65
Anzeichen 85
Arbeitsgemeinschaft Kommunale Datenverarbeitung 267
Artificial Intelligence 206
Aufbauorganisation 269
Aufsichtsbehörde 306
Aussagenkalkül 210, 218
Außenumgebung 65
Automation 210
- der DV 279 ff.
Automationsgerechtheit 263
Automationsgünstigkeit 264
Automatisierung s. Automation
axiomatisches Denken 209
- in der Rechtswissenschaft 22 ff.
Axiomatisierung 209 f.

Backus-Normalform 145
Bayerische Grundsätze für das automationsgerechte Abfassen von Vorschriften 264
BDSG s. Bundesdatenschutzgesetz
Begriff, Inhalt und Umfang 87 f., 215 ff.
–, Intension und Extension 87f., 215 ff.
–, Oberbegriff und Unterbegriff 88, 141 f.
Begriffskern und Begriffshof 216
Begriffspyramide 29
Behördengliederung 269
Benutzerforschung 113 ff.
Benutzerzufriedenheit 186 f.
Beobachtungssprache 214
Bestandsrelation 141 f.
Bewertungskriterien für Systementwürfe 69 f.
Black-Box-Methode 64
BNF s. Backus-Normalform
Boolesche Operatoren 173, 183, 194
bottom-up approach s. inside-out approach
Bundesbeauftragter für den Datenschutz 304 ff.
Bundesdatenschutzgesetz, Beschlüsse des Innenausschusses 297 f.
–, endgültige Fassung 298 ff.
–, Entstehungsgeschichte 292f., 295 ff.
–, Regierungsentwurf 292 ff.

calculus ratiocinator 26 f.
characteristica universalis 26 f.
closed-shop-Betrieb 316
Code 88
Codierung 77, 88 f.
Computerkriminalität 275
Computer Science(s) s. Informatik
cue-method 151, 153

Datalag s. Schwedisches Datengesetz
Datei, Definition des BDSG 299
Daten 76
–, formale 83
–, inhaltsbezogene 83
–, vorinterpretierte 197
Datenbank 308
Datenbank-Verordnung 308
Datenergänzung 315
Datengeheimnis 299
Datenschutz 31 ff., 38 f., 273 ff.
–, Begriff 276 ff.
–, Benutzer 277
–, Bestandsführer 277
–, Betroffener 277
–, Sachprobleme 279 ff.
Datenschutzbeauftragter, BDSG 304 ff.
–, Hessisches Datenschutzgesetz 291
Datenschutzgesetzgebung, BRD 291 ff.
–, Großbritannien 289
–, Österreich 307 ff.
–, Schweden 289 ff.
–, USA 285 ff.
Datenschutzkommission, Österreich 309 f.
–, Schweden 289 f.
Datensicherung 276 ff., 311 ff., 316 ff.
Datenspreicherung, Definition des BDSG 300
Datenübermittlung, Definition des BDSG 300

Datenveränderung, Definition des BDSG 300
Datenverarbeitung, Definition des BDSG 299
–, Definition in der österr. Regierungsvorlage 308
Datenverfälschung 315
Datenverlust 314 f.
Decodierung 77, 88 f.
Deontik 212, 218 ff., 222 ff., 227 ff., 255 ff.
deontischer Funktor 228 f.
Derogation 181 f.
Deskriptor 140 ff., 161, 246 ff.
Deutsches Patentamt 189 ff.
Dialogverkehr 85
Dissoziation der Verwaltung 272
Distanz 247, 257
Dokumentation, Definition 81
Dokumentationsgünstigkeit 265
Dokumentationssystem 80 ff.
–, juristisches 102 ff., 157 ff., 171 ff., 176 ff.
Dokumenten-Retrieval-System s. Dokumentationssystem
DPA s. Deutsches Patentamt
Durchführbarkeitsstudie 68

EDV-Berichte der Bundesregierung 268
EDV und Recht s. Rechtsinformatik
EDV-Versuchsprojekt Verfassungsrecht 177 ff.
eidetischer Sinn 211f., 214 f.
Entscheidung, gerichtliche, Formalisierung 246 ff.
–, –, Prognose 246 f.
–, –, Speicherung 126, 158, 177 ff.
–, –, Suchmerkmale 108
Entscheidung, juristische, Algorithmisierung 252 ff.
–, –, Ziele 252 f.
Entscheidungsproblem 213 f.
Entscheidungsraum 248 ff.
Entscheidungssystem 98
Entscheidungstabelle 240 ff.
–, Prüfregeln 243
–, Typen 241 f.
Entscheidungstabelle, Anwendung in der Rechtsinformatik 243 ff.
Erfahrungsobjekt 48
Erkenntnisobjekt 48
Ermessen 264
Euklidische Distanz 247
–, Methode 23
Extensionalität 215 ff.
Extensionalitätstheorie 216

FAIR s. TLS
Fair Credit Reporting Act 286
Fakten-Retrieval System 80, 198
FCRA s. Fair Credit Reporting Act
feasibility study s. Durchführbarkeitsstudie
Fechnersches Gesetz 259 f.
feed back s. Rückkopplung
Finalprogramm 44, 99, 252
formalisierte Sprache 209
Formalisierung 71, 208 ff., 212
Formationsregel 92 f.
Frage-Antwort-System 79, 198
freie Daten 293
Fremdkontrolle 284, 289
Funktion 59
Funktionsmodell 70
Funktionsspezifikation 66

Gegensatzrelationen 142
General Systems Theory 54
Generierung 93
generische Relation s. Abstraktionsrelation
GOLEM 2 160 ff., 187 f.
Grammatik 89
–, generative 93 ff.
Graph 56
Gruppenkennzeichen 268 f.

Hamming-Distanz 247, 257
Hermeneutik, juristische 50, 217 f.
Hessisches Datenschutzgesetz 291 f.
Homographie 141
Hormomorphie 56 ff.
Hyperonym 141
Hyponym 141
Hypothese des logischen Atomismus 232

Implementierung 69
Indexieren 149 ff.
–, automatisches 150 ff.
Indikator s. Anzeichen
Informatik 33, 46
–, juristische s. Rechtsinformatik
Information, Definitionen 73 ff.
–, evaluative 98
–, faktische 98
–, präskriptive 98
Informationen 77
Information Retrieval 140 ff., 148 ff.
–, –, Bewertung 154 ff.
Informationsbedarf von Juristen 119 ff.
Information Science(s) s. Informationswissenschaften
Informationsrecht 274 ff.
Informationssystem, Definitionen 78
–, juristisches, Definition 103

–, –, erweitertes 196 ff.
–, –, Typen 100, 198
–, Typen 79 ff.
Informationssystem DPA 189 ff.
Informationssystem „Verfassungen" 171
Informations- und Dokumentationswissenschaft 54 f.
Informationsverhalten von Juristen 113 ff.
Informationswissenschaften 46, 54 f.
Inhaltserschließung 83
Inkompatibilität 142
Innenumgebung 65
inside-out approach 66
Instanz 78, 98
Integration, organisatorische 270 f.
Integrationstest 69
integrierte Datenverarbeitung 271
Intensionalität 215 ff.
Interpretation 209, 215 f.
investigative report 285
Isolator s. Pufferaggregat
Isomorphie 56 ff.
Istanalyse 68

Joergensensches Dilemma 214, 218
Judikat s. Entscheidung, gerichtliche
Jurimetrie 31, 246 ff.
JURIS 102 ff.
–, Ausbausystem 135, 139
–, Benutzerforschung 113 ff.
–, Entwicklungssystem 135 ff.
–, Globalziele 103
–, Istanalyse 105 ff.
–, Ressourcen 134 f.
–, Sollanalyse 125 ff.
juristische Informatik s. Rechtsinformatik

Kalkül 208 f.
–, deontischer 212, 218 ff., 222 ff.
Kanal 78, 98
Kasusgrammatik 147 f., 238
key-method 150, 153
Keyword-in-Context-Index s. KWIC-Index
Keyword-out-of-Context-Index s. KWOC-Index
KGSt s. kommunale Gemeinschaftsstelle für Verwaltungsvereinfachung
Kindergeldrecht 158
Klassifizierungsverfahren, automatische 144
kombinatorisches Denken 20
–, –, in der Rechtswissenschaft 20, 26
kommunale Gemeinschaftsstelle für Verwaltungsvereinfachung 267
Kommunikationsprozeß 77
Kompensation 246, 257
Komplementarität 142
Komponententest 69
Konditionalprogramme 44, 99, 252, 258
Konsistenz 230 f., 239, 244
Kopplung 60
kontextfrei 92 f.
Kontext-Operatoren 173, 184
kontextsensitiv 92 f.
Kontrolle 284
Kontrollmaßnahmen 306, 316 ff.
Kreditauskunftei 285
KWIC-Index 144
KWOC-Index 144
Kybernetik 33

Leistungsspezifikation 66
Lexikon 90
Lexikonregel 92 f.
Linguistik 85 ff., 89 ff., 145 ff., 212
location-method 153
Logifizierung 219 ff., 227 ff.
Logik 208 ff., 218 ff.
Lücke 230 f.
Lullisches System 20

Messung 259
Mikrozensusbeschluß 281 f.
Modell 70
Modellmethode 70 ff.
Modul 67
Monte-Carlo-Methode 72
Morphem 91
morsel-Strategie 145
Mosaiktheorie 282

Nachricht 76
Nachweisquote s. Recall
nearest neighbour method 247, 256
negative Wortliste s. Stoppwortliste
New System 225 f., 254
Noise 140
Norm, Formalisierung 212 ff., 229 ff.
–, hypothetische 225
–, kategorische 225
–, Speicherung 126, 177 ff.
–, Suchmerkmale 106 f.
normatives Problem 227
–, System 229
–,–, Eigenschaften 230 f.
normierte Programmierung 317
Normsetzung, automationsgerechte 263 ff.

Oberflächenstruktur 93 f., 238
Old System 222 f.
One-shot Dialog 84
operationale Definition 215
operativer Sinn 211 f., 214 f.

Organisation 269 ff.
–, funktionale 269
–, institutionale 269
Organisation von Datenschutz und Datensicherung 311 ff.
Organisationsformen der Datenverarbeitung 267 f.
Österreich 176 ff., 240, 307 ff.
outside-in approach 66

Paradoxa 223 f.
Parsing 93
–, automatisches 145 f.
Partition 233
partitive Relation s. Bestandsrelation
Passat 162
password 319
Persönlichkeitsprofil 280
personenbezogene Daten 283, 293, 299, 308
Personenkennzeichen 268
personsbezogene Daten s. personenbezogene Daten
Phonologie 90
Phrasenstrukturgrammatik 92 ff., 145 ff.
Planspiel 72
Prädikatenkalkül 218 ff.
Pragmatik 87, 217 f.
Precision 155
predicting judicial decisions 246 ff.
preprocessor 245
privacy 276
Privacy Act 286 f.
Privatheit 282
Privatrechtsdokumentation 157
Privatsphäre 281 ff.
Problembereich 48
problemlösendes System 79, 198
Problemlösungsverhalten, juristisches 109 ff.
problemorientierter Ansatz 49
Prozeß 59
PS-Grammatik s. Phrasenstrukturgrammatik
Pufferaggregat 61

Quantoren 203 ff.
Quasireferat 152

ramistische Methode 22
Rationalität 263
ramistische Methode 22
Rationalität 263
Recall 155
Rechtsbegriff, Anwendungsbedingungen 253 f.
Rechtsfolge, Formalisierung 228 f.
–, maximale 229, 234 f., 237, 239, 258
Rechtsinformatik, allgemeine 44
–, angewandte 45
–, Definitionen 38 ff.
–, Geschichte 31 ff.
–, spezielle 45
–, Systematik 33 ff., 38 ff.
Rechtsinformationssystem 103
Rechtsinnovation 103
Rechtskybernetik 33
Rechtsliteratur, Speicherung 126, 177
–, Suchmerkmale 108
Rechtspositivismus 52
Rechtssicherheit 103
Rechtssystem 103
Rechtstatsachen 197 ff.
Rechtstheorie und Rechtsinformatik 50 ff.
Redundanz 230 f., 239
Referat 152 f.
–, Funktionen 152
Referenz 87
Referieren, automatisches 152 f.
Regelung 62
Regelungsaggregat 62
Relationsthesaurus 141
Relativität der Privatsphäre 282
Relevanzquote s. Precision
Right of privacy 285 f.
Risikoanalyse 313 f.
Rollenbild des Juristen 50
Rollentheorie 283
Rosssches Paradoxon 224 f.
Rückkopplung 60
Ruggles-Report 285

Satzbeweis 205
Scheidungsaktenurteil 282
Schlagwort 149, 159
Schutzmaßnahmen 315 ff.
Schwedisches Datengesetz 289 ff.
security 278
SEDOC 247 ff.
Selbstkontrolle 284
Selektionsbeschränkung 95
Selektionsgüte 154 f.
Semantik 86, 90, 149 ff., 211 f.
semantisches Netzwerk 199 ff.
Sicherheitssystem 312 f.
Sicherungsmaßnahmen 315 ff.
Sigmatik 87
Signal 76
Signalwortliste 151
Silence 140
Simulation 70 f.
Simulator 70
Skalierung 260
Sollanalyse 68
Sonderverwaltung 271

Sozialrechtsdokumentation 158 ff.
Spezifikationen 65 f.
Sphärentheorie 281 f.
Sprache 87
Sprechschema 248
STAIRS 182 ff., 187 f.
Steuerrechtsdokumentation 157
Steuerung 62
Steuerungsaggregat 62
Stichwort 149, 159
Stoppwortliste 143, 151, 162
Störung 61
Strafrohzahl 262
Strafzumessung, algorithmisierte 259 ff.
Struktur 55
Strukturalistik 55 f., 71, 212
Strukturmodell 70
Strukturverwandtschaft 56 ff.
Strukturwissenschaften 41
Substitutionsthesaurus 141
Subsumtion 215, 217 f., 254 ff.
Subsystem 58
Suchmerkmale juristischer Dokumente 107 ff.
Supersystem 58
Symbolisierung 209
Synonymie 141
Syntax 86, 90, 145 ff., 211 f.
Syntaxanalyse, automatische 145 ff.
System, abstraktes 60
–, adaptives 63
–, Definition 55
–, deterministisches 61
–, dynamisches 60
–, Funktion 59
–, geschlossenes 61
–, Gleichgewicht 59, 61
–, Hierarchie 58
–, Komplexität 60
–, Komponenten 58
–, konkretes 60
–, offenes 61
–, probabilistisches 61
–, Stabilität 61
–, Statisches 60
–, stochastisches 61
–, Struktur 55
–, Typen 59 ff.
–, Umgebung 65
–, Umwelt 58
–, Verhalten 58
Systemanalyse 64 ff.
–, Phasen 67 ff.
Systembetrieb 69
Systementwurf 68
Systempflege 69
Systemsimulation 70
Systems Research 54
Systemtest s. Integrationstest
Systemwissenschaften 54

target-Strategie 145
Tatbestand, Formalisierung 227 ff.
Tatschuld 259 ff.
Taxonomik 55, 71, 212
Textinterpretation 83
Textretrievalsystem/1 171 ff.
Theorem 209
theoretische Sprache 214
theoretisches Konstrukt 215
Theorie unscharfer Mengen s. Theory of Fuzzy Sets
Theory of Fuzzy Sets 255 f.
Thesaurus 140 ff., 155
– als Klassifizierungssystem 141
– als Ordnungssystem 141
Tiefenstruktur 93 f., 238
title-method 151, 153
TLS 182 ff.
top-down approach s. outside-in approach
Transformation 58
Transformationsgrammatik 93 ff., 147 ff.
Transparenz 105, 129
TR/1 s. Textretrievalsystem/1

USA 31ff, 246 ff., 285 ff.

Verdatung 258, 264
Verkehrsdelikte 261 ff.
Verknüpfungsdichte 56
Vermaschung 63
Verselbständigung, funktionale 270
Verwaltungsautomation 266 ff.
Verwaltungsfabrikat 275
Verwaltungsinformatik 44 f.
Verweisungsdokumentation 175 f., 178 ff.
Vollständigkeit 230 f., 239, 244, 264

Ware-Report 287
Wiener System 176 ff.
Wirkungsanalyse 314 f.
Wissenschaftskriterien 47
Wort 87

Zeichen, Definition 85
–, Dimensionen 85 ff.
–, ikonisches 85
–, konventionalisiertes 85
–, Struktur 85 ff.
Zentralisierung, funktionale 270
Zwiebelmodell 66

FSC
www.fsc.org
MIX
Papier | Fördert gute Waldnutzung
FSC® C083411

Kolibri 360 GmbH
Ferdinand-Jühlke-Straße 7
99095 Erfurt, Deutschland
produktsicherheit@kolibri360.de